《西安城市史》编委会

主 任

李炳武

副主任

甘 晖　党怀兴　侯甬坚

编 委

（以姓氏笔画为序）

王子今	王双怀	王社教	王学理	尹夏清
尹盛平	田 野	史红帅	吕卓民	朱士光
朱永杰	任云英	刘庆柱	刘淑虎	安介生
孙家洲	李 浩	李令福	李健超	李裕民
李毓芳	杨恒显	肖爱玲	邹 贺	张晓虹
周宏伟	赵世超	荣新江	胡 戟	侯海英
耿占军	徐卫民	郭雪妮	黄留珠	萧正洪
梁克敏	韩光辉			

主 编

侯甬坚

陕西师范大学西北历史环境与经济社会发展研究院、
陕西师范大学中国史一流学科建设基金资助出版

"十三五"国家重点图书出版规划项目

国家出版基金项目
NATIONAL PUBLICATION FOUNDATION

陕西出版资金资助项目

主编 侯甬坚

西安城市史

近现代西安城卷

任云英 刘淑虎 田野 著

陕西师范大学出版总社

图书代号：SK21N1496

图书在版编目（CIP）数据

西安城市史. 近现代西安城卷 / 任云英，刘淑虎，田野著；侯甬坚主编. — 西安：陕西师范大学出版总社有限公司，2022.12
"十三五"国家重点图书出版规划项目　国家出版基金项目
ISBN 978-7-5695-2518-2

Ⅰ. ①西… Ⅱ. ①任… ②刘… ③田… ④侯… Ⅲ. ①城市史—西安—近现代　Ⅳ. ①K294.11

中国版本图书馆CIP数据核字（2021）第197258号

西安城市史·近现代西安城卷

Xi'an Chengshi Shi · Jin-Xian Dai xi'an Cheng Juan

任云英　刘淑虎　田　野　著

出 版 人	刘东风
选题策划	侯海英
责任编辑	张　姣　赵荣芳
责任校对	熊梓宇
出版发行	陕西师范大学出版总社
	（西安市长安南路199号　邮编 710062）
网　　址	http://www.snupg.com
电　　话	（029）85307864
印　　刷	中煤地西安地图制印有限公司
开　　本	787 mm × 1092 mm　1/16
印　　张	31.75
插　　页	2
字　　数	550千
版　　次	2022年12月第1版
印　　次	2022年12月第1次印刷
书　　号	ISBN 978-7-5695-2518-2
审 图 号	陕S（2020）041号
定　　价	220.00元

读者购书、书店添货或发现印刷装订问题，请与本公司营销部联系、调换。
电话：（029）85307864　85303629　　传真：（029）85303879

目录

绪论 ·· 001

第一章　晚清近代化萌芽时期（1840—1910年） ······ 013

第一节　城市沿革（1840—1910年）················· 015
一、行政建制 ··· 015
二、城市规模 ··· 016
三、府城人口 ··· 017
四、满城人口 ··· 020

第二节　近代化蕴育时期（1840—1900年）··········· 021
一、社会与经济情况 ······································ 021
二、城市地域层级及其范围 ······························ 022
三、"府城—码头"的城市地域结构 ················· 028
四、以防御为基础的府城建设特征 ··················· 037
五、满城的军事防御格局 ································ 040
六、城市功能布局结构 ··································· 045
七、城市近代化表征 ····································· 066

第三节　近代化萌动时期（1901—1910年）··········· 071

一、新政上谕与城市发展⋯⋯⋯⋯⋯⋯⋯⋯⋯⋯⋯⋯⋯⋯071
　　二、城市近代化萌芽特征⋯⋯⋯⋯⋯⋯⋯⋯⋯⋯⋯⋯⋯⋯073
　　三、两宫西狩和陪都之争⋯⋯⋯⋯⋯⋯⋯⋯⋯⋯⋯⋯⋯⋯080
　第四节　区域经济发展及影响⋯⋯⋯⋯⋯⋯⋯⋯⋯⋯⋯⋯⋯083
　　一、商路与城市区域经济发展⋯⋯⋯⋯⋯⋯⋯⋯⋯⋯⋯⋯083
　　二、城市区域经济影响因素⋯⋯⋯⋯⋯⋯⋯⋯⋯⋯⋯⋯⋯084

第二章　民国时期转型发展（1911—1948年）⋯⋯⋯⋯093

　第一节　城市沿革（1911—1948年）⋯⋯⋯⋯⋯⋯⋯⋯⋯095
　　一、民国时期行政隶属沿革⋯⋯⋯⋯⋯⋯⋯⋯⋯⋯⋯⋯⋯095
　　二、民国时期历次设市的管理机构及其职能⋯⋯⋯⋯⋯⋯097
　　三、行政界域范围与城市界域变迁⋯⋯⋯⋯⋯⋯⋯⋯⋯⋯102
　第二节　北京政府时期：步履维艰（1911—1926年）⋯⋯106
　　一、总体概况⋯⋯⋯⋯⋯⋯⋯⋯⋯⋯⋯⋯⋯⋯⋯⋯⋯⋯⋯106
　　二、社会及民生状况⋯⋯⋯⋯⋯⋯⋯⋯⋯⋯⋯⋯⋯⋯⋯⋯108
　　三、城市规划及建设情况⋯⋯⋯⋯⋯⋯⋯⋯⋯⋯⋯⋯⋯⋯112
　第三节　南京政府时期：初步发展（1927—1936年）⋯⋯119
　　一、政治及军事情况⋯⋯⋯⋯⋯⋯⋯⋯⋯⋯⋯⋯⋯⋯⋯⋯119
　　二、社会及民生状况⋯⋯⋯⋯⋯⋯⋯⋯⋯⋯⋯⋯⋯⋯⋯⋯121
　　三、城市建设规划情况⋯⋯⋯⋯⋯⋯⋯⋯⋯⋯⋯⋯⋯⋯⋯128
　第四节　全面抗日战争时期：工业起步（1937—1945年）⋯⋯141
　　一、政治及军事情况⋯⋯⋯⋯⋯⋯⋯⋯⋯⋯⋯⋯⋯⋯⋯⋯141
　　二、社会及民生状况⋯⋯⋯⋯⋯⋯⋯⋯⋯⋯⋯⋯⋯⋯⋯⋯142
　　三、城市规划与建设管理⋯⋯⋯⋯⋯⋯⋯⋯⋯⋯⋯⋯⋯⋯157
　第五节　战后重建时期：城市衰退（1946—1948年）⋯⋯164
　　一、政治及军事情况⋯⋯⋯⋯⋯⋯⋯⋯⋯⋯⋯⋯⋯⋯⋯⋯164

二、社会及民生状况…………………………………………166
　　三、城市建设规划情况………………………………………171

第三章　新中国计划经济时期（1949—1978年）………175

　第一节　城市沿革（1949—1978年）………………………177
　　一、三年经济恢复时期………………………………………177
　　二、第一个五年计划时期……………………………………178
　　三、人民公社时期……………………………………………181
　　四、第一次国民经济调整时期………………………………182
　　五、城市化衰落时期…………………………………………182
　第二节　三年经济恢复时期（1949—1952年）……………184
　　一、人民政权的建立与巩固…………………………………184
　　二、城市经济的恢复与发展…………………………………189
　　三、城市基础设施建设发展…………………………………193
　　四、西安市三版都市计划……………………………………196
　　五、三年建设成果……………………………………………198
　第三节　第一个五年计划时期（1953—1957年）…………200
　　一、城市政治经济发展………………………………………200
　　二、生产型城市建设…………………………………………203
　　三、城市基础设施建设发展…………………………………204
　　四、第一版西安城市总体规划（1953—1972年）…………209
　　五、苏联援建项目……………………………………………211
　　六、建设成果…………………………………………………213
　第四节　人民公社时期（1958—1962年）…………………215
　　一、农业发展…………………………………………………215
　　二、工业发展…………………………………………………216

三、市政公用事业建设……………………………………216

第五节　第一次国民经济调整时期（1963—1965年）………218
　　一、农业工业调整恢复……………………………………218
　　二、城市建设恢复…………………………………………219
　　三、调整成果………………………………………………220

第六节　城市化衰落时期（1966—1976年）…………………221
　　一、城市经济发展…………………………………………221
　　二、城市建设停滞不前……………………………………225
　　三、城市文物保护…………………………………………228

第七节　公共服务的发展………………………………………229
　　一、教育事业………………………………………………229
　　二、文化艺术事业…………………………………………229
　　三、医疗卫生事业…………………………………………230
　　四、科技事业………………………………………………232
　　五、园林绿地建设…………………………………………232

第四章　制度转型与空间拓展（1979—1998年）……233

第一节　改革开放以来制度的逐步转型………………………235
　　一、制度转型………………………………………………235
　　二、户籍制度：从限制人口流动向市场化自由流动转化……239
　　三、土地制度：从国家划拨到有偿使用…………………241
　　四、财政制度：从包干式向分权式转化…………………242
　　五、住房制度：从福利式向商品化转化…………………243
　　六、城市发展方针：从规模控制向提升区域辐射作用转化…244

第二节　城市化进程与城市空间拓展…………………………245
　　一、城市化进程及其表征…………………………………245

二、城市空间拓展的特征…………………………………………251

第三节 20世纪80年代城市发展与实践……………………………254
　　一、城市发展的总体特征…………………………………………254
　　二、城市五大功能的发展历程……………………………………261

第四节 20世纪90年代城市发展与实践……………………………272
　　一、城市发展的总体特征…………………………………………272
　　二、城市五大功能的发展历程……………………………………279

第五章 多元拓展时期（1999—2008年） 297

第一节 多元拓展时期发展基础……………………………………299
　　一、行政区划调整…………………………………………………299
　　二、政策支持下的城市发展………………………………………300
　　三、城市定位与职能………………………………………………302

第二节 城市经济及社会状况………………………………………304
　　一、经济与产业发展背景和政策条件……………………………304
　　二、城市人口规模…………………………………………………313

第三节 城市发展及建设情况………………………………………316
　　一、城市发展理念…………………………………………………316
　　二、城市规划管理…………………………………………………319
　　三、空间发展态势…………………………………………………321
　　四、城市建设实践…………………………………………………323

第四节 历史保护与旧城更新………………………………………336
　　一、历史保护………………………………………………………336
　　二、旧城更新………………………………………………………339

第六章　战略引导发展时期（2009—2016年）·········· 345

　　第一节　行政区划调整与发展机遇·············347
　　　　一、行政区划调整·····················347
　　　　二、政策支持与发展机遇·················347
　　　　三、城市职能的深化发展·················353
　　第二节　城市经济社会发展·················355
　　　　一、城市人口规模·····················355
　　　　二、城市建设实践·····················357
　　　　三、经济与产业·····················374
　　第三节　城市规划与建设管理·················379
　　　　一、城市发展理念·····················379
　　　　二、空间发展态势·····················380

结语·······························383

参考文献·····························401

大事记······························415

索引·······························481

后记·······························487

Contents

Introduction /001

Chapter 1
The Budding Period of Modernization in the late Qing Dynasty（1840–1910） /013

Section 1　Urban Evolution（1840–1910） /015
    1. Administrative System /015
    2. Urban Scale /016
    3. The Population of the Prefectural City /017
    4. The Population of the Man Cheng /020

Section 2　Urban Modernization Incubation Period（1840–1900） /021
    1. Social and Economic Situation /021
    2. Hierarchy of Urban Regional and Their Extent /022
    3. Urban Regional Structure of Prefectural City–Wharf /028
    4. Character of the Construction of the Prefectural City Based on Defense /037
    5. Patterns of Military Defence of Man Cheng /040
    6. The Structure of the Functional Layout of the City /045
    7. Characterizing Modernization in the City /066

Section 3　Urban Modernization Awakening Period（1901–1910） /071
    1. Imperial Edict Relating to New Policy and Urban Development /071
    2. Budding Characteristics of Urban Modernity /073

　　　　　3. The Imperial Court's Transfer to Xi'an and the Discussion on Provisional Capital　/080

　　Section 4　Regional Economic Development and Its Influence　/083
　　　　　1. Commercial Routes and Urban Regional Economic Development　/083
　　　　　2. Influencing Factors of Urban Regional Economic　/084

Chapter 2
Transformation and Development during the Republic of China（1911-1948）/093

　　Section 1　Urban Evolution（1911-1948）　/095
　　　　　1. Evolution of Administrative Subordination during the Republican Period　/095
　　　　　2. The Governing Bodies and Their Functions of the Municipalities Established during the Republican Period　/097
　　　　　3. Administrative Boundaries and Urban Boundary Changes　/102

　　Section 2　Period of Beijing Government: Walking with Difficulty（1921-1926）　/106
　　　　　1. General Situation　/106
　　　　　2. Social and Livelihood Conditions　/108
　　　　　3. Urban Planning and Construction　/112

　　Section 3　Period of Nanjing Government: Primary Development（1927-1936）　/119
　　　　　1. Political and Military Situation　/119
　　　　　2. Social and Livelihood Conditions　/121
　　　　　3. Urban Construction Planning　/128

　　Section 4　During the Period of the Full-scale Anti Japanese War :The Beginning of Industry（1937-1945）　/141
　　　　　1. Political and Military Situation　/141
　　　　　2. Social and Livelihood Conditions　/142
　　　　　3. Urban Planning and Construction Management　/157

　　Section 5　During the Post-war Reconstruction: Urban Declining（1946-1948）　/164
　　　　　1. Political and Military Situation　/164

        2. Social and Livelihood Conditions /166

        3. Urban Construction Planning /171

Chapter 3
The Period of Planed Economy in New China（1949-1978） /175

Section 1   Urban Evolution（1949-1978） /177

        1. Three-year Economic Recovery Period /177

        2. The First Five-year Plan Period /178

        3. The Period of the People's Commune /181

        4. The Period of the First National Economic Adjustment /182

        5. The Period of Urbanization Decline /182

Section 2   Three-year Economic Recovery Period（1949-1952） /184

        1. The Establishment and Consolidation of the People's Political Power /184

        2. Recovery and Development of the Urban Economy /189

        3. Urban Infrastructure Construction and Development /193

        4. Three Editions of Design Proposals for the Construction of Xi'an /196

        5. Construction Achievements from 1949 to 1952 /198

Section 3   The First Five-year Plan Period（1953-1957） /200

        1. Urban Political and Economic Development /200

        2. Production-oriented City Construction /203

        3. Urban Infrastructure Construction and Development /204

        4. The First Edition of Xi'an Urban Master Plan (1953-1972) /209

        5. Construction Projects with Soviet Aid /211

        6. Construction Achievements /213

Section 4   The Period of the People's Commune（1958-1962） /215

        1. Agricultural Development /215

        2. Industrial Development /216

        3. Construction of Municipal Public Utilities /216

Section 5　The Period of the First National Economic Adjustment (1963-1965) /218
  1. Agricultural and Industrial Adjustment and Recovery /218
  2. Restoration of Urban Construction /219
  3. Adjustment Results /220

Section 6　The Period of Urbanization Decline (1966-1976) /221
  1. Urban Economic Development /221
  2. Stagnant Urban Construction /225
  3. Conservation of Urban Antiquities /228

Section 7　Development of the Public Service /229
  1. Educational Cause /229
  2. Cultural and Artistic Cause /229
  3. Medical and Health Cause /230
  4. Scientific and Technological Cause /232
  5. Landscape Construction /232

Chapter 4
System Transformation and Spatial Expansion (1979-1998) /233

Section 1　The Gradual Transformation of the System since the Reform and Opening up /235
  1. Institutional Transformation /235
  2. Household Registration System: Transformation from Restricting to Market-oriented /239
  3. Land system: From State Allocation to Compensated Use /241
  4. Financial System: Transformation from Overall Rationing to Decentralization /242
  5. Housing System: Transformation from Welfare Type to Commercialization /243
  6. Urban Development Policy: Transformation from Control of the Scale to Promotion of Regional Radiation /244

Section 2　Urbanization Process and Urban Spatial Expansion /245
  1. Urbanization Process and Its Characterization /245
  2. Character of the Expansion of Urban Space /251

Section 3 Urban Development and Practice in the 1980s /254

      1. General Characteristics of Urban Development /254

      2. The Development Process of the City's Five Major Functions /261

Section 4 Urban Development and Practice in the 1990s /272

      1. General Characteristics of Urban Development /272

      2. The Development Process of the City's Five Major Functions /279

Chapter 5
The Period of Multivariate Expansion(1999-2008) /297

Section 1 The Basis of Development during the Period of Multivariate Expansion /299

      1. Administrative Division Adjusting /299

      2. Urban Development with Policy Support /300

      3. Urban Positioning and Functions /302

Section 2 Urban Economic and Social Conditions /304

      1. Economic and Industrial Development Background and Policy Conditions /304

      2. Scale of the Urban Population /313

Section 3 Urban Development and Construction Situation /316

      1. Urban Development Concept /316

      2. Urban Planning and Management /319

      3. Spatial Development Trend /321

      4. Urban Construction Practice /323

Section 4 Historic Preservation and Old City Renewal /336

      1. Historical Preservation /336

      2. Old City Renewal /339

Chapter 6
The Period of Strategic Guidance Development (2009-2016) /345

　　Section 1　Administrative Division Adjusting and Development Opportunities /347
　　　　1. Adjustment of the Administrative Divisions /347
　　　　2. Policy Support and Development Opportunities /347
　　　　3. The Deepening Development of Urban Functions /353

　　Section 2　Urban Economic and Social Development /355
　　　　1. Scale of the Urban Population /355
　　　　2. City Building Practices /357
　　　　3. Economy and Industry /374

　　Section 3　Urban Planning and Construction Management /379
　　　　1. Urban Development Concept /379
　　　　2. Spatial Development Trend /380

Conclusion /383

References /401

Chronology /415

Index /481

Postscript /487

插图目录

图1-1　清代关中城市交通时空分布示意图 / 026

图1-2　近代西安"码头—关城—府城"结构示意图 / 029

图1-3　清代关中驿路、铺路交通时空示意图 / 032

图1-4　晚清时期城郭格局及功能分布示意图 / 041

图1-5　晚清时期西安满城布局示意图 / 046

图1-6　晚清时期拱卫满城的衙署分布示意图 / 048

图1-7　晚清时期城市商铺市场分布示意图 / 058

图1-8　晚清时期城市内部学堂分布示意图 / 061

图1-9　晚清时期城市内部祠祀分布示意图 / 066

图2-1　民国时期西安行政管理区示意图 / 101

图2-2　民国时期西安市区范围变迁图 / 104

图2-3　民国二十八年（1939年）西安城市平面示意图 / 134

图2-4　西京城市功能分区示意图 / 159

图3-1　1955年西安市政区图 / 180

图3-2　1972年西安市政区图 / 183

图3-3　1949年5月20日，解放军进入市区，西安解放 / 185

图3-4　西安市人民法院成立后，发布的第一张刑事判决布告 / 186

图3-5　西安解放初，公安机关收容乞丐、无业游民/188

图3-6　西安新城广场旧貌/194

图3-7　西安火车站广场旧貌/195

图3-8　西安市都市计划蓝图（1950年）/197

图3-9　西安市都市计划蓝图（1952年）/198

图3-10　1956年2月12日，西安市各届60多万人集会，庆祝社会主义改造胜利完成/203

图3-11　20世纪70年代末的西安城墙瓮城/227

图4-1　西安城市化水平历年变化图（1978—2008年）/245

图4-2　西安城市人口历年变化图（1978—2008年）/246

图4-3　西安三产从业人口历年变化图（1985—2008年）/250

图4-4　西安城市建设用地历年变化图（1978—2008年）/251

图4-5　西安城市形态演化图（1978—2008年）/252

图4-6　80年代西安城市建设用地拓展时序图/255

图4-7　1978年西安城市空间格局图/256

图4-8　80年代西安城市土地利用现状图（1992年）/257

图4-9　80年代西安城市功能分区图（1992年）/257

图4-10　80年代西安城市功能关系模式图（1992年）/257

图4-11　80年代西安工业区空间分布图（1992年）/263

图4-12　80年代西安工业用地建设时序图（1949—1992年）/263

图4-13　80年代西安居住用地布局及建设历程图/265

图4-14　80年代西安居住类型分布图/266

图4-15　西安道路演化及结构图/268

图4-16　80年代西安商业用地布局图/269

图4-17　80年代西安商业结构图/270

图4-18　80年代西安公共空间演化图/271

图4-19　90年代西安历年城市土地利用现状图（2002年）/274

图4-20　90年代西安城市功能分区图/275

图4-21　90年代西安城市功能关系模式图/275

图4-22　90年代西安城市用地扩展范围分布图/280

图4-23　90年代西安城市用地扩展性质分布图/280

图4-24　90年代西安城市边缘新区分布图/281

图4-25　90年代西安工业用地分布图/284

图4-26　90年代西安工业空间区位演化图/284

图4-27　西安市居住建筑面积演化图（1978—2002年）/285

图4-28　90年代西安居住用地建设类型分布图/286

图4-29　90年代西安居住用地演化的时空关系图/286

图4-30　90年代西安商品房空间分布图（2002年）/287

图4-31　90年代西安城市道路结构图/290

图4-32　90年代西安城市道路结构图/290

图4-33　西安市商业网点数量演化图（1978—2002年）/291

图4-34　西安市大型零售商业数量发展历程（1993—2002年）/292

图4-35　90年代西安商业用地区位演化图/293

图4-36　90年代西安商业空间结构图（2002年）/293

图4-37　西安市公共绿地面积演化图（1992—2000年）/296

图5-1　1998—2016年西安GDP增长曲线图/308

图5-2　1998—2016年西安GDP增长率折线图/308

图5-3　1998—2016年西安三次产业构成折线统计图/309

图5-4　1998—2016年西安人均GDP增长曲线图/309

图5-5　西安旧城区风貌规划图/338

图5-6　西安明城区高度控制规划图/339

图6-1　2009—2016年西安产业结构演变图/360

图6-2　2009—2016年西安居住空间发展图 / 362

图6-3　2009—2016年西安绿地发展图 / 365

图6-4　2009—2016年西安公共设施发展示意图 / 370

图6-5　幸福路地区综合改造土地使用规划图 / 371

图6-6　西安土地利用现状图 / 382

图6-7　西安城市发展图（2009—2016年）/ 382

绪 论

一、城市发展特征

西安深处内陆,有着6000年的人居史和长达3000余年的城建史,其中建都年代为1133年,其近现代发展不仅承载了隋唐长安城的历史传承,更体现了中国典型内陆中心城市近现代发展的空间过程和历史特征。自1840年鸦片战争爆发至今,中国在被动开放口岸和近现代化的历程中,经历了两次社会形态的革命,一次是以辛亥革命为标志从晚清封建社会转向民主主义社会的进步,一次是以中华人民共和国建立为标志的社会主义形态的建立,城市发展的社会经济基础发生了重大变革,因此,近现代西安的发展始终处于转型和重构的动态平衡过程中。

西安因其自身地理区位条件和历史渊源而呈现出典型内陆城市的近代化过程,即乡村城市化和近代化的发展,而近代化发展以清末新政开启为标志,直至1934年陇海铁路通至西安,才真正开启近代工业化发展的步伐,以大华纺织厂(1936年)为代表,其也是第一家真正意义上的机器化生产工厂。但全面抗日战争又接踵而来,严重阻碍了近代化发展的步伐。全面抗战初期,在民族工业内迁的趋势下,虽然引发42家企业迁入西安,但还是以传统商业、手工业为主,并未促成西安所需的发展机遇。抗战期间大量的军需要求,刺激了纺织业的发展需求,但战后因军需急剧减少而衰落,并未形成稳定的产业发展格局。总体上,在中华人民共和国成立之前,近代西安是以消费为主的城市,其近代化发展处于缓慢而缺乏动力的局面,但在思想意识上启动了城市近代化发展的脉搏,并在文化、经济、社会以及城市建设管理方面奠定了现代化发展的基础。

自中华人民共和国成立,在城市建设的洪流中,西安全面开启了城市化和工业化发展的步伐。计划经济时期,以工业建设为主导,西安承接了苏联援建的"156项工程"中的17项,并结合国家对于西郊电子工业区、韩森寨军工区、东郊纺织城工业区的建设,至20世纪60年代初,建立了现代化工业产业基础,使西安在短短10年间得到了迅速的发展,城市生活配套设施随之逐渐完善。同时,以上海交大西迁为代表,实现了国家对大西北发展人才培养的有力支撑。通过院校调整,至1956年,形成了以工科为主,包含医科、师范、文科、理科、政法、财经、体育、艺术等在内的86个专业、11所高等院校,奠定了西安成为国家西部人才培育的重要基地,城市建设与共和国同步,不断得到发展。

改革开放以来,西安建设发展不断走向新的高度,以2000年为分水岭,城市发展经历了两个大的阶段。20世纪80年代以来,首先明确了经济建设目标(1978年),标志着中国进入从阶级斗争向经济建设的目标转型阶段；确立城市主导的经济发展模式（1984年），并通过户籍制度的调整，开启人口固化向市场化流动的社会结构转型；确立土地有偿使用制度，开启土地要素的市场化转型（1988年）；在功能转型方面，工业从大出大进的重工业向民用化的轻工业转型或升级，以电子、生物工程、激光、光纤通信等主导的高新产业开始兴起；居住模式从工人新村、街坊大院向集住宅、学校、商业、绿地等为一体的居住小区转型；铁路的电气化改造和区域间的高速公路的修建，开启了区域联系的快捷化趋向。

1991年，26个国家高新技术产业开发区获批，开启了城市发展的开发区建设模式，而西安高新技术产业开发区率先成立，成为西安城市高新科技和既有产业优化升级的重要载体。这一时期，明确了建立社会主义市场经济经济体制，实行分税制（1994年），开启了政府部分职能的企业化转型。在土地有偿使用制度的推行下，西安城市发展变为一种主动空间寻租过程。为争取全球化资金流动与产业转移的空间需求，城市普遍采取低廉生产要素、规划干预、城市经营、空间重组等方式，以提高空间价值和区域竞争力。开发区契合了这一时代背景，成为1990年以来中国城市普通采取的城市外部拓展方式。20世纪90年代，西安在继续扩展西安高新技术产业开发区一、二期的同时，开拓了曲江旅游度假区（1993年）和西安经济技术开发区（1993年），以及沿陇海线建设浐河经济开发区（1994年）和灞桥科技产业园（2002年），城市新区成为西安城市拓展的主要阵地。2002年，西安市共有各类开发园区59个，整体形成国家级、省级、区级等不同归属的开发区。开发区普遍具备工业、居住、公共服务等综合功能，在疏解旧城区功能的同时，形成新的时代背景下的功能集聚与扩散，促进了城市新区的发育与完善，加速了西安城市结构转型。

2000年国家全面实施西部大开发战略，开启从东南向西北延伸的区域战略，为西安城市发展提供了政策支持。在此过程中，城市新区发展依然是城市发展的重要模式。2000年，西安经济技术开发区成为国家级经济开发区；2001年中国加入世贸组织，接轨全球化，西安开始加速其国际化进程，为西安新兴产业和外向型产业的快速发展提供了条件。2002年，科技部批准以西安为中心、陇海兰新线和宝潼高速公路为轴线，建设国家级关中高新技术产业开发带和星火产业带，使西安获得了更为广阔的发展空间。[①]在

---

① 鲁晓勋：《区域一体化视野下大西安都市圈空间结构发展问题研究》，西安建筑科技大学2006年硕士学位论文。

此基础上，2002年，陕西省推出了"一线两带"建设，为这一阶段西安的城市发展、产业转型提供了机遇。随着城市生活日益丰富，人们也有了更多的休闲时间，西安的旅游业发展十分迅速。2003年，开启城乡统筹的科学发展观的治理理念和发展模式。同时，结合已有大型国有企业和国家老工业基地振兴计划，提出工业强市的产业目标，先后出台了《西安工业振兴计划》（2002年）、《西安工业振兴计划实施指南》（2003年）、《西安市工业发展和结构调整行动方案》（2006年），以及大力发展高新技术产业和装备制造业的战略部署，政府政策的引导和高新技术产品的需求前景吸引了大量资本投入高技术产业，其中航空、航天、电子信息、生物医药、新材料等高技术产业得到迅速发展。经过不断调整，西安形成了以高新技术产业开发区（1991年）、经济技术开发区（1993年）、曲江新区（2003年）、浐灞生态区（2004年）、国际港务区（2008年）、阎良国家航空高技术产业基地（2004年）及西安民用航天产业基地（2006年）为主的"四区一港两基地"格局，将高新技术、装备制造、现代服务、旅游和文化产业作为五大主导产业。[①]各个新区的定位呈现多元差异化发展态势，总体上西安走向多产业类型综合发展的阶段。[②]除此以外，西安城市内部的更新与改造也同步进行。城中村改造、历史街区的保护与更新和城市基础设施的改造升级等，使得西安城市整体环境与形象品质逐步提升。

2009年，国务院批准实施的《关中—天水经济区发展规划》出台，将西安定位为国际化大都市，西安（咸阳）大都市作为核心城市，是经济区的核心，对西部和北方内陆地区具有引领和辐射带动作用。2010年6月29日，中共中央、国务院印发了《关于深入实施西部大开发战略的若干意见》，这是党中央、国务院在胜利实施西部大开发战略10周年，深入推进今后10年西部大开发的关键时期做出的重大战略部署，这是西部地区加快发展的重大战略机遇。

2014年1月6日，国务院正式批复陕西设立西咸新区。它是中国的第七个国家级新区，国家级新区是由国务院批准设立、承担国家重大发展和改革开放战略任务的综合功能区。国家级新区是一种新开发开放与改革的大城市区。同时，2014年6月22日，第38届世界遗产大会宣布，由中、哈、吉3国联合申报的古丝绸之路的东段"丝绸之路：

---

① 高连海：《社会变迁对城市空间结构的影响机制研究——以1949年以来西安市为例》，西北大学2009年硕士学位论文。

② 吉卫华：《华夏故都满城春 山水之城展魅力——我市深入推进文明城市创建工作综述》，载《西安晚报》2011年12月21日。

长安—天山廊道的路网"成功申报世界文化遗产，成为首例跨国合作、成功申遗的项目。西安作为丝绸之路经济带起点，处于"一带一路"的重要支点，是"一带一路"的核心区域。2015年9月，西安成为国家系统推进全面创新改革试验的八个区域之一。2016年8月31日，国务院批准设立中国（陕西）自由贸易试验区。2017年2月，国务院颁布的《"十三五"现代综合交通运输体系发展规划》中，西安被定位为全国12个最高等级的国际性综合交通枢纽之一、全国八大铁路枢纽之一，这将改变西安辐射圈的时空关系，从而提升其在全国交通网络中的经济和社会影响。2018年2月，国家发展改革委、住房和城乡建设部联合印发的《关中平原城市群发展规划》中明确提出建设西安国家中心城市，西安成为继北京、上海、天津、广州、重庆、武汉、成都、郑州之后第九个国家中心城市。《关中平原城市群发展规划》等国家战略，指出要打造"西安内陆型改革开放新高地""中欧班列品牌""国际性综合交通枢纽"，国际港务区的建设承担了这一开放高地的核心职能，结合自贸区建设，对于提升西安城市开放经济格局中的影响，意义重大。目前，国际港务区已经先后获得"国家级现代服务业创新基地""国家电子商务示范基地""国家级广告产业园"等15个国家级称号，对于西安在丝路经济带发展和国际化大都市建设的职能与城市的现代化建设具有不可估量的价值和意义。

西安近现代发展的历程，客观反映了历史古都西安在近现代化进程中不断适应社会经济的空间特征，是中国内陆城市近现代化发展的典型代表，折射出城市破旧立新的适应性发展，即转型和重构的动态发展过程。

见微知著，本书以西安近现代化为主线，围绕城市建设发展，以不同历史时期的社会经济条件为背景，结合其历史进程，揭示其历史的发生、发展的客观过程。但城市是复杂的巨系统，其内容纷繁复杂，本书仅从其近现代化的发展折射其历史进程，难免以偏概全不能反映其发展的全貌，其近现代发展的历史研究还需从社会、经济、文化以及生态环境发展等更多的方面进行深挖和分析研究，从而使近现代史研究成果可以为今所用。

二、史料状况与研究基础

（一）主要史料类型

近现代西安城市历史研究，根据不同历史时期的特征，近代时期史料主要来自地方志书、档案、报刊史料以及地图、影像资料、照片等。

中华人民共和国成立后，城市发展进入一个前所未有的发展阶段。以1978年为分水岭分为计划经济时期和改革开放时期，史料以当代的地方志书、报刊以及城市规划文件、地方管理技术条例和相关政策、法规等为主。由于城市规划和管理作为国家治理体系的重要职能，更多表现为政策导向下自上而下的城市规划、管理以及建设实施，城市发展不断表现为在规划政策下的人为干预持续强化和科学化的过程，因此，规划技术文件及各级各类相关专项规划、重大建设项目等数据资料、统计年鉴、政府工作报告、国家中长远发展规划资料等等，尤其是相关政策的解读和阐释，成为认知和分析城市发展重要的基础信息和影响因素。

因此，近现代西安城市发展历史的研究资料，更多的来自自上而下的政策解读、目标分解和逐级传递，史料类型则不同于前工业时期的城市历史研究，尤其是政策和管理法规等，愈来愈成为研究近现代城市历史的重要文献和基础。

（二）研究的思路和方法

城市处于一定的经济、社会和地理网络之中，往往形成一定的影响范围，即城市区域，同时，城市自身又是这一区域内的点，"城市是一个特殊的地域综合体，既具有外观形态，即城市的形状和大小，又具有一定的内部结构，即具有特定功能的城市物质构成要素的空间位置、要素构成及相互关系"[1]。为此，城市是一种区域。陈桥驿认为"城市也是一个区域，而且是一个人文景观特别复杂的区域"[2]，因此，对于历史城市空间结构的研究，应纳入区域研究的面与作为中心城市的点这一互动体系，以点为重心并延及相应的面，将城市看作区域中的点进行研究。由于城市涉及各种社会、经济和地理环境要素的作用和相互关系，历史城市的研究必然具有综合性，所以，区域研究的视点和综合性研究方法为历史城市地理学研究开阔了视野，增加了内涵深度，尤其对于城市空间的研究具有重要的指导意义。

---

[1] 耿占军、赵淑玲主编：《中国历史地理学》，西安地图出版社，2000年，第288页。
[2] 马正林编著：《中国城市历史地理》，山东教育出版社，1998年，"序"第8页。

他山之石可以攻玉，在历史地理学学科的发展进程中，不断利用的现代科学原理和现代研究技术手段，是历史地理学自觉进入现代科学体系的重要推动力量，"这种将古老的文字放在现代科学的体系中，并用现代科学原理加以解释，以复原空间的真相的过程，使乾嘉学者推向极致的考据学大有用武之地，但能否自觉地进入现代科学体系，掌握现代科学原理就成了不可或缺的前提"[①]。与时俱进是历史地理学学科发展的重要特征，在研究方法上应当采取最新科技手段丰富历史地理学的研究成果，为此朱士光明确提出："除继续采用历史文献资料收集整理分析考证、野外地理考察及环境考古等行之有效的传统方法，并使之不断完善外，还应采用最新科技手段，如运用电子计算机来储存检索与整理史籍资料，建立信息与模型系统，加快数理计算并提高其精度；运用卫星遥感技术，更迅捷直观地收集大范围的信息资料等。因为研究手段先进，也可推动理论上的更新。"并且提出也要吸纳相关学科的理论原理，"促使历史地理学能产生新的理论思想"。[②]因此，历史城市地理学在研究方法上也存在创新发展的需求，这就是在传统研究方法基础上，发挥跨学科的优势，借鉴相邻或者相关学科的研究方法，运用先进的研究技术，使研究方法从"他觉"走向"自觉"，从被动走向主动地与现代科学研究方法体系接轨，在保持历史地理学研究特点的前提下发挥其跨学科的创新优势，完善方法论体系。

总体上，以西安为对象的历史城市地理学的研究已经从单一城市逐渐转向城镇之间的关系研究，由个体城市的点向区域的面的互动研究转移；研究内容逐渐由分散性的研究而趋于系统性研究、由宏观而至于微观研究；从实证研究转向理论与方法的探索；研究方法逐渐从注重定性分析转为注重定量化研究。对于近代城市空间演变的历史城市地理学研究，则立足于城市的地理空间实体的整体系统性，同时结合现代城市功能的空间特性及相互关系，将各种城市功能空间视为城市整体空间系统下的子系统，进而从各个城市功能区域自身的演变中，探寻城市空间自我演替和变革的内在机理及规律性。

对于曾经拥有周秦汉唐辉煌历史的西安，其都城时期的研究成果是丰富的、系统的。相对而言，其近代工业化发展是迟缓的，战争和灾荒连绵，地方经济疲敝，在工业文明已经波及中国时，西安仍然是封建统治者高度重视的军事战略要地，因此，西安城

---

① 葛剑雄：《时间和空间之间的求索》，载《开放时代》1999年第5期，第78页。
② 朱士光：《关于当前加强历史地理学理论建设问题的思考》，载《陕西师范大学学报》（哲学社会科学版）1999年第1期，第94页。

市空间结构的发展反映了在两种文明、两种经济力量冲击下的博弈过程和空间转型特征。由于交通闭塞，经济基础薄弱，其近代化进程筚路蓝缕。这也造成相应的研究成果甚为鲜见，加之各种历史原因，对于近代西安的历史地理学研究是薄弱的，而从西安城市空间结构切入的研究成果则少而分散，缺乏系统性。从研究对象看，近代西安是典型的内陆型城市，其近代化进程具有一定的代表性。系统研究历史城市空间结构的演变及内在机理，并揭示其发展的规律性，从研究内容的拓展、研究深度和具体分析方法上对于历史城市地理学的研究无疑是有益的探索。

而对于近代西安的城市历史地理学研究，需要具体问题具体分析，近代西安的城市发展道路与沿海、沿江的开埠城市相比有着显著的不同。同时，对于近代西安研究如果泛泛而论或者借鉴于开埠城市的研究范式，显然是不妥的。而对近代西安城市进行全面、系统的历史地理学研究，从时间、经历和研究积累看，也是不切实际的。对于西安而言，近代时期高度强化的军事功能和突出的政治功能是内陆其他城市无可比拟的，但作为中心地城市，西安又承担着地域的经济和文化职能。而近代西安城市发展更多地体现在军事、政治、经济、文化教育等方面在国家政策改革和推动下各种要素的演化发展，而不是一蹴而就的彻底改变。即便是辛亥革命拆除满城，体现出政体改变在空间的反映，但各种要素的制约和此消彼长的过程始终处于矛盾运动当中。故而，西安的近代化发展也体现为军事、政治要素与经济、文化要素此消彼长的发展过程。同时，其城市化的现象也受到城市发展因素的制约，更多地表现为各种城市空间功能要素的近代化发展程度，真正撼动其农业地域发展的固有特征还是在中华人民共和国成立以后。因此，以近代化作为近代百余年的西安城市发展的线索，以城市空间结构的演变作为研究的切入点，探讨近代西安城市空间职能的地域演变与地理条件及互动关系，揭示城市空间结构演变的内在机制，是在研究的可行性基础上的有益探索，为后续更为系统和完善的研究寻求一条路径，也是近代西安研究的有益积累和基础工作。

（三）本卷作者前期研究

本书的研究成果聚焦于西安近现代发展。本卷主笔任云英自2000年以来积累并深耕于近现代发展研究，因硕士阶段研究着眼于古代城镇，通过硕士学位论文答辩，有幸延请陕西师范大学历史地理研究所朱士光先生作为答辩主席并得到其肯定，于2000年进入陕西师范大学朱士光先生门下攻读历史地理学博士学位。之后的5年之中，着力于在历史地理学与城乡规划学之间寻找研究的方向和途径，在博士学位论文的选题过程中，通过大量的资料爬梳和不断的分析对比，逐渐聚焦于西安作为典型内陆城市在近代发展中的空间特征及内在机制研究，一方面完成基于历史地理学的学术洗礼、脱胎换骨并获得学位；另一方面，在自己长期所从事的城市规划学科领域，寻找学科交叉下的突破和创新点，并完成了博士学位论文《近代西安城市空间结构演变研究（1840—1949）》（2005年）。参与了国家社会科学基金项目"中国八大古都发展与水环境的互动关系——以城市水利为切入点"（05BZS022）、教育部人文社会科学重点研究基地重大项目"历史时期西安与周边城市经济关系的协调发展研究"（2007JJD770105）、国家自然科学基金面上项目"黄土高原历史城市人居智慧及其当代应用研究"（51178370）、国家自然科学基金青年项目"西北地区城市传统回族聚居区适宜性人居环境营建模式研究"（51208417）。主持了陕西省教育厅项目"近代西安城市空间转型及其规划思想研究（1927—1949）"（07JK066）、"近现代西安城市规划历史研究（1927—2010）"（11JK0213）等。之后，于2012—2013年，在英国伯明翰大学城市形态研究中心做访问学者，师从英国城市形态学研究学者、康泽恩学派代表人物、伯明翰大学终身教授J. W. R. Whitehand先生，并以西安作为研究案例，探索基于历史地理学的城市形态学研究方法及应用。回国后主持了住房和城乡建设部科学技术项目"基于康泽恩城市形态学的旧城更新规划方法研究"（2016-K2-023），国家自然科学基金面上项目"丝路经济带'长安—天山'段历史城镇文脉演化机理与传承策略"（51578436）、"丝绸之路城镇历史地段文化生态内生机制及其适宜性更新规划模式"（52078404）等。发表了西安近现代城市及其历史的研究论文30余篇，出版了专著《转型与重构：近代西安城市空间结构演变》（2019年）、《西安城市社区更新理论与实践》（2021年）。

通过不断的研究和思考，结合博士期间的学习、博士后的研究探索以及出国访学，尤其是在伯明翰大学访学期间，对于城市形态学及其历史地理途径和方法的学习，任云英进一步明确了历史地理学与城乡规划学的交叉领域及研究方法，并积极应用于自己主持的项目中。因此，奠定自己对于西安近代城市史的认知、方法和研究逻辑，结合西安近现代发展中的转型和重构特征，建构了以城市空间演变为主线、以城市空间结构特征为分期依据，从系统性和整体性出发，大处着眼、小处着手，条分缕析，通过宏观、中观及微观三个空间层级对城市的历时性、共时性特征进行分析，剖析城市空间及背后的社会、经济、文化等的相互关系，揭示其历史发展的空间过程、影响因素及其动因，探索近现代城市历史研究的创新路径。

同时，改革开放后西安城市发展的历史，以西部大开发为分水岭，划为两个时期，结合任云英指导的博士学位论文进行分阶段研究。改革开放后的第一个二十年，西安和我国其他城市一样，经历了从计划经济逐渐进入市场经济，尤其是土地制度转型、房地产开发成为推动城市拓展以及城市化发展的重要动力因素。同时随着1982年被列为第一批历史文化名城，西安开启了历史城区整体保护的新篇章。高新技术产业开发区的建立，是西安城市产业结构发生转变的重要事件，高新技术产业成为城市创新发展的重要驱动因素。改革开放后的第二个二十年，城市化进程不断加速，城市化发展进入新常态，在新型城镇化发展的背景下，西安经历了城市新区建设，之后伴随新区的发展，不断适应社会经济发展的诉求，在城市生态、国际开放以及"一带一路"倡议中发挥着驱动区域发展的重要功能。丝绸之路跨国遗产申报获得成功、中欧班列的开通等，使西安跃升为国家中心城市。而该部分由任云英所指导的两位博士刘淑虎和田野分别完成。

三、章节结构

（一）撰述思路

为系统分析、揭示近现代西安作为西北重镇和典型的内陆型区域中心城市发展特征，本书以工业化和城市化发展两条主线，阐明西安在城市性质、规模、功能组织、城市结构、军事政治、社会经济、规划建设管理等多个方面的阶段特征及重要地位，揭示近现代西安城市发展变迁的空间特征及其动因。本书在撰述时以城市空间形态结构演变的阶段特征、空间要素及其动因，记述不同时期城市的面貌和景观的动态过程。以城市空间形态分析为主，透析城市在不同空间尺度的影响范围、交通区位、产业格局、区域影响等的动态特征，注重近代化进程中规划干预和管理及其对于城市发展的影响和作用，以期既有益于读者对近现代西安城市发展阶段、特征和面貌有整体了解，也能对西安城市近现代发展的特征、动因、机制以及规划和建设管理的历史过程形成系统认识。

（二）章节安排

依据西安近现代化的阶段特征，通过基础数据刻画、空间特征分析、发展动因解析、系统机理阐释等的研究逻辑，揭示近现代西安的转型发展特征。全书主体内容分为六章。

第一章阐述了自1840年以来的晚清时期，从近代化要素逐渐产生、集聚的蕴育时期，到新政上谕后近代工业、商业金融、文化教育、邮路交通和区域经济的近代化萌动时期的发展及其空间表征，并揭示了以驿路体系为基础的"府城—关城—码头"的城市地域空间结构和区域经济发展的中心辐射特征。

第二章结合自辛亥革命以来，以城市行政沿革、管理机构以及城市规模和行政边界调整并联系重大事件，根据工业化、城市化以及陪都建设的空间重构特征分四个时段，分别从政治及军事、社会及民生、城市建设规划等三个方面，阐述了北京政府时期由于军阀割据和政权动荡影响城市发展步履维艰的空间过程；南京政府时期相对稳定的十年建设以及城市空间的发展和伴随着陪都筹备建设的城市定位及其特征；全面抗战时期，民族工业内迁、军需供给等刺激下工业起步以及近代铁路发展对于城市的区域辐射乃至空间结构的影响，其间伴随着陪都筹备委员会的裁撤；抗日战争胜利后至中华人民共和国成立前夕，在战后重建浪潮影响下，西安城市管理、规划、建设的现代化趋势和特征。

第三章阐释了自中华人民共和国成立至改革开放前夕，西安被列为国家重点建设的西北工业基地，城市发展与共和国发展同步，进入了一个自上而下、以政策和管理为导向的以计划经济为主的城市发展时期。伴随城市化进程，分为五个发展时期，即三年经济恢复时期、第一个五年计划时期、人民公社时期、第一次国民经济调整时期和城市化衰落时期，主要从工业化发展、城市基础设施建设以及公共服务设施等诸方面的空间进程，结合城市规划建设管理的发展，并结合文化保护、公共服务设施、园林绿化等功能的不断发展完善，揭示了西安在新中国计划经济时期城市发展的特征、动因及其内在机理。

第四章结合改革开放第一个二十年城市发展实践，阐释了西安城市发展进程中的城市化进程、空间拓展和城市功能的演变特征，揭示这一过程中户籍、土地、财政、住房、城市管理等的制度转型，以及城市发展范式从规模控制向提升区域辐射作用转化的发展趋势，还有由此而带来的城市化进程与空间拓展，表现为工业空间、居住空间、道路网络、商业空间、公共空间等五大功能的综合提升及其系统动力的驱动和发展。

第五章结合21世纪之交近十年发展，阐述了紧凑城市、精明增长、城市运营、历史保护等城市理念影响下的两个发展阶段的发展，首先是前五年，结合城市拓展的表征，即外围边缘新区的拓展和内部旧城的更新改造以及历史文化资源及其周边的开发利用，阐释了产业、道路和公共设施用地增量扩充、居住用地以存量改造以及新区和城市以成片开发，使城市用地形态呈现整体向外扩展，南北轴向发展；而该阶段后五年，城市向东、西、南、北四个方向全方位拓展，以各个新区作为主要的发展区域，加之三环路的建成，城市各个方向的发展都得到了全面的强化，逐渐区域整合发展。与此同时，城市更新延续了西安城市的传统而同步展开，主要包括城市公共空间环境提升改造，城中村、低洼区、棚户区改造，城墙内重点历史街区、地段的整治改造与大兴新区综合改造，揭示了该阶段的城市发展主要是在延续已有城市经济与社会发展基础上，强化了原有城市边缘区域的带动整合作用。依托交通线路引导城市对外发展，整体上呈现出城市中心及边缘区域多元化扩展与完善的态势。

  第六章记述战略引导发展时期，以国家重大战略为引领、以重大事件为标志，西安城市发展历经十次重要机遇，如设立国际港务区打造"一带一路"内陆开放新高地、设立第七个国家级新区西咸新区、建设国家级创新改革试验区、筹建中国（陕西）自由贸易试验区、建设国际性综合交通枢纽、丝绸之路跨国系列申遗成功等。结合这一时期行政区划的调整、政策支持与发展机遇、城市职能的深化发展，以及城市规模、建设实践、经济与产业，阐释了城市发展的驱动力和转型发展的特征，并结合这一时期城市发展的先进理念和空间发展态势及其特征，反映了战略引导下城市自上而下的政策驱动和自身发展调控下的跃升发展。

第一章 晚清近代化萌芽时期（1840—1910年）

鸦片战争至辛亥革命爆发前夜，是晚清近代化发展的初期。洋务运动、戊戌变法，以至清末新政，构成了近代中国社会变革的主要线索，而以清末新政后的变革力度最大，提出编练"新军"、倡导商业、改革教育、改革官制、出台法律等，从军事、商业、教育、官制、法律等多方面提出了改革措施，推动了近代中国社会的变革转型。此时，西安城市发展经由清末新政促动，劝办工场、倡办新学、设立新军，在政治、经济、军事、文化因素作用下处于城市发展的变革时期，在社会结构、行为规范、价值体系、政治制度、经济结构等均有广泛的表现，即所谓的"变革社会"。[①]全面的社会变革体现在城市空间结构中也是显著和突出的。这一阶段是西安城市近代化发展的第一个重要时期。

---

① 冯筱才：《1911~1927年的中国商人与政治：文献批评与理论构建》，载《浙江社会科学》2001年第6期，第50页。

第一节
城市沿革（1840—1910年）

一、行政建制

清代西安沿袭了明代西安城的基址。明洪武二年（1369年），改奉元路为西安府，治所隶属于陕西等处行中书省，位于今西安西大街东段社会路口西侧。清顺治二年（1645年）正月，占领西安府，沿承明，治所隶属于陕西承宣布政使司，位于明西安府旧址，后清康熙三年（1664年），隶于左布政使司，并最终隶属于陕西布政使司。

明初西安府下辖地区共计6州31县，包括今西安市、咸阳市、铜川市、渭南市、商洛市等区域，其边界东至潼关，西至武功，北至同官，南至镇安。其中位于今西安市境内的有长安、咸宁、临潼、蓝田、高陵、盩厔、鄠县7县。乾隆年间，在省下设道级巡视区，西安府隶西乾鄜道，由此西安府辖区缩小至15县1散州2厅，边界东至今渭南市，西至周至县，北至铜川市，南至宁陕县。其中位于今西安市境内的仍然包括长安、咸宁、临潼、蓝田、高陵、鄠县、盩厔7县。

清代承明旧制，西安由长安、咸宁2县分治，长安包括"附郭治府西偏，东西距二十七里，南北一百九十里"，咸宁包括"附郭治府东偏，东西距四十八里，南北二百八十里"。[①]明时县以下在城关为里，农村设乡、里二级。长安县城关有8里，农村有4乡41里，共辖49里；咸宁县城关有12里，农村有3乡54里，共辖66里。清西安府城关改里为坊，农村改乡为仓、廒。咸宁县城关辖41坊，农村辖29仓；长安县城关辖53坊，农村辖18廒。城区内各按方向将坊划分为东路、西路、南路、北路等。晚清时期，西安城仍然分

---

① 〔清〕舒其绅等修，严长明等纂：《西安府志：乾隆四十年》卷一《地理志》，三秦出版社，2011年，第13、14页。

属咸宁、长安2县管辖,"光绪三十一年,改设警察(即周礼司暴司稽治市之意)。分两县东西南北为四城;城各四区;东关二区,西南北关各一区;满城别为一区(宣统二年陕西警务表),统隶巡警道,于是诸坊仅有其名,惟乡约、地保应役者仍隶于县而已"[①]。这是城市管理体制的一次变革,是适应社会发展的城市基层户籍、治安管理的进步。

表1-1 西安府城下属坊名表

府城县名	所辖坊名	共计
咸宁县	通化(今和平路以东)、新立(今东县门)、钱局(今安居巷)、东耳窝(今骡马市)、柳巷(今柳巷)、六海(今东厅门)、两廊(今端履门)、五伦(今东木头市东)、顺义(今解放市场)、府前(今西大街东段)、马巷(今西一路)、南勋(今西大街东段南侧涝巷一带)、外路(今东涝巷)、中卫(今南大街中段西侧)、永宁北(今南大街北段东侧)、永宁南(今南大街南段东侧)、新城小(今东大街案板街南口)、北京(今北大街南端)、宣平(今北院门)、左所一(今北大街中段西)、左所二(今二府街)、左所四(今北大街南段西)、中所二(今北大街北段西)、更衣前(今东关更新街)、更衣后(今东关正街北侧)、长乐东(今长乐坊东段)、长乐西(今长乐坊西段)、兴庆(今兴庆坊)、长关(今东关正街)、柿园(今柿园路西段)、董元康(今伍道庙什字)、周极寺(今东关庙子巷)、古迹(今古迹岭)、冰窖小(今永宁庄东)、吊桥(今东关正街东端)及通政一、二、三坊(今南大街北段以西),归义一、二、三坊(今南大街南段以西、太阳庙门、粉巷)	41坊
长安县	市北(今大麦市街),安定(今西门内北侧),贡院(今贡院门一带),安定二(今西门内外),舍光(今迎春小区),新兴,第八小(今青年路西段北),枣茨(今早慈巷),王家巷(今莲湖路东段),北城小(今大莲花池),南右所一,保宁(今庙后街),保定一(今庙后街一带),东西怜孤(今莲寿坊),水月寺(今药王洞中段),曹家巷(今北曹家巷),香米园(今香米园),土城(今土车巷),教场东西(今教场门),后卫中所一(今药王洞东),伞巷一、二、三、四坊(今西大街中段、东段),南顺一、二坊(今太阳庙门一带),水池四、六坊(今五星街水车巷一带),县水池一、二坊(今五味什字一带),卫水池一、二坊(今四府街一带),后卫右所一、二、三、四坊(今莲湖路中段一带),广济一、二、三坊(今广济街、庙后街东段),后所一、二、三、四、五坊(今西北三路、老关庙一带),前所一、二、三坊(今青年路西段、麦苋街一带),京兆三、四坊(今大皮院、西华门),铁炉一、二、三、四坊(今洒金桥、庙后街西段)	53坊

资料来源:西安市地方志编纂委员会:《西安市志》第1卷《总类》,西安出版社,1996年,第236—238页。

二、城市规模

清代承袭明代城垣范围与形制,曾在城区建立满城,对城墙防御工程亦多次修葺。

[①] 翁柽监修,宋联奎总纂:《咸宁长安两县续志》卷四《地理考上》,民国二十五年铅印本。

清代西安城修筑供满族人居住的满城，其中分别驻扎八旗防兵，所以满城又称"八旗驻防城"，坐落于城区中部至东北角。顺治六年（1649年）以改筑明秦王府而成。满城以明秦王府城为基础，而其外城由萧墙的四面向外延伸；它的东、西、南、北四面墙，分别从当今尚德路、尚朴路、西一路、后宰门街拓筑至西安东城墙、北大街、东大街、西安北城墙，其区域包括原明秦王府城以及旧属咸宁县领府城东北面的7街94巷的全部。

扩筑后的满城，城墙呈正方形。南部城墙由长乐门南至钟楼南，西墙由钟楼至安远门北。东墙与北墙为西安府城城墙。民国《咸宁长安两县续志》记载："满城周二千六百三十丈，为十四里六分零"，其"东西距七百四十丈，为四里二分零；南北距五百七十五丈，为三里一分零"。根据相关资料中的实际测量数据记载，"西安城墙周长为13912米，东城墙长度为2886米，西城墙长度为2708米，南城墙长度为4256米，北城墙长度为4262米。总面积包括城墙厚度在内为约11.5平方公里"。而满城实测周长为8687米，东西为2466米，南北为1917米，面积约为4.8平方千米，占西安府城城市总面积的42%。[1]除满城外，还曾在满城的东南隅修建南城，康熙二十二年（1683年）"添驻汉军，复于端履门至东城中间筑墙，抵城南垣，为南城"[2]。乾隆四十五年（1780年）汉军调出旗外，南城仍归汉城，隶属于咸宁县。民国元年（1912年）9月，满城西、南两侧城墙由陕西都督张凤翙下令拆除并重筑北大街与东大街，形成了现在明城区范围的城市格局。

三、府城人口

西安市境内人口在清同治年间（1862—1874年）与光绪年间（1875—1908年）急剧下降。其主要原因在于同治年间的战火和光绪年间连年的灾荒。《西安市志》记载，同治五年（1866年），咸宁与长安2县总人口约674000人，而到了光绪三十三年（1907年），咸宁与长安2县总人口约371518人，共计下降约44.88%。

其中，回民聚居区咸宁县午门仓的菜园前村和张家堡，在战火之后村落消失。据各县旧志记载，清末长安、咸宁等7县人口总数约为1198727人，较道光年间下降14.5%。[3]

---

[1] 吴宏岐、史红帅：《关于清代西安城内满城和南城的若干问题》，载《中国历史地理论丛》2000年第3辑，第123页。
[2] 〔清〕高廷法、沈琮修，陆耀通、董祜诚纂：《咸宁县志》卷一〇《地理志》，嘉庆二十四年修，民国二十五年重印本。
[3] 西安市地方志编纂委员会：《西安市志》第1卷《总类》，西安出版社，1996年，第441页。

表 1-2　清末今西安市境人口统计表

地名	时间	人数	总计
长安	宣统三年（1911 年）	248284	1198727
咸宁	宣统三年（1911 年）	286588	
鄠县	民国元年（1912 年）	91915	
盩厔	宣统三年（1911 年）	180000	
临潼	宣统年间（1909—1911 年）	120000	
蓝田	民国元年（1912 年）	145340	
高陵	宣统二年（1910 年）	42633	
省城	宣统年间（1909—1911 年）	83967	

资料来源：西安市地方志编纂委员会：《西安市志》第1卷《总类》，西安出版社，1996年，第441页。

注：鄠县、蓝田县志未载清末人口数，今取《十年来之陕西经济》（陕西省银行经济研究室特刊，1942年）中的调查数代替。

晚清时期，西安府城从隶属上可以分为三部分，即：咸宁辖区、长安辖区、满城。总体上，人口中军队人数比例较高，包括满洲、蒙古、汉八旗，督标、抚标以及城守等营。

清同治年间的战事延续了12年，西安历遭兵燹之后人口锐减，"陕省自遭回乱，或全家屠杀，或十存二三，庐舍尽焚，田园荒废，萧条千里，断绝人烟"[1]。民国《续修陕西省通志稿》载："陕西丁口八百四十万三千八百一十八（大清会典，据光绪十三年册报）。……陕西省城关正户七千八百七十七，附户一万零一百一十四，男大三万六千二百零九口，男小一万四千五百四十六口，女大二万三千四百四十八口，女小九千七百六十四口，商户五千二百七十四户（省城保甲局册）。"[2]宣统时期有关户口普查的规定指出："每户编门牌一号，其有二户以上同住者，应以一户为正，余为附。凡二户以上同住者以先住为正户，后住为附户。若同时移住则以人口较多之户为正户，附户应另列号数标明附户字样别钉门牌。"[3]由此可见，西安当时的附户已经远较正户为多，一方面反映出当时西安内部的家庭结构是以宗族大家庭为主，另一方面也反映出城市人口在城乡之间摆动。

---

[1] 黄辅辰：《致署陕甘总督移书同治六年》，见〔清〕盛康辑：《皇朝经世文续编》卷九六，台北文海出版社影印本，1979年。

[2] 杨虎城、邵力子修，宋伯鲁、吴廷锡纂：《续修陕西省通志稿》卷三一《户口》，民国二十三年铅印本。

[3]〔清〕刘锦藻：《清朝续文献通考》卷三九五《宪政三》，商务印书馆，1955年，第11459页。

而后者往往是造成战争或灾荒时期西安城市人口迁出的重要因素之一。

从县域人口的史料记载看，咸宁县在嘉庆二十一年（1816年），户为45346，口为298801（《编审册》）；道光三年（1823年）口为315000多（《秦疆治略》）；道光五年（1825年）口为315000多（《陕志辑要》）。因此，总体上县域人口在清代中期基本在30万左右。而至晚清时期人口较前减少甚多，县志记载光绪三十三年（1907年），口为185610（《县丁口表》），较之前人口几乎减少近半。[①]

民国《咸宁长安两县续志》载，城内坊巷人口的记录以县境为范围，咸宁所属的城29坊、关城12坊、堡4，其中城29坊，分为东路（9坊）、西路（7坊）、南路（7坊）、北路（6坊）。城关人口，户为14030，口为63461。[②]由于县域人口较前大有减少，"然自同治纪元以来迭遭寇乱，又经光绪丁丑庚子，连岁大祲，以光绪三十三年丁口表计之，各仓人口凋残，较昔几于减倍矣"，因此，城内人口较前应有大幅的减少，主要是当时连年的战争和荒旱所致。

从县域人口史料看，长安县在嘉庆十七年（1812年），户为36164，口为231530（《编审册》）。道光三年（1823年），口为259100（《秦疆治略》）。道光五年（1825年），口为259000左右（《陕志辑要》）。光绪三十三年（1907年），口为189908（《县丁口表》）。[③]

表1-3　清代各个时期西安人口一览表

时间	咸宁县人口		长安县人口		小计	
	户	口	户	口	户	口
嘉庆十七年（1812年）			36164	231530	81510	530331
嘉庆二十一年（1816年）	45346	298801				
道光三年（1823年）		315000		259100		574100
道光五年（1825年）		315000		259000		574000
光绪三十三年（1907年）		185610		189908		375518

资料来源：杨虎城、邵力子修，宋伯鲁、吴廷锡纂：《续修陕西省通志稿》卷三一《户口》，民国二十三年铅印本；翁柽监修，宋联奎总纂：《咸宁长安两县续志》卷四《地理考上》、卷五《地理考下》，民国二十五年铅印本。

[①] 翁柽监修，宋联奎总纂：《咸宁长安两县续志》卷四《地理考上》，民国二十五年铅印本。
[②] 翁柽监修，宋联奎总纂：《咸宁长安两县续志》卷四《地理考上》，民国二十五年铅印本。
[③] 翁柽监修，宋联奎总纂：《咸宁长安两县续志》卷四《地理考上》，民国二十五年铅印本。

"邑内人口莫盛于道咸之际，同治寇乱肆行屠戮，户口锐减，光绪季年虽稍生聚，而视前则相差尚巨。"①民国《咸宁长安两县续志》中记，城内城关户为10439，口为48167。②

四、满城人口

满城频繁调动驻防八旗，致使不同时期人口数量变化较大。据《钦定大清会典事例》统计，终顺、康、雍、乾四世，西安驻防兵的调派计达23次之多。雍正时期《陕西通志》载，满城内满族八旗、汉八旗、蒙古八旗将士合计9030人，按规定的带眷系数，计其家口共73246人，共计82276人。

满城八旗兵是携眷驻防，因此，满城人数多寡与营内兵数直接相关。依据上述统计的满城人口82276人，应当是完全达到带眷系数上限后所能达到的最多人口数量。

据宣统时期两次全国人口调查，第一次查"西安驻防正户三千九百零八户"③，第二次查"西安驻防合计正户二千五百二十五户，附户一千三百七十三户"④，合计为3898户，"陕西全省合计正户一百三十一万九千二百一十户，附户二十八万二千二百三十四户"⑤。由于满城八旗有包衣、家奴，家庭成员较为复杂，如果按照5~7人/户计算的话，人口大致为2万~3万。

按照雍正时期《陕西通志》中所载的旗兵的带眷系数，满城的家口人数不超过73246人，加上兵士人数，共约82276人，应当是满城的人口上限。但从实际的人口发展来看，由于中间有汉军出旗，加之战争期间的死亡和饥饿等引起的机械死亡人数也是比较多的，因此西安满城的人口变化波动较大。而3万左右是一个比较接近晚清末期至辛亥革命前实际的人口数据。

---

① 翁柽监修，宋联奎总纂：《咸宁长安两县续志》卷五《地理考下》，民国二十五年铅印本。
② 翁柽监修，宋联奎总纂：《咸宁长安两县续志》卷五《地理考下》，民国二十五年铅印本。
③ 〔清〕刘锦藻：《清朝续文献通考》卷二五《户口一》，商务印书馆，1955年。
④ 〔清〕刘锦藻：《清朝续文献通考》卷二五《户口一》，商务印书馆，1955年。
⑤ 〔清〕刘锦藻：《清朝续文献通考》卷二五《户口一》，商务印书馆，1955年。

第二节
近代化蕴育时期（1840—1900年）

一、社会与经济情况

鸦片战争至回銮新政，以洋务运动为起点开启了清政府的改革步伐，西安的近代军事工业开始出现，城市空间结构服从于军事和政治统治的需求，依然呈现出内向、封闭和军事防御特征。

（一）经济疲敝：近代工业步履维艰

第一次鸦片战争后，陕西的社会经济受到很大影响，繁重的赋税和军饷负担加之连年的旱灾、冰雹、地震、蝗虫和瘟疫等灾害，使人民生活极端困苦。清廷一方面加强地方军事力量督办团练，一方面加紧征收赋税，开始征收鸦片税，鼓励种植罂粟。咸丰八年（1858年）陕西在省城又开始征收赋税（厘金），然后又在各地推广。在沉重的徭役赋税、兵灾以及自然灾害的多重重压下，反对剥削、反对饥饿、反对腐败统治的人民起义此起彼伏，对陕西社会经济发展造成巨大的冲击。

西安深处内陆，近代化的发展步伐缓慢，近代工业起步相对较晚，但是西安在近代工业的发展中，率先创设作为军工企业的机器制造局。例如：同治八年（1869年），左宗棠创设西安机器局，同治十一年（1872年）底，左宗棠行营西迁兰州，西安机器局随之也迁至兰州成为兰州制造局。[①] 而后，光绪二十一年（1895年），护理陕西巡抚张汝梅奏请设立陕西机器制造局于西安，制造军装、枪弹，修理军械。这可以看作西安近代军事工业的起点，且这种发展是以军事需要为主导因素的。西安近代工业在此阶段的薄

---

① 王致中、魏丽英：《中国西北社会经济史研究》（下册），三秦出版社，1992年，第41页。

弱发展可见一斑。

（二）城市文化：维新思想在西安传播

陕西的维新思想比较活跃。同治十二年（1873年），味经书院在陕西泾阳创立，著名学者刘光蕡曾任院长，他主张"中国唯变法不能图存"。他发表维新主张，改革教育，传播西学，不仅将"四书""五经"、《资治通鉴》《朱子语类》等列入必修课，还以读书致用、转移社会风气为己任，提倡普及教育，并以教育为富国强兵的根本，传播先进文化，对西安社会经济及文化发展起到了重要作用。

甲午中日战争以《马关条约》（1895年）的签订而告终，此条约的签订激起举国上下的义愤，民族意识觉醒，维新思想活跃。清政府逐渐放宽了对民间开设工厂的限制，中国民族工商业得到初步发展。生产方式的改变，引起人们思想意识也发生了明显变化，不但为变法维新和民主革命准备了物质条件，而且也奠定了思想基础。1898年，戊戌变法虽然失败，但是它促进了中国人民的觉醒，唤醒了近代民族意识，并传播了西方的社会政治学说和科学文化思想，促进了资产阶级革命的发展。

在此背景下，西安的维新思想逐渐活跃。光绪二十二年（1896年），维新者购置西安第一台铅字印刷机并开办秦中书局，创办了西安第一张报纸《秦中书局汇报》，月出一刊。光绪二十三年（1897年），创办民办报纸《广通报》，宣传维新思想并转载外地各报的时论文章和新闻报道。

二、城市地域层级及其范围

以西安为中心的地域空间涉及三个层次的地理要素界定范围，同时受其行政界域和文化心理限定要素的制约和影响。

（一）区域地理格局

以西安为中心的空间界域包括三个层次的地理因素界定范围：第一层次为关中地区；第二层次为西安小平原；第三层次为西安城市地域。

首先，是关中平原。近代西安在隋大兴、唐长安皇城基础上，除明代城垣向北、向东扩建外，城市基址自唐以降未曾变更，因此，西安秉承了基于都城选址的区域空间权衡的区位优势，其选址具有农业社会时期"对内安全指向"和"对外发展指向"的区域权衡的结果。①"四塞之固"从一方面显示出西安所处的关中平原，因自然关隘的限定而具有一定的内向封闭和对外的防御性，另一方面，也使西安在地域单元上具有一定的空间完整性，因此，"四塞"是自然地理因素对以西安为中心的城市区域空间的第一次限定。这一范围，在秦为内史之地、汉为三辅、唐为京畿之地，均为都城的腹地。

其次，是西安小平原范围。随着都城地位的丧失，西安依然借助于控遏西北与东南以及黄河中下游地区的交通区位优势，具有"东控甘、凉，西连豫、晋；南界鄂、楚、川"的战略地位，被历代统治者所倚重。但其腹地范围也随之萎缩，作为区域性中心城市，其行政管辖范围为长安、咸宁、咸阳、临潼、兴平、三原、泾阳、蓝田、盩厔、鄠县、同官（今铜川）等县，以及孝义厅等。在晚清时期，自然山水的限定作用，使西安府所辖各县之间又因自然地理、交通条件的差异而形成了行政分区下的第二次限定，所谓西安小平原的自然地理范围。在《汉唐长安地区的宏观地理形势与微观地理特征》一文中，朱士光提出了西安小平原②的地理界域概念：小平原为八百里秦川之中央，山水环绕其四周，秦岭山脉最北的终南山是其南部之屏障；而其东部的骊山，犹如坚实的臂膀，环护着小平原的东缘，它是终南山东北走向后又转而向西的一条支脉，是继函谷关、潼关之后西安东方的第三道门户。小平原上河流分布密集，潏、滈绕其南，泾、渭环其北，其西有沣、涝经过，其东有灞、浐流经。以渭河、秦岭间而论，周至以西或临潼以东，南北长均不过二三十里，独西安小平原长达百里。这一地区自然界域与渭河以南西安府的行政界域基本吻合。

再次，是"八水绕长安"的西安城市地域范围。若从西安小平原的范围内分析，又有"八水"环绕的地理环境特征，由于当时跨河交通受到造桥技术、材料等的限制，因此，跨河交通往往成为平原地区交通的门槛。以渭河跨河交通为例，西有咸阳桥（西渭桥）、中有中渭渡，"渭水自长安流经县北，东北左合皂河，余水又东北右会灞水，又东北入高陵，过社二行二十里，有草店渡，入高陵三原路也，咸宁高陵旧以水为界，今渭日移而北，高陵遂有渭南地，水浊且泛涨无常，不可以渠"③。可见，渭河本为划县之界，只是因为河床北移，而有所改变。东渭渡则为经耿镇通往高陵的官道。出西安

---

① 侯甬坚：《定都关中：国都的区域空间权衡》，见侯甬坚：《历史地理学探索》，中国社会科学出版社，2004年，第369—375页。
② 朱士光：《汉唐长安地区的宏观地理形势与微观地理特征》，见中国古都学会编：《中国古都研究》第2辑，浙江人民出版社，1986年，第89页。
③ 〔清〕高廷法、沈琮修，陆耀遹、董祐诚纂：《咸宁县志》卷一〇《地理志》，嘉庆二十四年修，民国二十五年重印本。

西行，必经咸阳渭河桥，该桥位于咸阳西南十里的西渭桥所在，始作于汉武帝建元三年（前138年），是西安以西的重要关津。唐代末年废弃，北宋乾德四年（966年）重修，后来被洪水冲毁，淳化三年（992年）迁移至孙家滩，至道光二年（1822年）又修建至此地。县志上此桥汉代名为便桥，唐代名为咸阳桥。而这一西去的重要交通要道，并不能保证全年畅通，"秋后作桥，夏间水涨用船。自明嘉靖年间，以舟为浮桥，又曰渭阳古渡，今仍其制"①。又如灞河桥，明清时期时修时圮，"霸桥自明成化间修筑以后，圮塞不时"②，"康熙六年，造大小船各一，水夫给绝军屯田。水落架木桥，水涨船渡"③。城市西以渭河（咸阳桥）、东以灞河为其自然界域范围。因此，"八水"环绕是自然地理因素的第三层限定，而西安城市建设范围，除南部以秦岭北坡为界，在近代其东、西、北部并没有超越自然水系所限定的这一范围：东以浐、灞，西以皂河，北以渭河，南有滈、潏并依南塬，构成了近代西安城市地域的核心范围。

（二）行政层级及其范围

按照行政原则所形成的政区范围在地域时空格局下的空间的限定，分为三个层次：第一层为清代西安府下辖范围，包括西安所属的各个县的范围。第二层为咸宁、长安2县所辖范围，即西安城郊范围。第三层为"八水"所限定的范围，即西安城市地域功能要素直接作用的范围，处于第二层限定范围之内。

关中以居天下之中为其地理特征，同时在农业社会经济背景下，在疆域划分中注重"道里均输"的原则。"长安道里居中，应接近便……此从容一处可以制四方也"（《后汉书·寇恂传》），符合农业社会交通条件下、均质地域中的"区域中心地原则"④。

近代在西安城市地域的各级行政界域的划分上则充分体现了这一原则。关中的城镇从行政建制来划分，则以各府、州、县治形成组织严密的城镇体系层级；从其疆域关系来看，各府、州、县治位于其疆域居中之地，各府、州、县治之间的距离，体现出"道里均输"的时空特性，同时受到交通和地形条件的限制而有所差异。以西安为例，西安

---

① 〔清〕舒其绅等修，严长明等纂：《西安府志：乾隆四十年》卷一〇《建置志中》，三秦出版社，2011年，第180页。

② 〔清〕舒其绅等修，严长明等纂：《西安府志：乾隆四十年》卷一〇《建置志中》，三秦出版社，2011年，第178页。

③ 〔清〕舒其绅等修，严长明等纂：《西安府志：乾隆四十年》卷一〇《建置志中》，三秦出版社，2011年，第178页。

④ 侯甬坚：《中国古都选址的基本原则》，见侯甬坚：《历史地理学探索》，中国社会科学出版社，2004年，第66页。

西至咸阳50里，东至临潼50里，西北至泾阳70里，东北至高陵70里，东南至蓝田90里，其中：蓝田位于东南部山区，因此道里较平原地区距离远，为90里；而高陵与泾阳则因位于渭北，有渭河阻隔则次之，为70里；与咸阳、临潼之间虽有渭河、浐灞等河流自然阻隔的影响，但总体上位于东西交通要道，为官马大道，也是主要对外交通干道，其距离则接近于驿站的距离，在当时的马车时代条件下，其距离均为1日的路程，也就是一站之地，总体上是体现了"道里均输"的分配原则。各县县治基本位于其行政界域的中心区位，因此各县距离相邻县治各个方向基本均衡，在这种时空关系中，除受到自然地理条件的限制外，与处于居中地位的省城西安则为一种均质地域下的距离叠加的关系。

以西安为中心的地域，按其行政区划原则，是以西安为中心包含各属县的一个完整地域；若按自然地理要素界定，则扩及以西安为中心的关中盆地。无论是以行政原则划区，还是以自然地理要素进行界定，其农业地区保持着一种生产方式、生产关系以及产出等方面的均质性，是农业社会经济背景下的均质地域，因此各个城市之间的相互作用具有一定的相似性。以西安为核心，向西、北、东三个方向的各城市之间，由于城市作用距离衰减规律，形成了以西安为中心的梯度分布和镶嵌格局。（见图1-1）

首先，以咸阳、鄠县、兴平、临潼、泾阳、三原、高陵为内核，分布在距离西安50~70里的时空范围圈附近，为叙述方便，姑且称为第一圈层城镇。

其次，以盩厔、武功、乾州、淳化、耀州、富平、渭南、华州等为主，分布在距离西安120~180里的时空范围圈附近，为第二圈层城镇。

再次，以郿县、岐山、扶风、麟游、邠州、三水、同官、白水、同州、华阴等为主，分布在距离西安300里左右的时空范围圈附近，为第三圈层城镇。

最后，以凤翔、长武、宜君、郃阳等为主，分布在距离西安350里左右的时空范围圈附近，为第四圈层城镇。

畜力大车为清代的一种交通工具，分为客用、货用及客货两用三种。客用为篷盖车，有篷盖，有窗户，有布幌；可载客2人，附带行李100余斤。近距离且非急事者，用一匹骡马曳引；远程两三匹骡马曳引，俗称"二套车""三套车"，日行距离可达六七十里，当时为一大站。[①]由此看来，第一圈层城镇位于1天的车行交通时空范围，第

---

① 王开主编：《陕西古代道路交通史》，人民交通出版社，1989年，第459页。

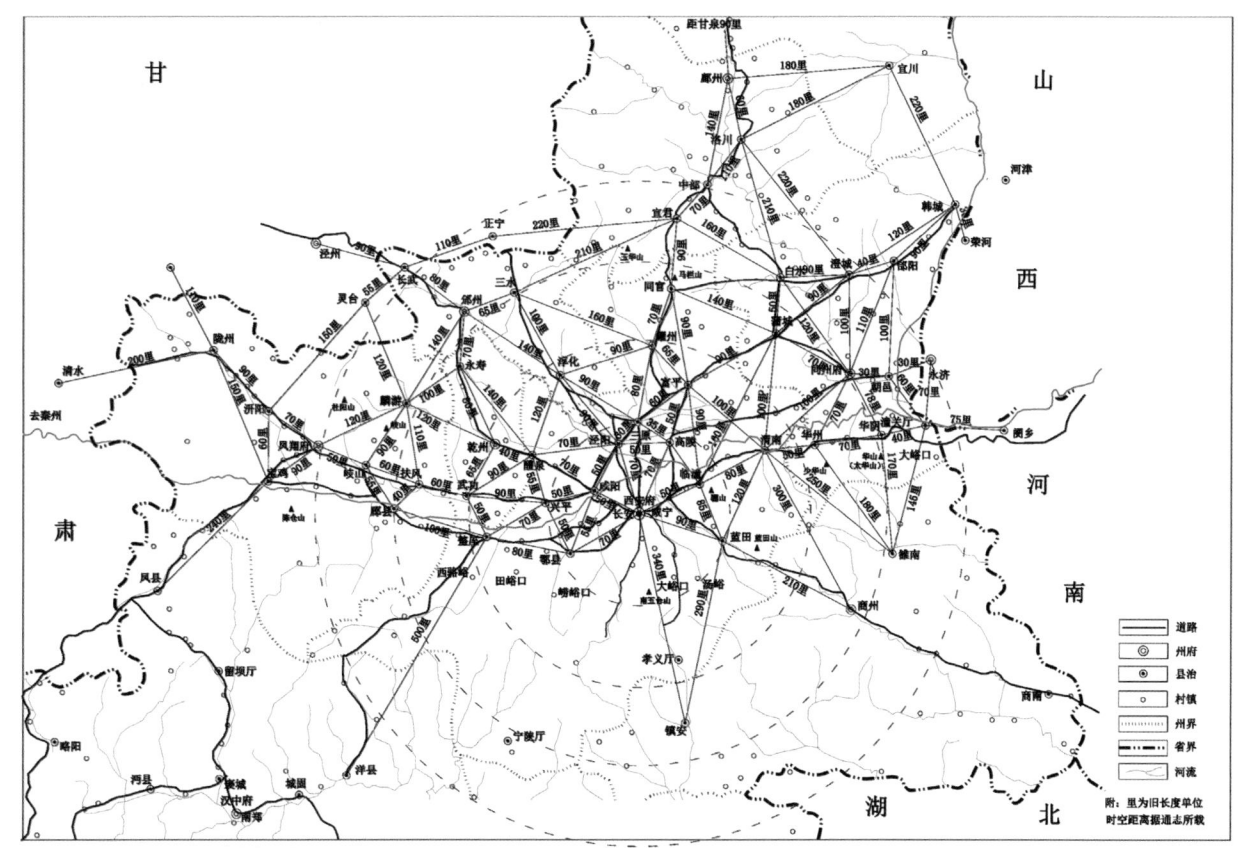

图 1-1 清代关中城市交通时空分布示意图

资料来源：〔清〕刘於义等编修，沈青崖等编纂：《陕西通志》卷七《疆域二》，雍正十三年稿本；谭其骧主编：《中国历史地图集》第8册，中国地图出版社，1987年。

二圈层城镇位于2~3天的车行交通时空范围，第三圈层城镇位于4~5天的车行交通时空范围，而第四圈层城镇则位于5~6天的车行交通时空范围。

关中交通空间格局的形成与其作为军事重镇的地位密不可分。清代除陕西省城、潼关、凤翔等地驻扎士兵外，其他各县还分兵驻守在主要驿路方向上。这样，从军事管理以及军事的交通往来上，加强了在主要驿路上的各个城镇之间的相互关系，形成了晚清时期交通的军事性特征。

（三）文化认知及其心理范围

城市交通功能的延伸范围即是城市地域的作用范围，西安城市地域范围主要以"八水"环绕的范围为核心，因交通通达条件的不同而有所伸缩，所以，这一范围是动态的，而变动的依据则是交通技术水平和人们的出行需求。

近代西安城市地域交通的直接作用范围，从当时的交通技术条件与交通的通达程度可以推及其地域范围。据资料记载，东灞桥、西渭桥，是人们临别送客的城市外围界限。

"灞桥来迎去送，至此黯然，故人呼销魂桥"①，"灞桥跨水作桥，都人送客至此，折柳赠别"②。灞桥折柳赠别的习惯，可追溯到西汉时期，至唐代更是留下了脍炙人口、耳熟能详的诗句。唐人权德舆《送陆太祝赴湖南幕同用送字》云"新知折柳赠，旧侣乘篮送"，诗人李益《途中寄李二》中有"杨柳含烟灞岸春，年年攀折为行人"句。宋代陆游在其《秋夜怀吴中》一诗里亦有"灞桥烟柳知何限，谁念行人寄一枝"等"灞柳送别"的描述。上述记载从某种意义上反映出当时城市核心区域日常生活辐射的范围。当然与造桥技术条件有密切的关系，至元代时，"初，灞水适秋夏之交，霖潦涨溢，波涛汹涌，舟楫不能通，漂没行人，不可殚纪，常病涉客"③。正是因为河水在洪水季节往往成为交通的限制条件，所以灞桥在人们心理上强化了对西安范围的界定作用。

汉唐时期，西安西出长安的行程，多迎送于西渭桥头，即咸阳桥。

唐代诗人王维送元二使安西，在《渭城曲》中留下了"劝君更尽一杯酒，西出阳关无故人"的千古名句，后经唐人编谱成曲，便有了著名的《阳关三叠》。《兵车行》一诗中，杜甫表达其悲愤之情时叹道："车辚辚，马萧萧，行人弓箭各在腰，耶娘妻子走相送，尘埃不见咸阳桥。"咸阳桥在其时一直具有屏障西部来犯之敌的重要作用，那么从当时的交通技术与条件看，是单程半天多的路程，属于都城腹地范围，同时也是由于有跨河之旅，因此，河流成为当时人们对于城市心理认知范围的限定因素。

唐代以后，西安虽不为都城，但仍然作为区域中心城市成为封建统治者控制西北边陲，钳制西南、东南的战略要地。由于城市腹地范围大大缩小，因此，交通出行时空则以当天往返为极限，与灞桥相对称的三桥介于西安与咸阳桥之间，又处于城市辐射区域外围，这就使得三桥在与西安的时空距离上取得了一定发展的优势，这一点与灞桥极为

---

① 〔清〕舒其绅等修，严长明等纂：《西安府志·乾隆四十年》卷一〇《建置志中》，三秦出版社，2011年，第178页。
② 〔清〕舒其绅等修，严长明等纂：《西安府志·乾隆四十年》卷一〇《建置志中》，三秦出版社，2011年，第178页。
③ 〔元〕骆天骧：《类编长安志》，黄永年点校，中华书局，1990年，第201页。

相似。所不同的是，由于西渭桥不仅是联系西安以西地区的干道，同时也是渡渭而南直达西安的重要关梁，因此，位于西去道路要冲的三桥的交通地位则远远不及西渭桥，但因其适应了当时出行时空的需求，成为西出西安的一个交通节点，三桥自唐宋以来为长安西去要冲，明、清、民国时期均设为镇，同时也构成了西安城市西北外围城镇真空区域的一个界定因素。

总之，城市核心区的范围基于自然地理环境的界定，随着历史时期城市功能的变迁、交通方式制约下人们对城市生活空间尺度的认知，以及历来军事防御的战略部署而形成。其范围基本东至灞桥，西至三桥。西安的南北部则是基于自然地理环境，有南山、北水的自然界定因素，南以终南、北以渭水为界，构成了以城垣为核心的城市地域的外围。

三、"府城—码头"的城市地域结构

在城市地域汽车交通开始发展和陇海铁路修通以前，西安对外交通以官马驿路为主要交通渠道，其中东西方向以马车路为主形成沿渭河的交通干道，此外渭水的下游航路也是西安至潼关之间重要的交通通道。省内交通如南部山区与关中平原之间则以骡拉、驴驮和人背、肩扛为主。因此，城市的交通集散点，往往在渭河水运码头或南部山区交通驿路等的交通孔道形成，这也促使城市与外部的经济社会交往空间范围进一步扩大，形成了以府城为中心、以各门户城镇负担外来货物的集运功能，在各关城形成相应的具有仓库堆放和销售中介等运销功能的货栈、行栈等的城郊运销联合体的模式，构成了以府城为中心的城郊一体化的地域空间结构。这一结构的内部经济交往则通过周期性市场和庙会（村会、镇会）担负起西安地域的商业经济流通职能，形成了以府城为单一核心、以各"码头—关城"的空间联合体担负城市外部集运和内部运销功能、以周期性市场和庙会承担城市地域的商业经济流通职能的城郊一体化的近代西安地域空间初期发展模式，适应了马车时代农业社会经济背景下出行的需求，形成"码头—关城—府城"的地域空间格局。（见图1-2）

（一）城市对外线路——驿路

明制的驿传制度在清代沿袭，军国急报由驿传送达，官衙文书由铺司递送。驿站

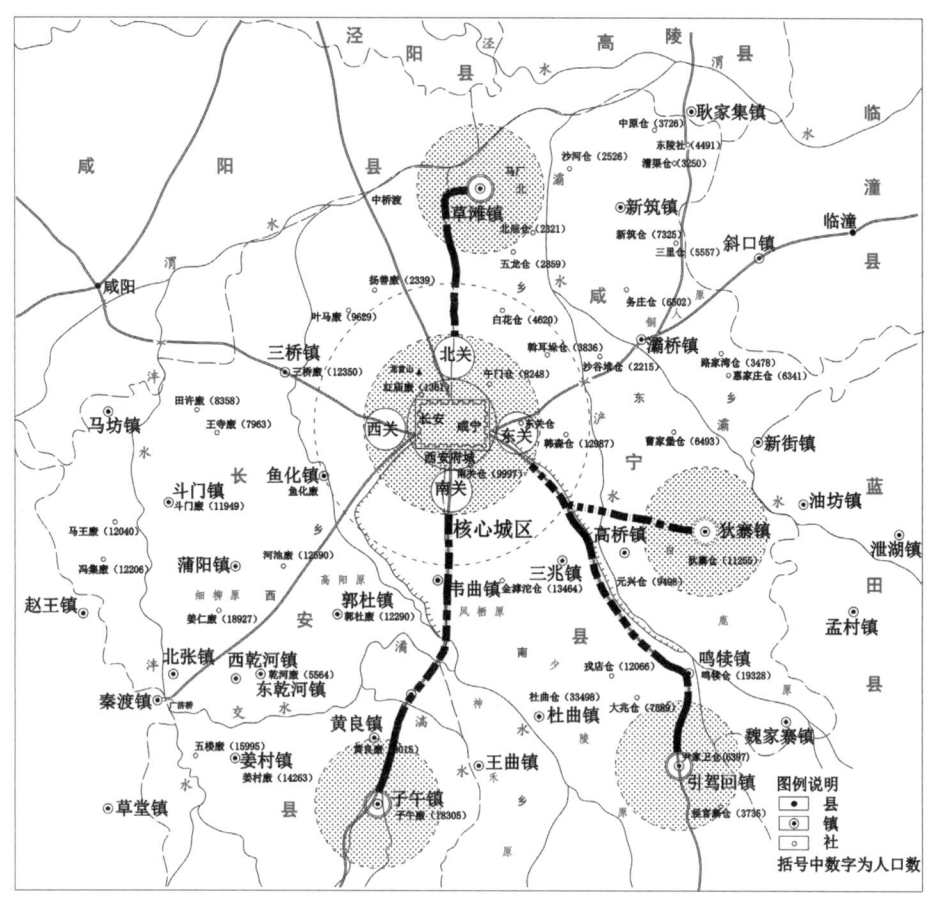

图 1-2 近代西安"码头—关城—府城"结构示意图

资料来源：翁柽监修，宋联奎总纂：《咸宁长安两县续志》卷一《咸宁长安两县总图》，民国二十五年铅印本；史念海主编：《西安历史地图集》，西安地图出版社，1996年。

不仅成为重要的信息交换中心，同时也将道路交通组织起来，形成当时社会物质和信息流动的重要空间载体。陕西省境内在清代中后期共设驿站130处，均位于各府、县或其之间的重要关隘。全省铺递共563处。据清代后期陕西省80个州、厅、县的统计，全省共设置铺递537处，较清雍正年间的715处铺递则相对减少。清代后期，则设有在城铺，在城铺为州、厅、县铺递的总汇，具有总铺的职能。光绪年间，陕西开办邮政后，驿传系统一部分传递官府文报的任务虽为邮政局所取代，而县乡间的邮路绝大多数仍因袭铺路，铺路仍为官马驿路的重要组成部分。特别是商贩行走的驮道，一般就是铺路。铺路遍布各州、县、乡镇，在交通运输上亦惠及里甲百姓。

清代中期，西安府递运所与驿站可分为西路、西北路、北路、东北路、东路、东南路、西南路共计7路（《西安府志》记载为6路）。《西安府志·建置志》引《资政录》记载，清西安府于各地置有10驿，"无驿者设有递马"，共有"铺递九十三所"。"西安府共六路，西：长安、咸阳、兴平、醴泉；西北：泾阳；北：三原、耀州、同官；东北：高陵、富平；东：咸宁、临潼、渭南；东南：蓝田；西南：鄠县、盩厔。置驿十，无驿者设有递马。除抽拨协济夫、马外，实存驿递马六百匹，夫三百十名，铺递九十三所，铺兵三百六十名，扛夫九百七十九名。并归各州县管理。"① 其中以西安为中心的7路驿传走线如下所述。

第一路为西路驿传，有长安县京兆驿、咸阳县渭水驿、兴平县白渠驿、醴泉县店张驿，驿下设铺司，这些铺递一般都分布在州县的东、西、南、北四个方向，使各州县铺路四达。其路线及里程由西安府长安县京兆驿西50里至咸阳县渭水驿，又西北40里至醴泉县店张驿（西南50里至兴平县白渠驿），由此分为2路。一路由兴平县白渠驿西北30里至醴泉县，再西经乾州过永寿县、邠州、长武县西至平凉府界瓦亭驿50里。另一路则由兴平县白渠驿经武功县邰城驿西至扶风县凤泉驿，经宝鸡县陈仓驿，西南至黄坝驿，可达四川省广元县界；或由陈仓西经汧阳至陇州。

第二路为西北路驿传，由西安府70里至泾阳县，西北经淳化县、三水县北至庆阳府界。有泾阳县一驿，总铺设在城内，城外共设9铺，分别为永乐、宋村、张家、寨头、党家桥、马家、千夫、冶峪、百谷。

第三路为北路驿传，由西安府京兆驿北出至三原县建忠驿，往北90里至耀州顺义驿，又北80里至同官县漆水驿，再70里经宜君县接陕北地区驿路。西安府所属有三原县建忠驿、耀州顺义驿、同官县漆水驿，下除各县城内设总铺外，城外共11铺。

第四路为东北路驿传，由西安府经高陵县，北行至富平，再东至蒲城县（共计210里），以蒲城为结点，下分为3路：一路东北至澄城县经郃阳县至韩城县（计距西安390里），东至黄河至山西省界25里；二路正北至白水县50里，后分为三个方向，东90里至澄城县，西120里至同官县，北160里至中部县（今黄陵）；三路分两个方向，东南至同州县，东至朝邑县（计距西安310里），并向东延伸至黄河接山西省界28里。西安府所属驿铺有高陵县和富平县及其下属铺递共8个。

第五路为东路驿传，由咸宁县京兆驿东出，经临潼县新丰驿至渭南县丰原驿，再经

---

① 〔清〕舒其绅等修，严长明等纂：《西安府志：乾隆四十年》卷一一《建置志下》，三秦出版社，2011年，第199页。

华州华山驿、华阴潼津驿至潼关驿（共计310里）。西安府所属有咸宁县京兆驿、临潼县新丰驿、渭南县丰原驿，共计3驿，铺司共21铺。

第六路为东南路驿传，由西安府经蓝田县东南至商州210里（共计300里），由商州分为2路：一路由商州南经山阳县再南至湖广郧西界120里；另一路由商州经雒南县东北至潼关驿150里。

第七路为西南路驿传，由西安府经鄠县西至盩厔县80里，盩厔县岔道分2路：一路，西至郿县100里；一路，西北至武功县50里。西安府所属有蓝田、鄠县、盩厔3驿。铺递共13个。

可见，西安的驿传路线是以西安为中心，以长安—咸阳—兴平—醴泉为西路、以西安鄠县—盩厔为西南路、以西安—泾阳为西北路、以西安—三原—耀州—同官为北路、以西安—临潼—渭南为东路、以西安—蓝田为东南路、以西安—高陵—富平为东北路的放射型驿传交通干道系统。（见图1-3）由各地铺递所形成的铺路作为官马驿路的有机组成部分，往往以总铺为核心，在本县的东、西、南、北四个方向按照10里左右为一铺，形成驿路下一层级的联系便捷的交通组织系统，铺递之间的距离也因各县的地理条件不同而有所差别，一般关中腹地为10里左右，向外围距离逐渐增大为20~30里不等。由于铺路遍布各州、县、乡镇，使百姓的近距离出行和交通联系较为方便，而商贩行走的驮道，一般就是铺路，因此其也为地方经济发展提供了基本的交通保障。以铺递为邮路末梢所形成的次级邮路系统构成了其道路系统的骨架关系。

这种格局一直持续到辛亥革命以后。民国初期，陕西全省驿干、支线里程，共约10000里。就其分布举其大者，计主轴线有：京西官马路一段的西安府东路—西安至潼关官路；皋兰官路一段的西安至长武官路；四川官路一段的西安至凤翔官路，凤翔至宝鸡经褒城的北、南栈道至宁羌官路。这几条主要轴线把陕西与京都和西北、西南连接成一体。

官马支路围绕着这些主轴干线进行延伸，东北方向有出西安灞桥至韩城的官马支路经禹门口渡黄河至山西河津；东南方向有出西安，至商南的官马支路，向东可到达南阳与河南、湖北相接；北向有出西安草滩，至北部三原、耀州、同官、宜君、中部各县的官马支路。官路干线与官马支路将关中与陕南、陕北连接起来。[①]

---

① 陕西省交通史志编写委员会编：《陕西公路史》第1册《近代公路》，人民交通出版社，1988年，第2—3页。

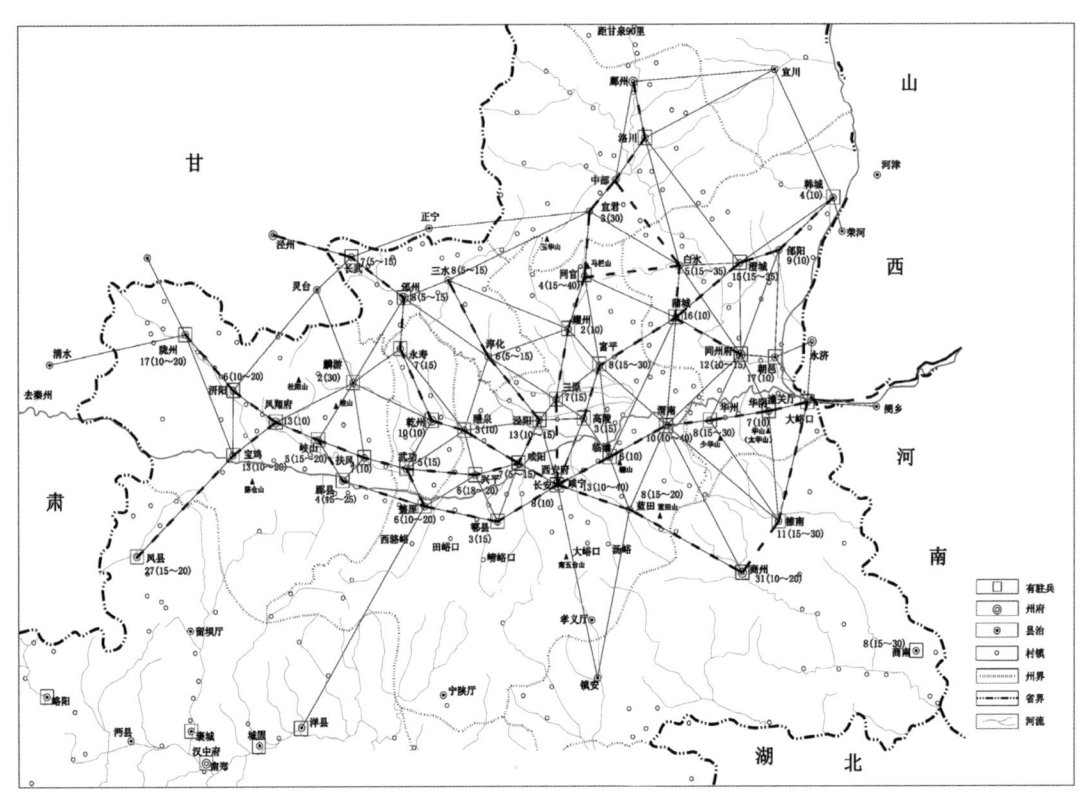

图 1-3 清代关中驿路、铺路交通时空示意图

资料来源：谭其骧主编：《中国历史地图集》第8册，中国地图出版社，1987年。

注：图中A（B~C）所示，A表示铺递数，B、C表示里数，里为清代长度单位。

这些官马支路，除左宗棠整治过的关中平原少数路段（西安至潼关）宽度在3丈左右外，一般干线可并行二车，支线有的仅能过一车或一驮。部分路段用板石或卵石铺砌了路面。经过的河沟，除历史上遗留下来的少数桥、涵外，大多涉水而过。① 欲据有陕西，必须首先控制关中。因此在军阀盘踞争霸的年代里，争夺的重点是关中地区。所以，对于关中地区官道的整修较为重视。

（二）城市门户空间——码头

所谓门户，是指位于城市外部与城市交界地带，具有交通转换功能的场所。交通门户镇，主要指具有人流、货流及信息流转换等交通集散地功能的场所，往往形成一些相应的商业服务和集散功能，成为城市的有机组成部分，但其在时空关系上有多种类型，

---

① 陕西省交通史志编写委员会编：《陕西公路史》第1册《近代公路》，人民交通出版社，1988年，第3页。

包括依附型、分离型和飞地型。本节中所涉及的门户镇主要指出山码头和水旱码头，或通称码头。近代，西安门户镇经历了由飞地型向中心依附型的演变。这些门户与城市内部功能之间存在着直接的内在联系，是促成城市四关功能分异的主要动因。

西安门户镇主要由城市各个方向交通通路与西安的交通转换点形成，主要有草滩、子午、引镇、狄寨等，这些码头的兴衰与其交通能力和交通区位有着直接的关系，一旦交通区位优势和交通能力丧失，码头则随之而衰落。

1. 北部水旱码头——草滩镇

草滩镇长期作为渭河下游的大港口，是重要的货物集散地，渭水航运与草滩镇的兴盛有着密切的关系。①草滩镇的码头包括专用码头、车马渡口以及用于日用百货和过往旅客的码头三种类型。专用码头俗称"上码头"，占地面积约150亩，专用于装卸煤炭与食盐。煤炭与食盐由官衙调遣专用船只装载。车马渡口，用于平板木船摆渡南北来往的车马。由于草滩镇为官路所经，公私行旅多在草滩镇修整、进餐，因此，草滩镇的餐饮业特别兴旺，小商贩众多。专门用于装运日用百货和过往旅客的码头，以小木船为主，主要服务于过往行人与小商贩。草滩镇码头"货船日流量少则几十艘，多则100余艘"，"每逢集日，车水马龙，人群熙攘，日流量达数万人"。②1900年，由于草滩集市繁荣，刑名钱谷税务量越来越大，于此设立分县衙门。

2. 南部出山码头——子午镇、引镇、狄寨镇

南部出山码头，即南部山地与平原的异质性地域空间转换点。西安南部的出山码头自西向东主要有子午镇、引驾回镇（简称"引镇"）和狄寨镇。

子午镇为城郊南部西路孔道出山码头镇，位于西安城西南25千米处，于明嘉靖二十五年（1546年）建成，因位于子午峪北，故命名为子午镇。过去特别是解放前交通极不便利，子午道便承担了川陕交通枢纽的重任，四川、汉中、宁陕等地的土产都由子午道进行运输，例如桐油、漆、巴绸、茶叶等由此道从汉中、宁陕进入四川，盐、布等日用品为主的货物从四川进入汉中也取道于此。货运方式主要靠脚夫背运。一年四季，络绎不绝。③

引镇为南部东路间道出山码头镇，对西安南大街的盐业发展具有一定的影响和促

---

① 陕西省地方志编纂委员会编：《陕西省志》第62卷《工商联志》，西安出版社，2002年，第55页。
② 西安市未央区地方志编纂委员会编：《未央区志》，陕西人民出版社，2004年，第298页。
③ 长安县编辑委员会：《长安新志》，内部资料，1960年，第8页。

进作用。它位于大、小义峪与库峪山口要道，距西安城约25千米。光绪末年关中与陕南被划分为山西潞盐销售区。来自陕南的货物在南关地区集散，可零售或经行店代理销售。而在商贩返回时，需要采购足量的食盐与杂货运回销售，其中在交易中，大宗货物必须由行店代理出售，需要交纳3%~5%的佣金，行店从中获利。①引镇距离西安不远，生活便利，客商在此交易较为自由，无须佣金，因此客商多在引镇进行交易。由于引镇食盐销量增加，南大街盐店开始在引镇招揽生意，并采用双方都可获利的赊销经营方式，使得乡镇商业得到资金周转，同时又可换取山货赚钱，因而又扩大和促进了盐业的发展。②

因此，引镇作为南山通道的一个交通中转地，因其商品交易活动的地域性和交易方式的灵活性而逐渐形成了和南大街盐店在商业活动中的链接效应，既担负了中转地的集镇功能，同时也是城市盐业贸易活动的延伸地，形成了近代西安城市的门户商业集镇。

狄寨镇被誉为白鹿原上的"小东关"，距西安城东南15千米，处于南部东路长安经蓝田去豫鄂的交通孔道。相传大将狄青在宋天圣年间（约1023—1032年）出征西夏时在此处驻扎，后来遂将其驻地白鹿原中心的村子命名为"狄寨"。《咸宁县志》载："真武庙在狄寨镇"，可推测狄寨之前为镇级建制。狄寨镇为明清咸宁八大镇之一，为狄寨仓的驻地。清末民初，为满足运输需要，道路路面不断修建拓宽，狄寨镇成为西安东路山区土产货物运输与布匹百货的必经之地。

3. 城市腹地码头

除码头外，尚有一些位于交通孔道，但无须交通转换的集镇，例如三桥、灞桥、新筑、斗门等镇，虽位于交通孔道，但外来的陆路运输物资无须进行转运，因此，在这些地方，往往形成一些具有大宗商业贸易功能的地域性专业市场，同时也因交通区位优势而在不同程度上得到一定的发展，成为城市地域内的有机组成部分。

处于城市地域东、西部交通要道的灞桥镇，坐落在灞河桥头东岸，距西安城东10千米，是西安东去临潼、渭南，南至商洛，北往三原、陕北的交通要地。灞桥是渡河入西安的要冲，历来也是兵家必争的战略要地。清代咸宁县分县衙门曾驻灞桥，于1906年后，才移驻草滩镇。

---

① 刘文礼：《旧社会的南大街盐店》，见中国人民政治协商会议西安市碑林区委员会文史资料研究委员会编：《碑林文史资料》第2辑，内部发行，1987年，第49页。

② 刘文礼：《旧社会的南大街盐店》，见中国人民政治协商会议西安市碑林区委员会文史资料研究委员会编：《碑林文史资料》第2辑，内部发行，1987年，第49—51页。

西部的三桥镇地跨沣河桥，与灞桥的区位条件非常接近。在西安地区的周期性市场中，三桥镇、斗门镇形成了粮、油、棉交易市场。三桥镇是通往西北地区交通干线的必经之地，系著名历史古镇，位于沣河以西农业产区的腹地，并借助其交通地位成为以粮食交易为主的重要市场。

新筑镇是位于城市郊区农业腹地的商业集镇，距西安城东北25千米，历史悠久，素有"长安十八镇之首"的美誉。曾经在明清之际，新筑镇因处于渭河渡口繁荣过一段时间，[①] 是渭河南岸的农产品集散地。但因清同治年间的战火，新筑镇周边的建筑物被战争毁坏殆尽。

（三）城市过渡空间——关城

处于城市东、南、西、北主要方向上的四个关城，是城市与各个方向的道路交通联系的交通结点，因此，其与外界的联系因为不同交通方向和所联系地域的不同，形成了四个关城的功能特征和差异性。例如，东关、南关的山货多来自南部山区通路的货物运输，北关的炭、粮、盐、棉多经自草滩转运，而大量运往陕南的盐则在南关和南大街一带形成了集中分布的盐店。

行栈承担着城市的货物集散运销功能，根据产区、购销、运输等条件的需要不同，这些行栈在西安的东关和南关集中的是土产山货、杂货、烟行，在北关集中的是棉花、煤炭行，在西关集中猪、羊行，在北院门集中青干果、油行，其余各行分别设在城区主要街道。[②]

北关关城，联通北部草滩镇，是重要的渭河水运码头，在清代是跨渭河水运的重要通道。在咸铜（咸阳到铜川）铁路修建之前，渭北耀县、同官一带所产的煤炭以及山西的无烟煤，都是经渭河水运至草滩镇，再运送至北关落脚。同时渭北及北郊的粮食也由北关集散。

此外，1934年前后，泾惠渠修成，渭北和渭河南岸一些地方广种棉花而且丰产，都要运来北关落脚并出售，所以这里车水马龙，人来人往，络绎不绝。当时有些规模较大的煤炭店、棉花行和粮店开在北关正街，街上还有各种出售日用品的小商店和零食摊、饭铺，以及宿车马的旅店和出租大车、轿车的车行，要坐车去泾阳、三原一带，就需要

---

① 西安市灞桥区地方志编纂委员会编：《灞桥区志》，三秦出版社，2003年，第345—346页。
② 刘升昌：《旧社会西安的货栈贸易业》，见中国人民政治协商会议陕西省西安市委员会文史资料研究委员会编：《西安文史资料》第6辑，内部发行，1984年，第130页。

到北关雇车。①

南关关城，和南部山区商路相接。其货栈多以经营山货为主。第一，南山中的山货运送至西安时，首先会在南关落脚，因此在南关正街和东西火巷开设了各种土特产山货行店。货物包括桐油、五倍子（做染料）、生漆、猪鬃、大麻、丝、漆蜡、核桃、板栗、茶叶（紫阳、石泉一带）和木料等。第二，往南山运送的棉花、食盐等货物由南关运出，南关因此有许多相关的行店。清代，由南关去往南山的山路畅通，来往旅人、客商较多，因此沿线的旅店、饭店生意兴旺，南关行店也非常兴隆。在关中至陕南未通汽车时，"邮差"就是通过这条山路日夜换班往返于西安与陕南之间传送邮件的。同时，西安人要去陕南，也是在南关脚夫店和轿铺子雇用滑竿、轿子和挑夫。西安的冬天，天寒地冻，人们要烤木炭火取暖，所以需要贮存许多木炭。②南关也是木炭的集散地。

东关的货栈集中药材、毛皮、土布、山货、京货、广货、洋货等多种货物种类，因此东关的货栈在四关中最为发达。由于东关的交通中转地位，较早形成了货栈业，由一些客商存放货物的行栈兴起，并逐渐发展为专门代理销售的栈房，再后来发展为专门分类存放货物的行栈。西安最早的货栈是设在东关的义盛行、万盛行和设在南关的心仪行、德秋行等。义盛行和万盛行创建于清朝道光年间，心仪行和德秋行创建于清朝同治年间，都有百年以上的历史。③从清代到抗日战争前后，东关是西安中药材的集散地，这一代集中很多大药材行店。在抗战前，东关的药材还经过分类、炒、灸、粉碎等加工炮制，然后精致包装后，运往香港和东南亚等地销售。此外，东关也是白布集散地。西兰公路通车之前，西北的骆驼帮将药材、布匹，以及卷烟、茶叶等山货运往甘、宁、青、新等地。同时东关还是桐油、生漆、白蜡、茶叶、卷烟等山货的集散地。④

西关主要为"本境出产，由乡运城之物"，如牲畜，以及杂油、挂面、杂木、烟靛、水烟等，也是晚清以来西安较早形成粮食市场的地方。由于清末起义军数次围攻西安，同时附近一些县发生战事，周边许多富足之家，逃至西安寻求"避难"，而西安人口数量的大增导致粮食需求量也随之成倍增加，因而西关西火巷经营土面的磨坊，开始

---

① 田克恭：《西安城外的四关》，见中国人民政治协商会议陕西省西安市委员会文史资料研究委员会编：《西安文史资料》第2辑，内部发行，1982年，第216—217页。

② 田克恭：《西安城外的四关》，见中国人民政治协商会议陕西省西安市委员会文史资料研究委员会编：《西安文史资料》第2辑，内部发行，1982年，第210页。

③ 刘升昌：《旧社会西安的货栈贸易业》，见中国人民政治协商会议陕西省西安市委员会文史资料研究委员会编：《西安文史资料》第6辑，内部发行，1984年，第129页。

④ 田克恭：《西安城外的四关》，见中国人民政治协商会议陕西省西安市委员会文史资料研究委员会编：《西安文史资料》第2辑，内部发行，1982年，第207—208页。

收购粮食,形成了西安市较早的粮食市场,至1911年辛亥革命前,桥梓口附近集中了12家粮店,垄断了西大街桥梓口一带。此后,西大街桥梓口、粉巷、东关等处逐渐形成粮食集市。[1]

(四)城市核心空间——府城

清代沿用了明西安城,保持了以钟楼为中心,由东、西、南、北四条大街形成的十字交通格局,且各主要大街直接与各个城门相连接,外设壕沟。各城门外又有关城,"崇正(祯)末巡抚孙传庭筑四郭城"[2]。城垣以内为城市建设区域,城垣之外则为近郊农业用地。

在府城内部,依明秦王府的基础修筑了满城。所不同的是,满城已经超出了秦王府的范围。满城位于府城东北隅,别为一区,与府城之间辟有城门相通,由于满族是特权阶层,因此其与汉民极少来往,满城成为城中的独立王国。这也反映了清朝统治阶层与汉民族之间的民族隔离状态。满城于清初修筑,以供驻防八旗官兵驻防。嘉庆《咸宁县志》即云:"自顺治二年分城内东北隅地,自钟楼东至长乐门南,北至安远门东,因明秦府旧基驻八旗驻防城。"此外还修筑了供汉军八旗驻防的南城,嘉庆《咸宁县志》记:"康熙二十二年添驻汉军,复于端履门至东城中间筑墙,抵城南垣,为南城。"满城以八旗校场为核心,初建时有门五:东为长乐,南为端礼,西为西华,西北为新城,西南利用钟楼东洞为门;据嘉庆《咸宁县志》卷一《城图》及《县治东路图》,后来又在南城与满城之间设有两座城门,东为土门,西为栅栏,是为方便出入而专设的城门。

在修筑南城98年之后,乾隆四十五年(1780年),"汉军出旗,奏明南城仍归汉城,隶咸宁县"。至此南城经历了近百年的历史,从光绪时期的测绘地图及其后的西安城图来看,南城建设很少,直至清末,除火药局和个别寺庙外,基本荒废了,这种状况一直保持到辛亥革命前。但总体而言,西安在当时的社会、军事环境下,从军事防御的角度看,是一个巍峨雄伟、坚不可摧的堡垒。

四、以防御为基础的府城建设特征

终有清一代,西安府城以钟楼为中心,东、西、南、北四条大街将府城划分为内

---

[1] 西安市工商联:《解放前西安市的粮食业》,见中国人民政治协商会议陕西省委员会文史资料委员会编:《陕西文史资料》第23辑,陕西人民出版社,1990年,第174—175页。

[2] 〔清〕高廷法、沈琮修,陆耀遹、董祐诚纂:《咸宁县志》卷一〇《地理志》,嘉庆二十四年修,民国二十五年重印本。

城四隅，东北隅的满城为城中之城；四条大街直通东（长乐）、西（安定）、南（永宁）、北（安远）四城门，各城门外筑有瓮城和月城。外有城壕，有吊桥和府城相通。又另在各城门外附有东、西、南、北四个关城拱卫府城。可以说，在城垣所围合的城市建设区域中，从各部分空间的军事防御功能看，层层布局，步步为营，严丝合缝。西安城市建筑的军事防御性之严密，令人叹为观止。

（一）以城墙及其构筑物为代表的军事防御特征

首先，是以钟楼为中心的十字交通结构。钟楼作为瞭望的制高点可以俯瞰全城的军事动态，而十字交通结构不仅可以使军事讯息在视觉上畅通无阻，同时也可以迅速集结军队以进行军事调度。

其次，城墙作为军事防御工事，建筑雄伟、结构独特、功能实用，具有强烈的军事防御性。从城墙这一构筑物本身的功能和结构看，其防御功能表现在以下四点。

第一，城墙作为军事防御的重要设施，不仅能阻止敌人的进攻，同时亦可反击敌人。城墙上建造的城垛、角楼等，护卫着城市的安全。城垛是为瞭望和射击而设，可以有效地防护自己，并通过自身所具有的防御设施做掩体向外攻击；城墙四角筑有角楼，可使四个方向相邻城墙之间及时通报敌情，以便战时调动；城墙之间有马面，不仅能从侧面方向监视来犯之敌，而且使其暴露在一箭范围之内，以利于反击攻城的攻击力量。城墙的材料处理和排水设施也讲究实用和巧妙，城墙地面铺两层地砖供兵马踩踏，便于交通来往；城上、城下筑有马道，道路宽阔而坡缓可使增援部队迅速到达；同时还设有海墁以使雨水及时排出，对城墙起到了保护作用。

第二，城门作为防御的要害部位，是一个相对独立的防御构筑物。城墙四面各设一正门，每门均建有瓮城和月城，并分别在内城、瓮城与月城上建有城楼、箭楼和闸楼，由吊桥控制城内外之间的交通，四城门的唯一出入通道使城市随时处于掌控之中。而这一组构筑物，适应战争攻守的需求，步步为营，充满杀机，敌人的每一次推进都意味着更大的被攻击的风险。

第三，城壕是城墙、城门外的又一道防护。它与城墙相结合，使敌军无法短时间大规模接近城墙，即使要通过城壕，也是在火器和射箭的控制范围内。因此，其军事防御作用是非常有效的。

第四，关城是敌人接近城门前的第一道防御工事。关城城墙虽不如府城坚固，但由于关城内居住着大量居民，因此，即便敌军攻入关城内，平民夹杂其中，往往使其投鼠忌器，减弱攻击势头，以达到阻碍敌人进攻的目的。

因此，以满城为核心的城垣，不仅体现了作为防御的空间组织，同时城墙及其附属构筑物的建造水平和防御功能已经臻于完善。

（二）非均衡的路网格局

城区内部非均衡的路网格局，一方面体现了历史发展过程中西安城市道路的肌理特征，另一方面，体现了以满城所在区域适应于军事防御需求的道路格局。

西安城市道路交通，原本以十字交叉为最合理的渠化交通方式，但是有清一代，因满城的修建，其东门利用了大城的东门，南墙在长乐门南，使东关城成为满城的外城，增加了满城的对外防御功能。正是由于东门成为满城的东门，阻隔了东关与大城之间的交通联系，因此也限制了东关与城市其他区域的便捷联系以及经济功能的有效发挥。

以钟楼为中心，由四条主要大街所划分的四个区域之间的交通联系是不均等的，其中西大街、南大街交通相对通畅，次为北大街，再次为东大街。由于东大街一线道路，因满城的修筑而成为沿满城南墙的顺城巷，为满城所专用，失去了作为城市东西交通通道的功能地位，使城市东南隅一带处于交通梗塞区域，其对外的联系是不通畅的，因而从交通的可达性看，以钟楼为核心的四隅用地的发展也是不均衡的。这一点从曾驻扎汉军八旗的南城的兴衰上可见一斑。

因此，以满城为核心的"城中城"格局，造成了城市主干交通的不均衡分布，破坏了城市经济要素正常发展的空间秩序，满城的修筑是以军事防御和民族统治为首要目的，同时在军事与城市社会、经济和文化生活的权衡中，一切让位于满城的军事需求，军事防御占据了绝对的优势地位。

（三）"城中城"的防御建设

第一，首先满城作为城中城，是以东关为其东部的防御前沿，以府城为其西、南部的护城防线。满城沿袭了原秦王府作为政治决策中心和行政中心的区位，除以北、东两个方向局部城墙作为外城墙外，满城的西墙、南墙则处于大城环抱之中，形成了西、南两面的大城环抱格局，而东面则是以东关城为其外城的防御空间体系。虽然东关城与大城之间正常的社会、经济往来受到阻碍，但是满城与东关城之间的军事防御的缓冲空间却畅通无阻。

从以西安地域空间的防御战略来看，东部、南部两个方向的来犯之敌是其防御的重点。其中东部是区域军事防御必须予以重视的，潼关一旦失守，由潼关至西安的驿道则可以长驱直入，兵临城下，因此将东关置于满城可以直接控制的范围之内，确保了满城的防护安全。而南部历来为军事统治者所看中，由于南部峪道中的关隘易守难攻，一旦被敌所占则省垣失去依凭，所谓"关中之患恒在南山，而南山之患又在诸谷也"①。因此，一旦敌方从城市南部山区杀出，城南便会成为敌人的攻击目标，但首先南关城可以为第一道防线，而一旦南关失守，大城亦可作为第二道城池防线，大城中又驻守着绿营官兵，可与之抗衡以资抵御。

相对而言，西部和北部的军事压力则较小。在历来的军事行动中，北部渭河自然成为天险，西来的敌方大多是在渭河以北行至渭河，渡西渭桥来犯，渭北东部来犯的敌人多在东渭桥附近渡渭，西部、北部有关城作为敌人跨渭以后的第一道防线，大城为第二道防线。加之西部、北部地势比较平坦，缺少军事攻守的依凭条件，往往不是进攻的首选方位。

第二，对于满族统治者而言，除了对付正面攻击的敌方军队，还要对汉人进行统治，虽然满城主要是军事堡垒，不仅要防御来犯之敌，而且要让人口众多的汉民族臣服，"自定鼎以后，虑胜国顽民，或多反侧，乃于各直省设驻防兵，意至深远也"②，城中的汉人自然也就成为其防范的对象，而满城作为"城中城"的防御核心，更要防止"腹背受敌"的尴尬境地。

第三，满族统治者对汉人进行统治，要有进可攻、退可守的军事基地，同时，也要保护居住在满城内的旗人眷属，并保护这一军事基地的安全，以满足其练兵备战的需求，"盖兵者所以卫民相时势而度机宜……兵可百年不用，不可一日不备者"③。满城在四隅之内自成一体，与汉人隔离，不仅维护统治者的血统、维护其特殊阶层的地位，同时也体现了满族统治的民族防范心理。满城内旗人作为统治阶层，其安全保障是凌驾于一切之上的。

五、满城的军事防御格局

八旗制度是以旗统人、以旗统兵的军政合一制，又是出则备战、入则务农的兵民合一体的社会组织形式，具有行政管理、军事征战、组织生产三项职能。

（一）交通形式与衙署布局

满城作为驻防八旗营地，道路网络以行列式布局为主，形成以方格网为主的密集路

---

① 〔清〕刘锦藻：《清朝续文献通考》卷二〇八《兵考七》，商务印书馆，1955年。
② 〔清〕刘锦藻：《清朝续文献通考》卷二〇八《兵考七》，商务印书馆，1955年。
③ 〔清〕刘锦藻：《清朝续文献通考》卷二〇八《兵考七》，商务印书馆，1955年。

第一章 晚清近代化萌芽时期（1840—1910年）

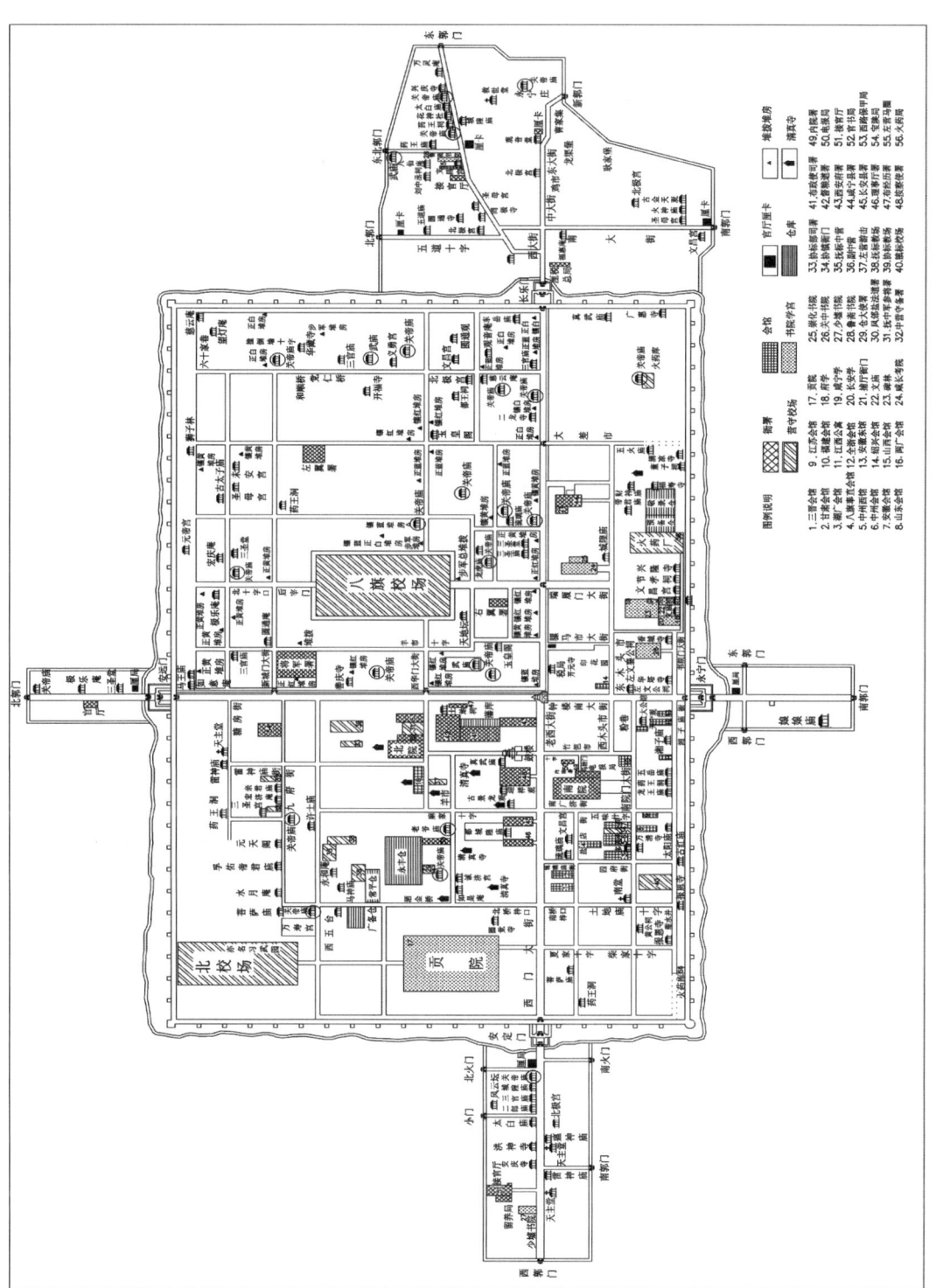

图1-4 晚清时期城郭城市格局及功能分布示意图

资料来源：光绪十九年十月中浣舆图馆测绘的《西安府城图》。

网。与城市其他区域相比，满城内的棋盘格局的道路结构非常突出，适应了城内军事交通快速通达的需求。

满城内大体上体现了八旗方位的布局特点，根据清光绪十九年十月中浣舆图馆测绘的《西安府城图》分析，其堆房或堆拨的分布情况基本与之相符：满城西部由北向南依次为正黄旗、正红旗、镶红旗、镶蓝旗，东部由北向南依次为镶黄旗、正白旗、镶白旗、正蓝旗，但在局部有所突破。满城内部分区、段进行用地分配与相应的军事管理，宣统元年（1909年）资料记载："旗营驻省城之东北隅，曰满城。城内分八区，区分五段，共四十段，第一区镶黄旗驻焉；第二区正黄旗驻焉；其驻于第三区者正白旗也；第四区者正红旗也；镶白旗则第五区；镶红旗则第六区；正蓝旗则第七区；镶蓝旗则第八区，为分驻之地。"① 应该说满城内部划区管理是遵照了八旗的方位布局，至少在宣统年间仍未改变。每旗下分五段，应是以道路为划分界限的依据，因此，满城的交通形式是顺应了八旗各按方位而设的原则，下分八区，区下分段，段是其基层空间单元。满城道路呈整齐的棋盘格局，有利于军事调配中的交通往来。

晚清时期，西安满城以八旗校场为核心，将军署和左、右翼副都统署呈犄角之势围绕八旗校场分布，将军署位于吉茂巷，满城新城门紧东南、满城八旗校场西北角，左翼副都统署位于八旗校场东北角，右翼副都统署位于校场西南部，三署围绕校场呈近似等边三角形布局，相互呼应。

表1-4 晚清时期满城内部主要衙署分布一览表

归属	衙署名称	位置	备注
驻防八旗所属	将军署	满城吉茂巷	今毁
	右翼副都统署	满城内	今毁
	左翼副都统署	满城内	今毁
	八旗步军营署	驻防校场南门前	
	八旗校场	满城内	
	左司署	西华门内	即驻防西安将军库房兼储藏八旗营军械火器火药

资料来源：翁柽监修，宋联奎总纂：《咸宁长安两县续志》卷八《衙署考》，民国二十五年铅印本。

---

① 〔清〕陕西清理财政局编辑：《陕西清理财政说明书·岁出军政费说明书》，清宣统元年排印本。

（二）堆拨分布特征

从满城的内部设施来看，也充分反映了它的军事性。城内不仅有八旗驻防官员的各级衙门，八旗办事公所、居民住房也全是按八旗方位以军队营房的格局布成。满城内还有练功房、弓房、箭道、火器库、军粮库、马圈、炮场、校场、演武厅，乃至堆房、哨房等其他建筑。一切都在显示它的军事职能。①从《西安府城图》来看，比较能够反映出满城布局特征的重要设施之一是堆拨（或称堆房）。所谓堆拨是存放军事器械、设官兵轮值防守巡查的地方，因此也称为堆房。

不同类型的堆拨具有不同的功能及其空间分布原则。堆拨的种类很多，一为旗地堆拨，"凡两旗分界及一旗所辖，应派堆拨官兵。准其照数酌派"②。二为守城（墙）堆拨，"道光五年乙酉十二月戊辰，谕内阁：向例城上安设堆拨并看守马道栅栏"③。三为负责街市的堆拨，战时御寇，承平时期则为地方的巡警守卫，据记载"京师地面，五方杂处，良莠不齐……其堆拨兵房、更棚窝铺……近来日渐懈弛，以致窃案累累"④。四为防卫仓储重地等设施的堆拨，"仓庾重地，……仓外均有堆拨"⑤。五为专门护卫皇宫、行宫、陵寝以及衙署等的堆拨，"热河山水涨发，武列河石坝全行漫溢，致将避暑山庄宫墙、泊岸各处堆拨多被冲刷、坍塌、倾圮"⑥。此外，一些港口驳岸等也往往设有堆拨，其他还有如修筑城墙、城壕等重大工程时为巡逻守卫所设的堆拨等。

各种堆拨在功能上是有共同性的，《清实录》载："设立官厅堆拨，缉捕、巡防是其专责。"⑦显然其是作为防备、巡守、警戒等而设置的设施。同时，堆拨管理采取派员驻守，"将各旗派出值宿官兵，按照旧章，即住堆拨值宿，并悬挂木牌，注明旗分，

---

① 马协弟：《清代满城考》，载《满族研究》1990年第1期，第32—33页。
② 《清实录》第13册《高宗纯皇帝实录（五）》卷三六一，乾隆十五年三月甲子条，中华书局影印本，1986年。
③ 《清实录》第34册《宣宗成皇帝实录（二）》卷九三，道光五年十二月戊辰条，中华书局影印本，1986年。
④ 《清实录》第38册《宣宗成皇帝实录（六）》卷三九七，道光二十三年九月丁丑条，中华书局影印本，1986年。
⑤ 《清实录》第53册《德宗景皇帝实录（二）》卷八一，光绪四年十一月丙午条，中华书局影印本，1987年。
⑥ 继格：《办理浚河筑坝并各工情形疏》，见〔清〕盛康辑：《皇朝经世文续编》卷九九，台北文海出版社影印本，1979年。
⑦ 《清实录》第56册《德宗景皇帝实录（五）》卷三三五，光绪二十年二月癸亥条，中华书局影印本，1986年。

以便稽查"①。"分设堆拨派兵看守，原以弹压土棍。"②堆拨同时还实行轮值，"其堆拨看兵，亦系轮班，下班之兵，每于下班之日，不废操演"③，且堆拨守兵有一定的数额要求，"严饬城内外各营，认真巡察，各堆拨务令按额直班，互相联络，并派员随时稽查"④。可见堆拨是日常性的防御设施机构，堆拨的分布能够反映出当时的军力分布和各部分之间的相互关系，以及满城内部日常性的军事布防和基层空间结构。

西安满城内堆房的统计总数为39处，与《关于清代西安城内满城和南城的若干问题》一文中的统计相差1处，其统计总数为38处。这1处之差主要是对正黄堆房的统计数字不同，正黄堆房应为6处（而不是5处），其中4处（而不是3处）在八旗校场以北，1处在满城西北角，还有1处位于端履门以东满城南墙下，靠近今菊花园处路北。除此之外，如果按照前述两旗合用的情形，那么相应的八旗堆房应当还增加2个，堆房的数量与分布的方位数量是不对等的，总数应为41处。其分布情况如下表所示。

表 1-5　晚清时期满城堆拨数量及分布一览表

堆房名称	方位数（处）		八旗方位及堆房数		非八旗方位及堆房数		分区	所属	
正黄堆房	6	18	西北5	10	南1	8	二区	各旗所属	右翼都统
正红堆房	2		西1		校场南1		四区		
镶红堆房	8		西3		东3，南2		六区		
镶蓝堆房	2		西南1		西南1		八区		
镶黄堆房	5	15	东北2	8	西南1，东南2	7	一区		左翼都统
正白堆房	4		东北2		东南2		三区		
镶白堆房	1		东南1				五区		
正蓝堆房	5		东南3		东2		七区		

---

① 《清实录》第38册《宣宗成皇帝实录（六）》卷三八三，道光二十二年十月辛卯条，中华书局影印本，1986年。

② 《清实录》第37册《宣宗成皇帝实录（五）》卷三一四，道光十八年九月乙亥条，中华书局影印本，1986年。

③ 〔清〕吴正治：《请罢玉田驻防兵丁疏》，见〔清〕贺长龄辑：《皇朝经世文编》卷七一《兵政二·兵制下》宏文阁，清光绪二十四年。

④ 《清实录》第53册《德宗景皇帝实录（二）》卷九二，光绪五年闰三月乙丑条，中华书局影印本，1987年。

续表

堆房名称		方位数（处）	八旗方位及堆房数	非八旗方位及堆房数	分区	所属
镶蓝	堆房	1	东 1	东 1	3	两旗合用
正蓝						
		2		1		
正白	堆房	1		西南 1		
镶白				西南 1		
步军堆房		2	东南 1	东北 1		步兵堆房
步军总堆拨		1	校场南 1			
		3				
堆拨		1	校场西北 1			归属不详
合计		39		41		

资料来源：光绪十九年十月中浣舆图馆测绘的《西安府城图》；〔清〕陕西清理财政编辑：《陕西清理财政说明书》，清宣统元年排印本；吴宏岐、史红帅：《关于清代西安城内满城和南城的若干问题》，载《中国历史地理论丛》2000年第3辑。

（三）满城内部关帝崇祀的空间文化特征

满城内部除堆拨作为军事空间基层单元，其布局反映出满城的军事防御特征外，还存在一种特殊的文化景观，那就是寺庙的大量分布。而在这些广泛分布的寺庙中，供奉战神的关帝庙又占了大多数。（见图1-5）

从清光绪十九年《西安府城图》中，可以得出，满城中共有各种庙宇、寺观51个，其中关帝庙11个，武庙2个，在满城的庙宇、寺观中占25.5%，而专门奉祀关帝的占了绝大多数，武庙则是关羽和岳飞的合祀之处。

从清光绪十九年《西安府城图》中的统计及相关研究来看，除了专祀关帝的庙宇以及关羽、岳飞合祀的武庙，还有许多庙宇是合祀供奉关羽，但由于资料有限，其详细的情形无从判断。从其在满城内的分布可见，以八旗校场南墙至满城南墙一线是关帝庙比较集中的地方，共有7处，其中1处武庙为合祀外，其余6处均为专祀庙宇，占到专祀关帝庙总数的55%，体现出满城特有的尚武精神和崇祀文化景观。

六、城市功能布局结构

清代西安沿袭了明朝旧制，除了因统治者为了巩固其政权驻防八旗而形成的满城

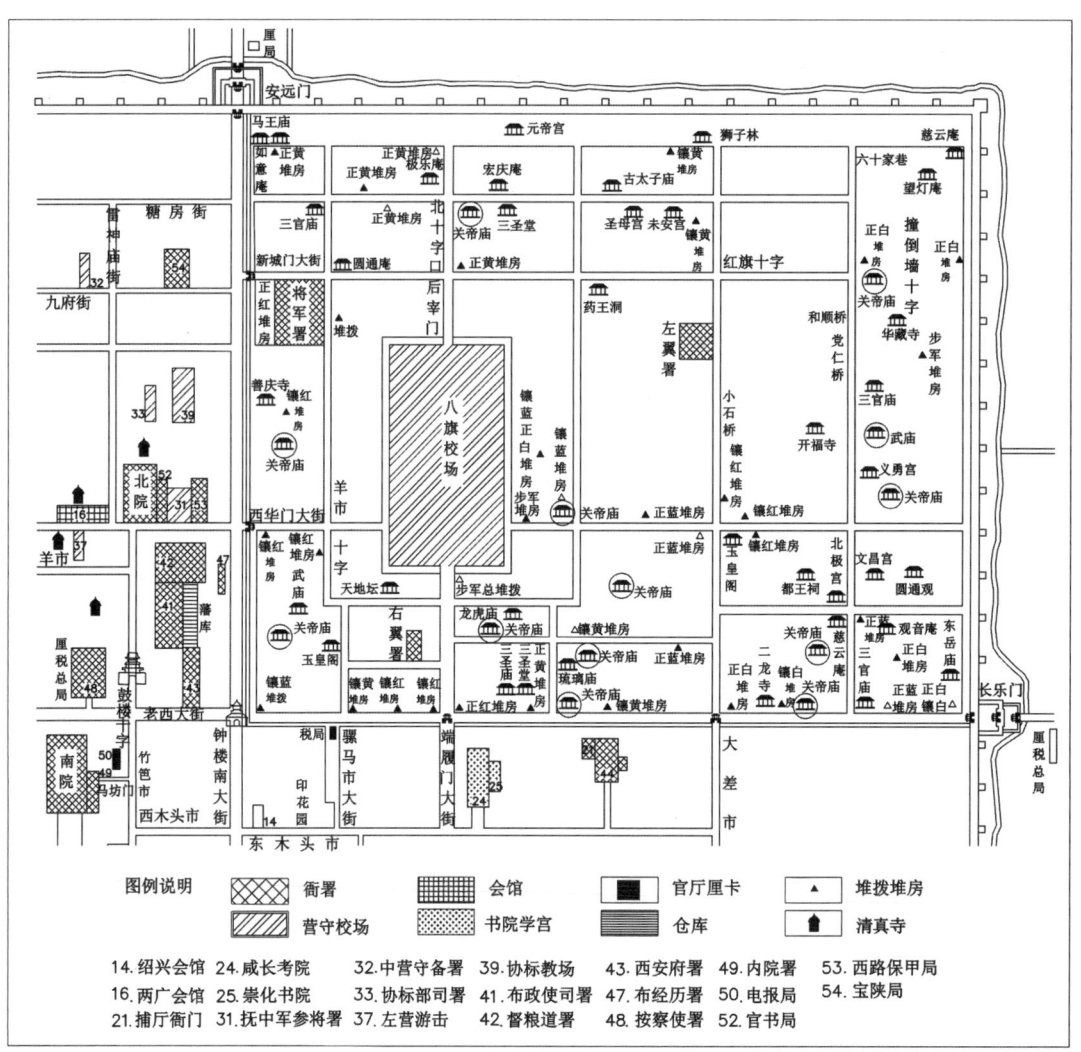

图1-5 晚清时期西安满城布局示意图

资料来源：光绪十九年十月中浣舆图馆测绘的《西安府城图》。

带来的城市空间结构的差异，其城市内部构成与当时周围其他同类相比殊无差异。民国《咸宁长安两县续志》和方志史料记载，晚清时期西安城市空间构成包括官府衙署、学宫书院、寺庙祠观、兵营校场、官仓典狱、各地会馆、商业店肆、手工业作坊、居屋府第、私宅园林、农地及空地、城墙与城壕、城市道路、城市水道等。归结起来西安城市的空间构成，直接反映了城市的政治经济以及社会文化职能，在其空间功能上则涵盖行政、军事、教育、宗教、商业、居住等几个主要方面。（见表1-6）

表1-6 晚清时期西安城市空间功能要素一览表

要素类别	主要构成	备注
行政	官府衙署	
军事	驻防城、绿营	城墙、城壕及其构筑物
教育	学官书院	
宗教	寺庙、祠观、教堂、清真寺	
商业	商业店肆、会馆	
手工业	手工业作坊	
居住	坊里、坊巷	

资料来源：翁柽监修，宋联奎总纂：《咸宁长安两县续志》，民国二十五年铅印本。

在19世纪末出现的各种变革维新的影响下，城市基本功能已经形成，在原来基础上又产生了新的功能。例如：在教育形式上，各类教会学校、私人学校和官办学校，甚至女校同时并存，适应新形势对教育的需求；在医疗方面，中医医院和西医医院并存；在城市商业形式上，传统店铺和洋货铺并存。城市处于新生事物不断涌现，但传统事物仍然稳固的进程之中。因此，晚清时期西安城市的各项功能处于逐渐分化和丰富发展的时期。

（一）衙署分布

长安、咸宁2县辖区集中了督署、抚署，西安府以及长安、咸宁等多级行政管理的职能部门，它们以原南、北院为核心，分布于城市西隅，呈现出以原巡抚部院（北院）为中心的传统轴线对称和南向布局的空间特征。由于驻西安的封疆大吏有总督和巡抚，而总督府曾有更变，布局中体现出这种行政体制在空间上的影响。同时这些衙署分区布局，与其所督率的各营分布防卫各不相同，总体上体现为拱卫满城的空间布局特征。

首先，府城西北隅，以原巡抚部院（北院）为中心，前（南）为文职衙署，后（北）为武职衙署。

西安府治、长安县治等文职衙门均位于北院以南，沿西大街分布，左（东）为西安府，右（西）有城隍庙，沿袭了明代的衙署布局，体现出城市布局的汉文化特征，即阴阳相对而设，且功能相近的职能部门在位置上也趋近。南向布局，以各衙署最为突出。

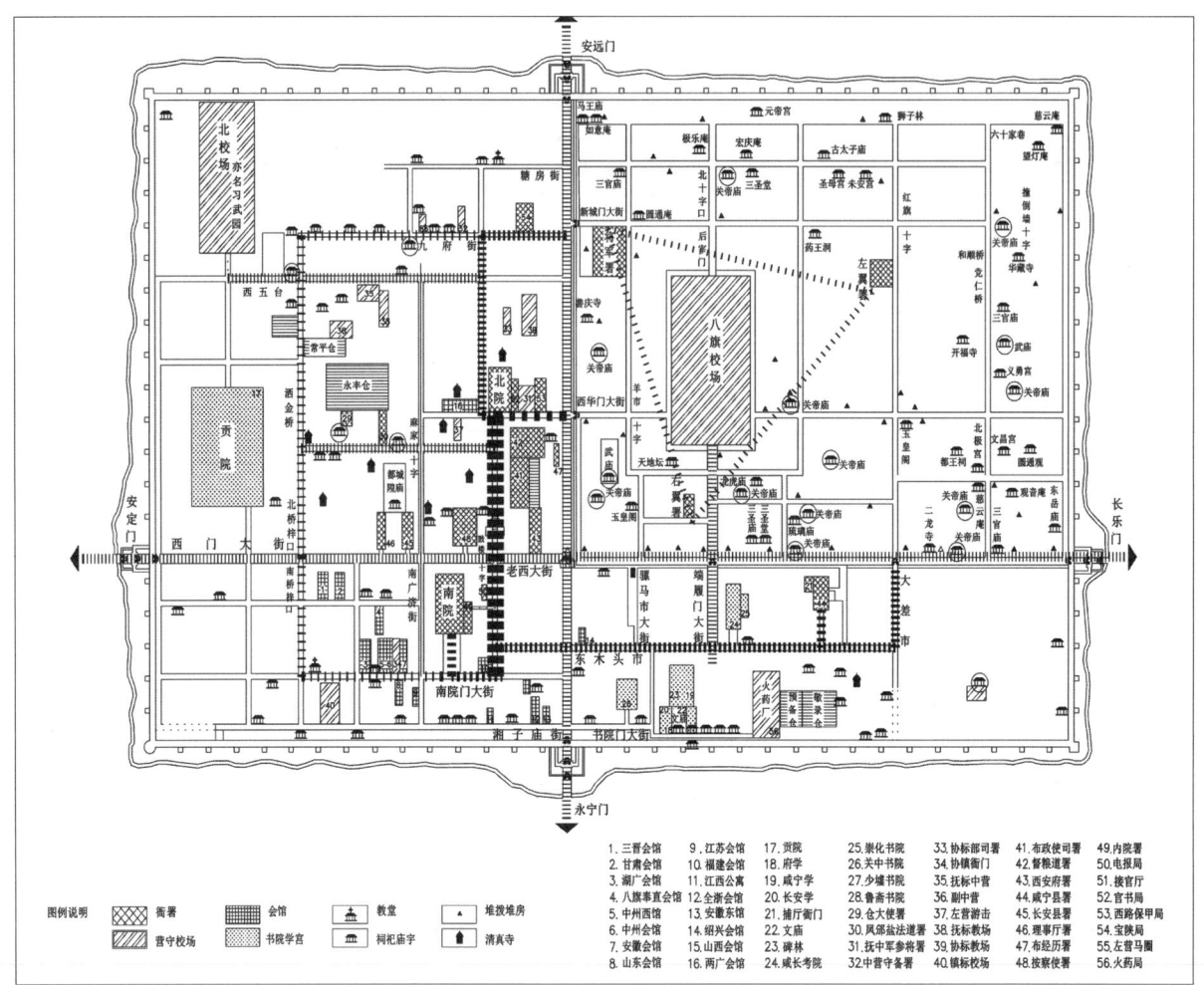

图 1-6 晚清时期拱卫满城的衙署分布示意图
资料来源：光绪十九年十月中浣舆图馆测绘的《西安府城图》。

局部对称现象在城市中则比较普遍。一是北院前布政使司署与按察使司署的局部非严整对称布局；二是以文庙为中心，两县县学的局部对称布局；三是长安县署与理事厅署以城隍庙中轴为对称轴线的局部对称；等等。由于城市内部为满城所分割，因此各衙署的布局从整体上体现出了南向、轴线布局的适应性特征。

其次，府城西南隅以南院为中心，其军事衙署，沿西南城墙甜水井一带分布。

再次，府城东南隅，自汉军出旗，南城复归汉城后而衰败，沿城墙东南分布有造火药局，在原南城内则分布有火药库，均为武器、弹药存放地。

总体上，以满城为核心，各衙署沿其外围呈拱卫状态的交通结点分布，绿营衙署、校场则又分布于各衙署外围，呈圈层分布。

绿营兵，有督标、抚标、提标等。由各总督直接统领的称"督标"，由巡抚直接统领的称"抚标"，由提督直接统领指挥的称"提标"。督标、抚标、提标就是所谓的中军，实际上是警卫部队。[①]清代末年，组建"新军"，将全国区划为36个镇，定镇、协、标、营之组织。统率全军者称"总统"，统率一镇者（相当后来之师）称"统制"。[②]据西安地方志统计，清代晚期西安军事衙署除满城内的驻防八旗外，有镇标（绿营）、抚标和新军，相应的军事指挥设施主要有各级军政要员的衙署、操练的校场，以及存放武器和装备的仓库等。（见表1-7）其中，衙署约16个（包括巡抚和督抚衙门），校场约6个，各种后勤机构约8个，散布在西安府城中。

表1-7 晚清时期武官衙署及校场分布一览表

归属	衙署名称	位置	备注
抚标所属	抚标中军参将署	左所二坊前巡抚部院署东	光绪末缺裁署废
	抚标左营游击署	回坊大皮院	
	抚标右营游击署	水池二坊，四府街南	
	抚标中营守备署	九府街	
	抚标左营守备署	红埠街	
	抚标右营守备署	水池四坊油巷口	
	北校场（抚标校场）	万寿宫东	三营校阅之所，储藏旧式枪弹火器
	习武园（演武场）	万寿宫西北	巡抚循例大阅之所，武闱乡试处
镇标所属	西安镇署	水池三坊	咸丰初移镇甘肃河川署废，同治十年改多忠勇公专祠，宣统二年附设宪政编查馆及审判传习所于内
	西安城守协镇署	水池坊五味什字	镇署移甘肃河州后始置副将
	镇标校场（南校场）	水池坊	其北分作高等审判厅，南仍校场
	城守协标中军都司署	二府街	
	协标右营守备署	大油巷	改设义学教营武子弟
	协标校场	二府街	其西即协标都司署
	常备新军大营	西关大校场	宣统元年建

---

① 臧云浦、朱崇业、王云度：《历代官制、兵制、科举制表释》，江苏古籍出版社，1987年，第62页。
② 臧云浦、朱崇业、王云度：《历代官制、兵制、科举制表释》，江苏古籍出版社，1987年，第63页。

续表

归属	衙署名称	位置	备注
后勤及装备设施	藩库	布政使司东粮道巷	
	武库	南校场旁冰窖巷	储藏各标营军械火器旗帜等件,旧为西安镇标专管,移河州后始归抚标右营游击
	军装总局	新立坊咸宁县路南即前赫舍里氏家庙	光绪二十二年巡抚魏光焘奏明修建
	东火药局	六海坊新开道巷,即咸宁县仓西偏	由清军厅派委把总一员专管,光绪中把总缺裁,遂归抚标中营主管,后废,移于城内东南隅
	火药库	南城青莲寺西六道巷口	
	西火药局	城内含光坊火药局巷	
	陕西提塘守备署	归义一坊粉巷中街	光绪末缺裁署废
	广备仓	铁炉四坊洒金桥北	道光中建修,属粮道,存储稻米。同治末关陇肃清,枪械炮弹均储此
	陕西机器局	城内西南隅本抚标马圈地	光绪初年设军装局,二十四年改机器局

资料来源:翁柽监修,宋联奎总纂:《咸宁长安两县续志》卷八《衙署考》,民国二十五年铅印本。

各军事职能的武职衙署与校场在地理分布上接近,有镇标校场、抚标校场、协标校场和习武园(巡抚检阅用)等军事训练场地,其相应的衙署就以校场为中心布局,可见军事训练的日常化及其在城市中的重要地位,以及府城的军事部署所体现出的军事空间防御特征。

晚清时期城市内部各衙署的分布体现了选址优先的特征。西安城市一个突出的矛盾就是用水问题,清代城市供水主要是沿袭了明代以来的通济、龙首二渠,作为城市供水的主要来源,屡修屡废。清康熙三年(1664年)陕西巡抚贾汉复等对明末湮塞的通济、龙首二渠进行了疏浚,一度恢复明代供水系统,至雍正年间渐又淤塞,后虽疏通,仅为城外渠道。乾隆初年修缮西安城墙,将东、西水门废除,通济、龙首渠入城通道断绝。乾隆时陕西巡抚毕沅和嘉庆时陕西巡抚方维甸一度修复通济渠流入贡院的一支,不久又淤。嘉庆时龙首渠仅能流注东关,余者注入东城壕,城中渠道遂废。道光年间西安知府叶世倬修复通济渠入城壕水道,渠水可注入城壕。道光五年(1825年)一度疏通龙首渠，亦只能通达城壕。光绪二十九年（1903年），陕西巡抚升允疏浚通济渠"自城外碌碡堰以下迤逶三十余里逐段开浚，导水自西门入，曲达街巷，绕护行宫，便民汲引"，但入城仅行宫一处，不久旋告淤废。①

历次的修浚和湮塞都有着一定的环境变迁和人为管理因素。因此统治者对于城市供水问题极为重视，体现在衙署的布局与通济、龙首二渠在城内的走向有着十分密切的关系。西安各重要衙署大多是在明代官署或郡王府等基础上建立的，这些衙署均处于明代供水系统可达的区域。在衙署的选址上以官本位为出发点，也因而使清代的衙署布局具有一定的历史延续性。

西安各衙署的分布，在龙首渠供水可达的地区，首先是秦王府所在的八旗校场，左、右翼署等，其次为清南院（原为陕甘总督行辕）、北院（原为巡抚部院）所在的督署和巡抚衙门，再次是各县署、贡院、永丰仓等。可见，各衙署分布与城市供水之间的关系，体现了官本位的布局特点。

晚清时期，西安城内除满城外，尚有绿营所属各军事衙署，同时还有宣统元年（1909年）以后所改编的新军。终有清一代，西安城内的驻兵以及相关衙署的分布，起到出则能战，入则能守，拱卫满城以靖地方的作用，因此，西安城市的军事职能尤为突出。

陕甘总督行辕、巡抚部院、承宣布政使司（藩司）、提刑按察使司（臬司）、提督学政（提学使司）等掌管一方行政的机构也集中于西安城内。这些机构行使地方行政管理职责，统于中央集权管理之下，因此，作为地方行政管理中心，西安城内衙署分布具有一定的延续性和动态性。清代虽沿袭了明代西安府城，但是以满城为核心的防御空间结构体系改变了原有行政机构之间的相互关系，改变了以明秦王府为中心且府城内部均衡的交通空间结构，东关城与府城在拱卫满城的同时，也被满城所割裂，但是其军事防御功能得到了强化。

从清代县级职能看，西安的基层社会管理由长安、咸宁2县分别掌管。西安分布有陕西省、西安府以及咸宁、长安2县等各级行政机构，使其成为综合了省、府、县各级行政职能的行政管理中心。

---

① 西安市地方志编纂委员会：《西安市志》第2卷《城市基础设施》，西安出版社，2000年。

除各级行政管理机构外，尚有所设附属机构，例如县除知县外尚有县丞、主簿、典史等官吏，"县丞、主簿分掌粮马、征税、户籍、巡捕之事，以佐其县，典史掌监察、狱囚，如无丞、簿则兼领之，巡检掌缉捕、盗贼、盘诘奸宄，凡州县、关津要害并设之，驿丞典邮传迎送，闸官掌潴泄启闭事，税课大使典商税之事，河泊所官掌收鱼税"①。各府、州、县均设儒学，分别称为"府学""州学""县学"，大体沿用明制②。

表1-8 晚清时期驻省衙署分布一览表

衙署名称	位置	备注
西安行官（前巡抚署）	在鼓楼北宣平坊，谓之北院	光绪十四年，巡抚叶伯英移驻督署，二十六年两宫西狩，护理巡抚端方奏明饰南北两院为行官
巡抚部院新署（前总督行署）	归义一坊	光绪三十一年巡抚升允复于署外甬道左右建楼十楹，招商住居，规模宏大
巡抚内院署（笔帖式衙门）	城内马坊门街	光绪三十四年理事同知缺裁，凡理事听原管驻防旗籍事务悉归内院兼理
布政司署	府治西，即钟楼西大街府前坊	宣统二年附建清理财政局
布经历司理问署	司署大门内东偏，即今粮道巷内	光绪末缺裁署废
粮储道	布政司署北	光绪三十一年裁缺，粮储事归布政司兼理，按通志旧为左参政署，参议祖允熰葺东园于署左，后改道署园犹存
广积库大使署	司署大门内东偏，后移路西	
巡警道署	前粮道署	宣统二年改建
劝业道署	西华门西街右所二坊，即前抚标中军参将署址	宣统二年改建
学务公所	钟楼北街	旧为清军同知署，光绪三十二年改建

① 〔清〕纪昀等：《历代职官表》卷五四，上海古籍出版社，1989，第1045—1046页。
② 臧云浦、朱崇业、王云度：《历代官制、兵制、科举制表释》，江苏古籍出版社，1987年，第62页。

续表

衙署名称	位置	备注
清军同知署	六海坊	同治初移于钟楼北街,光绪三十年缺裁署废
敬录仓(东仓)	通化坊	属粮道,为收支更麦及马乾豆总处,今废
永丰仓(西仓)	保宁一坊	今废
仓大使署	永丰仓内	光绪中移广备仓
提学使署	梁府街(今青年路)	旧为宝陕局,光绪三十一年改提学使署,学使刘廷琛始自三原移此
提法使署(前按察使署)	钟楼西大街伞巷坊	光绪三十年缺裁署废
盐法道署	保宁坊城隍庙后门街	光绪三十年缺裁署废
陕西高等审判监察两厅(抚标南校场)	在水池二坊红庙门街	北段为西安镇标校场故址,宣统二年改建
理事同知署	铁炉一坊	光绪三十四年缺裁

资料来源:翁柽监修,宋联奎总纂:《咸宁长安两县续志》卷八《衙署考》,民国二十五年铅印本。

表1-9 晚清时期咸宁、长安2县衙署及相关机构分布一览表

归属	衙署名称	位置	备注
咸宁县	里民公局	端履门中街	
	恤嫠局	通化坊东羊市街路北	地址系咸丰时造钱厂改建,同治六年署西安府知府宫尔铎督工建修
	育婴堂附牛痘局	端履门路东	道光二十八年盐道崇纶集资建修,内附设义学
	接官厅	东关北大街更衣前坊北口路北	因府县迎春在此,人亦谓之春牛寺,按通志东关有迎宾馆即此
	总铺司	西安府署之南	后并为一
	递运所		今废

续表

归属	衙署名称	位置	备注
长安县	万寿宫	城内西北隅后所一坊，即西五台北街	同治三年平定东南，增建万寿亭一座
	陕西咨议局	西门内大街以北	旧为乡试贡院，光绪三十一年停止科举，改总工艺厂，宣统元年始为咨议局
	长安县署	钟楼西大街铁炉一坊	光绪七年知县陈尔葑重修增建大门前牌坊
	县丞署		光绪三十二年缺裁署废
	长安县初级审判检查两厅	盐店街即文昌宫故址	宣统二年建模范监狱在城内西九府街，宣统二年提法使锡桐建修
	督练公所	城内西大街	光绪三十四年以理事同知署改建
	接官厅	西关留养局西	按通志四关外有迎宾馆即此
	留养局	西关接官厅东	嘉庆七年在籍员外郎晁昇捐资修建义学附内
	里民局	水池四坊路东	
	牛痘局	县治西50里冯籍村	其章程以省垣育婴堂为准，光绪十二年知县涂官俊、邑绅柏景伟筹款监修

资料来源：翁柽监修，宋联奎总纂：《咸宁长安两县续志》卷八《衙署考》，民国二十五年铅印本。

（二）商业分布

有清一代，城市商业空间分化主要表现在两个方面。一是从城市总体商业空间分布看，府城与各关城承担了不同的商业职能，府城内部商业是以提供生活服务为主；各关城则以提供商业服务为主。二是从行栈和店铺的分布比例看，府城内部以零售业为主，批发为辅；而各关城则是以货物集散为主，主要做批发，其主要税收来自批发收入，因此是以批发为主，兼营零售。于是形成了商业功能的空间分化。

货物中转往往需要同时能够满足货物转运、存储的空间以及利于交易活动的销售市场。如前所述，各个关城依附于省城，又具有一定的空间独立性，由于位于城市外围，利于货物的转运。而西安作为省会城市，五方杂处，因此，各个关城成为货栈、行栈等的集中地，形成以批发为主、批零兼营的城市商业贸易集散地。西安东关商业，由来已久，有些商店甚至有数百年历史，东关为入城要道，在此抽税，故货物先卸在东关，以便办理手续，货物由此在府城销售，运往外县、外镇或直接发往外地。东关曹家集是走蓝田、商州大道的起点站，凡车马驮骡，均在此休息，故此处开有车店、饭馆、馍铺、油坊、染坊等，还有掌炉，专门为上长路的骡马钉掌。曹家集原有马神庙，是东关骡店的会馆。

而府城内部商业有别于关城，则以南院门为中心，鼓楼十字、竹笆市、南广济街区域以及西大街一线布局较为密集，形成了以城市商品服务为主的商业经济职能，区别于关城商业空间以货栈占据较大比重所具有的商业职能。虽然府城北院门附近以果品货栈较为集中，但总体上，府城内部仍是以零售为主的商业服务。

关城处于城市与外界货物交换最为直接的区位，外来货物首先在关城落脚，同时，大宗货物的集散需要有相应的堆放场地和房间，加之西安是一些货物的转运地，是其中间市场，更需要及时收集市场信息以利于货物的销售。而关城作为进入省城的过渡区域，是马车行较为集中的地方，往来行旅繁杂，消息灵通。此外，明季以来所形成的货栈行业发展相对成熟，有一套完善的市场信息渠道和操作系统。上述这些都是关城所具有的优势条件。行栈的集中分布也能聚集经济效益，成本相对也较低。因此，大宗货物的最佳区位是在关城，而在各个关城中，尤其是东关的行栈更为集中。东关"地当大道之冲，左近有各行店，生理甚盛"，"其来或入城，或投行局，实为之枢纽"[①]。

东关不仅是来往行旅纷繁之所，同时也是满城东部的重要军事缓冲区域，关城与满城之间通过东门联系便捷，能够为满城提供一些日常生活用品服务，因此，东关城兼具货物集散与城市商业服务双重功能，相比之下，其他各关城的功能相对单一，货物集散功能是其主要功能，这是东关城与其他关城最大的不同之处。

由于四关城是进入城市的必经区域，因此在各个关城均设有厘卡，而只有东关下分四处分卡，可见东关在四个关城中的经济地位之重要。

东关的用地范围较其他三关城大，加之与满城之间的微妙关系，因此人口也较多，

---

① 〔清〕陕西清理财政局编辑：《陕西清理财政说明书·岁入厘金类说明书》，清宣统元年排印本。

其服务于城市社会生活的零售商业也是较为完善的。关城中以东关为典型，东关有"南药会馆"，是由"东关广货行、药材行、药铺、切药房子等共同修建的"①。还有曹家集的"马神庙"是"东关骡店的会馆"②。可见，东关集中了一些行业会馆，这些行业会馆同时也成为唯一一个分布在关城的城市商业中心的重要组成部分。从服务人口和范围来看，其与以南院门为核心的商业中心是无法比拟的；从城市商业生活服务的功能地位看，其属于次级城市商业中心。

清代西安城内由于商品类型差异而形成了销售不同商品的专业化市场，关于它们在城市内部的空间布局情况，清康熙年间的《咸宁县志》中就有记载：城内有粮食市（四牌楼），布市（即布店），大小菜市（满城内），糯米市（通政坊），面市（马巷坊），骡马市（跌水河西），羊市（县治东），猪市（粉巷），鸡、鹅、鸭市（鼓楼前），木头市、方板市（开元寺东），瓷器市、鞭子市、竹笆市（俱在鼓楼前），草市（跌水河西），东郭有粮食市、果子市，南郭有青果市。

从其空间分布来看，城内商业分布大致包含以下四个区域：

一是鼓楼区域，即以鼓楼为中心，鼓楼以西及鼓楼前店铺集中的区域。

二是南院门市场区，包括鞭子市、瓷器市、竹笆市、粉巷的猪市等。

三是端履门大街以西、开元寺以东地区，南至滴水河一带，商铺相对较少。

四是满城内市场区。

由于长安、咸宁2县分治，因此，长安县同期市场与店铺分布情形则未见直接的文字记载。但从上述资料中所表述的鼓楼以西所分布的店铺来看，显然沿西大街一线的店铺相对较为集中。而鼓楼附近则集中了金店、书店、梭布店、云布店、红店、纸店、壶瓶店、绸缎店、南京摊等手工业制品或高档消费用品店。四关城则以农产品和大宗进出货物如麦、盐、棉等为主要商品类型。

晚清时期，上述商业区域往往又以各种商业市场的形式分布。西安的粮食业多集中在桥梓口一带，开设粮行最早的是同治六年（1867年）的泰来丰，后增开德茂生、

---

① 郭敬仪：《旧社会西安东关商业掠影》，见中国人民政治协商会议陕西省委员会文史资料研究委员会编：《陕西文史资料》第16辑，内部发行，陕西人民出版社，1984年，第177页。

② 郭敬仪：《旧社会西安东关商业掠影》，见中国人民政治协商会议陕西省委员会文史资料研究委员会编：《陕西文史资料》第16辑，内部发行，陕西人民出版社，1984年，第177页。

瑞茂生2家，至光绪元年（1875年）西安有粮店12家。清末（1910年前后），经营粮食商业生意的约有50户。[1]今南广济街是有名的药肆街，明清时期经营中药材的行号店铺遍及全城，今五味什字因其药铺集中，并由中药的"五味"（甘、辛、酸、苦、咸）而得名。清末民初，西安已发展成为西北地区主要的中药材集散市场，仅东关经营中药材的行号、货栈、加工房、拆货铺（专做中药材批发）就达80多家。[2]这些行号、货栈分属3个行业，即土产山货行、代理行和药材行。土产山货行大都收购终南山产各种药材；代理行以代客买卖各种药材为主；药材行主要经营药材批发业务，规模较大的西板坊德合生药材行，大量收购西北产主要药材，经过初加工发往东南沿海各口岸。

其中，鼓楼西北一隅是回民聚居区，清代回族商业经营范围广泛，"主要是牛羊屠宰业、牛羊肉饮食业、皮毛加工业、运输业、茶马贸易等"[3]。而终有清一代，西安城市的商业建筑基本是采用前店后居或下店上居的形式，经营门面往往依附于居住地或者在居住地附近。《秦陇回务纪略》记载："省城节署左右前后以北一带，教门烟户数万（千）家，几居城之半……绅富三分之一，乐业安居，自成风俗。"可见，当时聚居西北一隅的回民以经商为其谋生手段，并以此形成了西北一隅城市商业的主要形式。因此，西北一隅的店铺相对比较集中。

而相应的西南一隅，以南院门、马坊门、竹笆市等一线形成了商业密集区域，该区域分布有专业市场，如盐店街集中分布的盐店、五味什字以北的南广济街汇集的中药店铺。清末以后，南广济街开设了很多铁器店，作坊都在店铺的后面，如"张公顺""梅花张""胡全林""宋林生"几家的铁器都闻名省内外。[4]因此，西南一隅的商业性质与西北一隅又有所不同，但与北院门大街、鼓楼前一带商业区域是有一定关联的。

南院门商业区除前述竹笆市外，从清光绪《西安府城图》中可见，南院门大街及其

---

[1] 西安市商业贸易委员会编：《西安商业志》，陕内资图批字2001年（AX）029号，2001年，第86页。
[2] 西安市地方志编纂委员会：《西安市志》第4卷《经济》（下），西安出版社，2004年，第490页。
[3] 秦晖、韩敏、邵宏谟：《陕西通史·明清卷》，陕西师范大学出版社，1997年，第287页。
[4] 《南广济街》，见中国人民政治协商会议西安市碑林区委员会文史资料研究委员会编：《碑林文史资料》第5辑，内部发行，1990年，第116页。

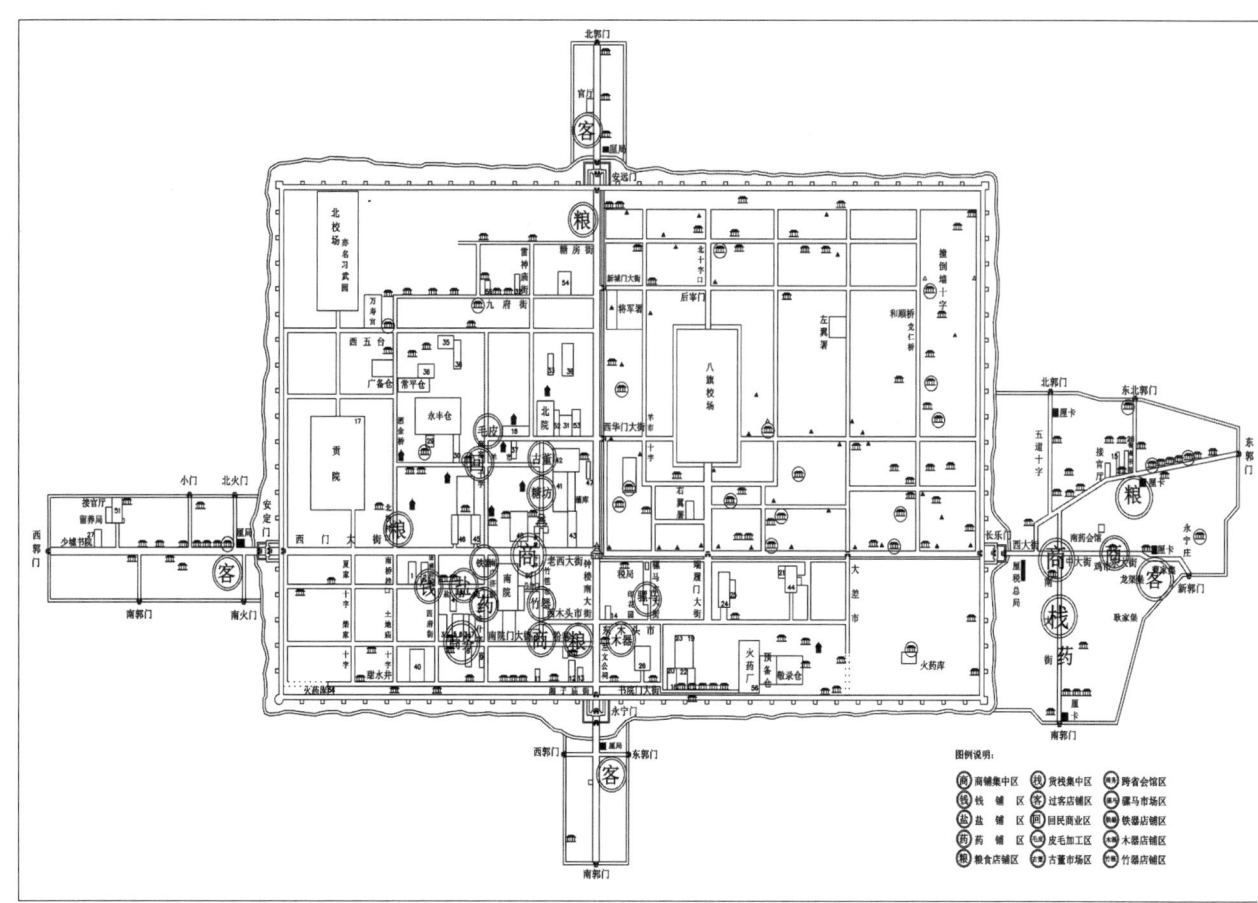

图 1-7 晚清时期城市商铺市场分布示意图

资料来源：光绪十九年十月中浣舆图馆测绘的《西安府城图》。

注：图中所标各商业、市场区位均为示意区域。

以西和以南的区域集中分布了各地的会馆，主要有福建会馆、安徽会馆、江苏会馆、山东会馆、中州会馆、中州西馆、湖广会馆、甘肃会馆、三晋会馆、安徽东馆、全浙会馆、江西公寓等。（见表1-10）会馆的产生起源于明清时期，它是工商业者的组织在封建社会里进一步发展的结果，是外郡工商行帮为同乡谋公益的机构。其主要职能是通贸易、存货物、定公价、来往住宿、团聚娱乐、联络感情、同乡扶帮等。外籍同乡工商业者在某地建立会馆，是同籍人数众多、经济实力雄厚、营业稳步发展的标志。[①] 各地会馆集中分布于南院门大街一带。这些会馆为本乡人不仅提供住宿方便，也提供存储货物等便利。随着功能的不断完善，近代会馆已经发展成为具有一定规模和社会影响的商业组织。从商务活动及影响看，其已具备当时城市商务中心的功能。

---

① 陕西省地方志编纂委员会编：《陕西省志》第62卷《工商联志》，西安出版社，2002年，第69页。

表 1-10　近代西安会馆分布一览表

类型	名称	时间	崇祀	地址	备注
外省籍会馆	两广会馆		关帝、文昌	大皮院东口	民国《咸宁长安两县续志》卷七《祠祀考》
	湖广会馆		夏禹王	四府街	
	全浙会馆		夏禹王	大湘子庙街	
	绍兴会馆		夏禹王	东木头市	
	中州会馆		先贤先儒	五味什字	
	八旗奉直会馆		先贤先儒	盐店街	
	安徽会馆		朱文公	五味什字	
	山东会馆		孔子	五味什字	
	江苏会馆		吴泰伯、仲雍	大保吉巷	
	福建会馆		天后圣母	南院门	
	四川会馆		文昌	贡院门	
	甘肃会馆		三皇	梁家牌楼	
	三晋会馆		关帝	梁家牌楼	
	江西会馆		许真君	小湘子庙街	
	中州西馆			五味什字	
	安徽东馆			湘子庙街	
	山西会馆		关帝	长乐坊街	嘉庆《咸宁县志·东关图》
	直隶会馆				《支那省别全志》第7卷《陕西省》
	五省会馆（燕、冀、辽、吉、黑）			盐店街副28号	舒叶：《建国前碑林地区会馆知多少》，见《碑林文史资料》第9辑
各县会馆	澄城会馆			南广济街	
	华州会馆			印花布园街	
	鄠县会馆	光绪二十六年		城隍庙后街	民国《鄠县县志》卷二《官署》
	咸阳会馆				民国《咸阳县志》

续表

类型	名称	时间	崇祀	地址	备注
行业会馆	畜商会馆（瘟神庙）	道光九年		西关	民国《咸宁长安两县续志》卷七《祠祀考》
	梨园会馆	乾隆年间	唐玄宗、楚庄王	骡马市街	
	裁缝会馆			东木头市	舒叶：《建国前碑林地区会馆知多少》，见《碑林文史资料》第9辑
	银匠会馆			南大街油店巷口南侧	
	厨师会馆			东关索罗巷中段（田师庙）	
	园艺会馆（花神庙）			东关长乐坊	黄云兴：《长安花神会》，见《碑林文史资料》第6辑
	南药会馆（广货、药材）			东关	郭敬仪：《旧社会西安东关商业掠影》，见《陕西文史资料》第16辑
	两江会馆			大皮院	民国《西京快览》第6编《公共事业》
	药材会馆（骡马市）		药王殿	骡马市	《首建梨园会馆碑》
	药材会馆（药王洞）			东关金花落药王洞	《老商会简述》，见《陕西工商联志》
	罗真会馆		罗真	二府街中段南侧	
	骡店会馆		马神庙	东关曹家集	郭敬仪：《旧社会西安东关商业掠影》，见《陕西文史资料》第16辑
	饮食业会馆			书院门	穆仰贤：《书院门今昔》，见《碑林文史资料》第6辑

综上所述，晚清时期西安城市商业中心是以南院及其会馆区为核心区域，包括南院门地区以及南、北院门之间的鼓楼地区，而次级商业中心有两处，一处为鼓楼以西沿西大街一线，另一处主要分布在东关，形成了一主两副的商业中心格局。满城内部商业分布较少，主要服务对象也相对单一，商业性质主要为满足满城内的配套服务，不具备城市商业中心的职能。

（三）文化设施分布

晚清时期，西安城市空间文化特征体现为三个层次的演变。首先是以精英教育为核心的儒学教育系统，即文庙、贡院、书院、府学、县学等按照典章制度而形成的各种正规教育机构；随着晚清时期废除科举，转向普及教育，咸宁、长安2县设高等小学

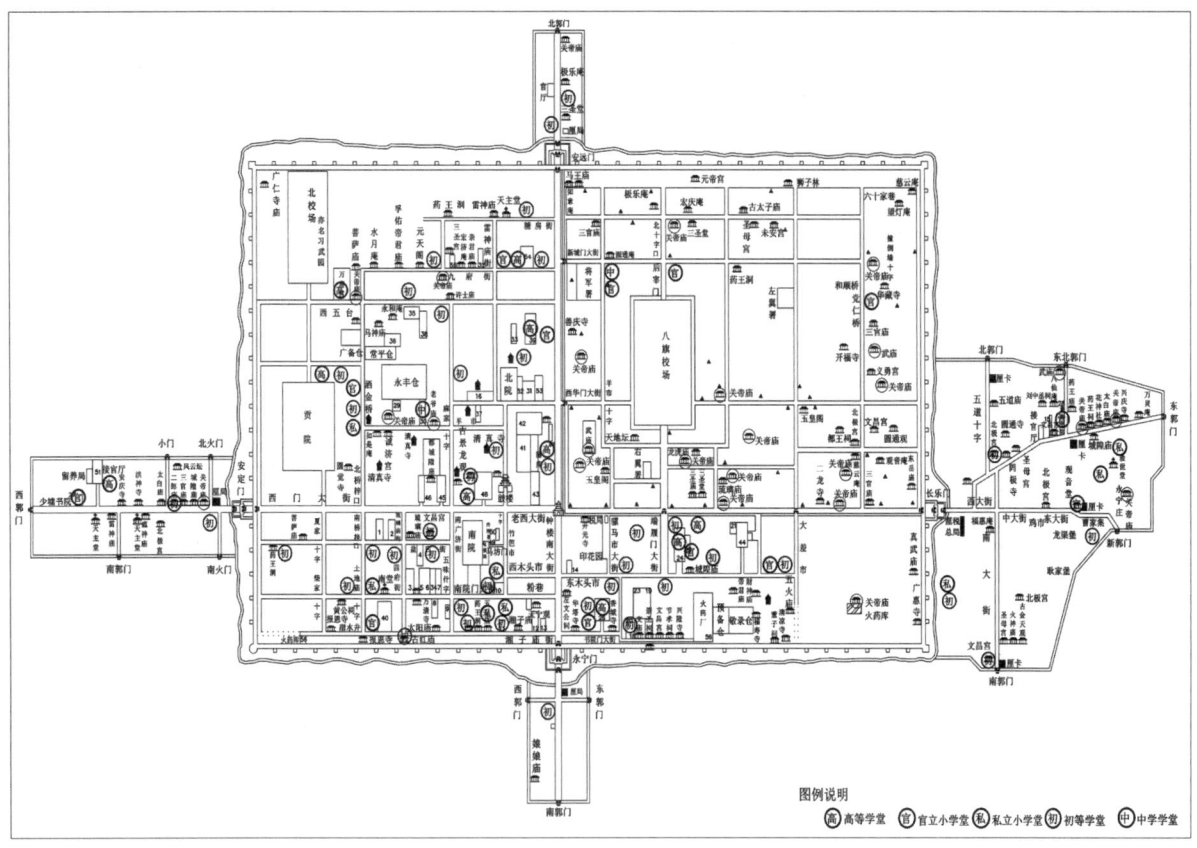

图 1-8　晚清时期城市内部学堂分布示意图

资料来源：光绪十九年十月中浣舆图馆测绘的《西安府城图》；翁柽监修，宋联奎总纂：《咸宁长安两县续志》卷九《学校考》，民国二十五年铅印本；西安市教委教育志编纂办公室编：《西安市教育志》，陕西人民出版社，1995年。

堂、两等小学堂、女子学堂及初等小学堂340多所，其教育理念、教育内容、教育方式均发生了巨大的变化。其次是随着新思想、新举措和新功能的产生，原有的祠祀、庙观等具有教化功能的传统文化因素则相应地经历了为适应新的城市功能需求而进行的功能置换，其中一些寺庙的功能被逐步取代，形成了城市空间演替现象。再次是西方教会在中国发展的过程中，一方面带来了新的信仰体系，另一方面也传入了西方文化教育、西医、科学技术等。西方教会不仅对中国的传统信仰产生了一定的影响，同时也对其教育理念和教学方式的改进提供了思路。因此，城市普及教育功能和宗教文化信仰的演变对城市空间所产生的影响，主要表现在三个方面。

第一，宗教作为文化因素的发展，有两条线索。一是近代西方基督教的传入及其影响，二是城市传统宗教因素的发展及其空间演替。

第二，文化教育机构和设施的发展，也大致分为两个线索。一是教育体制的改革和因此而带来的城市文化教育功能的近代发展及其空间分布。二是非教育体制下如教会学校的教育模式而引发的新式教育变革，包括教会学校的现代教学理念和方法的浸入，以及与传统文化教育的融合。

第三，城市普及教育逐步取代了日渐式微的部分传统宗教信仰的功能，并通过用地功能的置换形成了一个自然演替的发展阶段。同时，普通教育体系呈现多样化发展阶段特征。

以关中书院为核心的书院门大街，其西分布着的碑林、孔庙、府学、长安县学、咸宁县学等以尊孔崇儒为核心思想的文化教育机构，是明清时期西安的文化教育中心。以儒家思想为核心是封建统治者一贯奉行的教育政策，关中书院的创办，就是明代关学大师冯从吾（1556—1627年）汲取其他学派之长，把著名关学大师张载所创设的重视躬行实践，即强调努力实行儒家学说，提倡一种脚踏实地的朴实学风的关学①向前发展了一步，并以关中书院为基地，从事讲学活动，影响很大，关中书院成为西北讲学议政和培养士人的中心。明朝后期继冯从吾之后，关中一些著名学者先后在关中书院开设讲席，有清一代，李颙（二曲）、刘光蕡（1843—1903年）、牛梦周、柏景伟等都曾在这里讲学。由于主讲人多是硕学耆儒，名震一时，不仅陕、甘，甚至川、豫、鄂等邻省学生也不远千里，纷纷负笈前来求学。因此，书院门不仅是省会儒学的教育中心，更是儒家思想的传播中心。

晚清时期，戊戌变法的失败并没有宣告社会变革的停滞，因为清政府的统治已经是山雨欲来风满楼，维新是时代发展的需求，是不可阻挡的。光绪三十一年（1905年）清政府公开下诏，从次年即光绪三十二年（1906年）始，停止乡会试，生童岁科考亦停，一切士子皆由学堂出身，结束了长达1300年的科举制度。自光绪二十四年（1898年）戊戌维新至宣统三年（1911年）辛亥革命的13年间，西安城垣及长安、咸宁2县境内，共建立各类学堂375所。其中包括普通教育、职业教育、高等教育等各类学校，表明西安已步入了现代教育的行列。学校的种类、数量和人数的增加，带来了相应的空间的变化，即适应于现代普及教育的特点的分散布局特征。

而崇祀空间本身以其分散布局为主要特征，在现代教育不断普及、深入人心的同时，其所具有的传统信仰本身与现代教育之间就不可避免存在矛盾，但由于传统的文化因素在人们思想中根深蒂固的精神影响作用，因此在晚清时期崇祀空间中儒教、道教、

---

① 西安市教委教育志编纂办公室编：《西安市教育志》，陕西人民出版社，1995年，第7页。

佛教以及伊斯兰教和其他民间信仰等多种崇祀内容并存，在城市中保持着传统的固有文化特性。

根据光绪十九年十月中浣舆图馆测绘的《西安府城图》统计，在西安城分布的寺庙、宫观合计其类型，以供奉的神主，除祀典所固定的外，尚有佛寺、道观，以及名宦、乡贤、节孝祠堂等；从分布情况分，有历史原因形成，有行业崇拜、市民宗教信仰形成的分布格局；从与中国传统文化中的各种与世俗生活的关系看，有保佑平安、繁衍（五谷和人类自身）、升官和发财的庙宇，其分布以钟楼为原点，以东、西、南、北四条大街为坐标，呈现象限分布。

表1-11 西安城寺观、庙宇统计表

方位	数量（个）	比例（%）	备注
西北隅	30	20.69	关帝庙3个，清真寺6个
东北隅（满城）	45	31.04	关帝庙11个，武庙2个，在满城的庙宇、寺观中占28.89%，占全城的9%
西南隅	19	13.10	不包括会馆奉祀
东南隅	18	12.41	关帝庙1个，位于原南城
东关	33	22.76	关帝庙4个
合计	145	100	

资料来源：光绪十九年十月中浣舆图馆测绘的《西安府城图》。

从西安庙宇的分布来看，其布局具有以下七个特点。

其一，寺庙的布局与城市用地性质相关。以满城的关帝庙最多，其次是东关，再次是西北隅，东南隅仅1个关帝庙和1个真武庙，前者位于原南城，与火药局相邻，后者位于东门以南，紧临城墙。而军人是诸行之一，所奉之神有关羽、岳飞、旗纛神（军牙旗纛神）、马王等。[①] 满城的关帝庙布局与其作为军事堡垒有关，体现了人们对保护神的崇拜和祈求庇佑的心理，也体现了清朝时期，八旗作为军事单位居住社会的状态和布局特点。

其二，表现出行业分布的特点，映射出城市商业的职能区域的微观结构状况。西安

---

① 李乔：《中国行业神崇拜》，中国华侨出版公司，1990年，第355页。

城内分布的众多祠祀、庙宇中所供奉的神祇，往往成为一些行业的崇拜偶像，这些神祇既是各个行业的护佑神，同时又是民间信仰的神祇，主要有城隍神、药王、文昌帝君、禹王、火神、韩湘子、花神、雷神、马神、山神、土地神、五道神等。（见表1-12）

表1-12 民间行业保护神一览表

行业	护佑神祇
制糖业	所奉之神有雷祖、杜康仙娘、鲁班、老君、土地神、梅山、赵昂等
糕点业	所奉之神有雷祖闻仲、关公、赵公明、马王、火神、燧人氏、神农、灶神、介文皇帝、诸葛亮等
粮食业	所奉之神有神农、后稷、雷祖、蒋相公等
皮革业	所奉之神有黄飞虎、比干、关公、达摩、白豆儿佛、孙膑等
纺织业	所奉之神有关公、文昌、观音
酒业	所奉之神有杜康、仪狄、刘白堕、焦革、葛仙、李白、酒仙童子、二郎神、祠山神、司马相如、龙王等
挑水业	所奉之神有井泉龙王、井泉童子、挑水哥哥、水母娘娘等
消防人员	所奉之神有火神和龙王
医生、药铺、药材贩运商、药农、医学校教师	皆奉医药之神。所奉医药之神有伏羲、神农、黄帝、孙思邈、扁鹊、华佗、邳彤（皮场大王）、三韦氏、吕洞宾、李时珍、保生大帝、眼光娘娘、李铁拐等
银钱业	所奉之神有赵公明、招财童子、关公、秦裕伯、老君等
典当业	所奉之神有火神、财神（赵公明、关公、增福财神）、号神
运输业	马神习称马，又称马祖；马王又称马明王、水草马明王、青山水草马王、马王爷等。马王被认为是主管马骡驴乃至一切飞禽走兽之神，同时被有的供奉者奉为祖师。奉老君为祖师
农业	所祀之神名目繁多，可统称为农事神或农神。主要有八蜡、伏羲、神农、黄帝、后稷、土谷神、青苗神、雹神、虫神、圈神、塘神、棉花神等
蚕业	蚕农所奉之神有马头娘、嫘祖、蚕花五圣、三姑、苑窳妇人、寓氏公主、青衣神等。机户及纤经接头工、拽花行供奉之神有褚载（或褚河南父子）、伯余、黄帝、嫘祖、三皇、张衡、织女、黄道婆、接头方仙、七仙女、蒋公等。绸缎商供奉的神有关公、文昌帝君等
吹鼓业	所奉祖师有师旷、孔子、韩湘子、永乐皇帝等

资料来源：李乔：《中国行业神崇拜》，中国华侨出版公司，1990年。

其三，与民族宗教信仰相关。以西北隅的布局看，清真寺达6个，主要集中在洒金桥以东、西仓门街以南、永丰仓以东、二府街以南和北院门以西的区域。该区域为回民集中聚居的区域。其西北角则散布着关帝庙，与北校场邻近，体现了回民以清真寺为中心聚居而居和关帝庙与军事用地毗邻的特征。

其四，与历史遗存有关。历史上已经存在又经后代翻修而形成现况的主要寺庙、道观和名人祠（例如董子祠）等在兵燹之后侥幸得存。由于清代佛、道不为当局所重视，因此，战争之后仅剩存者。同治大乱后专祀曾盛极一时，"同治以后大乱初定，典隆崇报专祠多至八九，可谓盛矣"，而八国联军占领北京后，慈禧西行，"庚子行在于秦中，祠宇颁匾额四十余所，皆南斋供奉，尚书陆润庠奉召一日毕书者今不能悉指所在矣"。而辛亥革命以后，又遭到战争的破坏，"至若梵宇琳宫二氏之说非儒所重，然烽燧在郊，仅有存者……考古之士有余恫焉"。[①]

其五，与交通和区位有一定关系。东关的行业保护神庙和较多的关帝庙，表明其作为东去的门户，既具有交通的优势，同时又是对东来进犯之敌作战的前沿，因此，不仅形成了相对繁荣的商业中心，也具有一定军事防御作用，在四个关城中地位比较突出。

其六，各地会馆的奉祀之神体现了地区宗教文化的差异性，同时也体现了地方文化的融合现象。近代西安城内会馆，"各有所祀，若祠观，然不可阙也"，"两广在大皮院东口，祀关帝、文昌；湖广在四府街，全浙在大湘子庙街，绍兴在东木头市，均祀夏禹王；中州在五味什字，八旗奉直在盐店街，均祀先贤先儒；安徽在五味什字，祀朱文公；山东在五味什字，祀孔子；江苏在大保吉巷，祀吴泰伯、仲雍；福建在南院门，祀天后圣母；四川在贡院门，祀文昌；甘肃在梁家牌楼，祀三皇；三晋山西均在梁家牌楼，祀关帝；江西在小湘子庙街，祀许真君"。[②]

其七，区位选择临街布局，总体上呈现出近市和远离商市的两种布局倾向。大部分寺庙是沿街或邻近布局的，反映出当时西安城市中人们的居住生活是以街道为组织核心的空间结构方式。出现两种倾向，一是以城隍庙、文庙、武庙作为传统城市的构成因素；二是祠祀庙宇分布主要靠近城墙，也就是以钟楼为中心的外围圈层。这两种倾向，近市的往往兼具行业组织的职能，而远离商市的往往是与居民的信仰倾向相关，与居住里坊紧密

---

① 翁柽监修，宋联奎总纂：《咸宁长安两县续志》卷七《祠祀考》，民国二十五年铅印本。
② 翁柽监修，宋联奎总纂：《咸宁长安两县续志》卷七《祠祀考》，民国二十五年铅印本。

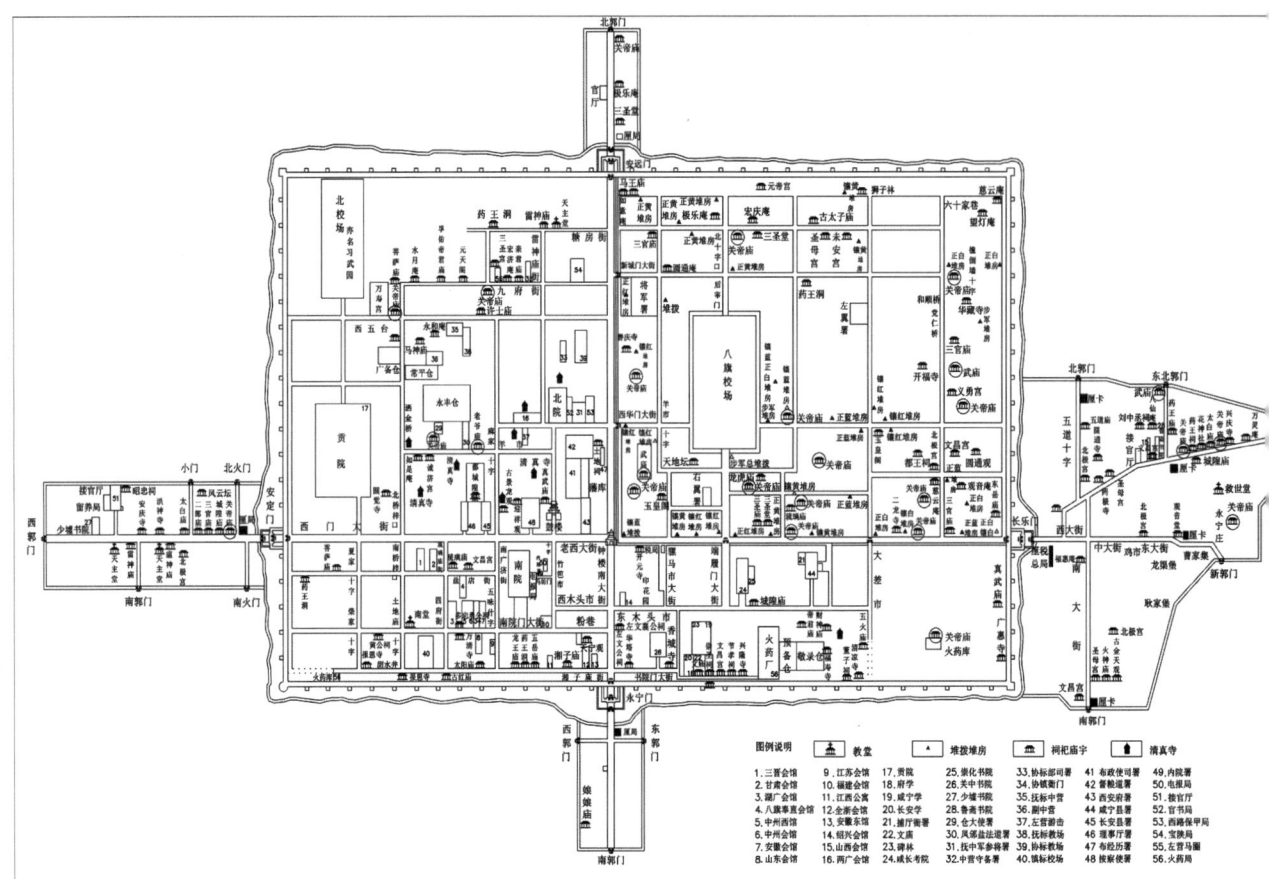

图 1-9 晚清时期城市内部祠祀分布示意图

资料来源：光绪十九年十月中浣舆图馆测绘的《西安府城图》。

结合，其功能被居住社会生活需求的其他职能所取代，诸如学校等。以上体现了居住社会分异中，宗教信仰、民间信仰以及中国传统的血缘宗祠祭祀起到了不可忽视的作用。

七、城市近代化表征

这一时期的城市近代化发展并不充分，缺乏动力，但其近代化表征在近代工业、商业金融业、建筑业、医疗设施、邮电通信以及文化教育设施等方面均有新的变化，为近代化发展奠定了基础。

（一）城市工业

清同治八年（1869年）正月，陕甘总督左宗棠创办西安机器局，这是西安也是西北地区最早建立的近代工业企业。当时驻陕清军达120营，清廷为镇压捻军等武装力量所需大量军火由上海洋行采办，不仅运输困难，费用很高，而且购买也颇费周折。因此，左宗棠奏请清廷拨银30余万两，招募工匠，购置机器，创立西安机器局，生产洋枪、铜火帽、开花子弹和火药等。同治十一年（1872年），西安机器局随左宗棠行营迁往兰州，改称兰州制造局。光绪二十年（1894年），陕西巡抚鹿传霖等奏请清廷批准，将兰州制造局停办后的旧存设备运回西安，在西安办起专造子弹的陕西省机器制造局。当年仅具初基，未及展办。次年，护理陕西巡抚张汝梅再次奏请设立陕西省机器制造局，旋即获准正式开办。同时，民间也开始发展实业，清光绪二十二年（1896年），陕西崇实书院筹办陕西保富机器织布局。①（见表1-13）

表1-13　西安近代工业建设年代表（1840—1900年）

时间	项目	内容	创办者	备注
同治八年（1869年）	西安机器局	生产洋枪、铜火帽、开花子弹和火药	陕甘总督左宗棠	机械工业/军工
光绪二十年（1894年）	陕西省机器制造局	主要生产铜火帽、铜管拉火、硫酸、硝酸、盐酸及修制各式前后膛枪炮等	陕西巡抚鹿传霖	机械工业/军工
光绪二十二年（1896年）	陕西保富机器织布局	工场棉纺织	陕西崇实书院	纺织工业/针织业

资料来源：西安市地方志编纂委员会：《西安市志》第3卷《经济》（上），西安出版社，2003年，第86页。

（二）商业金融业

商业金融方面，自道光十七年（1837年）西安的第一家钱庄景盛永钱庄开业，至1900年西安近代商业金融业发展，西安出现了许多有关的店铺票号。（见表1-14）

表1-14　西安近代金融业建设年代表（1840—1900年）

时间	项目	内容	创办者	备注
咸丰年间（1851—1861年）	日升昌、蔚泰厚、蔚丰厚、日新中西安分号	外地票号		私有
咸丰年间（1851—1861年）	万福源、景复盛、万顺隆、敬顺德	本地票号	高景清、李岳顺	私有
清末	协同庆、大德恒、合盛元、大德通、蔚丰厚、日升昌、天成亨、蔚长厚、蔚泰厚、百川通、宝丰隆、裕丰			私有

---

① 西安市地方志编纂委员会：《西安市志》第3卷《经济》（上），西安出版社，2003年，第245页。

续表

时间	项目	内容	创办者	备注
咸丰四年（1854年）	陕西官银钱局	发行陕西省官票		公立，1860年撤销
同治元年（1862年）	陕西官银钱局			重新创办，1886年再次撤销
光绪二十年（1894年）	秦丰官银钱号	经营一般存放款金融业务、发行钱票		宣统二年（1910年）改名为秦丰官钱局

资料来源：西安市地方志编纂委员会：《西安市志》第4卷《经济》（下），西安出版社，2004年，第677—678页。

（三）建筑业

光绪九年（1883年），开办天顺成建筑土木工程营造厂，至此，产生了建筑行业的独立产业。从1890年至清廷灭亡的20余年间，西安建筑工程发展持续不断，先后建成电报局、陕西中学堂、陕西高等学堂、陕西师范学堂、陕西中等农林学堂、陆军中学堂、陕西高等工业学堂、陕西图书馆、森荣火柴公司等[①]。这些建筑虽然规模不大，却揭开了西安建筑事业新的一页。

表1-15 西安近代建筑业建设年代表（1840—1900年）

时间	项目	内容	创办者
光绪九年（1883年）	天顺成建筑土木工程营造厂	光绪二十八年（1902年）包修西安城外皂河水改归城内龙渠直达莲花池（即今之莲湖公园）；二十九年（1903年）改建陕西省东厅为高等堂（即今之高级中学校）；三十年（1904年）创建陕西省立第一中学校	陈天仪

资料来源：西安市地方志编纂委员会：《西安市志》第3卷《经济》（上），西安出版社，2003年，第817页。

（四）医疗卫生

光绪十年（1884年），外国教会进入西安，开始在城内和关厢陆续修建天主教堂、耶稣教堂9处，外国人还设立医院、孤儿院等机构。光绪十二年（1886年），西安人口增加到32万人。

而最早的西医是光绪十五年（1889年）英国基督教浸礼会派英国医学博士姜感恩、医师罗伯逊等人来西安，在东木头市街开办英华医院，西医、西药由此传入西安。宣

---

① 西安市地方志编纂委员会：《西安市志》第3卷《经济》（上），西安出版社，2003年，第748页。

统三年（1911年）由康毅如发起组织红十字战地医疗救护队，并成立了西京红十字会医院，这是西安最早的公立医院。

（五）邮电通信

邮电通信的发展较快，光绪十六年（1890年）西安开办了第一所电报局，于是有了沟通至太原、保定、兰州、肃州的电报线路。

（六）文化教育

西安社会风气渐趋开化，新生事物逐渐产生，显示出西安作为西北文化中心的人文荟萃之地，在历史转变时期所具有的地域文化功能，以及作为地域文化中心的发展潜力。新闻出版方面，创办印刷工厂与出版近代刊物。新式教育方面，从1885年开始，西安市内出现近代形式学堂。

表1-16　西安近代新闻出版业建设年代表（1840—1900年）

时间	创办者	内容	备注
光绪十七年（1891年）九月	陕西学政柯逢时	创设味经书院刊书处	捐俸筹款
光绪二十二年（1896年）四月	陕西布政使樊增祥	开办秦中书局	购置西安第一台铅字印刷机
	吴廷锡	创办《秦中书局汇报》（月刊）	西安第一份报纸，1899年停刊
光绪二十三年（1897年）	阎培棠（甘园）、毛昌杰（俊臣）、王执中（立斋）	创办《广通报》（半月刊，木刻印刷）	是西安最早的民办报纸，戊戌变法失败后停刊

资料来源：西安市地方志编纂委员会：《西安市志》第1卷《总类》，西安出版社，1996年，第70页。

表1-17　西安近代教育业建设年代表（1840—1900年）

时间	创办者	内容	备注
光绪十一年（1885年）	署盐法道黄嗣东、咸宁知县樊增祥	建立鲁斋书院，二十九年（1903年）改为咸宁县立两等小学堂	捐俸集资，在西安东关长乐坊重建
光绪十六年（1890年）	陕西巡抚陶模	修建少墟书院，三十二年（1906年）改为长安县立高等小学堂	在西安冯公祠（今西安市第四十二中校址）
光绪二十三年（1897年）	陕西巡抚魏光焘	设立游艺学塾，翌年并入陕西中学堂	在东厅门咸长考院（今西安高级中学校址）

续表

时间	创办者	内容	备注
光绪二十四年（1898年）	陕西巡抚魏光焘	六月，创设陕西武备学堂；九月，成立随营武备学堂。二十八年（1902年）两武备学堂合并。三十二年改为陕西陆军小学堂	在西安西关
	陕西巡抚魏光焘	开办陕西中学堂	利用咸长考院房舍设立，二十六年（1900年）因校舍被占用停办

资料来源：西安市地方志编纂委员会：《西安市志》第1卷《总类》，西安出版社，1996年，第69—70页。

第三节
近代化萌动时期（1901—1910年）

一、新政上谕与城市发展

回銮新政初期至辛亥革命前夕，清王朝已经处于崩溃的边缘。施行新政上谕虽然不能挽回清政府的颓势，但客观上引发了积蓄已久的社会改良的城市社会转型发展的迫切需求。

在义和团运动遭到中外反动势力的镇压之后，清政府为了取媚列强，开始和资产阶级上层勾结在一起，以巩固自己的政权统治。于光绪二十七年（1901年）在西安发布了"新政上谕"的命令，明确提出各方大员要参酌中西政要，慎重考虑吏治、民生、科举、财政、军争等方面的改进问题，并将陈奏的时间限定在两个月内。上谕特别指出"世有万古不易之常经，无一成不变之治法，穷变通久，见于大易，损益可知，著于论语。盖不易者，三纲五常，昭然如日星之照世，而可变者，令甲令乙，不妨如琴瑟之改弦"[1]，这就是新政的基本原则。在清朝统治的最后10年间，整个社会面临巨大的危机，为了缓解来自内外的压力，清政府采取了新政改革。因此实行新政是符合当时时代潮流的应势之举，打开了中国近代化的大门，标志着中国进入了较为全面的变化时期。[2]陕西省推行新政，总结起来主要包括下面几点。

首先，兴办学堂，派遣留学生。光绪二十八年（1902年），陕西巡抚升允，在咸长考院和崇化书院的旧址，开设陕西大学堂。并按照"中学为体，西学为用"的思想，

---

[1] 沈桐生辑：《光绪政要》卷二六，台北文海出版社，1973年。
[2] 李绮：《论地方督抚与清末新政》，载《淮阴师范学院学报》（哲学社会科学版）2000年第6期，第73页。

安排授课课程。在这之后的几年间，陕西还先后建立了存古学堂、武备学堂等一系列学堂。光绪三十年（1904年），逐渐用官费、自费的方式选拔一批学生留学日本。

其次，训练、储备新军。光绪二十七年，清朝政府颁布谕令，其中明确规定：各省要将原有旧军严格淘汰，从中精选出一批优秀的人才，组成常备军、续备军、巡警军等不同类型的军队，一律练习使用新式枪炮，力争将其训练成一支劲旅。军队的整顿和编练，使群众对清政府统治的反抗情绪更加高涨，同时也使人民群众面临更重的负担。

再次，兴办洋务局和课吏馆，创办《秦中官报》。自从签订《辛丑条约》之后，外国教会势力逐渐壮大，陕西的各个县城涌现出了大量教堂。传教士在陕强占民田，为害乡里，引起当地民众的强烈抗议。随着外国资本主义势力深入内地，侵略分子来陕人数日益增多，此外路矿工程亦有招聘。为了做到事情有所汇总，责任有所归属，陕西省在光绪二十八年开设了洋务局，主要职责就是办理外交事务。

光绪二十九年（1903年），陕西当局接到命令，开设课吏馆以对在职的官吏进行培养，让其在学习吏治的同时还要学习西方的思想内容。《秦中官报》就是在此背景下创刊的，它在当时传播了大量客观信息，不仅提高了官员的素质，而且打破思想束缚，极大地拓宽了国民的眼界。

最后，发展电报和邮政等事业。陕西省开始电报事业的时间晚于东南沿海地区。光绪十六年（1890年），西安电报局在南院总督部院东侧成立，后移至梆子市街黄公祠，又转移到马坊门。该电报局主要经营平挂信函方面的业务，还开辟了西安—凤翔—成都、西安—潼关—洛阳、西安—商州3条邮政路线。后来又在西安到老河口之间设有1条线路。

光绪二十九年，陕西邮务管理局成立于西安，刚开始的位置是在马坊门，后来移到了东大街。之后，我国各地均出现了邮局，每个州每个县，甚至是一些重要的农村、乡镇，也都开设了专门的邮局。西安府邮政局在光绪三十二年（1906年）正式开始办理国际信函业务，逐渐改善了西安通信封闭的状况。

这一阶段，商业也开始发展了起来，光绪三十一年（1905年），陕西巡抚升允在抚院的外甬道左右两侧盖了10楹楼房，用来招商开业，后来这些楼房成为西安南院门的第一市场。光绪三十四年（1908年），陕西商务总会正式成立。宣统元年（1909年），大清银行陕西分行在西安建立。是年，庆丰裕、惠丰祥等10家著名的洋货铺也开始在西安出现。

近代工业迈开新的一步。光绪三十年（1904年），时任西安知府的尹昌龄在北院门创办了陕西工艺厂，这是西安第一家官办的手工纺织厂。同年，商贾邓永达筹集2000两白银开设了西安第一家火柴工厂——森荣火柴公司。近代工业的起步给城市建设带来了新的活力。

陕西官绅在光绪三十一年申请省内自行修筑从西安到潼关之间的铁路——西潼铁路，布政使樊增祥为总办。宣统元年获得批准，正式成立了西潼铁路公司，表明陕西省的铁路工程由外资主导变成了国内商办。近代交通事业获得了初步发展，交通在城市发展中的重要作用也日益显现。

这一时期，西安近代工业的生产要素还处于一种初始发展的状态，游离于资本与利权之间，而城市空间结构的发展，尚未改变清代以来所形成的城市空间结构特点，但是城市在原有的基础上已经有了新的功能内涵，为城市的近代化发展奠定了基础。

总之，自鸦片战争直至辛亥革命前夜，洋务运动和戊戌变法从思想意识方面渐开风气，但对于城市内部空间的影响是有限而分散的。西安城市内部功能的改变主要集中发生在清末新政后的10年间。这一时期，西安有了机器局、新式教育学堂、近代新闻出版机构等代表近代化发展的机构或者设施。思想界渐趋活跃，新闻出版机构有10余个，报纸种类接近10种；与此同时，工业经济发展比较缓慢，光绪二十年（1894年）成立陕西省机器制造局，二十二年（1896年）又成立西安军装局，工业仅有森荣火柴公司和陕西工艺厂。在新政政令的推行过程中，城市内部功能的空间过程仍处于自我演替的发展状态，缓慢而又缺乏近代工业发展的动力支持。

二、城市近代化萌芽特征

光绪二十六年七月二十日（1900年8月14日）八国联军攻陷北京城，慈禧与光绪等皇族逃往西安避难，巡抚衙门成了他们的临时行宫，一直到二十七年才从西安离开，于此地居住的时间共计约1年。慈禧在二十七年颁布了上谕，并且明确提出新政，以此促进国家发展，为民生经济增长提供支持。督办政务处于同年4月设立，为筹划推行新政的专门机构。在西方列强的要求下，清政府又在光绪二十七年开始改革行政机构，改总理衙门为外务部。随后，又下达命令即从第二年开始，科举考试中不再使用八股文；对京师大学堂进行整理和优化，与此同时，各省的书院改名为学堂，极大地满足了各省、府、县设立大、中、小学堂的要求。除此之外，鼓励各省官费支持一批留学生。这次改革内容的提出推动了现代教育的发展。西安城市深处内陆，但维新思想十分活跃，从客观角度分析，可以保持新式教育持续稳定的发展状态，并且能推动国民思想的转变，为城市高效快速发展奠定良好的基础。

晚清时期，西安地区内部功能要素出现较显著的变化，通过《西安市志》相关内容可知，不管是行政管理、文化娱乐、新闻出版，还是金融、卫生等各方面[1]，均表现出新的发展趋势。

（一）城市行政

从行政管理的角度来看，陕西省在西安成立了省城警务总局，之后，将其改名为省城警务总署，城市人口和治安管理体系由此形成。西安府的地方检察厅和地方审判厅同时成立，则开启了行政与司法分离的时代。

光绪三十一年，省城警务总局成立于张子祠，位置在西安行宫的东侧。下辖25个派出所和4个分局，主要负责省城内各地区的治安工作。此前，绿营和保甲总局主要负责维护省城的治安。同年，长安、咸宁2县习艺所收归警务总局管辖。

光绪三十二年八月，陕西巡警学堂在西安粮道巷成立，学堂成立3年，共接收600多名巡警接受训练。

光绪三十四年初，省城警务总署、分署正式取代了省城警务总局、分局的称号。总署内部设置了行政、警生教练所、总务、司法、消防队、习艺所、卫生科等；城关设置了东、西、南3个分署，西安城内部设置了东、南、西、北4个分署。分署下设区，全城总计27个区。区内还设置了相应的岗亭和警棚。总署长官为会办、总办。总署长官下还设置了收支、巡记、总巡、巡官、巡长、文案等职位，各司其职。相关数据显示，截止到宣统二年（1910年），总署警、役、官、员的人数超过了700人。总署和分署主要职责是为民除害，保一方平安。除此之外，还负责安置路灯、清理垃圾、侦查命案、更换门牌等工作。各区、分署巡兵在开展工作时需要着装整齐，手持枪支，在巡官的带领下

---

[1] 西安市地方志编纂委员会：《西安市志》第1卷《总类》，西安出版社，1996年，第67—74页。

在所管辖的区域内巡逻、站岗，遇到强盗等不良分子时，及时将其逮捕。

宣统元年四月二十一日，经朝廷特批，陕西巡警学堂正式改名为高等巡警学堂，主要负责对巡官开展培训。据相关数据显示，那一年共招收了100名学员，中间有14名学生因身染疾病而中途退学。另外，还设立了警生教练所，专门负责对巡警进行训练，同年十二月，陕西巡警在省城内成立了马巡队，并设有两支分队，每队配备10名马警和1匹马，在离省城较远的道途中和人烟稀少的偏僻地区昼夜轮班值守。①

光绪三十二年，清政府开始实行新政，司法、行政机构正式分离。西安府的地方审判厅和检察厅在宣统二年成立，另外，在长安、咸宁2个地方也建立了审判检察厅。西安府的地方审判厅，设有刑事庭、民事庭和看守所等机构，设置有看守所官、录事、主簿、典簿、推事等官职，受理府辖区内厅、县、州的起诉案件和陕西省内没有设立审判厅的府、州、厅辖区内的二审案件。西安府的地方检察厅设立的官职有主簿、录事、检察官等，受理府辖区内厅、县、州的检察业务和西安府地方审判厅的二审案件的审判监督事宜。至宣统三年（1911年）存在不到1年时间。②

（二）城市工业

光绪三十年，西安第一家官办的手工纺织工厂在北院门成立，该工厂是由西安知府尹昌龄一手创办的，在当时被称为陕西工艺厂。此后，邓永达投资了2000两白银创办了西安首家火柴厂，即森荣火柴公司。这些工厂存在一个共性，那就是都是在城市中创办的。（见表1-18）其时，西安城市工业整体还处于发展阶段的初期。

表1-18　西安近代工业建设年代表（1901—1910年）

时间	项目	内容	创办者	备注
光绪二十九年（1903年）	官办陕西工艺美术总厂	下设织布、瓷器、裁绒（地毯）、毛巾、制毡等生产厂及漆器店		工艺美术
光绪三十年（1904年）	陕西工艺厂	以毡毯为首，次则棉制品	西安知府尹昌龄	纺织工业/针织业/毛麻纺织业
光绪三十年（1904年）	官办轻工业工场创办陕西农务工艺厂	综合轻工业生产	西安知府尹昌龄	综合轻工业

---

① 西安市地方志编纂委员会：《西安市志》第5卷《政治军事》，西安出版社，2000年，第669页。
② 西安市地方志编纂委员会：《西安市志》第5卷《政治军事》，西安出版社，2000年，第333—334页。

续表

时间	项目	内容	创办者	备注
光绪三十一年（1905年）	陕西火药局	生产火药		机械工业/军工
光绪三十四年（1908年）	陕西制革厂	车马挽具制造和毛皮硝鞣制、机器生产军用皮件		皮革业
宣统二年（1910年）	驻防工艺传习所（内设纺织项目）	纺织	陕西巡抚恩寿、西安将军文瑞	纺织工业/针织业
宣统二年（1910年）	驻防工厂	纺织	陕西巡抚恩寿等	纺织工业/针织业
宣统三年（1911年）	西安开设的折货铺有25家，中药铺有6家			西安成为当时西北地区最大的中药集散地

资料来源：西安市地方志编纂委员会：《西安市志》第3卷《经济》（上），西安出版社，2003年。

（三）商业金融业

商业金融领域，远在道光十七年（1837年）西安就有了首家钱庄。光绪三十一年，陕西巡抚升允增建的10楹楼房，实现招商引资并逐步发展成为西安南院门第一大市场。宣统元年，西安出现文盛祥、惠丰祥等10家洋货商铺。（见表1-19）大清银行陕西分行也于宣统元年正式在西安落户，该银行的出现标志着西安第一家银行的诞生。（见表1-20）

商业形式领域，劝工陈列所成功建立，该机构主要为百姓展览手工艺品和商业品。与此同时，一部分出售洋货的药方和商店也如雨后春笋般涌现。[①]正是这些商铺和公共场所的出现使西安地区的社会面貌发生了翻天覆地的变化。

表1-19 西安近代商业建设年代表（1901—1910年）

时间	项目	内容	备注
宣统元年（1909年）	惠丰祥、庆丰裕、文盛祥等10余家	经营日用工业品	洋货铺

---

① 翁柽监修，宋联奎总纂：《咸宁长安两县续志》卷七《祠祀考》，民国二十五年铅印本。

续表

时间	项目	内容	备注
宣统二年（1910年）	全盛公、万兴源、公盛德、集成福等	试销进口铅丝、铁钉等五金、交电、化工商品	
光绪三十二年（1906年）	棉布店170家，从业人员800人，资金17万两（纹银）。其中：经营批发的白布行20多家，从业人员400人，资金10万两；经营零售的杂布行150家，从业人员500多人，资金7万两		

资料来源：西安市地方志编纂委员会：《西安市志》第4卷《经济》（下），西安出版社，2004年，第380、392页。

表1-20　西安近代金融业建设年代表（1901—1910年）

时间	项目	内容	备注
宣统元年（1909年）	大清银行陕西分行	经办地方财税款项解缴、发行银两钞券、兑换生金银等业务，也经营存款、放款和汇兑等一般银行业务	公立，为西安开设的第一家银行
宣统二年（1910年）	秦丰官钱局	经营一般存放款金融业务、发行钱票	公立，由秦丰官银钱号改名而来

资料来源：西安市地方志编纂委员会：《西安市志》第4卷《经济》（下），西安出版社，2004年，第678页。

（四）邮电通信

邮电通信方面，西安到洛阳、商州、成都的3条邮路被打通，并在光绪三十二年，西安邮政局正式发展国际信函业务。（见表1-21）到了近代，邮传机制初步建成。

表1-21　西安近代邮电通信业建设年代表（1901—1910年）

时间	项目	地址	备注
光绪二十八年（1902年）	西安邮政局	马坊门	开办平挂信函等业务，开辟西安经凤翔至成都、西安经潼关至洛阳及西安至商州3条邮路
光绪二十八年（1902年）	陕西洋务局	西安	主办外交事务，兼理邮政、路、矿等洋务事宜
光绪三十年（1904年）	西安府邮政副总局		
光绪三十二年（1906年）	西安府邮政局开办国际信函业务		由上海经转出口

资料来源：西安市地方志编纂委员会：《西安市志》第1卷《总类》，西安出版社，1996年，第71—72页。

（五）文化教育

西安开展的新式教育等活动，包括新闻出版、新式学堂等方面。而在光绪二十八年至宣统三年（1902至1911年）间创办的新闻出版单位，就有7家。对于新式学堂，为了创办方式的系统化，陕西多次派人员赴日本等国家留学，而且还派遣兴平知县杨宜瀚等人身赴日本实地考察了学堂规则、巡警工艺等要务情况。是时，西安创建了陕西大学堂、武备学堂等教育机构。此外，宣统元年，还设立了陕西图书馆，这是由梁府街学务公所创建的，也是整个省市中第一家国家层面创办的图书馆。

西安文化教育的发展总体上，不仅体现出西安社会风气渐趋开化，新生事物逐渐产生的良好态势，也显示出西安作为西北文化中心的人文荟萃之地，在历史转变时期所具有的地域文化功能，以及作为地域文化中心的发展潜力。

表1-22　西安近代新闻出版业建设年代表（1901—1910年）

时间	创办者	内容	备注
光绪二十八年（1902年）		《时务丛钞》创刊	在西安
光绪二十九年（1903年）		编印《秦报》（旬刊）	年终停刊
光绪三十年（1904年）	陕西布政使樊增祥主持、课吏馆姚才波等	承办《秦中官报》	三十四年改名《陕西官报》，报馆订有英国路透通讯社电讯稿，是西安最早登载外国电讯的报纸
光绪三十二年（1906年）	张拜云、焦子静	创办公益书局	地址在南院门，师子敬任经理，秘密购运、印刷革命书报
	岳觐唐等	创办《关中日报》	在西安
光绪三十四年（1908年）	井勿幕	创办《教育界》杂志	以陕西教育总会名义鼓吹革命
宣统三年（1911年）	同盟会员康毅如、聂小泉	创办《国民新闻》（日刊）	在梁府街

资料来源：西安市地方志编纂委员会：《西安市志》第1卷《总类》，西安出版社，1996年，第71—73页。

表 1-23　西安近代文化教育业建设年代表（1901—1910 年）

时间	创办者	内容	备注
光绪二十八年（1902 年）	陕西巡抚升允	设立陕西大学堂	十一月在咸长考院及崇化书院旧址设立，调选学生 200 名，三十一年改为陕西省高等学堂
	陕西巡抚升允	成立劝工陈列所	在抚院新址（南院）东花园，展示慈禧回京时所留各地供奉的丝绸、漆器、家具、工艺品等，俗称"亮宝楼"
光绪二十九年（1903 年）		改关中书院为陕西师范学堂	聘牛兆濂为教习
	英基督教浸礼会	创办乐道学校和尊德（女子）学校	在东关
	阎培棠等	创办绅立蒙学堂	翌年改名为甘园学堂，这是西安第一所私立学校
	陕西布政司和提学使	在西安设立课吏馆	培养、提高中下级在职官员，兼明西学
光绪三十年（1904 年）		官费派往日本振武学校学习军事	陕西武备学堂学生魏国钧等人
		陕西中等农林学堂	在西关创办，附设农业教员讲习所
		创建陆军中学堂	在北校场
		甘园学堂附设雅阁女子学校	三十四年停办
光绪三十一年（1905 年）	西安知府尹昌龄	西安府官立中学堂	在庙后街盐法道署旧址改设
	陕西高等学堂和陕西师范学堂	东渡日本学习农学、矿务、税务、法律等学科	选派有官费生马凌甫等 30 人，官籍子弟自费生樊宝珩等 10 人
	陕西省学务处	赴日本考察学堂、工艺、巡警等要务	派杨宜瀚等
光绪三十二年（1906 年）		陕西巡警学堂成立	在粮道巷粮道署旧址，宣统元年改为高等巡警学堂
	焦子静、李桐轩、王子端等	设立健本学堂	在西大街富平会馆
	邹良等	开办女子小学堂	在西岳庙

续表

时间	创办者	内容	备注
光绪三十三年（1907年）		课吏馆改为陕西法政学堂	
宣统元年（1909年）		陕西省图书馆创立	在梁府街学务公所。这是西安第一所国立图书馆。后于民国四年迁至南院门，与劝工陈列所合并，称中山图书馆
宣统二年（1910年）		陕西省第一女子师范学校	在梁府街女子小学堂开办，女子小学改为附属小学
宣统三年（1911年）		陕西女子工业传习所	在西安开办

资料来源：西安市地方志编纂委员会：《西安市志》第1卷《总类》，西安出版社，1996年，第71—73页。

（六）交通设施

在城市外部交通方面，围绕陇海铁路的修筑有相关项目的起步，但没有推动西安铁路的发展，主要是光绪三十一年（1905年）陕西官绅请准由本省自办修筑西（安）潼（关）铁路，以布政使樊增祥为总办。光绪三十四年（1908年），由赵元中、崔志道、郑当贞等发起的陕西绅、商、学界要求，西潼铁路由借外资修建改为商办。在西安召开第一次筹修西潼铁路大会，通过《筹办西潼铁路处简章》，成立西潼铁路办事处，发表宣言，联名上书。翌年获准，成立西潼铁路公司。

三、两宫西狩和陪都之争

在晚清风雨飘摇的年代，西安的政治地位一度因两宫西狩驻跸而有所提升。光绪二十六年（1900年），八国联军攻陷北京，仓皇之下两宫逃往关中，至二十七年（1901年），设行宫于北院，文武官员随驾，作为临时的政权中心，西安已有国都之实。因此，也曾在民间和官方之间引发了迁都之议。从国家政治因素出发，西安作为陪都的倡议在晚清时期也曾一度被提出，西安作为都城的优势也再度成为人们进行空间权衡的依据。

清朝末年，中国社会贫穷落后，在西方列强的侵略下，社会动荡不安，民族矛盾已经占据首要地位，很多爱国人士积极反思，重新认识到西安在地理位置上所拥有的易守难攻的优势。维新运动期间，刘光蕡曾提出迁都备战主张。他认为："中、日一战，情见势绌，各国无不垂涎中国，……盖通商口岸，多近水际，其利已为西人所据，余利未尽为外人所夺者，惟湖南、山西及陕、甘。"因此，刘光蕡提出将朝廷迁都到西安，并且对备战措施也进行了建议，如建立水师、屯田等。其甚至亲自到潼关勘探地形位置，进而完成了《壕垒私议》等文章，寓兵于农这个观点就是在上述文章中提出来的。[①]此观点给当时官员的思想产生了极大的冲击，甚至国家在发展交通事业的时候，也将迁都的思想作为道路建设的依据，并提道：

> 都城不迁，建路于引寇招敌之地，虽一寸而不为建。陪都于长安，设路于有利无害之方，虽万里而不惜。武汉为天下枢纽，关中实形胜奥区，若由襄樊、龙驹寨、蓝田安设干路以为经营天下之计，而立循序渐进之基。语其利益，约有数端：无黄河之阻隔，省造桥之巨费，力半功倍，易睹厥成，其利一；秦关百二，前有武、潼之险后有葱岭、天山、嘉峪之固，砺山带河，建瓴天下，其利二；陆地万里，到处关山，敌纵垂涎，势莫能往，虽欲恐吓，计无所施，其利三；沃野十里，其水利、开屯垦，尽堪足食，既免河运之耗费，又免海运之可虞，其利四；土厚民强，人耐劳苦，劲兵健卒，可备折冲，其利五。[②]

然而，也有一些人对这一观点持否定态度，他们并不否认关中地区的地理优势，认为："陕西居四关之中，向称重险，华阴东四十里为潼关古桃林塞，即苏秦所谓东有崤、函之固是也；商州东一百八十里为武关，亦苏秦所谓秦起两军一军出武关一军下黔中则鄢郢动者也；宝鸡西南五十二里为散关，通秦蜀之噤喉，北得之足以启梁益，南得之足以图关中；镇原西北一百四十里为萧关，襟带西凉咽喉，灵武实扼北面之险。综揽全秦形胜，山川四塞，讵非天府之雄欤！顾当秦汉隋唐之世，东南未尽辟治，故根据雍州足以统一中原。今则势易时殊，辨方建国重在水陆交通、货财盈阜，不仅恃关山险远而已！陕省在今虽不失为西方巨障，而山童土躁、地瘠人贫、输运艰难、见闻滞狭，加以汉回宿怨历久未消，议者谓可卜作陪都，未免囿于往古之成见

---

① 秦晖、韩敏、邵宏谟：《陕西通史·明清卷》，陕西师范大学出版社，1997年，第375页。
② 〔清〕周景勋：《上张香帅书》，见〔清〕邵之棠辑：《皇朝经世文统编》卷一〇一《通论部二》，上海宝善斋石印本，1901年。

矣！"①依据上述讨论，可以得出：对于关中地区来说军事优势已逐渐消退，而且交通等因素已经严重制约了近代社会的发展。对于国家来讲，水路运输和货财盈阜都是非常重要的，但是在清朝末年，西安实现这两点难度都很大。这不仅仅反映出西安的发展水平低下，还能够看出关中与经济发达地区之间存在的差距很大，从另一侧面也说明当地社会环境发展不稳定。

综上所述，西安在清朝末年发挥了重要的军事优势，即便是建立陪都一事没有形成最终定论，但是在紧要关头，西安作为迁都的首要选择，本身具有独一无二的优势。

---

① 〔清〕刘锦藻：《清朝续文献通考》卷三一九《舆地考十五·陕西省》，商务印书馆，1955年。

第四节
区域经济发展及影响

一、商路与城市区域经济发展

商路主要建立在驿路通达的基础上，是沟通省内及其与邻省之间货物往来的主要通道。近代主要商路以西安为中心，东沿渭河以东通潼关的官路为主，出城垣，过浐、灞，经新丰通渭南、华阴达潼关，为东出潼关之官道。西出西安城，经咸阳跨渭河，通凤翔西达陇关，南经陈仓道而至于汉中、广元达四川成都，为西接汉中、凤翔，通往陇关的官道，其中凤翔是四川、汉中货物的汇聚之地。北则过草滩水旱码头，跨渭河而形成北路的联系通道；北路为通陕北的官路。由灞桥东南往蓝田、商州，是通往河南、湖北、湖南等地的主要官道，其中商州龙驹寨系水旱码头、交通要冲，曾繁盛一时；西北则为皋兰官路。因此，西安是省内陕南、陕北与关中经济往来的交通枢纽，是湖北一带的布匹、京货、广货，西北的药材、皮货，湖南的茶叶，山西的盐、炭、铁，以及陕西的粮食等区域性商业贸易的汇聚之地。在西安城市地域范围，由官马驿路构成城市对外商业经济与贸易往来的主要交通骨架，行旅往来则形成了以西安为中心的主干商路。除此而外，基于商业经济交往的需求，还形成了一些次级商路。次级商路的形成，是对已有的驿路交通骨架的补充，这些因商业往来而形成的商路，较为突出的是位于城市南部边缘联系西安与陕南地区的各个峪道。

有清一代，陕南山区与西安之间凭借着已有的道路形成商路分支，其中有东路的库峪、大峪、小峪等，西路的子午峪、石鳖峪等所形成的次级商路。这些商路的形成，促进了陕南山区的山货与平原的农产品的商业贸易。一般在交通转换结节区域，或称交通转换点，商业贸易繁盛，并借助于城市外围交通功能的延伸为其带来潜在的商业发展优势。

二、城市区域经济影响因素

（一）赋税沉重

随着各种税收的不断加重，人民的生活水平持续下降。历次赋税加征种类主要有田赋和盐税，而后是契税、肉厘、百货厘金税、当税、酒税、糖税、油税及各种杂捐。而对米、油、盐、肉、房屋等生活必需品不断加重赋税，必然致使这些物品的价格不同程度地上涨。由前面的论述可知，晚清以来人民的人均收入不断下降，而生活必需品的价格却在不断上涨，这种局面迫使他们为了生存节衣缩食，最终导致体能下降，劳动效率更为低下。胡善恒在他的《赋税论》中论述道："人民负担赋税之后，工作效能将减少，工作能力亦随同减少。社会中各种人民之生产力，各有不同，在所得不多的穷民，其所得仅能维持生活，稍好者亦仅能保持其工作之效能，距发展其工作效能所需之生活费用甚远。如果使他们之生活用费减少，眼前必定损害他们的劳动效能，将来他们的子女之劳动效能，亦受损害，所以赋税中最忌者，是对于小额的所得课税。"①生活费用的减少，不仅损害眼前人民的劳动效能，而且从长远来看也会损害其子女的劳动效能。影响下一代，事关重大，事涉整个国家的未来发展，后果之严重可想而知。

重赋之下，农民生活尚且艰难，难以有更多的资金投入改良生产工具。特别是在晚清年间，农民的人均收入不断下降，能维持现状已实属不易，要更换破损的生产工具并非易事，生产工具的改良、生产技术的发展更是空谈。而过路缴钱，逢卡抽厘的厘金税，压垮了运销商，影响商品的流通，直接影响销量，一旦销量减少，生产商扩大规模、加大生产的可能性就大大降低。

在沉重的赋税负担下，资本积累速度慢，制造业没有足够的资金力量去开发生产能力，而缩减的销量也使制造业发展受到严重限制，同时，商业的蓬勃发展受到一定程度的制约，社会生产技术、生产效率的提高受到明显影响。

晚清赋税的历次加征，给社会生产造成了极其消极的影响。重赋之下，农民的生产

---

① 胡善恒：《赋税论》（上册），商务印书馆，1948年，第88页。

积极性受到很大打击，生活水平的下降降低了人们的工作效能，资本的严重缺乏破灭了生产改良的希望。

根据晚清年间赋税加征的三个层面的分析，可以得出以下几点结论：

其一，晚清政府赋税一次又一次的加征，尤为突出的是甲午和庚子两次巨额的加征，再加上苛严的征税制度、公信力的丧失，统治阶级与被统治阶级矛盾异常尖锐，压垮了风雨飘摇的清王朝。

其二，三次不同程度的恶性赋税加征，长期阻碍了农业的发展，是晚晴年间农产品单产量一直呈下降趋势的决定性原因之一。农业单产量下降，加之人口增长而人均田亩数不断减少，人均总体收入下降，农民的生产积极性受到伤害，农业朝着衰败的方向发展。此外，田赋和生活必需品税率的恶性提高，加重了农民的负担，使得广大农民的生活水平低下。

其三，晚清政府对生活必需品的历次赋税加征，很大程度上将赋税负担转嫁于中小地主和佃农，而大地主更易于将田赋转嫁于他人，受害相对较轻，这样更加大了社会的贫富差距，加剧了社会的不稳定性。

其四，因赔款而恶性提高税率，使得社会总供给和总需求受到严重打击，经济发展受到抑制。然而两次良性的制度变迁对经济的促进，却使工矿企业的发展需要挣脱大量征税的压力而艰难地向前迈进。

其五，最后一次自救的清末新政，是在赔款数额较甲午赔款额更甚，各种税赋税率恶性抬高的时期进行的。这时的社会经济发展比甲午赔款后所受打击更为沉重，税收基础更加萎缩，在这样恶劣的经济环境下，在财政收入愈发减少的时刻进行的社会改革，走向失败成为必然。

其六，工业的发展和农业的衰落同时发生，工农业发展的不平衡在晚清的最后十几年间已初见端倪。清末两次巨额赔款，白银大量外流，赋税过重加征，从长远来看，严重阻碍了社会经济的发展。[①]

（二）战事频繁

正是由于西安的重镇地位，其历经战争破坏，每一次的政治变革都在西安的城市发

---

① 万伟：《晚清赋税加征及其影响》，广西师范大学2013年硕士学位论文。

展中留下了烙印。1840—1911年间发生了3次规模较大的战争事件,包括1862年爆发的太平军与清军红沟岸之战、1866年西捻军十里坡大战、1911年辛亥武装起义。而每一次战争都无法避免对城市的破坏。①

首先是太平军与清军红沟岸之战。

清同治元年(1862年)初,太平天国驻守庐州(今安徽合肥)的英王陈玉成,命太平军步骑3万余人,由扶王陈得才、遵王赖文光、启王梁成富、祜王兰成春率领远征西北地区。这支军队抵达豫陕边界,先后攻破富水关、武关等关卡,夺取镇安、孝义(今陕西柞水)、雒南等地区。至四月初太平军从南山大峪口出发直抵西安城东南约20千米的尹家卫(今西安市长安区引镇街道),直逼西安。陕西巡抚瑛棨和西安将军托明阿紧急派遣副都统乌兰都率驻守省城之满汉官兵及都司张鹏飞所招募的数千团勇,分两路由韦曲、三兆于尹家卫抗击太平军。四月十八日(5月16日),太平军于红沟岸(今西安市曲江池一带)设伏,激战清军,使其重创而去。而由于驻陕清军在开战之前已被调往外省作战,所剩无几,经此次一战损失较大,驻防西安的清军勉强守城而无力还击。最后因陈得才等率领太平军救援庐州,西安围城才得以解除。

其次是西捻军十里坡大战。

清同治五年(1866年)秋,由张宗禹、张禹爵、邱远才等率西捻军6万余人从河南攻破武关,驻扎华阴县境,直指西安。留陕帮办军务的前任陕西巡抚刘蓉和新任陕西巡抚乔松年等,对垒西部的起义军、东部的西捻军,西安城中兵力短缺,若防守则无可以进攻的部队,若进攻则没有可以驻防的军队,随后向朝廷告急。十二月,西捻军进抵西安城东灞桥镇,而刘蓉率赶赴华阴堵截的1.4万清军紧急返回西安救援。而西捻军采取"以走致敌"的战术,向南占领蓝田县洩湖、蓝桥等地,佯攻商州方向。随后又突然北上渭南,佯攻潼关,而后又西进,前锋部队直趋韩森冢一带牵制城内清军,而2万多人步骑主力在十里坡(今西安市城东十里铺)一带各村堡设伏。刘蓉带领清军疲于追击又闻西安吃紧,立刻返回并于翌年初赶到新丰镇。西捻军将其引至十里坡后突然发动总攻,预伏部队从各村堡杀出,万骑马队亦从左右两翼实施包抄,将清军万余人团团围困。时值寒冬,风雪交加,清军火药受潮,枪炮失效,士卒冻饿疲惫,无心作战,而西

---

① 西安市地方志编纂委员会:《西安市志》第5卷《政治军事》,西安出版社,2000年,第806—809页。

捻军勇猛冲杀，有进无退。经半天激战，清军伤亡3000余人，并有数千士兵投降。清总兵萧德扬，提督杨得胜、萧集山、萧长清，布政使衔候补道萧德纲等均被打死，西安副都统西蒙克西克所带的满蒙八旗骑兵等部队亦溃不成军。西捻军大获全胜后准备攻打西安。刘蓉遭到清廷严谴，被夺职回籍。刘松山率领湘军17营和淮军3营增援，驻扎西安。其中刘军在鱼化寨等地与西捻军交战，连连损兵折将，锐气大挫。同治六年（1867年）四月，西捻军与甘肃东进的起义军会合，再次进攻西安，与清军大战于城南山门口、木塔寨、齐王村等地，但未能取胜。随后，西捻军转赴陕北地区作战。战争波及地带社会、经济受到严重的破坏。

最后是新军辛亥武装。

清宣统元年（1909年），陕西当局组建新编陆军混成协（相当于旅），常驻西安西关大营盘。宣统二年（1910年），同盟会员张凤翙等自日本士官学校毕业回陕，先后进入陕西新军担任军职。由保定陆军速成学堂毕业的同盟会员钱鼎、张钫等，也回到混成协任初级军官。他们联络军中哥老会成员，积极宣传反清革命思想，并与西安同盟会组织建立联系。同年夏，西安同盟会员及哥老会主要人物在西安大雁塔秘密集会，歃血为盟，共图大业。同年冬，张凤翙升任协司令部少校参军（类似参谋长职）兼二标（相当于团）一营管带（即营长），其他一些同盟会员也在各标、营、队担任要职，从而有效控制一部分新军。

宣统三年八月十九日（1911年10月10日），武昌爆发反清武装起义。陕西革命党人闻风响应，秘密决定于九月初八（10月29日）在西安举行反清武装起义。至此，西安将军文瑞等甚为恐慌，把存库的新式步枪、火炮发给驻防八旗兵，并加强满城防务预做戒备。护理陕抚钱能训等大吏一面严密封锁省外消息，一面拟将新军调出西安，另抽外县巡防营进驻西安，准备彻底搜捕革命党人。新军一标一营李光辉部首先被调往汉中。八月三十日（10月21日），又下令混成协第二标全部调往宝鸡一带，并规定3天后必须开拨。一标三营督队官（即营附）钱鼎获悉此事后，立即与炮兵营后队排长张钫等密议，决心提前发动起义，并推举张凤翙担任起义总指挥。当晚，钱鼎、张钫和张宝麟便去找张凤翙接头。张凤翙慨然表态："既承大家错爱，我也不便推辞，明早我们到林家坟开会，作最后决定。"九月初一（10月22日）上午9时，军中会党骨干30多人齐聚林家坟（在西安西关大营盘西北约1千米处），一致决定以当天中午12时的午炮为号，举行起义，攻占省城。

林家坟会议后，新军各营队紧急准备，二标一营值日官党自新集合本营官兵率先出发，扬言要去灞河洗马。他们绕道从南门进城，再沿书院门拐向东县门的军装局。该队行至距军装局约百米处，事先赶去侦察情况的张钫报告：清府头目都在咨议局开会，负责守卫军装局的巡防队士兵（约1个连）大半外出游逛，天赐良机。党自新一声令下，新军士兵迅速冲入军装局，由西门进城的大队新军，也赶来会合，领取弹药枪械。陆军中学堂师生也打开本校军械库，取出枪支，组成学生军，由马晋三任司令，牛策勋任副司令，攻占藩台衙门，保护藩库中存放的70多万两白银未受损失。城内居民见新军举义，顿时沸腾欢呼，积极支援起义军。哥老会会员金启恒、白玉麟、海占彪等也组织城内武装力量，参加起义。驻在西安城内的巡防队都相继反正，参加起义。张凤翙以军装局为总指挥部，指挥起义部队全面出击，当天就占领了城内除满城以外的大小官署和各个地区。当攻占军装局的战斗打响后，西安将军文瑞从咨议局逃回满城，下令紧闭六个城门，沿满城城墙加强布防，全力抗拒。前任陕甘总督升允尚在西安城北的草滩别墅，闻讯连夜逃往甘肃。城里的清府官吏，纷纷躲藏起来。九月初二（10月23日），起义军进攻满城。以钟楼作为作战分界线，自钟楼沿北大街至北城门为西线战区，由钱鼎、万炳南、张云山等负责指挥，从西面攻击满城；从钟楼沿东大街至东城门为南战区，由张凤翙等负责指挥，从南面攻击满城。但满城城墙上枪炮火力密集封锁，给攻城造成很大困难。直到下午3时，双方仍在僵持中。这时，起义军侦知大差市与小差市之间一段满城城墙倒塌后，在缺口处盖起的房屋后墙无人守备。于是，起义军挖开这段房墙，在刘世杰、马玉贵带领下，蜂拥攻入满城。与此同时，西线起义军攻克满城西城门（即后宰门），炮火又引爆北城门楼上的八旗兵火药库。满城内八旗兵顿时乱作一团，纷纷逃散，西安将军文瑞见大势已去，跳井自杀，左、右翼副都统承燕和克蒙额及其以下官佐士兵或战死或投降。西安反清武装起义大获全胜。

除此之外，同治年间的战火对社会经济的发展也产生了较大的影响。

（三）自然灾害

除了繁重的赋税和军饷负担，连年的旱灾、冰雹、地震、蝗虫和瘟疫等灾害也是晚清西安经济凋敝的原因之一。西安自然灾害主要集中于旱灾、洪涝与蝗虫灾害等方面。其后果是西安粮食产量严重不足，导致饥荒，最终阻碍了晚清时期西安经济的发展。

根据《陕西历史灾害简要纪实》与《西安市志》统计，在1840至1910年的70年间，共计发生灾害41次，灾害发生频次0.58次/年，其中：旱灾发生17次，占总灾害的41.46%；洪涝发生18次，占总灾害的43.90%；蝗灾发生3次，占总灾害的7.32%；其他灾害共计3次，有地震1次、泥石流2次，占总灾害的7.32%。

3年连灾发生3次（1866至1868年、1870至1872年、1882至1884年），4年连灾发生2次（1876至1879年、1898至1901年），5年连灾发生1次（1888至1893年），连灾年占总灾害年的53.65%。1年连灾发生6次（1856年、1872年、1877年、1878年、1884年、1889年），占总灾害年的14.63%。（见表1-24）

表1-24 西安近代自然灾害受灾情况统计表

时间	受灾情况	备注
道光二十四年（1844年）	咸宁、长安淫雨40余日，麦穗生芽寸许，南山一带山水暴发，漂没民田无数	洪涝
道光二十八年（1848年）	西安六月大水，渭水溢坏民舍田亩无数	洪涝
道光三十年（1850年）	春，陕西大旱。而后八月，雨少，地土干燥	干旱
咸丰元年（1851年）	七月十九日大雨淹没鳌屋哑柏镇	洪涝
咸丰三年（1853年）	鄠县秋大水伤田害稼。甘河水涨，至甘峪口4里许决口，郝家寨、纸屯、东西郝村、侯王村、甘河堡均被淹没	洪涝
咸丰六年（1856年）	蝗自东方来，飞行蔽日	蝗灾
	西安五月大旱，河水涸。大荔三伏不雨，秋苗槁。省城附近平原一带州县自六月十六日得雨后，晴霁日久，颇行干燥	干旱
咸丰八年（1858年）	飞蝗过境，所过之处食禾几尽，蝗蝻遍野，至冬始息	蝗灾
同治元年（1862年）	陕西夏五月，渭水涸，可徒涉。柞水五六月大旱，禾稼树木皆枯。西安七月旱。华县夏旱。大荔久旱，洛水仅尺许	干旱
同治二年（1863年）	飞蝗蔽日，食田禾立尽	蝗灾

续表

时间	受灾情况	备注
同治五年（1866年）	西安等32厅州县被旱	干旱
同治六年（1867年）	陕西夏旱。铜川大旱	干旱
同治七年（1868年）	六月十六日，渭水泛滥	洪涝
同治九年（1870年）	淫雨。荞麦、黑豆、谷类颗粒瘦小	洪涝
同治十年（1871年）	七月中旬，大雨不止。八月中旬至九月初，阴雨连绵，河水暴涨，房屋倾倒无数	洪涝
同治十一年（1872年）	陕西十一月间雪泽稍缺，农民望泽甚殷。鳌屋三伏无雨，九月至次年四月虽间有雪雨，仅洒半而已	干旱
	秋淫雨60余日	洪涝
同治十三年（1874年）	七月大雨，河水暴涨，伤害秋禾，未收	洪涝
光绪二年（1876年）	闰五月以来，天气亢炎，土地干燥，陕西各属虽间得雨泽，总未透足，凡已种秋禾，致未及时长发。夏秋禾被旱	干旱
光绪三年（1877年）	陕西历冬经春及夏不雨，赤地千里，人相食，道殣相望，其鬻女弃男指不胜屈，为百余年来未有之奇。顷至八月，泾、渭几涸。至次年春三月乃雨。冬无宿麦	干旱
	高陵夏六月大雨如注，平地水深3尺，田苗尽淹，是秋无禾，大饥。饿毙男妇3000余名	洪涝
光绪四年（1878年）	夏六月大水，平地水深3尺。七月二十二日降暴雨，冲毁田亩140余亩	洪涝
	六月中以后，陕西亢阳弥月，禾苗渐就枯槁，民情又觉惶惶	干旱
光绪五年（1879年）	五月十二日甘肃武都发生地震，震中在甘肃武都县南，震级为8级，震中烈度为11度，共造成数万人丧生。震感范围包括山西、河南、四川的广大地区。陕西几乎全省都有震感记载，关中和陕南震感更强烈一些，西安无伤亡	地震
光绪八年（1882年）	三月二十七日夜半，遭暴雨。沙河漫溢，淹没农田2顷余	洪涝

续表

时间	受灾情况	备注
光绪九年（1883年）	自五月十三日起，阴雨5日，麦穗多生芽	洪涝
光绪十年（1884年）	闰五月十二日，暴雨数日，各河暴涨	洪涝
光绪十年（1884年）	华山峪暴发罕见泥石流，淹死香客男女无数。现玉泉院内巨石漂砾（鱼石），是当时从五里关冲出来的	泥石流
光绪十二年（1886年）	陕西立秋后，稍形亢旱，秋禾约收六分	干旱
光绪十四年（1888年）	陕西秋旱，秋禾收六分有余	干旱
光绪十五年（1889年）	夏秋之交，雨涝百余日，山崩地走，塌伤乡民无数，秋大乱	泥石流
光绪十五年（1889年）	连降暴雨	洪涝
光绪十七年（1891年）	陕西自四月以来，未得透雨，北山秋禾多未播种，南山稻秧分插亦未及半，各属苞谷、糜粟等粮亦未能如期普种，农田望泽甚殷	干旱
光绪十八年（1892年）	陕西入春后，雨泽愆期。四月初雨后，两月以来未有雨泽，亢阳烈日，旱象将成。西安等地夏秋被旱，歉收	干旱
光绪十九年（1893年）	七月初五、初六连日大雨。蓝田东南乡窄峪等处冲地20余里	洪涝
光绪二十四年（1898年）	六月初七、初八大雨，河水泛滥。渭河沿岸居民室内水深数尺，人不能火者3日。墙倒房塌，农田皆被淹没	洪涝
光绪二十五年（1899年）	陕西自五六月以后，天气亢旱，秋禾被旱。神木、府谷夏禾仅有一二分收成	干旱
光绪二十六年（1900年）	陕西，春雨愆期，入夏亢旱尤甚，入秋仍鲜雨泽，秋禾多未播种。九月谕陕抚岑春煊派员赴太白山祈雨，灾区至五十六属之广，饥民至数十万之多，渭北州县，大荔、蒲城为最。华县渭水几涸。铜川自夏徂冬不雨，粮价奇昂。凤翔夏秋旱，是年冬至、翌年夏连续大旱，遂遭大饥。商南秋旱	干旱
光绪二十七年（1901年）	陕西去冬今春雨泽仍缺，二麦多未播种。夏未收	干旱

续表

时间	受灾情况	备注
光绪二十九年（1903年）	各河水暴涨，冲淹良田、房屋、人畜无数	洪涝
光绪三十二年（1906年）	大雨连绵，河水猛涨，冲毁房屋、田地无数	洪涝

资料来源：《陕西历史自然灾害简要纪实》编委会编：《陕西历史自然灾害简要纪实》，气象出版社，2002年，第25—26、190、205页；西安市地方志编纂委员会：《西安市志》第1卷《总类》，西安出版社，1996年，第356、368页。

第二章 民国时期转型发展（1911—1948年）

1911—1949年，西安城市发展经历了辛亥革命、国民革命战争、军阀混战等社会转型时期的战争影响和社会动荡，同时又夹杂着历史进程中各种自然、人文以及战争因素的干扰，所以这一阶段的城市发展是在艰难困苦中学习借鉴，也是在新旧时代交替中自我探索。

从自然地理基础上看，西安原来适应于"内制外拓"[①]、"四塞之固"的地理形势，因交通阻塞、战事频繁、经济疲敝，既不能适应时代的发展，也不能满足近代社会生产要素以及市场流通的需求，因此，转型是近代西安城市发展的主题[②]。从城市地位上看，政治上，西安是封建统治者长期关注的战略要地，也是控制西北、加强中央集权的政治中心；军事上，西安作为联系西北、西南和东部的重要交通枢纽地，在扼控甘、凉和稳定川、鄂及连通豫、晋方面具有重要的作用；经济上，西安是西北地区所产皮毛、药材以及东南地区所产布匹、茶叶、盐等经济贸易的重要集散地，形成了以西安为中心、以商路覆盖区域为市场的交易局面，同时受军事疆域的影响，构成了中心—边疆的经济、政治和军事格局。

民国初年，西安是各方军事力量争夺的焦点，由于其重要的军事战略地位，1931年"九一八"事变后，面对日本帝国主义的残酷入侵，国都南京受到威胁，西安再次成为国民政府偏安一隅的重要选择。随后，民国二十一年（1932年），日本帝国主义在上海发动"一·二八"事变，南京"及长江下游各重要市镇亦有日本军舰到处挑衅"，国民政府为安全起见，决定移驻洛阳办公。同年3月5日，国民党第四届中央执行委员会第二次全体会议决议："长安为陪都，定名为西京。"这期间，陕西省建设厅工程处、西京筹备委员会等机构为其整体的建设管理与发展带来了近代城市建设管理的新局面。这一阶段所留下的有关西安城市建设珍贵的档案资料，客观地反映了阶段特点。近代西安的发展在工业化冲击下形成了被动应对的格局，其近代化发展过程充分体现了典型的内陆城市的特征。

---

① 侯甬坚：《历史地理学探索》，中国社会科学出版社，2004年，第68页。
② 任云英：《近代西安城市空间结构演变研究（1840—1949）》，陕西师范大学2005年博士学位论文，第29页。

第一节
城市沿革（1911—1948年）

在近代百余年间，西安从一个封建社会统治下的府城逐步转型走向近代城市。民国十六年（1927年），西安首次设市，但仅仅存在了短暂的2年时间。后来，随着城市工商业的发展和人口的增加，西安市于民国三十三年（1944年）再次设市，市的建制才得以稳定下来。市辖区的建制也随之应运而生。同时，西安市境内各县依然存续，先后隶属于关中道及有关行政督察区。

民国时期，西安城市发展的外部条件之一是不同时期行政建制的屡次调整，城区范围也因此有增有减。同时，体制的变革引发了城市管理相应机构等一系列的变化，这对于城市建设的定位和城市空间的发展具有直接的导向作用。

一、民国时期行政隶属沿革

辛亥革命后，北京政府于民国二年（1913年）1月宣布前清的府、州、厅一并废弃，省下为道、县两级制。[①] 在关中地区设关中道，道治今西安城，辖长安等43县。民国三年（1914年），咸宁县被废止，地入长安县，结束了西安城由2县分管的情况。民国十六年（1927年），割长安城郊设立西安市。民国十九年（1930年）中原大战后，西安市建制被撤销，辖区复归长安县。[②]

民国时期，西安市域内各县行政上先后隶于关中道及有关行政督察区。清宣统三年九月初一（1911年10月22日）新军起义光复西安后，未恢复西安府建制，原西安府辖地

---

① 西安市地方志馆、西安市档案局：《西安通览》，陕西人民出版社，1993年，第50页。
② 王静、张永春、刘鸿明等：《西安建设丝绸之路经济带新起点战略构想》，西安交通大学出版社，2017年。

由省民政府（后改为民政部）直辖。民国二年（1913年）1月8日，北京政府颁布《划一现行中央直辖特别行政官厅和地方各级行政官厅组织令》，规定"废府设道"，同年11月12日陕西省置中、东、西、南、北5道，为省派出机构，中道驻西安，西安地区归属中道。民国三年（1914年）5月23日合并中、东、西3道为关中道，成为一级行政建制，与汉中、榆林并为全省3道之一。关中道辖地东至潼关县，西至陇县，北至今铜川市，南至柞水县，道尹公署驻西安城西大街东段北侧（今社会路）。民国十三年（1924年）元月，北京政府通令撤销道级建制，关中道尹官职保留到民国十五年（1926年）11月。撤道后，各县归省直辖。①

民国二十四年（1935年）开始，根据国民政府规定，陕西省逐步设立行政督察区。民国二十七年（1938年）10月，设立第九、第十行政督察区，西安境内的长安、临潼、蓝田、鄠县、高陵隶于第十行政督察区（驻咸阳），盩厔县隶于第九行政督察区（驻宝鸡）。民国三十七年（1948年）6月调整区划后，长安、盩厔、鄠县隶于第十行政督察区，临潼、蓝田县改隶第二行政督察区（驻华县），高陵县改属第三行政督察区（驻富平），这种格局一直维持到1949年。②

表2-1 民国时期西安历次设市及管辖范围一览表

设市时间	辖区范围	面积	管理机构	备注
民国十六年（1927年）11月25日	辖区以原属长安县之西安城内及四关为范围	15.5平方千米	初名西安市政厅，12月7日改名西安市政委员会，直隶于陕西省政府	民国十七年（1928年）1月16日规定：本市为陕西特别行政区域，定名为西安市
民国十九年（1930年）11月8日				裁撤西安市
民国二十一年（1932年）3月5日	东至灞桥，南至终南山，西至沣水，北至渭水	18万亩有奇	西京筹备委员会	陪都，定名为西京，西京设直隶于行政院之市
民国二十九年（1940年）9月	省会城关为范围，包括火车站、飞机场区域	约20.5平方千米	西京筹备委员会	实质是西安市建制的准备和过渡

---

① 西安市地方志编纂委员会：《西安市志》第1卷《总类》，西安出版社，1996年，第239页。
② 西安市地方志编纂委员会：《西安市志》第1卷《总类》，西安出版社，1996年，第239页。

续表

设市时间	辖区范围	面积	管理机构	备注
民国三十二年（1943年）3月11日	东至浐河中心线，西至皂河中心线，南至毛家寨（今缪家寨）、新开门、宋家花园（今瓦胡同北侧）、吴家坟、丈八沟一线，北至光太庙什字、白花村、翁家寨、刘家寨一线	东西长18千米，南北宽13千米，面积约230平方千米	西安市政府	撤销原市政处，正式成立市政府
民国三十六年（1947年）8月1日			国民政府行政院直辖	

资料来源：西安市地方志编纂委员会：《西安市志》第1卷《总类》，西安出版社，1996年；西安市档案局、西安市档案馆编：《筹建西京陪都档案史料选辑》，西北大学出版社，1994年；民国档案：《西安市与长安县划界说明书》，中国第二历史档案馆存；曹弃疾、王蕻编著：《西京要览》，扫荡报办事处，1945年，陕西省档案馆存。

二、民国时期历次设市的管理机构及其职能

西安首次设市依据是，民国十六年（1927年）11月25日，陕西省政府议决设立西安市，初名为西安市政厅，同年12月7日改名为西安市政委员会。民国十七年（1928年）1月16日省政府命令公布施行《西安市暂行条例》，规定："本市为陕西特别行政区域，定名为西安市"，"在本市市政府未成立以前，为办理本市行政及筹备市政府与市民自治等事宜起见，设西安市政委员会"，"直隶于陕西省政府"。同年9月22日西安市政府成立，驻五味什字中州会馆西侧（今西安市第六中学西侧大院），辖区以原属长安县之西安城内及四关为范围，面积15.5平方千米。[①]

民国十九年（1930年）5月，国民政府颁布新的《市组织法》，提高了设市标准，在第一章第二条中规定："凡人口满二十万之都市，得依所属省政府之呈请暨国民政府之特许建为市。"[②]西安人口不足20万，不够设市标准，11月8日陕西省政府通令撤销西安市建制，辖区复归长安县。同年11月19日陕西省政府主席杨虎城向行政院呈报裁撤西安市理由为：西安"僻处西北，交通阻滞"，"连年荒旱，户口减少，商业萧条，原无

---

① 吴宏岐：《西安历史地理研究》，西安地图出版社，2006年，第351页。
② 中国第二历史档案馆编：《中华民国史档案资料汇编》第5辑第1编《政治（一）》，江苏古籍出版社，1994年，第82页。

设市政府的必要"等，行政院准于备案。①

西安被立为陪都，是依据民国二十一年（1932年）3月5日，国民党第四届中央执行委员会第二次全体会议决议确定的。决议指出：长安为陪都，定名西京，成立西京筹备委员会，直属国民政府。同年4月7日，西京筹备委员会于西安训政楼开始办公，6月4日迁至东木头市2号（今西安市第二十四中学）。同年国民党中央执行委员会政治会议第三三七次会议议决："西京设直隶于行政院之市"；"西京市之区域，东至灞桥，南至终南山，西至沣水，北至渭水"；"西京筹备委员会为设计机关，西京市为执行机关"。民国二十三年（1934年）8月，西京筹备委员会、全国经济委员会西北办事处和陕西省政府联合组成西京市政建设委员会，进行了一些市政建设，但西京市政府始终未成立，西京市的建制未成现实。民国三十四年（1945年）4月，西京筹备委员会奉令撤销。②

从民国十九年（1930年）11月撤销西安市建制，到三十年（1941年）筹备西京市实际工作停止期间，西安城关地区的行政管理处于一个特殊的阶段，名义上西安城关在长安县行政区划以内，而实际上长安县逐步不再管理西安城关。民国二十八年（1939年）5月，长安县政府关于县治迁往大兆镇的呈文："长安地处省会所在，城关住户早经划归省会警察局管理，在城内施政之对象大部消失，县政府设在与市政关系甚少之城市，反与工作对象之乡村距离太远"。这一期间西安城关的行政管理，少数事项由省政府有关厅局直接办理，多数事项组成专门机构管理。省民政厅直属的省会公安（警察）局、省会地政处，省建设厅直属的西安市政工程处、西安园林管理处，省卫生处直属的省会卫生事务所，省合作事业管理处直属的西京市合作指导处等，都是分管西安城关的专门机构。③

民国二十五年（1936年）省会公安局辖7个分局，三十年（1941年）增加为10个分局和1个直属分驻所（南关分驻所，称"南关区"），西京市辖7区26联保。（见表2-2）民国三十一年（1942年）6月，省会警察局奉省政府训令，将30联保改为30镇，下辖205保2653甲，并由警察分局长兼任区长，但仅有区长名义，并无区级行政机构。各区分设区长，管辖本区的警察、保甲、卫生、消防等事，直属市府。当时虽已设立西安

---

① 西安市地方志编纂委员会：《西安市志》第1卷《总类》，西安出版社，1996年，第242页。
② 西安市地方志编纂委员会：《西安市志》第1卷《总类》，西安出版社，1996年，第242页。
③ 西安市地方志编纂委员会：《西安市志》第1卷《总类》，西安出版社，1996年，第242页。

市政处，但不管辖区、镇、保甲。①

表 2-2　民国二十五年至三十年（1936—1941 年）省会区、联保、保、甲统计表

时间	区（警区）	联保	保	甲
民国二十五年（1936 年）	7	27	287	2938
民国二十六年（1937 年）	7	27	279	2876
民国二十七年（1938 年）	7	27	289	2968
民国三十年（1941 年）	11	30	205	3674

资料来源：陕西省银行经济研究室编辑：《十年来之陕西经济》，陕西省银行经济研究室编印，1942 年。

西京陪都裁撤后，经历了短暂的过渡时期。民国二十九年（1940 年）9 月重庆定为陪都后，国民政府、陕西省政府将原西京市改称西安市。民国三十年（1941 年）12 月国民政府行政院奉蒋介石令，为整顿西安市政建设，撤销西京市政建设委员会，改设陕西省西安市政处，开始接办原西京筹备委员会的部分工作。西安市政处于民国三十一年（1942 年）1 月 1 日成立，驻西大街公字 3 号，原长安县政府旧址（今西安西大街东段路北）。市政处直隶于陕西省政府，行政区域以陕西省会城关为范围，包括火车站、飞机场区域，面积约 20.5 平方千米。市政处主管业务限于市政工程建设、自治财政稽征、园林管理及一部分公益事项，范围较狭，且不领导基层行政机构，实际上市政处是向正式成立西安市建制的准备和过渡。②

西安再次设市，是奉民国三十二年（1943 年）3 月 11 日国民政府行政院训令，"将西安市政处改组为西安市政府"的。民国三十三年（1944 年）9 月 1 日市政府正式成立，为陕西省辖市，陆翰芹任市长，驻原市政处旧址。直属于陕西省的西安市的正式成立，实际上说明国民政府已经放弃初衷，拟中止陪都西京计划，而专注于新陪都重庆的建设。③西安辖区除省会城关外，将长安县在西安市郊的 4 乡划入，东至浐河中心线，西至皂河中心线，南至毛家寨、新开门、宋家花园、吴家坟、丈八沟一线，北至光太庙什字、白花村、翁家寨、刘家寨一线，东西长 18 千米，南北宽 13 千米，面积约 230 平方

---
① 西安市地方志编纂委员会：《西安市志》第 1 卷《总类》，西安出版社，1996 年，第 244 页。
② 西安市地方志编纂委员会：《西安市志》第 1 卷《总类》，西安出版社，1996 年，第 242—244 页。
③ 吴宏岐：《抗战时期的西京筹备委员会及其对西安城市建设的贡献》，载《中国历史地理论丛》2001 年第 4 辑，第 47 页。

千米。①

民国三十三年（1944年）9月再次设立西安市建制后，市政府辖西安城关30镇192保。民国三十四年（1945年）11月撤镇设区，以城关8个警察分局辖地设8个城区，由长安县划入的4个乡设4个郊区，共12区，按序数命名，下辖185保3222甲，民国三十七年（1948年）4月整编为187保2356甲。②（见表2-3）

表2-3 民国时期西安城市行政区划一览表

区划	辖区	治所地址	保甲数
第一区	辖东大街北沿以南城内地区	东木头市2号，后迁东木头市安居巷北口东侧	20保258甲
第二区	辖南大街东沿以西、四府街以东、西大街东段北沿以南地区及南关	盐店街东段路南	22保201甲
第三区	四府街东沿以西、玉祥门路（今莲湖路西段）以南城内地区及西关	夏家什字西端路南	20保198甲
第四区	尚德路西沿以东城内地区	尚德路中段路东（今新城区政府驻地）	16保347甲
第五区	北大街西沿以东至尚德路西沿地区	崇孝路（今西一路）中段南侧	17保178甲
第六区	西大街东段北沿以北、北大街西沿以西城内地区	药王洞中段（今莲湖区人民检察院驻地）	16保166甲
第七区	东关地区（东关正街、南街、长乐坊）	东关鸡市拐路东（今更新街中段东侧）	12保122甲
第八区	火车站及以北至二马路、太华路地区	北关黄金庙街东口（自强东路向荣街南口）	18保219甲
第九区	南郊北起南郭门，南至宋家花园地区	南郊明胜村	14保137甲
第十区	东郊西起东郭门，东至浐河地区	东郊韩森寨	11保156甲
第十一区	北郊南起北门，北至广大门、翁家寨一线	北郊曹家庙	11保207甲
第十二区	西郊东起西郭门，西至皂河地区	西郊解家村	10保167甲

资料来源：西安市地方志编纂委员会：《西安市志》第1卷《总类》，西安出版社，1996年，第244—246页。

---

① 西安市地方志编纂委员会：《西安市志》第1卷《总类》，西安出版社，1996年，第244页。
② 西安市地方志编纂委员会：《西安市志》第1卷《总类》，西安出版社，1996年，第244页。

这一时期，由西京筹备委员会主持，同时由陕西省政府、全国经济委员会西北办事处合组成的西安市政建设委员会等机构对西安进行城市建设与管理，直至西安再次设市。民国三十六年（1947年）8月1日，西安市升格为国民政府行政院直辖市，为全国12个院辖市（首都特别市、北平、天津、上海、沈阳、青岛、大连、哈尔滨、西安、汉口、广州、重庆）之一。同年12月，内政部批准审核将西安市简称"镐"。①

西安设市由南京国民政府时期始，在短短的20年间城市建置屡变，从侧面反映出在新的历史时期对于西安城市地位和城市职能的认识处于一种适应性的调适过程中。

行政划区是城市管理重要的一环，同时也是实施分区管理的重要依据，这种划区而治的措施由来已久。（见图2-1）虽然官民不相混杂的建设理念中隐含着按阶层及功能

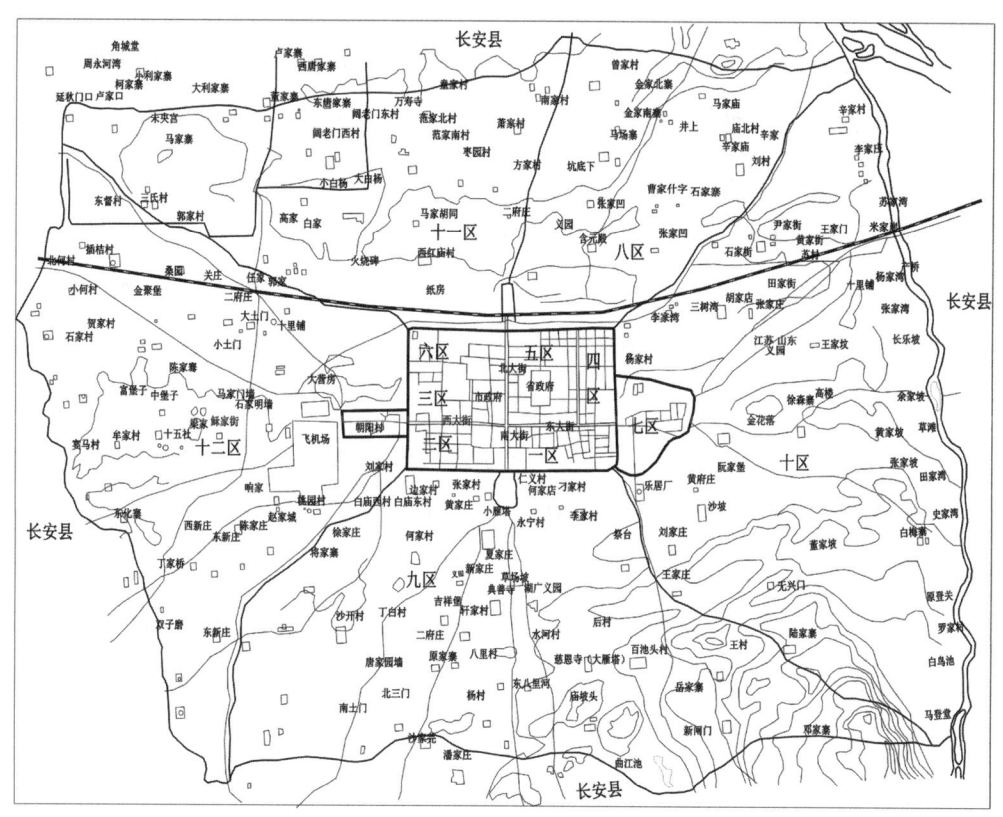

图2-1　民国时期西安行政管理区示意图

资料来源：西安市城建系统方志编纂委员会：《西安市城建系统志》，内部资料，2000年。

---

① 韩勋：《西安是否曾简称"镐"？》，载《西安日报》2004年2月3日。

分区的思想，是体现礼制、宗法和王权统治的核心，但从城市自身发展的角度出发，提出城市功能分区概念，并将功能分区规划作为城市建设管理的依据却客观地体现了近代西安城市发展的重要转变。

三、行政界域范围与城市界域变迁

西安市的行政界域，指的是其下所属各县所形成的管理范围，或称"西安政区"；城市界域是指西安城郊范围，为了便于描述该范围内的城市地域空间，简称"市域"；市区，其范围主要指西安的建成区。自晚清起，西安政区范围有一定的延续性，建成区范围也相应比较稳定，反映出农业社会经济条件下城市建设规模的局限性。但是，由于辛亥革命以后，西安设市屡有改迁，因此，相应的市域范围也时有变化。以下分述之。

晚清时期，西安城仍然分属咸宁、长安2县管辖，"光绪三十一年，改设警察。分两县东西南北为四城；城各四区；东关二区，西南北关各一区；满城别为一区，统隶巡警道，于是诸坊仅有其名，惟乡约、地保应役者仍隶于县而已"[①]。这是城市管理体制的一次变革，是适应社会发展的城市基层户籍、治安管理的进步。

到了民国时期，城市管理权属又有了改变，同时市域范围也由于设市问题而屡有改迁。民国三年（1914年），置陕西省治于西京，并咸宁入长安，这是长安分治局面的结束。（见表2-4）

民国十三年（1924年）废关中道，西安直隶于陕西省政府。城市建成区为府城，包括四个关城的范围，而咸宁、长安2县辖区为其郊区。民国二十一年（1932年），定为陪都，易名西京，并设置西京筹备委员会，开筹建西京之先声。国民党中央政治会议第三三七次会议决议，其范围"东至灞桥，南至终南山，西至沣水，北至渭水"[②]。民国三十一年（1942年）1月1日，西安市政处成立，暂以西京城关内为施政范围；原设于西大街之长安县政府，则迁移于城南之大兆镇，西京城关以外之地区，仍归长安县政府所管辖[③]，应该是西安城郊独立分治之始。

---

① 翁柽监修，宋联奎总纂：《咸宁长安两县续志》卷四《地理考上》，民国二十五年铅印本。
② 《国民党中央政治会议秘书处为西京建设事致西京筹备委员函》，见西安市档案局、西安市档案馆编：《筹建西京陪都档案史料选辑》，西北大学出版社，1994年，第93页。
③ 曹弃疾、王蕻编著：《西京要览》，扫荡报办事处，1945年，第4页，陕西省档案馆存。

表 2-4 西安市域分治变迁一览表

时间	西部县名	东部县名
秦代	咸阳县	芷阳县
汉高帝五年（前 202 年）	设立长安县	
汉文帝九年（前 171 年）		撤销芷阳县设立霸陵县
汉景帝二年（前 155 年）		增设南陵县
汉元康元年（前 65 年）		增设奉明县
汉元始四年（4 年）		撤销南陵、奉明 2 县
曹魏时		霸陵县西魏称霸城县
北周武成二年（560 年）		在长安城增设万年县
建德二年（573 年）		撤销霸城县辖地并入万年县
隋代	长安	大兴
唐武德元年（618 年）		大兴县改称万年县
唐武德二年（619 年）		复设芷阳县
唐武德七年（624 年）		撤销
唐乾封元年（666 年）	分长安	万年县增设乾封、明堂 2 县
唐长安二年（702 年）		撤销，增设乾封、明堂 2 县
唐天宝七载（743 年）		万年县改称咸宁县
唐至德三载（758 年）		复称万年县
五代梁开平年间（907—911 年）	大安	大年
后唐同光元年（923 年）	长安	万年
宋宣和七年（1125 年）		万年县改称樊川县
金大定二十一年（1181 年）		改称咸宁县
民国三年（1914 年）		撤销咸宁县，辖地并入长安县

资料来源：吴镇烽：《陕西地理沿革》，陕西人民出版社，1981年。

民国三十三年（1944年）9月1日，西安市政处改组而正式成立西安市政府，陕西省政府简任陆翰芹为首任市长，其行政区界限，由陕西省政府划定：市区南部界限，自马

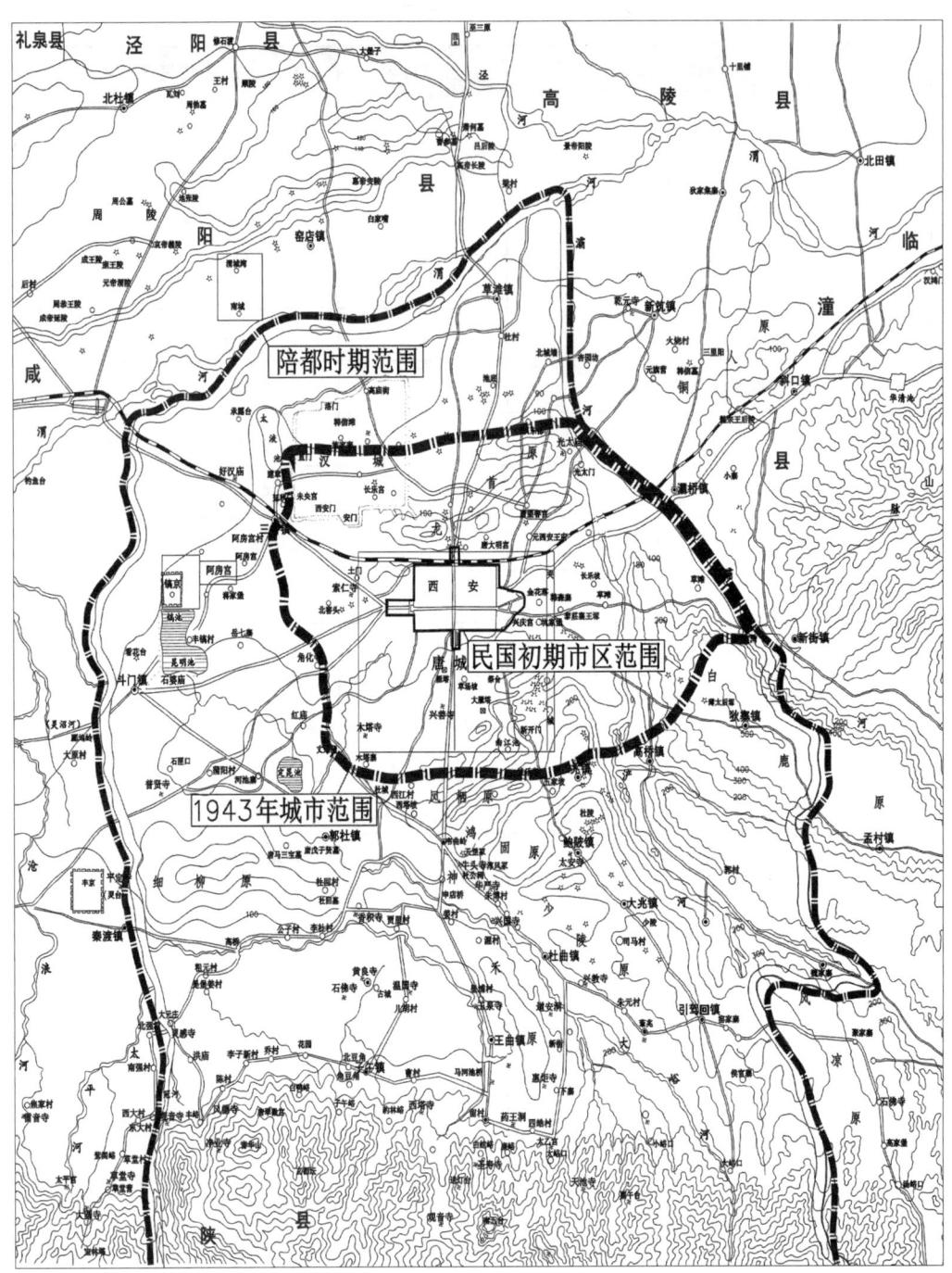

图 2-2 民国时期西安市区范围变迁图

资料来源:《西京市区域图》,西京筹备委员会,民国二十四年,西安市档案馆存。

登空起,经毛家寨,循大车道,经新开门、曲江池、瓦谷洞、杨家村、沙谷洞、南三门至丈八沟,至皂河西岸止;北自浐河西岸起,经光天庙、浮沱寨、白花村、陆家堡、郭家村、樊家寨、唐家寨、讲武殿、刘家寨、夹城堡,至皂河东岸止;东以浐河为界,西以皂河为界。1947年8月,西安升格为国民政府行政院直辖市后,西安市辖的12个区公所,其名称按数字顺序排列。1949年5月20日,西安获得解放,25日,西安市人民政府成立。

综上所述,近代百余年间,西安经历了作为封建行政体制下的府城到近代设市的变迁,而设市之后又屡有变化:或撤销市制,或设立陪都,或为行政院直辖市。在此期间,城市管辖区范围亦屡次调整,管理体制的转换过程反映出城市转型发展中的调适特征,这一时期各种变化都成为导致城市空间结构演变直接或间接的重要因素,如政策制度与行政政令等。这一过程中,城市建设管理的职能已经逐渐走向独立状态,使城市建设活动也成为推动城市空间结构转变的重要原因。[①]

[①] 高连海:《社会变迁对城市空间结构的影响机制研究——以1949年以来西安市为例》,西北大学2009年硕士学位论文。

第二节
北京政府时期：步履维艰（1911—1926年）

辛亥革命之后拆除满城，改变了城郭格局，拓宽了东大街，城市东、西大街向外延伸，尤其是东大街与东关的交通的通畅，使南院门与西大街一带的商业中心与东关的商业贸易中心之间出现了沿东大街蔓延发展的趋势，为城市东西轴向商业的繁荣发展奠定了基础。但这一发展过程由于围城之役而出现停滞甚至倒退，死难军民4万余人，城市人口骤减，经济遭到破坏，围城之后"废宇颓垣，断桥残路，凑成一片蔓草荒烟"①，城市百废待兴。民国十五年（1926年）11月28日，西安解围后，西安归国民政府管辖。由此，城市建设和发展进入新的历史时期。

一、总体概况

从地缘政治方面来看，该阶段的西安在军事战略等方面的区域空间地位仍旧处于重要位置。有所变化的是，这时城市社会所涌现出的新文化、新思潮不但使城市经济呈现出其固有的活力，而且客观上促进了城市建设事业的发展，从而使得军事和政治的强势与城市经济的发展关系逐步调和。此外，这一阶段内还经历了最惨烈的西安保卫战，城内外破坏严重，昔日还算繁华的街道变得满目疮痍，万户萧疏，西安解围后直到民国中后期这一情况才逐渐改变。

（一）地缘政治及城市定位

西安古代都城选址的地理基础在近代时期得以延续，因此其后发展深受历史时期地

---

① 陕西省政府建设厅工程处：《陕西长安市市政建设计划》，见陕西省政府建设厅建设汇报编辑处：《建设汇报》，民国十六年。

缘政治结构的影响作用。清代以来，西安是统治者借以控制西部的重要据点。其有四塞之固的地理环境，曾为历代都城的优选之地，即便退居为西北地区重镇，仍然是西北的政治重镇、军事重镇、文教重镇、商贸重镇①。这一进可攻、退可守的据险之地曾为历代统治者所重视，构成了西安城市地理基础的特殊性。正是由于关中的军事战略地位为各方所重视，民国初期的西安再次成为各方军事争夺的重点。

近代西安城市在区域空间中的地位是非常重要的，尤其是其控扼西北的军事战略地位从未被忽视过。从区域关系看，西安作为西北军事重镇，在晚清时期对付西北的军事威胁中可谓深处腹地，依然处于国都、军事边疆的区域地位。因此，近代随着军事技术的发展和战争对象的不同，西安作为西北军事重镇往往处于区域权衡中的调控状态，在区域空间的地位也处于不断的调适状态，但是在国家政治因素的权衡下，西安仍为重要的区域中心城市。

（二）城市新文化及新思潮

北京政府时期，社会上涌动着新文化、新思想等社会声音。其中新闻机构以及民间团体的活动，为近代西安发展提供了思想上的准备。

1924年7月，魏野畴组织青年文学社，创办《青年文学》旬刊，宣传进步思想，教育青年积极参加政治斗争。8月，雷晋笙、张性初等在西安建立第一个中国社会主义青年团西安支部，同时成立西北青年社，创办《西北青年》周刊。10月，魏野畴将青年文学社改名为青年生活社，并出有《青年生活》旬刊。12月，邹遵、魏野畴建立第二个中国社会主义青年团西安支部。两团支部在雷晋笙、魏野畴等人领导下，动员青年学生积极开展反帝反封建反军阀斗争。②此外，《秦风报》《鼓昕日报》《陕西国民日报》与《西北晨钟》等在西安创刊，促进了马列主义等革命思想以及相关方针政策的传播。在此舆论背景下，西安工人运动、妇女运动和学生运动得以发展，西安学生联合会与西安总工会也得以成立。

在这样的新文化、新思想的驱动下，近代西安在遭受战争破坏的同时，城市建设工作也同步进行，且民国时期西安城市及其建设管理发展的程度和变化的速度是空前的。民国时期西安对于卫生环境、市容市貌以及基础设施建设有了专门的管理机构和建设任务。至此，其城市的管理有了明确的职能分化及相关机构。

---

① 史红帅：《西安"重镇时代"城市地位的再认识——兼论"古城"特色的若干问题》，见西安市城乡建设委员会、西安历史文化名城研究会编：《论西安城市特色》，陕西人民出版社，2006年，第131页。
② 中共西安市委办公厅编：《中国共产党西安市委员会志》（1925.10—2002.7），2004年。

（三）围城之役及其影响

1926年围城之役，军阀刘镇华率领镇嵩军，由潼关入陕，围攻西安，妄图"据天下上游，以制天下之命"，为北洋军阀扩大地盘。在围城的8个月期间，北洋军阀吴佩孚曾派一架飞机抛撒传单，并投放两枚小型炸弹，企图威慑城内的军民，最终无功而返。围城一役不仅造成城墙的破坏，而且导致城内军民缺衣少食，战死、冻死、饿死的军民达4万余人，给西安城市发展带来极其不利的影响。

西安军民在李虎臣、杨虎城率领下，克服缺粮断炊的严重困难，奋起抗击，殊死搏斗，保住了西安这一革命阵地。当北伐战争推进到华中地区时，国民军联军进驻西安。在中国共产党人和国民党左派人士的合作努力下，西安地区革命运动风起云涌。①是年11月28日，镇嵩军在国民军联军及守城部队的夹击下，全线溃逃，被围困长达8个月的西安城解围。②

二、社会及民生状况

民国初期西安城市人口受到围城之役影响锐减，之后人口稳定增长。经济发展以农业为主，手工业和军械工业随着社会的需求和技术的进步缓慢发展。而这一时期，伴随着自然和人为的灾害，如地震、旱灾以及火灾等，西安的发展受到不利的影响。总体上，西安近代的城市社会与民生状况发展水平落后，城市发展步履维艰。

（一）人口概况

西安市区的人口统计数据出现于清末。《续修陕西省通志稿》将市区称为"省城"，有23265户，人口83967人，户均3.6人。民国《咸宁长安两县续志》按2县城关分别统计，合计111628人，户均4.7人。民国时期的人口统计比较混乱，据现有资料可知，民国元年（1912年），西安市境人口约1271662人，较宣统年间增长6.08%。至民国十三年（1924年）达到2072445人，为民国时期最大的人口规模。民国十五年（1926年）4月至11月底，军阀刘镇华率镇嵩军围困西安城长达8个月，城内军民战死、饿死达数万，人口数量出现快速回落。③直到民国中期以后，西安人口才呈现出

---

① 西安市地方志编纂委员会：《西安市志》第1卷《总类》，西安出版社，1996年，第11—12页。
② 西安市地方志编纂委员会：《西安市志》第5卷《政治军事》，西安出版社，2000年，第39页。
③ 西安市地方志编纂委员会：《西安市志》第1卷《总类》，西安出版社，1996年，第447页。

稳定增长态势。①

（二）社会变革

辛亥革命是近代百年西安城市空间结构发生萌动和转型演变的分水岭，辛亥革命以最直接的摧毁一切的力量攻破满城取得了胜利，宣告了清朝贵族在西安军事统治的结束。辛亥革命以后在首任陕西都督张凤翙主持下，拆除了满城，结束了以满城为核心的城中城格局，这是西安城垣格局的重要变化。更为重要的是，旧的体制被推翻，新的社会政治、军事、经济和文化重新架构，城市作为历史发展的重要载体，获得了新的发展。但在建设新西安的同时，西安屡遭战争蹂躏，辛亥革命后，较大的战事有围城战役、抗日战争、解放战争等，作为战略要地，西安无一幸免。但同时，各种军事力量对于经济发展的制约作用较晚清时期有所缓和。近代西安城市空间的发展与转型在战争中屡兴屡败，这是在战争的需求与破坏中出现的特殊现象，有其历史发展的必然性。

尽管如此，辛亥革命后，社会的变革从悄然萌发走向了革命性的变化，拓宽东大街、开筑新的城门、在满城废墟上建设城市新区等一系列建设活动，使城市空间从封闭到开放，从军事堡垒逐渐走向了政治、经济和文化的均衡发展趋势，同时也促成了城市由内而外的发展。拓宽东大街，使东大街与东关之间的联系非常便捷，也使东大街自身作为城市中心区位的零售商业优势得到了发挥，于是，沿东大街一线的商业发展成为城市新的空间扩展方向。北京政府时期，西安满城的城市道路得到了修葺，满城逐渐从废墟中开始了新的起步。②

1927年春，中共陕甘区委兼理西安地委工作后，加快在城区和农村建立党的基层组织，扩大党员队伍。在中共各级组织和党员的带领下，西安地区游行集会若干，革命运动掀起高潮。同时，城区各群众组织发展迅速。西安工人俱乐部、省总工会、省农民运动委员会、省农民协会和陕西青年社先后在西安建立，原省、市学生联合会和妇女协进会也不断发展，大批中共党员和共青团员担任各群众组织主要领导，推动革命运动。③

---

① 西安市地方志编纂委员会：《西安市志》第1卷《总类》，西安出版社，1996年，第445页。
② 任云英：《转型与重构：近代西安城市空间结构演变》，科学出版社，2019年。
③ 中共西安市委办公厅编：《中国共产党西安市委员会志》（1925.10—2002.7），2004年。

（三）产业发展

民国时期西安社会经济以农业发展为主，同时伴随着社会经济发展的需求，手工业和军械工业有所发展。

西安农业发展在战争、赋税及自然灾害等多重影响下波动起伏，艰难发展。民国初年，在军阀割据势力的统治下，西安地区田赋及其他各项税收剧增，连年屡遭旱、雹、蝗灾，加之兵祸不断，土匪横行，农村生产力受到极大破坏。①据记载，民国十五年（1926年）8月，西安城内曾出现粮食告急的状况。其时，西安农业基础仍很脆弱，水利不兴，靠"天"吃饭，大部分耕地为旱地，产量甚低。灌溉水源主要靠土井，提水工具除少量的旧式水车外，绝大多数是人扳辘轳，境内仅有的一条沣惠渠灌溉面积为3.5万亩，但水源不能保证，浇灌面积甚微。②其中，由于战乱，西安小麦种植面积虽有发展，但耕作栽培技术、品种等落后，生产水平不高。畜牧业方面，民国时期在灞桥境内形成灞桥镇、新筑镇、狄寨镇、三阳院4个畜禽交易市场。民国十七年（1928年），在西安草滩镇创办了垦殖牧场，饲养牛、马、骆驼、猪等；③是年，冯玉祥还在东郊渭河荒滩创办垦殖畜牧场。当时西安地区农业生产主要使用耕牛和传统农业锄头、铁锹、犁耙、铁搭、铡刀及人力农用车、畜力农用车等工具，由此可以看出，这一阶段农业生产力水平还处于小农经济状态。④

在陇海铁路修通至西安以前，西安城市工业发展除零散的军械工业外，以手工业为主。北京政府时期手工业发展非常缓慢，民国十二年（1923年），西安成立新履、同合2家制革厂。民国十五年（1926年），西安从事皮革业的手工业工人达1000多人。⑤民国十二年（1923年）以后，私营印刷业也逐渐发展。其他如手工漆器工艺得到重点突破，民国六年（1917年），西安精业化工厂成立，创出了填漆工艺品红花绿叶漆衣箱、梳头匣、小炕桌等生活日用工艺品。除此之外，民国十一年（1922年），还有几家从事铁锅生产的工厂。

1869—1934年是西安近代工业的萌芽时期。当时发展近代工业，出于军事需要，

---

① 西安市地方志编纂委员会：《西安市志》第3卷《经济》（上），西安出版社，2003年，第10页。
② 西安市地方志编纂委员会：《西安市志》第3卷《经济》（上），西安出版社，2003年，第564页。
③ 西安市地方志编纂委员会：《西安市志》第3卷《经济》（上），西安出版社，2003年，第630页。
④ 西安市地方志编纂委员会：《西安市志》第3卷《经济》（上），西安出版社，2003年，第660页。
⑤ 西安市地方志编纂委员会：《西安市志》第3卷《经济》（上），西安出版社，2003年，第391页。

大部分为官办或军政要员创办，其后才逐渐发展一些民族资本的近代工业，生产一些民用产品。①这60多年间，西安近代工业的发展速度极为缓慢。仅有少数稍具规模的近代工业企业，包括机器工业4家，即西安机器局（后演变为陕西省机器制造局）、庆泰铁工厂（民国十二年，1923年）、陕西汽车修理厂（民国十八年，1929年）以及华兴厚铁工厂（民国二十一年，1932年）；制革工业1家，即新履股份有限公司（民国十二年，1923年）；电力工业1家，即由张丹屏在开元寺（今钟楼附近）开办的1家小发电厂（民国六年，1917年）；化学工业1家，即西安集成三酸厂（民国二十二年，1933年）；医药工业1家，即关中制药社（民国十八年，1929年）；印刷工业1家，即秦中书局（光绪二十二年，1896年）；印染工业1家，即西安利秦工艺社机器漂染厂（民国二十三年，1934年）。此外，还有面粉、造胰（肥皂）、火柴等工厂。以上各企业投资总额约为60万银圆，职工人数最多时达3000余人，拥有各种机器300余台，动力设备有小型发电机、锅炉等；主要产品有子弹、火药、步枪、手枪、轧花机、弹花机、盐酸、硝酸、药品、书报印刷品等。整体而言，产品产量除军火外都十分有限。②

（四）灾情影响

民国时期除过战争影响，自然灾害也对西安社会经济的发展产生了深刻的影响。其中包括地震、旱灾和火灾等多种灾害的影响。

民国九年十一月初七（1920年12月16日）20时05分的地震属于毗邻省区地震波及陕西境内，此次地震震中在宁夏海原，因震级大、震源浅（17千米），所以，不光震中烈度高，而且极震区（重破坏区）面积大，有感范围更大。③距震中约400千米的西安"门窗皆响，屋摇墙塌，被毁房屋约百户"，当时有关文献资料称西安市的情况是："十一月初七日西安大地震，初震数分钟，力甚大，屋摇墙塌，人呼犬吠，停一小时又震，如是者二次，城内外屋塌者甚多"；"东关外于十六日晚七时地震，被毁的房屋约有百户"。④由此可见，陕西全省受到此次地震的强烈震撼，伤亡惨重。

---

① 西安市地方志编纂委员会：《西安市志》第3卷《经济》（上），西安出版社，2003年，第86页。
② 西安市地方志编纂委员会：《西安市志》第3卷《经济》（上），西安出版社，2003年，第86—87页。
③ 《陕西历史自然灾害简要纪实》编委会编：《陕西历史自然灾害简要纪实》，气象出版社，2002年，第184—185页。
④ 《陕西历史自然灾害简要纪实》编委会编：《陕西历史自然灾害简要纪实》，气象出版社，2002年，第184—185页。

这一时期，旱灾频发，造成农田庄稼颗粒无收，给农户带来了巨大的经济与生活危机。据记载，民国元年（1912年），秋季大旱，种麦无雨。民国四年（1915年），夏收全无，秋田颗粒未登。民国五年（1916年），长期干旱无雨，井泉一律干涸，高塬农作物大多枯死。民国九年（1920年），春雨稀少，以致麦收异常歉薄。入夏以来，数月不雨，谷豆棉花尽皆枯死。民国十年（1921年），复遭旱魃，灾情惨酷。民国十一年（1922年）自入秋之后，数月亢旱，二麦多未下种。民国十二年（1923年）去秋以来，雨泽久缺，亢旱成灾，灾民多至20余万。民国十三年（1924年）春间亢旱尤甚，麦收歉薄，入夏以后旱雹为灾，秋收无望。民国十五年（1926年）春夏连旱，麦苗稀疏矮小，成熟后无法下镰收割，严重歉收。①

除了自然灾害，火灾也对城市造成了破坏。据记载，民国十二年（1923年），都城隍庙火灾，由山门延烧至文昌阁前，庙院内店铺、摊贩损失惨重。②民国十五年（1926年）7月6日，南院门第一市场发生火灾，烧毁店铺数十家；同年10月19日，西安南城门箭楼失火烧毁。③

三、城市规划及建设情况

北京政府时期，西安城市的规划与建设围绕孙中山提出的"民族、民权、民生"三民主义思想，在区域层面，构建国土范围内区域交通网络节点；在城市层面，突破原有城墙的空间限定，逐步建立并形成了城市与周边的联系与互动关系。后期伴随着围城之役的影响，初步萌芽的城市新式交通方式以及新式城市功能要素在战争的影响下艰难发展。

（一）《实业计划》的区域交通格局构想

近代以来与西安有关最早的建设计划当属孙中山先生于民国七年至八年（1918—1919年）所写成的《实业计划》，其内容以发展实业为出发点，提出了以西安为中心的铁路交通网络计划，即以西安为中心，兴筑西京大同线、西京宁夏线、西京汉口线、西京重庆线4条铁路。这一规划思想使西北的资源与具有近代产业经济发展潜力的地区在交通上连接起来，对于当时西北地区的开发和现代化西安的建设具有重要的影响和参考

---

① 西安市地方志编纂委员会：《西安市志》第1卷《总类》，西安出版社，1996年，第351页。
② 西安市地方志编纂委员会：《西安市志》第1卷《总类》，西安出版社，1996年，第83页。
③ 西安市地方志编纂委员会：《西安市志》第1卷《总类》，西安出版社，1996年，第86页。

价值，并在建设理念和区域发展战略方面，为近代以西安为中心的区域交通提出了一个明晰的发展框架，它是近代西安区域交通规划构想之始。①

（二）城市格局建设

这一时期建设属于民国前期的初步变革，包括城中城格局的突破、城市通透性的提升、城市新交通方式以及城市经济新功能空间的产生，但总体而言，该阶段还没有形成城市内部较为系统性的建设内容。

辛亥革命时，西安新军响应武昌起义，率先攻打了县门街的军火库和军装局，随之又攻破了满城，满城遭受重创，并结束了其在西安的军事统治。②夺城之战极为激烈，从炮击到挖墙而至于攻进的过程中，既有炮火的无情破坏，也看得出满城的残败不堪。战争对于城市的破坏是全面的，不仅仅是所能看到的被炮火摧毁的残垣断壁，更多的是对旧有的社会、经济秩序的打击，战争使这一过程短暂而剧烈，但是往往破中有立。随之西安城市空间结构经历了历史性的转变。

民国初年，陕西都督张凤翙下令拆除满城墙，于是清代以来形成的以满城为重心的城中城格局彻底被打破，使以西安钟楼为中心的十字形道路骨干构架的交通全线畅通。城市整体结构以钟楼为中心，以东、西、南、北四条大街为道路主干骨架，分别向东门（长乐门）、西门（安定门）、南门（永宁门）、北门（安远门）四个方向对外延伸，外接四关城。由此而拓展的沿满城南墙从钟楼到东门，命名为东大街，并沿街修盖了房屋，力求在高度尺寸及南北间距上划一。东大街所新修店铺，主要是用来出租和出售，作为当时市内最宽敞的街道，其成为新兴的商业街，为以后西安城区商业区的转移奠定了交通基础。③这一阶段不仅改变了城中城的格局，同时也改变了城市交通空间结构，实现了东关与大城之间的直接交通联系。④

（三）传统交通结构的现代化转变

城市内部的交通结构的改变，包含了交通工具、道路交通条件以及交通网络系统的空间格局等的变化，同时也隐含着城市居民出行时空的改变及其对生活方式的影响。

---

① 任云英：《近代西安城市规划思想的发展——以1927—1947年民国档案资料为例》，载《陕西师范大学学报》（哲学社会科学版）2009年第5期，第105—112页；任云英：《民国时期西安城市规划发展浅析》，见中国古都学会、郑州古都学会编：《中国古都研究》第21辑，三秦出版社，2007年。
② 吴松弟：《中国近代经济地理》第8卷《西北近代经济地理》，华东师范大学出版社，2015年。
③ 郭世强：《民国西安城市道路系统演变研究》，陕西师范大学2017年博士学位论文。
④ 吴松弟：《中国近代经济地理》第8卷《西北近代经济地理》，华东师范大学出版社，2015年。

近代城市交通空间的演变与交通工具和道路条件的发展有着直接的关系，西安的交通工具的发展，较与之有一定商业贸易往来的汉口和北京等地有一定差距。至民国初年西安才开始有了人力车公司，但发展状况窘迫，其民营资本不足10000两，民国二年、三年优等橡皮轮很少，相应的路况条件也不能适应交通的发展需求，以至于对交通工具的使用也因此受到一定的限制。至于汽车的出现，则是以民国四年（1915年）袁世凯拨给陆建章2部汽车，为西安有汽车之始。除此之外，自行车也是当时涌现的新交通工具。城市中汽车、马车、人力车、自行车同时存在，俨然呈现出一种马车时代与汽车时代新旧交替的景象。

汽车交通对西安城市道路建设提出了要求，即满足汽车交通条件，而原来以铺石为主的路面和土路面以及路面宽度均不能适应城市交通和居民出行的需求。

民国十二年（1923年），长潼汽车公司开通了从钟楼到东门的环城汽车，并有2辆汽车投入运营。这是西安公共汽车的开端，标志着西安城市交通由以人力、畜力为动力交通为主，开始向汽车交通转变。随着出行方式和出行时间的转变，人们的生活方式与思想方式也受到极大影响，城市内部的商业、工业以及生活设施的配套建设也相应改变。[1]

（四）新式城市社会功能要素萌生

军政当局随后所推行的一些建设举措，体现了现代城市建设的理念和意识觉醒，加速了城市内部结构的调整和代谢，也形成了一些新的城市功能构成要素。

其一，民国元年（1912年）12月，陕西都督府下令拓宽东大街为30米的大道，从钟楼向东门延伸，并于两侧修建统一尺寸的二层有檐廊商铺，用于出租和出售。这一举动推动了商业中心由南院门向东大街的扩展和逐步转移，而且给新式的商业发展提供了一个平台。

其二，创办新式文化事业。民国元年（1912年），三秦中学、西北大学以及易俗伶学社（秦腔剧种，后改为易俗社）相继创办。民国五年（1916年），三意社、新声社等剧社以及豫剧的香玉、狮吼等剧社依次创办，丰富了市民的精神文化生活。

其三，推进市政设施的现代化。1917年，西安警备司令张丹屏创办小型发电厂，为

---

[1] 任云英：《近代西安城市地域交通格局及其约束条件（1840—1949）》，见中国古都学会编：《中国古都研究》第23辑，三秦出版社，2008年，第388页。

西安电力发展的开端，西安有了电灯。

其四，在满城基础上进行建设开发，丰富了城市建设内涵，对城市的建设和复兴均有着重要的意义。民国十年（1921年），冯玉祥任陕西督军时，在南院门建立了"洗心所"，在满城旧墟上建立了"民乐园"，以供讲道、讲演和开展文艺活动，推进了城市空间的民主发展过程。①

其五，修筑和改善道路，使其适应现代汽车交通的需求。民国十一年（1922年），开始在左宗棠进军西北时修筑的土路上，改筑可通汽车的公路。

以上举措，使城市内部空间功能要素发生了很大的变化，城市商业经济、教育机构、文化娱乐等的功能以及城市基础设施得到了发展，这既顺应了民心，也顺应了当时社会的发展潮流，可以说是首开近代城市建设的先河，新的城市功能要素逐渐产生并趋于成熟。（见表2-5）

表2-5　民国初期社会经济建设发展大事一览表（1912—1927年）

类型	时间	发展大事
社会经济	民国元年（1912年）	5月，张深如等在西安创办精业股份有限公司，张子宜任经理。生产布匹、服装、地毯、木漆器等
	民国六年（1917年）	西安警备司令张丹屏在东大街开元寺（后来的解放商场，今开元商城）用75马力煤油发电机创办小电灯厂，供应附近小区域照明用电。这是西安电业的开端。不久停办
	民国九年（1920年）	8月大生造胰公司成立，9月在小湘子庙街创办肥皂厂
	民国十年（1921年）	陕西省实业厅派董翰洲在西举院巷创办陕西模范纺织工厂，采用脚踏织布机和手摇纺纱机，招工培训。这是西安最早的官办手工纺织厂
	民国十年（1921年）	冯玉祥在督军署驻地开办第一军人工厂，教士兵学习工艺
	民国十年（1921年）	陈勋臣在东木头市创办长安纺织工厂（后迁北关火神庙，改名平民工厂），采用河北高阳式织布机
	民国十二年（1923年）	刘履之在西仓门创办燕秦制革厂，翌年迁南院门，扩大为新履股份有限公司。这是西安最早的机器制革企业

---

① 西安市档案馆编：《西安辛亥记忆——西安辛亥革命百年纪念文集》，三秦出版社，2011年，第316页。

续表

类型	时间	发展大事
邮电通信	民国元年（1912年）	官商合股在东大街开办陕西省电话局，装设300门磁石交换机一部。这是西安市内电话之始
	民国四年（1915年）	陕西电报局架通经三原至肤施（今延安）的电报线路
	民国五年（1916年）	陕西电报局架设西安至汉中电报线路，6月延伸至成都
	民国七年（1918年）	改陕西省会电话局为陕西军用电话局，开通西安至三原、潼关、咸阳军用长途电话。这是西安长途电话之始
文化娱乐	民国元年（1912年）	李桐轩与孙仁玉等在土地庙什字小学（后迁武庙街，即今西一路）创立陕西易俗伶学社，招生排演新编秦腔剧目，杨西堂为第一任社长，李桐轩任名誉社长
	民国二年（1913年）	易俗社在西大街都城隍庙进行首场演出，观众爆满
	民国三年（1914年）	秦腔艺人苏长泰等在骡马市梨园会馆创建长庆班(后改为三意社)
	民国七年（1918年）	正俗社在西安成立，专演传统秦腔剧目
交通运输	民国八年（1919年）	张鼎、张丹屏等集资成立西堂汽车股份有限公司筹备处，准备开通西安到河南观音堂的公路运输。冬，改为官商合办。翌年10月停办
	民国十年（1921年）	陕西省路工局在西安成立，始修第一条汽车路——西（安）潼（关）公路
	民国十一年（1922年）	陕西长潼汽车公司开始营业，开办西安至潼关间客货运输。这是西安汽车运输的开端
	民国十二年（1923年）	长潼汽车公司开办钟楼至东门的环城汽车，投入2辆汽车运营
医疗卫生	民国元年（1912年）	陕西军政府将原满城南部官地327.5亩划归西安红十字会医院建院；将原满城东南隅官地41亩划归英华医院建院，民国五年（1916年）该院迁入新址，更名陕西基督教广仁医院（今西安市第四医院）
	民国二年（1913年）	陕西陆军医院在粮道巷成立
	民国七年（1918年）	胡子恒在东大街骡马市口路北创立竞爽医院。这是西安第一所私立西医医院
	民国十二年（1923年）	名医维镛在陕西省育婴院设立牛痘局，每年接种2万~3万人
	民国二十二年（1933年）	王季陶集资筹办的私立西京医院在中州会馆西侧开业。民国二十五年（1936年）秋，又在崇礼路西段建设新院（北院）。民国三十四年（1945年），南院并入北院

续表

类型	时间	发展大事
行政管理	民国三年（1914年）	撤销咸宁县，并入长安县，结束了西安城区长期2县分治的历史
	民国三年（1914年）	改西安府地方审判厅、西安府地方检察厅为长安地方审判厅、长安地方检察厅
	民国三年（1914年）	设立关中道，道尹公署驻西大街社会路西侧。今西安市区及辖县均属其管辖
	民国三年（1914年）	袁世凯以张凤翙为扬威将军，调入北京将军府。以陆建章为威武将军，督理陕西军务，兼署巡按使。从此，西安由北京政府直接统治
	民国十五年（1926年）	11月27日晚，镇嵩军在援陕国民军联军和守城陕军夹击下全线溃退，28日西安解围。从此，西安归国民政府管辖
	民国十六年（1927年）	陕西省政府议决设立西安市
商业服务	民国元年（1912年）	陕西都督府下令拓宽东大街，修建两侧临街店铺，用于出租和出售
	民国三年（1914年）	美商在西安开设美孚洋行和德士古洋行，德商开设光华洋行，西安煤油销售市场逐渐为外商垄断
	民国四年（1915年）	陕西当局将西安商办陕西皮棉兼水陆转运总公司收归官办。该公司经销皮棉历年都在万吨以上
	民国四年（1915年）	陕西商务总会组织土产山货，参加在美国旧金山举办的庆祝巴拿马运河竣工万国博览会
	民国七年（1918年）	大芳照相馆在南院门创设。这是西安开办的首家照相馆
	民国九年（1920年）	经营回民传统风味美食的同盛祥牛羊肉泡馍馆在竹笆市南头开业（1960年迁西大街现址）
文化教育	民国元年（1912年）	张凤翙在西安创办西北大学
	民国三年（1914年）	陆建章密令长安县知事杨善征带领警察逮捕西北大学校长钱鸿钧。翌年西北大学改为陕西法政专门学校
	民国六年（1917年）	陕西省立甲种农业学校在西安西关成立
	民国十一年（1922年）	张子宜于今解放路一带建立西安孤儿教养院。民国二十年，更名西安私立子宜育幼院
	民国十三年（1924年）	国立西北大学在今西安东厅门路北西安高级中学一带正式成立，傅铜任校长。原陕西法政专门学校、水利工程专门学校、渭北水利局附设水利工程学校、甲种商业学校同时并入国立西北大学

资料来源：西安市地方志编纂委员会：《西安市志》第1卷《总类》，西安出版社，1996年；西安市工会志编纂委员会：《西安市工会志》，西安市工会志编纂委员会，1997年；西安市碑林区地方志编纂委员会编：《碑林区志》，三秦出版社，2003年。

从上述的统计中可见，民国初期在行政管理、新式教育机构、文化娱乐、医疗卫生、市政设施（邮电、通信、电力等）以及新式企业形式等各个方面均有了新的起步。

西安有了小电灯厂、官办手工纺织厂以及机器制革业（新履股份有限公司）等，这些要素均与晚清时期有着很大的不同，尤其是汽车交通是近现代城市交通方式的一个重要标志，交通方式的改变带来新的出行时空和生活方式的改变，直接反映在城市空间结构及其空间尺度关系上，是近代城市空间发展的开端。

（五）城市化进程

这一时期的城市建设举措和城市复兴进程，被1926年所发生的围城之役所阻断，时任"讨贼联军"陕甘军总司令刘镇华率镇嵩军10余万人围困西安国民军李虎臣部和杨虎城部达8个月，冯玉祥从苏联回国后，才率军解围西安。当时西安人口仅20万人。围城之役给西安的城市发展造成了重创，据有关资料统计，仅西安市人口减少4万余人，不仅使城市人口大减，也使城市内部遭到战争破坏，极大地打击了逐渐复苏的西安城市手工业和商业的发展，西安的近代化步伐减速。而这一时期新的城市空间功能要素的产生是分散的、无序的，数量很少，反映在城市空间上，即表现出彼此之间是缺乏联系的点。

可见，民国初期各种适应现代社会发展需求的产业处于摸索发展的时期，其发展是很不充分的，而战争因素制约了这一趋势的继续发展，并对城市造成了很大破坏，因此，这一时期是民国时期的现代城市功能要素萌芽的初级阶段。

第三节
南京政府时期：初步发展（1927—1936年）

辛亥革命后南京国民政府成立初期，作为省城，西安的城市管理体制和建设步入新的阶段，随着西安作为陪都的筹备和建设，一批有关现代城市规划与建设管理的文件形成，西安的基础设施有了很大改善。这一时期是城市建设稳定发展的时期，国民政府提出振兴实业计划，鼓励机构和商人到西北考察和投资，加之西京的筹备和建设管理的推动，城市建设管理水平得到了较大的提升，总体上，其为之后城市建设和社会经济的发展奠定了基础。

一、政治及军事情况

1927年，国民党南京政府底定全国。1928年，国民党召开二届五中全会，宣告由军政时期进入训政时期。这时共产党人在西安创办中山学院和中山军事学校，培训大批革命骨干，西安附近的农民运动也蓬勃兴起。[1]

（一）"西北黄埔"

西安解围后，国民军联军驻陕总司令部（以下简称"驻陕总部"）采纳苏联顾问、共产党员及国民党左派倡议，以孙中山先生的名字命名，在西安创办中山学院和中山军事学校，为地方和军队培训干部。[2]这2所学校均是大革命时期国共两党合作的产物，它们为共同组建革命军队，完成国民革命任务的目标培养了一批军事部队先锋干部与军政骨干人才。

1927年2月初，驻陕总部首先决定，利用原西北大学的校址及设备条件，筹备组建

---

[1] 西安市地方志编纂委员会：《西安市志》第1卷《总类》，西安出版社，1996年，第12页。
[2] 潘泽庆：《对中国共产党与国民军关系研究的考察》，载《北京党史》2001年第3期，第19页。

中山学院。它是大革命时期国共两党合办的第一所综合性的速成大专院校，专门为部队和地方培养中层以上的领导干部。学院初创时，仅设军事训练、组党和农民运动三种类型的班，后来鉴于革命形势的要求，又于4月底，增设了妇女运动班和教育人员养成班，以便开展妇女运动和在各县教师中实施革命化教育。①

在中共陕甘区委的支持和帮助下，驻陕总部为提高部队基层指战员的战斗素质和培养政治军事革命人才，于1927年3月，又在西安北院门今西安市莲湖区人民政府院内创办了西安中山军事学校，学校隶属驻陕总部，以学习军事和军训为主，兼学政治。该学校从领导到教员，大多数为共产党员，从队长到学员，大部分都是党团员和积极分子，学校革命气氛十分浓厚，被誉为"西北之黄埔"。②

（二）西安事变

1931年9月18日，日本关东军发动"九一八"事变，陆续占领中国东北三省，并利用前清废帝溥仪在东北建立满洲国傀儡政权，导致中国的民族危机进一步加深。③1935年秋，中国共产党领导的中国工农红军经过二万五千里长征，抵达陕北革命根据地保安县吴起镇会师。同年8月1日，中共驻共产国际代表团王明等人以中华苏维埃共和国政府和中共中央名义发表了《为抗日救国告全体同胞书》，提出抗日民族统一战线的基本内容。④12月9日，中共在北平举行了大规模的大学生示威游行，呼吁"停止内战，一致对外""打倒日本帝国主义"，获得全国民众的积极响应。

1936年12月12日，张学良和杨虎城为了达到劝谏蒋介石改变"攘外必先安内"的既定国策，停止内战，一致抗日的目的，在西安发动"兵谏"，由此发动了震惊中外的西安事变，又称"双十二事变"。同月24日，蒋介石承诺六项协议，被迫接受停止内战、联合抗日的主张。25日，在中共中央主导下，以蒋介石接受"停止内战，联共抗日"的主张而和平解决。⑤

西安事变的和平解决推动了第二次国共合作，也是抗日民族统一战线建立的必要前提，它是国内战争走向抗日民族战争的转折点，也使得西安革命形势有了新的转机。⑥

---

① 贾若瑜主编：《中国军事教育通史》（下册），辽宁教育出版社，1997年。
② 中共西安市委党史研究室：《中国共产党西安历史》第1卷，中共党史出版社，2005年。
③ 荣维木：《九一八事变与中国的政局》，载《抗日战争研究》，2001年第4期，第7—18页。
④ 周天度、郑则民、齐福霖等：《中华民国史》第8卷（下册），中华书局，2011年，第422页。
⑤ 石和平：《延安时期共产党人的初心使命》，载《中华魂》2019年第10期。
⑥ 西安市地方志编纂委员会：《西安市志》第5卷《政治军事》，西安出版社，2000年，第3—4页。

二、社会及民生状况

这一时期，荒旱、瘟疫直接导致人口大量减少，对西安城市自身的社会、经济等方面产生了不同程度的影响。

（一）人口概况

民国十八年（1929年），陕西全省发生特大旱灾。八百里秦川夏秋无收，饥民遍野，大量人口死亡或外逃，户口骤减，仅长安县因灾死亡人口即达52512人。民国二十一年（1932年）夏，关中地区流行霍乱，临潼、蓝田、鄠县和省会西安均有罹患，死亡10616人。到民国二十四年（1935年）人口降至民国时期最低点，仅为1078873人，较民国十三年（1924年）下降47.9%。

从民国二十五年（1936年）起，西安市境人口回升，次年增加到1553898人，民国三十七年（1948年），超过200万人，接近民国前期最高人口记录。这个阶段西安迁入人口激增，主要原因有三：一是陇海铁路修通，促进了西安的经济发展；二是全面抗战爆发，大批工厂、学校内迁西安，驻军增多；三是沦陷区人口流入。[1]以陇海铁路通车西安和全面抗日战争爆发为标志，西安人口出现首次大增长。民国二十五年（1936年）底，人口突破20万，民国二十七年（1938年）达到246478人，较清末增长1.94倍。

（二）社会发展

其一，市政府成立后，采用以工代赈的方法，不仅进行市政建设，而且还向受灾群众提供救济。民国十七年（1928年）正值关中大旱，夏秋粮歉收。市政府设立工赈办事处，专司其责。饥民到市政府报名后，由各领工督率分头做工，食宿由市政府供给，每人每天发米面一斤半。用这种方法，在中山门内路北修建民乐园，开辟新市场；整修东、西、南、北四条大街，并且拆除东、西、南、北城门外洞（即月城门洞）及市内街口的门楼，便利交通。市政府在民乐园新市场以东一处占地40亩、有住房10院的平民住所内，通过制定管理规则、委派管理人员的方式对申请入住的贫民进行管理。

民国十八年（1929年），陕西旱情更为严重，庄稼颗粒无收。市政府继续用以工代赈方法整修道路，在新市区修筑南、北经路：尚仁路（今解放路）、尚德路、尚勤路、尚俭路和东、西纬路：崇孝路、崇悌路、崇忠路、崇信路、崇礼路、崇义路、崇廉路、

---

[1] 西安市地方志编纂委员会：《西安市志》第1卷《总类》，西安出版社，1996年，第448页。

崇耻路（即今东、西一至八路）以及中山门马路（即东新街东段）。督导商会成立陕西省商民购粮平粜自救会，集资贩运外粮到陕平粜救灾，由市政府办理火车免票及其他便利运输之事，协助省赈务会在大差市、湘子庙街开办舍饭场救济灾民，并动员社会力量参与赈灾。① 时任天津《大公报》主笔的陕西籍人士张季鸾在该报发出"捐三元钱、救一条命"的呼吁，天津各界纷纷捐款，华北慈善联合会设立陕西灾童教养院，收容灾童1700余名，院址设在崇忠路（今东三路）中段。

民国十九年（1930年），市政府继续进行赈灾工作。在中山门外设立灾民收容所，收容逃荒流落在西安的外地难民300余人。是年，市政府发出训令，引导商民迁入新市区，并将该地区的土地以每亩价60元、80元、100元三个档次，出售给商民使用。

其二，市政府成立后，接管长安县管理的市区内所有小学，并对全市户口进行调查，对商号、社会事业和社会团体进行登记。据民国十八年（1929年）1月统计，全市有23550户（含公共户），101548人；小学17所，在校学生1388人；商号105家，宣传文化单位12家，公益事业单位8家，慈善救济团体12家，社会团体9家，宗教团体5家。是年，市政会议决议取缔迷信团体、星相卜卦和暗娼等，取缔红蛎字会道院1所。在南门外设工厂1座，收容暗娼50人。市政府还从汉口购买电话机数十部，供商家安装，增加电话用户。

其三，开始整顿市容。1928年11月，召开卫生会议，部署清扫街巷卫生。12月，发布布告，要求各街巷摊贩和沿街叫卖的零星商贩，一律迁往民乐园新市场营业；在北大街原早市设立炭市场，要求炭商一律进入市场交易，不得任意停留街面贩卖；不准在城壕附近耕种土地，保护现有树木，并在城壕周围植树。同时还分区域逐步建立菜市场。

（三）产业经济

陇海铁路的修通和全面抗日战争的爆发，导致西安城市手工业的发展有较大的起落。首先，陇海铁路修通，外来机器工业产品物品大量涌入西安，致使本地手工业受到严重的打击。而后，全面抗日战争的爆发使外埠机器生产的产品来源被切断，刺激了西安手工业的发展。

据民国时期统计资料，民国十八年（1929年）西安的手工业包括制伞、首帕、制鞋、粉胰、铜、制箩、首饰、熟皮、洋铁、编席与木工等11个种类，共170家，资

---

① 谢林主编：《陕西寻梦——民国陕西老照片》，陕西人民美术出版社，2009年。

金来源以自有资金为主，合计20580元，每家拥有资金30~200元不等，平均拥有资金额为121元；手工业工人人数合计669人，月均收入2元，平均每天工作时间10小时，业主和手工业工人人数合计为715人，除制伞业外，其他10个行业的业主均从事手工业。其所拥有的工具总价值合计462元，产地主要是西安本地；除制伞业的原料有部分来自汉口、制鞋业的原料主要来自上海外，其余原材料产地均来自西安本地，该年度的原材料总价值合计为22730元，产品价值合计为38014元；其产品的销售地均在西安城内。

表 2-6　民国十八年（1929 年）西安手工业状况一览表

业别	数量	总人数	工具名称	工具数目（个）	工具价值(元)	工具产地
制伞业	16	64	尺剪	48	15	西安
首帕业	9	36	丝架木机子	33	123	西安
制鞋业	56	224	锤剪架板尺刀	562	62	西安
粉胰业	2	8	铁锤模型	6	5	西安
铜业	13	41	钻子锤锤	78	18	西安
制笋业	3	12	尺线轮木机锯刀钻	39	66	西安
首饰业	26	130	锤钻模子	156	35	西安
熟皮业	16	64	推刀小刀铁锤	128	50	西安
洋铁业	12	84	锤铁架剪尺刀	126	38	西安
编席业	12	32	垫刀利管	44	30	西安
木工业	5	20	锯钻斧	50	20	西安
合计	170	715		1270	462	

资料来源：陕西省建设厅第一科统计股：《陕西建设统计报告第一期》（十六年至十八年合刊），民国十九年，陕西省档案馆存。

这些手工业按行业分布，其中制伞业的销售市场主要在西大街，首帕业在桥梓口，制鞋业在马坊门，粉胰业在城隍庙巷，铜业在广济街，制笋业在西大街，首饰业在钟楼南，熟皮业在东大街，洋铁业在院门巷口，编席和木工业则分布在西安市各处。但从总体上看，西安的手工业主要分布在西大街和城市的西南隅各个传统商业中心所在地。其原材料的需求量和产品产量是很低的，主要用于满足西安本地的消费。此时的手工业生产工具、生产规模和生产工艺落后，其服务的对象主要是西安本地居民，辐射范围也是非常局限的，仅在西安地区，在很大程度上并没有超越自给自足的农业社会经济特征。

这一阶段，皮革业有所发展，"七七变后，西北皮革输入渐少，同时需要日增，制革业日益发达。二十七年仅有几家，二十八年增至十余家，今年已增至六十余家。其中比较大规模制革厂约三十余家，如西北化学制革厂，新履，西北制革厂，同合，鸿顺兴，永兴，华兴等皆是，以西北化学制革厂规模最大，组织最完备，出品亦较精良"。西安"本市制革，向用旧法，操是业者，谓之黑皮坊。为数甚多，约计百数十家，完全为手工业"。①

其他如印刷业、铁匠业、铜匠业以及木器业等均有很大的发展。据《西京市工业调查》统计，印刷业在清末民初多为石印，以南院门、竹笆市、正学街一带为多，20世纪20年代末大规模之铅字印刷局设立渐多，除各报馆率多自备印刷机器外，以启新印书馆及文化服务社陕西分设规模最大。

表 2-7　民国十八年（1929 年）西安手工业生产情况一览表

业别	原料产地	原料名称	原料年需量	原料总价值（元）	产品名称	产品数量	产品总值（元）	销售市场
制伞业	西安、汉口	洋布	600 匹	600	伞	2200 把	4400	西大街
		竹	120 斤	540				
首帕业	西安	丝	4000 斤	4500	首帕	4500 匹	1800	桥梓口
		橡子	1500	300				
制鞋业	上海	丝布番布贡呢	6800 匹	7960	鞋	86000 双	12900	马坊门
粉胰业	西安	石膏碱	100 斤	40	粉	600 盒	780	城隍庙巷
		猪胰	100 个	10	胰	600 块		
铜业	西安	铜	4000 斤	1200	铜鼓	450 对	2290	广济街
					铜号	90 个		
					锁子	2000 个		
制箩业	西安	丝	50 斤	225	箩衣	500 匹	1572	西大街
					箩	120 个		
首饰业	西安	银	450 两	560	银首饰	450 两	600	钟楼南

---

① 陕西省银行经济研究室编：《西京市工业调查》，秦岭出版公司，民国二十九年，第85—86页，陕西省档案馆存。

续表

业别	原料产地	原料名称	原料年需量	原料总价值（元）	产品名称	产品数量	产品总值（元）	销售市场
熟皮业	西安	牛马驴骡皮	360张	4120	各种熟皮	560张	672	东大街
洋铁业	西安	煤油桶	4000个	1600	火炉茶壶饭碗饭锅	3200个	1600	院门巷口
编席业	长安县	苇	2000斤	200	席	2400张	2400	西安市
木工业	长安县	杨桐木	125丈	875	风匣	4500个	9000	西安市
合计				22730			38014	

资料来源：陕西省建设厅第一科统计股：《陕西建设统计报告第一期》（十六年至十八年合刊），民国十九年，陕西省档案馆存。

旧式皮坊多分布于东大街、北大街、糖坊街一带，有百数十家之多，年鞣制生皮约18万张。制造方法纯系手工，出品以农家所用皮件如皮绳、皮笼头、鞭梃、鞭鞘、旧式皮鞍为最多，至调查期间已经可以制造皮鞋底皮及皮带等。

铁匠业有百数十家，除小规模之铁匠业计有70余家外，以刀剪业最为出名，总计有20余家，多集中于南广济街，最著名的有"梅花张"，与杭州"张小泉"和北京"王麻子"齐名。主要分布在南广济街（16家）、北广济街、城隍庙内、西大街、新川心店、大麦市、西关正街等处。

铜器业有百数十家，以城隍庙内为最多，规模均小，除造铜壶、铜盆、铜罐、铜锅、铜号及其他零星铜器外，别无精良出品。由于受到搪瓷器皿的竞争，其发展受到一定影响。

而木工业总计有百数十家，其中以木器业规模较大，资力稍厚，有50余家，其余则为小本经营之木匠铺。木器业多分布于东、西木头市，当时东大街精业公司所制之卤漆家具最为驰名。[①]

从手工业在全面抗战前的发展情况来看，西安人口的增加、消费的增加，是其发展的一个原因；同时军需也刺激了手工业的发展以补充机器工业的不足。从其空间分布来看，这些手工业主要分布在旧城区范围，一方面是由于旧城区的手工业分布格局已经形

---

① 陕西省银行经济研究室编：《西京市工业调查》，秦岭出版公司，民国二十九年，第62—172页，陕西省档案馆存。

成，另一方面是由于这些手工业一般规模小，大多与居民生活相关，又往往是前店后居的形式，接近城市中心和居民较为集中的地方可以降低成本。因此，这些手工业分布显示其对于旧城的依赖性。

全面抗日战争爆发前，国民党实行"以国防为建设中心"的方案，拟议将西安作为陪都，西安军事工业得到一定发展，是近代机器工业发展的契机。民国十六年（1927年）11月，宋哲元将西安北马道巷面粉公司改为兵工厂，称陕西省机器制造局北厂。民国十八年（1929年），冯玉祥将河南省巩县兵工厂部分机器运到西安，并进行了扩充，将兵工厂改名为陕西机器厂。民国十九年（1930年），杨虎城率师回陕，对陕西省机器局进行改组，将冯玉祥时期各路军修械所改为6家工厂，统归机器局管理。同年，国民政府军政部命令将西安制造军火的一、二、三厂的专用机器调往华阴，与潼关、华阴的四、五、六厂合并为华阴兵工厂，陕西省机器局只管辖北厂（在西安北马道巷）、南厂（在西安南马道巷）和二厂（在西安梁家牌楼），有工人1500多名，机器200余台，主要生产七九步枪、勃朗宁机关枪、步枪子弹并修理枪械等。①

纺织工业方面，西安的现代机器纺织工业起步于民国二十四年（1935年）。民国二十五年（1936年）3月，石家庄大兴纺织公司第二厂在西安火车站北建成投产，有纱锭11960枚，织机320台，自备1000千瓦发电机组，是西安第一家大型机器棉纺织企业。8月，更名长安大华纺织厂。当年拥有纱锭1.2万枚，布机320台，资本100万元（当时币制，下同），职工760余人。至民国二十六年（1937年）又新购设备安装投产，拥有纱锭2.5万枚，布机820台，资本250万元。

在解放前的西安工业企业中，除长安大华纺织厂（今陕西第十一棉纺织厂）是中型企业外，其他工厂都属于小型企业。②该厂产品质量较好，盈利最多，在民国二十八年（1939年）盈利470万元，相当于陕西省财政收入的1/5。其采用资本主义的生产、经营、管理方式。③

这一时期，农业依旧稳定发展，但同时也经历了自然灾害的考验，对经济发展产生了较大的影响。民国十七年至二十一年（1928—1932年），西安连续5年遭受旱灾，

---

① 西安市地方志编纂委员会：《西安市志》第3卷《经济》（上），西安出版社，2003年，第547—548页。
② 西安市地方志编纂委员会：《西安市志》第3卷《经济》（上），西安出版社，2003年，第116页。
③ 西安市地方志编纂委员会：《西安市志》第3卷《经济》（上），西安出版社，2003年，第137页。

尤以民国十八年（1929年）为甚，饿殍遍野，满目萧肃，其间还有蝗、风、霜、水、疫（鼠疫、霍乱）等灾害，民生疾苦。为此，当局在该阶段主要采取了以下三个措施："一是组织农村信用消费及灌溉等合作社，推广示范农田。……二是推广棉花种植业。民国22年（1933年）以前，农民多种罂粟，种植棉花较少，民国23年（1934年）成立陕西棉产改进所，在高陵县库马桥村设立良种繁殖场，民国25年（1936年）推广种植良种四号斯字棉1160亩，德字棉1400亩，脱字棉1500亩，灵宝棉750亩，以后历年均有增加。三是推广小麦良种。"①由此西安农业经济开始逐渐恢复。

其中，在农业水利方面，因关中大旱，民国十九年（1930年）12月7日，李仪祉主持的引泾一期工程举行开工典礼，工程由张家山筑坝引水，设计灌溉泾阳、三原、高陵、临潼、醴泉5县农田60万亩。一期工程于民国二十一年（1932年）春建成，高陵、临潼、阎良受益。灌溉方面，陕西省建设厅三科在长安县杜曲镇寺坡村凿成西安市第一口自流井，井深55.6米。②林业方面，民国二十三年（1934年），在盩厔县建立西楼观林场。民国二十四年（1935年），又建立陕西省林务局草滩林场和临潼林场。③

（四）城乡灾情

这一时期旱灾、洪灾频发，同时伴随霍乱，对西安的社会经济发展产生了严重的社会影响。资料记载："1928—1931年，陕西连续干旱，六料未收，十室九空，饿殍遍野。"④"陕西全省从民国十七年起到是年冬止，三年不雨，六料未收，十室九空，饿殍遍野，为祸之惨，空前未有。"⑤

1929年，陕西全省大旱，关中尤甚，颗粒无收，灾情最重。陕西省赈务会在西安城内大差市、湘子庙街开办舍饭场，救济灾民。据记载，民国十七年（1928年），陕西自春至秋，滴雨未沾，井泉涸竭，泾、渭、汉、褒诸水平时皆通舟楫，此年夏间断流，车马可由河道通行。三道夏秋收成不到二成。赤野千里，树多赤身枯槁，遍野苍凉，不忍目睹。冬亢旱，麦未种，或种未出。民国十八年（1929年）陕西春夏之交，雨泽愆期，八、九月间天仍亢旱不雨，种麦又复失时，夏秋颗粒无收，赤野千里，青草毫无，树皮

---

① 西安市地方志编纂委员会：《西安市志》第3卷《经济》（上），西安出版社，2003年，第10页。
② 西安市地方志编纂委员会：《西安市志》第3卷《经济》（上），西安出版社，2003年，第677页。
③ 西安市地方志编纂委员会：《西安市志》第3卷《经济》（上），西安出版社，2003年，第708页。
④ 《陕西历史自然灾害简要纪实》编委会编：《陕西历史自然灾害简要纪实》，气象出版社，2002年，第9页。
⑤ 西安市地方志编纂委员会：《西安市志》第1卷《总类》，西安出版社，1996年，第351页。

草根食尽，死亡载道。

1933年，陕北、关中暴雨洪水灾害，相关记载称"是年8月，陕北的延河、无定河清涧河及泾、渭、洛、汾等支流的上游洪水峰高量大，给黄河中下游造成严重灾害。据统计，陕北、关中黄河流域受灾总面积12.8万平方千米，其中成灾8.5万平方千米，倒塌房屋万间，因灾死亡980人，牲畜死亡无数"，甚至还造成了临潼农田数百顷被淹，通往西安的公路被冲断。

民国二十一年（1932年）7月20日，霍乱在陕西地区流行，其缘由一是"中华民国十八年（1929）前后，陕西省连年遭旱、涝、虫、风等天灾袭击且兵灾匪患连年不绝，尸露城乡，无人掩埋管理，污染环境，滋生病原"；二是"广大农村缺医少药，民穷财尽，无力讲究卫生，平时不知预防、消灭病原等诸多因素，导致疫病暴发"。[1]

疫情开始由潼关传入以后蔓延至陕北、陕南及关中各县，死亡约10万人。特别是关中地区的疫情形势最为严峻。西安月余发病1311人，死亡937人。这次霍乱大流行历经4个多月，该年冬季始才渐消失。

三、城市建设规划情况

这一阶段，西安城市规划发展主要体现在以统治秩序为主导的"权力中心"规划理念的全面动摇。1927年前夕，长达8个月的围城之役（1926年）对西安城市造成很大破坏。次年，南京政府底定全国，国民政府从军政时期进入训政时期，直至西安被设立为陪都（1932年）之前，经历了较为连续的恢复和发展。其间，有两部相关政府文件：一是《陕西长安市市政建设计划》，二是《陕西省民国二十年建设事业计划大纲》。[2]此外，西京陪都时期的一系列规划文件的出台，使城市规划和建设管理水平有了较大的发展。

（一）《陕西长安市市政建设计划》（1927年）

该计划形成于民国围城之役次年，围城之役对城市造成很大破坏，"废宇颓垣，断桥残路，凑成一片蔓草荒烟"[3]，因此，当时急于解决的问题，是一些刻不容缓却又

---

[1] 《陕西历史自然灾害简要纪实》编委会编：《陕西历史自然灾害简要纪实》，气象出版社，2002年，第256页。
[2] 西安市档案馆编：《民国西北开发》，内部资料，2003年，第183页。
[3] 陕西省政府建设厅工程处：《陕西长安市市政建设计划》，见陕西省政府建设厅建设汇报编辑处：《建设汇报》，民国十六年。

"轻而易举并有一部分已为陕西建设厅实施者"。从其内容可以看到，它是一部涉及城市街道、市场道、公园、钟楼及鼓楼、拆城及修复城门楼、疏通阳沟、取缔零摊及招牌、设路牌、建筑民众厕亭等事务的较为完善和详细的城市近期市政建设计划，具体涉及与城市的市政基础设施、市容卫生以及城市环境建设有关的十二个方面的近期建设项目及措施。

民国十六年（1927年）11月由陕西省建设厅工程处提出的《陕西长安市市政建设计划》，是目前有据可考的、具有近代意义的较为完整的市政建设计划，也是近代西安的第一部规划文本。其内容不仅以满足城市社会生活需求为主旨，而且体现了一种朴素的人文思想的内涵，反映出了西安城市建设中的为市民服务的意识和观念，是近代西安城市规划与建设迈出的重要的一步，也是在西安本土形成的第一个针对城市的发展状况所做的计划，该文件在近代西安城市规划思想史上具有承前启后的重要现实意义。[①]

（二）《陕西省民国二十年建设事业计划大纲》（1931年）

该规划文件是在民国二十年（1931年）1月1日出台的，这一计划超出了西安市的建设范围，基于西北开发的趋势，内容主要是财政、交通、工艺、文化以及垦殖等方面的，也涉及一些重大项目在西安的设立等问题。

其出发点有三：第一，由于"陕省民困财穷，达于极点"，兴办"非有赖于中央之力"的建设事业，予以列出计划，包括建筑铁道、设立黄河大水电厂、整修黄渭航道、开采延长油矿等事宜。第二，范围较小的交通及实业进行积极计划和建设。第三，配合中央，提倡和奖励国内专家来陕考察研究，并奖励实业家来陕投资，提出一些切实可行的建设项目和计划，以利于陕西建设事业的进行。各项城市建设均"按陕省实在情形，斟酌拟定"，对于各个项目的时序采取了"按其收效迟速，利益大小以定实施之程序"，目的是"务于最短期间，以次推广，使百废俱兴，民生有赖"。[②]

前述两项规划文件，均为近期建设规划，但有所区别的是，前者是以西安的城市建设为中心，其范围划定在市区之内；而后者范围是在陕西省域，是以西安为核心的

---

① 任云英：《民国时期西安城市规划发展浅析》，见中国古都学会、郑州古都学会编：《中国古都研究》第21辑，三秦出版社，2007年。

② 西安市档案馆编：《民国开发西北》，内部资料，2003年，第183页。

区域发展计划。虽然《陕西长安市市政建设计划》是以整治城市物质环境和市政基础设施为首要，是对历史时期以来所形成的以反映统治秩序为主导的"权力中心"规划理念的全面动摇，但其与《陕西省民国二十年建设事业计划大纲》都对公共活动场所的修筑和市民服务方面予以了很多关注，并结合当时建设现状和管理实施条件进行了周密安排。①

（三）陪都时期的市政计划（1932—1941年）

季平《西京市区分划问题刍议》（1934年）从城市市区选定所应注意的技术问题入手，从交通、给水、排水、防灾以及城市拓展等方面进行了对比分析，明确了地形和交通条件为主的城市整体性分区原则，讲求满足居民的居住、工作等的需求，并进而提出了关于居住区、工业区、仓库（货栈）、商业区、政治区以及教育机构等的分级和分布的问题。此外，还对英国、美国以及日本的都市分区制度进行了阐述，结合西安的现状对各个分区进行了多方案的比较。其具备现代规划的内涵和实质，虽然仅为民间拟议，但内容具有很强的针对性和理论性。②

易俗社孙经天《西京市政建设计划之准则》（1934年）中包括五条规划准则，即"西京市不应西洋化""西京市政建设田园化""西京市政教育化""西京市民思想统制化""西京市政建设人才专家化"。内容主要涉及两方面：其一涉及城市精神方面的作用、社会公平以及城市膨胀和社会腐化等问题；其二是对于规划及其科学性质的认识，指出我国各繁华都市虽多创办市政，但"大抵限于筑路及其他工程而已"，提出市政建设和管理需要"专门市政人才之考选或征聘"为计划西京市政建设之首要问题。③

而《陕西省建设厅二十二年至二十四年行政计划（乙市政）》（1933—1935年），属于城市近期建设项目计划，是《陕西省建设厅二十二年至二十四年行政计划》的一部分，因"中央定西安为陪都"，其内容主要是针对西安的市政建设及实施时序的相关规定，涉及街路、排水、饮料（生活用水）、公共建筑之设备、公共娱乐场所之设备以及"培植园林期西安成为绿面风景城市"等六个方面。

---

① 西安市地方志编纂委员会：《西安市志》第5卷《政治军事》，西安出版社，2000年，第339—340页。
② 张复合主编：《中国近代建筑研究与保护》（5），清华大学出版社，2006年。
③ 张复合主编：《中国近代建筑研究与保护》（5），清华大学出版社，2006年。

（四）城市交通设施建设

在国民党南京政府成立后，西安逐步开始了有计划的建设活动，以市政建设计划和城市规划交织构成了近代西安城市规划建设活动的主体内容。

城市交通网络方面。首先，对外交通方面。以西安为中心的对外交通网络通而不畅，当时路面条件稍好的西兰公路"天晴还能勉强通车，雨天更是断绝交通"[1]。民国二十三年（1934年）4月27日，宋子文在西安民乐园欢迎大会的演讲词中说道："现在西安到兰州的土路，一遇大雨，便不能行，若雨势稍大，桥梁倾坏，计一年之中可以通行，实无几时，而旅程为期甚长，异常不便。"[2]

封建社会时期关中的四塞之固的军事防卫作用，在民国时期已经失去了在战争中的绝对优势。经济要素的流通受到极大限制，西安经济社会的发展也因此而缓慢前行。这一局面在陇海铁路伸展至西安后得到很大改善，使西安的近代工业有了新的起步。因此，从某种意义上说，外部道路交通条件的改善对西安城市空间结构的发展有至关重要的作用，它促进了西安近代工业发展格局的形成，也带动了地方商业经济和文化的进一步发展。而这一切都直接影响着各种新的功能要素在城市空间的重新分布以及新旧功能之间的演化过程。

随着对外交通方式的多样化，1933年，在西门外成立航空公司，开通了到上海、新疆、成都等地的空运。1934年12月27日，陇海铁路正式通车到西安，火车站设在城北，与正南方向的大雁塔遥遥相对。这一切都孕育了西安城市交通空间的多元发展的基础。陇海路通至西安，火车站的设立直接促成了尚仁路商业区的形成，对于城市空间发展具有重要的推动作用。同时，也使破败的满城区在新的交通条件下得以复兴，形成了工业、商业、行政管理、服务业、银行业等行业机构的趋集现象。

其次，对内交通方面。民国十七年（1928年），西安市政府将原满城范围划为新市区，并以满城原有道路为基础，经整治取舍、拓宽、取直、统一命名，形成棋盘式路网，合每个约50亩大小的30个街坊。省、市政府以工代赈，在中山门内路北修建民乐园。整修东、西、南、北四大街道，拆除石条路面，改筑碎石路面；拆除东、西、南、北城门外洞及城内街口门楼；修筑从北城墙到东大街的尚勤、尚俭、尚仁、尚德等四条

---

[1] 西安市档案馆编：《民国开发西北》，内部资料，2003年，第64页。
[2] 《边疆人物动态》，南京边疆事情社，1935年，第8页。

南北道路。①尚仁路为1953年编制的城市总体规划中以火车站遥对大雁塔的南北副轴线奠定了基础。尚仁路东、西两侧从北到南开辟了崇悌、崇忠、崇信、崇礼、崇义、崇廉、崇孝等8条东西向道路（即今东、西一路到东、西八路），其中的崇礼路（今东、西五路）为以后开辟城内东西向交通干道奠定了基础。还有尚爱路、尚朴路、东新街、南新街、西新街、北新街、新民街、案板街等，以及一些小巷。同时拍卖道路两侧的土地，在北新街和北大街一带，修建了一德庄、四皓庄、五福庄、六谷庄、七贤庄、通济坊等具有传统民居格局的新四合院和独院住宅。

交通工具的改变和交通方式的多样化，则使西安内部及其与外界的沟通联系方式较之前都有了很大的不同，尤其在铁路交通与航空线路开通后，西安城市对外的交通辐射范围扩大，交通时空距离缩短；对内则增强了西安城市各个功能空间之间的联系，改变了西安城市内部空间的肌理。

为了适应交通的发展需求，打破城墙围合带来的交通瓶颈，此阶段内相继增辟的新的城门，突破明以来的四门格局。民国十七年（1928年）前后和民国三十四年（1945年）前后，为了纪念孙中山、纪念冯玉祥率部解镇嵩军之围和东征，扩大城墙内外交通，相继开辟中山门（又名"小东门"）、玉祥门、中正门（今解放门）；抗战期间为纪念革命先烈井勿幕，一度将南四府街更名为井上将街，并将小南门改名为勿幕门（又名"井上将门"）。

至1938年时，西安城门共8座：城东门2座，北为中山门，南为东门；城北门2座，东为中正门，西为北门；城西门2座，北为玉祥门，南为西门；城南门2座，西为南四府街门，东为南门。后又增开了4个防空便门，民国时期城门的增辟，使历时550余年的四门格局从此变为12个。（见表2-8）

城郭的变化和城门的增辟，改变了晚清以来的城中城的四门格局，使西安城市内部人为的界墙划分消除，城市空间结构又趋于均衡状态，适应交通功能的整体性发展。可以看到，在其军事防御功能衰退后，明清时期所遗留下来的城墙的封闭性与交通发展的矛盾较为突出，城门的增辟一方面是对于城墙去留问题的折中方案，同时也体现了城市交通发展的需求，这里隐含市民生活的便捷和交通可达性需求以及经济发展的运输需求。可以想见，城市结构的均衡性与开放性趋势将逐渐成为城市发展的主旋律。

---

① 西安市地方志编纂委员会：《西安市志》第1卷《总类》，西安出版社，1996年，第90页。

表 2-8 民国时期西安城门增辟一览表

城门名称	所在城墙位置	临近街道	修建时间	开辟理由	结构形式
东门（长乐门）	东墙		明清		2个砖券门洞
西门（安定门）	西墙		明清		2个砖券门洞
南门（永宁门）	南墙		明清		2个砖券门洞
老北门（安远门）	北墙		明清		2个砖券门洞
中山门	东墙	东新街	1926年末	纪念孙中山	2个砖券门洞
玉祥门	西墙	玉祥门路	1928年	纪念冯玉祥	1个砖券门洞
勿幕门	南墙	南四府街南	抗战期间	纪念井勿幕	1个砖券门洞
防空便门（建国门）	南墙	建国路	抗战期间		木板支撑
防空便门	南墙	柏树林	抗战期间		木板支撑
中正门（今解放门）	北墙	尚仁路	抗战期间	以蒋介石字命名	2个砖券门洞
防空便门	北墙	西北三路	抗战期间		木板支撑
防空便门	北墙	崇礼路	抗战期间		木板支撑

资料来源：陕西省建设厅：《西安市分区及道路系统计划书》，民国三十六年，陕西省档案馆存；西安市城建系统编纂委员会编：《西安市城建系统志》，内部资料，2000年。

近代西安道路交通演变的特点就是适应汽车交通的城市道路网络及路面质量的改变。道路交通趋于秩序化，而这一时期城市道路的发展与政府的重视有着直接的关系。西安城市道路交通结构的一个突出特点，是以钟楼为中心的田字格为干路交通，以东、西、南、北四大街为主构架，街、巷道均依此四街而"列为羽状式"①。

在民国十六年（1927年）的《陕西长安市市政建设计划》中，当时西安城之主要街衢包括：骡马市街、端履门街、参府巷、饮马池、大差市街的东大街片区；古涝巷、竹笆市街、北院门大街、南广济街、北广济街、琉璃庙街、四府街、南桥梓口、北桥梓口的西大街片区；涝巷、东木头市、西木头市、马坊门街、粉巷、南院门大街、盐店街、大湘子庙街、小湘子庙街、太阳庙街为主的南大街片区；易俗街、东华门街、羊市街、西仓门街、二府街、红府街、王家巷、莲花池、梁府街、九府街、曹家巷、糖坊街为主的北大街片区。这些城市道路分干、支两种，以钟楼为中心；其东、南、西、北四大街

---

① 刘安国编著：《陕西交通挈要》，中华书局，民国十七年，第32页。

图 2-3 民国二十八年（1939年）西安城市平面示意图

资料来源：西安市市政建设工程委员会绘制：《西京市现有道路交通图》（图纸比例1:8000），陕西省省陆地测量局代印，西安市档案馆存。

为干道，其余皆属支道。

西京筹备委员会成立后，重视交通建设，对于城市道路交通网之规划及马路宽度、路面种类，早已分别有规定。但因"抗战军兴，为经费所限，未能按照原来规定如期进行；但主要干路，如各大街之修筑，以及原有街巷之改良，仍莫不尽先举办，以利交通。就交通繁盛之区，已铺碎石路面，其余僻静处所，惟尚有土路，亦随时添铺煤渣路面或碎砖路面。至环城马路，为便利防空计，早已提前筑成公路，已具雏形"①。

西安城市内部的道路等级划分较前期则更为完善，为甲、乙、丙、丁及通巷各等级。甲等路总宽为30米，路面宽20米，人行道各宽5米；乙等路总宽为20米，路面宽12米，人行道各宽4米；丙等路总宽为16米，路面宽10米，人行道各宽3米；丁等路总宽为10米，路面宽6米，人行道各宽2米；其他通巷一律规定为5米。②

东、西、南、北四大街和尚仁路、大差市路（今和平路）、东新街、崇礼路、玉祥门路、王家巷、莲寿坊、西北三路、老关庙街、洒金桥、北桥梓口、琉璃庙街、南北四府街等，以贯通各城门为交通干线，均定为甲等路。③城市道路系统仍然以钟楼为中心。道路路面形式分为碎石路、碎砖路、煤渣路、砌砖路和土路等，并不断修筑和改善已有道路路面宽度和材料以适应城市交通发展的需求。

随着城市汽车交通的发展，陇海铁路西展至西安后，北关新区得以发展，商业渐趋繁荣，因此，北关新区的道路也得到了修建，北关为小工业区，因陇海车站的存在，工商业呈现繁荣景象，于民国三十年（1941年）四月间辟筑东、西自强路8条，南、北抗战路9条，以及建国路8条，共长40余公里的土路。同时，由于陇海路贯穿东西，阻碍南北交通，西京筹备委员会拟在车站东、西两段辟筑隧道或交通煤渣路一条，以利交通。西京筹备委员会还将南郊的道路修筑纳入测量计划，进而加强四郊与城市的联系，利于战时疏散和新的郊区的发展。

城市道路是联系各个功能空间的重要渠道，日本著名建筑师丹下健三指出：如果不引入结构这个概念，就无法理解城市。可以说城市道路正是架构城市各功能关系的重要组成部分，不同的交通方式和不同的交通空间均导致城市结构的差异性。西安城市以贯

---

① 《西京规划》，见西安市档案局、西安市档案馆编：《筹建西京陪都档案史料选辑》，西北大学出版社，1994年，第130页。
② 吴宏岐：《西安历史地理研究》，西安地图出版社，2006年，第446页。
③ 西安市地方志编纂委员会：《西安市志》第2卷《城市基础设施》，西安出版社，2000年。

通城门为交通干线，实际上突破了四条大街作为主要干道的城市道路格局，这一改变正是关注了城内外之间的交通联系，也是实现城市空间开放性的重要措施。因此，交通方式和交通格局的这一改变，正体现出城市空间结构演变的动态性。

（五）城市新市区拓展

其一，城市用地外拓的先期建设类型及分布方面。早在辛亥革命前的光绪三十一年（1905年），陕西巡抚夏旹就在其奏章中提出："因地取材，因材制器，因器执工，因工谋利，使地无弃物，国无游民。于川招纸匠，于陇雇毯师，于闽觅漆工，分类传习。于西门外得地一区，筹款兴筑，俟厂屋落成，机器运到，工师齐集，即添募学徒，日省月试，而秦民不患贫矣！"①这是近代时期较早的筹建机器纺织工业的设想，选址于西门之外，但并未付诸实施。

此后，直至民国时期陇海铁路修通，一些工业企业在火车站附近设立，城市开始突破城垣向外围拓展，其中规模较大的是大华纺织厂、西京电厂、华丰纺织厂等一批重要的建设项目。市政府成立后，即编制《西安市政计划大纲》，呈报省政府批准。重点对新市区（原满城，即东大街以北、北大街以东整个城区的东北区域）的建设进行规划，计划开辟南北经路5道，东西纬路10道，东西小巷34条，并将新市区划为平均约50亩的街坊30个，全部占地3800亩。

自民国二十三年（1934年）西安市政建设委员会成立后，顺应城市空间的拓展方向，拓修城市道路，"遂将省城内各街道次第修辟，……廿八年，又在南城外计划经、纬各马路十余条，又在火车站北附近辟修自强路八条、抗战路九条、建国路九条，均已修成土路并接通北郊各公路及风景路，以利发展市外之新市区"②。在城市建设管理下，城市向南、北两个方向发展，由于火车站附近工厂相对集中，就业岗位亦较为集中，因此，北部成为城墙外围发展的活跃地区，并形成了相应的商业区域。

除车站北部得以发展之外，南郊也有一定的发展，"车站之北部工厂林立，日渐繁盛，并于卅年春辟筑抗战、建国、自强等路，而环城马路亦次第完成。南郊则均系住宅区域，因疏散、防空起见，于南城墙开辟防空便门，故交通更属便利"③。

---

① 〔清〕刘锦藻：《清朝续文献通考》卷三八三《实业六》，商务印书馆，1955年，第11305页。
② 《西京规划》，见西安市档案局、西安市档案馆编：《筹建西京陪都档案史料选辑》，西北大学出版社，1994年，第145页。
③ 《西京规划》，见西安市档案局、西安市档案馆编：《筹建西京陪都档案史料选辑》，西北大学出版社，1994年，第147页。

城市空间随着工业发展和防空需求逐渐向外围拓展，而城市外围的一些近郊城镇南有韦曲、太乙宫，北有草滩，也逐渐发展起来。在城市周围以点状分布于南北和东西的主要交通方向上。按城市新区的用地性质，主要分为商业区、工业区、居住区以及移民居住区等。在城市外围出现了两种增长趋势，一种是以城市为依托的蔓延发展趋势，另一种是借城市自身发展的溢出效应，形成了近郊的城镇点状发展的格局。

其二，城市园林绿化及公共游憩空间扩展。民国时期，园林类型有公园、寺庙园林、私家园林和民宅绿化等几种形式。这些园林的建设发展通常表现为两种趋势，一种是借助于城市外部的天然环境和野趣所形成的一些花园和遗迹，另一种是在城市内部利用已有的花园改建成公共花园。

民国时期，比较有名的郊外花园有位于陕西师范大学附近的瓦胡同村的宋家花园，它是陕西著名人士宋联奎的私人花园，一度"曾是人们郊游必涉之地，名气超过了当时城内的两个公园"。城市内部以南院东边的"亮宝楼"改建而成的民众教育馆，其内部有前后两个院：前院为博物馆，后改为中山图书馆；后院布置是公园形式，其中还有一个照相馆，可供游人留念。这是西安较早经营的城市公园。

到20世纪30年代时，"市内可以供人游息的公共园圃很少，但是一般的住户人家，院子里多种植着各种花木，以供观赏。丈把高的石榴树，一丈多的木槿花，在西京城内各住宅里，到处可以看见"[①]，反映了市民对于绿化游憩空间的需求。民国时期，西安城市公共游憩空间是在南京政府成立以后的建设中逐渐起步，并由城市内部公园的建设逐渐向郊外风景区扩展。

对于公共游憩空间的规划发展，则见之于民国时期的官方文件。民国较早时期将公园建设列入城市市政计划中的是《陕西长安市市政建设计划》（1927年），其对城内地区进行了分析，提出了公园建设及布点，基本得以实施。

"长安市中除南院图书馆（中山图书馆）一部分含有公园性质可资游览外，欲另求一市民公共娱乐之所，实不可得"。依据《陕西长安市市政建设计划》（1927年），将公园分为两类，一类为新建设公园，另一类为点缀天然公园。当时可作为公园用地的共6处。

---

① 倪锡英编：《西京》，南京出版社，2012年，第137页。

其一，革命纪念公园。其位红城之东，适当西安城东北隅，现为一片空地，故其四周街道之布置可将新旧二制镕为一炉，以便行人。

其二，南院门公园。该处空场东西宽41.25米，南北长120米，"拟拆去中间石道，筑环园道路，俾市民贸易之余，即可游园，围短花墙，墙内植树一行，南北两端则隔铁栅栏以壮观瞻，并开东西南北四门，以便游人，园之中心建纪念塔一座，四周殖时花，满地铺缘草，草中穿曲径，径旁置靠椅以为游人休息之所"。

其三，中山图书馆。中山图书馆为现有公园式之市民娱乐之处，"拟扩充之，使与省议会通，其地方面积既大，建筑物亦佳，略事整理即成正式公园矣"。

其四，西五台公园。西五台公园为天然公园，包括广仁寺、习武园以及西五台等处，并使与建设厅之桑园及面粉厂通，此一部分为长安市之唯一大公园，池塘丘壑之美均属天然，造林种草便成胜地。

其五，凤颠洞公园。此处亦有池塘丘壑之美，唯不若西五台公园之光大耳。

其六，下马陵公园。此处为古迹所在，地亦极空旷起伏之胜，复有草木以点缀之，亦天然公园之一。

这6处公园均分布在城市内部，后来城内还陆续建立了建国公园、革命公园、森林公园等。

（六）城市公共服务设施建设

从民国时期资料记载当时的主要机关和建筑来看，西安城市内部的空间功能要素已经发生质的改变：一是城市功能要素适应社会发展需求，结构渐趋合理，各种现代城市功能要素不断增加，新的要素不断出现，主要包括行政管理、商业金融、文化教育、医疗卫生、邮电通信、社会福利及同业公会等的团体组织。[①] 二是行政管理、实业发展和文化教育、医疗卫生、邮电通信等方面内部渐趋完善和自我调整的发展趋势。这一时期的主要变化因素是近代机器工业发展以及城市内部公共生活中心要素（行政、商业、文化娱乐、新闻出版、教育等）的进一步完善，居住空间、城市园林绿化空间、道路交通等要素的进一步发展，以及这些空间要素自身的分化过程。

伴随工业的发展，城市各种公共管理和公共生活功能趋于集中和逐渐强化。与城市

---

① 西安市地方志编纂委员会：《西安市志》第3卷《经济》（上），西安出版社，2003年，第87页。

发展密切相关的行政管理职能以鼓励创办实业为主,所设机构主要有实业厅、警察厅、自治筹备处等。一方面,从中央到地方政府决策层对于近代实业发展的开明态度与城市工业的发展态势是一致的;另一方面,对城市内部人口户籍等的管理直接影响到城市居住空间的层级结构关系,而警察厅、自治筹备处等正是对城乡基层社会组织管理直接发生作用的职能部门。

现代教育体制逐渐完备,建立了包括西北大学、师范学校、女子师范、中学、职业学校等各类型学校在内的适应近代城市社会的人才培养教育体系。同时,还设立有陕西图书馆、民俗讲演所等有利于提高市民素质的公共设施与场所。学校的类别以及社会文化设施的数量不断增加,逐渐形成了现代教育体系的构架。

金融商业方面,据民国资料统计,至1945年前西安的各类银行约有30家,钱号64家,有国营的中国银行、中央银行、交通银行、中国农民银行,有省属陕西省银行、上海金城等商营银行与银号。医疗卫生方面,这一时期全市至少有包括广仁医院、红十字会医院、同仁医院等在内的16所中、西医院。交通运输和邮电事业也有了发展的基础,有铁路、机场和航空线路以及对外公路交通,电政方面有了邮政总局、电报局等。

社会团体组织方面,出现了教育会、实业会、天足会、商务会和同业公会等社团组织,说明当时民间在教育、实业和商务等方面的同业组织以及行业组织的发展程度,也反映出当时社会渐趋开化的社会风气。这一时期除了晚清留下的外省会馆,还吸引聚集了不少关中各县会馆,说明西安作为中心城市与各县之间密切的横向联系。此外,西安城中还有一些保留下来的祠祀庙宇和基督教堂等。各种新的城市功能不断增加,且新旧事物共存。[①]

(七)城市化进程

民国时期围城之役,致使城市人口锐减,城市遭受空前的破坏,加之4年荒旱,导致"野无荒草"的荒凉景象。西安于1928年设市政府,并在满城废墟开辟新市区。而后,以西安为"陪都",并成立西京筹备委员会,对城市的改造和建设逐步开始,原有的以衙署为中心、庙坛以及神祀空间广泛分布的格局已经通过功能置换而逐渐改变,城市空间发展向实用、经济和人本化的方向趋近。

---

① 史红帅、吴宏岐:《西北重镇西安》,西安出版社,2007年。

国民政府时期，西安城市空间功能要素又有新的发展，从民国时期城市规划的出发点以及规划的内涵来看，其已经脱离了旧有的城市建设理念，体现出从官本位向"人本化"的转变：注重城市基础设施的改善与建设，关注城市卫生问题，提出相应的整治管理规定等，同时对城市建筑环境包括零售摊点、招牌以及行道树等方面提出设想。这一时期，是近代西安接受战争洗礼，城市建设、经营和组织管理等方面的转型时期，是西安城市理念从权力中心走向平民化、城市空间从权力结构向经济结构转化的一个时期。

总之，南京国民政府时期西安城市空间中新的功能要素不断产生，在城市功能要素和结构方面，已经超越了晚清时期的框架，而具有现代意义的包括交通、工业、教育、商业、文化、游憩等功能在内的城市空间功能要素。但总体上是新旧功能并存而又呈现出新功能不断增加和替代旧功能的过程和趋势，传统的城市空间职能分化和现代城市功能要素逐渐呈现聚合发展的趋势。

第四节
全面抗日战争时期：工业起步（1937—1945年）

这一时期，西安既是保卫大西北的门户，又是敌后抗日根据地与大后方联系的交通枢纽。1936年12月12日，爱国将领张学良、杨虎城在民族存亡的危急关头，以民族大义为重，毅然发动震惊中外的西安事变，向蒋介石实行兵谏，要求"停止内战，一致对外"。这种充满爱国热忱的浩然气概，振奋了全国人民救亡图存的民族精神。西安事变的和平解决，促进了第二次国共合作，为全民族团结抗日奠定了基础，使中国现代历史发生重大转折。① 此后，中国共产党地方组织和八路军驻西安办事处的工作人员团结各界抗日民主人士，输送成千上万爱国青年前往延安参加革命，转运和采购大批药品物资支援前线，为抗日战争胜利做出了重要贡献。在这个过程中，西安曾遭受到日军的多次空袭，对城市建设造成了很大影响，直至战后重建。因此，这一时期的城市规划与建设活动具有历史发展的局限性和时代特征。②

一、政治及军事情况

西安事变和平解决后，中国共产党在此设立了红军联络处，1937年9月，改为八路军驻西安办事处，旧址在西安市北新街七贤庄。1936—1946年间，中共中央曾在这里先后设立了秘密交通站、红军联络处和国民革命军第八路驻陕办事处。③ 国民革命军第八路驻陕办事处是中国共产党和八路军在国民党管辖区西安设立的公开办事机构，也是第二次国共合作的产物。七贤庄八路军办事处是全国所有的八路军、新四军办事处中成立

---

① 西安市地方志编纂委员会：《西安市志》第1卷《总类》，西安出版社，1996年，第12页。
② 任云英：《近代西安城市规划思想的发展——以1927—1947年民国档案资料为例》，载《陕西师范大学学报》（哲学社会科学版）2009年第5期，第105—112页。
③ 杨江华编著：《全国爱国主义教育基地·陕甘宁青新卷》，团结出版社，2013年。

最早、坚持时间最长、影响最大的办事机构。①

1935年10月，红军长征到达陕北，医疗器械和药品十分缺乏，周恩来指派在张学良身边工作的中国共产党联络代表刘鼎在西安设立秘密交通站。刘鼎考虑竣工不久正待出租的七贤庄距火车站较近，便于向延安运输物资，于是用200块银圆租下了七贤庄一号院，在德国牙医博士温奇·冯海伯牙科诊所的掩护下，秘密交通站开始了为延安采买、转运医疗器械和通讯器材的工作。与此同时，刘鼎还请地下工作人员涂作朝在一号院地下室安装了一台由电子管收音机改装的电台，担负秘密通讯任务，把中共中央的声音传播到全国各地。②

1936年西安事变和平解决后，秘密交通站改为半公开的红军联络处。1937年2月6日，中共代表周恩来等从张学良公馆迁回七贤庄一号院，正式成立红军联络处（又称"中国工农红军西北办事处"）。全面抗战时期为了争取国民党抗日，红军改编为国民革命军第八路军，红军联络处改为八路军驻陕办事处。③抗日战争胜利后，国民党发动全面内战，办事处被迫于1946年9月奉命撤回延安。新中国成立后，党和政府十分重视保护这处革命旧址，于1959年在此建立纪念馆，1988年被国务院公布为全国重点文物保护单位。

二、社会及民生状况

全面抗日战争时期，西安成为军需及民用物资生产供应的大后方，由于战争和交通因素的影响，客观上促进了人口流动与人口规模的增长，也带动了西安工业化的发展。

（一）人口概况

陇海铁路修通以前，西安市区人口仅有12万左右，陇海铁路西展至西安后，西安人口有较大幅度的增加。其后由于抗日战争期间，西安地处大后方，又被立为陪都，因此，在这期间西安的外来人口激增，各沦陷区来陕营业者数量甚多，大约增加3倍以上，可见，西安作为大后方要地在战争中所具有的商机潜力巨大。依据相关统计，西安市域人口在民国设市前后有较大增长，到1948年时已经增长至63万左右。④（见表2-9）

---

① 宣庆坤、赵子游编著：《中国人文之旅 西安》，安徽科学技术出版社，2016年。
② 中国延安干部学院编：《红色延安的故事：清正廉洁篇》，党建读物出版社，2016年。
③ 张礼智：《陕西博物馆百年史》（1909—2009），三秦出版社，2014年。
④ 史红帅、吴宏岐：《西北重镇西安》，西安出版社，2007年。

表 2-9　民国时期省会西安人口统计表

年份	辖区	户数合计	人/户	合计	男	女	增长率（%）
1929	5	23550	4.6	101548	71239	36078	0.00
1931	6	23694	4.9	118135	76794	41341	16.33
1932	—	24469	4.4	111628	70519	41109	-5.83
1935	—	32000	4.7	151500	93627	57873	35.72
1936	7	37172	5.6	213294	148814	64480	37.86
1937	7	32532	6.1	197257	136845	60412	-5.88
1938	7	46423	5.3	206477	127519	78958	24.90
1939	7	44835	5.1	230613	153628	76985	-6.40
1940	7	48055	4.7	223847	152788	71059	-2.90
1941	11	53525	4.7	251658	166990	84668	12.40
1943	11	78520	4.4	345429	216686	128743	37.30
1944	8	87124	4.5	392259	248374	143885	13.56
1945	12	106229	4.6	489779	295862	193917	31.20
1946	12	113420	4.8	549199	330017	219182	12.10
1947	12	121852	5.1	625309	380454	244855	13.90
1948	12	122619	5.1	630386	385820	244566	0.80

资料来源：西安市地方志编纂委员会：《西安市志》第1卷《总类》，西安出版社，1996年，第446页。

注：1929年总人数系减去普通户与特户重复计算的5769人后的合计。

从人口增长情况看，西安市人口在1935—1936年达到20万，在1945年前后达到50万。据此分析，在民国时期西安市人口从最初的规模达到20万人口规模用了大约25年，而从20万人口达到50万人口的大城市规模仅仅用了不到10年，这一增长过程实际上是从1940年开始的。因此，民国时期以陇海铁路的修通为第一次人口增长的高峰期。

全面抗日战争的爆发引发了人口的波动，北平、天津、上海、广州、武汉等大工业城市相继沦陷，沦陷区的人员、资金和技术不断流入，西安成为民用和军需生产供应的大后方，西安工业步入发展时期。因此，这一时期也是西安人口增长较快的阶段，总体呈上升趋势。而抗战后期西安设市后，西安市又跨越了一个门槛，具有中等城市发展规模，并且呈加速发展趋势，这一加速发展过程在1947年趋缓。

（二）经济状况

该阶段西安城市经济的主要驱动因素来源于工业的发展。而近代工业的发展有两个大的阶段。一是在陇海铁路西展至西安后，西安的近代工业起步，逐渐发展起来。二是全面抗日战争爆发后，民族工业内迁，充实了西安近代工业，使西安城市工业在短期内有所发展。

近代工业发展不同于传统手工业，其对于原材料、交通运输、厂房和生产工艺都有不同的要求，因此在工厂的选址方面不同于手工业对于旧城区的依赖性。近代工业的扩展使城市突破城垣发展，这是辛亥革命后，继城中城格局的改变后城市拓展的新的趋势，因此，其对城市空间结构产生了较大的影响，是近代工业发展促使城市空间转型发展的又一次突破性的改变。

表 2-10 1934—1940 年西安地方重要工业统计一览表

名称	时间	性质	地点	附注
西京机器修造厂	民国二十六年（1937 年）	机器修造	崇孝路	46 亩
西京机器厂	光绪年末	成立	南马道巷	19 亩
	民国二十年（1931 年）	机器修造		
	民国二十七年（1938 年）	今名		
西京电厂	民国二十二年（1933 年）	电气业	火车站东	33 亩
		办事处	尚德路	12 亩
西北电池厂	民国二十六年（1937 年）	电气业	香米园	20 亩
西安成丰面粉公司	民国二十四年（1935 年）	面粉业	玉祥门外	73 亩（扩）
西安华峰面粉公司	民国二十四年（1935 年）	面粉业	火车站北	25 亩
西安福记和合面粉公司	民国二十七年（1938 年）	面粉业	金家巷	迁
长安大华纺织厂	民国二十五年（1936 年）	纺织业	郭家圪台	200 亩
建设厅培华女校合办染织厂	民国二十六年（1937 年）	染织业	甜水井	—
西京毛织厂	民国二十九年（1940 年）	毛织业	崇义路	—
西安集成三酸厂	民国二十二年（1933 年）	化学工业	香米园	3.6 亩
西北化学制药厂	民国二十四年（1935 年）	化学制药业	崇礼路	20 余亩
西北化学制药厂酒精部		酒精业	崇礼路附厂内	—
西北化学制药厂玻璃部		玻璃业	崇礼路附厂内	—
西北化学制革厂	民国二十七年（1938 年）	制革业	崇耻路	5 亩
西安华西化学制药厂	民国二十八年（1939 年）	化学制药业	香米园	26 亩

续表

名称	时间	性质	地点	附注
大华纱厂酒精部	民国二十八年（1939年）	酒精业	大华纱厂东南角	—
军政部西北军用颜料制造厂	民国二十八年（1939年）	颜料及染料工业	东厅门	—
西安利秦工艺社机器漂染厂	民国二十三年（1934年）	洗染业	长乐坊山西会馆	—
新履股份有限公司	民国十二年（1923年）	制革业	中山门外（总厂）	—
			保吉巷（分厂）	
			南院门（营业部）	
			东大街（支店）	
陕西省战时物产调整处猪鬃厂	民国二十八年（1939年）	猪鬃业	尚德路	—
秦丰烟草股份有限公司	民国二十九年（1940年）	纸烟制造业	中正门外	30亩
中南火柴公司	民国二十五年（1936年）	火柴业	北梢关门内	迁自汴
益生造纸厂	民国二十八年（1939年）	造纸业	北关外	—
西北协兴造纸厂	民国二十七年（1938年）	造纸业	崇孝路	—
启新印书馆	民国二十二年（1933年）	印刷业	梁府街（迁北关）	8亩
中国文化服务社陕西分社	民国二十八年（1939年）	印刷业	北大街	10亩

资料来源：陕西省银行经济研究室编：《西京市工业调查》，秦岭出版公司，民国二十九年，陕西省档案馆存。

首先，工业基地建设方面。陇海铁路西展至西安是西安近代工业产业发展的重要契机。自1934年12月陇海铁路潼关至西安段通车，西安的近代工业发展进入了一个新的阶段。由于交通运输条件的改善，外省客商纷纷到西安经商办企业，本地人士也踊跃投资兴办各类企业。西北地区最早最大的纺织厂——大兴纺织公司第二厂（后改名长安大华纺织厂）和规模较大的机械化面粉厂——华峰、成丰2家面粉公司就是在此时期建成投产的。[①]

具体的，1935年建成西京电厂，装机总容量2875千瓦。1936年，建成大华纺织厂，装有纱机1.2万锭，布机320台，后改组为大华纺织公司。20世纪30年代，西安共有发电、纺织、面粉、火柴、制皂、烟草、机械等大小64家新式工厂，其中以大华纺织厂和西京电厂规模最大，其他多数实际是设备简陋，近似手工作坊的小工厂，大多分布在

---

① 郭海成：《陇海铁路与近代关中经济社会变迁》，西南交通大学出版社，2011年。

铁路北及城东北隅、东关一带。西安的近代工业获得发展，铁器工业有亚立（后改为中兴）、义聚泰、同发祥、德记等，大型机器纺织工业有大华纺织厂，大型机器面粉厂有华峰、成丰面粉公司等，此外还有西京电厂和西安集成三酸厂等。

据《西京市工业调查》，至1940年西安的工业以近代机器工业与手工业（包括传统手工业）为主，其中机器工业主要以纺织业、机器面粉业、化工业、化学制药业、机器业、电气业等为代表，自陇海铁路修通至西安后，西安地方工业有了初步的发展，其主要工厂分布和建设时期情况如下。（见表2-11）

表2-11 民国三十二年（1943年）5月底经济部核准陕西省登记工厂分类分布统计一览表

位置	面粉业	机器业	纺织业	制革业	化学业	玻璃业	印刷业	纸业	杂业类	火柴业	小计
东关	1	2	18	1	2				2	2	28
西关		2			1				1		4
南关			5	1							6
北关	1	2			1			1	1		6
中正门外		1	3						1		5
玉祥门外	1	1	1								3
新南门外		1							1		2
东大街		4		1							5
西大街		5					1				6
北大街		4									4
南大街				1							1
城东北隅		12	12	1	2	1	1	1	4		34
城东南隅	1	4	1			1			1		8
城西南隅		1	1	2							4
城西北隅		1	3	1	6	1	1				13
合计	4	40	44	8	12	3	4	2	10	2	129
占总数的%	3.1	31	34.1	6.2	9.3	2.34	3.1	1.55	7.76	1.55	100
备注	地址不详者已忽略不计，合计工厂129家										

资料来源：陕西省建设厅第四科工商股：经济部核准陕西省登记工厂分类统计总表（截至三十二年五月底），陕西省档案馆存，卷宗号：72-2-1180。

从表2-10中可以看出，西安新的工业企业在陇海铁路通至西安前后尤其是1938年前后成立的较多，其空间布局主要集中在城东北隅原满城一带，以及火车站以北和以东地区，城西则主要分布在香米园和玉祥门一带。而这一带是辛亥革命之后所形成的城市的废弃区域或者城市建设较为稀疏的地区。

其次，民族企业内迁方面。民国二十六年（1937年），全面抗日战争爆发以后，日本侵略军占领中国大片领土，沿海的民族工业，遭敌破坏或被敌占有，西安原来从省外、海外输入的物资，由于交通受阻，来源锐减；南京沦陷后，国民政府迁都重庆，无论军需或民用产品，均需在后方组织生产和供应，西安更成为军需、民品生产、运输供应的重要枢纽。在此形势下，沦陷区的资金、人员大量流入西安，兴办各类企业，使西安近代工业得到迅猛发展。[①]

外来迁入陕西的工厂大多分布在关中地区，而以西安最为集中。据民国时期档案资料统计，西安各个行业的分布有两种倾向，一是依托旧城区的布局，二是在城市新区的发展包括在城市内部的残破区域和城市外围新的拓展地区。

从表2-11中可以看出，在近代西安工业中以纺织业、机器业、化学工业和制革业为主，所占比例较大，合计占1943年经济部核准统计厂家的80.6%，其中又以纺织业和机器业比例较大，占据统计厂家的65.1%。从表中所显示的各个工厂的分布来看，纺织业主要分布在东关和原满城所形成的东北隅残破区域，接近火车站和东关方向的区位；机器业主要分布在城的东北隅原满城区，东、西、北三条大街以及东南隅则有少数厂家的集中分布；化学业主要分布在城的西北隅香米园一带；制革业在城的西南隅相对较多，但整体上呈零散分布。总的说来，工业的分布以东关和城东北隅原满城区为主，而东北隅原满城区的工业分布靠近中正门一带，同时在北关和中正门外相对集中，尤其是以大华纺织厂（资金600万）、华峰面粉公司（资金60万）、西京电厂（资金100万）为主的大型工厂的聚集，玉祥门外有成丰面粉公司（资金近76万）。

从总体上看，近代西安工业布局呈现两种趋向：一是于火车站、香米园及城市东北隅和东关的相对集中布局，而香米园以化学工业为主，火车站北附近以大型工厂为主，东关以纺织业为主，原满城区则不仅相对集中了纺织、机器和杂业等，而且各种工业均有分布，是一个工业相对综合的分布区域。二是各种相关产业布局又呈现分散化的特点，玻璃、印刷、制革业相对分散在各条街道，体现出工业布局的交通导向性特征和初

[①] 西安市地方志编纂委员会：《西安市志》第3卷《经济》（上），西安出版社，2003年，第87页。

期发展的无序状态,从而导致尚未形成同类工业聚集和上下游工业有序布局的局面。这是近代西安社会转型时期的过渡发展过程中城市工业布局的特点。①

(三)产业发展

据《西京市工业调查》记载,当时共有工业企业(有动力设备,使用机器生产)46家,资本总额907.6万元(法币),主要行业有纺织、面粉、机械、电力、化工、造纸、印刷、烟草、制革、建筑材料等。其中纺织和面粉2个行业占全部资本总额的50%以上。另有手工织布、毛巾线织、手工制革、服装、手工铁器、木工、竹器等25个行业的手工业作坊千余家。②

表2-12 民国二十九年(1940年)西安市工业行业结构表

工业类型	企业数量(家)	比重(%)	资金总额(万元,法币)	比重(%)
电力工业	1	2.2	100	11
机械工业	8	17.4	31.2	3.4
化学工业	8	17.4	83.9	9.2
建材工业	1	2.2	8	0.9
纺织工业	3	6.5	311.2	34.3
制革工业	9	19.6	44.1	4.9
面粉工业	6	13	152	16.7
烟草工业	1	2.2	100	11
印刷工业	2	4.3	28	3.1
造纸工业	2	4.3	37	4.1
其他工业	5	10.9	12.2	1.4
合计	46	100	907.6	100

资料来源:西安市地方志编纂委员会:《西安市志》第3卷《经济》(上),西安出版社,1996年,第109页。

西安的近现代工业,自清末到民国二十三年(1934年)发展缓慢,手工业居主导地位。民国二十三年(1934年)以后,由于陇海铁路通车到西安,近代工业始有较快发展,尤其是在全面抗日战争时期,因部分沿海企业内迁,资金流入西安,西安近现

---

① 朱士光主编:《中国八大古都》,人民出版社,2007年。
② 西安市地方志编纂委员会:《西安市志》第3卷《经济》(上),西安出版社,2003年,第108页。

代工业开始兴起。[①]

首先,西安近代机器工业在陇海铁路修通至西安前后逐渐发展。全面抗日战争爆发后,西安成为抗日大后方。应战时需要,部分工业逐渐发展起来,包括机械工业、纺织工业、面粉加工业、化学工业、医药工业以及手工工业等行业在1937年前后逐渐设立。其中西安市机器铁工业由以修造为主转向以制造为主,生产技术水平位于当时全国前列。[②]

表2-13 民国时期各行业工厂初设情况一览表

工业类型		建立时间	工厂名称	备注
机械工业	汽车工业	1922	长潼汽车公司汽车修理厂	汽车维修
		1924	西安汽车装配厂	装配汽车
		1927	私营俊记汽车修理厂	—
		1930	十七路军汽车修理厂	西北最大的汽车修理厂
	农业机械	1923	西安庆泰铁工厂	脚踏轧花机
	电力机械	1937	西安永美机器铁工厂	电动机零件
	机床工业			机床生产
	仪器仪表	1942	陕西企业公司机器厂	教学仪器
	重型矿山机械	1937	陕西省机器局	钻探机具
	铁路机械	1937	三桥车辆厂	徐州机修厂和开封工务段迁入
	石化及通用机械	1933	陕西省机器局	1937—1940年转为民用机械产品,小型印刷机制革机水泵造纸机压力机引风机等
纺织工业	机器纺织	1936	长安大华纺织厂	
轻工业	机器面粉工业	1935年1月	成丰面粉公司	玉祥门外
		1935年2月	华峰面粉公司	火车站北
	日用品化学工业	火柴 1927	协和火柴厂	火柴
		肥皂 1935	天津造胰厂分厂	肥皂
		电池 1937	西北电池厂	
		化妆品 1934	(小批量生产)	雪花膏胭脂口红粉扑
	印刷	1923	(石印作坊)	南院门竹笆市正学街
	造纸	1938	西北协兴造纸厂	西北地区最早的造纸企业
	玻璃	1935	襄明玻璃厂	糖坊街
	机器烟草	1940	秦丰烟草公司	中正门外

---

① 西安市地方志编纂委员会:《西安市志》第3卷《经济》(上),西安出版社,2003年,第108页。
② 西安市地方志编纂委员会:《西安市志》第3卷《经济》(上),西安出版社,2003年,第143页。

续表

工业类型			建立时间	工厂名称	备注
化学工业	无机化工	酸	1933	西安集成三酸厂	香米园
		碱	1942	西安富华化学公司	纯碱
		无机盐	40年代	西安元明粉厂	无水芒硝
医药工业	化学制药业		1923	关中制药社	
			1935	西北化学制药厂	股份有限公司

资料来源：陕西省银行经济研究室编：《西京市工业调查》，秦岭出版公司，民国二十九年，陕西省档案馆存。

1935—1942年间，西安共兴建各类工业企业79家，包括机器工业39家，化学工业8家，医药工业7家，机器纺织业8家，机器面粉业6家，机器制革业6家，火柴业1家，机器造纸业2家，机器烟草业1家，电力工业1家。投资总额约1177万元（法币），其中机器工业和机器纺织工业合计占50%以上，化学、面粉、电力工业各占8%~9%。职工总数约8200人，其中机器工业和机器纺织业合计占70%以上。① 除官办的和官商合办的有2家外，其余都是私人独资、合资、集资开办的民族资本主义工业。②

西安现代机械工业源于军械制造。清同治八年（1869年），西安机器局成立，生产洋枪、铜火帽等；19世纪末20世纪初，西安还建立陕西省机器制造局、陕西火药局等。民国十二年（1923年），山西人白占鳌在西安设立庆泰铁工厂，专事生产轧花机，为西安农业机械生产的开端。③ 民国二十三年（1934年）陇海铁路延至西安后，西安的机器制造、纺织、面粉、印刷、榨油、砖瓦等工业随之而兴。民国二十四年（1935年），从江苏、河北、河南等地先后迁至西安的机器铁工厂有华兴厚铁工厂、亚立铁工厂、义聚泰铁工厂、育德铁工厂、集成三酸铁工厂；民国二十六年（1937年），又内迁永美机器铁工厂、德记铁工厂、西京机器修造厂等。先后共迁来西安职工416人，资本8.5亿元（当时币制），机床160台，动力250马力。④ 各企业生产的工业产品基本上都在西安和陕西其他地区销售，少量产品（如棉布）销往西北各省。产品质量较好的企业有西京机器厂（原陕西省机器制造局）和大华纺织厂。到民国三十二年（1943年），西安机械生

---

① 西安市地方志编纂委员会：《西安市志》第3卷《经济》（上），西安出版社，2003年，第87页。
② 任云英：《近代西安城市空间结构演变研究（1840—1949）》，陕西师范大学2005年博士学位论文，第222页。
③ 西安市地方志编纂委员会：《西安市志》第3卷《经济》（上），西安出版社，2003年，第143页。
④ 西安市地方志编纂委员会：《西安市志》第3卷《经济》（上），西安出版社，2003年，第143页。

产厂累计发展到57家，占陕西全省机器铁工业厂数的82.6%，职工总数4000人，投资额570万元（当时币制）。①

自民国三十三年（1944年）起，由于国民政府当时经济政策如各种管制、苛捐杂税、通货膨胀等的弊端，刚刚兴起的西安机器铁工业渐趋萎缩。至西安解放前夕，市区只留下西京机器修造厂等9家机器铁工厂，职工511人，资本36万元（当时币制），动力180马力。②

机器工业发展的同时，民国时期城市手工业也得到不同程度的发展，在城市中传统手工业与现代机器工业并存。西安的机器棉纺织业在陕西省乃至西北地区都处于举足轻重的地位。据资料统计，民国二十七年（1938年）共拥有4.6万余枚纱锭、840台布机和4000余名职工。至1949年5月西安解放时，大小棉纺织企业共拥有纱锭3.65万枚、布机812台，占全省纱锭10余万枚的36.5%和布机1456台的55.8%。③其中，大华纺织厂抓住抗战后的市场机遇，不断增加投资，扩充设备。至民国二十七年拥有纱锭4.6万枚，线锭1120枚，布机820台，职工3950人，民国二十八年（1939年）资本总额增至600万元，民国三十五年（1946年）最高达到1500万元，与建厂初期相比有较大发展。但在1939—1941年遭受了3次日本飞机轰炸和1942年一场殃及全厂的火灾事故后，大华纺织厂整体损失惨重。民国二十九年（1940年），该厂将炸毁的2万余枚纱锭修复，1万枚运至四川广元建立分厂，并更名为大华纺织公司秦厂。此后，其实际生产能力再未达到民国二十七年的水平。民国三十五年7月，大华纺织公司秦厂登记有纱锭1.8万枚，布机400台。④

西安的机器棉纺织企业在此期间还先后建立了8家小厂，即民国二十六年（1937年）建立的民生纺织厂，民国三十二年（1943年）建立的宏丰纺织厂，民国三十四年（1945年）建立的华兴毛棉纺织厂、裕民纺织厂和中兴纺织公司，民国三十六年（1947年）建立的长安纺织厂、大恒纺织厂，民国三十七年（1948年）建立的东华纺织漂染厂。这些工厂规模较大的有一两千纱锭、二三十台布机，规模小的有三四百或七八百纱锭、十几台布机，整体规模都不大。另有几家更小的纺织厂，如於勤纱厂、大成纱厂、自成纱厂和福中工厂等，各有纱锭三四百枚，布机十数台，它们皆于抗日战争结束后

---

① 西安市地方志编纂委员会：《西安市志》第3卷《经济》（上），西安出版社，2003年，第143页。
② 西安市地方志编纂委员会：《西安市志》第3卷《经济》（上），西安出版社，2003年，第143页。
③ 西安市地方志编纂委员会：《西安市志》第3卷《经济》（上），西安出版社，2003年，第250页。
④ 西安市地方志编纂委员会：《西安市志》第3卷《经济》（上），西安出版社，2003年，第250页。

停业。①

传统手工业在这一阶段仍有较大发展,民国二十七年(1938年)11月12日,长乐坊服装生产合作社成立,这是西安最早的手工业合作社。②据民国二十九年(1940年)调查,全市手工业涵盖23个行业,1270多家,从业人员9490人。同时还出现手工业合作社这一新型组织形式。据《西京市工业调查》,截至1940年,西安近代手工业主要包括烛皂业、颜料及燃料工业、洗染业、玻璃业、制革业、猪鬃业、纸烟制造业、火柴业、造纸业、印刷业、服装业、纽扣业、手工铁器业、铜器业、洋铁白铁业、木工业、竹器业、伞店业、针篦业、证章制造业、制箱业、制毡业、纸盒纸花及纸札业、笼篓业、罗底业、麻绳业等26个手工行业,共960多家。

据初步统计,各类手工行业及其在城市内部的分布,以城市西北隅手工业为多,其次为城市西南隅、东大街一线,这三处的手工业数量占到总数量的51%。其余则在东关、西大街、南大街、北大街、东北隅、东南隅呈相对均衡分布,呈现出一定的规律性:首先是四个关城中,以东关手工业分布较多;其次是四条大街除东大街外,以西大街、南院门区域分布相对较多;再次是城市东南隅、东北隅相对于西南隅、西北隅分布较少。总体上,手工业的空间分布呈现出由传统商业区域向东大街沿线地带发展的趋势,同时,原来作为军事堡垒的满城和南城在破败后,随着民国时期的恢复,手工业逐渐发展。(见表2-14)

表2-14 民国时期西安各类手工业分布统计一览表

位置	织布厂	毛巾厂	洗染业	西服业	制革业	皮坊业	印刷业	服装业	纽扣业	铁匠业	铜匠业	洋铁业	木工业	竹器业	伞店业	针篦业	证章业	电焊业	制箱业	制毡业	纸盒	箩笼业	麻绳业	小计
东关	15	5	2			2	1	8			1	2		12							1		1	50
西关						1				1	1	1												4
南关						2		1														1		4
北关						1					1										2			4
南院门		2	1		10		2	21		7								4						47

① 西安市地方志编纂委员会:《西安市志》第3卷《经济》(上),西安出版社,2003年,第250页。
② 西安市地方志编纂委员会:《西安市志》第1卷《总类》,西安出版社,1996年,第107页。

续表

位置	织布厂	毛巾厂	洗染业	西服业	制革业	皮坊业	印刷业	服装业	纽扣业	铁匠业	铜匠业	洋铁业	木工业	竹器业	伞店业	针篦业	证章业	电焊业	制箱业	制毡业	纸盒业	箩笼业	麻绳业	小计
琉璃庙		2																						2
鼓楼																								
竹笆市			1	2	2	1	1	1	5		3	1		17		1		3		1	2	2		43
东大街			6	10	6	13	8	34	1		5	20	2	2	1	1	2	2	3			3	6	125
西大街	1	2		1		1	4		1		13	6		11	7	1		1			1		3	53
南大街				8		1	11	3	1		2	1	2			1	1	1		5			3	40
北大街			1	1		5	3	5				7	4	1				4		1		9		41
东北隅	7		5		1		3	1				5						1		18		2		43
西北隅	5		8		9	19	2	11	5	3		57	7		2	1	11	1		1	6	2		150
西南隅	7		5		3	27	6	1	17		6	14	25	1		4				7	2	1		129
东南隅	3		2			9	4	1	6			5	5	2					6	5		1		49
城外	6																			5				11
合计	44	12	32	21	31	58	63	97	16	22	95	70	38	37	13	20	10	3	17	6	51	19	20	795

资料来源：陕西省银行经济研究室编：《西京市工业调查》，秦岭出版公司，民国二十九年，陕西省档案馆存。

军事工业方面，全面抗日战争爆发后，国民政府在西安成立陕西第一兵工厂，下辖机器厂、枪弹厂、炸弹厂、物料库、检验室等，有工人、职员官佐共1173人，机器设备400多台。民国二十六年（1937年）9月3日，国民政府军政部兵工署驻西安办事处成立，地址在西安柴家什字31号。民国二十八年（1939年）3月1日，改称兵工署驻西北办事处。抗日战争胜利后，调整兵工厂布局，主要兵工厂外迁，在西安新设兵工署第四储备库、西北林场管理处等单位。①

农业发展方面，首先，推广小麦良种是这一时期西安当局对农业恢复发展采取的一个重要措施。推广"陕农7号"及"蚂蚱""蓝芒"等3种小麦良种，良种小麦推广面积，民国二十八年为1.7万亩，民国二十九年（1940年）为18万亩。其次，在长安、鄠县、蓝田等县推广增种籼稻及马铃薯、豌豆等杂粮的优良品种。另外，在防治农作物方面采取了若干措施，并且禁种罂粟，从而促进了农业发展。②

西安市水土治理工作始于民国时期。民国三十年（1941年），国民政府林业部在盩厔县马召镇成立秦岭国有林管理处，同年，黄河水利委员会在荆峪沟口高桥镇设立西安历史上第一个水土保持试验站。民国三十二年（1943年），蒋德麒提出在关中水土保持实验区内，由实验区与六马沟农民合作，按等高级改建宽埂梯田1万亩。民国三十四年（1945年）由黄河水利委员会批准在荆峪沟左岸孟村乡的干沟上，修建小型留淤坝1座。③

林业方面，民国二十六年，在长安县太乙宫建立南山森林公园。民国三十年在秦岭国有林管理处，下设两个工作站，管理盩厔、佛坪、宁陕、凤县等地国有林，并开展清理林权、勘察林场、开辟苗圃、训练林警等工作。总体而言，民国时期，各林场开展了植树造林，民众植树有所发展，但规模不大，成活率不高。总株数不足200万，面积不足5万亩。④

（四）战争影响

抗战期间，西安作为全国战略后方的桥头堡，其扼控甘、凉，稳定川、鄂和连通豫、晋的军事战略地位，使西安成为日军的重点空袭城市，这对西安造成历史以来最为严重的破坏。

自1937年7月7日抗日战争全面开始后，于同年9月起，日军飞机频频飞临西安上空，从事侦察活动。1937年11月7日，日军首先轰炸潼关县城，6天后开始轰炸西安，一

---

① 西安市地方志编纂委员会：《西安市志》第3卷《经济》（上），西安出版社，2003年，第548页。
② 西安市地方志编纂委员会：《西安市志》第3卷《经济》（上），西安出版社，2003年，第10—11页。
③ 西安市地方志编纂委员会：《西安市志》第3卷《经济》（上），西安出版社，2003年，第701页。
④ 西安市地方志编纂委员会：《西安市志》第3卷《经济》（上），西安出版社，2003年，第708页。

直到1945年1月4日最后轰炸安康为止，轰炸延续时间共7年1个月零28天。① 轰炸的重点为西安、宝鸡、延安、汉中、潼关等地，范围遍及全省55个市、县、镇。日本陆军航空队在山西运城机场建立中心基地后，对西安的空袭活动更加频繁和猖狂。日机频繁袭击，狂轰滥炸，给西安人民造成无数灾难和极其严重的后果。②

从空袭的次数看，全省共遭日机空袭567次，其中西安145次，居全省第一位。从飞机架次看，轰炸全省的日机共3789架次，其中西安1106架次。从死伤人数看，全省共死伤10073人，其中西安2489人，居全省第二位；其中一次死伤在百人者，多达6次。从毁坏房屋看，全省共毁房43825间，其中西安为6783间，居全省第三。

日军对西安的轰炸不分军事设施与否，对火车站等交通设施甚至平民区狂轰滥炸。其中轰炸地点有记载的如：西安车站一带、西安城西北隅回民居住区，炸毁车皮6辆，路轨数段，回民居住区内部4座清真寺被炸，炸死炸伤160多人，炸毁房屋150多间。炸塌西大街桥梓口防空洞洞口，千余平民被活活闷死在洞内，这是抗战时期西安最大的一次惨案。③ 轰炸钟楼以北至易俗社剧院等地区，造成建筑物全部化为废墟。被炸地区还有城区东大街、莲湖公园，以及东木头市、西大街、糖坊街、土地庙什字、大麦市、桥梓口等处。东大街从大差市口到北柳巷口，长达1千米的商业区内大火熊熊。④ 悬挂着意大利旗帜的土地庙什字街天主教堂和糖坊街天主教堂北堂也均被炸毁。⑤ 西京电厂、大华纺织厂遭投弹50枚，致纺织厂全部被炸毁，死伤40余人，烧毁棉花2.5万担，经济损失236万元（法币）⑥；民国三十年（1941年）12月2日晨，日机再次偷袭大华纺织厂，投燃烧弹4枚，该厂棉花仓库被彻底焚毁，损失棉花1465包，损失折价达100多万元（法币）。⑦

自民国二十六年（1937年）11月13日起，直到民国三十三年（1944年）12月4日，日机轰炸西安累计145次（约占全面抗战期间陕西全省遭轰炸总次数的25.6%），出动日机累计1106架次（约占日机轰炸陕西全省出动总架次数的35%），投掷各类炸

---

① 肖银章、刘春兰编著：《抗战期间日本飞机轰炸陕西实录》，陕西师范大学出版社，1996年，第6页。
② 西安市地方志编纂委员会：《西安市志》第5卷《政治军事》，西安出版社，2000年，第859页。
③ 西安市地方志编纂委员会：《西安市志》第1卷《总类》，西安出版社，1996年，第108页。
④ 肖银章、刘春兰编著：《抗战期间日本飞机轰炸陕西实录》，陕西师范大学出版社，1996年，第19页。
⑤ 西安市军事志编纂委员会编：《西安市军事志》，三秦出版社，2003年。
⑥ 西安市地方志编纂委员会：《西安市志》第1卷《总类》，西安出版社，1996年，第109页。
⑦ 西安市军事志编纂委员会编：《西安市军事志》，三秦出版社，2003年。

弹累计3440枚以上（约占日机在陕西全省投弹总数的25.3%），西安因空袭轰炸而致伤致亡人数累计达3489人以上（其中致死2244人以上，约占陕西全省因轰炸致死总人数的51.8%），炸毁房屋累计6781间以上（约占陕西全省被毁房屋总数的15.5%）。[①]（见表2-15）

表2-15　全面抗战期间日军空袭西安及造成损失统计表

时间	空袭次数	日机架数	投弹枚数	致死人数	致伤人数	毁房间数
民国二十六年（1937年）	6	36	105	0	4	128
民国二十七年（1938年）	26	245	586	166	198	368
民国二十八年（1939年）	42	463	1147	1437	655	2403
民国二十九年（1940年）	10	98	625	479	304	1922
民国三十年（1941年）	31	169	707	141	39	1592
民国三十一年（1942年）	4	7	8	1	1	30
民国三十二年（1943年）	0	0	0	0	0	0
民年三十三年（1944年）	26	88	262	20	44	338
合计	145	1106	3440	2244	1245	6781

资料来源：西安市地方志编纂委员会：《西安市志》第5卷《政治军事》，西安出版社，2000年，第861页。

为了躲避日军空袭，一些市民自发在城墙修筑防空避难设施。1940年12月22日，省防空司令部为了保障空袭时市民的安全，决定增筑城墙公共防空洞，沿城墙一周，共建625个洞口，总长5100.3米，洞高1.5米，宽3.1米，洞壁全部用砖衬砌，施工历时1年才完成。这一工程也对城墙墙体的安全性有所影响。因此，西安近代化发展过程中夹杂着经历战争的破坏历史。[②]

[①] 西安市地方志编纂委员会：《西安市志》第5卷《政治军事》，西安出版社，2000年，第859—861页。
[②] 陕西省地方志编纂委员会：《陕西省志》第59卷《军事志》（下），西安出版社，2000年。

三、城市规划与建设管理

这一阶段形成了西安第一部具有近代意义的都市计划文件,将近现代西安城市规划思想发展推进了重要一步,在城市功能分区、道路系统建设、城市园林绿化及公共空间的建设以及公共服务设施的布局及建设等方面,为后来的城市规划建设提供了思想准备和经验积累。

(一)陪都时期的都市计划(1932—1941年)

首先,《西京市分区计划说明》(1937年)这一方案是《西京规划》的前奏,因此,可以说《西京规划》于这一时期已经展开,但其后抗日战争的全面爆发,使当时的工作重点转移到后方工业基地建立以及民族工业内迁等方面,所以《西京规划》的延迟是有历史原因的。

民国二十六年(1937年)3月24日西京市区计划第一次会议召开,会议确定:西京市区范围根据中央政治会议决议案,以西京市之区域为范围,即东至灞桥、南至终南山、西至沣水、北至渭水。同时将西京市区拟定为文化古迹区、行政区、工业区、商业区、农业区、风景区等6区。[①]由于文化古迹分布较为普遍,因此规定工业区与文化古迹区应严定界限。所定各区土地分为限制使用区和自由使用区,在行政、工业、商业、农业、风景等5区内凡有古迹者,均限制其他使用。[②]

《西京市分区计划说明》,明确了各个功能分区的用地范围。文化古迹区,为历代文化遗迹所在,包括汉长安城、隋唐长安城以及太液池、阿房宫、镐池、昆明池、含元殿、丹凤门、大雁塔、唐曲江池等。行政区在西安城南凤栖原。商业区在旧城区。工业区在车站之北郊。农业区在南郊神禾原、子午镇一带,即东临沣河、西濒大峪河、北滨潏河、南至终南山脚的区域。风景区为终南山一带,"自户县东南圭峰山,入境至蓝田县西南终止,占长安南界之全部,东西约长八十余里",包括"清华、翠微、五台、翠华等山"。[③]

虽然,这次规划最终并未实现,但其作为官方意志的体现,在城市建设和发展中具有积极意义。这是首次在官方的规划文件中,将行政区、工业区、农业区、商业区和

---

① 《西京市分区计划说明》,见西安市档案局、西安市档案馆编:《筹建西京陪都档案史料选辑》,西北大学出版社,1994年,第94页。

② 郭文毅、吴宏岐:《抗战时期陪都西京3种规划方案的比较研究》,载《西北大学学报》(自然科学版)2002年第5期。

③ 《西京市分区计划说明》,见西安市档案局、西安市档案馆编:《筹建西京陪都档案史料选辑》,西北大学出版社,1994年,第95页。

风景区等从功能上明确区分开来。同时，行政区位于凤栖原，完全有别于城垣内行政区的设立，对于原有的城市结构可以说是颠覆性的改变。而且这一功能分区规划完全是以城市未来发展的合理性为依据和指导思想的，体现了对于城市工业发展与交通关系的认识，同时以终南山为风景区，将终南山地貌单元作为一个整体，延续了历史以来对于终南山的认识，对于终南山的整体发展具有积极意义。这次规划完全打破了以礼制、宗法和王权为指南的传统城市布局思想的桎梏，因此，关于城市功能分区的文件内容，是西安城市建设近代化的一个重要体现。

其次，《农村建设计划大纲》（1939年）作为西京规划的一个组成部分，"将西京城四郊之农村加以建设或改进，俾能繁荣扩张，成为西京新的建设之一部工作"。它是针对农村试点改造的规划文件。

《西京规划》（1941年）和《西京市分区计划说明》（1937年）是有着承接关系的两份规划文件。《西京规划》全文共分四章，第一章为"西京沿革"，第二章为"市区现况"，第三章为"计划区域"，第四章为"分区使用"。主要对西京城市发展沿革、范围、气象、地形、土地使用现状、公共建筑、名胜古迹、人口、保甲村落之区分、现有经济状况、现有道路交通等进行了调查、梳理，并提出近期实施的措施与计划，较为详细。此外，还提出了公园、新市区以及古迹区的范围。[①]

总体上《西京规划》（1941年）继承了《西京市分区计划说明》（1937年）的主要功能分区方案，划为6个功能分区，但各分区的布局有所调整。主要是行政区的调整，将汉长安城东隅辟作行政区，其行政区分为中央部委区、市政府区和各国公使馆区，其中国府五院各部委位于行政区，市政府位于城内商业区，使馆区暂不设立。其他功能区基本一致。

《西京规划》具有以下几个特征：一是城市定位为陪都的发展计划；二是注重古迹文化的保护；三是将自然环境开发为民众游览的区域；四是城乡一体的思想，即以农业实验区作为城市一个分区，城乡之间的关系被视为统一而又相互作用的；五是依托省城发展；六是注重居住环境条件，以南郊为居住区域。《西京规划》与前述季平所提出的《西京市区分划问题刍议》从规划内涵与深度方面来说有一定的关联，城市新区拓展的思路方面是一致的，虽然两者在具体分区上有较大的差异，但前者在规划思想和拓展思

---

① 任云英：《近代西安城市规划思想的发展——以1927—1947年民国档案资料为例》，载《陕西师范大学学报》（哲学社会科学版）2009年第5期，第110页。

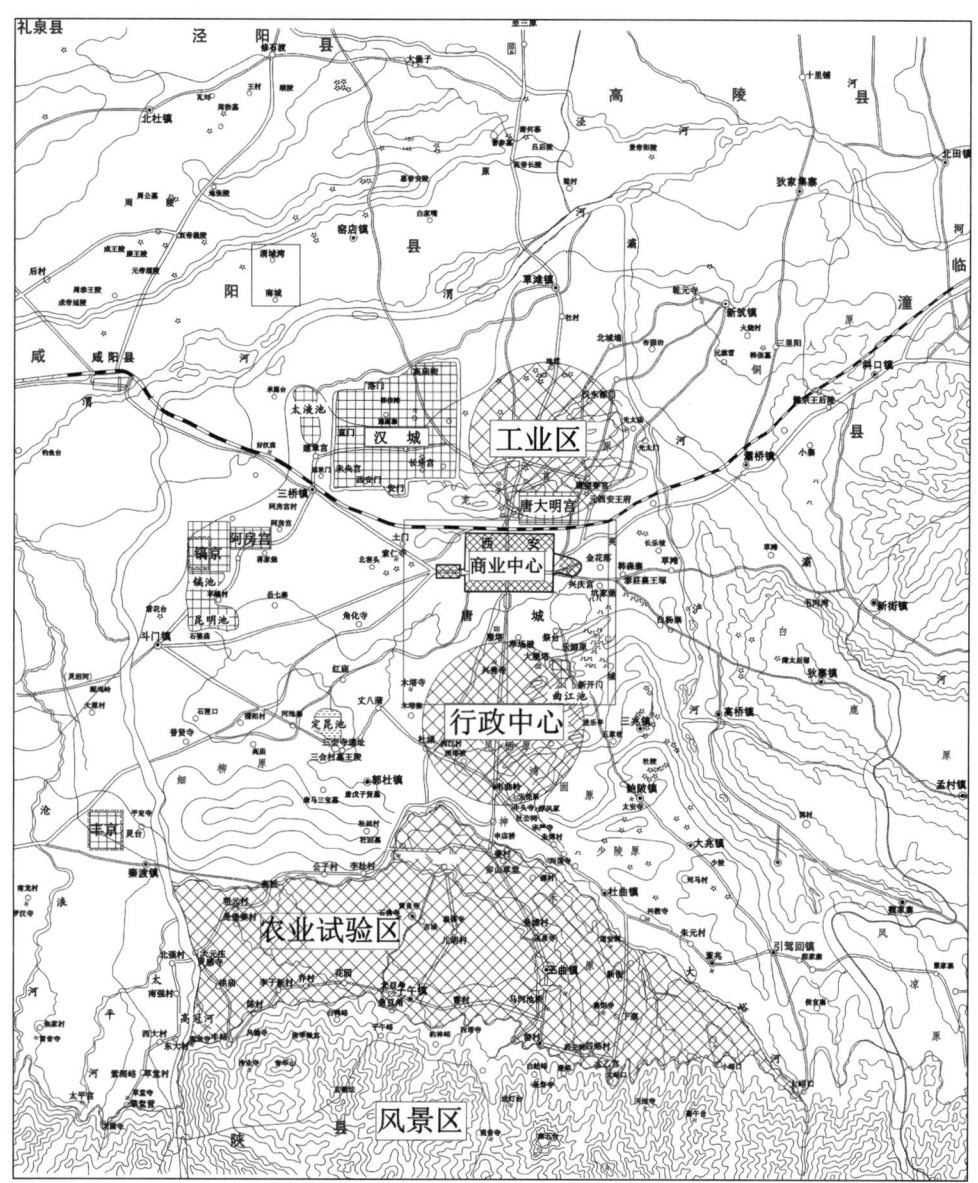

图 2-4 西京城市功能分区示意图

资料来源：《西京市区域图》，西京筹备委员会，民国二十四年，西安市档案馆存。

路等方面无疑为西京规划的形成起到一定的影响作用。

（二）城市内外道路

民国二十八年（1939年）由西京市政建设委员会工程处绘制，并由陕西省陆地测量局代印的《西京城关道路图》中，可以看到城市西北隅残破区一带拟修道路的分布情况，南北向由香米园西的八家巷向北的西北一路、西北二路、西北三路、西北四路、西北五路、西北六路和西北七路共7条路；东西向共3条，由南向北依次为：马神庙巷（今劳武巷）西延至西城墙，西九府街由陈家巷向西延至西城墙，糖坊街由北药王洞向西延至西城墙。东南隅残破区拟修道路主要有2条，一条是尚仁路一线大差市南由南十道巷延伸至南城墙马道处，另一条东西向由小差市南路（今建国路）向东延至广惠寺、向西延至东府巷口；此外还有东南二路向西延至东六巷，向东延至城墙。①

东北隅仅有一条南北向路，位于尚仁路与城墙之间，南口起于东新街，北口达于崇悌路。随着道路系统的完善，人口逐渐增长，特别是战争期间外来人口的迁入加速了这一增长的过程，抗日战争到解放前这一时期，东南隅的人口显著增加。人口密度急剧上升，其中主体是外地人，尤以河南籍居多。

《西京城关道路图》（1939年）显示的外围拟修道路主要为环城马路的沟通段，一是城西成丰公园以西，由西门外北火巷向北延至环城北路一段；二是城东，由东郭北郭门向北至杨家村南墙东，转向西至城壕东向北通西京电厂东墙与环城北路接；三为环城马路南段全段，由南关西火巷向西至环城西路南段，由南关东火巷向东过三晋义园至东关南郭门。共三段可形成环城马路。

（三）城市园林绿化及公共游憩空间扩展

在陪都设立后的《西京市分区计划说明》（1937年）中将西京市之范围，即东至灞桥、南至终南山、西至沣水、北至渭水的区域划分为文化古迹区、行政区、工业区、商业区、农业区、风景区等六大功能区。其中，文化古迹区有"在省城西北十余里处之汉城，系惠帝所建，西魏、北周亦皆建都于此，隋更建新都，此城遂废，惟城基尚在。再西有太液池、阿房宫、镐池、昆明池等；城北有唐代之含元殿，其南一里有丹凤门（即今之丹凤公园也）；城之东南八里有大雁塔、唐曲江池等，均系历代文化所在，是当妥为保存，以留古迹，并栽种树木，加以整理，以增厚游览兴趣"。风景区则"横亘于西京市之南者，曰终南山，系秦岭之一部，为市南之屏障。其山脉来自鄠县东南圭峰山，入境至蓝田县西南终止，占长安南界之全部，东西约长八十余里，其间清华、翠微、五台、翠华等山，连绵起伏，山清水秀，林木丛茂，多有建筑，风景绝佳，为历代名胜之区"，具有作为人文游览地和自然游憩地的功能。因此，其园林绿化功能已经开始转向

---

① 郭世强：《民国西安城市道路系统演变研究》，陕西师范大学2017年博士学位论文。

城市整体中的功能分区，并且与自然环境和文物古迹互为依托，以风景区为例，其范围的划定注重自然环境的地域单元特性。

在其后的《西京规划》中提出了新辟公园计划，公园主要位于城垣外围：一处为民众第一公园，在灞河与渭河之汇流处草滩以北；一处为第二公园，以火车站北首童家巷旧有之丹凤门、含元殿辟筑。其他各区如有公地或文化古迹所在，均拟设法辟筑民众游览公园。

而《西安市分区及道路系统计划书》（1947年）中则对城市公共游憩空间进行了系统的分类和布局，提出了城市绿化与公园的关系。城关区绿面占城关区面积（共13.83平方千米）的36.5%，除建筑物所占之面积，余地无论公园、道路、广场、森林、市湖均为"绿面"。市之有绿面犹如人之有肺，不应小于10%。城区须达10%，郊区须达30%，且应均匀分布。

在其近期项目中提出了城市绿化水系和林荫道建设。其中市湖主要是引水入城，"将东市之兴庆池、南市之曲江池、北市之太液池略为勾出，并利用低地，于兴庆市西设一池，曰'南湖'，李家村西设一池曰'西湖'，东门外北设一湖为'东湖'，再注水入旧城河。并将环城空地开辟公园。如是则旧市有莲湖、东湖、兴庆池及旧城河。东新市滨于浐岸，南新市有曲江池，西新市有丰惠渠及西湖，北新市有太液池……西安市行见城湖竞秀、渔歌互答"。①

园林绿化及公共休憩空间不仅有集中和散布的公园，还提倡增设小型的、与生活密切联系的花园或活动场地等，以提高市民的生活水平。例如关于林荫道及其与住宅的关系的解决方案提出"林路，郊区最小道路为十六公尺，可植树，五十、四十公尺之干路旁多植树木，并设平台造成林荫大道，房屋尽而为别墅式，每家有小公园、小运动场，以求均匀享受，此等布置对中等以上家庭收益更大，使每个市民可达到康乐之生活条件"。

西安城市建设理念适应了社会发展的需求，并借鉴国内外的规划建设经验，使西安城市公共游憩空间从城区转向近郊城市外围向城郊一体的方向发展：由最初分散的私人花园和在城市现状条件下在城区内的公园，到陪都时期将自然风景和人文古迹资源融为一体作为人们的游赏用地，再到二战后，在城垣外围依托已有文化古迹建设公园的规划

---

① 转引自吴宏岐：《西安历史地理研究》，西安地图出版社，2006年。

设想，并进一步回归到关心市民的"康乐"生活条件的人本思想等一系列的建设规划行为影响下，城市的公园绿化及公共休憩空间由分散布局走向整体布局，再走向系统和回归到人本的理念，从侧面反映了城市建设理念及其空间发展过程。

（四）公共服务设施及市政设施建设

民国三十一年至三十二年（1942—1943年），西安市政处对年久失修的西大街、南大街、北大街、东大街、梁府街、竹笆市街、五岳庙门街等碎石路进行翻修；新修小差市至金家巷和小差市南段碎石路；翻修大车家巷煤渣路；将崇礼路、尚德路等土路改铺成煤渣路；对东、西、南、北大街和西关大街垫铺黄沙。修筑西号巷排水暗沟（石砌）93米，砌粮道巷排水明沟76米，整修砼家巷（今俭家巷）下水道，对马神庙巷、莲花池街、大麦市街等处的水沟和莲湖公园西门口的渗井进行掏挖和疏通。对西、北城门楼及东南城墙角塌陷处和被日军轰炸震裂的钟楼一角进行整修，在钟楼门洞铺设砖结构的路面。对全市窖井积泥进行掏挖，共掏大井191个、小井434个；新挖窖井3个；对全市遗失的窖井铁盖以石盖代替，补装石盖200个。

市政处于民国三十一年（1942年）3月接管莲湖公园，9月接管革命公园和公共体育场（今市体育场），民国三十三年（1944年）3月接管丹凤公园（坐落在唐大明宫丹凤门遗址处，后改作他用），并分别进行清理和小规模维修。在莲湖公园新建茅亭1座、阅览室1座；在革命公园维修忠烈祠，栽植花卉树木千余株，修筑水井1座、蓄水池1个；在公共体育场修建东、西司令台各1座、亭子2座，修补残缺围墙，平整跑道和篮、排球场地。

民国三十一年4月，市政处接管省社会服务处管辖的市民医院（院址在今社会路），更名为"中正医院"，增加经费，扩充业务，增设妇产科，月平均诊治病人4000人左右。民国三十二年（1943年）在东门外新设简易疗养院1处，省政府拨开办费20万元（法币），年内开业。民国三十三年3月，接管长安县原管辖的市区内小学36所（公立8所、私立28所）。

民国三十一年至三十二年，市政处新开征营业牌照税、娱乐税、使用牌照税和筵席税等新税种。对房捐进行普查，实行新的征收办法，自用房捐按房屋时值征收；修订屠宰税率，从民国三十二年8月起提高1倍征收。经省政府批准，从民国三十二年6月起，将市政处经征的自治税捐全部留市政处，主要作为市政建设和公益事业开支。9月，建立西安市金库，由陕西省银行代理。

民国三十二年，市政处筹设尚德路住宅区，划地招租，统一式样，建筑住宅。市政处先建标准住宅1处，以资示范。统一安排市区公厕建设，先在城内及四关建筑丙级和丁级标准的公厕各4座，作为示范。随之陆续按此标准改建公厕14座，新建公厕15座，拆除2座。

民国三十三年4月，市政处会同西安警备司令部划定城壕壕界，规定城墙外80米内禁止民用，以利国防工事建设。对城关主要街道的路灯进行整修，当时全城有路灯720盏，损坏450盏，因经费困难，只将部分路灯修复。[①]

（五）近代化发展进程

从城市经济与社会发展的角度来看，首先，该阶段西安近代工业的产生、发展、衰落与战争有密切关系。最早建立的工业就是军火工业。其次，多数企业设备简陋，规模小，全能企业少，手工业作坊多，产品主要为消费资料（占87%），生产资料产品很少。再次，该阶段所生产的多数产品质量低，成本高。如火柴没有规格标准，废支很多；面粉含水量大，杂质多，颜色不白。产品成本大多高于沿海城市等。最后，还存在管理水平低等问题。[②]

从城市规划与建设的角度来看，该阶段先后形成的《西京市分区计划说明》与《西京规划》，都可谓是西安近代城市规划与建设最具时代意义的计划，是近现代西安城市规划思想发展的重要一步，也为后来城市规划的形成提供了思想准备和经验积累。但在具体的空间布局与组织上，多处于自发形成的状态，还未形成统一的规划布局形态。

---

① 西安市地方志编纂委员会：《西安市志》第5卷《政治军事》，西安出版社，2000年，第341页。
② 西安市地方志编纂委员会：《西安市志》第3卷《经济》（上），西安出版社，2003年，第88页。

第五节
战后重建时期：城市衰退（1946—1948年）

第二次世界大战后西方国家纷纷进行战后重建，城市规划实践活动空前高涨，西安城市规划是在这样一个大背景下出台的，其中也反映了西安当时受西方规划思想的影响。①

解放战争期间，中共西安市工委领导群众，广泛开展争取和平民主、反内战、反独裁的爱国民主运动，建立秘密交通线和联络站，加强情报策反工作，开辟第二战场，有力地配合了西北战场的军事斗争。西安解放前夕，国民党反动派强迫一些工厂企业、学校南迁，并下令炸毁桥梁、铁路设施和重要工厂企业。在中共地下党组织领导下，西安人民开展反搬迁、反破坏、护厂、护校、护路等斗争。②

1949年5月20日，中国人民解放军解放西安。古都西安获得新生。一个多世纪以来，为反抗帝国主义、封建主义、官僚资本主义压迫进行长期不懈斗争的西安人民，从此成为这座城市的主人，在中国共产党和人民政府的领导下，迈入崭新的历史阶段。③

一、政治及军事情况

1946年2月25日，陕西省教育厅召集西安中等以上学校校长开会，要求各校组织学生参加游行。以共产党员为领导核心的西北民主青年社（简称"民青社"）要求各校民青社成员揭露国民党搞反苏反共游行的阴谋，动员学生抵制游行。3月1日，国民党省党部、三青团支团部和中统、军统特务勾结白俄、高丽浪人数十人，蒙骗西安中等学校学

---

① 任云英：《近代西安城市规划思想的发展——以1927—1947年民国档案资料为例》，载《陕西师范大学学报》（哲学社会科学版）2009年第5期，第110—111页。
② 西安市地方志编纂委员会：《西安市志》第1卷《总类》，西安出版社，1996年，第12页。
③ 西安市地方志编纂委员会：《西安市志》第1卷《总类》，西安出版社，1996年，第12页。

生数千人，举行反苏反共游行，冲击八路军驻陕办事处，捣毁《秦风日报工商日报联合版》营业部。此举激起群众强烈不满。共产党员、民青社成员及进步人士通过报刊发表文章，揭露反苏反共游行的阴谋和实质，教育学生支持正义，勿受他人利用。①

在抵制反苏反共游行斗争中，《秦风日报工商日报联合版》《民众导报》等进步报刊积极宣传鼓动。为了揭露国民党的暴行，声援西安的民主运动，中共中央于5月14日指示驻重庆代表团：此事如不给以严重反抗，压下反动派嚣张之气，西安民主运动将有一时期走向消沉，望即与民盟商量，由民盟出面向国民党政府提出严正交涉，我们加以声援、支持。在中共中央的号召下，国统区各进步团体和人民群众对西安民主运动给予有力的声援。②

1947年5月23日，西安各院校进步社团在党组织领导下，纷纷发表声明、出刊墙报，抗议国民政府的暴行，声援南京等地学生的正义斗争。在此期间，国民党陕西当局秘密策划，准备对学生运动进行镇压。6月1日深夜，当局出动大批军警、特务，在各大专院校、重点中学及一些机关团体搜捕学生骨干和各界进步人士60余人。中共西安地下组织为保存进步力量，避免不必要的损失，指示各校党员和民青社成员，引导青年学生将全市总罢课和联合大游行分散在各校进行。经学生斗争和多方声援，被捕学生陆续保释。③

中共西安市工委成立后，全力投入迎接西安解放的准备工作。从1948年年底到1949年春，市工委先后从西北大学、西北工学院、师专、商专、医专等院校选送250名进步青年到边区接受训练，为西安解放后的接管工作准备干部；同时，在西安铁路系统、西京电厂、机修所、大华纺织厂、汇文中学、西北公路局修理厂、国民党部队第七补给区等发展一批党员，在西京汽车修配厂等单位建立党支部或党小组，在电信局、西北大学、西北工学院等单位发展团员并建立新民主主义青年团基层组织，使党团组织力量逐渐壮大。④

胡宗南撤离西安前夕，勒令部分机关、学校、企业向汉中、四川搬迁，并企图炸毁重点单位，裹胁工程技术人员及知识分子南迁。市工委发动工人和青年学生开展反迁

---

① 中共西安市委办公厅编：《中国共产党西安市委员会志》（1925.10—2002.7），2004年。
② 中共西安市委办公厅编：《中国共产党西安市委员会志》（1925.10—2002.7），2004年。
③ 西安市地方志编纂委员会：《西安市志》第5卷《政治军事》，西安出版社，2000年，第48页。
④ 中共西安市委办公厅编：《中国共产党西安市委员会志》（1925.10—2002.7），2004年。

厂、反迁校和护厂护校斗争。大华纺织厂、西京电厂、三桥车辆厂、中南火柴厂、电信局、铁路系统、西北大学等相继成立护厂队、护局队、护路队、护校队。与此同时，各院校党、团员发动教职员和青年学生，开展反迁校运动。[①]

二、社会及民生状况

这一时期国家政治局势的变化对西安地区城市人口数量产生了巨大影响。因国民党反动派的因素，一些工厂企业、学校被迫南迁，桥梁、铁路设施和重要工厂企业也被炸毁，极大地激起了社会民众的不满，群众以争取和平民主、反对内战独裁为主题广泛开展爱国民主运动，强有力地配合了西北战场的军事斗争。但就整体而言，城市经济社会发展有所衰退。

（一）人口概况

这一时期整体情况分为两个阶段。第一阶段为上升阶段，民国三十三年（1944年）西安市政区扩大后，到民国三十五年（1946年），全市人口突破50万；民国三十六年（1947年）突破60万，较清末增长6.5倍。第二阶段为锐减阶段，1949年，因临近解放，原驻西安的国民党军政人员及其家属纷纷撤离，总人口降为597670人，较上一年减少5.2%。[②]

表2-16　民国年间今西安市境人口统计表

年份	乡镇	保	甲	人口	较前期增长率（%）	人口密度（人/平方千米）
1912				12716621	6.08	127.4
1923				1362194	7.12	136.5
1924				2072445	52.14	207.6
1933				1612209	-22.20	161.5
1935				1078873	-33.08	108.1
1937				1553898	30.57	155.7

---

① 中共西安市委办公厅编：《中国共产党西安市委员会志》（1925.10—2002.7），2004年。
② 西安市地方志编纂委员会：《西安市志》第1卷《总类》，西安出版社，1996年，第445页。

续表

年份	乡镇	保	甲	人口	较前期增长率（％）	人口密度（人/平方千米）
1938	170	1688	20646	1580340	1.70	158.3
1941	126	1067	22852	1445681	-8.52	144.8
1944	127	1081	21623	1747002	20.84	175.0
1945	105	1008	20447	1745119	0.01	174.8
1948	105	998	25004	20253749	16.06	202.9

资料来源：西安市地方志编纂委员会：《西安市志》第1卷《总类》，西安出版社，1996年。

民国年间，西安市的流动人口统计仅见于民国三十三年至三十五年（1944—1946年），时称"暂居人口"，从户数、人口规模来看，其呈上升趋势。它在总户数和总人口中的比例，分别由6.23%和4.8%上升到11.61%和8.91%。暂居人口中，成年人的比例较常住（本籍、寄籍）人口高。民国三十三年（1944年），本籍、寄籍12岁以上人口分别占其人口总数的85%和85.07%，暂居人口则占其人口总数的88.41%。民国三十五年（1946年），前者比例分别为81.31%和84.26%，而后者则为86.69%。因此，反映在从业人口比例上，暂居人口也明显高于本籍、寄籍人口。①

（二）社会舆情

1949年5月26日，中共西安市委第一次全体委员会议提出发动、组织群众的任务，决定成立职工工作委员会、青年工作委员会、妇女工作委员会，强调要依靠工人阶级，团结一切劳动人民，争取知识分子及所有愿意和共产党真诚合作的中小资产阶级。此后，市委、市人民政府会同市军管会通过广播、报纸、壁报、戏剧、秧歌等形式，广泛宣传党的各项城市政策，号召群众组织起来，筹建工会、农民协会和学生联合会。②

同年11月5日，市委做出《关于目前群众组织工作状况及今后方针与任务的决定》，提出要反对关门主义，防止形式主义，采取自上而下与自下而上相结合、全面推动的方法，尽快改变大多数群众的无组织状态，将全市各界群众组织起来，成立农民协

---

① 西安市地方志编纂委员会：《西安市志》第1卷《总类》，西安出版社，1996年，第445—446页。
② 中共西安市委办公厅编：《中国共产党西安市委员会志》（1925.10—2002.7），2004年。

会、市总工会、青年联合会及其他新型人民团体等群众团体。①西安解放后，中共西安市委和市人民政府领导郊区农民逐步废除保甲制度，相继建立起乡村政权及各级农会组织；并于1949年10月在郊区初步划分阶级成分，颁布征粮条例，按条例计征公粮，减免雇农、贫农和中农的经济负担。同时，组织工作组分赴农村，发动农民开展减租减息运动。②

市政府于民国三十三年（1944年）还开展了禁烟活动，并于民国三十五年（1946年）7月成立陕西省禁烟协会西安分会，其下各区成立禁烟支会。③至民国三十六年（1947年）7月，共破获烟毒案198起；成立施戒所，分期施戒烟民1700余人。民国三十七年（1948年）2月开始，陆续查禁《学生周报》《时与文》《最前哨》等进步刊物38种，查禁《西安学生》《耕耘》等进步报纸64种。

（三）经济产业

这一阶段是近代工业的衰落时期。民国三十一年（1942年）以后，日本侵略军占领山西省、河南省，直抵晋、陕、豫3省交界的风陵渡，与中国军队在潼关隔黄河对峙，西安成为日军进攻和空袭的目标，一些重要工厂如大华纺织厂遭日机轰炸，破坏严重。在此形势下，这一时期在西安新建的工业企业仅有利民米厂、福豫面粉公司等少数厂家，而外迁和倒闭的工业企业数则大大超过新建企业数，外迁工业企业逐步向陇海铁路、川陕公路、西兰公路沿线的中小城镇转移。据统计，民国三十二年（1943年）年底，全市共减少21家企业，约占原有企业的30%。手工业者有不少外流或外迁，手工业日趋衰落。④

抗日战争胜利后，外地工业品和外国货大量涌入西安，但西安地方工业在竞争中处于劣势，生产愈加衰退。在国民政府发动的内战开始后，西安成为国民党军队包围和进攻陕北解放区的前哨阵地；除军需生产畸形发展外，其他工业均不景气，加之交通受阻，物价飞涨，临近解放时一些资本家或抽走资金外逃，或运走设备，或关厂停产，西安地方工业奄奄一息。⑤据民国三十七年西安市政府统计室调查，当时西安仅有工业

---

① 中共西安市委办公厅编：《中国共产党西安市委员会志》（1925.10—2002.7），2004年。
② 西安市地方志编纂委员会：《西安市志》第5卷《政治军事》，西安出版社，2000年，第51页。
③ 谢林主编：《陕西寻梦——民国陕西老照片》，陕西人民美术出版社，2009年。
④ 西安市地方志编纂委员会：《西安市志》第3卷《经济》（上），西安出版社，2003年，第87—88页。
⑤ 西安市地方志编纂委员会：《西安市志》第3卷《经济》（上），西安出版社，2003年，第88页。

企业69家，其中棉纺织6家，印刷16家，面粉和机器各9家，火柴6家，碾米7家，肥皂5家，玻璃4家，卷烟3家，翻砂、三酸、毛织、染整各1家。全部产业工人为6863人，其中棉纺织3714人，占54.1%。[①]（见表2-17）

据《西安市政统计报告》（1947—1948年）资料，抗日战争胜利后，部分企业相继外迁，西安的工厂企业迅速减少，加之国民党当局发动内战，滥发纸币，苛捐杂税繁多，工厂负担很重，许多工厂纷纷倒闭或停工，除军需生产畸形发展外，其他工业生产处于极度困难的境地。[②]

表2-17 民国三十七年（1948年）西安市工业调查表

企业类型	户数	动力设备（匹）	产品	月平均产量		职工人数（人）		
				单位	数量	职员	工人	合计
翻砂业	1	—	铁锅	口	155	…	6	6
玻璃业	4	—	器皿	万件	21.69	34	129	163
卷烟业	3	13	纸烟	箱	130	56	126	182
碾米业	7	84	机米	万袋	1.58	60	108	168
面粉业	9	3486	面粉	万袋	22.79	257	716	973
三酸业	1	22.5	硝酸、硫酸、盐酸	磅	3600	16	70	86
肥皂业	5	13.5	肥皂	万条	4.95	45	74	119
机器业	9	86.5	机器	部	51	62	282	344
毛纺业	1	20	毛织品	件	450	22	136	158
印刷业	16	—	表册、账簿	万张	4798	84	251	335
染整业	1	40	染色布	匹	3750	22	90	112
火柴业	6	56	火柴	箱	3632	71	386	457
棉纺业	6	1127	纱布	万件 万匹	1.29 2.12	204	3510	3714

资料来源：西安市地方志编纂委员会：《西安市志》第3卷《经济》（上），西安出版社，2003年，第12页。

1949年5月解放前夕，西安市仅有西京电厂等几十家稍具规模的工厂和1100多家以

[①] 西安市地方志编纂委员会：《西安市志》第3卷《经济》（上），西安出版社，2003年，第88页。
[②] 西安市地方志编纂委员会：《西安市志》第3卷《经济》（上），西安出版社，2003年，第11页。

手工业生产为主的小型私营工厂，工厂设备简陋，劳动生产率极低。①其中，新城区域内仅大华纺织厂、西京电厂、华峰面粉公司几家中型企业和10余家私营手工业作坊②；碑林区域内仅有18家私营工厂和手工业作坊③；莲湖区域内除集成三酸厂、华西制药厂、成丰面粉公司等几家中小企业外，仅有少数个体手工业户。1949年全区工业产值仅1万元④，而雁塔区域内也仅有少数个体手工业作坊，西安整体工业水平偏低。

农业水利发展方面，民国三十四年（1945年）5月，黄河水利委员会关中水土保持实验区在荆峪沟之南寨沟娘娘庙建成留淤土坝1座，控制流域面积2.6平方千米。据统计，1949年全市有效灌溉面积67.23万亩，粮食总产量45.6万吨。⑤截至1949年，全市共有深井5眼，土井13147眼，井灌面积约28万亩。除深井为机井外，灌溉井多系人工挖井，提水靠人力或畜力。⑥1949年，开始建立各级水土保持机构，由水利工作队培训基层水土保持干部和农民技术员。基层组织的工作重点是封山育林，禁止乱砍滥伐，每年冬季、夏季农忙间隙开展修埝地、打地埂等治坡、治沟活动。⑦

（四）经济环境

民国三十五年（1946年），市政府成立税捐稽征处，不断开征新税捐，并大幅度提高税率。新开征的税捐有清洁捐、使用牌照税、房地及牲畜牙纪捐、旅栈捐、养路费、工程受益费等。提高税率的有：房捐征收律比照民国三十三年（1944年）标准提高5至10倍；筵席税由15%提高为20%；营业税一律增加5倍征收；营业牌照税加征10倍；清洁捐商户增加3倍，民户增加5倍；地价税城关一律按原基础增加30倍征收。

反共内战不断扩大，物价不断上涨，至民国三十六年（1947年）元月，西安市批发物价指数为抗战前的10982倍，使面额1000元以下的法币不能流通。2月，市政府执行国民政府《经济紧急措施》，停止黄金自由买卖，导致黄金黑市价猛涨。从是月起，市政府将筵席税照原额3倍征收；公产租金照原额增加1至2倍；清洁捐商户增收2倍，民户增收1倍。西安市电信局、印刷业、制鞋业工人不断发生罢工，要求增加工资，改善生活待遇。

---

① 西安市地方志编纂委员会：《西安市志》第3卷《经济》（上），西安出版社，2003年，第12页。
② 西安市地方志编纂委员会：《西安市志》第1卷《总类》，西安出版社，1996年，第518页。
③ 西安市地方志编纂委员会：《西安市志》第1卷《总类》，西安出版社，1996年，第526页。
④ 西安市地方志编纂委员会：《西安市志》第1卷《总类》，西安出版社，1996年，第534页。
⑤ 西安市地方志编纂委员会：《西安市志》第3卷《经济》（上），西安出版社，2003年，第675页。
⑥ 西安市地方志编纂委员会：《西安市志》第3卷《经济》（上），西安出版社，2003年，第677页。
⑦ 西安市地方志编纂委员会：《西安市志》第3卷《经济》（上），西安出版社，2003年，第701页。

民国三十七年（1948年）2月，西安市银行成立并正式营业，资金总额为68亿元（法币），其中官股占40%，商股占60%。西安市银行为商业行，又兼金库职能。8月23日，根据国民政府《财政经济紧急处分令》，发行金圆券，以1元金圆券兑换300万元法币，禁止私人持有金银和外币，并要求金银持有者限期兑换金圆券。[①]当日，西安市经济管制委员会成立，市长王友直任主任，负责监督实施限制物价法令；29日市政府公布8月19日西安市货物价格，作为限价标准。10月，又根据国民政府决定，取消限制政策。11月，各类商品价上涨5倍以上。是月，国民政府宣布金圆券贬值，并发行50万、100万大面额金圆券。物价一路飙升，12月，12种主要商品价格较民国二十五年（1936年）平均上涨2.85亿倍。

三、城市建设规划情况

战后重建时期，西安城市规划建设受西方城市规划思潮的影响，主要是出于防空需求和城市人口增加而引起的城市空间秩序混乱而提出的。当时西安的工业化水平较低，因此这一阶段西方规划思想结合西安城市规划过程具有一定的历史特点。[②]

抗战结束后主要有两部规划文件：其一为《西安市分区及道路系统计划书》（1947年），其二为《西安市政府关于本市钟楼四马路四周马路宽度讨论会议记录》（1946年）。该阶段城市规划显然受到当时西方高层低密度的建设理念、田园城市理论、带形城市理论以及卫星城理论等城市规划思想的影响。近代西安城市工业发展所带来的社会经济环境的进步和发展并未引起西方工业化城市曾经出现的人口过度集中和城市环境急剧恶化的现象，其先进的规划思想和理念为西安未来的发展提供了广阔的发展空间和思路，为西安未来的有序发展奠定了良好的基础。

（一）《西安市分区及道路系统计划书》（1947年）

民国三十六年（1947年），西安市建设局鉴于西安建市后缺乏规划，城市建设无所遵循，遂拟订《西安市分区及道路系统计划书》和《西安市道路暨分区计划草图》。[③]

---

① 西安市地方志编纂委员会：《西安市志》第1卷《总类》，西安出版社，1996年，第117页。
② 任云英：《近代西安城市规划思想的发展——以1927—1947年民国档案资料为例》，载《陕西师范大学学报》（哲学社会科学版）2009年第5期，第111页。
③ 西安市地方志编纂委员会：《西安市志》第2卷《城市基础设施》，西安出版社，2000年，第23页。

该计划书是西安在战后重建浪潮中提出的城市分区及其道路系统计划。其不仅从城址总体结构层面提出了功能分区的思路，还进一步提出了比上一阶段更为系统灵活的分区设想与细致、具体的规划理念。对于学校区、住宅区、工业区、行政区，提出了规划细则：划为西南郊工业区；未央宫旧址设为中学区；东南郊为大学区；旧城区各干路两旁为商业区；其余为住宅区或临时行政区；在四郊分散布局新市区以及郊区住宅；行政区临时设在新城，将来拟移于南郊适宜之旷地；其他如小学、公园、市湖、医院、广场、运动场应根据各区需要进行配套布局。①

（二）《西安市政府关于本市钟楼四马路四周马路宽度讨论会议记录》（1946年）

当时会议的提案均集中于对市民生活环境质量的提高方面，在当时的环境和条件下是具有前瞻性的。其会议讨论和决议的核心内容是钟鼓楼地段的修建性计划，包括关于钟楼四周道路计划、钟鼓楼间开辟广场计划、城区公园计划、城区道路计划等四个方面。其中，关于城区公园方面提出"城区公园多在东西大街以北，南城居民颇感到不便，应增辟公园两座，其一，应将民教馆与南院门打通，北起西大街，南至南院门，东至竹笆市，西至南广济街；其二，应在柏树林涝池以东辟一公园"②。

这两份说明书计划在钟楼台基南、北两侧各建双折楼梯，四周增辟道路，形成周围沿两对角线各70米的方形广场；鼓楼南、北两面各建双折楼梯2座，四周加辟17~22米的道路，北部以半圆汇集于北院门街，形成"可容一万人"的小广场。③

（三）公共服务设施及市政设施建设

1945年，西安市即被定为推行民众识字示范区，至民国三十五年（1946年）年底，共开办民教班167班，累计入学民众7741人，占当时市区12.4万文盲和7.3万半文盲的1/20。新增中心国民学校5所，开始筹办第一所市立中学。市政府改制后，筹设第二所市立中学，增设中心国民学校2所，接管市区内私立学校24所和省辖私立职业学校6所。截至民国三十七年（1948年）7月，全市有市立中学2所，中心国民学校28所，保国民学校97所，私立小学58所，私立中学24所，私立职业学校6所，幼儿园3所。全市学龄儿童入

---

① 任云英：《近代西安城市规划思想的发展——以1927—1947年民国档案资料为例》，载《陕西师范大学学报》（哲学社会科学版）2009年第5期，第111页。
② 任云英：《近代西安城市规划思想的发展——以1927—1947年民国档案资料为例》，载《陕西师范大学学报》（哲学社会科学版）2009年第5期，第111页。
③ 西安市地方志编纂委员会：《西安市志》第2卷《城市基础设施》，西安出版社，2000年，第26页。

学率68.8%，失学率31.2%。改中正医院为市立医院，增设东关卫生事务分所，办理工厂卫生所4家、学校卫生所74所。

生产、消费、信用等各种合作社由40社发展为97社；登记工业5家（全市共有工厂69家）、商业225家（全市共有商号8168家）、营造厂31家、农场3家；登记通讯社15家、日报18家、杂志28家；登记各种社会团体241家。

民国三十五年（1946年）1月，市政府绘制《西安市道路暨分区计划图》《西安市区域道路计划图》和《西安市城区下水道计划图》，并根据上年11月省政府第八十八次例会关于将钟楼改为凯旋楼、将鼓楼改为民众教育馆或图书馆的动议和主席令，绘制《钟楼暨四周道路计划图》《鼓楼四周道路图》，经市参议会第一次会议原则通过，但均未付诸实施。3月，接办太液池苗圃，会同省政府建设厅对龙渠进行整修（该渠由长安县水磨村碌碡堰设闸引水，经丈八沟、糜家桥至西城门绕城墙北行，再由玉祥门入城至洒金桥入暗渠流入莲湖公园）。全年修筑碎石路4条，翻修碎石路26条，筑铺煤渣路5条，翻修西（安）太（乙宫）、西（安）临（潼）风景路，翻修下水道23处，疏通下水道69处，增装路灯36盏，修建公厕6处。①

（四）城防工事完善

解放战争后期，国民党军队为阻止中国人民解放军解放西安，曾在西安城外近郊构筑外壕及野战工事多处。②

民国三十五年（1946年）6月，蒋介石全面发动反共反人民的内战后，市政府成立新兵征集所，征集新兵636名；对民众自卫队分期进行训练，两期共训练7201人，并编组基干队队丁2000人；征调民工5600人，修筑机场外壕工事。

为执行所谓"戡乱建国"，成立西安市戡乱建国运动委员会，参议会议长李仲三任主任，市府秘书长汪震任副主任。市政府提请市参议会通过，从民国三十七年（1948年）2月起，开征"戡建费"，至6月底共征收1902.589亿元（法币），其中71.8%用于军事费用开支。从7月起，将"戡建费"改名"自卫特捐"继续征收。按照西安绥靖公署加紧修筑西安城防工事的部署，市政府3—5月，从各区征调民工分30段开挖环城战壕，完成234585立方米，耗资218.65亿元（法币）；分段开挖西安机场外围战壕，完成

---

① 西安市地方志编纂委员会：《西安市志》第5卷《政治军事》，西安出版社，2000年，342—344页。
② 西安市地方志编纂委员会：《西安市志》第5卷《政治军事》，西安出版社，2000年，第759页。

88953立方米，耗资68.88亿元（法币）。而1—6月用于市政工程的费用仅3.86亿元（法币）。8月，奉国民政府行政院命令，扩编地方武装，成立西安市"民众自卫总队"，市长王友直兼任总队长，警察局长萧炤文、警备司令部副司令张坤生兼任副总队长，国民党中央军校七分校西安办事处少将主任闵继骞任专职副总队长（闵与中共地下党组织有秘密联系）。下辖12个大队、2个独立大队、7个独立中队、1个独立区队，共有官佐、队丁15861人（不含预备队）。

总体而言，战后重建初期的西安，城市经济衰败，受战争影响，城市整体实力受损严重。所以西安的战后规划，主要是出于防空需求和城市人口增加而引起的城市空间秩序混乱而提出的，同时，西安的工业化尚未得到充分发展，因此，这一阶段的城市规划思想多少带有当时的历史特点，且一定程度上表明当时西安城市规划已经开始针对城市未来将要面临的问题进行了思考，融合了当时国际上较为先进的规划理论，具有时代意义。

第三章 新中国计划经济时期（1949—1978年）

西安作为西北五省区通往中原的门户，与整个西部地区有密切的人文、地缘和产业链条关系，历来便有西北最大商贸中心的优势。以西安为中心的关天经济区，是中国内陆经济最发达的地区之一。新中国成立后，西安被国家列为重点建设的西北工业基地，城市发展与共和国发展同步，进入了一个自上而下，以政策和管理为导向的城市发展时期。根据中共七届二中全会提出的"只有将城市中的生产恢复起来和发展起来，将消费的城市变成生产的城市了，人民政权才能巩固下来"的这一"生产型城市"的论述，西安变消费型城市为生产型城市的基本建设方针，在解放初期起到了恢复生产、缓解就业压力的作用。

在学习苏联经验的推动下和计划经济主导下，西安经历了国民经济恢复时期、第一个五年计划时期以及国民经济调整时期等历史阶段。直至改革开放，西安城市发展几经起伏、动荡与恢复的发展过程。在政治、经济、社会、文化以及城市建设等方面，西安超越了近代时期因发展动力不足而导致的城市近代化发展并不充分的状态，快速进入了以计划经济为主导的城市迅速恢复和社会经济发展时期。为了支援大西北建设，国家先后在西安布局了机械工业、电子工业、纺织工业、轻工业、军事工业和航空航天工业等工业项目，使西安形成了以电力机械、航空机械、仪器仪表为主的西郊工业区，韩森寨军工城以及东郊纺织城等工业区，奠定了西安的工业基础和空间格局。伴随西安交通大学等高等院校西迁和科研机构的设立，西安成为全国重要的高等教育和科研基地。

同时，西安自身的城市服务设施和市政基础设施等渐次发展，以西安明城区为依托，以工业区建设为主导，从一个落后残破、百业凋零的旧城发展成中国现代重要的工业基地、科教基地和旅游城市、商贸中心城市。至此西安逐渐由一个畸形发展的消费型城市发展为生产型城市，经过工业产业的不断建设和发展，从规划建设管理范式、城市环境和基础设施建设等方面，实现了从近代化向当代发展的转变。

第一节
城市沿革（1949—1978年）

1949—1978年，西安市城市发展历经恢复与发展、动荡与迟滞的波动，在三年经济恢复、第一个五年计划（简称"'一五'计划"）和国民经济调整的起起伏伏中，西安市及所辖区县、街道和乡镇的行政建制进行了多次调整和变革，城市结构和城乡关系在不断调整中渐趋合理。至1978年，西安市土地面积由234平方千米增至2441平方千米，增长10.9倍；建成区面积由13.2平方千米增至93平方千米，增长7.0倍；人口规模从39.76万增加到498.1万，增长12.5倍。西安城市建设取得巨大发展与进步。虽然在这个时期城市化屡有起伏，但是不可否认的是，其在城市发展理念、规划建设管理以及市民意识培养等方面，为改革开放之后的迅速发展奠定了不可或缺的基础。

一、三年经济恢复时期

1949年5月20日，西安解放。25日，西安市人民政府成立，直属陕甘宁边区，市政府驻北院门159号，贾拓夫任市长，方仲如为第一副市长，张锋伯为第二副市长。1950年1月19日，陕甘宁边区被撤，西安市作为西北地区的首府，从属于西北军政委员会，为西北行政区辖市[①]，与陕西省同属西北军政委员会领导。

这一时期西安市辖区同民国时期一致，仍设12个区并以序数命名，其中第一至八区为城区，第九至十二区为郊区。城市建成区面积13.2平方千米，人口39.76万人，全市总面积234平方千米，所辖区域东至浐河中心线，西至皂河中心线，南至凤栖原北

[①] 1953年1月27日，西北军政委员会改为西北行政委员会，西安市随属西北行政委员会。

麓，北至龙首原北侧。①

表 3-1　1949 年西安市各区人民政府驻地一览表

区划	区政府驻地	区划	区政府驻地
第一区	东木头市公字 13 号	第七区	东关面王巷 1 号
第二区	盐店街东段南侧	第八区	北关自强东路黄金庙街（今向荣街）
第三区	夏家什字西端南侧	第九区	南郊明胜村，后移夏家庄，又迁永宁村
第四区	尚德路 116 号（今新城区人民政府驻地）	第十区	韩森寨，后迁中兴路，又至胡家庙
第五区	北大街中段路东	第十一区	曹家庙，后迁北关西大巷
第六区	驻药王洞中段路北（今莲湖区人民检察院驻地）	第十二区	西郊铁塔寺，后迁解家村

资料来源：史为乐编著：《中华人民共和国政区沿革》（1949—2002），人民出版社，2006 年。

1949 年年底，西安市废除了民国时期的保甲制度，但尚未设立街道行政建制，基层行政工作仅以派出所为单位，由各区人民政府派遣干部处理。此时，城区共建居民小组 2258 个，每个居民小组包括 30~40 户城市居民；郊区共设 19 个乡②，以区为单元按序数命名，下辖 261 个行政村，231 个居民小组。

二、第一个五年计划时期

随着大规模经济建设的展开，城市管理体制由军事管制向行政体制转化，而随着镇压反革命运动的基本结束、土地改革的基本完成，军事管制也就失去其存在的意义。1953 年 1 月 27 日，西北军政委员会撤销，成立西北行政委员会。1953 年 3 月 12 日，西安市被中央人民政府政务院设为 12 个中央直辖市③之一的城市。1954 年国内政局稳定后，国家重新划定各省市区划，西安市成为省辖市，区县建制亦重新划定：长安县、灞桥区等所属部分乡镇④被划入西安，将其与原 12 个区合并重新调整为 9 个区⑤，即碑林、新城、

---

① 《西安城区变迁地图集》编纂委员会编著：《西安城区变迁地图集》，西安地图出版社，2014 年。
② 记九区 5 乡，十区 5 乡，十一区 4 乡，十二区 5 乡。
③ 12 个中央直辖市包括上海、武汉、广州、重庆、西安、沈阳、旅大、鞍山、抚顺、本溪 10 个大行政区辖市与北京、天津 2 个中央直辖市。
④ 长安县所属渭滨区 13 个乡，灞桥区 12 个乡，狄寨区 5 个乡，三桥区 1 个镇 6 个乡，斗门区 4 个乡，郭杜区 2 个乡，韦曲区 1 个乡及三、四、九区各一部分，大兆区 1 个乡及十一乡一部分，划归西安市管辖。
⑤ 1957 年 4 月 22 日，区县建制再次调整，长乐、未央 2 区被撤，市辖区减为 7 个。

莲湖、灞桥、草滩、未央、雁塔、阿房和长乐。全市总面积增至679.37平方千米，增至解放初的2.9倍，所辖区域东至骊山主峰西侧，西至漆渠河，南至凤栖原北麓，北至渭河。此后，西安市领属关系再未变化，但区县建制不断变迁。

到1956年，西安市已经出现了工业、手工业、农林业、运输业等专业性的行政管理部门。城市行政机构开始从数量与类别上突破传统的民、财、建、教、卫生和公安等一般行政管理模式，向普遍管理工商企业和一切社会事业以至直接管理生产的方向发展，基本形成了按产品、按行业分工的部门管理机构设置模式。在以后30年的发展中，我国城市政府机构的设置基本上没有突破该模式。

表 3-2　1954 年西安市辖区变更一览表

区域	组成	区政府驻地	辖区范围
新城区	原四、五区和十区的六乡（今中兴路一带）	尚德路116号	北大街以东城内及东郊中兴路地区
碑林区	原一、二、七区	东木头市公字13号	四府街以东（不含四府街）、西大街东段和东大街以南城内地区及东关、南关
莲湖区	原三、六区	红埠街29号	四府街以西、西大街以北城内地区和西关
长乐区	原十区（除去六乡）	金花落（今互助路中段南侧）	东郊东至浐河西岸地区
雁塔区	原九区和从长安县划来的郭杜区十二乡、韦曲区十乡、大兆区十乡	永宁村公字1号	南郊南至凤栖原、少陵原北麓地区
阿房区	原十二区和从长安县划来的郭杜区十一乡、三桥区四、五、六乡和三桥镇及斗门区四、五、六、七乡	人民村（原解家村）	西郊西至漆渠河地区
未央区	原八、十一区	自强东路黄金庙街东口（今向荣街南口东侧）	北郊自强路、北关及北至龙首原地区
草滩区	原属长安县渭滨区和三桥区一、二、三乡	东扬善寨，后迁张家堡	龙首原北侧至渭河南岸地区
灞桥区	原属长安县灞桥区和狄寨区六、九、十、十一、十二乡	灞桥镇，后移驻纺织城纺一路	东至铜人原和骊山主峰西侧，西至浐河东岸，南至荆峪沟，北至灞桥镇北雾庄一线

资料来源：西安市地方志编纂委员会：《西安市志》第1卷《总类》，西安出版社，1996年，第248页。

1955年，西安市依据中央人民政府颁布的《城市街道办事处组织条例》[①]，在全

[①] 2009年6月27日，第十一届全国人民代表大会常务委员会第九次会议决定废止该条例。

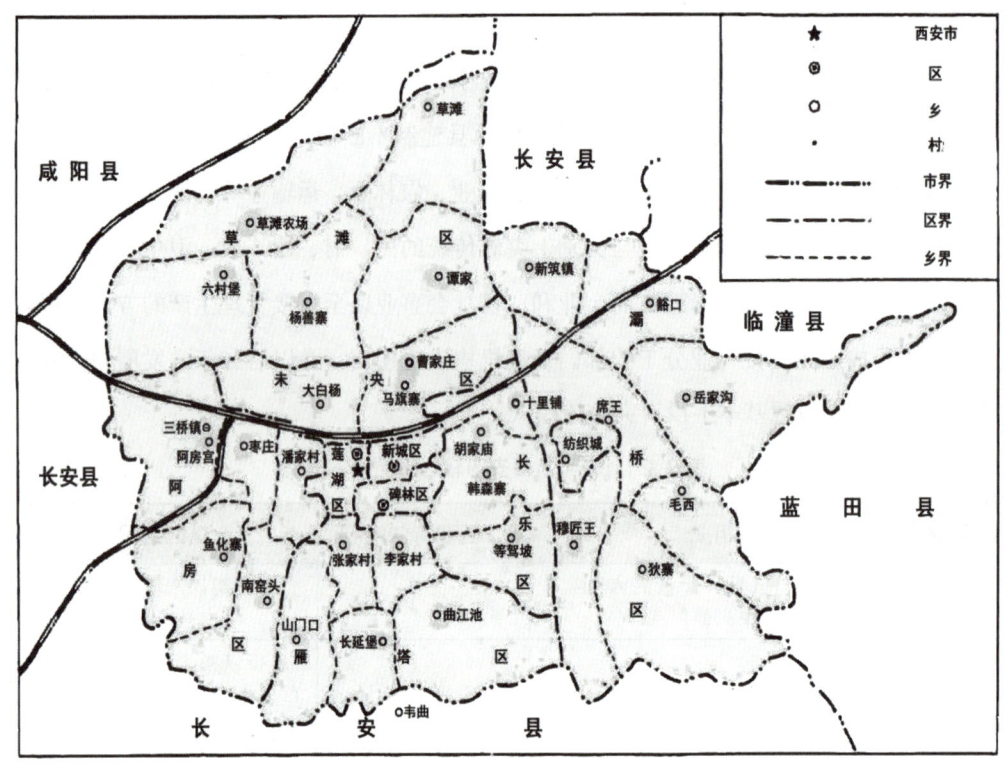

图 3-1　1955 年西安市政区图

资料来源：西安市地方志编纂委员会：《西安市志》第1卷《总类》，西安出版社，1996年，第248页。

市共设36个街道办事处，每个街道办事处平均面积约5.5平方千米，辖人口12000人。1957年年底，许多城乡接合部的乡改为街道办事处，全市街道办事处增至46个。

表 3-3　1955 年西安市街道办事处统计表

区域	所辖街道	街道数量
新城区	中山门、中兴路、桃园新村、东一路、西一路、东五路、东七路、西八路、通济坊、游艺市场、尚爱路	11
碑林区	西大街、南院门、南大街、南关、三学街、开通巷、建国路、景龙池、伍道什字、蔡家巷、端履门	11
莲湖区	大莲花池、桲子市街、大麦市街、城隍庙后街、梁家牌楼、青年路、西关、北院门	8
未央区	二道巷、二马路、太华路、自强路、北关、黄金庙	6

资料来源：西安市地方志编纂委员会：《西安市志》第1卷《总类》，西安出版社，1996年，第253页。

1953年7月，西安市进行第一次人口普查，全市12个区人口677259人。"一五"期间，在全民建设浪潮中一批工厂纷纷兴建，而伴随着东部企业内迁，大量的外籍和本地工人、工程技术人员迁入，与此同时，西安高校规模迅速扩大，招收了大量来自全国各地的学生，西安市进入人口高速增长期。1957年，全市人口较1949年解放初增长99.96万人，其中27.17%为迁移增长，约27.16万人。城区人口亦由18.58万增至44.12万人。（见表3-4）1949—1957年，西安市年平均出生率约为30%，较高的人口出生率亦是人口高速增长态势形成的重要原因。

表 3-4 1949—1957 年西安人口统计表

年份	户数				人口				自然增长		
	合计	城区	郊区	属县	合计	城区	郊区	属县	出生率（%）	死亡率（%）	自然增长率（%）
1949	451971	42532	61517	298934	2273276	185764	349259	1502288	—	—	—
1950	465178	46648	65794	305032	2344747	200641	374075	1527271	25.43	8.45	16.97
1951	490348	50644	72115	312361	2464711	228557	402781	1568675	30.39	9.91	20.47
1952	512433	55274	75195	328947	2529228	251271	415905	1605008	30.74	8.86	21.87
1953	531144	64036	80023	367312	2625550	290502	431062	1642168	34.11	8.44	25.66
1954	552483	69003	86472	343197	2793402	313186	462214	1684697	39.94	9.95	29.99
1955	565774	76571	94496	342896	2938403	332186	498600	1718315	33.47	9.33	24.14
1956	607674	80104	101287	348381	3171029	372428	542060	1765480	30.05	7.16	22.89
1957	630505	94543	107673	352763	3272826	441211	569755	1802741	38.09	8.57	29.52

资料来源：西安市统计局编：《西安历史统计资料汇编》（1949—1989）第1分册，中国统计出版社，1991年。

注：西安1981年以前人口及1982年以前户数中，城区及郊区数中不含中央、省属单位，因此表中单项数据合计不等于总数。

三、人民公社时期

1958年，"政社合一"的人民公社推行，西安全市将46个城市街道办事处合并为25个，并在郊区农村建立了18个人民公社。同年11月4日，经国务院批准，将长安、蓝田、临潼、鄠县等县划归西安市，全市辖域面积扩大至6737平方千米。1960年5月20

日,经陕西省人民委员会批准,撤销莲湖、碑林、新城区,同时取消街道办事处建制,全市城市街道办事处和郊区人民公社合并为16个大型人民公社,每区设4个大公社,原街道办事处改为下设的分社。

1961年2月底,街道办事处建制恢复,16个大型人民公社被撤销。8月22日,又将蓝田、临潼、鄠县划出,全市辖域面积缩小为2417平方千米。1962年4月7日,经陕西省人民委员会批准,恢复新城、碑林、莲湖区建制,各区辖域恢复到1960年5月以前的界线。①

表3-5 西安市历次区划变动后当年全市人口一览表

年份	区划变动情况	总户数	总人口		
			小计	男	女
1954	内务部批准将长安县1镇44乡划入西安市	198912	1050981	606683	444298
1959	1958年国务院批准将长安、蓝田、临潼、鄠县划归西安市管辖	570811	3122307	1687308	1434999
1962	1961年蓝田、临潼、鄠县划出西安市	399204	2086522	1098151	988371

资料来源:西安市地方志编纂委员会:《西安市志》第1卷《总类》,西安出版社,1996年,第451页。

四、第一次国民经济调整时期

1965年9月20日,经陕西省人民委员会批准,撤销灞桥、雁塔、阿房、未央区建制,辖地合并为一个郊区②,并于小寨东路12号(今雁塔区人民政府驻地)设郊区人民委员会,统一管辖郊区农村人民公社,全市辖区减至4个。

五、城市化衰落时期

1966年6月,经国务院批准,分别将咸阳市划归西安为县级市③,将临潼县阎良镇划归西安市设阎良区。"文化大革命"(简称"文革")初,在城市区县街道改名风波中,西安市将新城、碑林、莲湖、阎良4区分别改名为东风、向阳、红卫、东红区,

---

① 史为乐编著:《中华人民共和国政区沿革》(1949—2002),人民出版社,2006年。
② 1980年3月2日,经陕西省人民政府批准,撤销西安市郊区,恢复灞桥、未央、雁塔区建制。
③ 1971年11月11日,咸阳市又重新划归咸阳专区。

1972年恢复原名。1978年12月，随着全国政局稳定，人民公社被撤销并重新恢复街道办事处，西安市行政建制沿革开始走向稳定。此时，全市土地面积增至2441平方千米，建成区面积为93平方千米，人口规模498.1万。

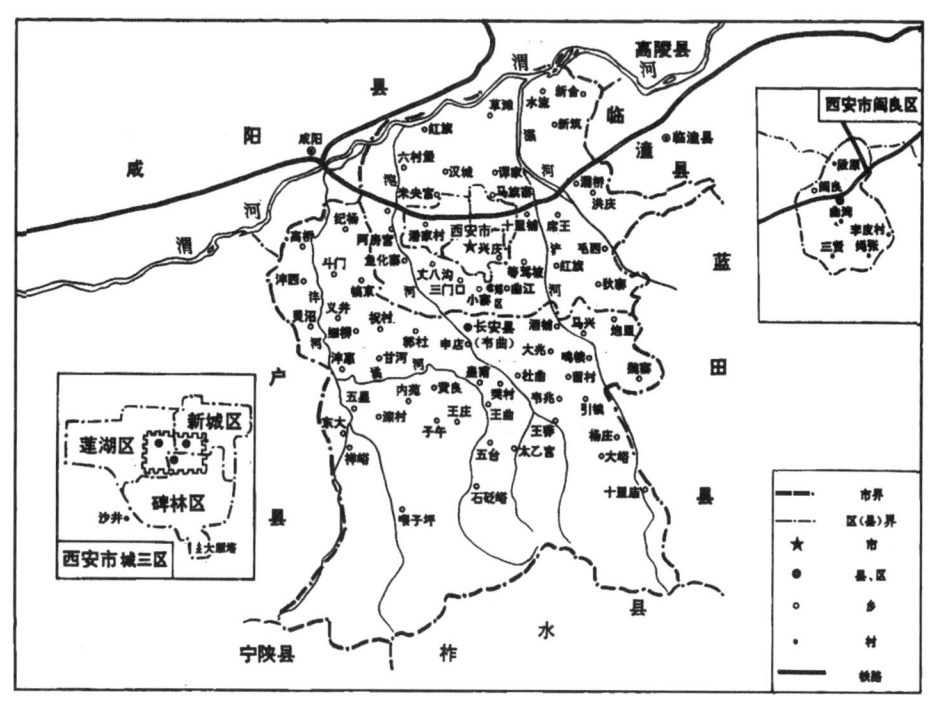

图 3-2　1972年西安市政区图

资料来源：西安市地方志编纂委员会：《西安市志》第1卷《总类》，西安出版社，1996年，第250页。

第二节
三年经济恢复时期（1949—1952年）

新中国成立后，在国家生产型城市建设方针的指引下，西安作为国家重点建设的工业城市之一，迎来了第一个建设高潮，城市发展与建设实践相继开展并进入城市恢复与发展初期，在此期间西安的发展可分为三年经济恢复时期和第一个五年计划时期两个阶段。

1949年3月，在中共七届二中全会上，毛泽东指出在全国胜利的条件下，党的工作重心必须由乡村转移到城市，并将生产建设作为城市工作的中心。在革命胜利以后，经济建设的目标是使中国"由农业国转变为工业国，把中国建设成为一个伟大的社会主义国家"。这个总目标要求建立现代化工业体系，建成社会主义，实现国家的社会主义工业化，深刻地影响了中国经济和社会结构的发展[①]，也决定了城市发展政策的方向和城市未来经济建设以工业建设为主的地位。中华人民共和国成立后，进入经济恢复时期，主要任务是人民政权的建立与巩固、城市经济的恢复与发展、城市基础设施建设与发展、都市计划的制定。战争后的西安城工商业萧条，市场混乱，加之在解放后的三年恢复阶段基本属于军管体制，重点是建立各级人民政权和向社会主义城市过渡。因此，尽管没有大规模的建设，但从城市性质、建制与规模、管理机构和建设等方面发生了较大改变。城市建设从战乱动荡中成功走出，得到了恢复和发展。

一、人民政权的建立与巩固

随着解放战争的不断胜利，中国人民解放军解放了许多大中城市。中国共产党的工

---

① 高连海：《社会变迁对城市空间结构的影响机制研究——以1949年以来西安市为例》，西北大学2009年硕士学位论文。

作重心逐步由乡村转向城市。在新的人民政权尚未建立之际，如何避免混乱，稳定城市秩序，平稳地完成由旧政权向新政权的过渡，如何接收和管理新解放的城市，成为迫切需要解决的问题。1949年5月20日西安解放后，面对国民党军事反扑威胁和社会秩序混乱、经济崩溃、民不聊生的局面，在市军管会领导下，集中力量进行接收接管，支援前线，肃清匪特，恢复生产，稳定物价，安定民生，为和平建设人民的新西安，创造了良好的开端。

图3-3　1949年5月20日，解放军进入市区，西安解放
资料来源：西安市地方志编纂委员会：《西安市志》第5卷《政治军事》，西安出版社，2000年。

（一）建立人民政权

1949年5月20日，中国人民解放军第一野战军第六军成功解放西安。5月24日，中国人民解放军西安市军事管制委员会（简称"市军管会"）成立，贺龙任主任。从此，西安市实行军事管制，由市军管会统一管理全市军事、民政等各项事务。随后，西安市人民政府与中共西安市委相继正式成立，指导全市完成接管工作，巩固城市社会治安，恢复生产生活秩序，建设新西安。[①]市政府成立后，依据陕甘宁边区政府命令，至年底设立了秘书处、公安局、民政局、教育局、财政局、建设局、工商局、卫生局、劳动

[①] 中共西安市委办公厅编：《中国共产党西安市委员会志》（1925.10—2002.7），2004年。

局、少数民族事务处、税务局、公共房产管理处、人民法院、中国人民银行西安市分行等14个工作机构，之后对工作机构进行适当调整，更改部分机构名称，并增设合作局、人民监察委员会、财政经济委员会、人事局、参事室、人民检察署、农林处、企业局等。各部门协同工作，为西安市社会秩序稳定奠定了基础。1949年7月，民主建政活动有序开展，各区在区人民政府领导下开始建立民主政权，城区居民按居住地段分片成立了2258个居民小

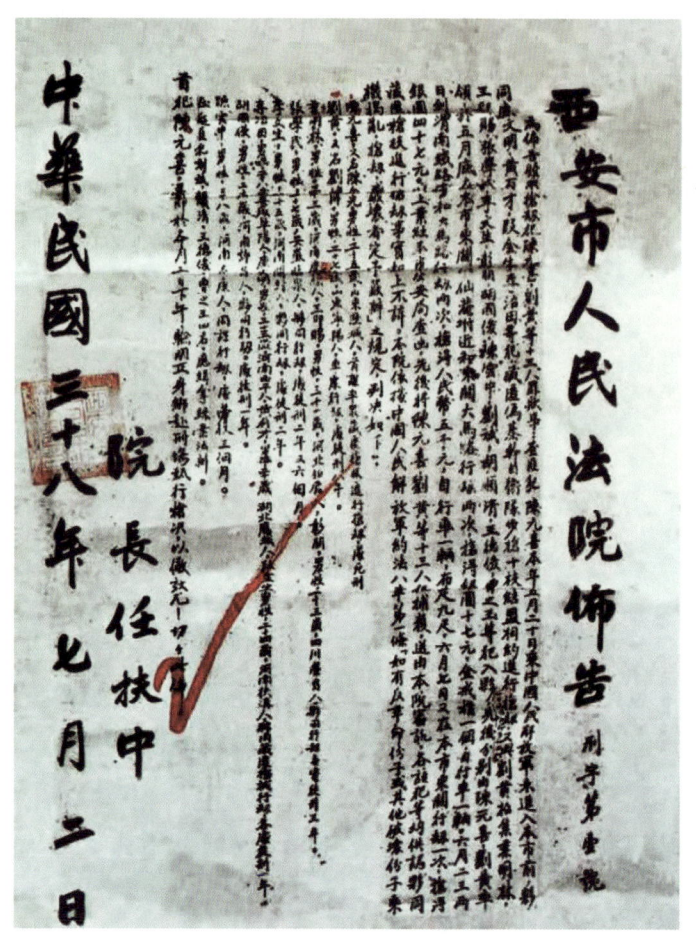

图3-4 西安市人民法院成立后，发布的第一张刑事判决布告

组，郊区农村成立了19个乡人民政府，民国时期沿用的保甲体系在民主建政过程中彻底被废止，人民政权逐渐建立。

（二）筹建群众组织

解放初期，西安市号召全市士农工商、民主人士、少数民族代表宣传讨论各项城市政策，以保证建立和巩固人民政权、复工复产以及稳固社会秩序等工作顺利开展，筹建市总工会、农民协会、学生联合会等诸多群众团体，一改解放初人民群众无组织状态，进一步巩固了民主政权。

（三）维护社会治安

解放初期，西安市社会治安仍然比较混乱，溃逃的国民党军队在西安至宝鸡沿线集结约20万之众，妄图进行军事反扑。反革命残余势力与土匪相勾结，在市内不断进行

各种破坏活动，5天内发生抢劫案百余起。另有特务四处潜伏，散布谣言，甚至有打黑枪、暗杀等破坏活动。市军管会、市政府成立后立即采取措施重点解决社会治安问题。1949年5月24日，市军管会设公安处（1949年10月1日改为市政府公安局），主管社会治安，并在12个区相继成立12个公安分局及所属50个分驻所。市军管会颁布多项政令，宣传并号召对国民党特务机关和组织人员以及非法、私人武装进行登记。公安处就旅店、娱乐场和户籍管理等分别推出暂行规定和办法。其中户籍管理方面，组织干警进行户口登记，初步掌握全市户口情况，排查嫌疑户口，查出一批隐藏的敌伪人员、逃亡地主和国民党散兵游勇。同时动员各界力量，宣传党的政策，发动群众清匪肃特，安定社会秩序。

截至1949年7月底，共登记国民党士兵4000多人，收缴各类非法枪支1000余支。到年底，捕获国民党特务潜伏小队21个，抓捕重要特务120多人，登记特务381人，破获抢劫案件108起，抓捕土匪285名，含匪首20余人。1949年12月起，开展冬防巡逻活动，3万余名群众参加巡逻。3个月内，破获33起特务破坏案、土匪抢劫案和660起偷窃案，其中靠群众力量破获的案件约占30%，全市治安状况逐步好转。[①]

（四）救济、安置失业人员

西安解放初，仍面临庞大的无业人群，不少人过着半饥半饱的生活。1949年8月，据对解放门内1088户3963人的调查，31.7%的人只能勉强吃饱或挨饿，57%的人虽能吃饱穿暖，但一遇意外灾难即陷入困境，生活较富裕者只占11.3%。除去店家和小商人，在864户居民3017人中，较富裕者只占3%强，96%以上的人只能临时吃饱或挨饿。在3963人中，有68%以上的人员只消费不生产。1949年9月，副市长方仲如在市各界代表会第二次会议上提出生产就业方案，规定就业对象是：①社会游民、乞丐、妓女、地痞、流氓、散兵游勇、小偷等；②无正当职业的敌伪军官及逃亡敌军的家属；③失业工人及公教人员；④人力车、架子车夫及苦力；⑤资本不足难以维持生活的小摊贩；⑥逃亡地主；⑦逃荒难民。就业方向是：①凡原籍有土地房屋或无土地房屋回原籍后能分得土地从事生产者，动员回原籍生产。②凡原籍一无所有但有劳动能力者，动员赴凤翔县千山垦区垦荒或去铜川煤矿挖煤。③凡有一定生产技能者，或介绍职业，或组织生产合

[①] 西安市地方志编纂委员会：《西安市志》第5卷《政治军事》，西安出版社，2000年，第456页。

作社；生产萧条但有发展前途者，或贷款，或解决其原材料及产品销路的困难；无生产前途者，协助转业。④凡失业公教人员，经登记调查后，或介绍学习，或介绍外地工作，或就地介绍职业。⑤凡老幼残疾完全依靠他人施舍维持生活者，收容于救济院或其他慈善机构教养。

1949年10月起，西安市移民办事处、劳动习艺所、失业工人救济委员会（失业工人救济处）、处理乞丐委员会相继成立，收容、救济、改造无业人员。历经4个月，共计收容乞丐、小偷、无业游民等816人，并对其进行教育改造，部分进行就业安置。至1950年4月15日，动员贫苦市民和难民回原籍4905户12859人，赴千山垦区开荒1299户6105人，赴铜川挖煤110户283人。放贷面粉3607袋（79354公斤），扶助2000人就地从事生产、5000余名失业者安置就业，登记安置解放前失业公教人员595人。西安市政府通过各方面措施救济、安置失业人员，解决了部分人的就业和生活问题，使人民生活初步得到保障，进一步巩固了政局的稳定。

图 3-5　西安解放初，公安机关收容乞丐、无业游民

资料来源：西安市地方志编纂委员会：《西安市志》第5卷《政治军事》，西安出版社，2000年。

二、城市经济的恢复与发展

根据中共七届二中全会制定的以恢复发展生产为中心任务和《共同纲领》确定的经济政策,新中国以恢复和发展经济为一切工作的中心。从1949年开始,稳定物价、统一财经是恢复发展国民经济的一项重要措施。打击投机商,稳定物价,政府开始控制金融体制,统一财经掌握了主要产品的市场定价权,进而取得主要商品市场的领导权。统一财经是将全国主要财经由中央集中统一管理,改变解放区时期以地方为主的财经管理办法,解决了中央财政赤字问题,掌握了全国的财经,并纳入统一计划管理。这些政策有利于计划经济的形成。

(一) 稳定物价,统一财经

解放之初,经济上千疮百孔,生产萎缩,交通梗阻,失业者众多,物价飞涨,投机猖獗,市场混乱,民国时期遗留下来的通货膨胀之患依然严重,一些资本家借机制造市场混乱,企图制造新的经济危机,导致物价上涨逾数十倍。据统计,西安市1950年5月与1949年12月相比,小麦价格上涨53.5倍,棉花上涨61倍,煤炭上涨59倍,粮食、煤炭等生活必需品供应不足。对此,市军管会颁布一系列有效经济政策,以稳定物价,抑制通货膨胀:调配一大批粮、棉、布、煤等生活必需物资投入市场;除唯一合法货币人民币外,黄金、银圆、外币等非法货币禁止在市场流通,以此打击非法商贩;鼓励国营工商业与供销社商业发展,以加强国营商业的主导地位。

1950年3月,西安市财政危机基本缓解,开始进入经济恢复时期,当年生产建设、财政收支等各项事业取得重要进展,财政收入完成计划任务的107%,财政支出节约60%。在克服解放初期经济萎缩等困难后,接收的民国时期遗留下来的工商业基本保存下来,并逐步得到调整和改进。主要工厂的生产、管理和经营状况得到改善。在国营经济主导下,西安市初步建立了新的市场秩序,有效地制止了通货膨胀,市场物价趋于稳定合理,5种主要商品价格较上年仅上涨3.9%。人民币信用提升,市场流通量增大,为人民生活的安定、工农业生产的恢复和发展创造了稳定的环境。①

(二) 没收官僚资本

1949年9月30日,中国人民政治协商会议通过了《共同纲领》。没收官僚资本归人

---

① 西安市地方志编纂委员会:《西安市志》第4卷《经济》(下),西安出版社,2004年,第17页。

民的国家所有,是《共同纲领》规定的一项重要任务。随着接管城市过程中没收官僚资本企业,新中国的国营经济逐步建立起来。1949年6月6日起,市军管会开始取缔国民党在西安的所有特务机关和组织,并没收其武器、共有资产、档案资料等,对国民党特务、兵警及政员,视情况分别予以收押、改造和批评教育。随后,市军管会采取自上而下不打乱原来机构的方式,没收大批民国时期延续下来的官僚资本并转为国家经营,实行民主管理,恢复生产和业务。没收和接管的官僚资本企事业主要有中央银行、中国银行、交通银行、中国农民银行、中央信托局、邮政储金汇业局、合作金库等金融机构在陕分支机构,雍兴公司及其所属的西京机器厂、西安皮革厂、和丰面粉厂等官僚资本工业企业,国民党军队后勤系统的染整、制革、汽车修理、机器制造等军需工业企业,中国农业供销公司、中国石油公司西安营业所、晋福煤业公司等商业公司,电厂、铁路、公路、电信、邮政、水利等多种公用事业。①加上从陕北和晋绥老解放区迁来一批国营企业,筹资新建一批国营企业(如中共中央西北局投资兴建的新华石棉加工厂等),使西安市社会主义性质的国营企业规模迅速增大。至1949年7月下旬,相继共接管国民党省、市政府及军事警局、铁路交通、邮政通信、文教金融等大小单位240余家,人员25675人,对接管人员进行思政教育改造后录用,保持发挥其原有事业优势并逐渐复工复产。在没收官僚资本并转为国家经营和不触动私人资本的情况下,初步奠定了西安市国营经济的主导地位。

表3-6 1949年主要没收和接管的官僚资本企事业一览表

类别	企事业单位
金融机构	中央银行、中国银行、交通银行、中国农民银行、中央信托局、邮政储金汇业局、合作金库等在陕分支机构
官僚资本工业企业	雍兴公司及其所属的西京机器厂、西安皮革厂、和丰面粉厂等
军需工业企业	国民党军队后勤系统的染整、制革、汽车修理、机器制造等工业企业
商业公司	中国农业供销公司、中国石油公司西安营业所、晋福煤业公司等
公用事业	电厂、铁路、公路、电信、邮政、水利等

资料来源:西安市地方志编纂委员会:《西安市志》第3卷《经济》(上),西安出版社,2003年,第13页。

---

① 赵炳章、何金铭主编:《陕西通史·中华人民共和国卷》,陕西师范大学出版社,1997年。

（三）土地改革，减租减息

西安市人民政府贯彻依靠贫农、雇农，团结中农，中立富农，有步骤有分别地消灭封建剥削制度，发展农业生产的路线。1950年5月31日，市政府颁布《西安市郊区农田减租办法》，减租减息运动全面展开，规定所有出租土地一律在原租额基础上减25%，解放前农民欠交地主、富农的地租一律免交。同年12月18日，西安市土地改革委员会成立，市长方仲如任主任委员。次年2月，土地改革运动全面落实至全市各农村地区。运动中没收并征收地主和旧式富农部分土地，留以等同贫下中农分得的等量土地；团结、保护中农及小面积土地租赁者；依法保护富商名下的私营作坊、商店、工厂等，促进城乡工商业经济的恢复与发展。至1951年11月，土地改革运动结束，共没收并征用39031亩土地，分配给没有土地的农民，全市53.4%的贫雇农分到了土地，人均耕地由1.27亩增加至1.87亩。此外，对没收的牲畜、农用机、铁木农具等生产工具也进行合理分配。至1952年年底，全市有效农田灌溉面积由78.9万亩增至113.5万亩，农业总产值由2.55亿元增至3.08亿元。

1951年12月，开始派干部帮助农民在自愿的基础上建立互助组。至1952年年底，全市共建立互助组2013个。

土地改革彻底废除了封建土地所有制，极大提高了农民劳作积极性，解放了农村生产力，主要农产品产量逐年增多，农业经济得到极大改善和发展。

表3-7　1949—1952年西安市主要农产品产量表　　　　　　单位：吨

年份	粮食	棉花	蔬菜	肉类	奶类	禽蛋
1949	455917	14293	34768	2260	989	1176
1950	472205	14100	34461	2538	1167	1239
1951	603546	21678	39610	2626	1333	1627
1952	550788	17377	52750	2827	1674	1756

资料来源：西安市地方志编纂委员会：《西安市志》第3卷《经济》（上），西安出版社，2003年，第14页。

（四）扶植工商业复工复产

在城区贯彻执行中央人民政府关于调整工商业的指示，合理调整公私关系、劳资关系和产销关系，把改造工业、争取财政作为中心任务。1949年7月5日，西安市开始历时

2个月的工商业登记，查清全市工商业的户数、资金、人员情况。至12月底西安市人民银行共计发放300余万贷款以帮助各公私企业恢复与发展运作，解决资金、原料、燃料及产品销售方面的困难，扶植其尽快复工复业。从1950年4月起，实施工业轻于商业的税收政策，有重点地发放生产贷款，支持困难企业，并鼓励小型企业合伙经营和产销联营。1950年年底，全市私营工业企业较1949年增加210家，有1390家手工业者组成84家工厂实行产销联营，生产效率和产品质量均有不同程度提高。1951年4月，市政府颁布《西安市加工定货管理暂行办法》，成立加工定货委员会，对有利国计民生的私营工业实行加工定货，发放原材料，收购产品，促进发展。1952年10月，会同陕西省人民政府在新城广场举办大型物资交流会，吸引西北、华北、华东、中南、西南等5个大区的主要城市和省内各专区组成47个代表团1185人参加交流，成交额达2900多万元。同时，市人民政府在财政比较困难的情况下还新建西北纺织印染股份公司（即新西北印染厂，今陕西三印）、人民面粉厂和西安油漆厂等3家企业，并开始筹建西安纺织厂（今陕西第十棉纺织厂），进一步壮大了地方国营工业企业。[①]1952年年底，私营工业企业接受加工定货的产值占到总产值的73.09%，且有华峰面粉公司等6家工业企业实行公私合营；市属地方国营工业企业由1949年的9家增至52家；市属工业总产值达到15669.3万元，较1949年增长82.78%。对334家私营批发商，实行按行业归口管理，多数接受代理批发业务，少数批准转业或转为零售。对4187家私营零售商，区别不同情况，实行经销或代销。

截至1952年年底，西安市工业企业发展迅猛，由解放初的1698家增至2410家，其中国营企业由25家增至77家，集体所有制企业由22家增至68家。全市工业企业职工由2.16万人增至3.47万人，其中国营企业职员由8700人增至1.74万人，集体所有制企业职工由1.29万人增至1.73万人。全市工业总产值由1949年的1.09亿元增至2.33亿元，其中国营企业生产值由2100万元增至9800万元，集体所有制企业生产值由200万元增至400万元，私营企业和其他企业由8600万元增至1.31亿元。从轻、重工业方面来说，轻工业生产总值由1.026亿元增至2.06亿元，重工业生产总值由0.067亿元增至0.269亿元。主要工业产品有传统产品如电力、砖瓦、棉布、面油、步犁、水轮、火柴等，新增产品有变压器、水泥管、石棉制品、搪瓷制品、六六六原粉、交流电机等。

---

① 西安市地方志编纂委员会：《西安市志》第5卷《政治军事》，西安出版社，2000年，第459页。

表 3-8　1949—1952 年西安市工商业经济主要指标一览表

年份	发电量（万千瓦时）	水车（具）	水泥管（吨）	六六六原粉（吨）	棉纱（吨）	棉布（万米）	搪瓷制品（万个）	步犁（具）
1949	917	—	—	—	2748	3238	—	—
1950	1027	631	—	—	2716	3757	—	629
1951	1800	5719	—	—	3030	4975	—	28530
1952	3337	19888	3750	109	4479	4691	129	90584

资料来源：西安市地方志编纂委员会：《西安市志》第3卷《经济》（上），西安出版社，2003年，第14页。

（五）自然灾害的影响

三年间西安市自然灾害影响不断。1949年，持续了40多天秋雨，致使渭河、泾河、沣河、浐河涨潮严重，沿岸36.5万亩农田被淹没，农作物减产超过一半，洪水摧毁房屋5640间，导致37人死亡，50余人受伤。1952年，入秋后阴雨连月，黑河河堤决口，大量农田被淹没，粮棉产量剧减，受灾最为严重的盩厔县，25.82万亩农田被淹没，597间房屋被摧毁，受灾逾10万人。

三、城市基础设施建设发展

新中国成立前，我国大多数城市工业基础薄弱，布局极不合理；市政设施及福利事业落后，居住条件恶劣；城市化程度很低，发展也不平衡，内地许多城镇还停留在封建时代，根本没有现代工业与设施。新中国成立之初，城市面临着医治战争创伤，消除旧社会腐朽恶习，建设新的社会秩序，恢复生产，安定人民生活等重要问题，百业待兴。1949年8月，西安市人民政府设立建设局，统一管理涉及城市建设的各项业务，建设局下设建筑审查、市容整顿、工务、材料、工程、农林、畜牧、水电、公用、交通等股室。1950年11月，成立西安市建设计划委员会，专门处理规划城市建设有关事项。虽然没有开始全面的城市规划建设活动，但技术人员对城市市政基础设施、公共事业等基本建设方面提出了很多历史实践经验。

（一）市政设施建设

西安的街巷坊道历史悠久，受历史影响，其整齐对称，直角方正，井然有序。城市

图 3-6 西安新城广场旧貌

资料来源：西安市地方志编纂委员会：《西安市志》第2卷《城市基础设施》，西安出版社，2000年。

街坊道路主要形成于明清和民国时期，少数可追溯到隋唐和宋元时期，其大多以府衙、庙堂、寺庙、行业、方位、序数等命名；城外道路大部分形成于新中国成立之后，部分形成于明清或民国时期。解放后，西安的城市道路发展迅猛。市政府首先对东、西、南、北大街和解放路、钟楼盘道、建国路等数十条城市主要道路进行翻、改建和扩建，按城市道路等级分别将原有道路修建为水泥混凝土路面、水泥砂浆结碎石路面、泥结碎石路面，拓宽钟楼盘道，开辟东门盘道、西门盘道、玉祥门、尚勤路、东五路等5处城墙缺口，改建新城广场和解放路火车站广场，完成雁塔路与环城道路等路基工程。截至1952年年底，市区新建城市道路122.8千米，面积达113.4万平方米。

这一时期，西安改建了新城广场与火车站广场，分别作为政治、经济、文化等社会活动和交通活动集散地。新城广场位于城区中心偏东北，始建于民国十六年（1927年），1952年改建时，拆除部分戏楼、城楼以及残存的炮台，新建长436米、宽17.5米的道路打通东新街与西新街，并以此标准将南新街延建长118米、宽15.5米的道路，与东、西新街相接，新建后的新城广场成为重大活动和节日集会的中心。火车站广场位于东北城外解放路北端，始建于民国二十三年（1934年）。解放后，西安火车站客货运量日益繁重，原广场不堪重负，遂于1952年启动火车站广场改建工程，将解放门城门和护城河拱桥拆除并向南扩建。新扩建的火车站广场东西长130米，南北宽110米，面积13164平方米，成为西安市重要的交通集散中心和对外交通门户。

解放初，全市大部分道路没有电源路灯，路灯覆盖道路仅有90千米，共计电源路灯1096盏且因电力不足，时明时灭。1950年10月，西安市路灯管理委员会成立。1951年，便着手筹建路灯线路，于大差市至东门地段、广济街口、西华门街口、解放路街口、钟楼盘道以及东关、西关地区新增路灯线路，并在市区重要地段增设路灯。至1952年，全市路灯线路增至164千米，路灯量增至1964盏。

图 3-7 西安火车站广场旧貌

资料来源：西安市地方志编纂委员会：《西安市志》第2卷《城市基础设施》，西安出版社，2000年。

（二）公用服务事业发展

解放时，西安市公用事业凋敝，供水、交通、邮政通信设施落后，环境卫生等破败不堪。城区共计64眼水井，其中公用"甜水"井仅有9处，每日供应只有500立方米，城区仅有一半人口可饮到"甜水"。城市公共汽车共计21辆，其中能勉强运营的仅17辆，仅有的2条线路服务路程总长7千米，远远不能满足人们的出行需要，故城市公共交通仍以人力车为主。市内仅有的8个邮政支局多由商家兼营，市内电话实装仅1089户，公用电话51部，邮政通信条件不便。此外，西安市环境卫生条件恶劣，"垃圾堆积甚多，旧有垃圾箱多半损坏，不堪使用，去年早有建设垃圾坑之决议，呈请省政府新置未蒙邀准"，"故致垃圾随地堆放，苍蝇丛集，臭气扑鼻，常招市民之怨。去年9月呈准修建十座公共厕所的款项，由于物价暴涨，迄今仅建设标准厕所三处"。①

1951年，西安市建设局自来水工程处成立伊始，便筹备城市供水建设，于次年10月建成西安市第一座自来水厂并开始供应自来水，市民引用浅层井水的历史至此结束。同时，公共汽车线路陆续恢复营运并逐步延伸服务范围。1950年4月1日，西安市公共汽车管理处成立，逐步恢复发展城市公共交通。截至1952年末，在延伸原1、2路线服务范围

---

① 西安市政府卫生科：《复员后西安卫生行政计划草案》，民国三十七年。

的基础上，新辟公共汽车线路2条，增加营运车辆18辆，公共交通线路总长延至23.85千米，共设29个站点，站距平均0.82千米。

表3-9　1949—1952年西安市公共汽车客运指标一览表

年份	公交运营车辆（辆）	客运量（万人次）	乘客周转量（万人千米）	行驶里程（万千米）	客运收入（万元）
1949	17	72.53	144	9.46	7.77
1950	20	83.32	185	18.33	9.98
1951	26	110.92	317	25.76	14.88
1952	35	263.45	683	32.50	24.18

资料来源：西安市地方志编纂委员会：《西安市志》第2卷《城市基础设施》，西安出版社，2000年，第217页。

解放后，西安市调整邮政局所网点，恢复火车站支局，增设中山大街支局、小寨支局、胡家庙支局、土门支局等22个支局。同时，对原有话网范围内电话进行充实改善，增设30处公用电话传呼站，增装上千部交换机，截至1952年年底，全市电话容量增至2200门，邮政通信条件得到极大改善。市容环境卫生方面，西安市积极通过改善城市环卫设施，改进清洁工具，完善环卫相关的规章条例等措施改变市容市貌，1949年5月，西安市清洁队成立，由其负责城市主要街巷和公共广场的清洁工作。同时，发动人民群众义务清理垃圾，消灭蚊虫，要求沿街商户和住户清扫临近一般街巷路口。这些举措逐渐改善了西安市城市容貌和环卫状况。在社会日趋稳定、经济恢复发展的同时，其他公用事业也得到飞速发展。截至1952年末，市区新建城市道路122.8千米，下水管道23.9千米，公路27.9千米，3年内公路货运量年均增长43.8%。1950年5月7日解放电影院正式开业，西安市始有公众影院，极大丰富了人民文化生活；卫生单位增长1.6倍，床位增长1.8倍，医务人员数增长1.7倍，城市卫生问题逐步改善，各项社会事业日新月异，发展势态良好。

四、西安市三版都市计划

1950—1952年，西安市先后编制三版都市计划，以指导国民经济恢复时期的城市建设。

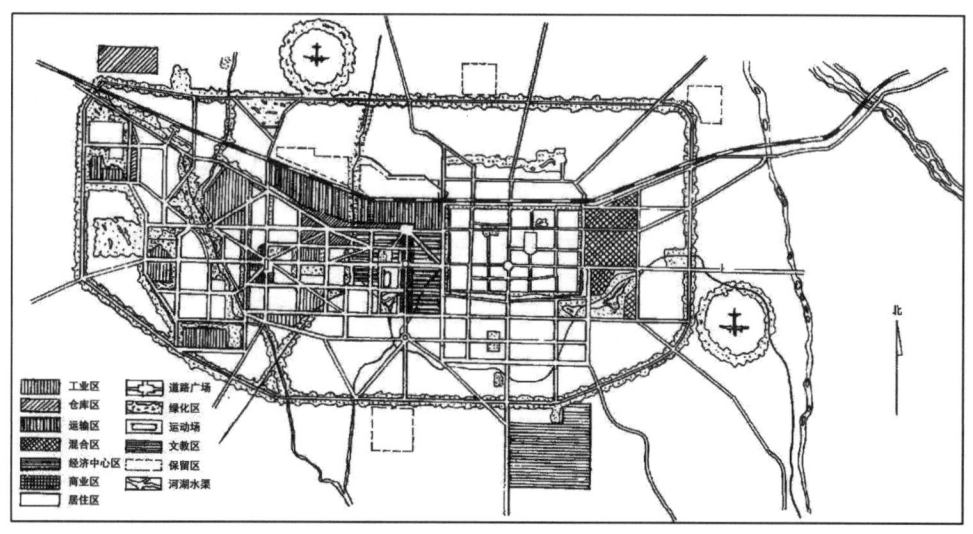

图 3-8 西安市都市计划蓝图（1950 年）

资料来源：西安市地方志编纂委员会：《西安市志》第2卷《城市基础设施》，西安出版社，2000年，第27页。

（一）1950 年都市计划

新中国成立伊始，在市长方仲如的指示下，西安市于1950年下半年编制出第一版都市计划，计划内容如下：城市布局以西郊为重，将城西至土门一带作为经济中心，市商业中心作为城市中心，西仓与新城分别作为市行政中心和西北区行政中心。城市功能区划分为面粉工业区、机械工业区、商业区、经济中心区、混合工业区、高等教育区等[①]。各区域内生产区与居住区相近，为员工通勤提供便利。城市道路网通常由向外延伸的旧道路组成，城市发展规划人口为125万。

（二）1951 年都市计划

1951年6月，西安市重新编制都市计划，延续工业区与住区混合布置的思路，另增30平方千米城市面积，当时西郊3507厂、544厂等企业均据此规划方案建设布局。

（三）1952 年都市计划

1952年，西安市在前两版都市计划的基础上，借鉴苏联城市规划经验和方法，编制了第三版都市计划。该计划一改之前向西郊扩展的布局思路，以钟楼和西华门地段为市中心，将旧城作为中心进行扩展，东至浐河西岸，西到皂河，南到吴家坟，北到龙首村。以旧城道路为基础向外延伸构成城市路网，并在城区东南、西南方规划了部分斜

---

① 《当代中国》丛书编辑部：《当代中国的城市建设》，中国社会科学出版社，1990年，第214页。

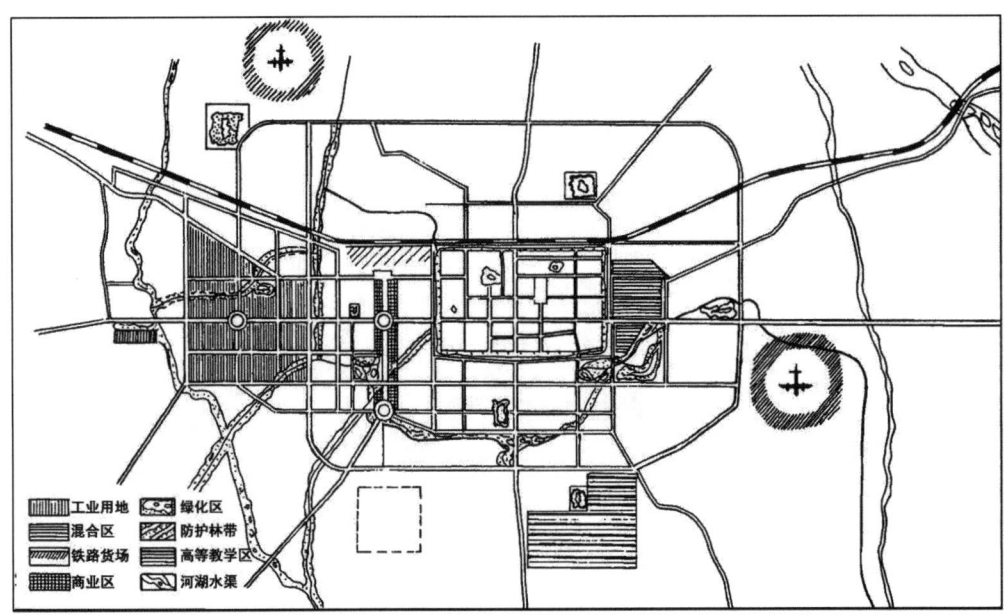

图 3-9 西安市都市计划蓝图（1952年）

资料来源：西安市地方志编纂委员会：《西安市志》第2卷《城市基础设施》，西安出版社，2000年，第28页。

路。此外，该规划取消了工业区与住区混合布置的思路，改为集中布置大面积工业区。于东郊规划兴建灞桥热电厂，西郊作为仓库区并建西安纺织厂、新西北印染厂、人民面粉厂、西北制药厂等，南郊为文教区，建设西安师范学院、西北财政干部学校、西北工会干部学校、陕西师范学院等高等院校。

五、三年建设成果

经过三年的努力，西安市在恢复经济的同时，开展了抗美援朝、镇压反革命、"三反""五反"运动，以及禁毒肃毒、取缔妓院、宣传贯彻《婚姻法》等，促进各项社会改革步步深入。截至1952年年底，国民经济恢复的任务基本完成，西安的城市社会结构基本改组完毕，建立了社会主义国营经济领导下的多种经济成分并存的新民主主义经济，全市社会经济面貌发生显著变化。全市国民生产总值较1949年增长78.3%，工业总产值比1949年增长1.1倍（其中市属工业总产值增长82.78%），农业总产值比1949年增长34.76%，手工业总产值增长65%，社会商品零售总额比1950年增长61.75%，地方财政收入比1950年增长2.4倍。主要工业产品产量超过解放前历史最高水平。西安市产业结构也发生了明显变化。1949年，西安国内生产总值只有1.89亿元（按当年现行价格计算，下同）。其中第一产业占60.32%，第二产业占17.99%，第三产业占21.69%。第一产业内部（由总产值计算，以下如遇产业内部结构分析，均同），种植业占90.76%，林业占0.58%，牧业占7%，副业占1.66%，渔业很小，几乎不占比例；第二产业内部，轻工业主要是手工业占93.86%，重工业占6.14%。到1952年，西安市国内生产总值上升到3.37亿元，比1950年增长36.64%（按可比价格计算，下同）。产业结构也起了变化，第一产业已缩小到47.18%，第二产业上升到26.11%，第三产业上升到26.71%，一直占比重较小的第二产业已逐步赶上第三产业的比重。第一产业内部，种植业所占比重略降，其他各业所占比重稍升；第二产业内部，工业为87.3%，建筑业升至12.7%。工业构成中，轻工业占88.47%，重工业则升至11.53%。生产发展已初见成效。在全市以国营为主、私营为辅的方针影响下，共有国营企业43家，私营工业户1741家，总产值1.1亿元。在城市，通过民主改革等运动有效巩固新生政权，维护社会稳定。在农村，通过减租减息和土地改革，废除封建地主土地所有制，解放了生产力。各项城市基础设施与公共服务事业也取得了重大成就，计划经济已在西安初具基础，人们物质生活水平也不断提高，精神生活日趋丰富，全市的社会各个方面都得到了很大发展，西安市社会面貌和经济发展情景一片大好。

表3-10　1949—1952年西安市社会经济主要指标一览表　　　　单位：亿元

年份	社会总产值	国内生产总值	国民收入	财政收入	财政支出	基本建设投资完成额	社会商品零售总额	居民银行存款
1949	2.84	1.89	1.62	0.04	0.02	—	—	—
1950	3.24	2.19	1.80	0.19	0.06	0.04	1.51	0.01
1951	4.41	2.96	2.45	0.37	0.12	0.28	2.35	0.12
1952	5.16	3.37	2.67	0.53	0.29	0.44	2.35	0.18

资料来源：西安市地方志编纂委员会：《西安市志》第3卷《经济》（上），西安出版社，2003年，第15页。

第三节
第一个五年计划时期（1953—1957年）

1952年年底，我国国民经济得到根本好转，工业生产已经超过历史最高水平。在国民经济迅速恢复和发展的基础上，从1953年起，我国开始进行大规模的经济建设，实现社会主义工业化。为了有计划地进行社会主义建设，中央财政委员会编制发展国民经济的第一个五年计划，第一个五年计划的中心是工业建设，根据过渡时期总路线的要求，国家规定"一五"期间计划的基本任务是：集中主要力量进行以苏联帮助中国设计的156家建设单位为中心的、由限额以上694家建设单位组成的工业建设，建立中国社会主义工业化的初步基础。

1953年，国民经济第一个五年计划开始实施，计划经济的雏形正式形成。西北是"一五"时期建设的重点，作为当时西北大区的首府，西安所在的关中地区农业发达，矿产资源丰饶，城市人口众多。其位于陇海铁路沿线，交通区位优势显著，是连接西南、西北的交通中心。因此，西安被确定为全国8个重点建设城市之一。在变"消费型城市"为"生产型城市"的方针指导下，一大批以重工业发展为主的经济建设活动陆续展开，西安先后兴建了一批机械制造、电气电力、纺织、航空、精密仪器制造和国防等大型工业企业项目，形成军工区、纺织区、航天区等工业区，为西安的经济发展奠定了良好的基础。

一、城市政治经济发展

1953年6月，中共中央政治局正式讨论和制定了中国共产党在过渡时期的总路线："从中华人民共和国成立，到社会主义改造基本完成，这是一个过渡时期。党在这个过渡时期的总路线和总任务，是要在一个相当长的时期内，逐步实现国家的社会主义工业化，并逐步实现国家对农业、对手工业和对资本主义工商业的社会主义改造。"过渡时期总路线的特点是社会主义工业化和社会主义改造同时并举，以工业化为主体，三大改造为两翼，二者相互适应，相互促进，协调发展，从而逐步实现国家的社会主义工业化，进入社会主义阶段。从1953年开始，西安市以贯彻中国共产党在过渡时期的总路线为中心，对农业、手工业和资本主义工商业进行社会主义改造，开始执行第一个五年计划。

（一）农业合作化改造

1953年12月，西安市在郊区农村推行农业合作社运动。至1954年年底，郊区800余户农户加入，组建了26个初级合作社；1955年年底，44478户农户加入，占郊区农户的84.29%，组建了967个农业合作社，其中11个高级合作社；1956年年底，高级合作社数量增至627个。历时近3年，郊区的农业社会主义改造基本完成。

各农业合作社在消灭土地私有制的基础上，将所有土地收归合作社所有，按照按劳分配、多劳多得的原则进行分配，坚持勤俭办社，主要实行包工、包产、包投资的管理制度。合作社农田有效灌溉面积、机耕面积、化肥施用量都有所增加，农民劳动生产效率极大提高，粮食、棉花等农产品的人均产量大幅超过个体农户的产量，为共同富裕创造了可能。然而运动后期，由于政社不分、管理不善、急功近利等问题，未能继续发挥合作社优势，农业产值增减情况波动较大，很不稳定，10.32%左右的农户年收入不增反减，1957年，全市粮食产量甚至减少了三成。

表3-11 "一五"期间西安市农业主要经济指标表

年份	农业总产值（万元）	粮食总产量（万吨）	水浇地面积（万亩）	机电灌溉面积（万亩）	机耕面积（万亩）	化肥施用量（吨）
1953	23613.4	70.74	107.11	0.16	0.63	2314
1954	23711.5	71.15	114.41	0.14	0.89	3818
1955	22577.6	68.16	129.96	0.03	4.11	8183
1956	27374.2	84.26	179.49	17.16	13.51	12956
1957	24627.6	61.61	203.75	27.27	27.24	15000

资料来源：西安市地方志编纂委员会：《西安市志》第3卷《经济》（上），西安出版社，2003年，第15页。

这一时期,各种自然灾害仍对农业发展造成严重威胁。1954年8月,西安全境暴雨3日,河水暴涨,大量农田被淹没,仅临潼县冲毁农田6.43万亩。同年9月,沣河多处决口,淹没沿岸农田。1957年7月,西安遭遇半月有余的暴雨袭击,导致山洪暴发,81处河堤决口,8288间房屋被摧毁,55.93万亩农田被淹没,农业生产损失惨重。

(二)手工业社会主义改造

1953年初,全市手工作坊近8000个,从业手工业者近2万人,生产总值3496万元。西安市手工业生产合作社筹备委员会成立后,通过生产小组、供销生产合作社和生产合作社等形式开展手工业改造运动。至1956年春,全市共建手工业生产合作社352个,全市九成以上约21860名手工业从业者入社,基本实现手工业合作化。1957年年底,合作社手工业生产总值达6363.3万元,较1953年增长了1.77倍。手工业改造后期,西安市委及时撤销一批非法经营点,纠正了盲目集中的问题,保证了手工业社会主义改造的顺利进行。

表 3-12 "一五"期间西安市手工业合作社发展统计

年份	合作社(组)数量	社(组)员人数	年生产总值(万元)
1953	15	840	358.78
1954	168	4212	837.58
1955	244	9717	1640
1956	352	21860	6186
1957	319	21553	6363.3

资料来源:西安市地方志编纂委员会:《西安市志》第5卷《政治军事》,西安出版社,2000年,第58页。

(三)工商业社会主义改造

1954年1月,西安市根据中央《公私合营工业企业条例》,有计划地开展社会主义工商业改造运动,推行公私合营,通过调整不同私营企业的公私关系、产销关系、劳资关系,不同程度地为大部分私营工商业分配加工制作、统购包销的国家任务,促进工商业改造的发展。1956年1月13日,工商业社会主义改造全部完成,至年底全市各类公私合营网点达2万多个,工商业经营者31176人,工商业市场活跃发展迅速。

1956年,西安市农业、手工业和资本主义工商业的社会主义改造任务完成,逐步建立起以国营经济为主导的社会主义经济体系。全市郊区组建高级农业生产合作社627

个,加入高社入社农户占郊区总农户的99.32%;手工业者除保留2000人流动服务外,入社社员占手工业者总数的91.6%;资本主义工商业4082户,全部实行全行业公私合营。全市社会经济结构发生显著变化,国营经济、合作社经济、国家资本主义经济成分占绝对优势。在工业总产值中,国营经济占65.65%,国家资本主义经济占33.97%,合作社经济占0.38%。农村经济基本上纳入合作社经济轨道。社会主义三大改造的完成,标志着我国以公有制为基础、以中央集权主导、以行政指令配置国家资源的计划经济模式基本建立。

图3-10 1956年2月12日,西安市各届60多万人集会,庆祝社会主义改造胜利完成

资料来源:西安市地方志编纂委员会:《西安市志》第5卷《政治军事》,西安出版社,2000年。

二、生产型城市建设

1953—1957年,西安市政府(市人委)以贯彻执行中国共产党过渡时期的总路线为中心,对农业、手工业和资本主义工商业进行社会主义改造,制定并执行第一个五年建设计划,进行大规模、有计划的生产型城市建设。

从1953年开始,西安市政府以支援国家重点建设工程为中心任务,统筹兼顾,全面安排,既保证国家在西安的工业、文教建设重点项目顺利进行,又使地方工业和文教、卫生事业相应发展。

同时,西安市人委围绕支援国家重点工程建设的中心任务,贯彻执行为大工业和农业生产服务、为城乡人民生活服务的方针,因地制宜地发展地方工业。1955年3月,将市企业局改为市地方工业局,加强对10家地方国营工厂和16家公私合营工厂的领导和管理。"一五"期间，用于发展地方工业的基本建设投资3494.8万元，占市属基建总投资的27.2%，仅次于城市公用事业的投资，居第二位。新建了一批包括印染、机械、建筑材料、木材加工、金属制品、医药化工以及纺织、食品、玻璃、印刷等行业的地方工业企业，使地方工业实力增强。新建的中山百货商店、解放百货大楼于1954年先后建成开业，使国营商业逐步发展壮大。贯彻郊区农业为城市服务的方针，大力发展粮食、蔬菜和副食品生产，在耕地面积减少10.8%的情况下，保证粮食、蔬菜逐年有所增长，并发展养猪和奶牛生产，以满足城市消费品日益增长的需要。[①]

"一五"期间，西安进行大规模经济建设，加之1956年1月全市101个私营工商业全行业实行公私合营，31个手工业全行业实现合作化，郊区农业全部实现合作化，促进了西安经济的飞速发展，从根本上改变了西安市国民经济面貌，宏观经济发生巨大变化，使西安由一座典型的消费型城市跨入生产型城市的行列。按行业的国内生产总值大小排列，1953—1954年的产业结构顺序是"一、二、三"，从1955年起，出现了"二、一、三"的产业结构格局。1957年，国内生产总值上升到8.02亿元，比1952年增长了108%，产业构成中，第一产业已下降到26.06%，第二产业上升到49.5%，第三产业降至24.44%。第一产业内部，种植业降至85.26%，林业升至2.56%，牧业升至9.87%，副业升至2.31%，渔业仍然极小；第二产业内部，工业占70.18%，建筑业为29.82%。而工业构成中，轻工业占74.5%，重工业为25.5%。

三、城市基础设施建设发展

在基本建设中，重点加快城市基础设施建设，适时地制定西安市第一个城市总体规划，使国家重点建设工程的选址定点、区域布置与城市总体规划相一致，并从城市道路、供电、供水、排水、市内交通、邮政电信、商业网点设置等方面，使城市基础设施建设与国家重点工程建设同步发展。

（一）市政设施建设进一步发展

"一五"期间，西安市依据《西安市1953~1972年城市总体规划》进行城市道路建设，以南、北大街为轴线，以旧城区十字大街为骨架，兼顾地形地势及景观条件，向外延伸联结城市对外公路；结合地形走向，在城市东南郊建设西南向次干道，并在西南郊

---

① 西安市地方志编纂委员会：《西安市志》第5卷《政治军事》，西安出版社，2000年，第431页。

建设东北向次干道；城市道路按照宽度分为主干道（40~60米）、次干道（25~50米）和街坊街巷道路（12~20米）。经过一系列修建、扩建和改建，形成了70余条主次干道纵横交错、均衡对称的道路网布局，为东、西郊工业区工厂建设和南郊文教区大专院校的布点提供了有力的发展条件。

解放前，西安市铁路交通尚不完善，仅有的少量货运汽车被安排为去兰州、成都、乌鲁木齐等地的跨省长途运输，省内短途运输则是人畜运输。1954年8月4日，西安市政府颁布《统一运输管理办法》，统一调配全市货用汽车，大力发展公路货物运输，为城市基本建设生活物资运输和各项经济建设项目提供保障。1957年，西安城市公路年货运量增长至871.72万吨，较1952年增长3.63倍，公路货运取得巨大的发展。

随着城市的急速扩张，城市道路照明覆盖由城区延伸至郊区，在完善旧城区道路照明的同时，先后为郊区的长乐路、华清路、万寿路、咸宁路、互助路、劳动路、大兴路、雁塔路、环城南路、友谊路、中山路、工农路、环城北路等主要道路先后安装路灯。"一五"期间，西安市增设了2754盏路灯，点亮了234.1千米城市道路，约为解放初期的2.5倍。

解放前，西安市为数不多的排水管道局限于城内，总长为25.7千米，加之铺设时间较长，管道损坏严重，常有污水下渗问题，远不能满足城市排水需求。1952年7月，旧城区改造工程启动，西安市建设局按照先排水再治理的原则，分步实施，统一规划，先后修建了新城区、城东区和城西区下水道线路，铺设排水管道18.8千米，加上东、西郊工业区的排水排污管道建设，西安市排水系统初见轮廓。1958年，全国第一座城市污水处理厂——西安市污水处理厂建成投入使用，日处理污水量高达4万吨。这些市政设施的建设和改善，极大解决了市民排水排污的难题，初步奠定了西安市城市排水系统的基础。

解放前，西安市市政建设资金多来自政府拨款及民间组织的捐助。解放后，市政建设经费以预算投资、专项投资和定额补贴等形式被纳入国家计划，地方省市政府亦有部分资金的支持。市政建设资金随国家政治形势、经济政策及决策部门意见而有所调整，逐年投资波动较大，三年经济恢复时期，市政建设年均投资为215.33万元；"一五"期间，年均投资为620.3万元；之后部分年份极度缩减，市政建设甚至一时停滞。

表 3-13　1949—1957 年西安市市政工程基建投资统计表

年份	市政工程基建投资额（万元）	市政工程投资占同期全市基建投资比重（%）
1950	49.9	646/7576×100 ≈ 8.5
1951	202.4	
1952	393.7	
1953	243.7	3101.5/126200×100 ≈ 2.5
1954	387.0	
1955	619.2	
1956	1023.8	
1957	827.8	

资料来源：西安市地方志编纂委员会：《西安市志》第2卷《城市基础设施》，西安出版社，2000年，第147页。

（二）公用事业继续发展

"一五"期间，西安市城市公用事业建设发生翻天覆地的变化，城市自来水厂供水量由1952年的6万立方米增至1957年的1427万立方米，供水人口由4万人扩至84万人。随着自来水的普及，各处水井相继被废弃，卖水行业于1958年彻底消失。

表 3-14　"一五"期间西安市自来水公司历年供水统计表

年份	供水能力（万立方米/日）	供水总量（万立方米）	供水人口（万人）
1953	0.5	70	15
1954	1	167	30
1955	2	372	52
1956	4	837	81
1957	5	1427	84

资料来源：西安市地方志编纂委员会：《西安市志》第2卷《城市基础设施》，西安出版社，2000年，第167页。

伴随城市的快速扩张，城区道路不断向外扩建，公共汽车线路也由城区扩至郊区，"一五"期间，西安市新增4条城区公交线路、5条郊区公交线路和3条定时线路，东郊咸宁路、金花路、长乐路、万寿路，西郊阿房路、丰镐路、汉城路，南郊雁塔路、长安路、小寨路，北郊草滩路等公交线路先后开通。截至1957年年底，公共汽车线路增至16条，营运车辆增至110辆，交通线路总长延至110千米，范围东至灞桥，西至三桥，南至韦曲，北至草滩，设站点140个，每站平均间距0.78千米。公共交通建设渐入佳境，城市公共交通线路网络初具轮廓。

表3-15 "一五"期间西安市公共汽车客运指标一览表

年份	公交运营车辆数	客运量（万人次）	乘客周转量（万人千米）	行驶里程（万千米）	客运收入（万元）
1953	41	1052.48	2427	117.97	90.11
1954	70	2036.93	5123	193.57	141.56
1955	90	3025.83	8255	325.64	220.81
1956	98	4728.17	14857	488.51	374.60
1957	110	5592.40	18375	561.79	429.42

资料来源：西安市地方志编纂委员会：《西安市志》第2卷《城市基础设施》，西安出版社，2000年，第217页。

计划经济时期，出租汽车行业发展不在政府建设工作重点内，因此仅有陕西宾馆、人民大厦等重要涉外接待单位配备出租车队，接待重要来宾，直至改革开放后西安市始有出租车为市民提供服务。

50年代初，为响应中央建设大西北的号召，以上海交通大学为首的东南沿海部分高校在高等教育院系调整中迁入西安。中央有关部委和陕西省在西安新建和扩建的高等院校和中等专业学校34所。1956年，西安市高等院校增至12所，西安交通大学、西北大学、西安航空学院、陕西师范学院、西安建筑工程学院、西北体育学院等院校落成，另有10所科研机构建成，在校生达19285人，极大增强了西安的教育实力，体育、艺术、外语教育类的专业空白亦有所填补，为西安成为现代教育基地奠定了基础。

表3-16 1956年西安普通高等院校专业及学生情况统计表

类别	专业设置		在校学生	
	数目（个）	百分比（%）	学生人数（人）	百分比（%）
工科	52	60.4	11253	58.4

续表

类别	专业设置		在校学生	
	数目（个）	百分比（%）	学生人数（人）	百分比（%）
医科	1	1.2	1609	8.3
师范	7	8.1	3409	17.7
文科	4	4.7	1117	5.8
理科	7	8.1	1141	5.9
政法	1	1.2	254	1.3
财经	3	3.5	267	1.4
体育	1	1.2	92	0.5
艺术	10	11.6	143	0.7
总计	86	100.0	19285	100.0

资料来源：西安市地方志编纂委员会：《西安市志》第6卷《科教文卫》，西安出版社，2000年，第309页。

为适应西北地区的城市建设与规划发展，1950年3月，首家公营西北建筑工程公司在西安成立，相继成立的还有人民建筑公司、新华建筑公司、中国建筑公司和五一建筑公司。1952年7月西北地区规模最大的民用和工业建筑设计单位西北建筑设计院在西安成立，大规模的房屋建设时代开启。"一五"期间工业区的建设成为城市建设的主流，附属的住区建设主要呈现出"单位社会"和"苏联模式"的特征[①]：工作单位既是城市社会的经济单元，又是自给自足的基本生活单元；住宅建设引进了苏联的建设标准、设计理念和街坊布局方式，更注重实际功能而忽略了美学形式；"一五"后期，开始对苏联模式有选择性地学习。在房屋建设活动高涨的50年代，西安市建起了一批如西安人民大厦、西安人民剧院、钟楼邮局、新华书店、市委礼堂、报话大楼、华侨商店、解放百货大楼等有时代意义的地标建筑。[②]其中的不少建筑已经成为现在西安城市风貌的传承载体。

在城市建设与发展取得一系列成就的同时，以旧城区为中心，新旧城混合发展

---

① 浦敏：《实例剖析西安近50年城市住区肌理及其演变》，西安建筑科技大学2006年硕士学位论文。
② 曾红：《西安五十年代的地标建筑》，载《山西建筑》2012年第29期，第14—17页。

的单中心发展模式，使新城建设发展与旧城风貌保护的矛盾愈演愈烈。虽然《西安市1953~1972年城市总体规划》中，对历史建筑保护做了明确要求，如将城墙列入中心保护项目，明确明城墙之内为行政商业区，提出对旧城区的建设主要是拓宽道路，并对旧城区新建建筑高度有严格要求，钟楼附近在没有正确的设计方案前，禁止修建，[①]但随着城市基础建设的大规模开展，旧城交通不堪重负，住宅环境建设进度缓慢，历史文物古迹、遗址受损严重，古都风貌受到严重破坏。

这一时期，西安城市建设过程中对于旧城的保护，呈现出"有规划、无保护"以局部的"点"式单纯保护为主的特点，重点保护历史街道、古建筑和古遗迹等。

其一，城市道路建设与修整。新中国成立初期，西安进行了多项城市道路建设与修缮工作，开通如大庆路、长乐路、万寿路、丰镐路等城市道路。明城区内主要有东大街改造和解放路改造两项。1951年，中山大街开始改建，车行道拓宽至18米，翻修为混凝土路面，并以青砖铺砌人行道，路两侧增设加盖排水沟。1953年，中山大街改名为东大街。1951年，解放路拓宽改造开工，新扩建的解放路与火车站广场直接相连，车行道宽18米，人行道各宽6米，是西安市第一条混凝土高级路面的道路。

其二，钟楼修整。1953年，西安市通过一系列措施全面修整了钟楼：加固钟楼底座，替换废旧和破损楼梯、地板和柱子，翻修门窗，内外上漆，增设栏杆，按原样装置鎏金顶并加装避雷装置。经修整，昔日残破的古建筑重新焕发容光。

其三，明城墙保护。第一版城市总体规划，将明城墙列入中心保护项目，使其此后数年得到基本的维护保障，完整保持了古城墙的整体风貌和文物价值。

其四，护城河及其环境修缮。1957年12月，西安市依据第一版城市总体规划进行护城河整治工程，规划以明城墙、护城河与环城林带构建环城景观带，修建城市退河渠，以护城河接纳约40平方千米的城区雨水，排洪渠道，构建城市排水系统。但是由于种种历史原因，实施过程中并未能完全实现规划中护城河的保护和利用。

四、第一版西安城市总体规划（1953—1972年）

西安的第一轮城市总体规划，是伴随发展国民经济第一个五年计划的实施而诞生

[①] 西安市地方志编纂委员会：《西安市志》第2卷《城市基础设施》，西安出版社，2002年。

的。1953年初，我国宣布第一个五年计划开始，西安城市总体规划也开始编制。

是年，国家城市建设总局抽调干部、技术人员，会同西安市城市建设人员共100多人组成规划组，进一步收集西安地区自然资源和社会经济资料，进行地形测量和工程地质、水文地质勘探。最终由1952年从清华大学建筑系毕业、在建筑工程部工作的周干峙具体负责规划总图的编制，苏联专家进行指导，提出修改意见。周干峙等规划组成员研究苏联的经验，了解西安的历史，调查西安的现状，在编制西安总体规划的1年多时间里，时常就规划中遇到的问题进行现场调查，研究解决方案。当时，苏联的城市规划强调为生产服务、为劳动人民服务，注重对人的关怀、对居住环境的改善。结合西安的情况，确定了编制西安城市总体规划的几个原则：一是在旧城原有的基础上发展，并在市区扩建过程中对旧城逐步加以改造，使之适合于新的社会生活要求；二是保证工业各企业有良好的生产活动和发展条件，又有方便合理的居住区；三是为居民规划美好的生活居住区，有足够的公共福利设施；四是考虑城市建设投资的经济合理；五是充分利用自然条件和建筑艺术来建设美丽的城市。根据苏联专家的提议，规划还增加了广场体系，借鉴了苏联和欧洲的规划手法。把已知的名胜、古迹、遗址、遗迹都规划成了绿地，这既可改善城市环境，又可保护文物古迹。城墙、护城河就是作为公园绿地保留下来的，已成为西安城的一条绿色项链。此外，还确定了西安公园绿地的分布与选择原则：一是历史上的名园或宫廷所在地，如曲江池、含元殿等；二是地形复杂不宜建筑的地段，如旧城东、西的砖窑低洼地区；三是可能形成水面的地方，如兴庆池遗址；四是原有公园及树木较多的地区，包括把郊外树多地形变化大的地段也辟成公园；五是名胜古迹或遗址所在地，如大雁塔、小雁塔、韩森寨公园等。主要公园绿地之间以林荫路、林带联系起来，形成绿地系统，与道路系统相协调，并和街坊内的绿地、郊区的绿地相连接。人们随处都可接近绿地，可在绿树下散步直至郊区。

1953年年底，西安市在之前都市计划的基础上重新编制了《西安市1953~1972年城市总体规划》，城市性质被定为轻型的精密机械制造与纺织工业城市，规划市区人口近期（1957年）100万人，远期（1972年）120万人，采取了以旧城为中心，新城围绕旧城发展的城市更新模式[①]：在保留旧城格局的基础上，以旧城为中心向外发展，

---

① 吴宏岐、严艳：《古都西安历史上的城市更新模式与新世纪城市更新战略》，载《中国历史地理论丛》2003年第4辑，第29页。

于旧城外东、西、南三个方向设置生活居住区，在城区东、西4~4.5千米处文物古迹较少的东、西郊区分别建设工业区与配套的职工住区；南郊设文教区与生活住区；北郊因保护汉长安城和唐大明宫遗址，未做大规模的规划建设，仅在陇海铁路北设仓库区和职工住区。①

"一五"期间，西安的城市建设基本按照第一版城市总体规划内容实施。昆仑机械厂、黄河机器制造厂、华山机械厂、秦川机械厂、东方机械厂等机械工业在东郊落成，输变电设备和仪器仪表制造行业集中分布在西郊工业区。职工住区与工业区以100米宽防护林带相隔，街坊内设有学校、食堂、商店、诊所、浴所等公共建筑。同时，以西安交通大学、陕西机械学院、西安工业学校、西北工业大学、西安建筑工程学院、西安军事电讯工程学院为代表的高等院校形成城市文教区。在拓建、修建城市道路的同时，开辟了大批规划区主干道，城市路网骨架基本形成。截至1957年年底，城市人口达101.3万人，辖域东至纺织城，西至西（安）鄠（县）铁路，南至吴家坟，北至纬二十三街，基本实现总体规划中100万城市人口的指标。

第一版城市总体规划极大促进了西安城市、社会和经济的发展，但是受时局影响固然存在不足之处。其以旧城区为中心，新旧城混合发展的单中心发展模式，致使新城建设发展与旧城风貌保护的矛盾日益尖锐，旧城交通拥堵、混乱，住宅环境建设止步不前，古城风貌被破坏等城市问题逐渐显露。

五、苏联援建项目

"一五"期间，西安市被国家列为重点建设的城市之一。苏联援建的"156项工程"是"一五"计划时期中国工业建设的重点内容，其中安排在西安市的有17项，援建项目数量居全国第一，包括西安开关整流器厂（今西安西电高压开关有限责任公司）、西安高压电瓷厂、西安绝缘材料厂（今西安西电电工材料有限责任公司）、西安电力电容器厂、庆安机械厂（今庆安宇航设备公司）、西安机械制造厂（今远东机械制造公司）、东方机械厂、华山机械厂、庆华电器制造厂、西北光学仪器厂、惠安化工厂、秦川机械厂、西安机器制造厂（今昆仑机械厂）、黄河机器制造厂、鄠县热电厂、灞桥热

---

① 陕西师范大学地理系编：《西安市地理志》，陕西人民出版社，1988年，第442页。

电厂和东风仪表厂。其中在1958至1960年建成的有西安开关整流器厂、西安电力电容器厂、西安高压电瓷厂、西安绝缘材料厂和德意志民主共和国援建的西安仪表厂5家大型企业。

1953年5月15日,中国政府与苏联政府签订协议,确定由苏联电气工业部、化工部、建设工业部等,为中国设计并派专家帮助建设高压开关与水银整流器、高压电瓷与避雷器、电力电容器、绝缘材料等工厂。1953年10月30日,确定在西安市西郊建设的西安开关整流器厂、西安高压电瓷厂、西安电力电容器厂、西安绝缘材料厂,列入国家第一个五年计划"156项工程"。陇海铁路以南的大庆路北侧为生产区,东、西安排有成组的大型电工企业多家:由玉祥门向西沿大庆路,布置有西安仪表厂、西安绝缘材料厂、西安电力电容器厂、西安开关整流器厂、西安高压电瓷厂。与工厂配套并建的职工住宅区集中布置在路南。而后于第二个五年计划期间增设国家重点建设项目西安变压器厂（1958年兴建,今西安西电变压器有限责任公司）、西安电线厂（1958年兴建,今西安西电光缆有限责任公司）、西安电工机修厂（1965年筹建,今西安电器设备制造厂）。为方便运输,厂区皆与工业区北部的陇海铁路建立支线。经过长期建设,西安形成了以电力机械、航空机械、仪器仪表、石油化工业为主的工业区,奠定了西安机械工业发展的基础。

表3-17　"一五"期间苏联援建西安工厂项目一览表

项目	类型	厂名	第二厂名	建厂时间	厂址	面积
民用项目	电力工业	西安热电站一、二期	国营西安第二发电厂（现西安灞桥热电厂）	1951年一期工程动工。1954年二期工程动工	灞桥区	
	机械工业	西安高压电瓷厂		1956年动工,1959年建成投产	莲湖区大庆路	厂区占地20万平方米
		西安开关整流器厂		1956年动工,1960年基本建成	莲湖区大庆路	厂区占地11.3万平方米
		西安绝缘材料厂		1956年动工,1958年边基建边生产	莲湖区桃园路	厂区占地20万平方米
		西安电力电容器厂		1956年动工,1958年建成投产	莲湖区桃园路	厂区占地37.06万平方米

续表

项目	类型	厂名	第二厂名	建厂时间	厂址	面积
军用项目	兵器工业	国营786厂	国营黄河机器制造厂	1955年动工，1958年通过验收	新城区幸福路	厂区占地77.86万平方米
		国营803厂	国营华山机械厂	1955年动工，1958年基本完成	新城区幸福路	厂区占地359万平方米
		国营804厂	国营西安庆华电器制造厂	1955年动工，1958年一期工程基本完工	灞桥区田洪正街	厂区占地246.7万平方米
		国营843厂	国营秦川机械厂	1956年动工，1958年通过验收	新城区幸福路	厂区占地295万平方米
		国营844厂	国营东方机械厂	1954年动工，1960年基本建成	新城区幸福路	厂区占地135万平方米
		国营847厂	国营西安昆仑机械厂	1955年动工，1957年基本建成	新城区幸福路	厂区占地70万平方米
		国营853厂	炮弹装药厂	1955年始建，1956年停建	北郊	
	电子工业	国营248厂	国营西北光学仪器厂	1953年筹建，1957年建成投产	新城区长乐中路	厂区占地75.54万平方米
	航空工业	国营113厂	远东机械制造公司	1955年动工，1957年通过国家验收	莲湖区汉城南路	厂区占地6.8万平方米
		国营114厂	国营庆安集团公司	1955年创建，1957年建成投产	莲湖区大庆路	厂区占地37.1万平方米

资料来源：中共陕西省委党史研究室编：《陕西第一个五年计划与重点工程》，陕西人民出版社，2002年；王西京、陈洋、金鑫：《西安工业建筑遗产保护与再利用研究》，中国建筑工业出版社，2011年。

注：厂名用代号表示大部分为军工企业，长期处于保密状态，厂名用代号，具体厂址、产品都属保密范围。与这些项目有联系的其他民用项目，也处于保密状态。

与此同时，以西安纺织厂、西北第一印染厂、西安制药厂、西安人民搪瓷厂等为代表，包括轻工、纺织、印染、机电、仪表仪器、化工、医药、农机、建材等10余个行业的66家大型地方国营工业企业也开始大规模建设，地方工业的技术装备也有很大改善，生产力极大提升。

六、建设成果

1957年，国家第一个五年计划完成，宏观经济发生巨大变化，5年内全国完成基本建设投资总额550亿元，新增固定资产460.5亿元，相当于1952年年底全国拥有的固定资产总值的1.9倍。595个大中型工程建成投产，初步铺开我国工业布局的骨架；工业总产值比1952年增长128.6%，5年合计钢产量1656万吨，等于旧中国1900—1948年的49年间钢的总产量760万吨的218%，煤产量达到1.31亿吨，比1952年增长98%；产业结构发生新的变化，在工业总产值中，工业产值所占比重由1949年的30%提高到56.5%，重工业的比重由26.4%提高到48.4%。1957年，粮食产量达到3901亿斤，棉花产量达到3280万担，都超额完成计划。

西安在"一五"期间全市工业生产总值年均递增26.1%，农业生产总值年均递增3.58%，5年内兴建17项国家重点工程，42项地方工业项目，建设面积达713万平方米，累计完成基础建设投资14.1亿元，奠定了西安作为新型工业基地的基础：①以西安为中心的纺织基地建成，且在全国纺织业中占据重要地位。②一个新兴的机械工业基地框架初步形成。以庆安机械厂等组成的航空工业系统基本形成；以华山机械厂、西北光学仪器厂、黄河机械制造厂等组成的国防军工系统已初具规模。③上海交通大学的内迁及一批高等院校和中等技术学校的建成，使西安科教实力极大增强，为西安经济的发展奠定了智力基础。[①]城市基础与市政设施建设得到初步改观，西安市已由落后的消费型城市变为新兴的工业基地与科教城市。

表 3-18　"一五"期间西安市社会经济主要指标一览表　　　　单位：亿元

年份	社会生产总值		国内生产总值		基本建设		社会商品零售总额	地方财政收入
	绝对值	增长率（%）	绝对值	增长率（%）	完成投资额	新增固定资产额		
1953	7.45	144.81	4.54	132.49	1.13	0.89	3.08	0.66
1954	8.68	170.83	5.20	144.48	1.49	1.35	3.48	0.86
1955	9.73	193.60	5.79	159.2	2.17	1.24	3.60	0.99
1956	14.46	296.39	7.87	206.55	4.97	3.14	4.83	1.33
1957	14	285.24	8.02	207.93	4.34	4.46	4.88	1.49

资料来源：西安市地方志编纂委员会：《西安市志》第3卷《经济》（上），西安出版社，2003年，第16页。

[①] 高连海：《社会变迁对城市空间结构的影响机制研究——以1949年以来西安市为例》，西北大学2009年硕士学位论文。

第四节
人民公社时期（1958—1962年）

1958年冬，西安在开展优质、高产、低成本的增产节约运动的同时，积极发展日常用品、副食品和轻工业生产，整顿经营不善的街道工业。在农村开展整风整社工作，调整人民公社数量，取消部分公共食堂，纠正"大跃进"运动中的"左"倾错误，全市经济形势有所改善。

一、农业发展

1958年8月底，西安市郊区农村全部实现人民公社化。因为各种因素使社会发展受到一定影响，加之连年严重旱害，过半农田受灾，粮食产量剧减，1962年，农业生产总值仅为1955年的总产值，粮食总产量跌至1952年的量，棉花、油料生产量甚至不及解放初期。

表 3-19 1958—1962 年西安市农业经济主要指标一览表

年份	农业总产值（亿元）	粮食总产量（万吨）	牛年末数（万头）	猪肉产量（万吨）	水浇地面积（万吨）	机耕地面积（万亩）	化肥施用量（万吨）
1958	3.18	78.40	17.82	0.82	203.68	48.59	1.39
1959	2.97	64.99	17.39	0.68	230.35	58.35	1.42
1960	2.78	60.92	16.26	0.58	239.13	49.30	1.35
1961	2.45	48.89	14.97	0.35	227.12	57.67	0.98
1962	2.28	57.11	13.81	0.41	208.70	54.71	1.22

资料来源：西安市地方志编纂委员会：《西安市志》第3卷《经济》（上），西安出版社，2003年，第17页。

二、工业发展

1958年3月,全市兴起各行各业大办工业的群众运动,数月间,街道工业遍地开花,近万名闲散劳力投入各类社会生产劳动。全市新增工业企业725家,各类街道工厂、社、组2402家,郊区人民公社兴建工厂212家,工业生产总值较1957年增长74.71%。随后,工业重速度、轻效益的弊端暴露,加之1960年苏联中止在西安援建的17项工程和三年困难时期的影响,西安国民经济陷入困境。从1960年下半年开始,西安根据中央"调整、巩固、充实、提高"的八字方针,对工业基本建设尤其是重工业建设进行压缩,整顿部分经营不善的街道企业,取消人民公社下设的非急需企业。经过2年的调整,全市工业和农业生产有所好转,农业、轻工业、重工业生产比重渐趋合理。1958—1960年间,西安市工业发展虽备尝艰辛,但仍相继建成一大批重点工业企业,极大促进了西安的工业发展,使西安成为全国重要的工业城市之一。

表3-20　1958—1962年西安市工业经济主要指标一览表

年份	工业企业（个）	工业总产值（亿元）	棉布（亿米）	棉纱（万吨）	发电量（亿千瓦时）	水泥（万吨）	交流电动机（万千瓦）	变压器（万千伏安）	皮革（万张）	皮鞋（万双）	钢（万吨）
1958	1832	12.41	3.07	5.30	4.07	—	1.91	4.04	5.70	21.20	0.67
1959	1353	19.52	3.67	7.01	6.69	1.61	12.49	27.30	14.15	126.78	1.15
1960	1495	23.82	2.23	4.35	9.54	2.55	19.02	36.40	11.57	164.40	2.91
1961	1406	13.91	1.33	2.73	8.41	0.76	8.71	12.33	8.01	27.41	1.38
1962	1288	12.08	1.06	2.42	8.60	0.08	7.54	6.44	5.05	20.30	0.53

资料来源:西安市地方志编纂委员会:《西安市志》第3卷《经济》(上),西安出版社,2003年,第18页。

三、市政公用事业建设

1960年11月,全国计划会议报告中宣布"三年不搞城市规划",虽然"文革"前有短暂的恢复,但城市规划思想已偏离实际的轨道,政治变动亦使城市市政事业发展备受曲折。受"大跃进"影响,西安市盲目增加汽车线路,然而实际营运能力并不相符,加之燃料供应短缺,车辆受损严重,1961年,公共汽车营运线路缩减至14条,约56.2%的汽车线路停运。

表 3-21　1958—1962 年西安市公交营运车辆统计表　　　　单位：辆

年份	公交营运车辆数		
	总计	公共汽车	无轨电车
1958	140	140	0
1959	146	143	3
1960	162	147	15
1961	174	142	32
1962	169	135	34

资料来源：西安市地方志编纂委员会：《西安市志》第2卷《城市基础设施》，西安出版社，2000年，第210页。

60年代初，连续3年干旱致使城市可用水量剧减，而城市快速建设中工业用水与生活用水量的极大需求，使城市用水困难愈趋突出。

第五节
第一次国民经济调整时期（1963—1965年）

1963—1965年是第一次国民经济调整时期。这一时期，西安市通过宏观经济调控，农业和轻工业发展逐渐迈入正轨，各类商品生产恢复供应问题缓解，国民经济日渐好转。

一、农业工业调整恢复

（一）农业调整

1961年，根据中央指示，西安市就"大跃进"和人民公社化运动中错误进行反思和清查纠正"共产风""浮夸风"等。按照《农村人民公社工作条例（修正草案）》，将部分较大的公社和大队划分成较小的公社和大队；解散公共食堂，实行按户分粮；取消平均分配制度，以生产队为基础核算单位，恢复按照劳动日数量评工记分的按劳分配原则；清查公社资产和田地，下分自留地给社员；家庭副业得到允许。这些调整极大鼓舞了农民生产的积极性。1963年，西安市农业生产总值较1962年增长2.63%，粮食总产量增长4.06%，农业生产逐渐得到恢复。

（二）工业调整

根据全市1958—1960年间工业生产存在的实际问题，结合工农业发展和人民切实所需，西安市做出促进轻工业和地方工业发展的决定，陆续兴建了一小批门类丰富、专业性强、服务广泛的地方工业，轻工业投资和建设亦有所增加。1963年，西安全市工业调整初见成效，工业生产总值较1962年增长10.26%。

（三）流通领域调整

1958—1960年间，粮油、肉蛋、棉布、煤油等物资物价暴涨。国民经济调整时期，西安市逐步取缔自由交易市场，杜绝市民哄抬物价；为满足市场，西安市清查国营工商企业物资库存，将大量物资和材料减价拍卖，促进资金回流；同时通过调整人民公社管理制度和分配原则，提高人民生产积极性，各类物资产量均有所恢复，供应相对充足，市场流通逐步恢复稳定和正常。

二、城市建设恢复

1958—1960年，国民经济计划总体失控，城市人口激增，管理混乱。国民经济调整时期，经济发展速度放缓，城市建设与发展走上正轨。

1963—1965年，西安市改建了部分主干道和人行道路，将原本凹凸不平的狭窄低级路面，重新翻建并做了大面积铺装，使其成为笔直的高级路面。如：对东一路至东八路、西一路至西八路、尚勤路等街巷道路使用沥青与碎石铺筑，对东、西、南、北大街和解放路人行道采用陶砖铺装，城市整体道路品质有所提升。其间，西安市在继续扩建路灯建设线路的基础上，对原先不合理的路灯线路做了调整、改造和迁移。国民经济调整时期，全市增设5481盏路灯，路灯覆盖的道路扩增至420千米，较1952年增长超过1倍。

1965年，西安市城市供水能力较1952年提升明显，年供水总量6984万立方米，城市用水困难问题基本解决。截至1965年年底，西安全市公共汽车共计232辆，其中公共汽车171辆，无轨电车61辆，营运车辆数年均增长27.45%；全市公共汽车线路增至29条，较1962年增长1.6倍；公共汽车线路总长433千米，设166个站点，平均站距0.83千米，公共汽车营运线路也逐渐得到恢复与发展。国民经济调整期间，西安市各项公用事业恢复且趋于正常。

表3-22　1963—1965年西安市公交营运车辆统计表　　　　单位：辆

年份	公交营运车辆数		
	总计	公共汽车	无轨电车
1963	180	142	38
1964	200	160	40
1965	232	171	61

资料来源：西安市地方志编纂委员会：《西安市志》第2卷《城市基础设施》，西安出版社，2000年，第210页。

三、调整成果

1963—1965年,经过社会主义教育、工业整顿、农业调整以及流通领域的调整,西安国民经济逐渐恢复。农业方面,虽然依旧有"左"倾的思想,但农业生产逐年转好,基本恢复至1958年的水平。工业生产方面的整顿初见成效,工业生产逐步恢复,各类工业产品产量和质量均有所提升。此外,以国营为主计划供销方式下的粮油食品和其他各类生活产品,划归至计划经济体制供销轨道后,物价恢复稳定,物资基本充足,市场繁荣,国民经济恢复到1958年的水平。

表 3-23 1963—1965 年西安市社会经济主要指标一览表　　单位:亿元

年份	社会生产总值		国内生产总值		基本建设		社会商品零售总额	地方财政收入	
	绝对值	增长率(%)	绝对值	增长率(%)	完成投资额	新增固定资产		收入	支出
1963	17.92	10.10	9.57	6.96	0.96	0.85	5.60	1.81	0.67
1964	21.83	24.20	10.68	10.35	1.49	1.75	5.74	1.96	0.79
1965	26.80	34.08	12.76	26.10	2.32	2.47	5.89	2.23	0.99

资料来源:西安市地方志编纂委员会:《西安市志》第3卷《经济》(上),西安出版社,2003年,第21页。

第六节
城市化衰落时期（1966—1976年）

　　1966年，伴随第一次国民经济调整完成，西安市工业生产继续发展，工业总产值达到28.47亿元，比上年增长42.07%，超过了历史最好发展水平。第三个五年计划（简称"'三五'计划"）建设开始执行，"'三五'计划"指导思想经历了由"解决吃穿用"到"加强战备"的变化，标志着中国经济建设实行了一个重大战略转变，其所奠立的指导方针一直影响到70年代的第四个和第五个五年计划。虽然经济发展取得了一些成绩，但随之而来的是经济的衰退和因此引发的城市化发展的衰落时期。

一、城市经济发展

（一）三次经济大倒退

　　第一次经济倒退是1967—1968年。1967年，西安市社会生产秩序陷入混乱，受"文革"的影响，大多数工厂停工停产，全市社会总产值连续2年下降。

　　第二次经济倒退在1972年。经济建设时期行之有效的方法和经验当作资本主义倾向而批判，生产秩序陷入混乱与迷茫，除商业有些许发展外，工业、农业、建筑业、运输业等均出现倒退，3年内全市社会总产值唯1973年略有回升，其余年份均在下降。

　　第三次经济倒退在1976年。因各种原因全市社会经济又一次陷入混乱，大批军工企业停工停产。1976年全市社会总产值较1975年下降6.48%，除农业和商业外，工业、建筑业、运输业等均有较大幅度下降。

（二）农业失衡

　　"文革"时期农民的副业生产和商业活动不被允许，农民生产积极性低下，加之

"以钢为纲""以粮为纲"的生产方针，致使林、牧、副、渔等发展困难，农业经济比重关系失调。

表 3-24　1966—1976 年西安市农业经济主要指标一览表

年份	农业总产值(亿元)	粮食总产量(万吨)	蔬菜总产量(万吨)	牛年末数(万头)	猪肉产量(万吨)	机耕地面积(万亩)	水浇地面积(万亩)	化肥施用量(万吨)
1966	3.79	83.51	28.93	17.97	1.37	131.41	251.13	3.72
1967	3.48	77.87	27.87	18.84	1.70	97.64	248.85	3.71
1968	3.15	74.92	26.89	18.90	1.32	100.58	261.45	3.11
1969	3.38	79.47	32.66	18.25	1.13	142.06	272.80	4.51
1970	4.06	94.11	31.53	18.65	1.35	127.72	297.05	5.29
1971	5.48	111.00	39.46	18.86	2.48	153.33	307.73	6.29
1972	5.37	106.23	44.55	18.30	3.79	177.46	315.77	7.11
1973	5.71	114.25	34.20	18.04	4.17	196.57	332.50	9.76
1974	5.93	123.02	39.13	17.37	3.75	178.57	342.77	10.16
1975	5.53	118.22	38.25	16.19	3.30	175.58	349.13	13.76
1976	5.72	120.09	44.02	14.89	3.49	201.0	353.37	10.85

资料来源：西安市地方志编纂委员会：《西安市志》第3卷《经济》（上），西安出版社，2003年，第22页。

（三）工业调整

1965年9月，按照中央决定的第三个五年计划逐步改变工业布局，集中力量尽快把内地基础工业和交通运输业建设起来，使之成为初具规模的战略后方的方针政策，把工业建设的布局从沿海到内地划分一、二、三线，内地战略后方基地的建设即为三线建设。1965年起，陕西省作为中央三线建设重要的战略后方基地之一，国家先后投资126.5亿元，安排了400多个建设项目，根据"分散、靠山、隐蔽"的原则，西安市区不在三线建设范围之内，主要的三线建设项目分布于临潼、蓝田、户县等周边县区，建设项目所涉及的行业从高精尖的航天、微电子，到工业支柱产业飞机、汽车、钢铁，以及交通、电力、原材料、民用机械等，几乎包括了国民经济的各个部门，有力地推动了西安的经济发展。此一时期，由国家给予巨额投资，在西安地区新建一批企业，沿海地区又有一些企业迁入西安，使西安的工业建设仍有较大的发展。如建立了航天工业基地，核工业也开始发展壮大，冶金工业和建材工业都有一些新的发展，机械工业新建、扩建陕西鼓风机厂、陕西重型机器厂等一批骨干企业，汽车、拖拉机生产群众性"大会战"取得一定成果，轻工业新建和迁建西安红旗手表厂（今蝴蝶手表厂）、陕西缝纫机厂、西安钟表元件厂等一批骨干企业，灯泡、合成洗涤剂"大会战"也取得一定成果。这一时期工业生产波动较大，但产品产量和品种都有一定增长。

为适应三线建设的需要，配合国家级重点项目的选址，三线建设使以西安为中心的铁路网和公路网建设取得长足进展，铁路西（安）韩（城）线、梅（家坪）七（里镇）线、阳（平关）安（康）线建成，宝（鸡）成（都）铁路电气化工程和陇海铁路西（安）宝（鸡）段复线工程完工，公路线路西（安）万（四川省万源县）、周（至）洋（县）、兰（州）宜（川）3条公路干线修通，为促进西安经济发展发挥了重要作用。此外，三线建设以开发渭北煤炭资源为重点，扩建铜川矿区，大规模建设韩城、蒲白、澄合3个矿区，不仅满足了本地工农业发展需要，还开始向外省市输出；三线建设时期先后建成秦岭（一期）、韩城、渭河、略阳4家大中型火力发电厂和石泉、石门2家水力发电厂，新增发电装机容量102.5万千瓦，同时，建成国内第一条33万伏超高压输电线路，将以水电为主的甘肃电网同以火电为主的陕西电网联结在一起，形成陕、甘、青大电网，互调余缺，发挥了较好的经济效益，保障了西安经济发展的电力需求，为西安经济发展提供了能源保障。三线建设的成功，深刻影响了西安市工业、宏观经济结构以及社会其他方面的变革与发展。

西安市在继承50年代航空工业发展的基础上，先后兴建了063、067基地及其下属的15个大中型工业项目，凭借强劲的科研、设计和生产能力，一跃成为包含飞机制造、飞机发动机、专业化组件部件制造、航空教育、卫星导弹发射、电视卫星转播等领域在内的航空航天工业基地。同时，西安红旗手表厂、西安钟表元件厂、钟表机械厂等大中型企业的迁建与新建，使西安拥有了较完整的钟表设计、生产体系，成为我国钟表重点产业区之一，弥补了西安市轻工业的短板。其间，对外交通建设稳步发展，先后有5条铁路线与3条公路干线完工通车。此外，大批煤炭矿区、发电厂、高压输电线路的建设，在产生巨大经济效益的同时，保障了城市发展的能源供应，为城市发展提供了强大支撑。

总的来说，尽管西安市社会经济受到严重破坏，但城市经济还是获得了长足发展。

表 3-25　1966—1976 年西安市工业主要经济指标一览表

年份	工业企业单位数（家）	工业总产值（亿元）	轻工业总产值（亿元）	重工业总产值（亿元）	棉布（亿米）	棉纱（万吨）
1966	824	28.47	13.47	15	3.13	6.90
1967	822	22.57	11.44	11.12	2.30	5.03
1968	797	14.68	7.56	7.12	1.57	3.42
1969	723	28.09	11.57	16.52	2.96	6.79
1970	1500	33.34	12.45	20.89	3.09	7.15
1971	1625	39.72	12.92	26.80	2.57	6.16
1972	1588	34.88	12.31	22.57	2.29	5.68
1973	1424	36.53	14.81	21.73	2.44	5.82
1974	1430	36.27	15.56	20.71	2.79	6.46
1975	1842	38.55	16.73	21.82	2.96	6.81
1976	2030	35.46	16.41	19.06	2.94	6.71

年份	皮革（万张）	皮鞋（万双）	发电量（亿千瓦时）	变压器（万千伏安）	交流电动机（万千瓦）	缝纫机（万架）
1966	8.06		14.46	72.30	17.30	3.69
1967	7.74		11.01	46.11	13.11	2.96
1968	6.38	9.60	8.90	23.02	8.94	2.54
1969	6.75		12.61	82.92	21.21	3.92
1970	7.70	31	16.27	240.87	35.10	5.63
1971	7.06	28.11	21.25	316.55	46.47	6.14
1972	8.69	23.73	20.57	289.46	46.58	10.52
1973	11	34.64	18.22	287.09	53.39	20.71
1974	9.66	38.49	17.53	373.85	58.62	26.05
1975	10.09	48.93	15.55	313.06	662.80	29.82
1976	10.43	57.35	15.55	240.94	52.22	24.57

资料来源：西安市地方志编纂委员会：《西安市志》第3卷《经济》（上），西安出版社，2003年，第23页。

二、城市建设停滞不前

1966年以后，"文革"极左的思想影响城市建设，进而全盘否定城市规划的必要性，将之斥为"修正主义"，认为城市规划是城市中工农阶级差别、城乡差别的工具。1966年11月，撤销城市建设办公室，同时成立基本建设委员会，"文革"初期基本建设委员会瘫痪解体。1967年，城市规划部门被撤销，人员全部下放，资料档案遭到重大损失，各项规划实施基本停顿。1970年10月恢复城市建设局后，市政工程业务仍归城市建设局管理。这一时期，城市规划管理受到严重干扰，规划管理工作一度处于停滞状态。1973年，国家建委城市建设局在合肥召开部分省市城市规划座谈会，充分肯定城市规划在城市建设中的综合性和全局性功能，但由于政治形势急剧变化，规划工作并未完全恢复。西安的城市局部建设基本延续了"文革"前城市规划确定的基本原则，如迁建的科研院所多分布于南郊文教区。

在消灭城乡差别思想的指引下，城市建设投资大力压缩，仅占全市基本建设投资总额的3.39%，比重为解放后历史最低。同时，城市建设部门和机构被撤，规划设计人员流失，建设管理体系混乱，城市建设严重受阻，市政、公共设施缺乏维护损坏严重。三线建设期间，虽有不少工程项目兴建，城市建成区也持续拓展，但因缺乏科学合理的规划设计，布局混乱，导致城市环境日趋恶化，市政、公共设施和文体设施缺乏，人民群众住房陷入困境，城市建设与发展一时停滞。

其间，因建设部门被撤，设计人员下放，城市道路建设发展缓慢，没有大的道路建设成果。此外，公共交通问题受干扰尤为严重，乘车难问题日益突出，1967年，许多线路或开或停无法正常运营，个别地区公交线路一度全部停驶。1968年2月，仅有21条线路勉强运行，直到年底才逐渐恢复正常。1967—1970年，公共汽车线路并无发展。1971年后，公共汽车事业恢复发展，汽车线路以较低的增长速度缓慢增加。截止到1978年年底，全市共有公共汽车线路35条，包括22条市区线路和13条郊区线路，总长528千米。道路照明线路增加179千米，为70条街巷安装了3767盏照明路灯。1978年年底，全市路灯线路增至599千米，路灯达到8748盏。虽然市政建设整体发展缓慢，但城市照明建设克服困难仍有进展。

表 3-26　1966—1978 年西安市公交营运车辆统计表　　　　　　　　单位：辆

年份	公交营运车辆数		
	总计	公共汽车	无轨电车
1966	265	194	71
1967	262	191	71
1968	262	191	71
1969	277	196	81
1970	284	203	81
1971	303	213	90
1972	324	234	90
1973	331	237	94
1974	392	291	101
1975	402	301	101
1976	388	286	102
1977	432	321	111
1978	467	342	125

资料来源：西安市地方志编纂委员会：《西安市志》第2卷《城市基础设施》，西安出版社，2000年，第210页。

1966—1976年，西安市邮政电信发展缓慢。1964年，西安市邮政局辖6个邮电局，16个支局。"文革"开始后，虽然各邮局分布格局没有大的变化，但10年间数量没有大的增长，截止到1977年年底，西安市邮政局含支局17个。1965年，西安市共有5个市话分局和3个交换所，市话容量11600门，电话用户7766户，话网范围东至崇阳沟，南至杜城，西至后围寨，北至渭河。至1978年，西安市市话分局增至6个，市话容量增至15000门，电话用户增至11910户，话网范围东至马家湾，西至兰家村，北至尤家庄，南至精神病院，面积325.44平方千米。

表 3-27　西安市内电话每百人拥有量统计表

年份	电话数（百人）	年份	电话数（百人）
1965	1.43	1967	1.46
1966	1.48	1968	1.50

续表

年份	电话数（百人）	年份	电话数（百人）
1969	1.53	1974	1.69
1970	1.58	1975	1.65
1971	1.63	1976	1.73
1972	1.63	1977	1.78
1973	1.74	1978	2.0

资料来源：西安市地方志编纂委员会：《西安市志》第2卷《城市基础设施》，西安出版社，2000年，第746页。

"文革"初期，环卫清洁机构被撤，环卫设施损坏严重，清扫制度、环境管理制度形同虚设，城市环境卫生较差。70年代，上山下乡使大量清洁工人流失，环卫力量进一步削弱，截止到1979年，城市环卫职工共868人，甚至不足1964年环卫职工人数，日清扫面积36万平方米，不足1965年的一半。

图 3-11　20 世纪 70 年代末的西安城墙瓮城

资料来源：孙应平：《西安明城墙的保护修复》，载《百年潮》2019年第4期，第57页。

三、城市文物保护

(一)明城墙保护历程

1958年,北京、南京等城市的城墙相继被拆,西安亦受波及,时年近400米明城墙被挖断。1959年7月22日,国务院发出《关于保护西安城墙的通知》。同年12月28日,市委发布公告:"自即日起严禁拆取城砖、挖取城土以及其他破坏城墙的行为。"1961年3月4日,西安城墙被国务院列为全国第一批重点文物保护单位。

"文革"期间,西安市许多历史古迹、名人故居和宗教庙宇等均被毁坏,西安城墙也未得到幸免:全身"深挖洞"伤口达上千处,被拆青砖海墁上万立方,墙体破坏面积高达80%以上。因其体积庞大不便拆运,且属全国重点文物保护单位,才又一次侥幸保存下来。70年代"深挖洞、广积粮"的浪潮中,有人提出西安"城墙挡住了城市发展的道路",最终因"工程浩大、资金难以筹措"等,西安城墙才得以保存下来。

(二)护城河污染治理

60年代初期,护城河内还有大量鱼虾存在,"文革"以后,护城河内蚊虫滋生,环境质量比较差。此外,由于城市污水管道系统不完备,许多建设单位利用雨水管道乱排污水,造成护城河污染,垃圾污物大量倾入城河,致使河床淤泥越积越高,河道越挤越窄,河道库容能力减少了一大半。截至1981年9月,相继接入护城河的雨污管道共计30余条,日排污水量8万立方米。河内垃圾堆放量达153立方米[①],每逢雨讯,泄流不畅,外溢倒流,年年成灾。

---

① 姚广:《西安城河的整治》,见历史文化名城研究会秘书处编:《西安历史文化名城研究文集》,1996年。

第七节
公共服务的发展

一、教育事业

新中国成立后,西安市教育事业发展迅速,取得了显著的进步和巨大的成就。

解放初期,为推进教育普及,西安市对各级学校进行社会主义教育改造,通过减免学费、提供助学金等方式,广泛招收工农子弟,同时开办了一系列工农速成中学和城市业余学校,使工农群众及其子弟普遍得到受教育的机会。"一五"计划期间,随着高等教育院系调整后东南沿海部分高校迁入西安,1956年西安高等院校增至12所,西安交通大学、西北大学、西安航空学院、陕西师范学院、西安建筑工程学院、西北体育学院等院校落成,同时在各级学校改造的基础上,新建了一批中小学校,大力发展普通教育。各项教育事业日新月异,为西安成为全国重要的科教基地奠定了基础。

1958年"大跃进"中,受盲目冒进思潮影响,西安市学校数量剧增,远超社会实际需求,加之政治运动与生产劳动影响,全市教育秩序混乱。国民经济调整时期,通过对教育事业的调整,各级学校教学秩序逐步恢复,教育事业步入正轨。

"文革"期间,西安各学校"停课闹革命",学校成为革命斗争战场,教育管理和教学秩序陷入混乱与瘫痪状态,教育与招生工作停顿,全市教学环境与教育水平急剧下降。

1977年后,通过拨乱反正,学校教学秩序开始恢复。1978年恢复高考后,西安的教育事业才逐渐恢复并步入健康发展的轨道。

二、文化艺术事业

解放初期,西安作家创作了一大批优秀的小说、散文、诗歌及报告文学等。如柳青、杜鹏程、李若冰、魏钢焰等的散文作品，柯仲平的长篇叙事诗《毛主席的小英雄》《献给志愿军》，杜鹏程的《保卫延安》和柳青的《创业史》两部长篇史诗小说，在国内引起热烈反响，魏钢焰所作《党的女儿赵梦桃》和《忆铁人》等，在全国有一定影响，有力地推动了西安文学事业的发展。1959年，西安秦腔戏剧出现在新中国成立10周年庆典上，被赞誉为"老树新花"，电影版的秦腔剧目《火焰驹》和《三滴血》备受好评。此外，西安通过戏剧改革，本土戏剧与外来剧种兼收，传统剧目与现代剧目并演，无论是秦腔京剧豫剧越剧，还是话剧舞剧儿童剧，精彩纷呈，戏剧事业发展一片大好。1960年，西安音乐学院建成，为西安音乐艺术培养了大批人才，西安的音乐和舞蹈艺术在继承传统文化的基础上，融入时代精神和生活气息，创作了一大批备受喜爱的优秀歌舞节目。西安美术兼具现实主义和浪漫主义，新作不断，百花齐放，其中"长安画派"以其独特风格独树一帜。解放后，西安市各种文艺机构与日俱增，文艺赛事不断，大批图书馆、文化宫、俱乐部、电影院等公共文化设施陆续建立，文化艺术事业呈现出良好发展态势。"文革"期间，西安市文化艺术发展遭受严重破坏，直至改革开放后才逐渐回归健康的发展道路。

三、医疗卫生事业

解放后，西安市医疗事业蓬勃发展。大量县区、街和工企医疗卫生机构兴建，医疗制度逐渐建立，医疗卫生体系基本形成，医疗水平全面提升，针刺麻醉、断手再植、眼科人工晶体植入、心脏外科人工体外循环等技术居国内领先地位，卫生健康常识也在群众中得到有效普及，人民群众健康水平和卫生知识得到极大提高。截至1965年年末，全市卫生机构由解放前42所增至924所，病床由47张增至11798张，医护卫生人员由603人增至13231人。"文革"期间，大量医疗卫生机构被撤，卫生技术人员被下放，城市卫生事业时有倒退，直至改革开放后才迅速恢复发展。

表 3-28　1949—1978 年西安市卫生机构和人员统计表

年份	卫生机构（所）		病床（张）		卫生机构工作人员（人）	
	总计	其中：医院	总计	其中：医院	总计	其中：卫生技术人员
1949	44	36	758	758	1930	1791
1950	56	39	1019	1019	2414	2185

续表

年份	卫生机构（所）		病床（张）		卫生机构工作人员（人）	
	总计	其中：医院	总计	其中：医院	总计	其中：卫生技术人员
1951	72	28	1617	1397	3061	2689
1952	140	26	2160	846	4922	4098
1953	183	29	2984	2221	6362	5043
1954	210	33	3636	2809	7085	5530
1955	371	51	3950	3016	9766	7615
1956	609	60	5052	3959	11336	8503
1957	629	71	7441	4843	13531	10227
1958	930	81	9464	6739	12528	9808
1959	1048	97	10319	6903	15886	11857
1960	1106	91	10780	7543	16635	12530
1961	954	85	10801	7789	17242	13086
1962	880	78	10982	8067	15838	12026
1963	915	86	10671	8369	16237	12517
1964	922	86	11148	8637	16406	12706
1965	924	83	11798	8966	16899	13231
1966	860	83	12006	9667	16517	12707
1967	741	102	11973	9616	16405	12564
1968	640	198	10477	9447	17335	13135
1969	612	199	10551	9466	16675	12883
1970	583	206	10929	9855	16037	11993
1971	655	209	11017	9894	18506	12879
1972	702	205	11808	10508	20071	14809
1973	823	209	12685	11280	22298	16816
1974	903	212	13857	12319	23295	17659
1975	937	212	14857	12524	24287	19243
1976	981	214	15572	13757	26479	20334

续表

年份	卫生机构（所）		病床（张）		卫生机构工作人员（人）	
	总计	其中：医院	总计	其中：医院	总计	其中：卫生技术人员
1977	1057	213	16091	13884	29506	22814
1978	1223	256	16044	14577	30049	22922

资料来源：西安市地方志编纂委员会：《西安市志》第6卷《科教文卫》，西安出版社，2000年，第739页。

四、科技事业

解放后，西安市科技事业蓬勃发展，在基础科学、工程技术、农业技术、交通技术、建筑技术、医药卫生技术、邮电技术等诸多方向和领域的研究成果颇丰，在国内甚至国际皆有领先。许多尖端科技成果，从中国第一颗人造卫星到第一颗实用通信广播卫星，从第一颗原子弹、氢弹到第一枚洲际导弹，都凝聚着西安广大科技工作者的智慧和心血。国内第一台微型电子计算机、第一块集成电路板、第一台500千万伏超高压输变电设备、第一台气象测雨电装置、第一台航用相控阵雷达、第一台微型涡喷发动机、第一台稀土永磁电机、运七和运八飞机等，都是在西安研制成功的，为促进经济发展、推动社会进步发挥了重要作用。1949—1977年，西安共取得重大科技成果300项，占陕西省重大科技成果总数的69%。

五、园林绿地建设

解放后，西安市园林绿化建设逐渐发展。50年代，先后兴建兴庆公园、西安植物园，新增13.9万余株行道树，道路绿化199千米，公共绿地面积显著增加，城市绿化初具形态。"大跃进"期间，城市基本建设被压缩，没有新的园林建设项目，城市绿化进展滞缓。国民经济调整时期，劳动公园和新风公园落成，公共绿地面积增加，布局趋于合理，城市绿化得到短暂恢复。"文革"期间，全市仅建成1座西安动物园，城市绿化受到严重破坏。截至1977年年底，全市共有公园6所，面积共计82公顷，公园、公共绿地和苗圃面积共计375公顷，人均绿化面积2.2平方米；市内共有树木233万余株，较解放初的3万株增长76.7倍，栽种行道树24万余株，较解放初的2436株增长97.5倍。

第四章 制度转型与空间拓展（1979—1998年）

1979年以后，城市化发展面临着重大的发展转型机遇，首先是计划经济体制向市场经济体制的转型发展过程，其次是在改革开放的理念下，城市化发展逐渐步入一个新的时代，迎来了城市规划发展的新的春天。同时，伴随着城市化发展，城市空间拓展呈现出相应的发展态势。

第一节
改革开放以来制度的逐步转型

改革开放以来的制度变迁，涉及了经济、法律、政治等众多领域，也涵盖了经济体制、发展战略、治理理念变迁下的土地、户籍、住房、税收、城市规划、产业转型等的相关制度的转变。

一、制度转型

在国家层面，1978年以来的重要制度变革，以重大事件为主线，对城市建设产生了直接的影响：1978年中国明确了以经济建设为中心的目标，开始了从阶级斗争向经济建设的目标转型；1984年确立了城市主导的经济发展模式，并通过户籍制度的调整，开启人口固化向市场化流动的社会结构转型；1988年明确土地有偿使用制度，开启了土地要素的市场化转型；1991年批准21个国家高新技术产业开发区，开启了城市发展的开发区建设模式；1992年在国家层面明确了建立社会主义市场经济的经济体制；1994年实行分税制，开启了政府的企业化转型；2000年全面实施西部大开发战略，开启从东南向西北延伸的区域战略；2001年加入世贸组织接轨全球化；2003年开启城乡统筹的科学发展观的治理理念和发展模式。（见表4-1）

表 4-1　中国制度变迁大事记（1978—2003 年）

年份	事件	作用与意义
1978	中共十一届三中全会确立以经济建设为中心的战略决策	开启改革开放
1979	确立"调整、改革、整顿、提高"方针	标志建设理念的重要转变
	在深圳、珠海试办出口特区	市场经济试点

续表

年份	事件	作用与意义
1981	国务院批准《关于在湖北省沙市市进行经济体制改革综合试点的报告》	市场经济体制试点
1984	国务院下达《关于农民进入集镇落户问题的通知》，容许农民进入集镇经营工商业，并放宽落户政策	户籍调整，促进人口要素流动
	中共十二届三中全会通过《中共中央关于经济体制改革的决定》	确立加快以城市为重点的经济体制改革步伐
	西安被列为首批计划单列市城市之一	
1985	中共中央、国务院批转《长江、珠江三角洲和闽南厦漳泉三角地区座谈会纪要》，将长江三角洲、珠江三角洲和闽南厦漳泉三角地区开辟为沿海经济开放区	开放范围从城市向区域试点
	实行"划分税种、核定收支、分级包干"的财政管理体制	财政管理体制改革
	实施"星火计划"	推动农业产业化、乡村城镇化
1986	国务院转发《高技术研究发展计划纲要》（即后来的"863"计划）	产业结构转型
1988	国务院印发《关于在全国城镇分期分批推行住房制度改革的实施方案》	住房制度改革
	国务院发出《关于扩大沿海经济开放区范围的通知》，将140个市、县新划入沿海经济开放区	扩大东南开放城市范围
	将"土地的使用权可以依照法律的规定转让"等载入《宪法》	确立土地有偿使用制度
	正式开始实施"火炬计划"	明确发展高新技术产业
1989	颁布《中华人民共和国城市规划法》	城市规划规范化
1991	国务院发出《关于批准国家高新技术产业开发区和有关政策规定的通知》，再批准21个高新技术产业开发区为国家高新技术产业开发区（西安为其中之一）	开启开发区建设模式
1993	中共十四届三中全会通过《中共中央关于建立社会主义市场经济体制若干问题的决定》	明确建立社会主义市场经济体制目标
1994	实施《关于实行分税制财政管理体制的决定》，实行分税制	促进政府企业化转型
	国务院做出《关于进一步深化对外贸易体制改革的决定》，提出中国外贸体制的改革目标	建立适应经济全球化的运行机制
1997	制定和实施《国家重点基础研究发展规划》（即"973计划"）	促进基础科学研究
1998	国务院发出《关于进一步深化城镇住房制度改革加快住房建设的通知》，实行住房分配货币化	确立住房商品化制度
	国务院批《关于解决当前户口管理工作中几个突出问题的意见》，放宽流动人口户口政策	促进人口的市场化流动
2000	全面启动实施西部大开发战略，加快中西部地区发展	区域发展战略转变

续表

年份	事件	作用与意义
2001	中国加入世贸组织	接轨全球化
2003	中共十六届三中全会通过《中共中央关于完善社会主义市场经济体制若干问题的决定》，提出五个统筹和科学发展观	转变以城市为主体的发展模式

资料来源：中共中央党史研究室：《中华人民共和国大事记》（1949—2009），人民出版社，2009年。

透过制度变迁的重大事件可以看出，改革开放以来的制度转型体现为连续与渐进的社会经济转型，并呈现出明显的时段特征，具体表现为：在经济体制方面，以1992年为时间节点，历经了计划下的商品经济和社会主义市场经济构建两个阶段。内部填充时期是计划经济体制向有计划的商品经济体制转变的时期，属于市场经济体制探索阶段。这一阶段，注重城乡自身生产要素的激活而促进国家经济的整体发展，是以一种非正式的制度调整，推进户籍、住房、税收等方面的制度改革。而1992—2003年间属于社会主义市场经济全面启动及制度调整阶段。这一阶段，在发展理念上注重吸引外资与国内生产要素的多重结合，并通过正式法律条文的颁布，进行户籍、住房、税收等制度的市场化改革与调整，主要内容为1994年的分税制和户籍改革、1998年的住房商品化等。在发展战略方面，以1984年为时间节点，历经了乡村主导和城市主导两个发展阶段。在治理理念方面，以1993年为时间节点，历经了增量改革和利益重构两个阶段。其中，在增量改革阶段，通过农村实施家庭联产承包经营制度和城市扩大企业生产自主权，赋予地方政府更多的财政自主权，激发地方政府发展本地经济的积极性；在利益重构阶段，重构了政府与企业、中央与地方的关系，表现为企业一定程度上获得了自主经营所需要的权利，地方政府也获得了推动地方经济发展的强大激励，企业、政府、市民形成的社会力被激活。

表4-2 中国制度变迁显性时段及主要内容（1978—2002年）

类型	时段	特征	主要制度内容
经济体制	1978—1991	计划指导下的商品经济	试点经济特区，实施"863"计划，确立土地有偿使用制度，开启开发区建设模式，实施"火炬计划"，修改《宪法》
	1992—2002	社会主义市场经济	明确建立社会主义市场经济体制目标，"973计划"，实行分税制，放宽流动人口户口政策，住房分配货币化，两次修改《宪法》

续表

类型	时段	特征	主要制度内容
发展战略	1978—1983	以乡村为主导	推行包产到户
	1984—2002	以城市为主导	确立城市主导的发展战略，实施西部大开发，加入WTO
治理理念	1978—1993		放权让利、增量改革与利益共赢
	1994—1998		重新集权、体制内改革与利益博弈

资料来源：毕秀晶：《长三角城市群空间演变研究》，华东师范大学2014年博士学位论文，第193—195页；罗文君：《城市空间结构的演变机制及优化政策研究》，华中科技大学2010年硕士学位论文，第33页。

注：
① 林毅：《制度变迁对中国经济增长影响的实证研究》，西南交通大学2013年博士学位论文，第52—53页。
② 刘淑虎、任云英、马冬梅等：《1949年以来中国城乡关系的演进·困境·框架》，载《干旱区资源与环境》2015年第1期，第6—12页。
③ 韩奇：《市场化改革背景下的中国国家治理变迁研究》，吉林大学2011年博士学位论文，第29页。

在西安层面，其制度调整的时间节点与国家制度变迁同轨，制度调整的核心是落实国家制度调整而制定实施细则，内容涉及经济体制、产业、税收、发展战略、户籍管理、城市规划等方面的制度。在此过程中，与西安城市空间发展相关的重要时间及内容节点为：1984年西安被批准为计划单列市城市之一，标志西安城市经济体制改革的开启；1988年批准西安建立西部新技术产业开发试验区，开启了西安发展高新产业之门，拉开了产业结构重大转型的序幕；1991年国务院批准西安建立国家级高新技术产业开发区（简称"高新区"），开启了城市扩展的新模式；1992年被批准为内陆开放城市；1993年开始实施土地有偿使用制度，并在以后的年份里颁布了与土地、税收、企业改革、户籍相对接的制度调整，以落实国家宏观层面的建立社会主义市场经济体制的目标。（见表4-3）

表4-3 西安制度变迁大事记（1978—2001年）

年份	内容	属性
1980	颁布《西安市城镇集体所有制企业暂行规定》，放宽政策，促进集体经济发展	经济改革
1982	西安等24个城市定为全国首批历史文化名城	文化保护
1983	实行利改税制度	税收制度
	国务院批准《西安市1980~2000年城市总体规划》	城市规划
1984	制定《关于扩大企业自主权的若干规定》	经济改革
	全面实行第二步利改税	税收制度
	国务院批准西安市为计划单列市	发展战略

续表

年份	内容	属性
1985	下放技术项目审批权，对技术进步项目实行经济承包责任制	经济改革
	《关于放宽乡镇企业管理政策的若干规定》	发展战略
1986	批准西安市对外经济贸易计划实行单列	发展战略
1987	实施《西安市经济体制综合改革试行方案》	经济改革
1988	批准在西安建立西部新技术产业开发试验区	经济改革
1990	颁发《流动人口计划生育管理暂行规定》	户籍管理
1991	西安高新技术产业开发区被国务院批准为国家级高新区	发展战略
1992	颁布《西安市股份制企业试点暂行规定》《西安市股票发行与交易管理暂行办法》和《西安市证券市场管理暂行办法》	经济改革
	颁布《西安市城镇住房制度改革实施方案》，被批准为内陆开放城市	住房制度
1993	颁布《西安市全民所有制工业企业转换经营机制实施办法》	经济改革
	颁布《西安市城镇国有土地使用权出让和转让实施办法》	土地制度
1994	通过《西安市 1995~2020 年城市总体规划修编大纲》	城市规划
1995	推出《西安市外商投资项目审批办法》《西安市鼓励企业利用外商投资进行技术改造办法》等 5 个鼓励外商投资的政策规定	经济改革
1996	颁布实施《西安市股份合作制企业条例》	经济改革
2000	西安经济技术开发区被国务院批准为国家级开发区，并实行现行的国家级经济技术开发区的相关政策	发展战略
	实施《1997—2010 西安市土地利用总体规划》	城市规划
2001	《西安市暂住人口管理条例》正式实施	户籍管理

资料来源：西安市地方志编纂委员会：《西安市志》第1卷《总类》，西安出版社，1996年，第170—218页。

在国家及西安层面的经济体制、发展战略、治理理念的时段推移下，与城市空间发展相关的土地制度、户籍制度、住房制度、财政制度等渗透其中，呈现渐进式持续调整的特征，成为城市空间发展的主要制度推力，它们构成了西安城市空间发展特征、发展模式、发展目标导向的制度背景。以梳理与城市空间结构发展的相关性为原则，探讨与总结1978—2003年期间的制度转型的特征，表现在户籍制度、土地制度、财政制度、住房制度等方面，以下分述之。

二、户籍制度：从限制人口流动向市场化自由流动转化

户籍制度是中国控制城市人口的主要方式，户籍制度的变化可以折射出城市人口发

展的宏观特征。改革开放前实行城乡二元户籍制度，将人口划分为农业人口和非农业人口两类，在此基础上确立粮油供应、医疗保险、住房分配、劳动就业、教育等不同标准，严格控制城乡之间的人口流动。改革开放以后，学者普遍认为，户籍制度围绕经济制度的转变历经了两个阶段[①]：准市场经济时期的户籍制度（1978—1993年）和市场经济时期的户籍制度（1994—2008年）。（见表4-4）其中，1978—1994年间的户籍变迁初步放开乡镇之间、城乡之间公民迁徙的限制，公民开始拥有在非户籍所在地长期居住的合法权利，人口迁移开始与经济发展并轨。本阶段城市人口发展战略主要突出控制大城市规模，合理发展中等城市，积极发展小城市，促进生产力与人口的合理布局。[②]1994年以来，以小城镇、经济特区、经济开发区、高新技术产业开发区的户籍制度调整为主要对象，以人口流动与市场经济接轨、消除城乡人口流动限制为导向，户籍管理逐渐从城乡二元户籍制度向城乡一体化转化。而在此过程中，反映户籍制度重大调整的时间节点是：1984年，《关于农民进入集镇落户问题的通知》允许到集镇务工、经商的农民在自理口粮的情况下可在城镇落户，并统计为非农业人口，严格的城乡壁垒开始松动；1992年，《关于实行当地有效城镇居民户口制度的通知》使户籍准入制度开始扩大到小城镇等；2001年，《关于推进小城镇户籍管理制度改革意见》进一步放宽农村户口迁移到小城镇的条件，并且允许各地可按照具体情况推进本地户籍制度改革。因此，从国家户籍制度变迁的角度看，1978年以来，中国城市人口发展经历了"两大段"（以1994年为时间节点）、"四小段"（以1992年、1994年和2001年为时间节点）的发展过程。

表4-4 中国城市户籍制度变迁时段及简要内容（1978—2008年）

宏观层面	中观层面	内容与意义	主要户籍政策变迁
准市场经济时期（1978—1993）	户籍制度改革的松动阶段（1979—1991）	初步放开城乡之间公民迁徙的限制，公民开始拥有在非户籍所在地长期居住的合法权利，二元户籍制出现松动，促进了城市空间的快速聚集	1984年颁布《关于农民进入集镇落户问题的通知》
			1985年9月施行《中华人民共和国居民身份证条例》
			1985年颁发《关于城镇暂住人口管理的暂行规定》
	户籍制度改革的过渡阶段（1992—1993）	小城镇、经济特区、经济开发区、高新技术产业开发区实行当地有效城镇户籍制度，户口准入制度开始扩大到小城镇	1992年8月出台《关于实行当地有效城镇居民户口制度的通知》

---

① 刘贵山：《1949年以来中国户籍制度演变述评》，载《天津行政学院学报》2008年第1期，第37—41页。
② 1978年国务院发布《关于加强城市建设工作的意见》，要求"控制大城市规模，多搞小城镇"，1989年颁布的《中华人民共和国城市规划法》中明确"国家实行严格控制大城市规模、合理发展中等城市和小城市的方针"。

续表

宏观层面	中观层面	内容与意义	主要户籍政策变迁
市场经济时期（1994—2008）	户籍制度改革的起步阶段（1994—1999）	户籍二元划分转变为居住地和职业标准，全国各地逐步放宽中小城市户籍限制	1997年6月《小城镇户籍管理制度改革试点方案》颁布
	迁徙改革阶段（2001—2008）	户籍制度逐步向适应市场经济体制转型，首先从小城镇户籍全面推进改革开始，继而对城市分区域进行改革。2003年以后，城乡二元户籍制度向城乡一体化的自由迁移调整	2001年下发《关于推进小城镇户籍管理制度改革意见》 2007年3月《公安部关于进一步改革户籍管理制度的意见》（送审稿）已形成

资料来源：陈燕浩：《建国以来我国户籍制度的发展及改革对策研究》，西南大学2009年硕士学位论文，第9—14页。

在国家层面的户籍制度调整下，西安为控制人口的机械增长率，在1977年以后，对镇迁往市、小市迁往大市、一般农村迁往市郊进行适当限制，1979年起对"农转非"实行指标控制，1980年颁布《西安市城镇集体所有制企业暂行规定》，放宽政策，促进集体经济发展。之后，在国家总体战略的影响下，1987年发布了《关于严格控制成建制单位迁入本市有关问题的通知》《西安市控制市区城市人口机械增长暂行办法》，1999年施行《流动人口计划生育工作管理办法》等一系列政策，调整人口规模与生产力结构布局，控制外来人口的大量涌入，使人口增长处于适度放松与控制的发展当中。

改革开放以来的户籍制度变迁表明，容许人口流动和放松人口流动条件是变迁的主线，户籍管理的调整促进了城市化的速度，成为重构城市社会人口结构的主要动力。此外，户籍管理的松动化促进了城乡要素的互动，但其"二元"性并未发生本质变化，尤其是以户籍制度为标准的教育、医疗、社保等系列制度改革滞后，因此，户籍制度的调整具有明显的以城市为主体的城市偏向特征。

三、土地制度：从国家划拨到有偿使用

广义的土地制度是指包括一切土地问题的制度，是人们在一定社会经济条件下，因土地的归属和利用而产生的所有土地关系的总称，包括土地所有制度、土地使用制度、土地规划制度、土地管理制度等。在计划经济时期，城市土地由国家（中央或当地政府）统一分配、划拨、处置，土地供给由行政配置。这种永久、无偿使用对城市空间结构的优化存在阻碍作用，非市场化的划拨用地与市场化的出让用地因竞合关系而导致城

市土地利用呈现出破碎化特征，造成土地资源浪费、土地利用低效等问题。

改革开放以来土地制度向有偿、有限期、市场化流动转化，最终构建了土地有偿使用的制度体系，将土地作为一种空间要素商品化了。这一过程历经了几个重要的时间节点：首先，通过1982年《宪法》修改，首次将城市土地以最高法的形式确认为国家所有，完成了城市土地的国有化；其次，进行"两权分离"试点及建立，在1987年深圳试点"两权分离"的基础上，通过对1988年《宪法》和《土地管理法》的调整，明确"两权分离"的城市土地使用制度；再次，1990年颁布的《城镇国有土地使用权出让和转让暂行条例》和1994年实施的《城市房地产管理法》构建了国家层面整体的城市土地有偿使用体系。西安城市土地有偿使用制度于1993年开始执行，晚于东南沿海城市。（见表4-5）

表4-5 中国城市土地制度变迁时段及内容（1978—1994年）

年份	国家层面举措	意义
1982	《宪法》确认城市土地的国有制	未明确所有权有关的财产产权
1987	深圳试点"两权分离"的出让制度	揭开了城市国有土地有偿出让的序幕
1988	将"土地的使用权可以依照法律的规定转让"等载入《宪法》，并修改《土地管理法》	明确土地有偿使用
1990	颁布《城镇国有土地使用权出让和转让暂行条例》	实现土地使用权出让、转让制度的有法可依，使土地使用制度改革在全国推开
1994	实施《城市房地产管理法》	规范土地使用权出让、划拨、抵押和出租行为，为建立制度化、规范化的城市土地市场奠定了基础

资料来源：陈鹏：《中国土地制度下的城市空间演变》，中国建筑工业出版社，2009年，第59—60页。

改革开放以来，土地有偿使用的制度转变，完成了土地资源的商品化转型，改变了计划经济时期的配置方式，土地的经济属性和社会属性开始体现其市场法则，诱发了城市空间社会结构、经济结构、物质结构的剧烈转型。

四、财政制度：从包干式向分权式转化

计划经济时期的财政管理制度虽历经多次变革，但整体上属于高度集中、统收统支的财政管理模式。财政管理主要针对国家与国营企业、中央与地方的收支及分配关系

而展开,具有明显的"集权"和计划经济体制的特征。[1]改革开放以来的财政管理制度进行了一种放权让利转化,表现为从包干制向分权式财政管理体制转变,整体历经了两个阶段。第一阶段是包干制下的利改税改革(1978—1993年):从1980年进行的"划分收支,分级包干"体制改革,到1985年"划分税种,核定收支,分级包干"体制,再到1988年"多种形式包干"体制,结合1983年、1985年的两步利改税和多税种配合发挥作用的复合税制的形成以及财会制度的不断规范,我国的财政收入逐步从按行政隶属关系划分向按税种划分转变。第二阶段是分税制改革(1994—2006年):在合理划分各级政府事权范围的基础上,按税收来划分各级政府的预算收入,各级预算相对独立,负有明确的平衡责任,各级次间和地区间的差别主要通过转移支付制度进行调节。1994年的分税制改革塑造了中央政府与地方政府的独特关系,其本质是以一种放权让利的财务体制打破传统体制下高度集中的分配格局,促进多元化市场主体和市场化价格的形成,以及政府企业化的转型。

五、住房制度:从福利式向商品化转化

在计划经济时期,城市住房实行国家福利分配制,由国家和单位承担建设资金,住房属于生活型设施。改革开放后,住房制度整体上从福利式向商品化转型。其中,投资主体从国家和单位主导逐步向国家、单位、个人共同集资转化;认知观从消费型向生产型转化;分配方式上从实物分配向货币分配转化;居住空间特征上从单位制的均质型向零碎化转变。在此过程中,与住房有关的制度演化历经了两个时段:1978—1988年的探索阶段、1988年以后的深化阶段。在探索阶段,首先,1982年确立了投资主体的"三三制"住房建设方案,确立了国家、单位、个人的投资主体;其次,在1985年进行住房租金制度研究和设计。在深化阶段,1994年明确了住房商品化,从根本上改变了土地资源的空间配置方式。1998年至今实行住房分配货币化,建立住房保障制度。(见表4-6)

表4-6 中国住房制度变迁(1978—1998年)

年份	文件名称	内容及意义
1988	《关于在全国城镇分批推行住宅制度改革实施方案》	提出多种方式调整低租金、出售公有住房、集资建房等改革措施,加快住房制度改革步伐

---

[1] 郑小玲:《中国财政管理体制的历史变迁与改革模式研究(1949—2009)》,福建师范大学2011年博士学位论文,2011年,第73页。

续表

年份	文件名称	内容及意义
1991	《关于继续积极稳妥推进城镇住房制度改革的通知》	提出分步提租、出售公房、新房新制度、集资合作建房等多种形式推进房改的思路
1994	《国务院关于深化城镇住房制度改革的决定》	实行住宅商品化、社会化,并提出出售公有住房等措施,住房制度改革在全国范围内逐步推开
1998	《关于进一步深化城镇住房制度改革加快住房建设的通知》	实行住房分配货币化

资料来源:王明浩、肖翊:《对城市住宅若干问题的剖析》,载《城市发展研究》2010年第9期,第8页。

六、城市发展方针:从规模控制向提升区域辐射作用转化

在计划经济时期,中国没有明确城市发展方针。改革开放以来,城市作为经济发展的主体被纳入发展战略当中,国家层面对大城市的发展整体上采取了从控制到严格控制的方针,再到发挥区域辐射作用的转变。(见表4-7)

西安作为大城市之一,在1978—2000年间处于城市规模控制时期,1990年以后被纳入国务院批复建设的国际化大都市之一,而2000年以来属于规模扩大下的区域中心作用提升时期。

国家层面的城市发展方针的调整,渗透在西安城市总体规划的城市定位、发展目标中,进而影响到城市空间扩张、空间形态等不同层面。

表4-7 中国城市发展方针变迁(1978—2001年)

年份	文件名称	内容及意义
1978	《关于加强城市建设工作的意见》	"控制大城市规模,多搞小城镇",控制市区的人口和用地
1984	《城市规划条例》	"控制大城市规模,合理发展中等城市,积极发展小城市"
1990	《中华人民共和国城市规划法》	严格控制大城市规模,合理发展中等城市和小城市
2001	《中华人民共和国国民经济和社会发展第十个五年计划纲要》	有重点地发展小城镇,积极发展中小城市,完善区域性中心城市功能,发挥大城市的辐射带动作用,引导城镇密集区有序发展

资料来源:《新时期我国城市发展方针的沿革》,载《中国建设报》2003年1月27日。

第二节
城市化进程与城市空间拓展

一、城市化进程及其表征

城市人口的变化关联着城市经济和城市的物质空间，是城市空间结构发展的核心要素。在计划经济时期，城乡之间因严格的二元户籍制度而隔离，人口被固化在城市和乡村，城市社会结构体现为单位制下的同质性和单一性特征。改革开放以来，伴随经济体制的市场化转型及相关制度的调整，人口从限制流动向自由流动转化，促进城市化进程的同时，也促使城市社会结构从单一、同质性向多元化、阶层化演化。因此，人口变化受制于户籍制度、城市发展方针等制度的影响。通过对户籍制度及相关制度的梳理，并结合城市化水平、人口增长率、非农业人口增加值等宏观测度的结果，可以得出改革开放以来西安的历年人口总数、城区人口、非农业人口、城市化水平和人口密度呈持续增长趋势（见图4-1、图4-2，表4-8），整体呈现两个时段特征。

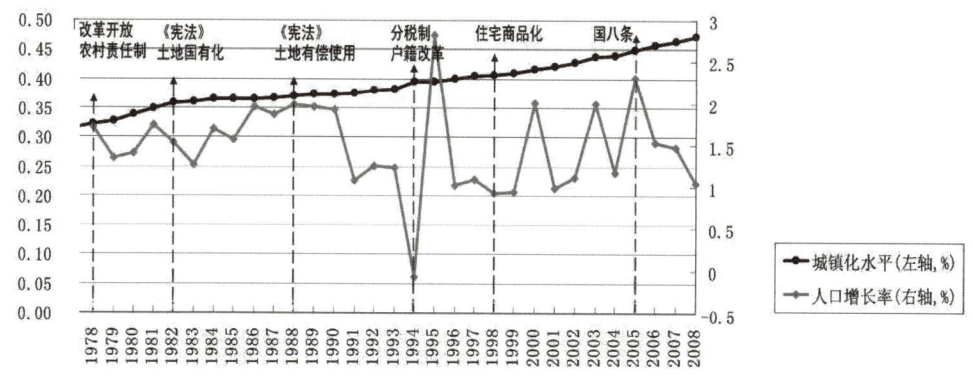

图4-1 西安城市化水平历年变化图（1978—2008年）

资料来源：西安市统计局编：《西安统计年鉴 2009》，中国统计出版社，2009年。

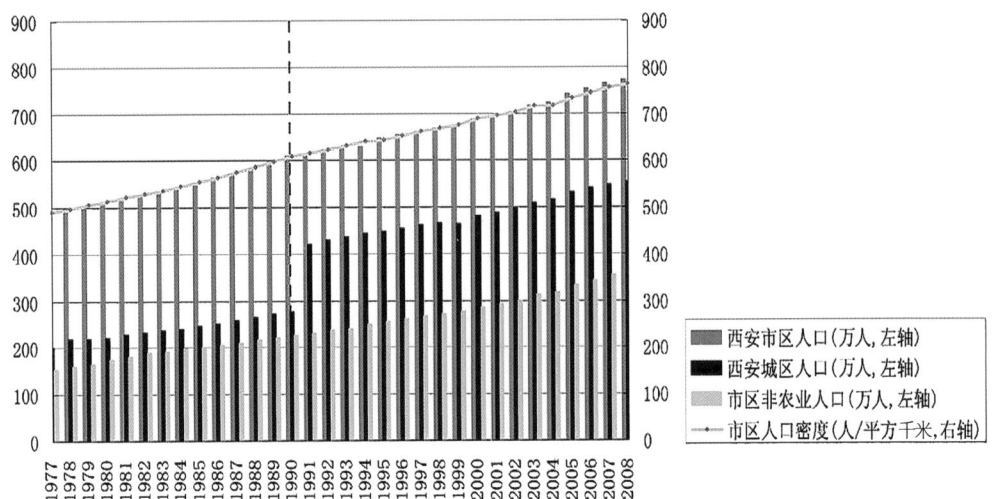

图 4-2 西安城市人口历年变化图（1978—2008年）

资料来源：西安市统计局编：《西安统计年鉴 2009》，中国统计出版社，2009年。

注：1992年临潼和长安县城人口划入西安城区人口。

（一）稳定增长阶段

这一时期，由于意识形态上对计划经济与商品经济存在争论，并催生了计划与商品双轨运行的经济体制，制度调整存在显著的渐进、嬗变特征。在此背景下，一方面，受经济体制调整和城市发展的需要，如在改革开放初期邻近的三线企业回迁城区，"三下乡"的知青开启返城潮，西安城市人口急速增加。同时，由于农村家庭联产承包责任制的改革而产生的大量剩余劳动力在1984年户籍管理松动（《关于农民进入集镇落户问题的通知》）的情况下开始进城务工，西安城市人口的机械比例出现突破性增长。据统计，1978—1990年人口迁入大于迁出，1990年城区迁移净增人数占人口增长总数约38.8%。另一方面，受制于西安城市生活性设施的束缚、计划生育政策的落实（1982年计划生育作为基本国策写入《宪法》）、城市发展方针中控制大城市人口规模的要求，控制人口急速增长成为西安城市人口管理的一项基本方针。西安自1987年起对成建制单位迁入西安市实行严格控制，并相继颁发了相关规定。如1987年《关于严格控制成建制单位迁入本市有关问题的通知》规定迁入西安市的成建制单位，原则上安排到市郊和县属建制镇；1989年《西安市控制市区城市人口机械增长暂行办法》规定除国家下达的指令性计划外，其他都必须经市控制人口机械增长办公室审查同意。

表 4-8　西安市人口历年变化表（1978—2008 年）

年份	城市总人口（万人）	市镇人口（万人）	非农业人口（万人）	城市化率（%）	人口密度（人/平方千米）	人口增长率（%）	非农业人口增加值(万人)
1978	498.1	218.98	159.98	32.12	499	1.72	5.9
1979	504.8	220.24	165.28	32.74	506	1.35	5.3
1980	511.91	221.91	172.85	33.77	513	1.41	7.57
1981	520.8	227.42	181.21	34.79	522	1.74	8.36
1982	528.8	231.86	188.94	35.73	530	1.54	7.73
1983	535.5	238.69	192.57	35.96	537	1.27	3.63
1984	544.6	240.17	198.32	36.42	546	1.70	5.75
1985	553.11	245.76	201.9	36.50	554	1.56	3.58
1986	563.93	251.80	205.92	36.52	565	1.96	4.02
1987	574.46	257.69	210.25	36.60	575	1.87	4.33
1988	585.85	264.94	216.99	37.04	587	1.98	6.74
1989	597.36	270.80	222.54	37.25	598	1.96	5.55
1990	608.89	275.69	226.98	37.28	610	1.93	4.44
1991	615.48	419.29	230.85	37.51	617	1.08	3.87
1992	623.2	429.54	236.45	37.94	624	1.25	5.6
1993	630.91	435.41	240.85	38.18	632	1.24	4.4
1994	630.45	442.30	248.35	39.39	641	−0.07	7.5
1995	648.21	448.65	255.71	39.45	645	2.82	7.36
1996	654.87	454.68	261.28	39.90	653	1.03	5.57
1997	662.06	461.17	267.52	40.41	663	1.10	6.24
1998	668.22	466.31	271.75	40.67	669	0.93	4.23
1999	674.5	463.50	276.14	40.94	676	0.94	4.39
2000	688.01	483.10	285.79	41.54	689	2	9.65

续表

年份	城市总人口（万人）	市镇人口（万人）	非农业人口（万人）	城市化率（%）	人口密度（人/平方千米）	人口增长率（%）	非农业人口增加值（万人）
2001	694.84	489.88	292.62	42.11	696	0.99	6.83
2002	702.59	497.38	300.05	42.71	704	1.12	7.43
2003	716.58	510.26	312.88	43.66	718	1.99	12.83
2004	725.01	516.30	318.5	43.93	717	1.18	5.62
2005	741.73	533.21	333.14	44.91	734	2.31	14.64
2006	753.11	540.97	343.78	45.65	745	1.53	10.64
2007	764.25	549.19	353.85	46.30	756	1.48	10.07
2008	772.30	554.73	363.87	47.12	764	1.05	10.02

资料来源：西安市统计局编：《西安统计年鉴》（1979—2009年），中国统计出版社，1979—2009年。

注：

①西安城区范围的变动，使得城区人口的变化不能客观反映城市人口的变化特征，因此人口统计数值是以市区人口变动为主。

②1992年临潼和长安县城人口划入西安城区人口。

在有控制的人口增长背景下，1978—1990年间西安的人口变化呈现稳定增长的态势，其在城市化水平、人口增长率、非农业人口增加值等宏观测度上具有以下特征。

城镇化水平变化稳定，城市化率由1978年的32.12%上升到1990年的37.28%；其中，1978—1983年属于快速增长期，非农业人口增长变化呈抛物线形式，最大差值出现在1982—1984年之间；1984—1990年间总体变慢，非农业人口呈折线变化，涨落频繁。（见表4-8）

人口结构方面，进城务工农民已成为城市劳动力结构的重要部分，形成规模庞大的流动人口群。根据第四次人口普查资料计算，1990年，西安市流入人口为流出人口的16.21倍。其中，户口在外县、市而常住1年以上的人数占流动人口的75.14%。此外，在人口构成中，适龄劳动人口持续增长，但新进入劳动年龄人口的比重逐步下降，由1982年的2.13%下降到1990年的1.71%，而退出劳动年龄人口的比重由1982年的0.7%上升到1990年的0.83%。在从业结构中，从1987年开始第一产业和第三产业的从业者数量趋向上升，而第二产业从业者趋向下降。

人口空间分布方面，新城区、碑林区、莲湖区成为城区人口最密集的区域，1984年3区人口密度约达16000人/平方千米，其中新城区最高为17026人/平方千米，莲湖区最低为15754人/平方千米，灞桥区、未央区、雁塔区人口分别为36.60万、29.72万、30.44万。（见表4-9）因雁塔区高校及科研院所集中，大量科技人口的剧增引起人口密度增大。由此看来，人口密度的差异性与地理位置、自然环境、经济及社会背景等条件相关。

表4-9　西安城区人口密度空间分布表（1978—1989年）　　单位：人/平方千米

年份	平均人口密度	新城区	碑林区	莲湖区	灞桥区	未央区	雁塔区
1978	1911	14875	16322	14859	906	1028	1471
1979	1960	15198	17251	15337	931	1056	1491
1980	2012	15582	15487	13984	959	1085	1529
1981	2063	15914	15734	14302	984	1109	1584
1982	2099	16505	14982	15286	995	1135	1616
1983	2137	16699	15566	15515	1001	1151	1663
1984	2186	17026	16241	15754	1014	1175	1720
1985	2235	17247	16938	15985	1028	1184	1801
1986	2290	17506	17657	16416	1046	1200	1864
1987	2344	17739	18215	16846	1063	1222	1943
1988	2409	18225	18757	17239	1086	1247	2049
1989	2461	18341	19124	17643	1112	1275	2131

资料来源：西安市统计局编：《西安历史统计资料汇编 1949—1989》，中国统计出版社，1991年，第78—79页。

（二）波动增长阶段（90年代）

90年代以来，西安在经济体制上确立了建设社会主义市场经济的发展目标，并推行分税制、土地财政、住房市场化、单位制等方面的改革，加剧城市人口的流动。人口在这一时期呈现出明显的波动性，其在人口测度上具有以下主要特征。

人口数量波动方面，在1990—2008年间出现了4个峰值（依次为1995年的2.82%、2000年的2%、2003年的1.99%、2005年的2.31%）和6个谷值（依次为1991年的1.08%、1994年的-0.07%、1996年的1.03%、2001年的0.99%、2004年的1.18%、2006年的1.53%）；人口增长率在-0.07%~2.82%之间变化，增量最小差值0.04%，最大差值2.89%，波动较大。与人口增长率的变化趋同，非农业人口增长值也呈现波动特征，涨落频繁，最大差值出现在2004—2005年之间，为9.02万人。（见表4-8）

人口结构方面，从业人口波动明显，第二产业的从业者在1990—2002年间总体呈下降趋势，第一产业和第三产业从业人口在2002年的比例均为36%，此后第三产业从业人口占比呈强势增长，而第二产业从业人口在2002年小幅上涨同时，在回落中有所增长。第三产业的从业者整体趋向上升，从1990年的25.27%上涨到2002年的36%，构成了从业者的主体人群。客观上反映了这一时期人口结构变化的特征。（见图4-3）

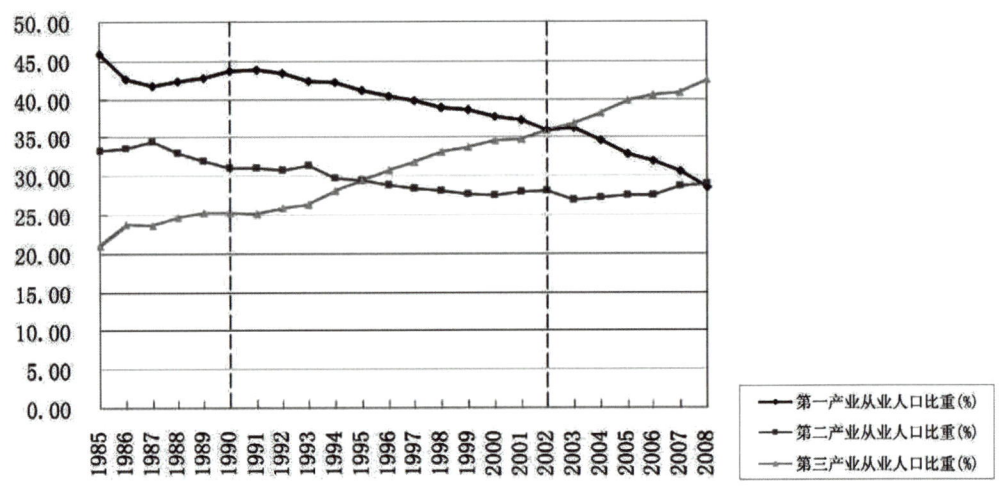

图4-3　西安三产从业人口历年变化图（1985—2008年）

资料来源：西安市统计局编：《西安统计年鉴 2009》，中国统计出版社，2009年。

人口空间分布方面，新城区、碑林区、莲湖区依然是人口最密集的区域，未央区的人口密度增加速度加快，人口高密度区域逐步向南北方向扩展。中心城区的人口增长速度减慢。[①]

社会结构方面，伴随1990年以来的经济、政治等方面的市场化改革，分权化的速度加剧，在个人、市场、地方政府、中央政府等主体形态发育的同时，它们之间的利益分异逐步凸显。

---

① 高连海：《社会变迁对城市空间结构的影响机制研究——以1949年以来西安市为例》，西北大学2009年硕士学位论文。

上述人口变化的特征表明，改革开放以来西安人口数量历经了从平稳增长到波动增长的过程；在空间分布上逐步从莲湖区、新城区、碑林区向未央区、雁塔区扩大，流动人口成为一支重要的社会力量参与城市生产，带来了从业结构的变化。第三产业从业人数逐步占据最高比例。在时间上，1984年、1990年、2002年成为不同人口测度的节点，这些节点与制度调整的重大事件的时间节点基本吻合。

二、城市空间拓展的特征

以改革开放以来城市土地利用变化和历年城市现状图为依据，西安在空间结构上的显性特征主要体现为土地利用、城市形态、拓展方向、发展特征四个方面。

（一）土地利用：从稳定增长到波动增长

西安城市建设用地面积的变化（见图4-4）表明，2002年以前除个别年份（1992年、1997年）之外，其他时期整体平稳增长，年平均增长率约2.4%；自2002年以后出现明显的波动特征，增长率在-0.43%~19.91%之间波动，将改革开放以来西安城市建设用地变化划分为两个明显的时段。此外，土地类型发展也呈现明显的两个时段，其中在1978—2002年间，居住用地稳定增长，工业用地增长幅度较小；2003年以后，工业用地和居住用地有较大波动，居住用地急剧下降，而工业用地急剧增长。

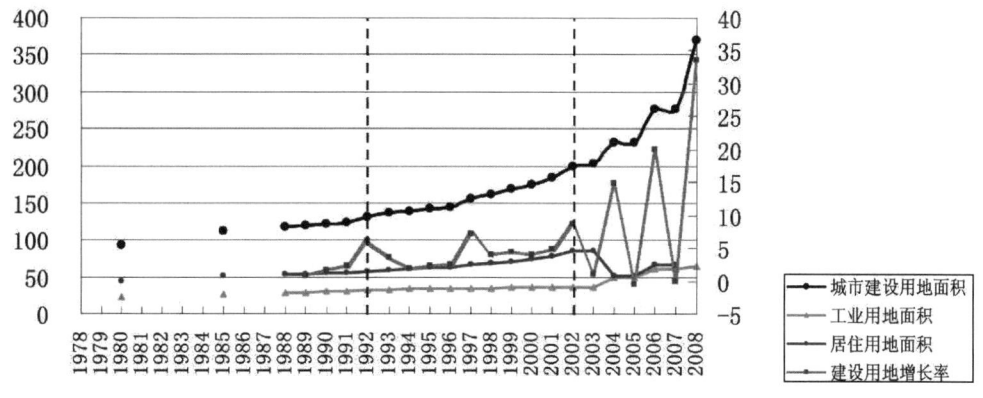

图4-4　西安城市建设用地历年变化图（1978—2008年）

资料来源：西安市统计局编：《西安统计年鉴　2009》，中国统计出版社，2009年。

（二）城市形态：从多组团到同心圆

西安城市形态演化过程（见图4-5）表明，改革开放以来，以组团为单位的城市道

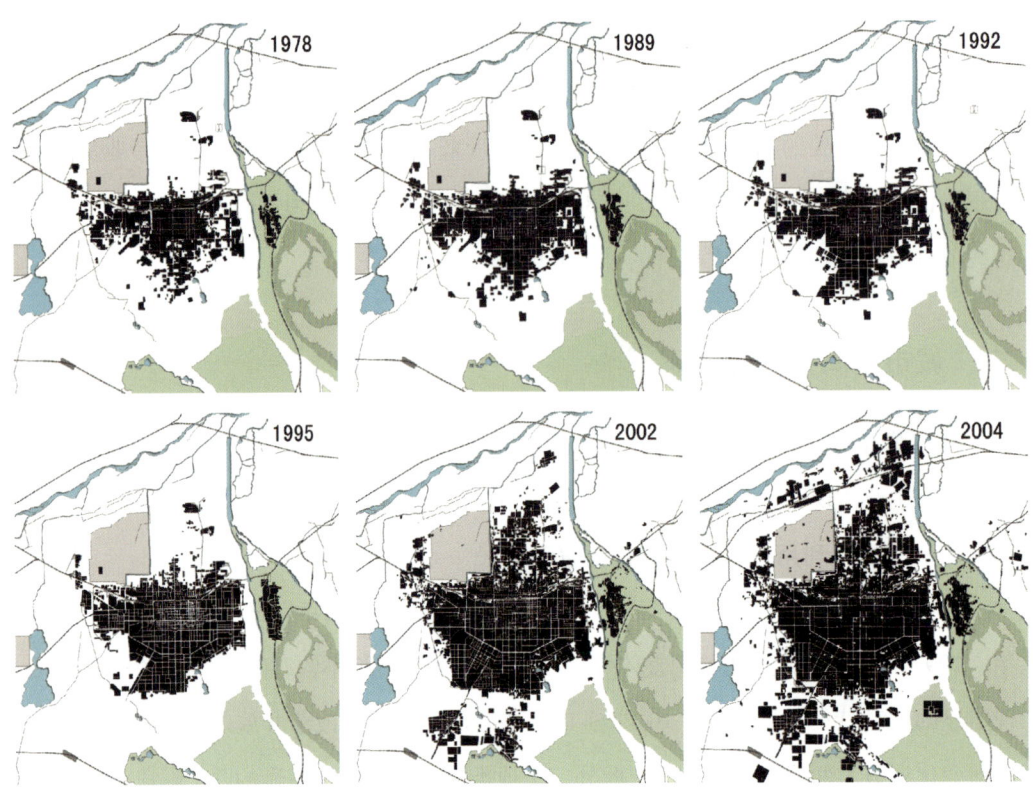

图 4-5 西安城市形态演化图（1978—2008 年）
资料来源：历年《西安现状图》。

路逐步连接成网格状，城市环线从一环路演化为二环路；同时，组团间的用地逐步被填充，形成以明城区（老城区）为中心的同心圆圈层式拓展特征。另外，在形态演化时段特征上，1978—1989年西安城市形态并未出现明显的变化，而20世纪90年代以来，形态演化速度加剧，网格状道路结构的同心圆的圈层化特征凸显。

（三）拓展方向：从南向到南北向

西安城市边界的拓展过程表明，改革开放以来，西安城市拓展方向历经两个阶段：第一阶段是向西南和西北方向拓展，城西、城南、城东组团与明城区间的空地逐步被填充，组团的空间边界逐步模糊。第二阶段是1992年以后，城市沿南北轴方向拓展速度加快。其中：城南以西安高新技术产业开发区为依托，向南与郊县的长安县、户县连接为一体；而城北依托西安经济技术开发区（简称"经开区"）向渭河拓展，拓展速度加快。因此，整体上拓展方向历经从南向南北的转变。这一历程与二环路形成、西安高新技术产业开发区建设、西安经济技术开发区建设等的发展呈现同轨的特征。此外，西安微观层面的山水条件、历史资源分布限定了城市拓展方向，主要原因是东郊接近灞河，西郊接近阿房宫遗址，西北角为汉长安城遗址，在这一自然条件的限制下，城市只能向西南、东南和北边拓展。

（四）发展特征：从内部填充到边缘新区

改革开放以来的城市形态、道路格局和空间拓展表明，1978—1990年间西安城市空间基本环绕明城墙向外拓展，到20世纪90年代基本完全填满二环路以内空间，城市发展模式表现为内部填充式；而21世纪初期以后，城市依托二环路和南北轴向，城市边缘区城市拓展的主要区域——大量开发区兴起，体现为明显的边缘新区式的发展特征。

第三节
20世纪80年代城市发展与实践

一、城市发展的总体特征

80年代，城市空间发展是以增补"欠账"功能为主导，在向生活型城市功能转型的城市发展方针指导下，生产性功能与生活性功能并行发展。与计划经济时期相比，其城市空间发展特征体现为以下几个方面。

第一，在拓展区域方面，城市拓展区域集中于明城区与临近组团之间的范围，具有明显的内部填充特征。在时序上，1989—1992年间主要集中于城市西南和东南方向（见图4-6）。在拓展历程中，新建工业区（西安高新技术产业开发区和西安电子工业区）成为拓展的主导因素，带动了周边居住、交通用地向南扩展，在宏观上决定了城市用地扩展速度，在微观上决定了城市用地结构形态，但与计划经济时期不同，内部填充时期的工业区拓展是依托临近区域的教育、科研、道路的基础上飞地发展，形成功能互补关系，进而降低建设成本。另外，西安工业用地的拓展既是产业结构转型的需要，又是承接三线工厂回迁的需要，这与计划经济时期单一的指令式的拓展有所不同。

第二，在功能转型方面，工业从大出大进的重工业向民用化的轻工业转型或升级，以电子、生物工程、激光、光纤通信等主导的高新产业开始兴起；居住模式从工人新村、街坊大院向集住宅、学校、商业、绿地等公共服务为一体的居住小区转型；铁路的电气化改造和区域间的高速公路的修建，开启了区域联系的快捷化趋向。

第三，在空间关系方面，给水排水、燃气供暖、电力电信等市政设施的完善，博物馆、游乐场（北方乐园）、体育馆等省级文体设施和专业性公园等新型空间的建设，以

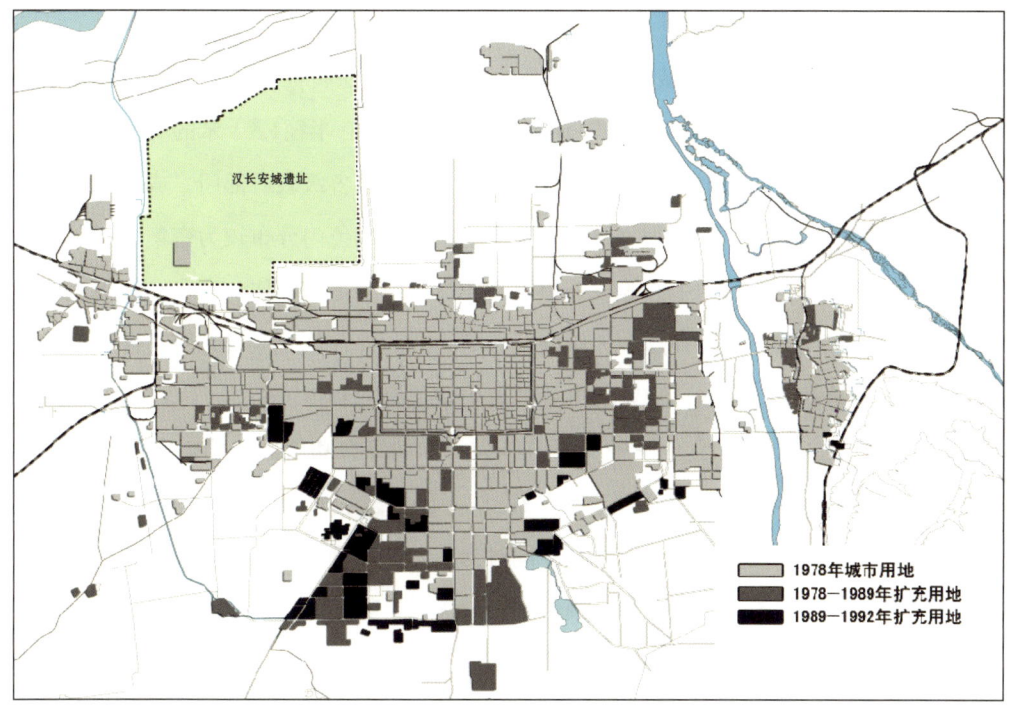

图 4-6　80 年代西安城市建设用地拓展时序图

资料来源：《西安现状图》（1992 年）；《西安市志》；《西安统计年鉴》。

及集商业、文体、百货公司为一体的现代城市中心雏形的形成，使西安城市在功能类型上趋向现代化，城市轴线的功能类型趋向多元化。与此同时，依托新型空间类型而出现的新消费行为、经济行为、居住行为、娱乐行为，加强了城市内部的空间联系。

第四，在城市形态方面，从 1978 年的"一城、多组团"的格局演化为集中式的"一城、一组团"格局，与明城区临近组团，在内部填充的拓展下，逐步和明城区连接为一体，但维系了"T"字形的整体形态。

第五，在城市空间发展的运行机制方面，城市发展的驱动方式从单一的政府主导建设向多元融资的商品式建设转型，市场驱动方式开始在居住、商业、酒店等建设中推行，促使居住、商业等用地建设向盈利性转型，并成为城市发展的另一动力。

通过内部填充时期西安城市功能、空间关系、城市形态、运行机制等方面的转型与重构，将 1978—1992 年间的城市空间发展累积到 1992 年，其城市空间结构特征体现为以下几个方面。

（一）功能区位特征

空间区位是指城市功能空间的选址位置，通过不同功能的区位布局可以总结空间要素之间的空间联系和空间布局特征。对比1978年与1992年土地利用现状图（见图4-7、图4-8），1992年西安城市功能布局具有明显的圈层特征。以明城区为中心呈现三个圈层（见图4-9、图4-10）。第一圈层是以钟楼为中心半径1.5千米的明城区范围，这一区域内聚集了大量历史文化古迹，聚集了省、市、区各级政府部门，成为重要行政办公的分布区。以副食、服装为主导的专业市场在这一区位内分布较为密集，同时，分布有西北影城、青少年活动中心等省、市级文体设施，于是以居住、商业、文化娱乐等功能为主导的现代城市中心在这一区域内开始萌动。此外，这一区域是西安自新中国成立以来一脉相承的传统区域，分布着主要的历史文化资源和传统街坊。因此，第一圈层是集办公、居住、商业、文化娱乐、历史等为一体的综合功能区。第二圈层是陇海线以南，距离钟楼1.5~5千米之间的扇形区域，这一区域东、西两侧以单位型的居住为主导，而南侧以文教和居住的用地为主导，同时为第二商业圈层的聚集区，分布有以蔬菜等农贸产品为主导的专业市场、星级酒店和大型饭店。第三圈层是陇海线以北，距离钟楼5~10千米之间的区域，由2个扇形区域构成，以工业为主导，是城市重要的生产性用地的聚集区域。

在空间关系上形成轴线与城市中心雏形。其中东西轴线在进入第二圈层后，功能以居住性为主导，而南北轴线进入第二圈层后，与专业市场、宾馆酒店相结合，得到

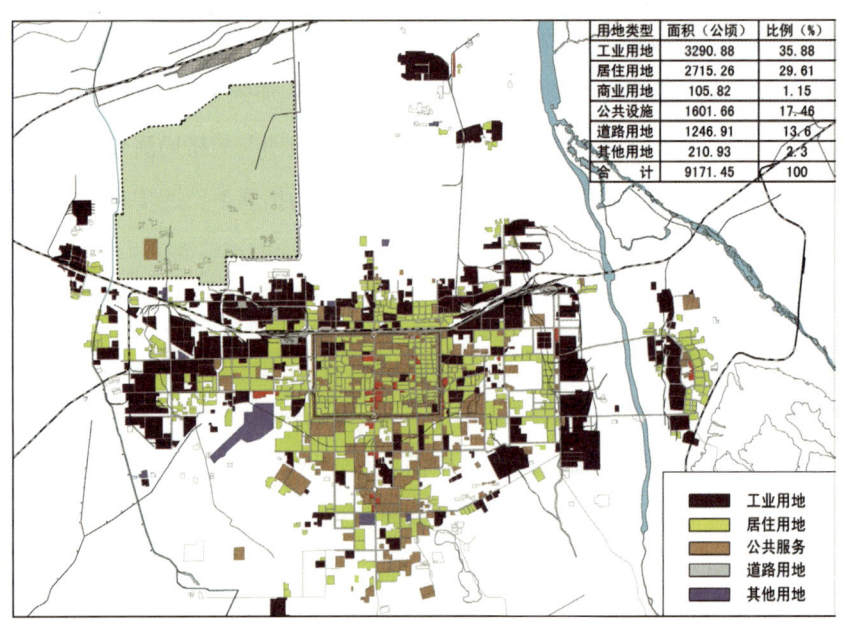

图 4-7 1978年西安城市空间格局图

资料来源：《西安现状图》（1992年）；《西安市志》；《西安统计年鉴》。

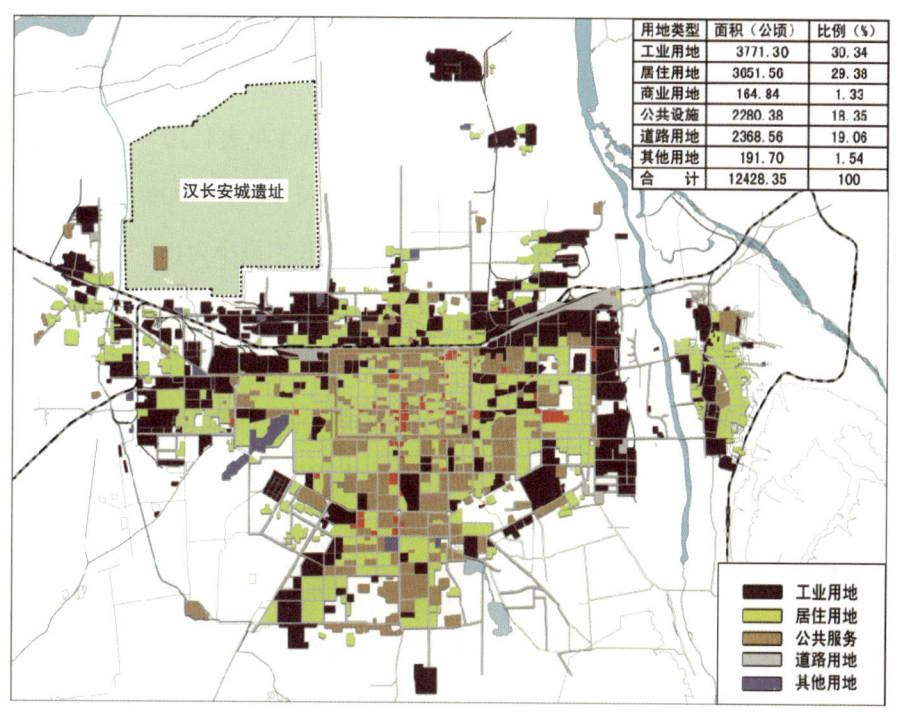

图 4-8 80 年代西安城市土地利用现状图（1992 年）

资料来源：《西安现状图》（1992 年）；《西安市志》；《西安统计年鉴》。

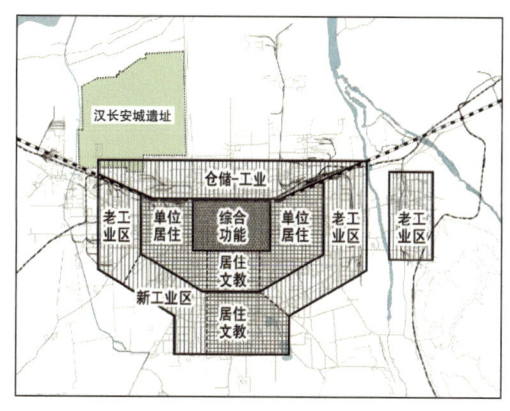

图 4-9 80 年代西安城市功能分区图（1992 年）

资料来源：《西安现状图》（1992 年）；《西安市志》；《西安统计年鉴》。

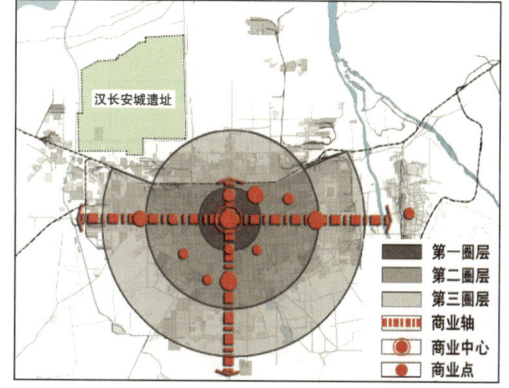

图 4-10 80 年代西安城市功能关系模式图（1992 年）

资料来源：《西安现状图》（1992 年）；《西安市志》；《西安统计年鉴》。

延续。因此南北轴向趋向发展轴，而东西轴向以生活性为主导。结合圈层化的分布和空间关系，1992 年西安城市空间呈现"一心、两轴、扇形圈层"的结构特征，重心向南偏移。

（二）功能比例特征

空间比例是通过要素与整体之间的比重判定要素与空间结构之间的关系，是城市空间结构特征的重要测度之一。在纵向的用地面积变化方面（见表4-10），1992年各类型用地面积均比1978年增长15%以上。其中，道路用地增长率最大为90%，而居住用地、商业用地、公共设施用地的增长率次之，工业用地的增长率最小为15%；以生产性与生活性划分，生产性用地增长率为16%，主要分布在城市轴线及第三圈层范围内；生活性用地增长率为49%。在横向用地比例方面（见表4-11），工业用地依然占据最大比例，居住用地次之。但与1978年相比，工业用地与居住用地比例下降，公共用地和道路用地比例增加，分别占18%和19%；商业用地维持了在城市用地中的比例。

表 4-10 80年代西安城市用地平衡对比表

年份	生产性				生活性						其他用地	
	工业用地		商业用地		居住用地		公共用地		道路用地			
	面积（公顷）	比例（%）	面积（公顷）	比例（%）	面积（公顷）	比例（%）	面积（公顷）	比例（%）	面积（公顷）	比例（%）	面积（公顷）	比例（%）
1978	3291	36	106	1	2715	30	1602	17	1246	14	211	2
1992	3771	30	165	1	3652	29	2280	18	2369	19	192	2
增长率（%）	15		56		35		42		90		-9	
	16				49							

资料来源：《西安现状图》（1978年）；《西安现状图》（1992年）。

注：数据通过历史地图还原的方法获取，与《西安年鉴》相关数据存在差异。

表 4-11 80年代西安城市土地利用圈层内土地利用表（1992年）

类型	工业用地		居住用地		商业用地		公共用地		道路用地		其他用地	
	面积（公顷）	比例（%）	面积（公顷）	比例（%）	面积（公顷）	比例（%）	面积（公顷）	比例（%）	面积（公顷）	比例（%）	面积（公顷）	比例（%）
第一圈层	40	3	456	34	52	4	461	35	314	24	40	3
第二圈层	744	20	1312	35	69	2	843	23	659	18	70	2
第三圈层	2987	40	1883	25	40	1	976	13	1396	19	122	2

资料来源：《西安现状图》（1992年）。

横纵方面的用地比例表明，内部填充时期生活性用地与生产性用地处于并轨发展时态中，其中，生活性城市用地增长速度大于生产性城市用地，这与生活型城市转型相契合。对比《城市用地分类与规划建设用地标准》（1991年）中用地结构比例，内部填充时期除工业用地的比例偏大外，城市用地比例演化整体趋向合理化。

（三）空间尺度特征

空间尺度包含空间单元、地理范围、空间体系等内容，具有单元性、等级性、时空变化性和过程性等特征。[1]

第一，在城市整体尺度方面，1992年西安城市总建设用地面积为148平方千米（实测面积为124.29平方千米），人口为429.54万人，分别为1978年的1.4倍和2.0倍；但人均用地面积低于1978年，为34平方米/人，是1978年（45平方米/人）的0.76倍。建成区南北长约15千米，东西约24千米，整体呈"T"形格局。

第二，在地块尺度上面因用地类型、等级及建设年代而呈现多元化。通过历史地图还原的方法对用地类型尺度进行对比，整体上尺度排序为：工业用地→居住用地→公共用地→商业用地。在区位特征上，第一圈层（圈层半径1.5千米的明城区）的地块尺度以3~5公顷为主，第二圈层（圈层半径1.5~5千米的区域）以10~20公顷为主，第三圈层（圈层半径5~10千米的区域）以40~80公顷为主。依托圈层变化，工业用地和居住用地呈现由内到外渐增特征，而商业用地地块尺度的空间区位与之相反，公共用地未呈现明显的区位差异。在建设年代上，新建工业用地地块尺度小于老工业地块；居住用地比较复杂，新增居住用地地块尺度以10~20公顷为主，大于老居住用地地块尺度，而被更新的地块尺度普遍小于3公顷；商业用地中酒店及宾馆用地地块呈现逐年增加趋势，但整体小于5公顷。

第三，在空间体系方面，居住用地与工业用地在空间布局上并未有明确的体系关系，而商业、行政、文体设施的布局具有一定的体系性，在空间布局中基本遵从了市场原则、行政原则、交通原则。其中，商业用地在第一、第二圈层中以商业中心和专业市场方式形成体系雏形；文体设施呈现"省级-市级"的特征，缺乏区级的公共设施；行政用地中政府办公类主要集中于明城区，企业及研究单位主要分布在第二圈层中。

---

[1] 刘瑞强：《关中地区城乡一体化的空间尺度及规划策略研究》，西安建筑科技大学2014年博士学位论文，第8—9页。

地块尺度大小呈现明显的用地性质导向，并与不同性质的用地建设模式、融资方式、产业结构转型相关联。在推行统建模式和居住区规划设计导向下，小尺度的地块难以与之匹配，促使新建居住用地地块尺度出现渐增趋势。此外，在产业结构向高新产业转型的发展过程中，与重工业为主导的工业用地相比，新型产业的用地尺度要求减小，导致了工业用地地块尺度渐小。地块尺度与用地类型的关联性表明内部填充时期城市建设的有序性和科学性；此外，居住用地地块尺度扩大表明市场对居住用地的影响比较小，住宅的商品化还处于萌芽阶段。同时，地块功能整体呈现单一性的特征，使得地块尺度的多元与功能单一并存。

（四）空间强度特征

空间强度是通过建筑容积率、建筑密度等指标，判定空间厚度和要素的空间关系。受条件所限，关于1992年西安建成区的容积率、建筑高度及建筑密度的数据，只能从《西安城建大事记》及《市区建筑高度控制要求规定》（1986年）中获取新建重点地块的相关数据。

内部填充建设历程表明，新建工业用地的容积率为0.29~0.42，居住用地为1.3~1.7，商业用地为1.5~2.0（可获数据），文体、文教用地为0.5~0.8，行政办公与居住用地接近。对比1978年（容积率≤0.5）容积率整体提升，其中居住用地和商业用地增幅较大，文体、文教等公共空间用地增幅较小，具有明显的建筑性质导向下的增幅差异性。建筑高度差异也存在相似特征，1990年各类房屋总数中4层以上的楼房占34.5%。其中，新建居住用地高度以5~6层为主，商业用地以5~14层为主。（见表4-12）

表4-12 80年代西安城市空间强度范围表（1992年）

类型	工业用地	居住用地	商业用地	公共用地
容积率	0.29~0.42	1.3~1.7	1.5~2.0	0.5~0.8
建筑密度（%）	20~35	15~30	—	15~20
建筑高度（层）	1	5~6	5~14	5~6

资料来源：《西安现状图》（1992年）。

《市区建筑高度控制要求规定》（1986年）表明，建筑高度控制以西安历史文化名城景点的古建筑和古遗址高度为参照，进行梯级布局。整体主要对旧城区以内和旧城区以外2个区域进行高度控制。其中，旧城以内从明城墙向市中心，建筑高度控制依次分为平房9米、12米、22米、28米、36米5个等级（以钟楼宝顶的高度为限），沿主干道容许少量、散点式布置的36米限高可行区；旧城以外从环城路外侧起依次分为9米、18米、22米、30米、45米、64米和64米以上7个等级的建筑高度（以大雁塔宝顶的高度为限）。因此，《市区建筑高度控制要求规定》（1986年）中具有明显的圈层式和轴向差异性的高度控制特征，而它是1986—1992年间建筑高度控制的主要依据，因此，1978—1992年间《西安城建大事记》和《市区建筑高度控制要求规定》（1986年）都印证了1992年空间高度具有明显的圈层式和轴向差异特征。

二、城市五大功能的发展历程

1978年，国家的工作重心转移到经济建设上来，以经济建设为中心，随后采取了以外围经济领域试点，渐进式增量改革思路。在此路径下，1984年确立了以城市为重点的经济体制改革任务，推广沿海外向型经济模式；同年，西安、大连、武汉、沈阳等7个城市被批准为计划单列市，开启了城市空间结构的现代化进程。同时，在意识形态方面，历史空间的文化价值逐步被正视，西安于1982年开启了历史文化空间保护的大门。在价值体系方面，空间价值体现为使用价值的差异化，但与计划经济时期相比，这一时期的使用价值除快速满足工业生产需求之外，还要满足居民急剧上升的生活需求，居住与公共服务功能等需求使空间价值变得多元化。

在这一经济社会背景下，1978—1992年间的西安城市空间扩张速度平稳，其功能空间在比例、区位、强度、类型等方面发生了较大变化，专业市场、星级酒店、外国饭店、游乐场、高新产业区等现代化设施和新型空间开始出现，空间单元和功能类型经历了较大重构与转型。同时，受知青回城、三线工厂回迁、二元户籍管理的松动化影响，流动人口占据城市人口的一定规模，社会结构趋向复杂化和多元化。透过经济、社会与制度变迁背景，以物质表象的比例、区位、强度、尺度为脉络，梳理80年代西安城市空间的演化过程，便于理清西安城市空间的转型过程。

（一）工业空间演化过程及特征

改革开放前，西安城市工业以独立组团的方式分布在城市边缘，形成"一城、多组团"的城市格局，各组团之间由于未形成产业链而产生空间隔离，具有明显依赖铁路和自然条件的区位特征。改革开放以来，在城市向生活型城市转型的目标导向下，西安工业转型主要体现在两个方面：一方面，老工业区"大出大进"的重工业向"民用化"的轻工业转型或积极进行产业升级，强化专业化合作。在此背景下，以电视机厂、啤酒厂、制药厂、搪瓷厂等为代表的企业开始在传统工业区入驻或重组。如：按照专业化协作生产原则率先成立7家总厂和1家公司（西安自行车总厂、西安缝纫机总厂、西安皮革总厂、西安搪瓷总厂、西安锅炉总厂、西安标准件总厂、西安油漆总厂和西安包装装潢公司）；1981年陕棉十厂引进德意志联邦共和国5台气流纺纱机投产；1984年陕西第一条彩色电视机生产线在黄河机器制造厂投入试生产；1985年西安市第一个招标工程胡家庙面粉厂主体工程完成。另一方面，以电子、生物、通信等新型产业为主导的西安电子工业区和西安高新技术产业开发区开始飞地建设。在产业结构和产业类型的转型与重构下，工业空间的演化主要体现在空间区位、空间关系、开发强度等方面。

西安工业用地扩张主要集中于两个区域，一个区域是以市属企业为主导的胡家庙老工业区（位于明城区东北角）。主要入驻企业有1985年兴办的全国最大的中外合资制药企业杨森制药公司（占地12公顷，总建筑面积35000平方米）、胡家庙面粉厂和西安啤酒厂，扩充面积66公顷。另一个区域是位于城南的西安电子工业区与西安高新技术产业开发区。在功能上，电子工业区以接收三线企业（这些企业建于20世纪60—70年代，主要是秦巴山区的国防工业及其关联产业）回迁为主，1983年在西安第二版城市总体规划的指导下开始建设，至1990年有10家原"三线"工厂和研究所迁入。同时，1988年在电子工业区邻近区域开辟占地面积22.35平方千米的高新技术产业开发区，西南郊沙井村以西、糜家村以南2.7平方千米和东郊信号厂以东0.5平方千米范围内为两个高新技术产业集中新建区。

80年代工业用地区位演化表明，除东郊纺织城、三桥工业区与渭北工业区外，其他工业区围绕明城区相拱而立，均分布距明城区3.5~10千米的范围内，呈现圈层化的特征。在建设时序上，1978—1986年间主要拓展区域为胡家庙工业区，1986年以后向南和东南区域拓展速度加快。以电子、信息等为主的新型产业主要分布在西南郊的高新技术产业开发区和电子工业区，摆脱了对铁路的依赖性。工业用地面积从1980年的23.29平方

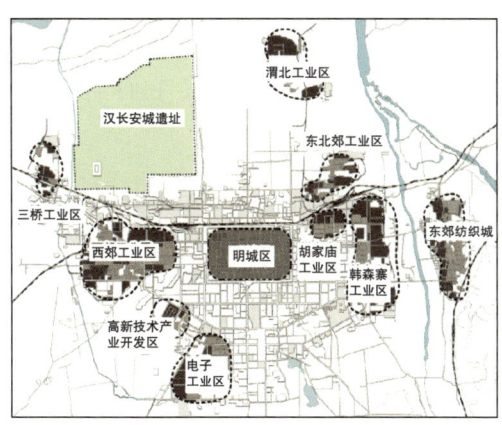 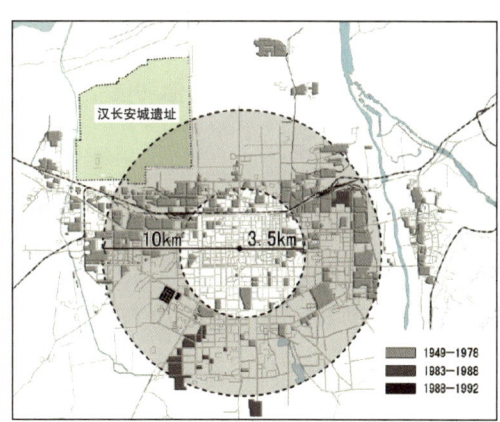

图4-11　80年代西安工业区空间分布图（1992年）　　　图4-12　80年代西安工业用地建设时序图（1949—1992年）

资料来源：《西安现状图》（1992年）。

千米增加到1992年的37.71平方千米[①]，年均增加约1.2平方千米。

工业用地布局从独立组团向圈层化的过程中，组团间的空地逐步被填充，空间连续性增强，折射了工业结构的转型，主要体现为以下两个方面。

第一，在老工业区内进行由"大出大进"到"民用化"的转型。1979—1984年间，西安市对全市工业企业进行了扩大企业自主权和管理的调整与改革，1984年以后，推行厂长负责制和经济承包责任制，开展企业升级和现代化管理。同时加强骨干企业的技术改造，引进国内外先进技术和设备。在此背景下，老工业区开启了从"大出大进"到"民用化"的转型，积极组建自行车、缝纫机、锅炉等8家总厂（公司）。纺织工业通过调整产品结构、更新改造、增加宽幅织机和大力发展化纤工业、毛纺工业、服装工业，重新进入稳定发展时期。1985—1992年间，西安市工业技术改造规模进一步扩大，通过对现有企业的挖潜改造，全市工业实力有较大增长。军工企业的民品生产有很大发展，电视机、冰箱、冰箱压缩机、空调压缩机、新型纺织机械等产品均已形成较大生产规模。在老工业区的产业转型下，邻近工业区的空间界线被打破，产业协作下空间联系加深。明城区东边的胡家庙工业区、韩森寨工业区与东北郊工业区，形成以纺织机械、轻工机械和家用电器、医药化工、轻纺服装等为主的工业体系；城西的西郊工业区、三桥工业区和北郊仓储区连接在一起，形成集电力机械、航空机械、仪器仪表、石油化工等为主体的工业体系。除产业协作之外，邻近工业区范围内的科研、教学单位及公用设

---

① 西安市统计局编：《西安统计年鉴 1993》，中国统计出版社，1993年。

施，促进了工业区社会结构上的关联。但是远郊的东郊纺织城和渭北工业区由于内部的空间联系，强化与片区内其他功能空间（如居住、公共空间等）的组合，它们与明城区依然处于隔离状态。

第二，1984—1992年间新建的电子工业区和高新技术产业开发区，均是依托原有工厂、科研机构、高校等基础开展飞地建设。其中，高新技术产业开发区依托西北工业大学、西安电子科技大学等3所大学，航空工业部六三一所等5个研究所和东风仪表厂、西安磁带厂等4家工厂，新拓展3个小区。1986年开始动工兴建（1988年确立为西安高新技术产业区），至1990年，3个小区已基本建成，部分迁建企业转入生产开发阶段，到1992年发展到950家。而电子工业区起步于1983年，1986年正式明确建设目标。在功能上它与西安电子科技大学、陕西师范大学等高校和科研机构形成协作关系。西安电子工业区与临近工业区（西安高新技术产业开发区）在产业定位上的契合性，使其和西安高新技术产业区所处区域形成以电子及通信设备制造业、微电子及计算机、生物工程、激光、光纤通信等为主导的产业区。1993年，西安电子工业区归属于西安高新技术产业开发区，表明了西安新建工业区之间空间联系的紧密性。

80年代，西安工业结构依托产业之间的协同关系，建立空间联系；新建工业区依托区域范围内学校、科研单位及公用设施，形成空间上的功能组合，强化了工业区之间的社会关联，工业区之间的空间联系增强。此外，这种新区建设与邻近功能的组合，表明空间配置的科学化被关注，城市与区域发展存在一定的发展规律普遍为政府及学界所认同，通过空间的合理布置与优化而取得较优的经济效益与效率开始在城市布局中实践，这对城市未来的发展起到重要作用。

（二）居住空间演化过程及特征

在计划经济时期，住房建设按国民经济发展计划实施，并由政府和单位统包投资、分配、管理，住房以实物福利的方式按照职务、工龄等条件进行分配，其建设规模、环境指标、建设质量均按照统一标准实施。同时，受建设生产型城市的目标导向影响，住房建设资金投入被压缩，住房建设一直处于"低成本、低标准、形态单一、户均面积小"的发展时态中，长期积压的刚性需求成为改革开放初期西安城市建设面临的首要问题。与此同时，西安在80年代迎来知青回城、三线工厂回迁的热潮，加剧了西安城市居住问题的严重性。在此背景下，内部填充时期西安城市居住空间的重大转型与重构主要体现在两个方面：一方面，开发模式从单一的由国家和企业统包的筹资方式向国家、企业、个人三者共同资助的统建转化，居住建筑形态趋向多元化，商品房的出现推动了产权结构的演化。另一方面，空间模式从工人新村向功能复合型居住小区转型，空间单元的功能类型和地理范围发生了变化，与之相关的空间区位、空间强度、空间尺度等方面也历经了转型与重构。

以西安1979—1992年间的居住建设大事件为依托，居住建设时序历经了三个阶段。（见图4-13）

第一阶段（1978—1982年），是统建探索阶段。这一阶段，西安启动"统一规划、统一设计、统一建设、统一管理"试点建设活动。1979年成立住宅统一建设办公室，并利用国家城建总局拨给西安市的100万元资金，结合旧城改造，选择距城市中心较近、建筑密度较小、公共建筑较少的长安北路、长乐西路和西关南小巷3个地点开始统建试点。在此试点的基础上新建兴庆小区，功能上设有生活服务设施和中学、小学、幼儿园、托儿所等教育设施，小区中心还布置占地约3000平方米的中心绿地，本质是居住区模式的试点。

第二阶段（1983—1990年），是统建推广阶段。这一阶段以单位集资为主导的自管房建设快速增长，各企事业单位和纺织城、韩森寨、西郊工业区等老工业区纷纷进行住

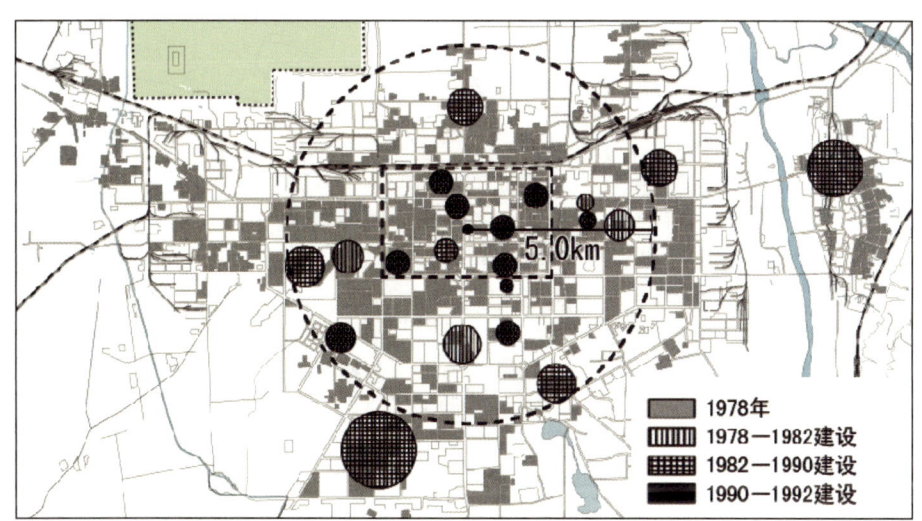

图4-13　80年代西安居住用地布局及建设历程图

资料来源：《西安现状图》（1992年）；西安市地方志编纂委员会：《西安市志》第2卷《城市基础设施》，西安出版社，2000年。

宅新建和改造，先后兴建张家村、潘家村、兴庆、朝阳、太白等住宅小区；同时，新建的工业区（高新技术产业开发区和电子工业区）开始建设大量居住建筑。此外，对明城区内的低洼地区如东五路、豫民巷、菜市坑等区域房屋进行小面积改造翻建。

第三阶段（1991—1992年），是内城更新阶段。这一阶段，开启以明城区为重点区域的旧城改造工程。1991年西安市《低洼棚户区和危旧房改造实施方案》出台，确立49处需改造的低洼棚户区，明城区内南坊巷、新城巷、保吉巷、东仓门、迎春巷南区、北洞巷和曹家集7处低洼地区改造工程动工，同时，明城区临近的和平村、生产村、劳动村、瓦窑村、北火巷等工人新村改造工程动工。

西安内部填充时期的居住建设历程表明，1979年开启的统建本质上是一种新的居住规划、设计、管理和实施模式，改变了计划经济时期"低成本、低标准、形态单一、户均面积小"的居住建设模式。在规划理念上，西方国家的"邻里单位""小区规划"理论被引入，新村向更大地理范围的居住区转型，促使居住空间呈现内圈层化的特征。到1992年，居住圈层的范围在以明城区为中心半径5千米区域内，这一范围与工业的圈层范围（半径为3.5~10千米）存在交集。但是，居住的圈层化与地理单元的扩大，并未改变"工业-居住""单位-居住"的单位制属性。（见图4-14）居住用地面积从1978年的27.15平方千米增长到1992年的36.52平方千米，年均增长0.67平方千米。

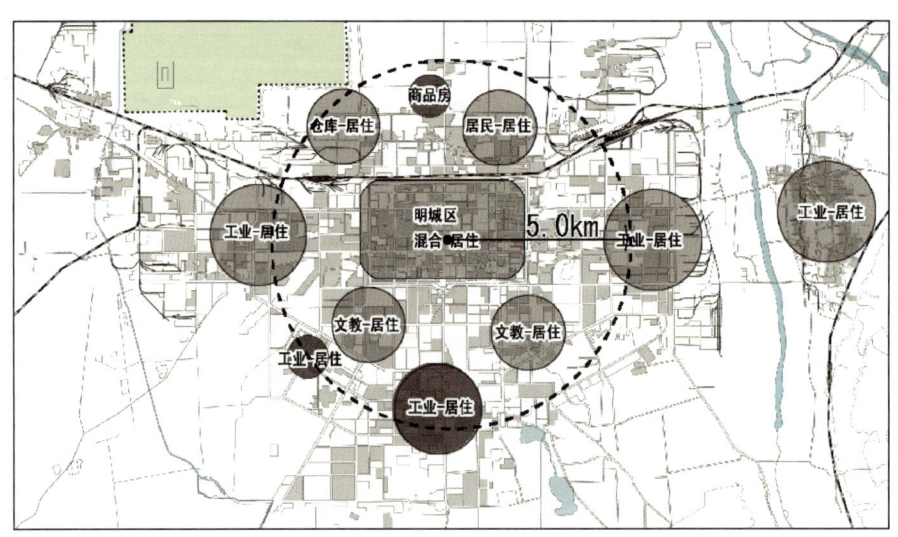

图4-14　80年代西安居住类型分布图

资料来源：《西安现状图》（1992年）；西安市地方志编纂委员会：《西安市志》第2卷《城市基础设施》，西安出版社，2000年。

（三）道路网络演化过程及特征

道路广场空间是构成城市空间结构的重要骨架。作为城市的流通网络通道、载体和节点，其影响了城市土地利用和功能结构，反映出各种社会关系和经济历史的空间占有与分配情况，成为城市空间扩展的敏感地带。[①]改革开放以来，80年代的道路变化主要表现为道路的改造与升级。在道路改造方面，除打通环城路的四位一体环城建设工程外，先后完成西安客站新建和环城北路地下隧道、车站广场开拓等工程，打通东关正街鸡市拐到兴庆路和劳动南路、丰庆路、西斜七路东段、丰镐路南段、三兆路等交通干道；拓宽西华门街、长安南路、兴庆路南段、华清路十里铺段等道路，同时，实现陇海铁路电气化改造（1988年）；新建道路主要围绕工业区的拓展与更新而展开，城市南部成为道路拓展的主要区域。此外，在道路设施方面，将西关机场迁至咸阳（1987—1991年），新修西安至临潼高速公路和西安至铜川一级公路，并于1992年开建南二环路。至1990年，西安道路共785条，长562.78千米。[②]内部填充时期道路网络的演化表明，道路格局维持了"均衡对称、经纬涂制"，其变化主要体现在道路结构、道路密度方面。

与1978年的道路结构相比，内部填充时期的道路结构，在横向方面，主要变化是延伸，形成贯穿东西的主轴，联通了城西与城东，使东西之间的空间联系增强；在纵向方面，依托环城路新增了2条主轴，一条是星火路—环城西路—太白路，另一条是太华路—环城东路—太乙路。道路结构的演化表明，南城成为内部填充时期西安的主要拓展范围，在西安的经济发展中扮演重要角色。计划经济时期与明城区临近的工业组团之间交通联系便利，空间关系增强；而与明城区距离大于10千米以外的东郊纺织城、三桥和渭北工业区依然比较独立，与明城区的空间联系较弱。（见图4-15）

（四）商业空间演化过程及特征

在计划经济体制下，商业网点按行政区划设置，国营、供销合作社商业按城乡类型和商业分工经营，工业产品按"一、二、三级批发站到零售企业"逐级下伸，呈现分级布点、固定价格、零售商业主导的商业模式。改革开放以来，在流通方式上，提出国

[①] 任云英：《近代西安城市空间结构演化研究（1840—1949）》，陕西师范大学2005年博士学位论文，第132页。

[②] 西安市城建系统方志编纂委员会编：《西安市城建系统志》，内部资料，2000年，第144页。

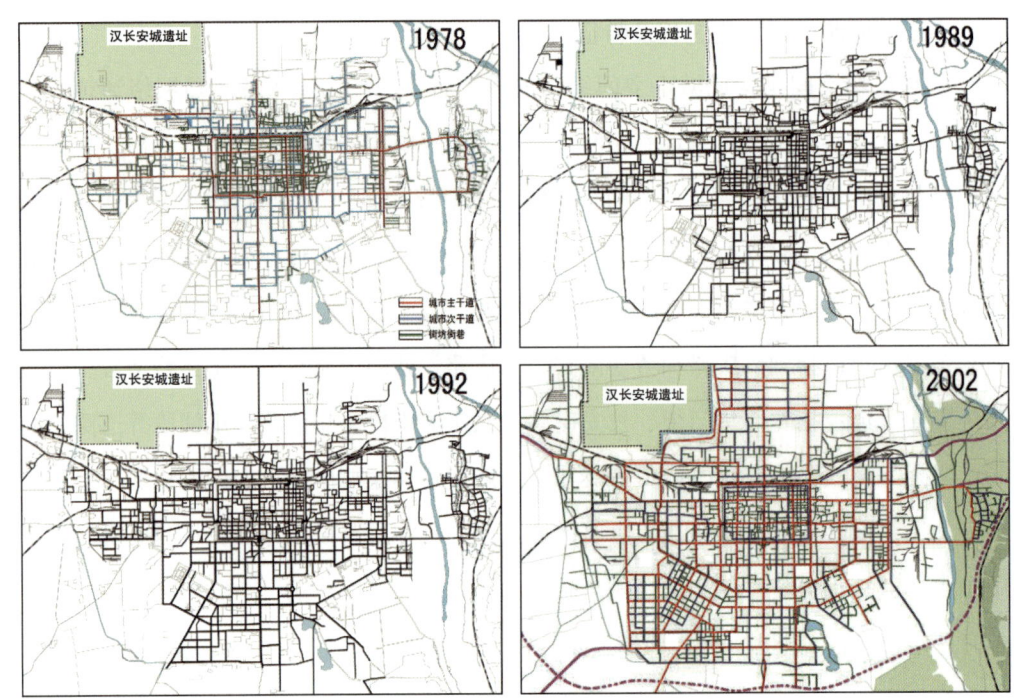

图 4-15　西安道路演化及结构图

资料来源：《西安现状图》（1992年）；西安市地方志编纂委员会：《西安市志》第2卷《城市基础设施》，西安出版社，2000年。

营、集体、个人的融资原则，个体商业日益增多，中外合资、合作和外商独资、私营商业以及各种不同所有制的联营商业迅速发展。在购销形式上，采取多种方式，陆续取消对农产品统购和对工业品统购报销的制度，缩减计划管理商业的品种，扩大市场调节的范围。在流通市场上，1983年西安市制定《经济体制改革方案》，构建了开放的商品流通市场。多种经济形式、多条流通渠道、多种经营方式的出现，使城乡市场界线被打破。在管理体制上，实行承包经营责任制、租赁制、经济联合制、股份制等多种模式。①伴随流通方式、购销形式、流通市场、管理模式的改革与调整，商业交易市场呈现"主体多元化、渠道多元化、形式多元化"的特征，商业开始迅速发展。其中，酒店宾馆和市场商场成为主力军，构成了内部填充时期商业空间结构转型的核心内容。体现为大量以服装、副食等为主导的专业市场涌现，一些具有现代标志的星级酒店、外国饭店、综合商贸大厦的现代化商业设施拔地而起，功能趋向集住宿、餐饮、商务、娱乐为一体的

---

① 西安市地方志编纂委员会：《西安市志》第4卷《经济》（下），西安出版社，2004年，第367—369页。

城市综合体；住宿规模逐步向200~600床发展，并在建筑高度上主导着城市天际线的变化。商业用地从1978年的105.82公顷上升到1992年的164.84公顷，年均增长4.22公顷。

1978年的西安商业布局呈现分级布点的特征，未形成明显的商业轴线，而1978—1992年间商业用地布局（见图4-16）表明，西安商业通过14年的发展，具有明确的商业轴线。其中以钟楼所处区域为中心，其依托东、西、南、北大街，突破明城区范围连接到城东、城西、城南的商业点，整体形成"一心、两轴、多点"的空间结构。（见图4-17）在空间区位上，明城区的商业点分布密集，城南、城东和城西均衡分布，整体形成扇形分级格局。其中，第一级商业网点是以钟楼所处商业点为中心，圈层半径约1.5千米的范围，聚集了骨干商业企业和众多商业网点。第二级商业网点是半径1.5~3.5千米区域，这一范围集中了主要的专业性市场，同时分布有金花饭店、唐城宾馆、唐华宾馆、夏威夷酒店、凯悦酒店、喜来登大酒店等星级宾馆。第三级商业网点是半径3.5~5.0千米的范围，主要由城乡接合部的零星商业点构成。

80年代西安商业空间结构的演化表明，本阶段的商业布局遵从市场接近性布局原则，商业点临近城市干道，并在聚集效应作用下形成城市发展轴线和市级商业中心雏形，城市商业趋向体系化。[①]此外，综合性的宾馆、会所和外国饭店等新型空间的出现，表征了西安商业业态的现代化进程。

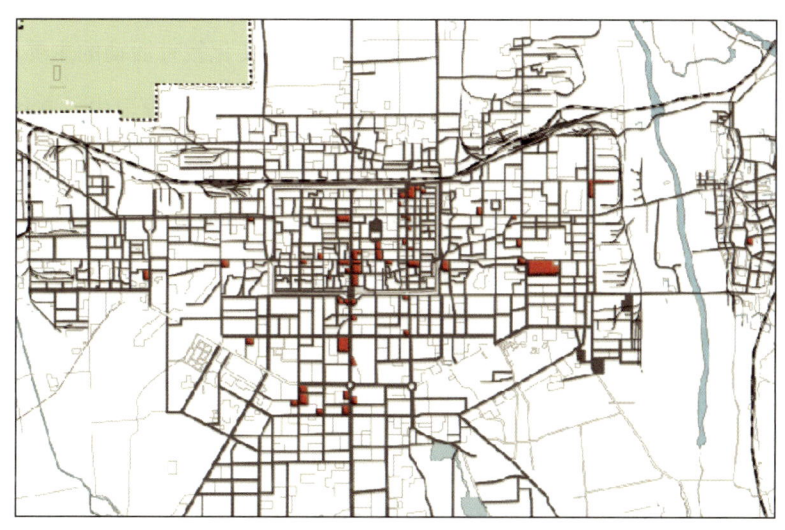

图4-16　80年代西安商业用地布局图

---

① 张鑫：《西安城市商业中心空间发展格局研究》，西安建筑科技大学2011年硕士学位论文，第16—20页。

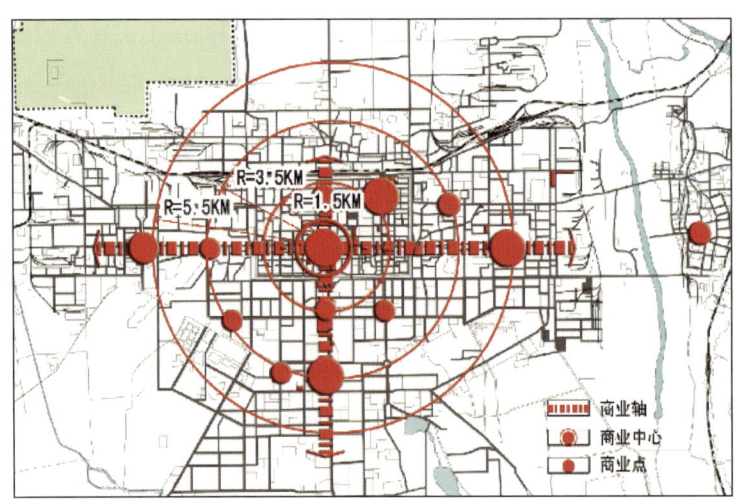

图 4-17　80 年代西安商业结构图

资料来源：《西安现状图》（1992 年）；西安市地方志编纂委员会：《西安市志》第 4 卷《经济》（下），西安出版社，2004 年。

（五）公共空间演化过程及特征

城市公共空间是城市居民进行公共交往、举行各种活动的开放性场所，既包含公园广场等开放空间，也包含以公共服务为主导的行政办公、文化娱乐、文教科研等功能空间。改革开放以来，在意识形态上逐步认识到城市应具有生产和生活的双重属性，城市公共空间的建设和发展逐步成为衡量城市整体建设水平的重要标志之一，并成为国家组织经济活动、构建健康社会、创造人居环境、进行科学文化教育活动的主要场所。[①]内部填充时期公共空间的用地变化（见表 4-13、图 4-18）表明，医疗卫生、文化体育和公园广场用地增长较快，均超过 44%，增量式发展成为总体特征。纵观这一阶段西安公共空间的构成要素的发展历程，可以看出其主要特征与转型体现为以下几个方面。

表 4-13　80 年代西安城市公共空间土地利用平衡对比表　　　单位：公顷

年份	文教科研	行政办公	医疗卫生	公园广场	文化体育	文物古迹	合计
1978	590.32	305.79	137.30	349.86	129.71	88.68	1601.66
1992	809.56	399.57	276.09	506.11	191.76	97.30	2280.39
增长率(%)	37	31	101	45	48	10	42

资料来源：《西安现状图》（1978 年）；《西安现状图》（1992 年）。

[①] 张京祥、罗震东：《中国当代城乡规划思潮》，东南大学出版社，2014 年，第 90 页。

在文化娱乐设施方面，新建了西安市青少年宫、陕西省体育馆、北方乐园、古都文化艺术大厦、陕西历史博物馆、西安市唐代艺术博物馆、陕西省广播电视塔、西安跑马场、市群众艺术馆、西北影城等省、市级文化娱乐设施。这些设施普遍与商业空间相结合，使计划经济时期的工人俱乐部向城市中心或区级中心转型；在类型上，现代博物馆、青少年活动中心、跑马场和北方乐园等设施的建设，其科学化得到认同。

在城市开放空间方面，除综合性公园之外，还新增了几处专业性公园，包括儿童公园、动物园、植物园等。此外，伴随环城绿林公园化的改造，新城广场、火车站广场和专业市场等的新建，形成了由广场、绿地、街区构成的城市开放系统，城市的开放空间体系逐步形成。

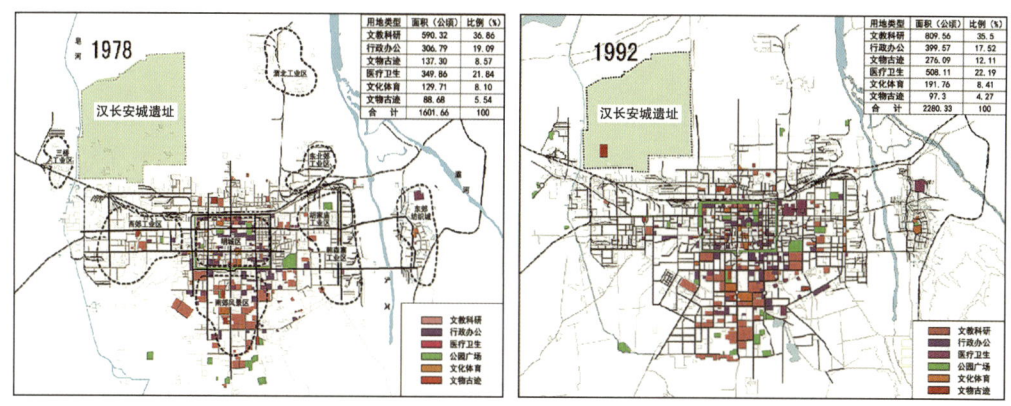

图4-18　80年代西安公共空间演化图

资料来源：《西安现状图》（1992年）；西安市地方志编纂委员会：《西安市志》第2卷《城市基础设施》，西安出版社，2000年。

在市政设施方面，兴建了煤气储配厂、秦岭发电厂、西郊热电厂、邓家村污水处理厂、黑河引水工程、南大街供热站、灞桥垃圾掩埋场、北郊变电站等设施，开通自动寻呼网，城市能源结构发生转型，设施类型不断完善。

伴随文化娱乐、开放空间、市政设施等城市功能更新，西安公共空间体系雏形形成。但是，还存在城市公共绿地数量少、设施简陋、功能单一等问题，难以发挥大型公园的作用。居住区级文体设施承担区级的作用，市、区级设施还处于发育阶段。

第四节
20世纪90年代城市发展与实践

一、城市发展的总体特征

边缘新区五大功能空间的发展历程表明，本阶段（1993—2002年）以增量式发展为主导，外部扩展和内部更新为核心内容，整体形成了同心圆的圈层结构特征。与80年代相比，其城市空间发展特征表现为以下几个方面。

第一，在拓展区域方面，集中于二环路与同期建设的三环路之间，以高新区、经开区、曲江旅游度假区为空间载体进行外延拓展，三个区域的拓展速度在宏观上决定了城市用地的扩展速度。其中，高新区依托80年代的建设基础，快速进行了一、二期的用地拓展，用地规模增长率为2.3%，成为本阶段城市拓展速度最快的区域；经开区与曲江旅游度假区处于奠定基础阶段，增长速度落后于高新区，但经开区的建设开启了城市向北拓展的序幕，曲江旅游度假区也开启以历史文化遗产保护为核心的城市建设模式，同时承担了城市东南拓展的主要内容。在以边缘新区为载体的城市空间发展外延中，飞地开发区成为主导拓展方式，这与80年代的拓展方式不同。在城市外延拓展过程中，道路网络作为骨架，为其拓展提供了基础条件，同时高速路的建设，把市域、省域、地区范围内的中小城市联通起来，加速了城市的区域化，这与80年代注重内部道路建设的内容不同。城市内部更新的区域主要集中于二环路以内的明城区和老工业区（西郊工业区、韩森寨工业区、胡家庙工业区）内，体现为地租竞价下城市功能区位重构。

第二，在功能转型方面，体现为现代化转型和功能盈利型重构。在现代化转型方面，工业类型以高新技术为主导，道路网络从内部联通向区域高速联通转型，公共空间从内部共享向区域共享转型，居住从单位福利型向商业型转型；在盈利型方面，构建在地租竞价下区位择址促使了城市功能重构，居住从被动的配套行为向"盈利"行为转型，商业占据城市中心区域，工业逐步向外围郊区转移。这一特征虽然在表征上与80年代相似，但本质不同，因为80年代功能重构是计划主导的结果，而90年代的功能重构是市场竞价主导的结果。

第三，在空间关系方面，体现为市场行为下的功能协作与空间联系。在协作方面，工业与文教、科研单位合作兴建以科研单位为主导的工业园；居住与工业成为新区开发的先导功能，带动商业、文体等相关配套设施的建设；公共空间建设与城市的历史文化、自然资源相结合，构成城市开放空间，并与居住、商业功能结合。与内部填充相比，各功能空间因市场行为的相关性关系加强，在时空联系上，形成以市场调配为纽带的同心圆功能圈层分异关系，工业边缘化、集中化布局；居住空间从区划式的空间结构向碎片化转型；公共开放空间从仪式性向体系化转型。此外，区域间因道路的高速升级，缩短了时空距离，促进了城市区域关系的形成，为关中范围内"一线两带"提供了基础。

第四，在城市形态方面，城市边界趋向同心圆，范围从道路界定转变为山水条件界定，北临渭河，东临浐河、灞河，南边与长安县连接，依傍秦岭山脉。汉长安城从城市边缘变为城市中心，浐河向内河转变；建筑密度依托圈层式的功能结构，依次降低；道路网络从二环路向三环路演进。在微观层面，多元的建筑形态形成具有拼贴特征的整体建筑形态。

第五，在运行机制方面，市场化、全球化的融资方式促成了政府、企业、居民等多元主体的参与，由此而产生的多元化开发模式主导了城市空间的拓展模式；产业先导、点轴起步、轴向延伸成为主要拓展模式。居住、商业、酒店等建设向盈利型的主动建设转型，房地产开发为城市发展动力之一。

以区位、比例、尺度、强度为载体，将边缘新区时期的城市空间发展累积到2002年，其总体特征表现为以下几个方面。

（一）功能区位特征

功能空间发展过程与2002年的西安城市土地利用格局（见图4-19）表明，功能分布呈现明显的同心圆圈层格局，这与内部填充的扇形圈层不同，且圈层半径整体外延

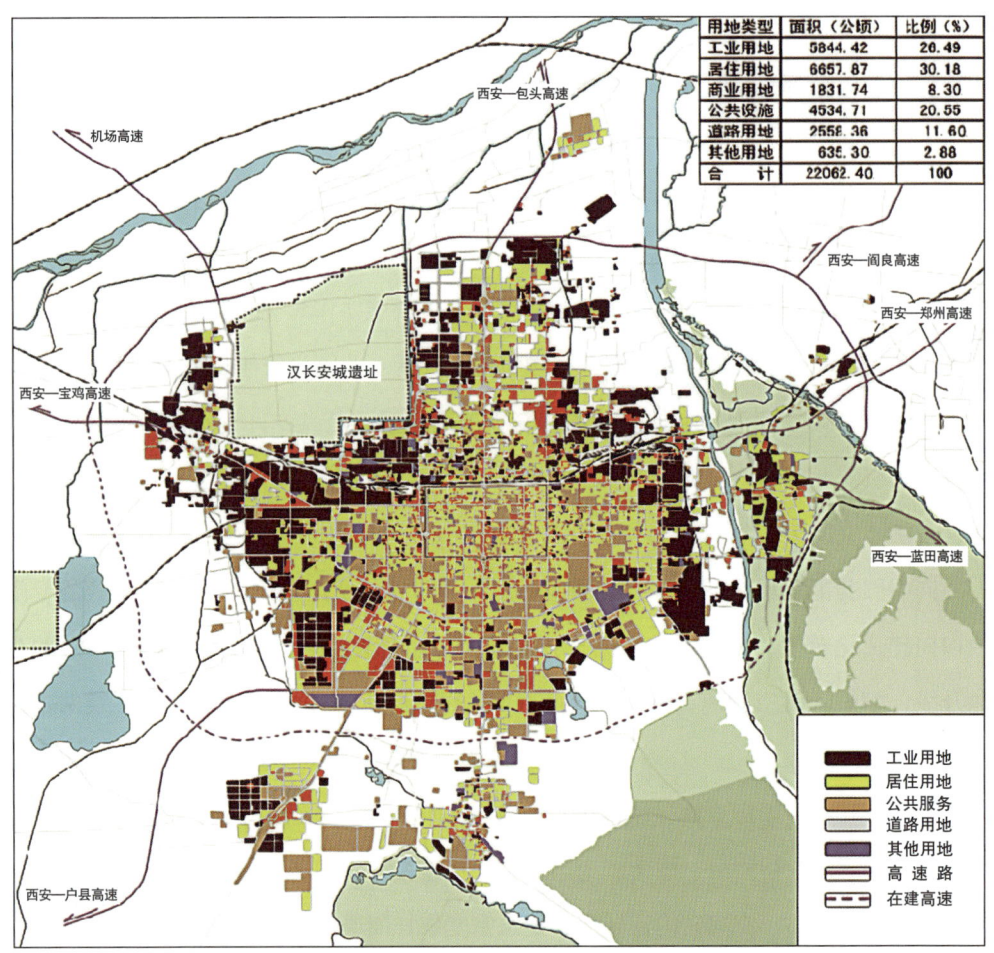

图 4-19　90 年代西安历年城市土地利用现状图（2002 年）

资料来源：《西安现状图》（2002 年）；《西安统计年鉴》；西安卫星照片（2002 年，谷歌）。

1~2 千米。（见图 4-20）第一圈层即以明城区为主导的区域（距钟楼半径约 1.5 千米的范围），为城市的中心区域，以百货大厦、商业步行街为主导，商业占据了主要比例，分布于以钟楼为中心的东、西、南、北大街，并与解放路的传统街巷形成网络化城市商业中心；同时，回民坊、碑林传统院落等在功能置换中被保留，居住用地占据一定比例。第二圈层即二环路与一环路之间的区域（距钟楼半径 1.5~7 千米的范围），为城市功能置换的重点区域，大量商品房集中新建，功能以居住和公共服务为主导；同时也是单位住房和文教用地的集中区，具有明显的功能混合特征。第三圈层即二环路与三环路之间的区域（距钟楼半径 7~11 千米的范围），为城市外延拓展的主要区域，功能以工业和居住为主导，是新型产业和老工业区的集中区。

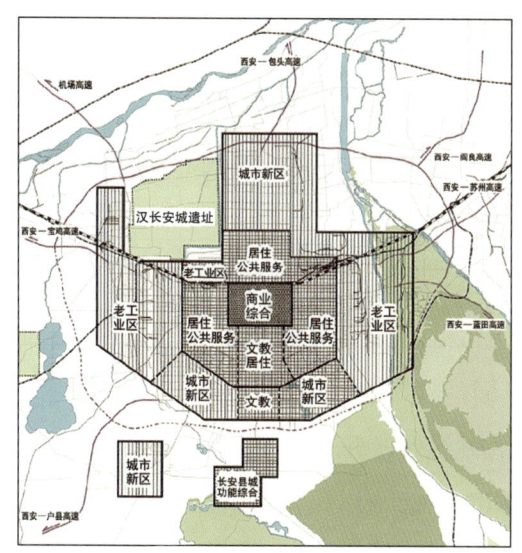 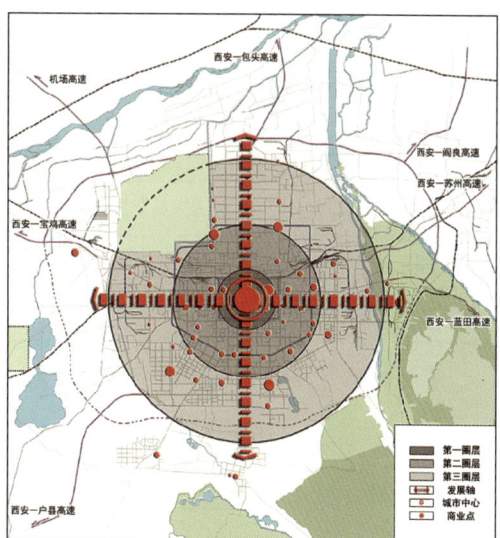

图 4-20　90年代西安城市功能分区图　　图 4-21　90年代西安城市功能关系模式图

资料来源：《西安现状图》（2002年）；《西安统计年鉴》；西安卫星照片（2002年，谷歌）。

在功能圈层的位移与内部功能重构下，城市发展轴线、城市中心在内部填充的基础上发育成熟，城市轴线贯穿城市圈层，主导城市的空间关系，整体呈现"一心、一带、两轴、三圈层"的城市空间结构特征。（见图4-21）与80年代相比，其差异性主要体现为功能重构、圈层位移、重心位移。

（二）功能比例特征

空间比例作为城市空间关系的主要测度，主要通过用地比例与区位，判识功能结构特征。以总量比例、圈层功能比例、人均比例为脉络，研究表明：

第一，在总量变化方面，对比1992年与2002年城市功能用地比例后发现，1992—2002年城市用地总量的增长率约为77.5%，除道路用地之外，其他功能的用地面积增长率均超过55%。其中商业用地、公共用地、居住用地的增长率分别为1010%、99%、82%，达到历史最高，增量扩充成为核心特征。此外，两个年份各功能的用地比例表明，居住用地、商业用地、公共用地的比例均有所提高，商业用地比例从1992年的1%上升到2002年的8%，提高比例最大，而居住用地比例从1992年的第二上升到2002年的第一，工业用地比值则有所降低，占据第二。从纵向方面来看，用地比例均在规范范围内，表明2002年西安城市功能用地比例合理，土地利用具有多元化、综合化的特征。（见表4-14）

表 4-14　90 年代西安城市土地利用对比表

年份	工业用地		居住用地		商业用地		公共用地		道路用地		其他用地	
	面积（公顷）	比例（%）	面积（公顷）	比例（%）	面积（公顷）	比例（%）	面积（公顷）	比例（%）	面积（公顷）	比例（%）	面积（公顷）	比例（%）
1992	3771	30.3	3652	29.4	165	1	2280	18.3	2369	19	192	2
2002	5844	26	6657	30	1832	8	4535	21	2555	12	635	3
增长率(%)	55		82		1010		99		8		231	

资料来源：《西安土地利用现状图》（1992年）；《西安土地利用现状图》（2002年）。

第二，在圈层功能比例方面，各圈层的用地统计表明，工业用地主要分布在第三圈层，居住用地、公共用地、道路用地、商业用地依圈层序列呈递减特征，但在第一圈层与第二圈层内变化较小，因此，第一圈层与第二圈层中各功能用地比例均衡，相对综合，而第三圈层工业占据主导。（见表4-15）

表 4-15　90 年代西安城市土地利用圈层平衡表（2002 年）

类型	工业用地		居住用地		商业用地		公共用地		道路用地		其他用地	
	面积（公顷）	比例（%）	面积（公顷）	比例（%）	面积（公顷）	比例（%）	面积（公顷）	比例（%）	面积（公顷）	比例（%）	面积（公顷）	比例（%）
第一圈层	15	1	500	43	131	11	281	24	222	19	20	2
第二圈层	1086	15	2514	35	702	10	1743	24	856	12	315	4
第三圈层	4743	35	3643	27	999	7	2511	18	1477	11	300	2

资料来源：《西安土地利用现状图》（2002年）。

第三，在人均用地方面，对比1978年、1992年和2002年的各类用地的人均指标发现，2002年的人均指标除道路之外，其他均有所提高，但与现行城市人均用地标准相比，均低于国家标准（见表4-16），表现出人均用地少、土地利用强度高的特征。

表 4-16　90 年代西安城市人均用地面积对比表　　　　单位：平方米/人

年份	工业用地	居住用地	商业用地	公共用地	道路用地	总用地
1978	15.66	12.92	0.5	7.62	5.93	43.64
1992	8.78	8.50	0.38	5.31	5.51	28.93
2002	11.75	13.39	3.68	9.12	5.14	44.36
1991 年《国规》	10~25	18~28	—	—	7~15	75~90

资料来源：《西安土地利用现状图》（1978年）；《西安土地利用现状图》（1992年）。

通过不同维度的空间比例研究，可以得出：2002年西安城市空间呈现出增量扩充、功能综合、人均比例少的特征。

（三）空间尺度特征

以用地为载体，从整体空间尺度、圈层尺度、地块尺度、空间体系四个方面对2002年西安城市空间尺度进行研究，主要特征显现为：

第一，在整体空间尺度方面，2002年西安实测建设用地规模为220.62平方千米，比1992年增长96.34平方千米，增长率为77%；人均用地为44.36公顷/人。建成区南北长约29千米，东西长约26千米，整体呈圆形。城市边界以在建三环路为地理范围，被山水条件所界定，东接纺织城，南临长安县。与1992年的相关数据对比，2002年的西安城市空间尺度急速扩大，城市边界从"T"形转向圆形。

第二，在圈层尺度方面，对比1992年的相应数据来看，第二圈层与第三圈层的尺度急速增长，增长率均超过85%；同时，地块数量增长率均超过280%。这一数据表明，与1992年相比，2002年城市圈层尺度在扩充的同时地块尺度变小，具有碎片化的特征。其中，第二圈层的这一特征尤为突出；相反，第一圈层的地块数量少于1992年，尺度呈现整合特征。相关数据显示，2002年西安城市圈层整体处于扩充阶段，但受圈层主导功能的影响，呈现不同特征，表现在第二圈层的尺度增长最快，第三圈层次之，第一圈层尺度变化不大。（见表4-17）

表4-17 90年代西安城市圈层尺度对比表

年份	第一圈层		第二圈层		第三圈层	
	面积（平方千米）	地块数量（个）	面积（平方千米）	地块数量（个）	面积（平方千米）	地块数量（个）
1992	11.70	240	38.51	297	74.03	657
2002	11.70	191	72.15	2505	136.74	2496
增量率（%）	0	-20	87	743	85	280

资料来源：《西安土地利用现状图》（1992年）；《西安土地利用现状图》（2002年）。

第三，在地块尺度方面，2002年西安城市用地实测尺度表明，地块尺度在0.3~30公顷之间变化，并与城市圈层相关联，呈现不同的主导尺度。第一圈层、第二圈层、第三圈层的地块尺度依次为0.3~15公顷、0.5~30公顷、3~25公顷，这一特征与1992年的相关数据对比地块尺度变小。同时，其也与功能空间相关联，呈现不同的尺度差异。其中，工业地块和居住地块呈现"内小外大"的特征，商业地块尺度在第一圈层最大，公共空间地块尺度在第二圈层最大，具有明显的性质差异和区位差异。与1992年的相关数据对比，商业地块尺度扩大，工业用地尺度缩小。（见表4-18）

相关地块尺度研究表明，2002年西安城市地块尺度与功能性质、空间区位、开发模式相关联，呈现不同圈层下的尺度分异，原有的单位体系下的大空间尺度逐步被市场化下的小尺度所更替，具有市场调整的特征。

第四，在空间体系方面，工业用地逐步从第一、第二圈层向第三圈层转移，集聚成工业园；居住用地占据第一、第二圈层的主导功能，在空间分布上呈现外部规整、内部破碎的格局，而商业用地在明城区内聚集，与公共空间结合形成现代商业中心，同时与第二圈层内的专业市场、酒店旅馆形成现代商业体系；文体设施也形成省、市、区三级空间体系。

表4-18　90年代西安城市地块尺度圈层分布表（2002年）

类型		工业用地		居住用地		商业用地		公共用地	
地块数量（个）		1328		1904		1176		1572	
地块尺度（公顷）		0.3~25		1~18		0.5~18		3~30	
区位	第一圈层（公顷）	0.3~1.5	28	1~5	384	4~15	242	1~10	327
	第二圈层（公顷）	1~10	486	3~15	871	0.5~8	498	3~30	650
	第三圈层（公顷）	3~25	814	8~18	649	3~18	436	3~20	595
建设时序（公顷）		新建＜原建		内部＜外部		内部＞外部		类型差异性	

资料来源：《西安现状图》（2002年）。

相关空间尺度研究表明，2002年西安城市圈层尺度、地块尺度、空间体系遵从市场原则、交通原则、行政原则，空间在地块尺度规整与破碎下形成有机的城市体系。

（四）空间强度特征

随着城市空间建设转向"盈利"，新建居住、商业用地的空间强度普遍提高，成为城市空间强度的主导类型；而工业用地在产业类型升级与土地价值的导向下，土地利用趋向集约化。透过功能区位、空间尺度、空间比例的研究结论，得出空间强度与之相关联，整体呈现点轴引领、区位分异的特征。

第一，点轴引领下的空间强度级差分布。伴随西安城市商业中心与商业轴线的发育成熟，城市商业体系渐成规模。在市场原则和交通原则影响下，与之临近的居住、商业等用地，普遍通过提高土地利用强度实现空间价值的最大化，促使了以"点"和"轴"为主导的强度分异；同时，居住、商务、行政等用地毗邻丰富了"点"和"轴"的功能内容，进而提升了土地价值，促使空间强度的提高，呈现"点状"和"线状"强度集聚特征。在整体特征上，2002年西安城市的"点状""线状"强度分布区与城市空间结构相吻合，形成"一心、三纵三横"的点轴强度分布。在局部区域内，因公共空间集聚而形成局部地段的"点状""线状"高强度区。

第二，区位分异下的级差分布。空间强度受制于土地性质（见表4-19），伴随城市功能空间的圈层特征，空间强度也呈现圈层下空间分异现象；同时，受《市区建筑高度控制要求规定》（1986年）等相关空间强度管制的影响，第一圈层因历史遗存而受到空间强度控制，整体上具有第二圈层空间强度高于第一、第三圈层，而第一圈层又高于第三圈层的空间强度分异特征。除圈层的空间强度差异之外，交通可达性好、环境良好的区域，空间强度较高，体现为沿城市主干道、开放空间区域空间强度级差分异。

表 4-19　90 年代西安城市扩充用地空间强度表（2002 年）

类型	工业用地	居住用地	商业用地	公共用地
容积率	0.3~0.8	1.3~1.7	1.5~2.0	0.5~0.8
建筑密度（%）	20~40	15~20	—	15~30
建筑高度（层）	1~6	6~24	3~24	5~6

资料来源：《西安土地利用现状图》（2002年）。

二、城市五大功能的发展历程

在土地有偿使用制度的推动下，城市空间发展变为一种主动空间寻租的过程。为争取全球化资金流动与产业转移的空间需求，城市普遍采取低廉生产要素、规划干预、城市经营、空间重组等方式，以提高空间价值和区域竞争力。开发区契合了这一时代背景，成为1990年以来中国城市普通采取的城市外部拓展方式。90年代西安在继续扩展西安高新技术产业开发区一、二期的同时，开拓了曲江旅游度假区（1993年）和西安经济技术开发区（1993年），以及沿陇海线建设浐河经济开发区（1994年）和灞桥科技产业园（2002年），边缘开发区成为本阶段西安城市拓展的主要区域（见图4-22至图4-24）；2002年西安市共有各类开发园区59个，整体形成国家级、省级、区级等不同归属的开发区。（见表4-20）开发区普遍由工业、居住、公共服务等功能区构成，在疏解旧城区功能的同时，形成新的时代背景下的功能集聚与扩散，促进了城市新区的发育与完善，加速了西安城市结构转型。

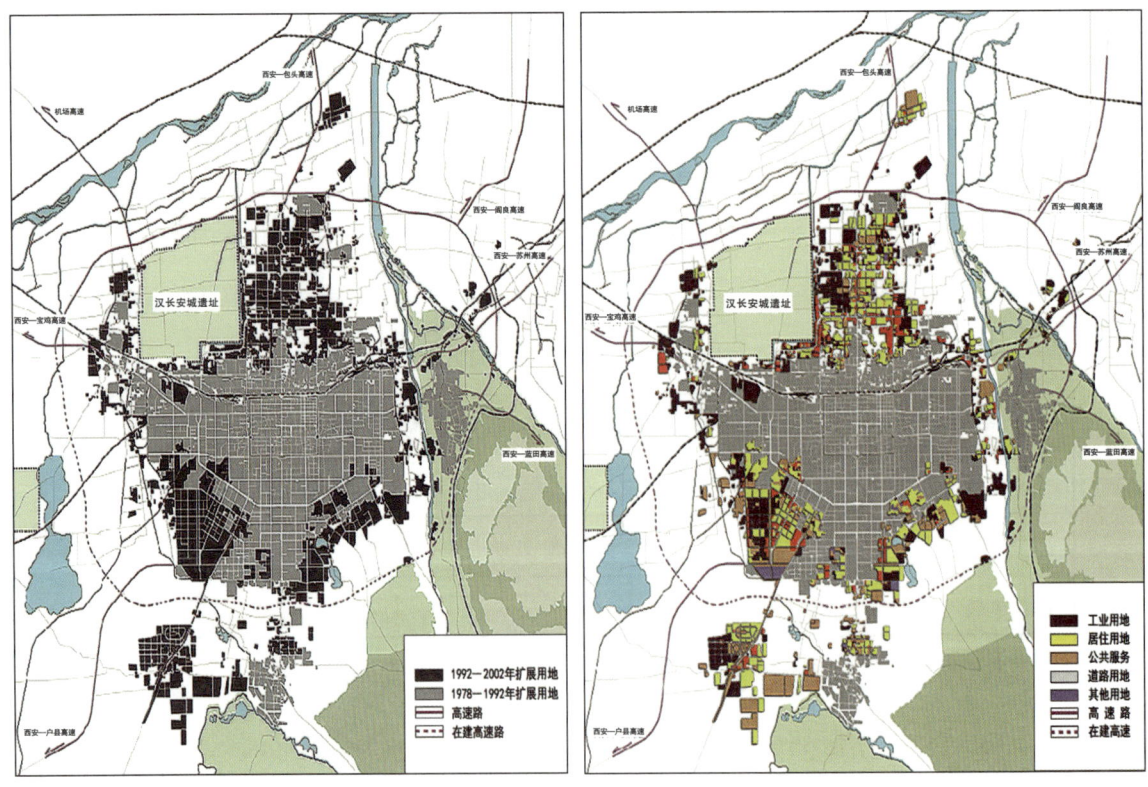

图4-22　90年代西安城市用地扩展范围分布图　　　图4-23　90年代西安城市用地扩展性质分布图

资料来源：《西安现状图》（2002年）；《西安统计年鉴》；西安卫星照片（2002年，谷歌）。

表 4-20 90 年代西安开发区及新区发展特点

名称	设立年份	级别	距离（千米）	类型及特点
西安高新技术产业开发区	1988	国家级	6.5	开发区型：以高新技术产业、装备制造业为主导的产业空间拓展
西安经济技术开发区	1993	国家级	8.5	
曲江旅游度假区	1993	国家级	5.5	重大项目推动型：以历史文化遗产的保护、生态环境的整治等重大项目为动力推动新区的建设
灞桥科技产业园	2002	省级	11	
沪河经济开发区	1994	省级	8	乡镇整合型：将原有的城镇进行改造，通过延伸产业链，优化产业结构，增强经济活力，实现综合性新区的模式

资料来源：李婷：《1990年代以来西安边缘新区空间发展研究——以西安经济技术开发区为例》，西安建筑科技大学2014年硕士学位论文，第15—17页。

发展模式和目标导向的转变，极大激活了城市空间发展速度。边缘新区时期，地图复原后实测表明，城市建设用地扩展了96.34平方千米，年平均增长为10.70平方千米，分别是内部填充时期的2.96倍和4.65倍。在城市规模拓展下，城区与南边的长安县连

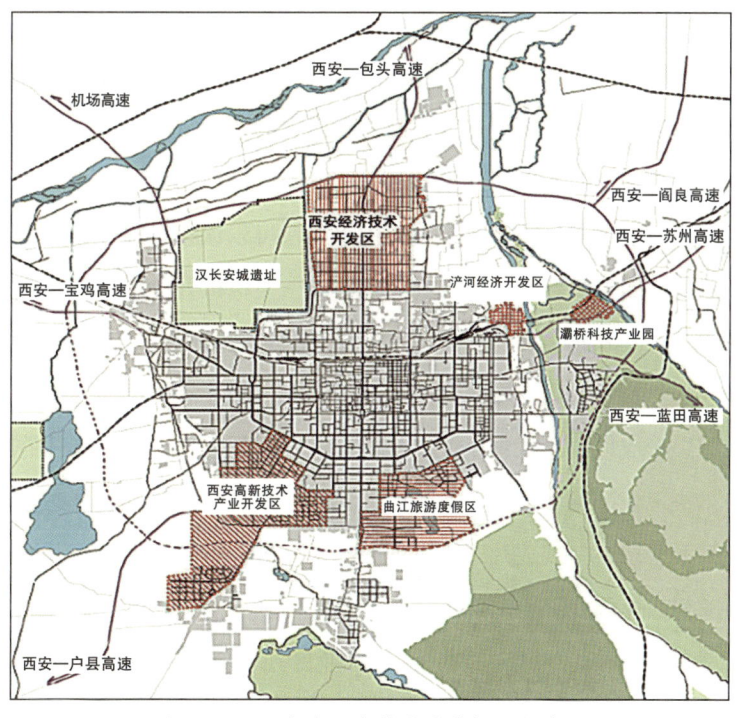

图 4-24 90 年代西安城市边缘新区分布图

资料来源：《西安现状图》（2002年）；《西安统计年鉴》；西安卫星照片（2002年，谷歌）。

接，与城东的纺织城连接，与北城的渭河邻近，使浐河和灞河逐步变为内河。建筑面积的增量说明，1995年、1999年和2002年成为本阶段建筑增量高峰年。

西安在城市整体外部急速拓展和内部更新下，城市空间发展过程打破了传统的核心—边缘的城市空间结构模式，呈现以功能空间的差异下的不同历程，其功能空间的各自特征体现为以下几个方面。

（一）工业空间演化过程及其特征

地图复原的实测数据表明，工业用地规模从1992年的37.71平方千米增长到2002年的58.44平方千米，年均增长2.07平方千米，是内部填充时期的1.73倍。本阶段工业空间发展过程主要体现为三个方面内容：依托边缘新区的外部拓展；老工业区的转型；二环路以内旧城区的功能置换。（见图4-25）

其中，外部拓展区位主要分布在城市西南的高新区和城北的经开区。高新区在1991—1996年间完成一期（2.7平方千米）建设，主要建设了台湾工业园、西安交大科技园，并将1986年开建的西安电子工业区纳入其统一管理；1997—2000年间完成二期（7.8平方千米）建设，主要建设了电子工业园、西安软件园、长安科技产业园、光电子园、大唐电信科技产业园；2001—2002年进入三期（13平方千米）建设，一期、二期建设遵循"点—轴"拓展、"渐进外延"拓展的发展时态，但在三期建设了远离启动区的长安科技产业园，呈现跳跃式的发展态势。而经开区内的工业空间发展与高新区的发展时态不同，其在边缘新区时期呈现两个阶段：1993—1999年为奠定基础阶段[①]，主要依托工业重大项目如西门子信号有限公司、西安中萃可口可乐饮料有限公司、西安乐百氏食品有限公司、西菱输变电设备制造有限公司、西电三菱电机开关设备有限公司、西安顶津食品有限公司、西安米旗食品有限公司、西北复合包装有限公司、陕西中财印务有限公司、陕西省卷烟材料厂、西安塑料制品厂、西安北方药业有限公司、西安花蕾绒线有限公司等的入驻，形成以食品饮料企业、机电产业、高新技术企业为支柱的产业体系，并启动了西安未央工业园区和泾河工业园区的建设，呈现块状飞地发展时态。2000—2002年间为加速开发阶段，呈现成片飞地发展时态。此外，省属浐河经济开发区已形成了工业规模，而灞桥产业园处于启动阶段。

在新工业向边缘新区聚集的同时，老工业区在市场机制下呈现诸多发展问题，用

---

① 李婷：《1990年代以来西安边缘新区空间发展研究——以西安经济技术开发区为例》，西安建筑科技大学2014年硕士学位论文，第15—17页。

土地置换获取生产要素成为老工业区普遍的发展策略，引发了老工业区的土地重构。其中，土地性质完全转变的主要有西安钢厂、陕西钢铁厂；临近二环路以内部分用地置换为商业和居住用地，有韩森寨工业区、西电工城大庆路段。[①]另外，自1996年以来进行股份制、分税制、大包干等多元化调整，截至2001年年底，西安市国有企业已破产38户，兼并6家，改为股份制11家，改为股份合作制30家，未改制的国有企业170家，占全市国有企业总数的68%。而二环路以内的工业，在"退二进三"的发展策略导向下，逐步被外迁或更替，与老工业区的转型同轨进行。

在工业空间不同时态和产业定位的演化过程中，传统的重工业逐步减少，以高新技术和新型产业制造为代表的产业类型比重不断上升，逐步形成了以交通运输、电子信息、航空航天、生物医药、食品饮料为主的工业体系。通过公共用地的发展历程，可以看出其在空间结构的特征主要体现为：圈层化位移、园区化空间协作、空间强度提高下的差异化。

90年代工业区位发生显著迁移，不断向城市郊区蔓延，并在园区的聚集下促使了外圈层格局的凸显，限定在城市二环路与规划三环路之间的区域内，形成围绕中心城区相拱而立的格局。但与内部填充时期的圈层相比，半径变为4.5~11千米，向外位移约1千米。（见图4-26）在区位演化中，新建工业用地在区位上主要依托高新区和经开区的建设，集中于距城市中心7~10千米的西南和城北；在发展历程上，1992—1996年间工业用地拓展区域为城西南的高新区（唐延路以西及电子城内），1997—2002年间城市西南、东南和北部同步拓展。老工业区主要布局在城市东、西两翼，以东部纺织城、西部三桥为中心；在产业类型上，制造业、装备产业主要集中在城北经济开发区的一、二期范围内，呈片状布局。

区位演化表明，工业空间的区位演化改变了填充式发展格局，是在边缘新区的主导下，依托新区的产业定位和发展态势而展开，使工业用地成为边缘新区时期驱动西安城市空间结构发展的新兴动力和经济增长极。与此同时，老工业区在产业转型下逐步退出主导地位，其土地功能被其他城市功能所更替，因此，工业用地区位的位移过程是新产业类型释放活动和老工业类型被更替的过程；其次，新建工业用地在区位上摆脱了对铁

---

① 赵哲：《西安工业发展与城市空间结构之关系研究》，西北大学2005年硕士学位论文，第38—39页。

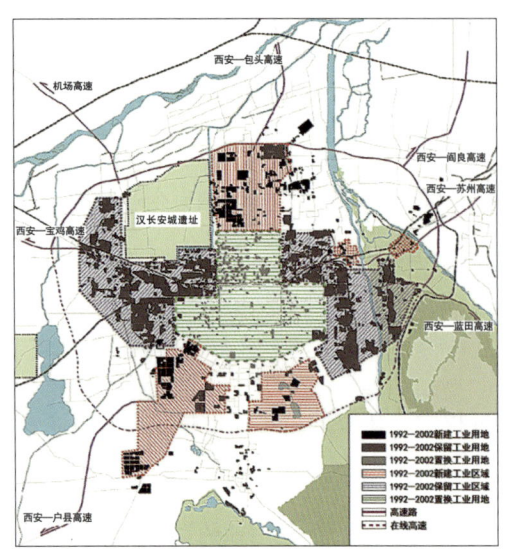 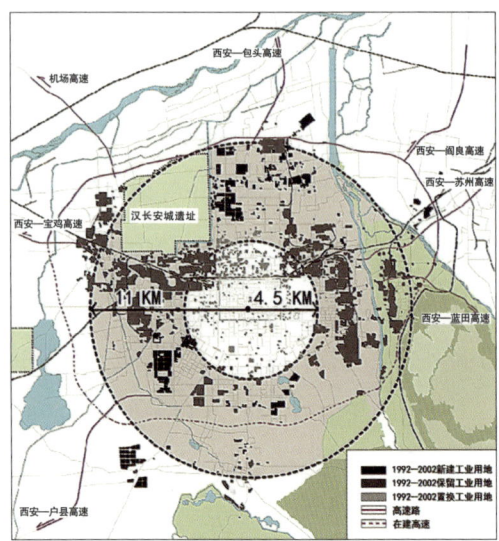

图 4-25 90年代西安工业用地分布图　　图 4-26 90年代西安工业空间区位演化图

资料来源：《西安现状图》（2002年）；《西安统计年鉴》；西安卫星照片（2002年，谷歌）。

路的依赖性，转向与高等学府、科研院所等机构的协作；再次，由于城市边缘地带的土地价格低廉，为工业圈层位移提供了条件，工业用地的圈层式位移遵从了地租竞价原理的区位择址，这与计划经济下，国家统包的工业区位演化不同；最后，区位演化的方式从填充转向飞地开发区。

1992—2002年间工业空间的发展历程表明，本阶段工业空间关系演化体现为四个方面。

第一，在新区（高新区和经开区）建设主导下工业用地与居住、商业、公共用地遵循功能重叠和复合原则，同步建设，在功能上形成互补。而且，新建工业用地在飞地发展过程中，在承担旧城区工业用地迁移的同时，对旧城区的城市功能具有依赖性。

第二，圈层式的工业用地布局以二环路为纽带，形成连续空间，并在园区化的聚集模式下，形成工业郊区化与集中化并存的发展时态，推动无序空间向有序空间的城市结构转型。

第三，工业园区建设充分依托教育科研资源，建设与高校、科研单位合作下的工业园区（西安交通大学、西北工业大学、西安电子科技大学等大学科技产业园区），促使工业空间的多元化拓展。

第四，在全球化的产业转移下，西安积极引进外资企业，建设外资主导工业园区，外资流入与企业入驻，促进了西安工业的全球化进程。

因此，本阶段西安工业空间关系演化表明，在城市内部，工业空间因功能互补、人力资源协作、园区化建设模式形成空间协作下的空间联系，而在城市外部，以资本为纽带形成全球化的产业关联。

（二）居住空间演化过程及其特征

80年代，西安推行住房"三三制"改革，并采用统建的开发模式，催生了住房市场化的萌芽，但住房分配依然是以实物分配为主体，从政府福利转向单位福利，居住建设处于被配套的角色之中，因单位效益的差异而形成空间分异。进入1992年以后，国务院先后于1991年和1994年发布实行住宅商品化、社会化的改革方案，并提出出售公有住房等举措，住房制度改革在全国范围内逐步推开，与此同时，西安颁布实施《西安市城镇住房制度改革实施方案》（1992年），并推行住房公积金制度。直至1998年国务院发布《关于进一步深化城镇住房制度改革加快住房建设的通知》，停止实物分配，实行住房分配货币化，完成了住房制度商品化的本质改革。住房制度的商品化改革，使住房建设从非盈利向盈利转型，从被动配套向主动引导转型，住房建设逐步成为政府财政收入的重要来源。

在工业用地的内部置换、住房商品化、住房价值驱动等一系列转型语境下，90年代西安居住建设发展迅速。地图复原的实测数据表明，居住用地规模从1992年的36.52平方千米增长到2002年的66.57平方千米，年均增长3.01平方千米，是内部填充时期的4.49倍。同时，历年居住建筑面积变化表明，1995年和1999年成为居住建筑面积的高峰年。（见图4-27）

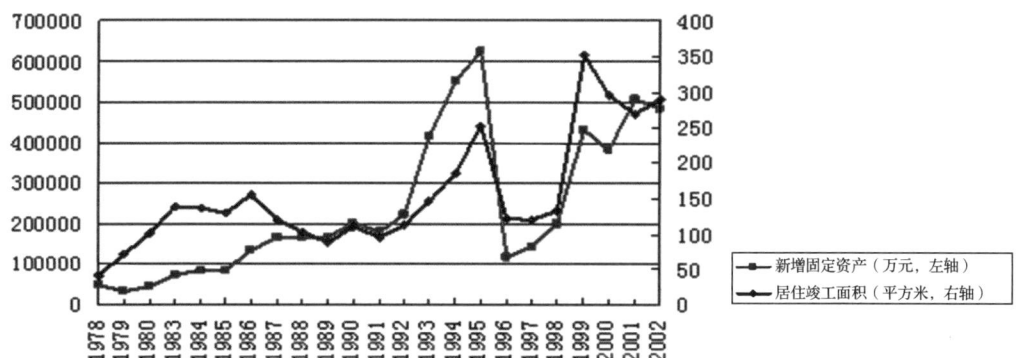

图4-27 西安市居住建筑面积演化图（1978—2002年）

资料来源：西安市统计局编：《西安统计年鉴》（1979—2003年），中国统计出版社，1979—2003年。

以西安居住建设的大事件为依托，90年代居住空间发展的主要内容为三个方面：围绕新区开发的商品房建设；围绕住房制度改革的保障性住房建设；围绕旧城更新的危改房及城中村改造。（见图4-28）

其一，在商品房建设中，由于投资主体（开发商）的趋利性，其开发建设多选择城市基础设施齐备、服务设施完善、人居环境适宜的地段，而一环路与二环路之间的区域具备了商品房开发的先决条件，成为1994—1999年间商品房建设的主要区域，也成为工业用地进行居住功能置换的区域，引发了居住圈层的外延拓展。另外，在经开区和高新区的新区建设中，居住用地被作为新区建设的先导功能，配套工业用地的飞地建设，出现了以紫薇花园（高新区）和雅荷花园（经开区）为代表的新区内的居住聚集区和飞地组团（见图4-29、图4-30），导致了居住用地的郊区化（1999—2002年）。因此，商品房建设界定了居住圈层的半径，新区成为中、高档住宅的集中区域，形成居住组团结构，同时离中心区12~16千米的范围内出现了跳跃式居住组团，表征了居住的郊区化趋势。

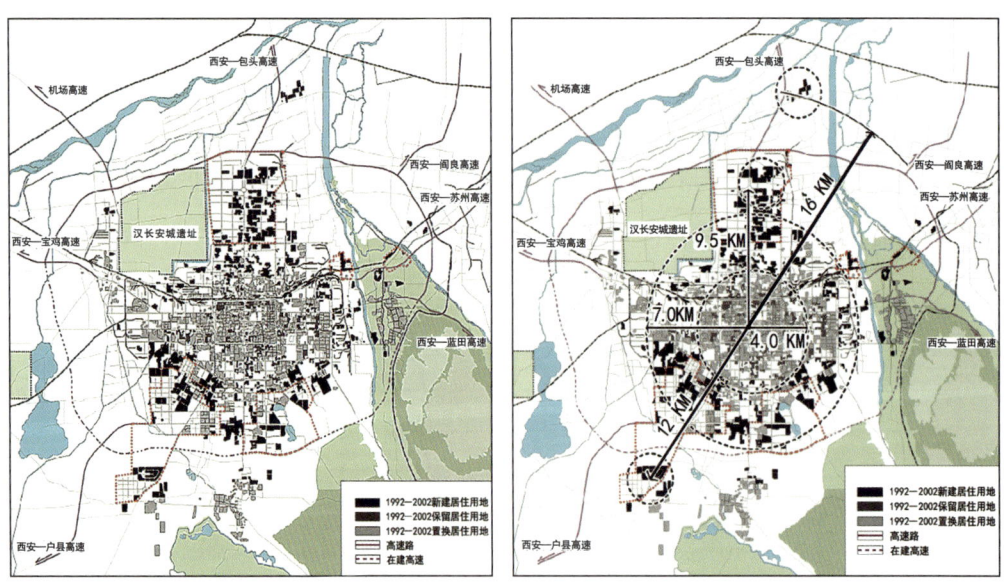

图4-28 90年代西安居住用地建设类型分布图　图4-29 90年代西安居住用地演化的时空关系图
资料来源：《西安现状图》（2002年）；《西安统计年鉴》；西安卫星照片（2002年，谷歌）。

其二，保障性住房建设与住房补贴货币化改革启动均始于1998年。保障性住房以每年约200万平方米的建设面积稳步推进，在区位上主要分布在城市西南和正西方向的郊区。

其三，在旧区重构方面，主要采用危旧房改造、旧城区内填充插补和城中村改造等方式。其中，危旧房改造以疏解中心区人口为主导，促使危旧房住户向明城墙外、二环路外的新开发住宅区疏散，主要区域在明城区及临近范围；旧城区内填充插补主要是在土地有偿使用的价值导向下，各行政机关和企事业单位长期无偿占有的大量闲置土地开始被开发利用，

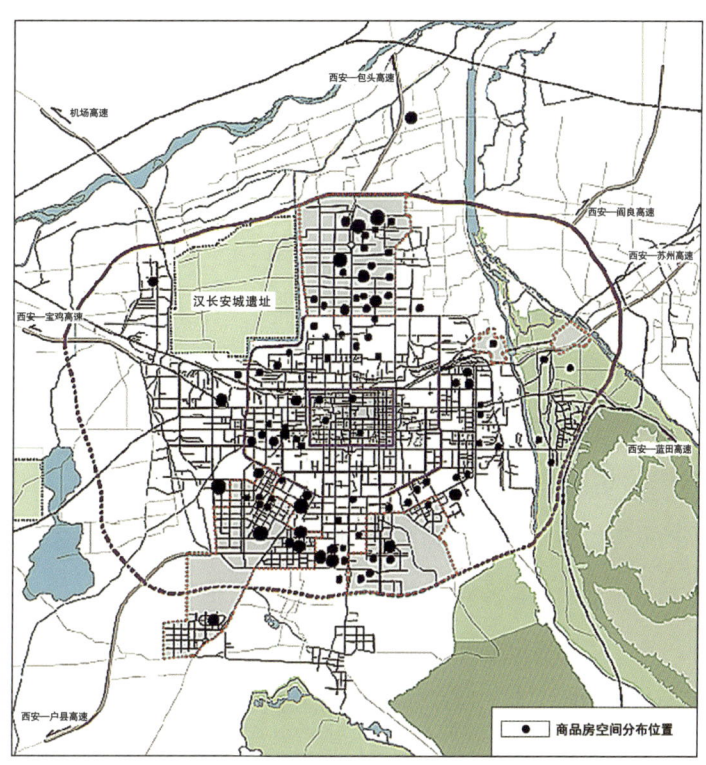

图4-30　90年代西安商品房空间分布图（2002年）

资料来源：《西安现状图》（2002年）；《西安统计年鉴》；西安卫星照片（2002年，谷歌）。

而一些新开发住宅项目也以见缝插针的方式在二环路以内的旧城区拔地而起；城中村改造始于2002年，确定改造的重点是位于市中心的55个城中村，并制定了三环路等区域的远期改造规划。

90年代居住空间发展，在建设时序上，邢兰芹等人的相关研究表明，1992—1994年间开发项目主要分布在二环路以内尤其是明城墙内的旧城区，项目数量为46个；1995—1998年间开发项目超出二环路并向第三圈层蔓延，项目数量为166个，其中高新区的项目数占到二环路外所有开发项目数的44.9%；1999—2002年间开发项目主要分布在二环路之外的新区范围（高新区、经开区、曲江旅游度假区）区段，同时，三环路之外也陆续出现了一些住宅别墅、高档住区项目，项目数量为311个。在空间分布上，居住用地主要集中在碑林区、雁塔区、莲湖区、新城区，居住用地占各行政区总用地比例分别达到37.3%、26.1%、23.12%、23.8%。旧城区内主要沿友谊路南、北两侧以及金花路和劳

动路东、西两侧布局；二环路以外主要沿高新路、山门口路及雁塔路两侧形成大型居住片区。未央区、灞桥区居住用地比例明显偏低，分别为3.4%、3.71%。

在不同内容和区位的居住空间变迁下，2002年的居住空间呈现同心圆内圈层和郊区飞地组团的空间布局。与80年代相比，圈层发生了位移，半径从1992年的4.5千米演化到2002年的7千米，其中新建居住用地圈层半径在4.0~7.0千米之间，呈现同心圆格局，填充飞地成为拓展的主要方式。这一特征表明，构建在低价之上的居住空间拓展成为本阶段居住拓展的原则，居住空间发展遵从市场经济下的居住空间分异；而在老城区的明城区范围内，在土地功能置换下居住空间呈现"马赛克化"趋势。

在80年代，居住形态的差异是因单位经济效益和建设时序而产生，整体表现为福利型的形态差异。而在90年代，住宅从福利型转向商品型，大量房地产公司兴起，居住用地在城市用地功能置换的催化下，交通良好、配套齐全、环境优美的区位逐步被居住用地置换，产生了因区位差异而形成的低档、中档、高档等不同居住分异空间。本阶段低档、中低档住房主要分布在二环路以内的旧城区，而高档住宅则集中在依山（城西南秦岭南麓沣峪口）、傍水（北边泾、渭、浐、灞河交汇口一带）、环湖（城东南曲江旅游度假区内）区域。81.8%的安居项目位于二环路以外地段。在居住类型的空间分异下，空间强度与类型相关联，新建居住用地整体呈现中低档高强度、远郊别墅区低强度的特征。在区位上，二环路沿线成为居住高强度的区域，明城区受保护高度的限制，容积率变化不大。

除居住环境质量差异之外，围绕边缘新区建设的时间维度上也呈现差异性。其中，高新区在80年代居住形态主要为城中村改造住区、多层住宅住区和单一的别墅住区；在20世纪90年代，居住形态向纯板式小高层小区（高科新花园，平均11层）、点板结合的居住小区（枫叶新都市，板式住宅7层或11层，点式住宅超过27层）和纯点式高层住区（枫叶新新家园，33层）等多元化类型转化。[①]而经开区和曲江旅游度假区在1992—2002期间属于起步阶段，整体容积率较低，经开区内布置了很多单位福利房。

居住空间形态及强度演化表明，区位成为本阶段形态及强度的核心。在空间差异影响下，2002年西安城区已形成传统街坊、单位大院、商品房居住区等多种居住空间类型共存的特征，多元化的居住空间与市场化条件下的多元需要相吻合。

---

① 付凯：《地域视角下西安城市边缘新城（区）空间发展研究——以西安高新区为例》，西安建筑科技大学2012年硕士学位论文，第46页。

（三）道路网络演化过程及其特征

道路网络是城市空间结构的骨架，是城市空间关系的纽带。在计划经济时期，铁路成为西安城市工业布局的核心要素，在80年代，城市道路成为城市内部空间关系的核心要素；而在市场化加剧时期，交通可达性成为影响土地价值的重要因素，影响了城市功能分异，并成为城市区域竞争的先导。地图复原的实测数据表明，道路用地规模从1992年的23.69平方千米增长到2002年的25.55平方千米，年均增长0.19平方千米，是内部填充时期的0.24倍。

90年代的西安道路网络演化围绕两条主线展开：一条是以二环路连通和新区建设为主线，通过新建、拓宽等方式，构建以二环路为纽带的"三横、三纵、二环"的城市道路网络格局；另一条是以城市外部连通为主导，进行区域范围内的道路快速化升级，并通过城市三环路衔接。在发展历程上，二环路及内部拓展一直贯穿90年代；而外部高速路主要集中在1998—2002年间，先后修建了到辖区内的蓝田（1998—1999年）、阎良（1998—2001年）、户县（2000—2002年）、机场（2001—2003年）的高速公路，绕城高速三环路北段也同期竣工（1998—2000年）。以此为依托，至2009年，西安与省内宝鸡、渭南、安康、汉中、铜川、延安等城市实现高速连接，与周边省份城市南京、合肥、武汉、郑州、太原、兰州、成都、银川等的高速大通道被打通，确立了西安在全国高速公路路网中的枢纽地位。除公路交通之外，空运和铁路也同期建设。西康、包西铁路通车（2001年），陕西省西安汽车站、西安市汽车站、西安城东客运站、西安南关客运站、西安城西客运站、三府湾客运站、明德门客运站7个客运站投入使用。

通过对内部与外部的道路建设，以及对公路、铁路、空运等不同类型交通方式设施的改善，至2002年西安已形成了"三环、三横、三纵、六射线"的道路结构。（见图4-31、4-32）本阶段道路建设向快速化和区域化的转型，提升了西安区域空间的权衡，促进了关中范围内城市带的形成。

（四）商业空间演化过程及其特征

80年代，通过对流通方式、购销形式、流通市场、管理模式等方面的改革，西安形成了现代商业空间的雏形。90年代，在市场化和全球化加剧，以及城市空间快速拓展的背景下，西安商业空间发展进入急速增长阶段。地图复原的实测数据表明，商业用地规模从1992年的1.65平方千米增长到2002年的18.32平方千米，年均增长1.67平方千米，是

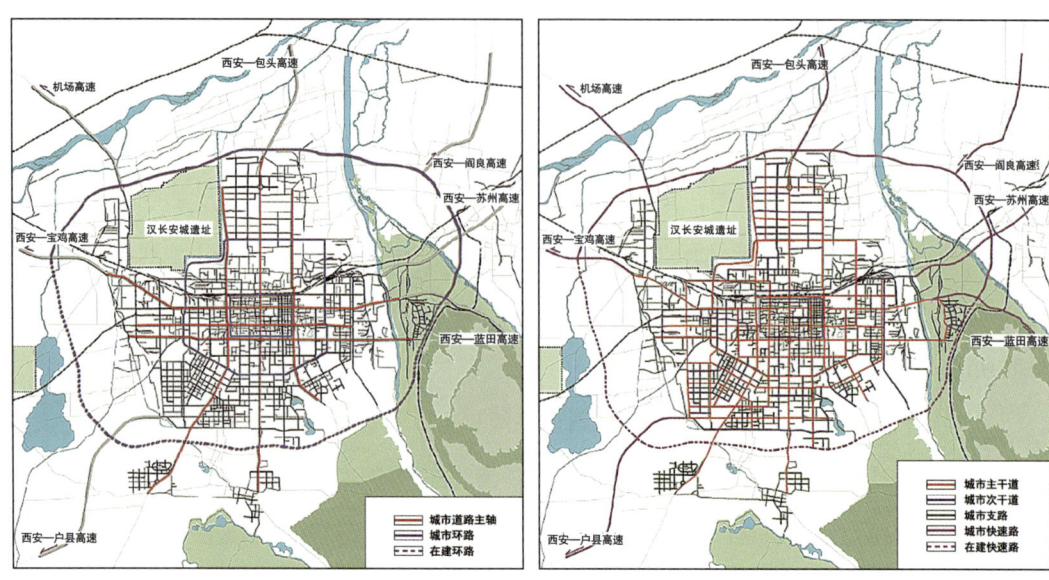

图 4-31　90年代西安城市道路结构图　　　图 4-32　90年代西安城市道路结构图

资料来源：《西安现状图》（2002年）；《西安统计年鉴》；西安卫星照片（2002年，谷歌）。

内部填充时期的41.75倍，为城市五大功能区中增长速度最快的功能空间。与此同时，商业网点的数量从1992年的26841个增长到2002年的104618个（见图4-33），建筑面积从1993年的12.1万平方米增加至2002年的35.01万平方米。其中，营业面积在1万平方米以上的大型零售业16家。①在商用规模不断拓展下，商业空间逐步形成市、县（区）等级商业体系。与80年代不同的是，现代城市中心的形成、商业网点的升级与新型商业业态的入驻、新区范围内商业网点拓展构成了本阶段商业空间发展的主要内容。

西安市商业发展历程表明，90年代的西安城市商业空间发展以1998年为节点，整体历经了两个阶段。第一阶段（1992—1998年），主要发展内容为专业市场拓展与综合性商场建设。其中，专业市场拓展方面，一方面80年代形成的专业市场在土地功能置换下，规模逐步扩展，等级逐步提升，成为辐射西北地区的重要货流集散地；另一方面，在市场驱动下新建大明宫建材市场、文艺南路纺织品批发市场、西安亚欧货运交易市场，形成多元化的专业市场格局。而综合性商场建设主要围绕商业发展轴线，兴建世纪金花、百盛、太白商业大厦、西安秋林等综合性的百货大厦。（见表4-21）此外，西安中心区内的商业布

---

① 马晓龙：《西安市大型零售商业空间结构与市场格局研究》，载《城市规划》2007年第2期，第56页。

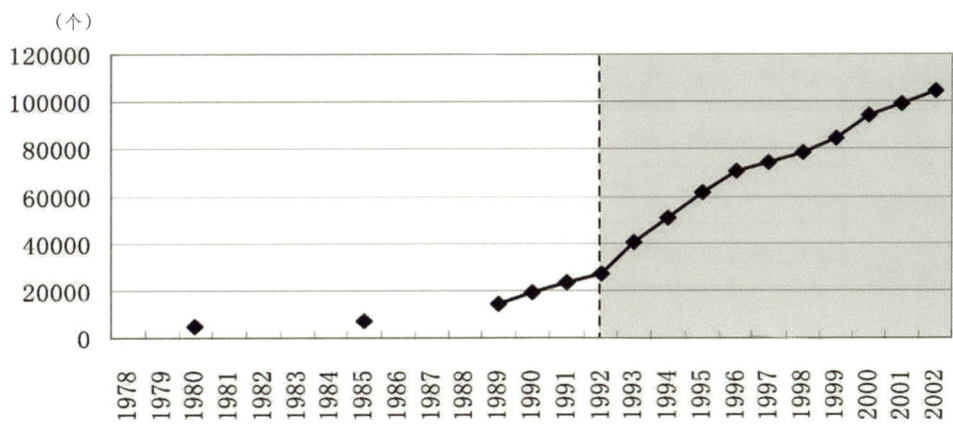

图 4-33　西安市商业网点数量演化图（1978—2002 年）

资料来源：西安市统计局编：《西安统计年鉴》（1979—2003 年），中国统计出版社，1979—2003 年。

局也发生了变化，既出现了传统小店组成的商业街，还出现了骡马市步行街、德福巷酒吧街等别具特色的专业商业服务街区。第二阶段（1999—2002 年），主要发展内容是以连锁超市为主导的新型商业业态的入驻，2002 年连锁超市零售量占商业总零售量的 29.25%，它与百货大厦、传统百货共同构成现代功能的商业空间（见图 4-34），促进了西安商业空间的现代化转型。这些百货大厦、连锁超市的结合，提升了西安商业空间的形态；同时专业市场与百货大厦、连锁超市的结合，促成了点、线、面商业体系的形成。

表 4-21　90 年代西安市商业发展历程

区位	企业名称	营业面积（平方米）	业态	建成时间
市中心	书院门古文化一条街	—	商业街	1991
	北院门回坊文化风情街	—	商业街	1991
	德福巷酒吧街	—	商业街	1995
	西安百盛购物中心	10847	百货	1996
	西安开元商城	41780	百货	1996
	世纪金花购物中心	31386	百货	1998
	家乐（粉巷店）	13513	连锁超市	2001

续表

区位	企业名称	营业面积（平方米）	业态	建成时间
城南	小寨商业大厦	10000	商业零售	1990
	太白商业大厦	15000	百货	1994
	文艺南路纺织品批发市场	—	专业市场	1994
	西安秋林公司	16000	百货	1995
	家乐（长安店）	11276	连锁超市	2002
	家乐（含光店）	10329	连锁超市	2002
城西	西安亚欧货运交易市场	—	专业市场	1998
	家世界购物广场	27175	连锁超市	1999
	人人乐超市	12000	连锁超市	2000
城东	爱家（朝阳店）	18000	连锁超市	2002
	家乐（金花店）	10102	连锁超市	2002
城北	大明宫建材市场	—	专业市场	1993

资料来源：马晓龙：《西安市大型零售商业空间结构与市场格局研究》，载《城市规划》2007年第2期，第56页。

90年代新增商业用地的区位演化（见图4-35）表明，新增商业用地主要围绕"三横、三纵"的道路结构和新区范围分布，具有明显的轴向拓展特征，形成"两横、三纵"的商业轴线。在用地导向上，新增用地除点状用地之外，在新区范围内

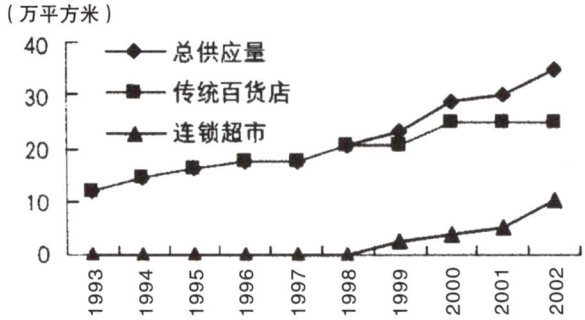

图4-34 西安市大型零售商业数量发展历程（1993—2002年）

资料来源：马晓龙：《西安市大型零售商业空间结构与市场格局研究》，载《城市规划》2007年第2期，第56页。

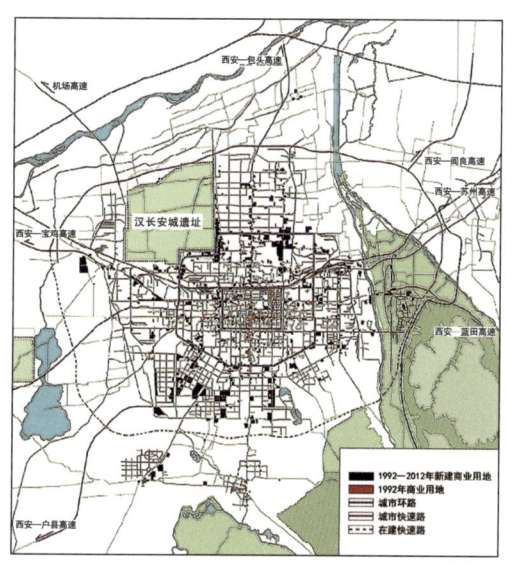 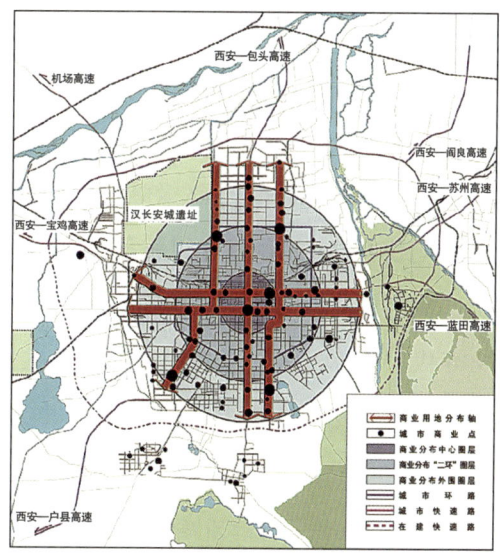

图 4-35　90年代西安商业用地区位演化图　　图 4-36　90年代西安商业空间结构图（2002年）

资料来源：《西安现状图》（2002年）；《西安统计年鉴》；西安卫星照片（2002年，谷歌）。

还呈现块状用地，并表现出明显的区位差异。其中二环路以外以块状为主，而二环路以内以点状为主，表明在二环路以外的商业用地发展中，商业聚集成为主要的区位特征。同时，商业网点的区位分布密度显示（见图4-36），分布密度在区位上以东西商业轴为分界线，形成南高北低的特征。本阶段商业用地轴向拓展、密度南高北低、内点外块的区域演化特征，遵从了市场导向下的区位择址原则。"盈利"性商业用地逐步将老城区内的工业用地、失落"单位"用地替代，并作为生活性空间的有利补充在旧城区内逐步增多。与此同时，新区内的商业用地作为新区配套和商务发展的需要，成块集聚。

在商业空间区位演化的过程中，商业空间结构也处于演化之中。依据商业用地的空间区位和商业空间的聚集时态，90年代西安商业空间结构整体呈现圈层集聚、轴向拓展的特征。商业集聚形成三个圈层。其中，第一圈层是以钟楼为中心半径1.5千米的区域，这一区域是西安传统的商业中心，集聚了本阶段主要的百货大厦、连锁超市、商业街，聚集有东、西、南、北四条商业街和解放路五个商业中心，构成了一级商业网点群，现代化的城市商业中心已发育成熟；第二圈层是二环路与明城区之间半径约1.5~3.5千米的区域，以专业市场、居住区级商业、酒店宾馆为主导，商业点沿二环路、一环路沿线聚集，成为90年代新增商业网点的集聚区；第三圈层主要分布在新区内，由商务办公、酒店娱乐、配套商业构成，沿新区发展轴面状分布。

90年代商业空间演化表明，本阶段的商业以增量扩充为主，具有现代化特征的百货大厦、商业街、连锁超市促进了现代城市商业中心的形成，并在老城区功能更替下，逐步集聚形成圈层特征，但次级商业中心还处于发育阶段。

（五）公共空间演化过程及其特征

80年代，西安城市公共空间建设以省级公共设施为主导，新建现代化的体育馆等。90年代，伴随城市空间的快速拓展，公共空间作为城市的配套设施也凸显出快速发展的特征。地图复原的实测数据表明，公共空间用地规模从1992年的22.80平方千米增长到2002年的45.35平方千米，年均增长2.26平方千米，是内部填充时期的4.71倍。公共空间的演化主要体现为外部拓展和功能的现代化升级。

与80年代相比，本阶段以建设市级和区级的公共空间为主导，以突出城市特色为目标，以公共空间的现代化为战略，促使西安现代城市公共空间体系的形成和现代化升级，主要功能演化包含以下几个方面。

第一，在文体设施方面，以完善现代城市公共空间类型为主导，新建市级图书馆、美术馆等文体设施，新建未央湖游乐园、西安国际会议中心·曲江宾馆、城市高尔夫球场、城运村、"西部大学城"等新型空间，促成西安城市公共空间体系的形成，加快了西安城市公共空间的现代化升级。

第二，在开放空间方面，依托城市历史文化、遗址、旅游资源，复兴、改造、塑造具有城市文化底蕴的公共空间。复兴曲江池皇家园林长安（大唐）芙蓉园、未央湖公园；改造南大门广场、大雁塔南广场，启动大雁塔北广场工程。其本质上是对历史遗址的公共化。同时，新建未央广场（540亩）、长延堡广场（178亩）、十里铺广场（450亩）等。此外，依托外围的山水条件和资源，建设桃园湖旅游区、朱雀森林公园、泾渭湿地保护区，构成西安城市外部开放空间的主要内容。伴随开放空间的不断增补，公共绿地面积、公园数量、人均绿地面积等均发生了较大变化（见表4-22），公共绿地面积从1992年的341.99公顷，上升到2000年的1283.60公顷。在发展历程上，1995年以后绿化面积增长速度加剧。（见图4-37）

表 4-22 90 年代西安园林绿地建设演化表

年份	园林绿地面积（公顷）	公共绿地面积（公顷）	公园数量（个）	公园面积（公顷）	人均公共绿地（公顷）	绿地覆盖率（%）
1990	—	327	15	283.5	1.67	30
1991	1346.01	341.30	15	282.79	1.84	—
1992	1653.78	341.99	15	282.78	1.80	—
1993	1723	366	15	282.79	1.80	30.60
1994	1763	387	15	285.8	1.80	31.80
1995	1763	825	39	697	3.91	36.00
1996	2991	930.69	39	746.72	4.20	36.10
1997	3309	957.80	39	745.92	4.25	36.12
1998	3384	1109.08	44	848.29	4.67	36.33
1999	3613	1249.68	45	873.29	5.17	36.41
2000	3677	1283.60	47	879.79	5.31	37.14

资料来源：西安市统计局编：《西安统计年鉴》（1991—2001年），中国统计出版社，1993—2001年。

第三，市政设施因类型差异造成发展历程的差异。在能源设施方面，围绕能源结构的燃气化转型，建成靖边到西安燃气运输管道（1997年），把西安及其腹地城市与输气干线连接起来；同时在城市内部，建设燃气加油站、燃气储存站、燃气动力公交线路等相关设施，提升城市的气化率。在给排水、电力、供热设施方面，承接80年代污水厂、电力厂、给水厂及其相关管道设施项目，落实后续建设，促使黑河水利枢纽引水工程全线贯通（1995年），南郊水厂建成通水（2001年）；曲江水厂废水处理回用工程建成（2000年），邓家村污水处理厂调试（2001年）；西郊热电厂2号机组试并网发电成功（1995年），灞桥热电厂扩建开工（2000年）。截至2002年年底，城市供水管道长2453千米，日供水能力达160.8万吨，人均日生活用水达252.34升；城市集中供热管道长268千米，供热面积1176万平方米。排水管道长877千米，3个污水处理厂，日污水处理能力31万吨，污水处理率35.32%；建成园林绿地面积4238公顷，绿化覆盖率达35.06%，人均公共绿地面积3.38平方米，垃圾无害化日处理能力达3300吨。除此之外，1992年西安开

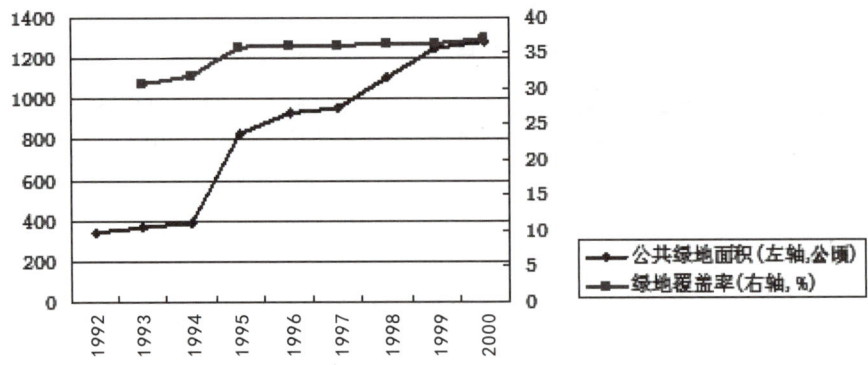

图 4-37　西安市公共绿地面积演化图（1992—2000 年）

资料来源：西安市统计局编：《西安统计年鉴》（1993—2001 年），中国统计出版社，1993—2001 年。

通自动寻呼网，通信进入传呼机时代。在时序上，在西部大开发战略的部署下，2000—2002 年间相关重大项目开建，加快了城市基础设施建设的进度。

第四，在行政管理和产权方面，医疗卫生的所有制从国有向多种经营转型，产生的首家股份合作制医院西安截瘫康复医疗中心正式开诊（1995 年）。而 2002 年，环城公园、莲湖公园、革命公园、纺织公园免费开放，提升了公共空间的公共属性。

本阶段公共空间发展以增量扩充为主，多个类型成倍增长。其中，文教科研增量最大，增长率达到 182%，行政办公、公园广场用地的增长率也均超过了 70%。（见表 4-23）而公园免费开放，高尔夫球场等现代化开放空间的出现，表征了西安公共空间的现代化提升。

表 4-23　90 年代西安城市公共空间土地利用对比表　　　　单位：公顷

年份	文教科研	行政办公	医疗卫生	公园广场	文化体育	文物古迹	合计
1992	809.56	399.57	276.09	506.11	191.76	97.30	2280.39
2002	2282.59	709.07	320.42	890.33	236.89	95.41	4534.71
增长率(%)	182	77	16	76	24	-2	99

资料来源：《西安现状图》（1992 年）；《西安现状图》（2002 年）。

第五章 多元拓展时期（1999—2008年）

1999年11月，中央经济工作会议部署着手实施西部大开发战略，为西安城市发展提供了政策支持。2000年西安经开区成为国家级经济开发区，2001年中国加入WTO，西安开始加速其国际化进程，为西安的新兴产业和外向型产业的快速发展提供了条件。2002年，科技部批准以西安为中心、陇海铁路陕西段和宝潼高速公路为轴线，建设国家级关中高新技术产业开发带和星火产业带，使西安获得了更为广阔的发展空间。[1]在此基础上，陕西省推出"一线两带"建设，为这一阶段西安的城市发展、产业转型提供了机遇。随着城市生活日益丰富，人们有了更多的休闲时间，从而也为西安特色旅游业以及其他第三产业发展提供了契机。

　　西安在高新、经开两大产业区的基础上，在城市外部边缘地带开拓新区，新增曲江新区（原曲江旅游度假区）、浐灞生态区、国家民用航天产业基地、国际港务区等新区，各个新区的定位呈现多元差异化发展态势，总体上西安走向多产业类型综合发展的阶段。[2]除此以外，西安城市内部的更新与改造也同步进行，城中村改造、历史街区的保护与更新以及城市基础设施的改造升级等，使得西安城市整体环境与形象品质逐步提升。

---

[1] 鲁晓勋：《区域一体化视野下大西安都市圈空间结构发展问题研究》，西安建筑科技大学2006年硕士学位论文。

[2] 吉卫华：《华夏故都满城春　山水之城展魅力——我市深入推进文明城市创建工作综述》，载《西安晚报》2011年12月21日。

第一节
多元拓展时期发展基础

一、行政区划调整

经国务院批准，陕西省人民政府于2002年7月9日批准西安市《关于撤销长安县设立长安区的请示》。至此，西安市辖区由原来的8个增加到9个，城市的可供建设用地增加230平方千米。为了加快建设小城镇步伐，2000年，西安市未央区六村堡乡撤乡建镇。到2008年，随着西安继续向城南和城东快速拓展，主要对长安区和灞桥区进行了撤镇（乡）设街道的调整。[①]（见表5-1）

表5-1　1999—2008年西安行政区划调整一览表

年份	撤县设区	撤镇（乡）设社区	撤乡建镇	撤镇（乡）设街道
2000			未央区六村堡乡	
2001		未央区未央宫乡、汉城乡、三桥镇、六村堡镇、草滩镇		
2002	长安县			
2003				长安区韦曲镇、郭杜镇、滦镇、引镇、王寺镇、马王镇、太乙宫镇、东大镇、子午镇、斗门镇
2004				灞桥区灞桥镇、新筑镇、新合镇、狄寨镇
2007				长安区细柳镇、杜曲镇、大兆乡、兴隆乡、黄良乡
2008				长安区王曲镇、鸣犊镇

资料来源：西安市地方志办公室编：《西安年鉴》（2000—2008年），西安出版社，2000—2008年。

注：因1999、2005、2006等年份不涉及区域调整，故不在表格中体现。

[①] 西安市地方志办公室编：《西安年鉴　2003》，西安出版社，2003年。

二、政策支持下的城市发展

其一，是西部大开发战略给西安带来经济发展的新起点。1999年11月，为加快西部地区的发展，中央经济会议确定着手实施西部大开发战略；2000年1月，国务院召开西部地区开发领导小组会议并于3月成立西部大开发办公室。作为西部大开发战略的核心城市之一，西安市除享受国家颁布的鼓励外商投资的优惠政策外，还享受国家颁布的西部大开发相关优惠政策。其内容包含在西部地区民生工程、基础设施、生态环境、产业发展方面给予税收、投融资、土地使用以及资源补偿等政策优惠。

其二，1999年8月，中共中央和国务院召开了全国技术创新大会，发布了《关于加强技术创新，发展高科技，实现产业化的决定》。这一重要决定的提出，目的是要深化科技体制改革，加强对技术创新和高新科技成果商品化、产业化的方向和重点的宏观引导。与此同时，还颁布了一系列支持科技创新和成果转化的政策，鼓励科研人员积极创办高新技术企业，①是技术创新与科技产业化引导下的"二次创业"的实验。

1998—2002年期间，西安的技术创新和科技产业化对城市经济整体贡献突出，其主要在西安高新区和经开区聚集，这两个开发区集中了全市总量70%以上的高新技术企业和产业转化企业。2001年西安经开区规模以上工业完成工业总产值同比增长33.31%，西安高新区同比增长20.84%。经开区和高新区对全市规模以上工业增长贡献率为28.56%，对市属工业贡献率为67.92%。2002年，西安高新区初步完成新区14.98平方千米的总体规划，园区配套设施更加完善，②逐渐成为宜居、宜业、环境良好的新型高新技术产业园区，初步具备了新城的特征；是年，经开区二期控制性详规经市政府审批通过，西安经开区泾渭科技产业园的建设也全面启动。

其三，实施《西安工业振兴计划》。在工业改革、工业振兴与工业发展方面，西安也进行了着力改善。西安作为我国老工业基地之一，虽具有雄厚的工业基础，但仍处于工业化进程的中期阶段，于是以工业化推进现代化便成为西安经济社会发展的必由之路。2002年5月，西安市第十次党代会达成了"工业是西安经济的筋骨，是西安经济发展的主导"这一共识。2002年11月，中国共产党第十六次全国人民代表大会

---

① 崔友平：《利用技术进步增加就业》，载《当代经济研究》2001年第10期，第32页。
② 西安市地方志办公室编：《西安年鉴 2003》，西安出版社，2003年。

在北京召开，大会报告提出了深化国有资产管理体制改革，走新型工业化道路的改革思路，使得"贯彻落实科学发展观，实现又好又快发展"成为这一时期工业发展的主题。工业管理部门改革发生了质的变化，以西安纺织城改制的成功为标志的国有企业改革基本完成。

这一时期，中共西安市委、西安市政府以科学发展观为指导，研究制定《西安工业振兴计划》，实施工业强市战略，打造三个基地，即打造以高新技术产品为核心的创新研发基地、以高新技术产业为先导的现代制造业基地和以高新技术武装的优势产业集聚基地。发展壮大交通运输设备制造业、电子及通信设备制造业、现代生物医药制造业等8个对西安工业经济发展有重大影响和带动作用的优势产业。做大做强西飞集团、彩虹电子工业集团、东盛集团等15个主业突出、核心竞争力较强的大集团和大公司。培育壮大彩色显像管、数字程控交换机、飞机、重型载货汽车等32个带动性强的工业主导产品。提出到2006年，经过5年努力，全市工业总产值达到1950亿元，年均增长16%，工业增加值达到527亿元，年均增长15%，实现工业总产值与增加值5年内翻一番的目标，并指出了明确的发展方向、重点与具体措施。①

此外，《西安市工业发展和结构调整行动方案》以及大力发展高新技术产业和装备制造业的战略部署以来，政府政策的引导和高新技术产品的需求前景吸引了大量资本投入高技术产业，其中航空、航天、电子信息、生物医药、新材料等高技术产业得到迅速发展。

其四，提出了工业化水平提升的装备制造业实施方案。国家第十一个五年规划纲要（简称"'十一五'规划纲要"），确定了以自主创新提升产业技术水平，加快发展先进制造业，推动产业结构优化升级的重大战略部署。西安市"十一五"规划纲要，明确提出了努力打造装备制造业的新优势，大力提升工业化水平，使装备制造业成为城市经济发展的重要支撑。②2007年，颁布实施了《西安市加快发展装备制造业实施方案》，主要内容为打造装备制造业七大产业集聚地，即：航空设备制造业集聚地、航天设备制造业集聚地、电子信息设备制造业集聚地、重型汽车及汽车发动机为支柱的汽车产业集聚地、小轿车及大客车产业集聚地、超高压及高中压输变电成套设备研发及制造集聚地、专用通用设备制造集聚地。③

---

① 严卫：《西安工业发展政策研究》，西北大学2013年硕士学位论文。
② 西安市地方志办公室编：《西安年鉴 2007》，西安出版社，2007年。
③ 西安市地方志办公室编：《西安年鉴 2007》，西安出版社，2007年。

其五,"一线两带"建设。2002年,科技部批准以西安为中心,以陇海铁路陕西段和宝潼高速公路为轴线,建设国家级关中高新技术产业开发带和星火产业带,使西安获得了更为广阔的发展空间与更多的发展机会。2002年9月30日,陕西省正式出台《关于加快"一线两带"建设,实现关中率先跨越发展的意见》,从产业发展的选择、开发区和产业园区建设、产业结构优化升级和城市发展等方面,为西安指明了发展方向。[①]其中,明确提出要把西安建成西部的经济、金融、科教与商贸中心,重点发展以软件为主的信息产业、航天航空产业、生物和新型医药产业,振兴传统产业。[②]

三、城市定位与职能

随着交通和通信技术的不断进步,城市与城市之间的距离逐渐缩短,甚至几个城市形成同城化的城市架构。西安作为区域中心城市,与周边城市的联系就显得更加有必要。随着第二座亚欧大陆桥的开通和西安国际航空港的发展,西安与我国东、中、西部和西亚、西欧的许多城市连接起来,有利于加快西安与世界经济一体化的进程。在国家的战略计划当中,西安是陇海、兰新经济带上最大的中心城市,是西北各省区通往西南、中原、华东各地的门户和交通枢纽[③];在省域层面与陕北的区域产业合作当中,西安是与陕北共同构建能源化工产业基地战略合作平台的中心城市;在关中平原城市群的大发展背景当中,西安是带动关中经济区发展的重要引擎,在产业聚集、都市发展、市场物流、科技创新与人文影响等方面,对周边城市产生重要的引领作用;在以西安都市圈为目标的西咸一体化建设过程中,西安作为都市圈的主城中心城市,是高新技术产业、新型制造业、现代化服务业的最大综合中心。

随着2000年西部大开发、2001年中国加入WTO以及陕西省"一线两带"的建设,西安因其区位优势和作为西北五省的中心城市,成为西部大开发中心城市、关中城市群中心城市、外向型现代城市,推动了城市功能的转变。2003年开始,随着生态、文化、旅游等理念的发展,城市不断进行新区的设立和建设。其间高新区、经开区居住、办公和商业设施不断升级和完善,曲江旅游度假区内旅游服务设施逐渐务实、广场和绿化不断

---

① 张卉、杨文选:《陕西"一线两带"建设的核心在于培育具有关中优势和特色的产业群》,载《西安财经学院学报》2003年第6期,第29—33页。
② 《关于加快"一线两带"建设,实现关中率先跨越发展的意见》,载《陕西日报》2002年10月8日。
③ 姚蓉:《西安城市国际化条件评析》,载《人文地理》2000年第1期,第73—75页。

扩容，它们均由产业新区向产业新城转变；城东浐河西岸开始出现新的居住区；城西工业区内工厂实行停产、整顿，并开始将破产关门的工厂旧址作为房地产开发用地。2006年伊始，二环路以内尤其是明城墙以内，不断进行产业"退二进三""退城入园"的更新与建设。

西安根据城市自身的情况和需求不断调整职能，随着2004年第三版与2008年第四版总规的批复，其城市职能得以明确下来，即：西安为国际旅游城市，新欧亚大陆桥中国段中心城市之一，国家重要的科研教育、制造业、高新技术产业和国防科技基地，交通枢纽城市，中国西部经济中心，陕西省政治经济文化中心和"一线两带"的核心城市。[①]（见表5-2）

表5-2　1998—2008年西安城市定位变更一览表

年份	政治定位	经济定位	交通定位	文化定位	教育科研定位
1998	陕西省会、西部中心城市	陕西省经济中心	陕西省中心、陇海铁路中心城市	历史文化名城	重要科研、教育基地
2002（新增）		西部大开发中心城市、关中城市群中心城市、外向型现代城市	国家高速公路网中心城市		
2003	陕西省会、西部中心城市	陕西省经济中心、西部大开发中心城市、关中城市群中心城市、外向型现代城市	陕西省中心、陇海铁路中心城市、国家高速公路网中心城市	历史文化名城	重要科研、教育基地
2008（新增）	中国西部重要的中心城市	西安都市圈，产业结构调整、重点发展装备制造业、会展业、文化产业	优先发展城市公共交通、开通旅游公交专线	世界著名古都、历史文化名城	国家教育、科研、国防科技工业基地

资料来源：《西安城市总体规划（1995—2010年）》；《西安城市总体规划（2008—2020年）》。

---

① 陈思存：《国务院批复西安城市总体规划——这是西安市建国后第四次修编规划（2008—2020）》，载《华商报》2008年5月10日。

第二节
城市经济及社会状况

一、经济与产业发展背景和政策条件

这一阶段，国家的经济结构的调整，使原有的老工业企业由于技术、生产工艺和制度性的问题等，开始进行破产、转产。知识经济和信息产业成为新时期城市空间结构演变的新动力，也为城市的持续快速发展提供了新思路。经过不断调整，西安形成了以高新技术产业开发区（1991年）、经济技术开发区（1993年）、曲江新区（2003年）、浐灞生态区（2004年）、国际港务区（2008年）、阎良国家航空高技术产业基地（2004年）及西安民用航天产业基地（2006年）为主的"四区一港两基地"格局，将高新技术产业、装备制造业、现代服务业、旅游业和文化产业作为其发展的五大主导产业。[1]

2005年《西安市国民经济和社会发展"十一五"规划》的具体细化内容和促进西安科学发展的"六方案一规划"，包括《西安市加快发展高新技术产业实施方案》《西安市加快发展装备制造业实施方案》《西安市加快发展旅游业实施方案》《西安市加快发展服务业实施方案》《西安市加快发展文化产业实施方案》《西安市加快发展都市农业实施方案》和《西安市2006~2010年综合交通发展规划》。[2]

据统计，2007年五大主导产业增加值占全市GDP的比重达到42%，对全市GDP的贡献率达到47.5%，产业集中度明显提升。随着"退二进三"方针的进一步贯彻落实，西安三次产业结构的比重调整为4.8∶43.9∶51.3，第三产业成为经济发展的核心

---

[1] 高连海：《社会变迁对城市空间结构的影响机制研究——以1949年以来西安市为例》，西北大学2009年硕士学位论文。

[2] 西安市地方志办公室编：《西安年鉴 2007》，西安出版社，2007年。

驱动力。①

（一）国家经济体制转型与西安对策

面对国家经济体制转型，西安的应对表现在以下两个方面。

一是实施大公司、大集团战略，50家企业集团成为西安经济发展的骨干和中坚力量。该战略以盘活存量资产为目的，积极推进国有企业战略性重组。组建和培育大企业、大集团，打破所有制、部门和地区界限，实现资源向优势企业集中，使大企业、大集团实现迅速扩张的结构性调整。全市以标缝、陕鼓、青啤、南风日化、西安石化、西电公司等为代表的一批优势企业，通过战略性重组，不仅盘活了存量资产，同时其规模还得到了进一步的发展壮大。其中，标缝托管、兼并了西安缝纫机厂、西安台板厂、西安标准件总厂、西安造纸厂后，又收购了中唱磁带公司，并于2000年成为西安第一家上市企业，为其日后的发展提供了更为广阔的空间。②

2002年，西安市资产和营业收入均超过亿元的企业集团达到50家，规模持续扩大，生产经营良好，综合实力增强，成为全市国民经济发展的骨干和中坚力量。50家企业集团共有成员企业459家，平均每家集团拥有成员企业9.2家，成员企业主要集中在西安市及陕西省其他市内；跨省投资经营也进展迅速，主要分布在上海、北京、深圳、海口、广州、成都、香港等市场发展潜力大的城市和沿海经济发达的地区。其中，省物产集团成员企业最多，有26家。50家企业集团的资产、营业收入和实现利润，分别占全市企业集团的93%、96.5%和106%，在全市经济发展中具有举足轻重的地位和作用。③

二是推动企业所有制改革，积极实施投资主体多元化，促进经济快速发展。股份制企业发展势头强劲，股份制工业企业完成工业总产值占全市规模以上工业总产值的55.27%。通过债转股的形式，西电公司下属9家企业改制成立了有限责任公司，西安化工厂兼并西郊热电厂并实施债转股成立西安西化热电化工有限责任公司。

（二）房地产全面市场化

1998年中国住房制度改革以来，房地产全面市场化，房地产规模和建筑面积逐年递增。房地产已经发展成为包含土地、建筑、交易和金融服务的多链条、多部门的综合性

---

① 西安市地方志办公室编：《西安年鉴 2007》，西安出版社，2007年。
② 西安市地方志编纂委员会编：《西安年鉴 2002》，西安出版社，2002年。
③ 张平阳、李欣：《西安企业集团谁称"王"》，载《西安日报》2002年8月26日。

产业,其投资和投机属性也已充分地显现和发挥作用。[1]这一阶段,房地产投资不断增加,2002年西安房地产开发投资达79.37亿元,占全市固定资产投资的23.47%,其房地产开发和经济适用房建设规模的各项指标均达到西安历史最高水平。(见表5-3)

表5-3　1998—2002年西安市固定资产投资概况统计表　　单位:亿元

年份	全社会固定资产投资	城镇固定资产投资	房地产开发
1998	154.80	138.68	38.21
1999	197.31	172.64	44.30
2000	232.37	203.01	51.85
2001	287.72	256.95	67.42
2002	338.15	307.24	79.37

资料来源:西安市统计局编:《西安统计年鉴》(1999—2003年),中国统计出版社,1999—2003年。

(三)投资主体变更下西安企业发展

2003—2008年西安的固定资产投资大规模增加,其中城镇固定资产投资和房地产开发投资显著上升。(见表5-4)

表5-4　2003—2008年西安固定资产投资概况统计表　　单位:亿元

年份	全社会固定资产投资	城镇固定资产投资	房地产开发
2003	478.10	445.74	124.82
2004	646.69	612.03	169.67
2005	835.10	776.33	225.23
2006	1066.62	971.84	285.76
2007	1435.33	953.26	387.33
2008	1906.36	1786.60	540.26

资料来源:西安市统计局编:《西安统计年鉴》(2004—2009年),中国统计出版社,2004—2009年。

2004年,非公有制投资增长40.6%,投资总量达268.6亿元,比上年的191.4亿元多77.2亿元,占全社会固定资产的比重由上年的39.9%提高到41.9%[2];2005年,非公有经

---

[1] 张燕生:《我国房地产经济发展现状及其未来发展趋势》,载《中国市场》2010年第31期,第6页。
[2] 西安市地方志办公室编:《西安年鉴　2005》,西安出版社,2005年。

济投资402.17亿元，增长44.4%，占全社会投资总量的48.2%[1]；2006年，非公有制单位投资519.71亿元，增长29.2%，占全市投资的53.5%；2007年，非公有制单位投资713.23亿元，占城镇投资的53.2%；2008年，非公有制单位投资971.70亿元，增长36.2%，占城镇投资的57.9%。

固定资产投资主体的变更，使决定西安城市发展的主体从政府向企业转变。在城市发展的问题上，企业的需求将被扩大，市场的作用逐渐追赶政策的力量。

（四）整顿与规范西安土地市场秩序

2001年6月，国土资源部发布了《关于整顿和规范土地市场秩序的通知》（国土资发〔2001〕174号），提出建立健全土地市场规范运行的基本制度，包括土地使用权公开交易制度等。次年5月，国土资源部又签发《招标拍卖挂牌出让国有土地使用权规定》（国土资发〔2002〕11号），叫停已沿用多年的土地协议出让方式。2002年7月，《西安市国有土地储备暂行规定》颁布实施，八类土地将成为全市土地储备的主要来源，随之而来的挂牌交易、公开拍卖等形式将使西安市的土地交易工作更加透明、公平、公正。西安市将中心市区6个地块及11个组团作为未来城市发展储备用地，对绕城南环线等五个重点地段进行控制，作为政府储备用地，确定新筑物流园区和五大物流中心及10个配送中心以及21个大型超市布点，完成碑林仿古街区、未央新区、曲江二期工程和新筑组团的用地调整。[2]

（五）产业发展情况

这一时期，西安GDP增长迅速，从1998年的525.85亿元增长到2016年的6282.65亿元，增长了近11倍。（见图5-1）1998—2008年是GDP的一个增长周期，从1998年的7.58%增长到2008年的峰值24.86%，虽然2002年、2006年出现小幅下挫，但第二年就继续增加，整体呈现出螺旋式上升的趋势。（见图5-2）

从三产结构上看，1998年以来，西安三产结构一直是"三、二、一"的态势，呈现出第一产业不断降低，第二、第三产业不断增强的趋势。1998年，第一产业比重首次低于10%，同时三产比重一直高于二产比重，标志着西安开始进入工业化后期。2004—2008年，整体呈现第三产业比重上升、第二产业比重下降的趋势。（见图5-3）

---

[1] 中国城市发展研究会：《中国城市年鉴 2006》，中国城市年鉴社，2006年。
[2] 西安市地方志办公室编：《西安年鉴 2003》，西安出版社，2003年。

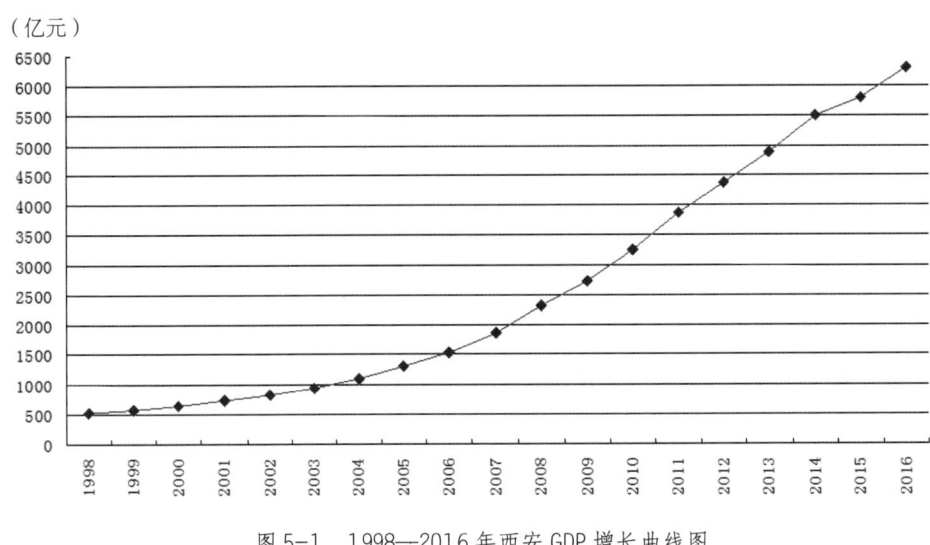

图 5-1　1998—2016 年西安 GDP 增长曲线图

资料来源：西安市统计局编：《西安统计年鉴》（1999—2017年），中国统计出版社，1999—2017年。

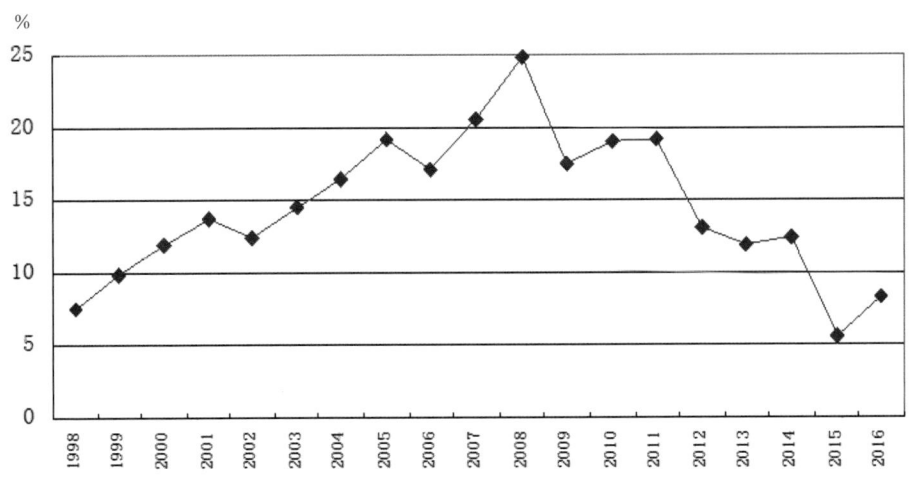

图 5-2　1998—2016 年西安 GDP 增长率折线图

资料来源：西安市统计局编：《西安统计年鉴》（1999—2017年），中国统计出版社，1999—2017年。

从人均GDP上看，1998年以来，西安市人均GDP逐年增加，从1998年的7906元增长到2016年的71647元，人均GDP在1999年突破1000美元（8599元），西安的消费结构向发展型、享受型升级，2008年突破3000美元（27794元）进入中等收入阶段，消费结构进一步提升。（见图5-4）

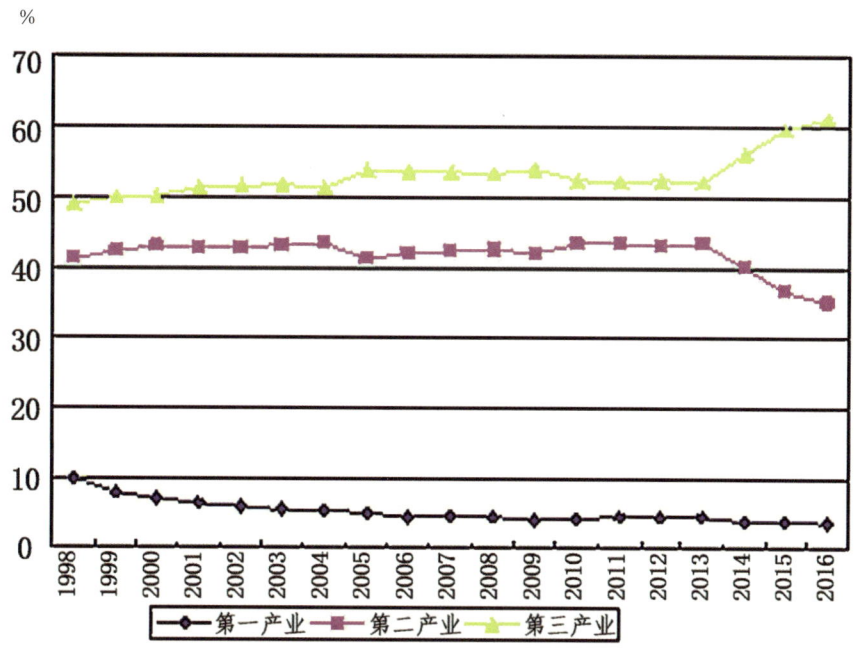

图 5-3　1998—2016 年西安三次产业构成折线统计图

资料来源：西安市统计局编：《西安统计年鉴》（1999—2017 年），中国统计出版社，1999—2017 年。

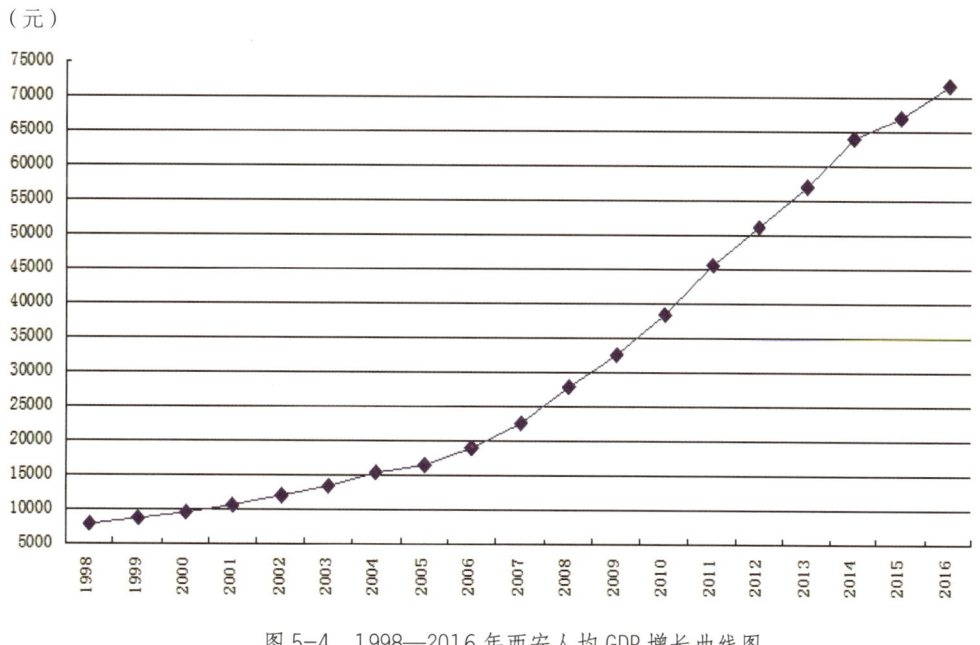

图 5-4　1998—2016 年西安人均 GDP 增长曲线图

资料来源：西安市统计局编：《西安统计年鉴》（1999—2017 年），中国统计出版社，1999—2017 年。

这一时期，产业发展呈现以下四方面特点。

其一，这一阶段最为领先的当属高新技术产业的发展。西安高新区是1991年3月国务院首批批准成立的国家级高新区之一，2006年被科技部确定为要建成世界一流科技园区的6个试点园区之一。①

在此期间，西安高新区是首批加入亚太经济合作组织（APEC）科技园区网络的开发区之一，是全国重点支持的6个国家高新技术产业开发区之一，也是国家科委认定的首批国家级高技术创业服务中心之一。1998年，西安高新区的综合指标在全国53个国家级高新区中名列前茅，并从1998年起，连续3年拉动西安经济增长4个百分点。在《国家高新技术产业开发区"十五"和2010发展规划纲要》中，西安高新区又被列为国家"十五"期间至2010 5个示范高新区之一。②

西安高新区对外还与美国、日本、德国、澳大利亚、加拿大、新加坡、中国香港、台湾等28个国家和地区的近500家企业进行合作，与BMI公司、HP公司、NEC、富士通、大金、博世、西门子等世界500强企业联合设立研发机构，投资总额12亿美元，90%的项目集中在高新技术领域。③

高新区内部的高新技术企业已经或正在成为市场经济和技术创新的主体。成立10年间，累积转化科技成果3500多项，其中列入国家科技产业计划350项，列入省、市级产业发展计划1300多项。2000年，有441个高技术产业项目列入国家和地方政府各类产业计划，其中列入国家计划的有135项，居全国高新区第一位。④高新技术企业销售收入占高新区总收入的82%。拥有自主知识产权的产品销售收入占高新技术企业销售收入的81%。为了更好地转化科技成果、鼓励技术创新，西安高新区在1993年创建了科技企业的孵化器——创业服务中心。至2000年年底，其内部企业总数已达3025家，占陕西全省开发区的80.7%，其中高新技术企业631家。销售收入上20亿元的企业2家，上10亿元的5家，上5000万元的76家，上千万元的223家。留学人员创办企业成为高新区的一大亮点，截至2000年年底，创办企业达48家。

---

① 《西安高新区简介》，http://xdz.xa.gov.cn/gxgk/tzgx/60c9cc9df8fd1c0bdc32aea1.html。
② 张忠德：《西安高新技术产业开发区发展现状与对策研究》，西北工业大学2001年硕士学位论文。
③ 陕西省发展计划委员会、陕西省西部开发领导小组办公室编：《西部大开发报告 陕西卷》（1999.6—2003.6），三秦出版社，2004年。
④ 许亚青：《数字财富：科技"围城"》，http://finance.sina.com.cn/roll/20020510/204907.html。

西安高新区自1991年建区以来,在没有财政直接投入的情况下按照"政策扶持、贷款起步、负债经营、滚动发展"的思路,通过建立社会主义市场经济运行机制和与其相适应的管理机制,抓住科技成果商品化、产业化和国际化,走出了一条"制度创新,科技兴区"的成功之路。其发展不仅增强了区域内科技实力与经济实力,同时也改变了在此生活与工作的人们思想观念,从而全面激发了企业的竞争意识。

其二,商贸业开放性与丰富性增强。2004年4月,商务部《外商投资商业领域管理办法》施行之后,西安市商贸行业对外开放告别了试点阶段,进入常规化。2004年年底至2008年,西安市商贸业中、外零售企业激烈竞争,市场持续整合。随着零售、批发业的共同开放,全市商贸零售业态日益丰富,商品种类大幅增加,文化附加值不断提高,城乡开放程度日益加深。同时信用消费、信用交易和远期交易等交易方式逐渐增多,使得交易更加高效便捷。至2008年年底,全市拥有商业网点18.5万个,从业人员逾百万,全市社会消费品零售总额达1176.58亿元。(见表5-5)

表5-5 2003—2008年西安社会零售品销售情况一览表　　　　单位:亿元

年份	社会消费品零售总额	城镇	批发和零售业	住宿和餐饮业	其他行业
2003	502.65	449.62	440.28	53.30	9.07
2004	578.60	520.94	509.60	56.87	12.13
2005	670.56	604.63	592.77	63.59	14.20
2006	784.95	708.31	694.03	74.77	16.15
2007	936.21	845.59	828.63	89.32	18.26
2008	1176.58	1063.93	1033	122.90	20.68

资料来源:西安市统计局编:《西安统计年鉴》(2004—2009年),中国统计出版社,2004—2009年。

西安市商贸业百货、批发交易等传统优势进一步发展壮大,开元、民生、世纪金花等商贸企业竞争力不断增强,成长为本地百货的龙头企业;中大国际、金鹰国际等高端百货,引入国际化品牌商品和服务,有力提升了百货业的发展水平。如家、锦江之星等新型连锁快捷酒店纷纷登陆古城,推动传统酒店、住宿业升级。汽车、家居、日用品、服装、粮食、蔬菜、水果、肉类和水产品等专业批发市场门类齐全,商贸业辐射能力进一步增强。

这一时期商业综合体这种新的消费空间形式在西安出现。2007年西安立丰国际购物广场开业、2008年万达集团成功开发李家村万达广场，标志着商业综合体时代的来临。以李家村万达为例，其内部集写字楼、公寓、美食街、万达影城、沃尔玛、大歌星KTV等多类型功能空间于一体，让周边的居民实实在在地感受到了城市综合体对生活及居住品质的影响。购物、休闲、娱乐、朋友聚会基本会选择在万达，这里的一站式服务几乎涵盖了生活的方方面面。

此外，新兴业态时机成熟成长迅速。新型业态成长迅速，引领西安未来商贸业的发展方向。连锁业迅速拓展到百货、餐饮、住宿和医药等众多领域，至2008年年底，西安全市有连锁企业119家连锁门店1857个，实现销售额275亿元，占全市社会消费品零售总额的23.9%。[①]电子商务使传统商业走向电子化、数字化和网络化，商贸行业经营管理的信息化、数字化、网络化流通体系初步建立，商品交易手段进一步多样化。现代物流业健康起步，产业规模初步形成。西安国际港务区、长安引镇仓储物流中心龙头带动作用日益明显。

其三，西安旅游业总规模不断扩大。改革开放以来，西安市接待海外旅游人数不断增多。2007年，西安接待海外旅游者保持了两位数增幅并首次突破100万人次，同比增长15.3%；接待国内游客突破3000万人次，同比增长13.12%；旅游业总收入237亿元，同比增长16%。[②]

其四，会展业成为西安经济新的增长点。21世纪以来，西安重视发展会展业，围绕构建区域性国际会展中心为战略目标，不断突出服务功能，优化会展环境，培育会展市场，会展业呈现出良好的发展态势。

在会展业管理方面，2002年9月，西安市人民政府成立西安市发展会展业领导小组，指导、协调全市会展业的发展，同时成立西安市会展管理办公室。是月，经西安市民政局批准成立西安市会展行业协会，至2008年年底，全市已有60多家会员单位。在会展活动组织方面，西安市2000年以前每年举办各类会展30多个，至2008年年底，全市共举办各类展览会111个，展会成交额765.9亿元，创造社会综合经济效益64.38亿元。会展市场的不断成熟，使单体展会的规模进一步扩大，内容逐渐专业化，层次日益提高，

[①] 韩玉凤：《西安市连锁行业人才需求现状及对策研究》，载《中国人才》2010年第22期，第284页。
[②] 权小虎：《西安市旅游产业发展初探》，载《西安社会科学》（哲学社会科学版）2008年第4期，第139页。

形成例会制的不断增多。在展会规模方面，小到地方性展销会，大到全国性的大型展会都有所涉及。会展主题涉及土特产、工业品、服装、旅游、高新技术、现代装备制造等50多个领域。会展业总量规模不断增加，行业地位逐步确立，会展经济连续5年增速逾20%，西安市已成为中西部会展经济带的重要城市。

二、城市人口规模

人口规模表现为人口持续增长、中心城区人口密度持续增高以及其他经济、第三产业就业人口逐年增加的态势。

（一）人口总量与城市化率

1998年西安市人口为668.22万人，到2008年达到772.30万人，增长104.08万人；市区人口从1998年的466.31万人增加到2008年的554.73万人，增加88.42万人，占全市人口增长总数的71.83%。城市化率增幅明显，人口快速集中于市区，促使城市空间结构变化，也为城市空间拓展和内城的更新提供了条件。（见表5-6）

表 5-6　1998—2008 年西安市人口变动情况统计表

年份	城市总人口（万人）	市区人口（万人）	城市化率（%）	市区人口比重（%）
1998	668.22	466.31	56.81	69.78
1999	674.50	463.56	59.54	68.73
2000	688.01	483.10	60.77	70.22
2001	694.84	489.88	61.29	70.50
2002	702.59	497.38	61.65	70.79
2003	716.58	510.26	62.44	71.21
2004	725.01	516.30	63.05	71.21
2005	741.73	533.21	63.30	71.89
2006	753.11	540.97	64.55	71.83
2007	764.25	549.19	66.10	71.86
2008	772.30	554.73	67.48	71.83

资料来源：西安市统计局编：《西安统计年鉴》（1999—2009年），中国统计出版社，1999—2009年。

（二）人口密度分布情况

西安市区内人口密度持续增高，2000年人口密度排前三位的依次为碑林区、新城区、莲湖区。随后的几年间，新城区人口密度持续上升；碑林区人口波动上升；莲湖区有所下降，原因归于内城更新后人口并未外迁，人口有持续增加的情况，而莲湖区由于所处城西工业区，企业搬迁多，人口有所下降；其余4区则因为城市空间的拓展而不断发展，人口不断增加，人口密度也持续上升。局部地区的人口密度已超过30000人/平方千米，高于全国同期同类城市中心区人口密度。市区内人口密度增长最快的是雁塔区，增长率约为4.54%。（见表5-7）

表5-7　1998—2008年西安市各区人口密度变动情况统计表　　单位：人/平方千米

年份	碑林区	新城区	莲湖区	雁塔区	未央区	灞桥区	长安区
1998	26130	15151	15065	3242	1393	1323	556
1999	26744	15129	15017	3367	1426	1329	559
2000	27744	15147	15127	3669	1455	1298	566
2001	28862	15187	15115	3869	1483	1346	569
2002	30201	15352	15258	4081	1577	1390	572
2003	31439	15543	15526	4430	1605	1426	576
2004	31768	15841	15604	4511	1663	1451	585
2005	30206	16530	14304	4991	1694	1488	590
2006	30783	16541	14389	5105	1725	1493	597
2007	31073	16684	14579	5244	1769	1507	602
2008	31176	16719	14643	5253	1814	1528	608

资料来源：西安市统计局编：《西安统计年鉴》（1999—2009年），中国统计出版社，1999—2009年。

（三）就业人口总体态势

1998—2008年，西安就业人口总体呈现先增后减再增加的态势，城镇就业人口也大致符合这一趋势。城镇就业人口中，国有经济、集体经济的就业人口总体呈减少的趋势；国有经济就业人口到2006年降到最低然后反弹；集体经济就业人口则逐年下降；其他经济类型的就业人口呈现逐年增加的态势，并且增长幅度较大，10年增长了73.79万

人，年均增幅为2.19%；第一产业就业人口逐渐降低，第二产业就业人口先减后增，第三产业就业人口逐渐增加。（见表5-8）

表5-8　1998—2008年西安市就业人口变动情况统计表　　　单位：万人

年份	合计	按城乡分（城镇部分）				按产业分			比重（%）		
		总计	国有经济	集体经济	其他经济	第一产业	第二产业	第三产业	第一产业	第二产业	第三产业
1998	393.95	177.20	106.06	21.50	49.64	153	110.45	130.50	38.84	28.04	33.13
1999	400.43	180.27	105.08	20.50	54.69	154.64	110.58	135.21	38.62	27.62	33.77
2000	389.10	176.45	103.46	18.40	54.59	147.03	107.26	134.81	37.79	27.57	34.65
2001	389.30	177.94	100.47	17.10	60.37	145.09	108.96	135.25	37.27	27.99	34.74
2002	397.16	181.85	100.54	16.90	64.41	143.04	111.62	142.50	36.02	28.10	35.88
2003	404.92	183.23	94.51	16.78	71.94	146.67	109.09	149.16	36.22	26.94	36.84
2004	409.57	187.53	93.43	15.41	78.69	141.81	111.70	156.06	34.62	27.27	38.10
2005	415.83	192.53	93.27	14.47	84.79	136.31	114.20	165.32	32.78	27.46	39.76
2006	422.15	196.16	84.46	14.41	97.29	135.10	116.09	170.96	32.00	27.50	40.50
2007	436.36	214.27	90.58	11.88	111.81	133.33	125.06	177.97	30.56	28.66	40.79
2008	448.05	224.20	90.17	10.60	123.43	127.87	130.23	189.95	28.54	29.07	42.39

资料来源：西安市统计局编：《西安统计年鉴》（1999—2009年），中国统计出版社，1999—2009年。

就业人口的分布基本与产业分布一致，传统工业区内就业人口持续减少，城市新区就业人口不断增加，以明城区为中心的就业人口沿服务业位置分布，当新就业人口超过50%进入新区，第三产业就业人口随着新的商贸、行政、文旅和会展等中心的出现而变化。

第三节
城市发展及建设情况

一、城市发展理念

(一) 紧凑城市

紧凑城市这一理论构想在很大程度上是受到欧洲许多城市高密度发展模式的启发,国内外相关学者认为其理论的核心是在一定程度上遏制城市无序扩张,提高公共设施综合利用的可持续性,有效减少通勤距离,降低环境污染,以实现城市社会经济与生态环境和谐发展的总体目标。具体特征包括四个方面:一是高密度的城市开发。如人口高密度、建筑高密度、高容积率等。二是混合的土地利用。不仅是城市用地中商业、办公、居住等功能的混合,还是社区间、社区内的功能混合。三是分散化的集中。以高密度、高强度特点作为发展的前提,强调组团内部的高密度紧凑发展,组团之间以高效便捷的道路连接的发展模式。四是公共交通优先。优先发展交通,降低与减少人们对道路交通用地的需求和对轿车的依赖,提高公交系统及设施的利用率,在公共交通联系的一定范围内,集中紧凑地利用土地,进行混合开发。①

西安在紧凑发展的过程中经历了缓慢增长、波动发展与快速发展三个阶段。②

第一阶段:缓慢增长阶段(2001年以前)。该阶段整体经济实力和综合竞争力还比较弱,西安市经济体制改革和经济结构等深层次问题尚未解决,因此制约城市发展

---

① 杨晓坤:《西安城市空间形态紧凑度研究》,西安建筑科技大学2011年硕士学位论文,第13页。
② 杨晓坤:《西安城市空间形态紧凑度研究》,西安建筑科技大学2011年硕士学位论文,第33页。

的体制障碍还较为严重，基础设施建设水平较低，管理和经营城市的水平不高，使得城市整体空间形态紧凑度较低，可以说该阶段西安城市紧凑度还没有得到外力作用的有效推动。

第二阶段：波动发展阶段（2002—2004年）。此阶段西安空间形态紧凑度呈现波动式发展，2002年虽然西安市行政区划变更，长安县纳入市区，西安城市的发展空间增大，西安市区面积和城市建成区面积扩大，但是由于基数增加的幅度较大，市区人口密度下降明显，由2001年的2040人/平方千米下降到2002年的1406人/平方千米，建成区占市区面积的比重也由2001年的9.52%下降到2002年的5.71%，2002年的城市紧凑度下降。此后，西安城市紧凑度波动很大，2003年紧凑度上升，2004年又趋于下降，之后开始回升，究其宏观原因，在于西安经济结构尚不合理，行业带动效应差，增长方式还比较粗放，城市空间形态还处于合理构建期。

第三阶段：快速发展阶段（2005—2008年）。得益于改革开放与西部大开发等政策的支持，西安市推进经济结构调整，重点发展优势产业和特色产业，大力发展第三产业，其产业发展的规模与集聚效应逐步形成，且增长势头强劲。1998—2004年间市区国内生产总值年均增长率为14.28%，而2005—2009年间市区的国内生产总值年均增长率为35.42%。同时，西安逐渐深化对市情的认识，提出经营城市的理念，进一步提升境界，充分挖掘宝贵资源，发挥比较优势，而且西安大力建设城市基础设施，完善综合交通，进一步提高城市的综合实力，促进形成更加紧凑的城市空间。

（二）精明增长

20世纪八九十年代，欧美国家的一些城市为了应对城市郊区化发展而产生的城市无序蔓延、吞噬农田等现实问题，提出城市的紧凑式发展策略，它被描述为一种集中、紧凑、高效的城市发展理念。[1]

精明增长的主要目的是限制城市的无序发展，具体可以归结为：经济导向、环境保护、提高人居环境、促进农业发展。[2]其理论的核心是要确保城市土地合理且高效利用，提高城市居民的生活质量，提高城市产业的经济效益，促进城市土地集约发展，旧

---

[1] 孙根彦：《面向紧凑城市的交通规划理论与方法研究》，长安大学2012年博士学位论文，第15页。
[2] 唐相龙：《"精明增长"研究综述》，载《城市问题》2009年第8期，第98—102页。

城区的开发趋于高密度，最终实现合理高效利用城市资源的目的。①

这一阶段，西安城市增长最主要的驱动机制是交通沿线的增长，西咸一体化、关天经济区等更高等级的城市或城市群都是基于交通廊道作用建立起来的，从区域层面利用交通廊道进行城市与城市群的规划布局，进而避免"摊大饼"式的低效率发展。西安城市增长第二主要的驱动机制是紧邻现有城市区域的扩散增长。这种扩散增上具有很多成本上的优势，但容易造成"摊大饼"的问题。而精明增长理念强调充分利用城市现有空间，尽量减少盲目的对外扩张。这就要求我们对城市用地进行合理的规划分区，对城市道路系统加以更新和完善。在这一理念的指导下，西安进行城中村改造、大遗址保护，设立浐灞生态区等。有序的旧城改造和城市发展适当的生态留白，既可以使西安现有的城市土地得到更加集中有效的利用，提高土地利用率，又可以缓解城市向外拓展，提升居民生活品质，为西安市的精明增长打下基础。②

（三）城市运营

城市运营依托城市运营商。城市运营商是政府功能与企业功能的复合体，讲求通过前瞻性的发展战略、操作手段、经营平台、整合思路等，提升目标城市的功能规模和资源价值，激发企业投资活力。

2002年3月25—28日，西安市第十次党代会提出经营城市的理念。以紫薇地产为代表，围绕城市的总体发展目标，使项目成为城市发展的有机组成部分，企业也成为城市运营商的代表。

西安高科（集团）新西部实业发展公司是中国首家城市运营商，它开创了一种全新的城市地产运营模式，西安长安科技产业园的建设是其成功运作的实践之一。该产业园是西安高新区管委会与长安县政府共建共享的，新西部城市运营商承担其市政配套及开发建设的重任，利用2年时间，完成所有征地款和"八通一平"配套所需的14亿元的投入，为政府提交了一个5平方千米的税源。长安科技产业园包括产业区、中心管理区和配套住宅区（紫薇田园都市）三大功能区域，③秉承文明古都数千年的文化积累，为西安，为西部，乃至为中国营造了集科技、产业、人文、艺术、环境、居家为

---

① 马中平：《西安城市空间结构紧凑度评价及其影响因素研究》，陕西师范大学2018年硕士学位论文，第14页。
② 李娜：《西安城市增长驱动力研究》，西北大学2011年硕士学位论文，第53—54页。
③ 西安市地方志办公室编：《西安年鉴 2003》，西安出版社，2003年。

一体的新型城市。[①]

（四）古迹遗址环境保护

2005年10月，国际古迹遗址理事会（ICOMOS）第15届大会在西安召开。大会通过的国际性文件——《西安宣言》，第一次以中国城市西安命名且被载入世界文化遗产保护史册。[②]《西安宣言》明确了周边环境对古迹遗址重要性和独特性的影响。[③]为了保证与文物古迹本身相协调，从这一阶段开始，西安的大遗址和重点文物保护单位界定了保护区域，一定程度上对城市的无序开发起到了约束与限定作用，同时也对西安城市整体空间结构的发展产生了深远影响。

二、城市规划管理

该阶段西安的城市发展依托了此阶段内所编制的两版城市总体规划（以下简称"总规"），即《西安城市总体规划（1995—2010年）》（第三版总规）与《西安城市总体规划（2008—2020年）》。总体规划的编制为西安的城市发展提出了更为明确的发展目标，也为建设西安城市提供了战略性引导与建设依据原则，它们所确定的城市性质及功能布局深刻地影响着大西安整体城市空间的发展。

其中，《西安城市总体规划（1995—2010年）》编制的主要背景是社会转轨和经济转型，从而体现出转型期所特有的矛盾性和复杂性。一方面是应对《城市规划法》的颁布与实施，强化了总体规划的编制与修编，注重分区规划编制工作，更加注重与区域性的规划（研究）相结合，研究城市环境容量。对此，该版总规充分运用了卫星城理念及沙里宁的"有机疏散"理论，达到优化城市内部功能布局、大力发展外围新区的目的，同时将城乡接合部和城市周边热点区域纳入土地储备，为西安今后的发展预留空间，为把西安建设成为外向型的现代化城市奠定了良好基础。[④]另一方面，在具体的编制过程中，强调总体规划的宏观调控与弹性管控。对此，该版总规中也做出了回应。在西部大开发战略实施的背景下，市场经济给城市带来了活力，城市空间急速外拓，在此过程

[①] 西安市地方志办公室编：《西安年鉴 2003》，西安出版社，2003年。
[②] 罗佳明：《〈西安宣言〉的解析与操作》，载《考古与文物》2007年第5期，第43页。
[③] 《西安宣言——关于古建筑、古遗址和历史区域周边环境的保护》，载《城市规划通讯》2005年第22期。
[④] 龙小凤：《西安历次城市总体规划理念的转变与启示》，载《规划师》2010年第12期，第41页。

中，造成城市内部功能紊乱，呈现"摊大饼"式无序蔓延。同时，一批国家级产业开发区，如高新区、经开区的兴起也迫切需要规划新的用地来保障城市的持续发展。

另外，该版规划确定西安的城市性质为世界闻名的历史名城，我国重要的科研、高等教育及高新技术产业基地，北方中西北地区和陇海兰新地带规模最大的中心城市，陕西省省会。对比前两版总规，该版规划按照"保护古城，降低密度，控制规模，节约土地，优化环境，发展组团，基础先行，改善中心"的宗旨，形成"中心集团，外围组团，轴向布点，带状发展"为特色的城市布局结构，避免中心城市"摊大饼"式无序蔓延，引导城市向多中心的空间模式发展。伴随着该版总规实施的进一步深化，其所确定的城市总体布局、道路交通骨架、城市公共设施、基础设施的近期建设目标基本实现，有力地促进了西安的经济建设，为城市的未来发展奠定了坚实的基础。

2008年5月6日，国务院正式批复了《西安城市总体规划（2008—2020年）》。该版总规把西安放在国际、国内以及西部的大背景之中，考虑其今后在性质定位、空间布局、发展规模和城市特色等方面更为长远的发展目标，并对实现这一目标做出了更明确具体的规定与安排。[1]

在新形势下，为贯彻国家西部大开发战略决策，落实中共陕西省委、省政府实施的"一线两带"战略部署以及西安市委、市政府关于加快西安市"国际化、市场化、人文化、生态化"的现代化建设要求，实现21世纪初西安市经济社会的发展目标，全面建设小康社会，西安编制了《西安城市总体规划（2008—2020年）》。对比第三版城市总体规划，该版总规在生态环境保护与建设、城市可持续发展、城市文化特色与区域统筹等四大方面进行着重考量。

同时，该版总规对于西安古都文化的历史地位给予了充分的重视，这是较西安前三版城市总体规划在城市性质的描述中有明显区别的地方。在该版总规中，西安将被建设成为古代文明与现代文明交相辉映、古城区与新城区各展风采、人文资源与生态资源相互依托的国际性现代化大城市。此外，在"九宫格局，棋盘路网，轴线突出，一城多心"的城市总体布局当中，在自然与历史文化保护所创造的城市特色当中，在城市建筑风格与城市色彩等诸多方面，都凸显了西安的古都文化与城市精神。

---

[1] 《国务院关于西安市城市总体规划的批复》，http://www.gov.cn/gongbao/content/2008/content_1005420.htm。

三、空间发展态势

1998—2002年,这一时期城市主要向南和北两个方向拓展,南部以高新区和二环南路沿线为主包含曲江旅游度假区,北部以经开区为主要的发展区域。由于北绕城高速的建成和长安区的设立,城市空间的南北向发展得到了强化。

表 5-9　1998—2002 年西安城市用地拓展规模　　　单位:平方千米

总计	城南	高新区	曲江旅游度假区	城北	经开区	城东	城西
24.0	12.4	5.7	1.1	8.2	6.4	1.9	1.5

资料来源:西安市统计局编:《西安统计年鉴》(1999—2003年),中国统计出版社,1999—2003年;《西安城市总体规划(2008—2020年)》。

表 5-10　1998—2002 年西安城市用地拓展集中区及功能

拓展方向	主要用地性质	集中区域
城南	住宅(中高档、别墅)、商业、办公、会展	高新区、南二环路沿线(曲江旅游度假区)
城北	住宅(中档、中高档)、商业、体育、道路广场	经开区、北绕城沿线
城东	住宅(中档)、传统工业	浐河以西、陇海铁路以南
城西	住宅(中档)、传统工业、仓储	陇海线两侧

资料来源:《西安城市总体规划(2008—2020年)》。

城市拓展表现为外围边缘新区的拓展和内部旧城的更新改造,以及历史文化资源及其周边的开发利用。其中边缘新区在东、西、南、北等四个方向均有发展,以南北发展为主;城市发展主轴仍为经开区、明城区、高新区。城市新区的发展主要是沿三环路和主要交通线展开,在高新区、经开区、曲江旅游度假区和浐灞生态区表现为因土地开发带来的土地规模扩大和产业驱动发展所形成的双引擎,在航天基地、国际港务区则主要表现为产业的驱动发展。

2003—2008年,这一时期城市向东、西、南、北四个方向全方位拓展,以各个新区为主要发展区域。而三环路的建成,使城市各个方向的发展都得到了全面的强化。

表 5-11 2003—2008 年西安城市用地拓展规模　　　　　　　　单位：平方千米

总计	城南	高新区	曲江新区	航天基地	城北	经开区	城东	浐灞生态区	国际港务区	城西
75.8	25.1	10.7	7.4	2.1	22.4	15.3	16.8	11.2	1.2	11.5

资料来源：西安市统计局编：《西安统计年鉴》（2004—2009年），中国统计出版社，2004—2009年；《西安城市总体规划（2008—2020年）》。

表 5-12 2003—2008 年西安城市用地拓展集中区及功能一览表

拓展方向	主要用地性质	集中区域
城南	高新产业、住宅（中高档）、商业、文化、会展、行政办公	高新区、曲江新区
城北	产业、住宅（中档、中高档）、商业、道路广场	经开区、北二环路至渭河南岸
城东	住宅（中档）、商业、教育、金融、物流	浐灞生态区、国际港务区
城西	住宅（中档）、商业	西三环路两侧

资料来源：《西安城市总体规划（2008—2020年）》。

1998—2002年，西安中心城区建成区向外拓展了24平方千米，城市空间的扩张范围紧接旧城区，形成以旧城区为中心的蔓延式发展格局。城市在东、西、南、北四个方向都有小幅的增长，但是增长有限，且主要集中于高新区、经开区等开发区内，占总用地面积的53%。除新区建设外，南部的长安县撤县设区（2001年），通过行政区划调整而实现城市空间拓展。城市空间发展主要特征为：

一是城市以靠近城市建成区的边缘区拓展为主，城市新增面积70%依托于原建成区，与建成区紧密相连。

二是在城市内部的空隙也进行了填补，尤其是在旧工业区内，填补了新的工业。

三是城市主要依交通线向南、北两个方向扩张，南部依靠南二环路，北部则借助于北绕城高速，同时在城市南、北两个方向开始进行大学城的建设。

2003—2008年，西安城市空间向外拓展了75.8平方千米，三环路等新建高速环路的建成，使城市进入高速扩张阶段，城市全面向外拓展；原有新区飞速发展，产业和居住功能不断强化，新建成区陆续出现，以发展新兴产业为主。城市空间发展总体呈现以下特征。

一是产业、道路和公共设施用地以增量扩充为主，居住用地以存量改造为主。城市空间增长迅猛，变化巨大；城市发展以外围扩张为主、内部更新为辅。产业、道路和公共设施用地分别是原来的1.9倍、6倍和2倍，居住用地则减少了1/4左右。

二是新区建设是城市建设的集中地。随着城市骨架的大幅拉开，城市迅速向外围城市建设，高新、经开、曲江及浐灞等西安新区的用地增长仍占新增用地的50%以上。为了带动新区的发展，高新区和曲江新区的管委会进行了迁移。

三是以成片开发为主。城市内部以大型居住区的更新改造为主；城市外围的建设服从于各个新区的规划，成片布置，高新区、经开区和曲江新区基本已经用完全部规划用地，在2008年开始对已规划的进行调整或者酝酿调整，这些成片新增用地占整个城市新增用地的45%左右。

四是整体向外扩展，南北轴向发展。城市在二环路、三环路间各个方向均有较大发展，东、西在三环路内建设，南、北则突破三环路在长安区和草滩生态产业园进行建设。

四、城市建设实践

城市是一个复杂的巨系统，城市空间结构更是受到社会、经济等各种要素的影响，而其空间结构是最能表现其发展特征的形式。

（一）不断拓展的城市交通格局

这一阶段城市交通运输系统不断壮大，城市公共交通运输网络及设施不断完善。从汽车保有量上看，1999年至2002年，西安的车辆保有量增长迅速，3年间增长了约17.57万辆，其中汽车增长7.35万辆，载客汽车增长7.08万辆，尤其是载客汽车增长了1倍多。

表5-13　1999—2002年西安市全社会车辆数量统计表　　　　单位：辆

年份	合计	汽车	载客汽车	载货汽车
1999	279335	133192	63772	44348
2000	310252	138318	89783	44974
2001	369988	172436	110744	55453
2002	454998	206653	134527	64623

资料来源：西安市统计局编：《西安统计年鉴》（2000—2003年），中国统计出版社，2000—2003年。

注：此处的合计数量应为西安市机动车保有量的数量，汽车数量应为除载客与载货两种车辆之外的其他机动车类型的数量。

一方面，车辆数的不断增多导致停车场供需失衡，更多的车辆选择停放在道路两侧，抢占人行道，尤其是在居住区附近道路停车的矛盾最为突出；另一方面，小汽车的普及（这一时期户均小汽车0.3辆），极大地扩大了产业与居住用地的可选择性与可达性，使城市布局呈现分散化的趋势，同时随着城市外围新区的设立，产业向园区聚集，居住空间则向环境优美、交通可达性高的地区建设。

从路网建设总量上看，1998—2002年，西安高速公路增加229千米，市内道路增加378千米，城区范围内进行了道路拓宽整治工程。

表5-14　1998—2002年西安城市道路情况统计表

年份	道路长度（千米）	道路面积（万平方米）	人行道面积（万平方米）	桥梁数（座）	立交桥（个）
1998	621	825	579	52	9
1999	630	843	586	56	11
2000	644	880	595	59	22
2001	658	1491	622	59	22
2002	999	1939	750	90	22

资料来源：西安市统计局编：《西安统计年鉴》（1999—2003年），中国统计出版社，1999—2003年。

西安交通网络的逐渐壮大、运输方式的多样化，使西安交通基本摆脱了对外运输完全依赖铁路的单一局面。一方面，汽车运输以其点对点的灵活运输方式及成本低、运输量小等诸多优点，成为工厂运输的主要方式。此外，航空运输也以其运输效率高而成为运输网络中的重要补充。另一方面，伴随铁路运输技术的不断改善，其运输时间、运输成本等都有了长足的改进，依然是工业运输的生力军。由于运输方式的整体优化，给工厂选址带来了较大的自由度，为生产要素的外迁和土地的扩展提供了良好的环境，使得这一时期西安产业的布局分散化，沿交通线布局特征明显。[①]

航空方面。随着西安咸阳国际机场新机坪等基础设施的投入使用和通航城市的增多，航空货运和客运量不断上升。民航运输以其快捷安全的优势，保持稳定增长态势。其中，香港、广东、福建、浙江等地的中高档服装市场与西安的贸易往来，通常依托航

---

① 赵哲：《西安工业发展与城市空间结构之关系研究》，西北大学2005年硕士学位论文。

空运输；鲜花、海产品、水果等小件鲜活品和精密仪器设备，因对时间性、安全性要求较高，也多选择航空运输。①

2000年8月，西安咸阳国际机场扩建工程开工建设并于2003年7月竣工，9月，新候机楼正式投入使用，西安的航空运力提升为原来的3倍。2004年3月，西安市区还进一步开通了到咸阳国际机场的6条新线路。2005年9月，开通西安经北京至法兰克福、伦敦、巴黎、纽约、旧金山、洛杉矶、温哥华等7个欧美城市的国际航线，同时将西安经北京至欧美7个城市的国际中转联程航线延伸到大洋洲。2006年11月4日，西安咸阳国际机场专用高速公路开工，建成后市区到机场的时空距离由之前的1个小时缩短到40分钟以内。2008年12月27日，西安至台北实行直航，直航后两地航行时间仅用3个小时，西安成为第二批新增16个两岸空运直航点之一，也是西北唯一的直航点。

铁路方面。西安主要铁路货运车站有西安西站、东站、三民村站。2001年西安东站率先建立海关监管，组织开行至天津、青岛、连云港、九龙等港口的国际集装箱快运专列，实现"一票到港"。②2004年1月6日，西安至南京铁路西安至合肥段开通运营，该线成为西北地区进入长江三角洲最便捷的通道；同月，神木至延安铁路正式运行，标志着西（安）包（头）线全线贯通，对于加快榆林能源化工基地建设产生巨大推动作用。③2006年3月18日，经铁道部批准，西安东站整建制划归西安西站管理。这不仅统一了市内铁路货运，大大加强了铁路的运量运力，而且有力提升了对城市的保障作用。④

公路方面。西阎、西蓝、西户等高速公路建成，市区与各区县之间的交通时间缩短了1/3，市区与各区县的联系更为密切。相继建成西安至三原、西安至临潼、临潼至渭南、西安至宝鸡、西安至蓝田、西安至阎良、西安至户县、西安绕城高速公路、西安机场高速公路等9条高速公路，在2005年，实现县县通高速和公路交通与城市道路的"零对接"。⑤西柞、西汉高速相继开通，加强了西安与陕南各市的联系。2007年1月20日，西安至柞水高速公路建成通车，使西安至柞水的通行里程缩短为60千米，车程缩短为40分钟；同年9月30日，西安至汉中高速公路建成通车，使西安到汉中的车程缩短为3个

---

① 西安市地方志办公室编：《西安年鉴 2003》，西安出版社，2003年。
② 西安市地方志编纂委员会编：《西安年鉴 2002》，西安出版社，2002年。
③ 西安市地方志办公室编：《西安年鉴 2005》，西安出版社，2005年。
④ 西安市地方志办公室编：《西安年鉴 2007》，西安出版社，2007年。
⑤ 西安市地方志办公室编：《西安年鉴 2006》，西安出版社，2006年。

小时。①

西安绕城高速的开通大大缓解了西安城区来自东西向的绕行交通压力，减少了30%的外部交通压力，降低了对城市的干扰。北绕城的建成则改善了西安城北地区的交通环境，提高了附近土地的价值，带动了城北地区的开发，使城市对外交通主要依靠城北进行疏导。

对外交通站点方面。2000年西安城北客运站以及蓝田、长安、阎良等二级客运站建成并投入使用，形成了以城区主枢纽客运站为中心站、区县二级客运站为卫星站的交通网络；物流方面，以亚欧货运市场、贝斯特货运市场为代表的物流企业的建成和使用，使西安的物流发展进入了专门化的发展时期。

城市内部道路交通建设方面，主要基于以下方面的工作。

第一，拓展道路网络。主要包含城市道路网络的关联疏通、环路的增修与拓宽、立体交通的设置以及城市街道环境品质的提升等四个方面。

其一，城市道路与公路、地方路网与高速路网实现顺畅对接。这一时段主要是在城南和城东进行道路建设。2004年6月，雁塔南路全线贯通，道路总长4787米，宽60米，为一级城市主干道，北自大雁塔南广场，南至长安区杜陵东路。该路的建成使西安市区至长安区又增添一条南北大动脉。西咸大道、雁引一级公路、泾渭公路等中心城区向外辐射的快速干道相继竣工，近200千米的关中公路环线西安段基本建成，全市快速干道网络不断完善，实现了城市道路与公路、地方路网与高速路网的顺畅对接。

其二，二环路、三环路建成通车。2003年，二环路全线贯通，西安绕城高速公路南段建设完成；2008年12月25日，西安三环路全线建成通车，全线长89.7千米，由主线和3条连接线组成。作为城市快速路，三环路跨越西安市未央区、灞桥区、雁塔区、高新区、经开区、曲江新区、浐灞生态区，连接了多条城市主要干道，并连接了210、108、312国道及陕西省"米"字形公路网，成为西安与省内外其他城市的交通枢纽。②三环路的建设使西安城区面积向外扩充2倍，受地租的影响，城市中心区的企业向外围搬迁，在三环路沿线布置，在三环路和郑西高铁交会处，还设立了国际港务区，发展物流产业。二环路、三环路等城市快速路的相继建成，使西安的城市骨架不断拉大，为其城市

---

① 王欢院：《秦岭终南山公路隧道、西柞高速公路今日通车》，载《陕西日报》2007年1月20日。
② 刘豪：《城市交通基础设施对城市集聚经济的作用研究》，北京交通大学2014年硕士学位论文。

空间的发展奠定了基础，同时也使西安各向出入交通和过境交通更加畅通，城市道路通达性提高了45%。

其三，设立市内立交。2002年，六村堡立交桥主体工程竣工、东二环路火车站立交工程开工建设，西安的城市道路建成第一个市内立交。

其四，城市街道提升改造。一方面，2005年，城墙火车站段连接工程完工，书院门古文化一条街开街；2006年，顺城巷全线贯通。另一方面，为改善市容，拓宽了以西大街、东新街、西新街、南新街、文艺路、长乐东路等为代表的城市重点区域的道路，以铺人行道地面和绿化工作为主，同期还对100余条背街小巷进行了改造提升。

第二，完善设施系统。

主要包含交通站点的设定与交通线路的设定两个方面。城市内部交通设施方面，主要表现在汽车南站和西站分别向南、西两个方向移动了二三千米，城市内部撤销红庙坡、环建委临时客运站和南关汽车站，将车辆分流到二环路以外的正式客运站，缓解了市内交通压力。2002年，开通了长安科技产业园至城东和城西的210路、311路2条公交线路，方便城区与城东、城西的联系。截至2002年年底，运营的168条公交线路里程达411千米，营运车辆3968辆（其中民营小公共汽车746辆），年客运量约5亿人次，覆盖市中心区369平方千米，形成四通八达的混合型线网布局的公交客运格局。市区万人拥有标台数为9.4标台，低于规范推荐值11标台，出租汽车保有量为11045辆。

西安地铁的起步追溯至20世纪70年代。当时西安市政府打算效仿北京地铁，将西安城墙拆除，以墙址所留的壕沟建设西安地铁1号线，后随着城市发展理念和文物保护观念的进步而作罢。1993年，西安市正式出台地铁修建规划，规划提出修建4条线路，成为西安地铁规划的雏形。2002年，《西安市城市轨道交通规划》出台，提出修建6条地铁线路。2005年11月，西安市地下铁道有限责任公司成立。2006年4月，《西安市城市快速轨道交通建设规划》通过建设部专家组审查；9月，国务院正式批准《西安市城市快速轨道交通建设规划（2006—2015年）》；9月29日，西安地铁首条线路——西安地铁2号线北客站至会展中心段开工建设。2008年10月30日，西安地铁1号线试验段金花路站开工建设。

第三，提升公共交通。包括以下三方面的内容。

其一，公共交通优先政策。2004年，围绕西安市委、市政府提出公交"3分钟到站，5分钟坐上车，80%乘客有座位"的目标，先后开通贯通南北、横穿东西的快速绿色公交通道600路和300路，优化了线网布局。并于同年4月，正式开通钟楼至张家堡段公交专用道。公交专用道全长9.2千米，宽3米，涉及沿线21条公交线路（含中巴线路），是在7米宽的非机动车道上开辟出来的。①2007年9月12日，西安市人民政府发布《关于印发西安市优先发展城市公共交通实施意见的通知》。公交总公司搭建刷卡系统平台，使公交IC卡由原来的61万张增加到194万张（含学生卡11.7万张），每日刷卡量由年初的19万人次增加到147万人次，增长7.7倍。②公交卡的普遍应用，既方便了民众的出行，也节约了有限的道路空间，促进了城市交通的良性循环。其二，开通旅游公交专线。为了加强景区与市区的联系，促进以旅游业为代表的城市经济的增长，2004年"五一"期间，7条以"游"字号打头的西安旅游公交专线开通。西安旅游公交专线，以西安火车站为起点，向城市周边地区旅游景点辐射，以点设站、以线串点，"游"字标识，一票联通，实行旅游交通套票和普通公交车票并用。③2006—2008年间，先后开通了西安火车站至汉阳陵的陕西省公交旅游专线305路，以及周末环山旅游公交1号、2号线路。周末环山旅游公交2条线路起点均为大雁塔北广场，1号线至楼观台，2号线至东汤峪环山路口。其三，公交公司挂牌运营。2005年6月，西安公交巴士股份有限公司正式挂牌运营。该公司是市公交总公司联合深圳、广州、青岛等地公交行业共同投资成立的，注册资本1亿元，拥有公交线路25条，车辆600多台，成为西安市政公用行业首家国有改制企业。④

（二）产业布局与特色新区建设

这一阶段西安的产业空间发展趋势可以概括为传统工业的衰落、内城工业的外迁与新区及产业园区的集聚。

首先，整合传统产业衰落地区，重振工业。

受城市发展经济需求的驱动，有效实施大企业、大集团战略，在铁路沿线两侧和原来的工业空地内，新建了机械制造等传统产业功能区。如东郊以常规兵器工业为主的城东纺织城工业区，以及以高压输变电设备及中低压电器制造为主的辛家庙重工业区。1998—2002年间传统的重工业企业虽有停产，但是在原有的五个产业片区中，电子城、

---

① 西安市地方志办公室编：《西安年鉴 2004》，西安出版社，2004年。
② 西安市地方志办公室编：《西安年鉴 2008》，西安出版社，2008年。
③ 西安市地方志办公室编：《西安年鉴 2005》，西安出版社，2005年。
④ 西安市地方志办公室编：《西安年鉴 2007》，西安出版社，2007年。

军工城和辛家庙三个片区在工业区的边缘进行了一定的新建,纺织城内部变化不大,在南缘布置了产业,各个片区均有所增加。

其次,采取"退二进三",整合产业资源入园进区。

西安市二环路以内共有工业企业229家,占地9130.67亩,在职职工251147人,退休职工49164人。其中,城墙以内企业43家,占地208.67亩,在职职工5697人,退休4406人。这些企业不仅散、乱、小,而且普遍属于低水平重复建设,资源配置不尽合理,既影响城市形象,又浪费资源,制约着经济的健康发展。

2006年开始,城内工业逐步外迁,并向城市外围的工业园区进行集聚,逐步将二环路以内及沿线的工业企业按照生产特点和产业关联性迁入相应的开发区和工业园区,形成错位发展、优势互补的产业集群,完善和延伸产业链。[1]中心市区拒绝布局高能耗、重污染、大运量、占地多的工业企业;对地处中心市区、暂时难以搬迁的军工企业,要按照清洁生产的要求组织生产。

再次,新区产业布局实现差异化发展。

西安高新区以其一流的投资环境、突出的自主创新能力和快速发展的科技产业成为全国高新区中的佼佼者。截至2005年年底,高新区已累计成立企业5000多家,其中外商投资企业729家,外资项目90%以上集中在高新技术领域。西安经开区集聚了以制造业为主的产业,其优良的投资环境和优质、高效、快捷的服务,使之成为投资的热土。这一时期,开发区的各项经济指标一直保持40%左右的增长速度,是海内外投资商关注的热点之一。[2]

西安浐灞生态区目标是综合治理浐灞河流域、合理开发利用沿河区域、优化自然生态环境,从而建设西安城市新区。其以物流、旅游、商贸、会展、文教、房地产业等第三产业为重点发展产业。

西安曲江新区以大雁塔和曲江皇家园林遗址为核心,基于旅游目的地的建设和地产开发,在历史文化资源资本的导向下建设文化创意产业与文化旅游度假一体化的园区。

此外还有航天科技整合下的国家级航天产业基地建设,基于国际化开放需求下的内陆口岸建设的国际港务区建设等,各开发区以产业园的形式布置产业,延展产业上下游

---

[1] 《西安工业强市进行时》,http://news.sohu.com/20060622/n243874768.shtml。
[2] 袁超群:《"四化"理念引领西安发展》,载《西安日报》2007年1月3日。

企业，形成产业集群。同时，城市用环路和高速路把各个新区进行衔接。在此期间，西安产业转型，新区内产业开始聚集，大面积成片工业区逐步出现。城西工业区、城东工业区和辛家庙3个片区的城区内重工业不断外迁，片区规模继续大幅减少。总体上形成了城市以产业为龙头、立足优势产业基础的多元、多极化扩张趋势。①

（三）多样需求与品牌居住环境

该阶段商品住宅成为房地产市场的主角，城市居民个人购买商品住宅的需求逐年增加，同时对居住空间及居住环境的品质要求也逐步提升。

首先，西安市居民的居住条件已经大有改善。随着改革开放、市场经济的进一步深入，土地有偿使用制度确立。这一制度的确立，带动了住房制度配套改革。福利分房制度逐步取消，住房实现市场化、货币化。②1998—2002年底，居住用地增长了61%。随着高新区和经开区的发展，在住宅商品化政策实施的推动下，开始出现以紫薇花园（高新区）和雅荷花园（经开区）为代表的新城内的居住区，城市的北、西南方向开始出现新的居住聚集区。③

购房主体以中低收入者为主流，市民的购房心理日趋成熟。大部分市民在注重地段、价格等因素的基础上，开始综合考虑房子的户型、结构、朝向、通风、采光等内在的品质。④而房地产开发商自觉将概念、卖点构建在楼盘品质基础上，满足实际的市场需求。⑤2003年，西安楼市涌现出众多高品质的大众型住宅，代表项目有紫薇田园都市、长安新花园、世家星城、蔚蓝花城、摩登小镇、太阳新城、金裕青青家园等。⑥

其次，从开发规模及空间分布上看，2001年年底，全市2万平方米以上的开发项目有126个，总开发面积为807.9万平方米，其中各开发区32个150.6万平方米，经济适用房22个199.4万平方米。此外，地产大盘崭露头角。从占地133.33公顷的紫薇田园都市到66.67公顷以上的高新·枫林绿洲、中银万泰的香格里拉花园以及55.13公顷的世家星

---

① 文艳、张万山：《四区两基地为西安腾飞插上翅膀》，http://news.sohu.com/20061101/n246130139.shtml。
② 浦敏：《实例剖析西安近50年城市住区肌理及其演变》，西安建筑科技大学2006年硕士学位论文。
③ 田野、任云英：《西安城市空间结构发展研究（1998—2011）》，载《建筑与文化》2015年第4期，第42页。
④ 西安市地方志办公室编：《西安年鉴 2004》，西安出版社，2004年。
⑤ 西安市地方志办公室编：《西安年鉴 2003》，西安出版社，2003年。
⑥ 西安市地方志办公室编：《西安年鉴 2004》，西安出版社，2004年。

城,给西安楼市带来了新的生机和冲击。[①]

1998年的住宅产业化改革使得居住区的布局更加灵活机动,摆脱了对产业的束缚。由于住宅的品质追求,居住空间的布局根据产业的性质而有所不同:住宅摆脱了污染高、环境差的企业,向环境更好的地区布置;而在无污染、低污染的企业周边则进行了住宅建设。住区布局逐渐远离西安的老工业区,而向新兴产业集聚的城市新区高新区和经开区聚集。随着高新区和经开区的发展,在住宅商品化政策(1998年)实施的推动下,开始出现以紫薇花园(高新区)和雅荷花园(经开区)为代表的新城内的居住区,城市的北部、西南部开始出现以房地产开发为特征的新的居住聚集区。原有的居住结构未发生变化,只是在城西南高新区和城北张家堡形成新的居住中心。城市快速向外拓展,在原有居住空间的基础上,新的居住空间发展迅猛。高新片区主要集中于丈八路、科技路和太白南路附近,聚集了以枫林绿洲、枫叶新都市为代表的住区20多家,而且开始越过三环路在外围建设了紫薇田园都市;经开区有以白桦林居为代表的大盘19家;曲江主要分布在曲江池的西侧和北侧,以曲江公馆为代表的高档住区18家;在经开区和明城区之间也出现了龙首组团,以宏林名苑为代表。同时,对城市内部居住区也进行重构和更新改造,2006年辛家庙城中村启动改造,2007—2008年新城区红星巷和碑林区东窑坊、乐居场先后开始棚户区改造。

城市中职住平衡逐渐被打破,形成了主要居住区和产业区的大规模的交通流量,造成了城市上下班时间的拥堵高峰;城市中心区的可达性也因为大量的交通流的拥堵,下降明显。由于商品房占据了新建住宅的70%以上,因此产生了居住的分异。

这一时期,城市居住区主要是沿着城市主要交通线的沿线紧贴旧区安排布置,呈现出边缘区扩张的典型特征。在原来的以明城区为中心,胡家庙、西稍门、南稍门和纺织城等四个居住片区的基础上,随着高新区和经开区的发展,在住宅商品化政策实施的推动下,开始出现以紫薇花园(高新区)和雅荷花园(经开区)为代表的新城内的居住区,城北和城西南方向开始出现新的居住聚集区。同时在长安县、纺织城等城区的外围也出现了新的居住区。这一时期居住区的开发还不是主流,住房还是以单位分房为主,60%以上的房子没有流入市场;居住新区的住宅主要分布在新区主干路沿线,呈现出规模大、档次高等特点。城市职住关系开始发生变化,但是原来的职住结构仍然占据主

[①] 西安市地方志办公室编:《西安年鉴 2003》,西安出版社,2003年。

流。其中，城南由于高校和科研院所众多，商业氛围浓厚，成了房地产业的必争之地。住宅有超级大盘紫薇田园都市，明德门也分布了不少住宅，如天伦明珠、明德广厦、明德新天地等。别墅类物业有紫薇山庄、高山流水、湖滨花园、麓鸣园等。①

再次，这一阶段房地产市场还有一大特点便是地产巨头纷纷抢滩西安，商品房进入品牌时代。2005年11月，广州市富力地产与西安地产商进行合作，开发位于城南的总建筑面积近100万平方米的大型住宅项目，投资近4.4亿元人民币。同月，福建省融侨集团与西安高科集团紫薇地产首度合作开发的融侨·紫薇馨苑项目签约仪式举行。

2006年12月，中海地产股份有限公司和西安曲江新区正式签约，投资100亿元人民币，参与曲江新区城中村改造和公共设施建设，开发建设总占地100公顷、建筑总面积200多万平方米的3处大型精品社区及20多万平方米的商业、服务设施。②绿地集团、广厦集团、中海地产、富力地产、中新集团、和记黄埔、泰盈集团等外来品牌地产企业项目对区域房价拉动作用明显，紫薇地产、高新地产、高科房产、海润集团、经发地产、天朗地产等本地品牌在消费者中也具有一定的影响力，西安房地产业已逐渐上升为品牌之争。

此外，《西安市城镇廉租住房管理办法》于2003年6月1日起正式施行，凡西安市城六区居民符合条件者均可申请廉租房。申请者依据管理办法进行自愿申请，由本人向其所在街道办事处或单位提出，再由其所在街道办事处或单位到市国土资源和房屋管理部门统一登记。对符合条件者，市国土资源和房屋管理部门统一审核后登报公示，30日内无异议的，按住房困难程度和登记先后顺序，公开、公平地配租。

2005年，西安市继续实施以集资建房为主的经济适用住房建设，《西安市住房分配货币化实施办法》正式实施。长安易居、枫韵蓝湾、汉城小区、鼎新花园等一批经济适用房推向市场，受到中低收入市民的欢迎。

2006年，西安市房地产管理部门起草了《西安市人民政府关于调整住宅供应结构稳定住房价格进一步促进房地产市场持续健康发展的实施意见》，并经市政府常务会议审议通过。开展商品住房项目套型建筑面积审核备案工作，完成审核备案项目31个，住宅总建筑面积139.69万平方米，90平方米以下套型面积104.32万平方米，所占比例为

---

① 西安市地方志办公室编：《西安年鉴 2003》，西安出版社，2003年。
② 刘晓云：《斥资百亿中海西安造城》，载《中国房地产报》2007年1月15日。

74.68%，超过国务院办公厅70%的标准。①与此同时，市房管局对首批筛选出的46处危旧房2831户11324人进行安置。②

2007年8月起，西安市惠民住房项目、棚户区改造安置楼项目、廉租住房和经济适用住房项目等中低收入群体的安置住房项目陆续展开。③

（四）城市人性化公共中心雏形初显

公共服务设施就是为人服务的，因此其布局要靠近人群聚集的居住空间；居住空间的聚集又产生了对公共服务设施的需求。

1998—2008年，明城区仍是西安的行政、商业、文化、旅游中心；城市的办公、公共服务、商贸设施主要沿二环路布置；高新区、经开区以及曲江新区内由于产业与居住的聚集，对公共服务设施产生了需求，逐步出现了居住、办公和商业空间，形成了新的公共中心雏形。城市整体以明城区为核心，高新区、曲江新区以及经开区为次级中心，南北向为主轴，南二环路为次轴，形成高新区、经开区和曲江新区三个聚集区。

与此同时，以文化、体育、休闲以及会展为主要功能的城市公共空间的兴起，成为此阶段城市公共中心新的活力点。有各类博物馆14处，图书馆14处，省级艺术馆、市级文化馆、区级文化馆191处，影剧院13座（能发挥作用的仅剩11座），电影院26家。市区无大型高档次音乐厅、歌剧院。④体育设施主要有北部的城运村、南部的奥林匹克中心，主要是为运动员训练及比赛而设立。绿化空间建设主要有2001年开始的"三园"工程。2003年，西安市委、市政府提出了在城区建设大水面、大绿地的设想⑤，地处中心城区的新城、莲湖、碑林3区有效利用条件，扩建水面和绿地面积，雁塔、灞桥、未央作为重点区域，启动了"浐河万亩都市水乡"项目，此外还有2003年建成的大雁塔北广场，2005年与2008年分别开放的大唐芙蓉园与曲江池遗址公园等。

城市展览场馆及配套设施地理分布、功能分工与服务设施水平都有所完善，基本具备承办国内、国际大型会展活动的能力。该阶段，西安市拥有3座展览馆，总建筑面积17.3万平方米，其中曲江国际会展中心9.6万平方米，陕西国际展览中心4.7万平方米，西

---

① 西安市地方志办公室编：《西安年鉴 2007》，西安出版社，2007年。
② 《廉租房保障范围将扩大》，载《华商报》2007年8月27日。
③ 《西安最大惠民住房项目开建》，载《中国建设报》2007年8月17日。
④ 姬巧娟：《城镇化背景下西安市城市公共设施建设用地分析》，载《陕西教育》（高教版）2014年第3期，第4页。
⑤ 陈显信、呼兰中：《造城市"绿肺"建人工湖泊》，载《中国税务报》2007年5月25日。

安绿地笔克国际会展中心3万平方米。特别是曲江国际会展中心、西安绿地笔克国际会展中心的设施功能和现代化程度跃居国内先进行列。①

（五）城市多元化公共服务设施体系

公共服务设施用地的布局并不均衡，呈现出中心建成区密集，而周边区域疏散的形态：旧城区内的商业金融业用地及行政办公用地已形成"中"字形网络结构，旧城区以外在主要交通干道两侧呈线性布局；教育科研用地由于受到20世纪50年代总体规划的影响，主要集中在环城南路以南、西万路以东、雁翔路以西的区域。

公共服务设施用地占总建设用地的20.06%以上，公共设施用地比例偏高，但其中的各类用地发展不均衡，其中教育科研用地占公共服务设施总用地的40%，而医疗卫生用地、文化娱乐用地、体育用地总和仅12%。主城区内的公共配套服务设施比较健全，但医疗卫生用地、文化娱乐用地、体育用地的比例较低，明城区内的行政办公单位分布密集，已经与城市功能产生了矛盾。

行政办公设施方面，西安市的行政办公机构主要分为省、市、区三级，大部分的行政办公用地集中在旧城区，区级行政办公机构随各区分开设置。

商业设施方面，商业金融用地已形成旧城"中"字形商业区和小寨商业区2个市级商业金融中心为主、区域副中心为辅、社区商业网点配套的商业服务体系。②在明城区外围出现了以大明宫建材城和康复路批发市场为代表的专门化市场。随着市场竞争的加剧，建材市场已形成城南有三森国际家居汇展中心、高点国际家居，城东有东方家园、韩森寨家居市场，城北有大明宫建材家居城、望家旺建材超市、明珠家居、中联家居，城西有家世界家居、安美居家居的格局，各市场的管理水平及商业运作水平都相当高，吸引了75%以上的业主在此购买建材。③

教育设施方面，2002年西安有普通高等院校36所（含军事院校11所），成人高校29所，在校生60万人；各类科研机构3000多个，其中大中型科研机构524个，国家级实验室和测试中心75个，各类专业技术人员38万人，每年有近3000个项目科研成果与发明专利问世。此外，2006年与2007年分别在长安区和经开区渭河南岸建设大学城。

---

① 张莉娜、雷娟：《浅析西安会展经济发展的条件》，载《华章》2011年第27期。
② 赵晓燕：《基于GIS的西安市城市景观格局分析及其优化对策》，西北大学2007年硕士学位论文，第29页。
③ 西安市地方志办公室编：《西安年鉴 2005》，西安出版社，2005年。

社区公共服务设施方面,社区商业基本形成满足居民基本生活需求的社区服务网络,让社区居民享受到实惠与便利的商业服务。集贸市场改造速度加快,推行退路进场、超市化改造,累计完成改造127家,基本消除了马路市场和市场脏乱差现象。至2008年,全市拥有社区商业网点6.4万个,占商业网点总数的35%,高新区枫叶新都市社区、雁塔区20所社区等9个社区先后被商务部评定为"全国社区商业示范社区"。①

---

① 《我市3社区被评为全国商业示范社区》,载《西安日报》2009年5月29日。

第四节
历史保护与旧城更新

这一阶段，西安的城市经济与社会发展处于快速上升期。城市特色是一个城市无形的资产，城市的发展不应丢失其原有的品质与个性，更不能以牺牲继承下来的资源特色空间为代价，西安在进行城市开发建设的同时，开始加强城市历史文化氛围的保护与培育，集中体现在历史保护与旧城更新两方面。

一、历史保护

西安是我国著名的历史文化名城，西安的山形水势和经年不变的城市格局也是我国传统文化的精髓，在西安的城市建设中历史文脉要素是城市发展的根基。

（一）西安历史文化名城保护

西安延续着城市历史保护的优良传统，历史保护工作在全国层面一直处于优势地位。西安是1982年国务院首批公布的24座历史文化名城之一。2002年8月1日起施行的《西安历史文化名城保护条例》是加强西安历史文化名城保护、继承和弘扬西安优秀的历史文化遗产、促进西安城市社会经济生态可持续发展的有力依据。其以西安历史文化名城整体作为对象，具体对古遗址、古城墙及相关区域和风貌区提出了保护和发展的意见，将西安历史文化资源的保护纳入国家层面法规制度。（见表5-15）

表5-15 《西安历史文化名城保护条例》主要内容

类型	保护对象	保护措施与发展建议
古遗址	蓝田猿人遗址、半坡遗址、周丰镐遗址、秦阿房宫遗址、汉长安城遗址、唐大明宫遗址和华清宫遗址。	重点保护区内，应当保持古遗址的历史风貌和原始地形；禁止挖沙取土、挖建池塘，不得进行与遗址保护无关的工程建设或者从事其他有损遗址的活动。

续表

类型	保护对象	保护措施与发展建议
古城墙及其以内区域	西安城墙、护城河、环城林带和环城路等在内的古城墙区域。	古城墙以内区域保护，应体现历史风貌，保持原有路网格局、街巷特色和名称，其城市功能应当以商贸、旅游为主，逐步降低古城墙以内区域的居住人口密度。 古城墙以内区域的国家机关、城市居民和事业单位的用房建设应当从严限制；不适应城市功能的企业事业单位，应当限期调整或者外迁。 市政府应修复城墙，治理污染，改善护城河水质，建设环城林带，形成具有古城特色的环城公园。 严格控制古城墙内、外侧的建筑高度和风格。古城墙内、外侧的工程建设应当符合下列规定： ①古城墙内侧20米以内的建筑物、构筑物应予拆除，沿墙恢复为马道或者建设为绿地；100米以内建筑高度不得超过9米，建筑形式应当采取传统风格；100米以外，应当以梯级形式过渡，过渡区的建筑形式应当为青灰色全坡顶建筑； ②以东、西、南、北城楼内沿线中心为点，半径100米范围内为广场、绿地和道路，周边的建筑物、构筑物应当与城楼的建筑风格、色彩相协调； ③以东、西、南、北城楼外沿线中心为点，半径200米范围内为广场、绿地和道路，半径200米外，建筑高度各以60米距离为过渡区，从24米以下向36米以下、50米以下递升； ④古城墙外侧至环城路林带绿地按照规划只允许建设高度不超过6米的园林式公共服务设施； ⑤护城河至环城路之间的地带，应当建设为绿地，已有的建筑物、构筑物应当按照专项规划拆除、改造； ⑥环城路外侧红线以外的建筑高度，应当各以60米距离为过渡区，从24米以下向36米以下、50米以下递升。 古城墙以内区域的建设项目，应当符合所在保护区的规划要求。新建、改建、扩建的建筑物、构筑物，其体量、造型和色彩应当体现传统建筑风格和特色。 古城墙以内区域的建筑高度实行分区控制，整体建筑控制高度不超过36米；综合容积率控制在2.5以下；在单位和居民院落内不得插建建筑物。维修、改建、翻建传统建筑物、构筑物和传统民居、店铺，应当修旧如旧，保持原貌。
	北院门、三学街、竹笆市、德福巷、湘子庙街区等古城墙以内区域的历史街区。	北院门街区东至社会路、西至早慈巷、北至红阜街、南至西大街，三学街街区东至开通巷、西至南大街、南至城墙、北至东木头市，其街区内的建筑应当保持传统庭院式格局和建筑风格。 竹笆市、德福巷、湘子庙街区的临街建筑，应当保持、恢复为传统建筑风格。
	钟楼、鼓楼、碑林、宝庆寺塔、城隍庙、化觉巷清真寺以及八路军西安办事处、西安事变旧址等古城墙以内的文物保护单位。	钟楼至东、西、南、北城楼划定文物古迹通视走廊。钟楼至东门城楼通视走廊宽度为50米，通视走廊内建筑高度不得超过9米，通视走廊外侧20米以内建筑高度不得超过12米；钟楼至西门城楼通视走廊宽度为100米，通视走廊内建筑高度不得超过9米；钟楼至南门城楼通视走廊宽度为60米；钟楼至北门城楼通视走廊宽度为50米。 在古城墙以内区域设置户外广告，应当符合户外广告设置规划。在钟楼盘道和东、西、南、北城楼盘道内侧以及外侧周边的建筑物上，不得设置户外广告牌。

续表

类型	保护对象	保护措施与发展建议
历史文化风貌区域	秦始皇陵园、霸陵、大雁塔、小雁塔、大兴善寺、青龙寺、八仙庵等。	应当保持文物古迹所在地的自然环境、整体格局和空间形态,保护反映历史风貌的建筑物、构筑物、道路、河流、树木和绿地等。 历史文化风貌区域的改造、建设,应当以开辟绿地、广场为主,根据保护规划需要建设少量的文化旅游设施和管理用房的,其建筑物的体量、造型、风格和色彩,应当与文物古迹相协调。

资料来源:《西安历史文化名城保护条例》,http://www.china-xa.gov.cn/rddffg/9496.jhtml。

(二)旧城整体保护与唐皇城复兴

旧城整体保护与唐皇城复兴是西安历史文化名城保护工作的两件重要内容。西安旧城是在唐长安皇城基础上扩建的明代城墙区域和城墙以内区域,它是西安千年历史文化要素相互叠加的重要区域,应加强对其整体性保护,重点保护其传统空间格局与风貌。在其相关的规划资料中提到这项工作主要包含保护和延续旧城传统空间格局、建立旧城保护体系和保护名录、延续历史文脉、控制建筑高度以及制定保护措施五大核心内容。

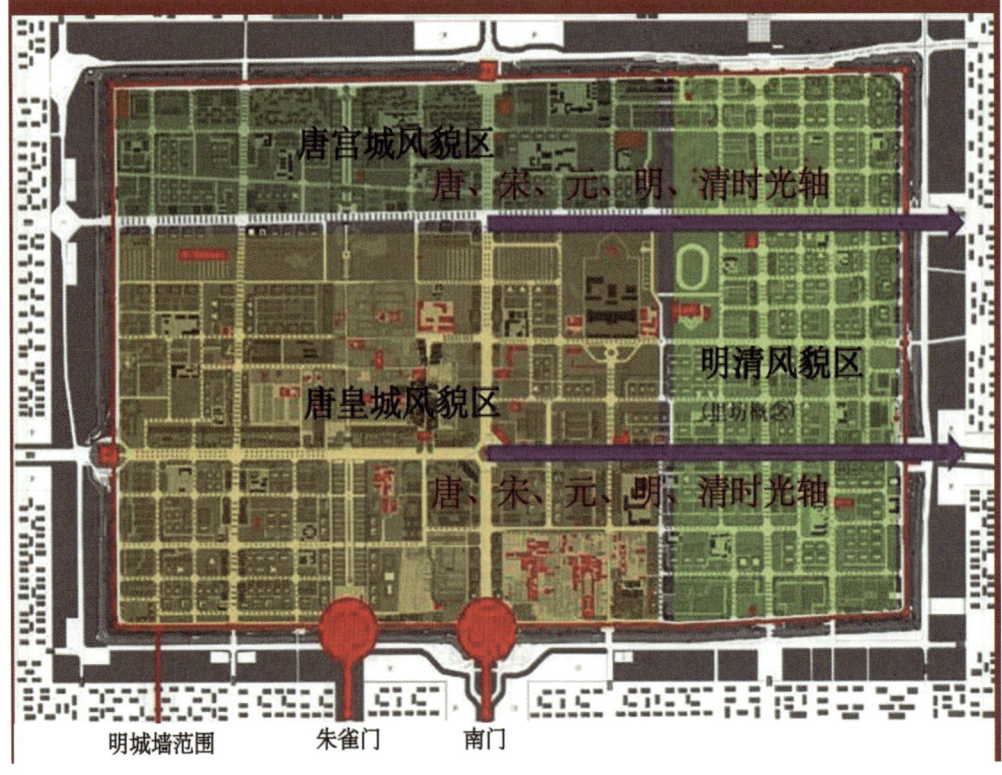

图 5-5 西安旧城区风貌规划图

资料来源:《西安城市总体规划(2008—2020年)》。

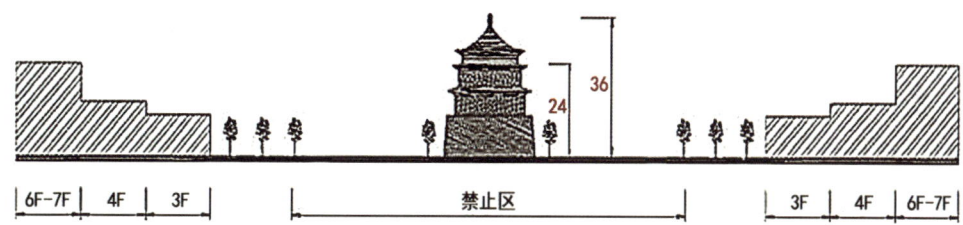

图 5-6 西安明城区高度控制规划图

资料来源：《西安城市总体规划（2008—2020年）》。

（三）回民历史街区保护

西安回民历史街区东起北院门，西至早慈巷，北起红埠街，南至西大街，总面积约54公顷，总人口约6万人，其中回族人口约占1/3。区内有10座清真寺，年代不一，大小各异，形态各具特色，回坊内部一直还维持着原有的宗教传统与生活习惯。[①]其围寺而居、依坊而商的寺坊结构是对其空间文脉的高度概括与凝练，是回民历史街区回民宗教生活和世俗生活以及街区空间结构的完整表述。[②]

2002年，西安市完成化觉巷125号安姓居民院落、西羊市77号马姓居民院落和北院门144号公房院落的保护，以上3个院落面积合计3240平方米。完成大清真寺周围4公顷土地的详细规划和化觉巷南北巷道路、上下水基础设施的重建工程，改善和提高了通往大清真寺道路周边的环境和条件。

二、旧城更新

该阶段旧城更新的类型主要包含城市公共空间环境提升改造，城中村、低洼区、棚户区改造，城墙内重点历史街区、地段的整治改造以及大兴新区综合改造等。

---

① 西安市地方志办公室编：《西安年鉴 2003》，西安出版社，2003年。
② 花倩：《西安旧城区回坊空间的发展研究》，西安建筑科技大学2011年硕士学位论文，第18页。

（一）公共空间环境提升改造

随着西安整体对外开放程度的加强，城市形象建设、城市景观塑造以及城市环境综合整治工作变得尤为重要。这一时期以城市品质提升为目标的城市公共空间环境整治与改造工作主要包括城市主要道路的拓宽及绿化改造、城市各类型广场的建设与改造等。（见表5-16）

表5-16　1998—2008年西安旧城更新概况统计表

年份	主要道路	广场	环境综合整治
1998	西二环路拆迁建设；北大街、粉巷拓宽改造	南院门广场、玉祥门广场改造	三桥镇环境改造
1999	主干道人行道及背街小巷整治		三桥新街容貌改造
2000	40多条背街小巷拓展改造	西安国际会展中心电视塔广场大雁塔南广场纺织城广场	整治南门到陕西国际展览中心、大雁塔广场8810米的"U"形路段环境和街景
2001	环城南路、长乐东路、太华路南段、经七路等道路拓宽改造	新建健身广场50个	专项治理占道经营、马路市场和违章建筑
2002	扩展疏通东西城市交通出口道路；西大街道路拓宽改造完工	新建西郊公园、大雁塔北广场、小雁塔历史文化公园和含光路南口广场	回民历史街区保护项目完成阶段性任务
2003			护城河西岸等拆迁改造；南门至文昌门建筑屋面整治改造
2004	朱宏高架路		北院门144号院等一批古城历史民居保护改造工程开始实施
2005	二环路全线贯通并实现立交化	大明宫御道、含光门、大唐芙蓉园、书院门文化散步道、鼓楼西广场建成	西大街综合整治改造工程基本完成；34个城中村改造工程开工建设
2006		建成小型绿地广场74个	城中村改造首次实行整村拆除；北大街环境综合整治工作正式启动
2007	唐延路贯通，朱雀大街南段完工；一环路改造基本完工		陇海铁路西安城区段沿线环境综合整治任务全面完成；成立西安市城中村（棚户区）改造办公室
2008	三环路全线开通	建成82个城市小绿地广场	城中村改造拆除整村41个，实施了11个棚户区改造项目；顺城巷环境综合治理基本完成

资料来源：西安市地方志办公室编：《西安年鉴》（1999—2009年），西安出版社，1999—2009年。

（二）城中村、低洼区、棚户区改造

西安市城市建设抓住国家实施西部大开发战略的有利时机，落实"建强创佳"和"创休闲居住环境最佳"的目标，树立经营城市的理念，通过创建国家级园林城市、国家级环保模范城市，城市面貌取得较大改观。全市按照"自筹资金，自我改造，自我安置"的"三自"方针开始对城中村进行改造。针对城中村农民规划意识增强及政策配套不足的情况，对全市城中村的现状和存在问题，提出了具体改造的设想及改造实现的"三赢"目标，即村民赢环境、开发商赢利润、政府赢形象。2002年，市政府成立西安市城中村改造工作领导小组，随后制定《西安市城中村改造建设管理暂行办法》《西安市城中村改造建设补充规定》等文件，针对城郊6区涉及近20万农村人口、87平方千米土地的187个城中村，启动城中村改造工程。其中位于市中心的杨家村、祭台村、沙坡村、方新村等55个城中村是此次改造的重点区域。另外还有三环路以外城市规划区内汉城、丰镐、阿房宫、大明宫等遗址保护区中的城中村等。[①]

在改造过程中还完成二环路以内共62个村23456户60694人的农民转居民工作。2006年，在完成城中村改造专项规划编制工作后，对参与改造工作的区域改办、街道办、村干部进行政策法规培训。依照"一村一策"的原则，切实抓好10个新开工的城中村改造项目，拆除旧村60万平方米，新建安置楼50万平方米，完成投资12亿元。[②]截止到2008年，西安市城中村有形改造共完成整村拆除41个，拆迁面积689万平方米，开工建设面积460万平方米，累计完成投资79亿元。城中村无形改造完成56个村的农转居工作、清产核资工作，完成46家企业的经济体制改革工作，完成34个村的撤村建社区工作。[③]

2006年10月，西安市城乡建设委员会牵头对旧城区的低洼区、棚户区开展调研工作，形成调研报告。同时，对新城区北门至北新街口顺城巷道路的拆迁以及周边小块棚户区的改造进行摸底调查。2007年4月，西安市委、市政府研究决定成立西安市城中村（棚户区）改造办公室，先后对碑林、莲湖、新城、雁塔、未央等区的城中村和棚户区改造工作进行实地调研，并于2008年出台《西安市棚户区改造管理办法》，明确了棚户区改造的原则、程序和要求，为开展棚户区改造奠定基础，确保改造工作规范有序进

---

① 西安市地方志办公室编：《西安年鉴 2003》，西安出版社，2003年。
② 西安市地方志办公室编：《西安年鉴 2007》，西安出版社，2007年。
③ 陕西年鉴社编辑：《陕西年鉴 2009》，陕西年鉴社，2009年，第391页。

行。棚户区改造工作先后启动了道北地区（含振华北巷）、安仁坊以西、东七路、东八路、乐居场、任家庄、7226工厂东侧、解放饭店东侧、游艺市场、城堡酒店西侧、西北一路等11处改造项目的拆迁安置工作，共完成房屋拆迁面积205万平方米，开工面积232万平方米。①

（三）城墙内重点历史街区、地段的整治改造

首先是保护和改造西安明城墙。

始建于明代的西安城墙，至今已有600多年历史，是中世纪后期中国历史上著名的城垣建筑之一，也是中国现存最完整的一座古代城垣建筑，更是历史留下的一份属于全人类共有的文化财富。2003年，明秦王府城墙被列入陕西省第四批文物保护单位。通过保护和改造明城墙，城墙、护城河、环城林和环城路等形成协调一体化发展态势。2004年9月，为加强古城保护，进一步理顺城墙保护管理体制，西安城墙管理所、西安中国书法艺术博物馆、西安环城公园建设管理处等6家单位合并成立了西安城墙景区管理委员会，由其对城墙景区进行统一管理。2005年4月完成了明城墙火车站段恢复连接工程。

其次是西大街、顺城巷等历史街区的改造整治。

西安市西大街综合整治改造工程于2001年启动，改造范围东起竹笆市，西至西门，全长约2000米。改造项目包含拓宽街道、装饰9米限高区的外立面、改造沿街建筑形式、修建大型市民广场，以及恢复城隍庙前牌坊等内容。建筑形制主要体现唐代风格，凸显并提升古城的历史风貌。建成后的西大街，不仅满足了居民的购物需求，同时也为鼓楼西侧、西门内北侧等附近的市民提供了休闲空间。

2005年，顺城巷道路全线贯通。2006年，西安市顺城巷拆迁各类房屋19万平方米，外迁城内人口1.2万余人。按照"错落有致、进出有序"的指示精神，完成南门到文昌门棚户区改造；鼓励沿线单位自行改造，批准自行改造项目4个。拓宽建设西门到西举院巷、南门到朱雀门、东二路到朝阳门的道路；完成全线路灯、人行道、管网等配套设施建设；完成碑林东、西广场，中汇广场，广仁寺广场，玉祥门到西门西侧景观建设，新增绿地超过1万平方米。沿线建筑物屋面、立面改造工作全面启动，全年改造4万平方米。

再次是大明宫、大唐西市遗址保护和周边改造工程。

2006年，经过对大明宫遗址保护和周边改造工程规划方案认真调研，以西安建筑

---

① 西安市地方志办公室编：《西安年鉴 2009》，西安出版社，2009年，第162页。

科技大学房地产研究所为牵头单位对其改造的可行性进行分析，对相关财务指标进行测算。并进一步编写了《大明宫遗址保护和周边开发项目可行性研究报告》，制定了《大明宫遗址保护和周边改造工程工作方案》。大明宫保护工程于2008年正式开工。

2007年12月，西安市大唐西市大鑫坊建设工程提前封顶。该工程于是年5月开始兴建，历时7个多月，建筑面积4.3万多平方米。大唐西市是国内唯一在原址上重建的大型国际商旅文化产业项目，也是唐皇城复兴计划的重要组成部分之一，以盛唐文化、丝路文化为主题。建成后的大唐西市将划分为"唐人街""西域街""古玩街""精品街""食府街""文化街"等若干个特色街区和以丝绸之路为品牌的丝路风情一条街。①

（四）大兴新区综合改造

大兴新区作为西安市委、市政府批准实施的首个成片旧城改造与工业企业搬迁改造项目，是西安"十一五"规划重大建设项目和西安市唐皇城复兴计划的重要组成部分。其规模约10平方公里（其中，莲湖辖区约7平方千米，未央辖区约1.3平方千米，团结水库水环境综合治理区约1.7平方千米）。该区是以唐风汉韵为文化内涵，以五金机电贸易业、商贸服务业、住宅房地产业为核心产业，以国际化、现代化为目标的宜居性商住商贸新区。改造内容主要包括市政基础设施建设、生态环境优化、房地产开发、新区公建配套建设、城中村改造与企业搬迁等五方面内容。

总体而言，这一阶段呈现城市人口持续增长、中心城区人口密度持续增高以及第三产业就业人口逐年增加的态势。尤其在城市新区建设时，还出现了服务设施吸引人口聚集，原有以产业为主的格局逐渐向综合多功能转化的现象。此外，随着经济体制改革、城市产业结构调整，作为区域中心城市的西安，对外加强与周边城市的联系，以强化其中心城市的职能和地位；对内则实施大公司、大集团策略，并同步实施企业所有制改革，发展高新技术产业、装备制造业、旅游产业、现代服务业、文化产业五大主导产业来振兴经济，先后建设西安高新技术产业开发区、经济技术开发区、曲江新区、浐灞生态区、航天基地和国际港务区来凝聚实力，使产业发展与城市发展目标方向相一致，并运用"城市运营"来经营城市，同时强调历史环境的保护与建设相协调。

交通空间方面，跨区域性交通线路与站点的设定，二环路、三环路的建成，使得城

---

① 《大唐西市大鑫坊工程项目提前封顶》，http://news.sina.com.cn/c/2007-12-26/123013147998s.shtml。

市内部交通与城区道路事业不断完善，西安对外交通能力得到了提升。产业方面，呈现出老工业区和新区内产业聚集共存的局面。其中，高新区已经完成产业升级，北部的经开区则吸引衍生产业，发展上下游产业链，逐渐发展成型，新区产业聚集，先进装备制造业与高新产业具备一定的规模与竞争优势。曲江新区文化产业集聚，航天基地发展自身特色的航天产业，国际港务区初创，新区已经成为城市发展的主要模式。

房地产业在新区内发展迅速，新区商品房建设如火如荼。高新区和经开区的商业服务配套比较完备，由社区教育设施带动发展趋势突出；曲江新区和浐灞生态区则体现为以文化和生态为宗旨的环境品质带动自身发展。同时，多类型的城市公共中心相继建成带动形成新的城市名片，城市文化空间的保护打磨城市品质，该阶段内西安的整体发展开始呈现出包容、开放与活力度不断向上的特性。

从城市空间发展表征上看，这一阶段西安提升为西部大开发中心城市、关中城市群中心城市、外向型现代城市，有计划地对城市产业进行了相应的调整和转型；从用地拓展方向看，主要是向南、北以及西南发展；同时主城区开始有计划、有步骤地进行城市改造，其中包含历史文化街区环境保护与整治、城市公共空间环境的提升改造、城中村改造以及大兴新区综合改造等。

从城市空间变化趋势上看，这一阶段的空间变化活跃度较高，城市人口与土地处于从均衡增长态势向用地增长快于人口增长的趋势演变，并呈现出空间扩展对城市交通的高度依赖性。主城区中心职能突出，新区专业职能逐渐凸显，城市产业政策与板块布局、重大城市交通线路及设施的建设、大学城的发展均对这一时期的城市发展影响较深。

综上所述，该阶段的城市发展主要是在延续已有城市经济与社会发展基础上，强化了原有城市边缘区域的带动整合作用。依托交通线路引导城市对外发展，整体上呈现出城市中心及其边缘区域多元化扩展与完善的态势。

第六章 战略引导发展时期（2009—2016年）

根据西部大开发战略总体规划，西安2011—2030年进入加速发展阶段。在前段基础设施改善、结构战略性调整和制度建设成就的基础上，进入西部开发的冲刺阶段，巩固提高基础，培育特色产业，实施经济产业化、市场化、生态化和专业区域布局的全面升级，实现经济增长的跃进。2008年以来，西安进入了城市化进程最快、城乡面貌变化最大的时期。此后西安处于国家政策导向下的发展时期。

2009年，国务院批复"关中—天水经济区"（简称"关天经济区"）依托陇海铁路（欧亚大陆桥）和连霍高速公路，形成中国西部发达的城市群和产业集聚带。与关中平原城市群相呼应，提出了西安国际化大都市建设，并成为丝路经济带中国段的中心城市。随着国家级西咸新区的获批（2014年）以及西安国家中心城市的地位的确立（2018年），西安顺应国家战略需求，呈现出战略引导、重大项目推进发展的趋势。行政中心的北迁、世园会的成功举办、西安北客站的建成通车、地铁2号线和3号线的开通、"三年大植绿工程"的实施、汉城湖建成对外开放、大秦岭生态保护工作的推进等，进一步推动了北部西安经济技术开发区的内涵性发展。加之一些大型企业的迁入，促成开发区职能结构的转型。西安城市发展呈现出战略引导发展的突出表征。

同时，已有的新区建设进入高速发展期，"西咸+四区一港两基地"的快速发展，使西安形成以城市新区为增长极的多极增长与内部更新改造的建设和发展趋势。城市新区的发展又因建设时序的差异，表现出同时期不同阶段的发展态势。较早发展或者起步较快的城市新区，如西安高新技术产业开发区、西安经济技术开发区以及曲江新区等，在产业发展走向正轨的同时，居住空间和公共生活空间也日趋完善。新区发展呈现以产业为引领，居住需求不断突出，并逐步显现出住区导向下的空间发展模式。随着城市轨道交通的开通，城市新区与主城区之间的快速公交联系改变了城市片区的时空关系，同时沿线城市空间发展呈现交通导向下的发展模式（TOD），与此同时，城市新区从产业功能导向逐步转向为以居住生活及其服务配套相结合的综合功能的发展期，形成了城市新区引导下的城市多元复合网络。

第一节
行政区划调整与发展机遇

一、行政区划调整

随着西安南向发展和西咸新区的建设,2009—2016年在长安区和未央区进行了撤镇(乡)建街道工作,2014年和2016年高陵县和户县分别撤县设区,保障城市土地的供给和城市化进程。(见表6-1)

表6-1　2009—2016年西安行政区划变动

年份	撤县设区	撤镇(乡)设街道
2009		长安区高桥乡、五台乡、王莽乡
2011		长安区五星乡、灵沼乡、杨庄乡
2013		未央区设立六村堡街道、未央湖街道
2014	高陵县撤县设区为高陵区	
2016	户县撤县设区为鄠邑区	

资料来源:西安市地方志办公室编:《西安年鉴》(2010—2012年),西安出版社,2010—2012年;西安市地方志办公室编:《西安年鉴》(2013—2017年),世界图书出版西安有限公司,2013—2017年。

注:因2010、2012、2015年不涉及区划调整,故不在表格标注该年份。

二、政策支持与发展机遇

(一)"一带一路"内陆开放新高地:国际港务区

西安国际港务区位于西安市主城区东北部的灞渭三角洲,浐河、灞河、泾河、渭河四面环绕，规划建设面积约89.89平方千米。西安国际港务区是"一带一路"倡议背景下，打造内陆开放新高地而设立的经济先导区，是陕西自贸区的核心板块。同时也是大西安国家中心城市建设的东部新中心，是打造丝绸之路新起点和发展枢纽经济、门户经济、流动经济及建设对外开放大通道的重要平台。

国际港务区交通良好，主干路网与西安绕城高速、三环路快速干道相连，距西安行政中心15分钟车程，距西安咸阳国际机场28千米，西安北客站7千米。地铁3号线、地铁14号线已建成通车。园区与沪陕高速、包茂高速、连霍高速、福银高速等8条高速公路相连接，是国家多式联运示范基地。

自2008年组建以来，国际港务区依托西安综合保税区、新筑铁路综合物流中心、西安公路港三大核心平台，按照"港-区-城"发展路径，形成了以"长安号"国际货运班列、"西安港"、一类开放口岸、多式联运监管中心、跨境电商综试区等为基础的对外开放格局，创立了"港口内移、就地办单、海铁联运、无缝对接"内陆港模式。

国际港务区四度写入《关中—天水经济区发展规划》《中共中央国务院深入实施西部大开发战略》《推动共建丝绸之路经济带和21世纪海上丝绸之路的愿景与行动》《关中平原城市群发展规划》等国家战略，明确提出要打造"西安内陆型改革开放新高地""中欧班列品牌""国际性综合交通枢纽"，并先后获得"国家级现代服务业创新基地""国家电子商务示范基地""国家级广告产业园"等15个国家级称号，并致力于打造"一带一路上最大的内陆型国际中转枢纽港、商贸物流集散地和大西安东部城市新中心"，并基本形成了临港经济、现代商贸物流、电子商务、新金融、文体健康等五大主导产业体系。①

（二）关中—天水经济区核心城市

2009年6月，国务院正式批准了《关中—天水经济区发展规划》，范围包括陕西省西安、咸阳、宝鸡、渭南、铜川、商洛、杨凌及甘肃省天水市。关天经济区以大西安（含咸阳）为中心城市，宝鸡为副中心城市，天水、渭南、铜川、商洛、杨凌等为次核心城市，依托陇海铁路（欧亚大陆桥）和连霍高速公路，形成中国西部发达的城市群和产业集聚带。西安正式被定位为国际化大都市，作为核心城市的西安（咸阳）大都市，

---

① 《西安国际港务区发展简介》，http://itl.xa.gov.cn/zwgk/ghjh/fzgh/5de654cff99d657750d286d3.html。

是经济区的核心，对西部和北方内陆地区具有引领和辐射带动作用，使西安城市的国际化发展诉求迅速提升。关天经济区的建立促进了西安高新技术、旅游、文化等产业的发展，同时对西安承担的城市功能提出了更高的要求，对西安城市规模的扩大、城市承载力的提升也起到了促进作用。其产业目标是充分利用科技优势、区位条件和产业基础，统筹各类科技资源，提升自主创新能力，形成具有核心竞争力的区域创新体系，实现关键领域和核心技术的重大创新突破，引导创新要素向企业集聚，形成特色产业集群。

（三）丝绸之路经济带新起点

"一带一路"是"丝绸之路经济带"和"21世纪海上丝绸之路"的简称。2013年9月，习近平首次提出共同建设"丝绸之路经济带"的倡议。"一带一路"倡议是我国向西开放的重要举措，西安作为丝绸之路经济带起点，处于"一带一路"的重要支点，是"一带一路"的核心区域。

2013年，西安市委、市政府《关于加快建设丝绸之路经济带新起点的实施方案》正式出台。实施方案中着力打造"一高地六中心"，其中，"一高地"为丝绸之路经济带开发开放高地，"六中心"分别为金融商贸物流中心、机械制造业中心、能源储运交易中心、文化旅游中心、科技研发中心、高端人才培养中心。

除此之外，方案中还确定了五大重点任务。一是构建政策沟通平台，加快西安浐灞领事馆区建设。以西安欧亚经济论坛永久会址为中心，尽力争取上合组织成员国及丝路沿线其他国家在西安设立领事馆。将浐灞生态区、国际港务区、渭北工业区、西安现代纺织工业园纳入综合园区，力争建成国家级产业园。成立丝绸之路经济带研究所。二是加快综合交通枢纽建设，围绕新起点的建设，着力打造空中丝绸之路、陆路丝绸之路和网上丝绸之路。三是打造欧亚金融大中心。办好欧亚经济论坛金融合作会议和西安（浐灞）金融高峰论坛，加强与国家金融管理机构和国家开发银行的沟通联系，争取上合组织开发银行落户西安。四是搭建人文科技交流大舞台，打造"汉风古韵"为主题的丝绸之路历史文化旅游区。构建西安丝绸之路经济带科技大市场，打造具有世界影响力的科技资源集聚中心、科技创新交流中心和科技成果国际交易平台。

（四）第七个国家级新区：西咸新区

2014年1月6日，国务院正式批复设立西咸新区。至此，西咸新区正式成为国家级新区，是中国的第七个国家级新区。西咸新区位于西安市和咸阳市建成区之间，区域范围涉及西安、咸阳2市所辖7县（区）的23个乡镇和街道办事处，规划控制面积882平方千米。它将成为西安国际化大都市的主城功能新区和生态田园新城，西安的城市中心未来将向西咸新区偏移。

（五）国家级创新改革试验区建设

2015年9月，西安被确定为国家系统推进全面创新改革试验的八个区域之一，2016年6月24日，国务院批复了《西安市系统推进全面创新改革试验方案》。这对于西安来说，既是国家赋予的一项重要使命，又是西安获得的一次重大发展良机。西安可以通过在创新驱动发展转型方面的实践，实现"补齐短板、发挥优势"的发展目标。提出"打破行政区划，选择在一定区域内来系统地推进创新改革试验，也有利于多地市之间统筹资源、取长补短、协同创新"。

（六）中国（陕西）自由贸易试验区筹建

国务院于2016年8月31日批准设立中国（陕西）自由贸易试验区（以下简称"自贸试验区"）。自贸试验区是我国第三批批准设立的自贸试验区，也是我国西北地区唯一一个自贸试验区。自贸试验区面积约119.95平方千米，由三个片区组成：一是中心片区，包括西安高新区、西安经开区和西咸新区沣东新城、秦汉新城、空港新城部分区域，共计约87.76平方千米，含陕西西安出口加工区A区、B区、C区，西安高新综合保税区，陕西西咸保税物流中心〔B型〕。二是西安国际港务区片区，包括西安国际港务区以及西安浐灞生态区部分区域，共计约26.43平方千米（含西安综合保税区）。三是西安杨凌示范区片区，包括杨凌示范区部分区域，共计约5.76平方千米。

自贸试验区以落实国务院关于加大西部地区门户城市开放力度，发挥"一带一路"建设对西部大开发的推动作用为目标，将自贸试验区定位为全面改革开放试验田、内陆型改革开放新高地、"一带一路"经济合作和人文交流重要支点。

其中，自贸试验区中心片区重点打造面向"一带一路"的产业高地与文化交流高地，其发展重点为战略性新兴产业和高新技术产业，包括高端制造、航空物流、贸易金融等产业，同时推进服务贸易促进体系建设，拓宽科技、教育、旅游、健康等文化交流的深度与广度。西安国际港务区片区重点打造"一带一路"国际中转内陆枢纽港、开放型金融产业创新高地、欧亚贸易及人文交流合作平台。重点发展国际贸易、现代物流、金融服务、旅游会展、电子商务等产业。杨凌示范区片区重点发展农林科技创新产业，凭借全面扩大农业领域国际交流合作，打造"一带一路"现代农业国际合作中心。①

（七）国际性综合交通枢纽建设

2017年2月，国务院颁布的《"十三五"现代综合交通运输体系发展规划》中，西安被定位为全国12个最高等级的国际性综合交通枢纽之一、全国八大铁路枢纽之一，西安火车站更是全国仅有的3个可以直接到达中国大陆每一个省会城市的市级车站之一。②2022年规划中的高铁线路建成之后，西安的出行时空将会发生根本性改变，其辐射范围覆盖大半个中国。

（八）关中平原城市群发展规划：国家中心城市

2018年2月，国家发展改革委、住房和城乡建设部联合印发《关中平原城市群发展规划》（简称《规划》），《规划》中明确提出建设西安国家中心城市，西安成为继北京、上海、天津、广州、重庆、武汉、成都、郑州之后第九个国家中心城市。这是新中国成立以来，西安城市发展新的历史起点，对于提升西安乃至陕西综合实力，凸显西安在全国区域发展格局和国家治理体系中的地位具有极其重要的意义。

《规划》中要求："建设西安国家中心城市。加快西安中心城市建设步伐，加强西咸新区、西安高新区国家自主创新示范区、西安国家级经济技术开发区等建设，强化面向西北地区的综合服务和对外交往门户功能，提升维护西北繁荣稳定的战略功能，打造西部地区重要的经济中心、对外交往中心、丝路科创中心、丝路文化高地、内陆开放高地、国家综合交通枢纽。保护好古都风貌，统筹老城、新区发展，加快大西安都市圈立体交通体系建设，形成多轴线、多组团、多中心格局，建成具有历史文化特色的国际化大都市。"

（九）重大产业建设项目

重大产业建设项目主要有渭北工业区、三星城建设、大西安创新型区域建设。

2012年8月，西安渭北工业区开发建设领导小组办公室、高陵装备工业组团管委会、阎良航空工业组团管委会和临潼现代工业组团管委会正式挂牌，标志着渭北工业区进入全面建设的阶段。

---

① 《中国（陕西）自由贸易试验区总体概况》，http://ftz.shaanxi.gov.cn/zjzmg/lbgc/3iUfee.htm。
② 张楠、余咪咪：《西安建设国家中心城市对策研究》，载《生产力研究》2019年第11期，第97页。

渭北工业区位于西安市渭河以北，规划范围约851平方千米，规划用地面积为298平方千米，包括3个工业组团：高陵装备工业组团、阎良航空工业组团、临潼现代工业组团。其中，高陵装备工业组团，规划面积约88平方千米，重点打造国家级高端装备制造基地，涉及汽车、专用通用装备、新材料等产业。阎良航空工业组团，规划面积约109平方千米，重点打造国际一流、中国第一的航空工业基地，涉及大中型飞机制造与产品配套、通用航空、航空服务等产业。临潼现代工业组团，规划面积约101平方千米，重点打造国家级现代工业基地，涉及现代装备制造、轨道交通、机电设备制造、新能源、新型科技建材等产业。

2012年4月10日，陕西省与韩国三星电子株式会社战略合作框架协议签字仪式在西安举行。协议的签署，标志着三星电子在西安投资建设的一期项目正式启动。三星城位于西安市西南方向，高新区范围内，北临铁路南环线，东临西安电子科技大学。规划用地面积约9.4平方千米，其中综合保税区占地4.32平方千米，配套服务区占地约5.08平方千米。三星城分为科研商贸交流区、休闲商业区、商务中心区、特色商贸区、新兴技术产业区、行政区、中央公园、文化活动中心、生态社区和综合保税区十大功能分区。

2012年，陕西省委、省政府颁布了《关于省市共建大西安、加快推进创新型区域建设的若干意见》（简称《意见》）。《意见》凸显四大亮点：一是将区域空间扩大，大西安再不是原来西安的概念，它把咸阳的城区和西咸新区扩进来了；二是政策的支持力度空前，2013—2017年的5年间陕西省财政直接支持大西安建设资金120亿元，各项政策按价格折算600亿元；三是重点突出，主要是构建现代产业体系、完善城市功能、推进城乡统筹、保护生态环境；四是方式上有所改进，就是省市共建。

为此，西安市委、市政府采取五项举措：一是建设渭北工业区；二是加快汉长安城遗址保护建设；三是推进"八水润西安"工程；四是加快秦岭北麓生态环境建设；五是加快交通枢纽建设。

（十）丝绸之路世界文化遗产

丝绸之路跨国系列申遗，历经了1998—2005年的酝酿、2006—2011年的启动与推进以及2012—2014年的深入推进三个阶段，内容复杂，涉及面广，申请难度极大。经过不断协调，3国于2013年1月正式向联合国教科文组织世界遗产中心提交申遗报告。

2014年6月22日，第38届世界遗产大会宣布，由中、哈、吉3国联合申报的古丝绸之路的东段"丝绸之路：长安—天山廊道的路网"成功申报世界文化遗产，成为首例跨国合作、成功申遗的项目。丝绸之路见证了公元前2世纪至公元16世纪期间，亚欧大陆经济、文化、社会发展之间的交流。

丝绸之路项目的申遗成功，使古老的丝绸之路，尤其是其起点城市长安（西安）焕发出新的生机，对于促进丝绸之路经济带建设，彰显世界和睦相处、共同繁荣的永恒主题，具有十分重要的意义。同时，西安作为历史文化遗存最久远、最丰富的地区，通过这一契机进一步深化其作为中国文化旅游目的地的文化内涵和国际影响。

三、城市职能的深化发展

2009年6月，国务院批准实施了《关中—天水经济区发展规划》，在国家战略层面提出将西安在2020年建设成为国际化大都市。《关中—天水经济区发展规划》要求核心城市加快推进西咸一体化、着力打造西安国际化大都市。这是继北京、上海之后，国家层面确定的第三个国际化大都市。在西部大开发的背景下，作为西部中心城市、西北核心城市的西安，进行国际化大都市建设具有举足轻重的作用。

按照建设国际化大都市的要求，做好规划衔接，拉大城市骨架。主要思路是：以西安钟楼南北线为中轴、渭河为水脉，秦岭和渭北为生态屏障，北跨、西接、东拓、南融，形成主城区、卫星城和城市组团相结合的空间结构，加快西咸一体化进程，推进西安国际化大都市建设。

2013年，西安市委、市政府《关于加快建设丝绸之路经济带新起点的实施方案》正式出台，方案确定了五大重点任务，着力打造"一高地六中心"，努力把西安建成最具发展活力、最具创新能力、最具辐射带动作用的丝绸之路经济带新起点。

关天经济区的设立，确定了西安建设国际化大都市的目标；"一带一路"倡议的提出使得西安在国家的战略地位继续上升；西咸新区的设立为西安未来的发展培育了新的空间增长极核，形成西安-咸阳同城化的结合空间，并强化了大西安的城市地位和功能的转变。

表 6-2　2009 和 2016 年西安城市定位变更一览表

项目	2009 年	2016 年
政治定位	陕西省省会、西部中心城市	国际化大都市、区域性中心城市
经济定位	陕西省经济中心、西部大开发中心城市、关中城市群中心城市、外向型现代城市、西安都市圈	关天经济区核心城市、战略性新兴产业高地、区域性商贸物流会展中心、区域性金融中心、全国重要的高新技术产业和先进制造业基地
交通定位	陕西省中心、陇海铁路中心城市、国家高速公路网中心城市、优先发展城市公共交通	高铁枢纽城市、国际级公共交通示范城市、大西北门户、东西联系枢纽，通达国际
文化定位	历史文化名城、保护内城	"一带一路"起点城市、国际一流旅游目的地
教育科研定位	高教、科研、国防科技工业基地	国家重要的科技研发中心

资料来源：西安市地方志办公室编：《西安年鉴》（2010—2012年），西安出版社，2010—2012年；西安市地方志办公室编：《西安年鉴》（2013—2017年），世界图书出版西安有限公司，2013—2017年。

第二节
城市经济社会发展

一、城市人口规模

人口规模持续增长,但是增长速度明显放慢,建成区人口总体密度增高,就业人口持续增加,新区就业人口超过旧区。

(一)人口总量

2009年西安市人口为843.46万人,到2016年达到883.21万人。市区人口从2009年的561.58万人增加到2016年的595.34万人,增加33.76万人,占全市人口增长的84.93%。(见表6-3)

表6-3　2009—2016年西安市人口(常住人口)变动情况统计表

年份	总人口(万人)	市区(万人)	城市化率(%)	市区人口比重(%)
2009	843.46	561.58	68.93	66.58
2010	847.41	562.65	69.00	66.40
2011	851.34	568.77	70.10	66.81
2012	855.29	572.76	71.51	66.97
2013	858.81	580.60	72.05	67.61
2014	862.75	587.16	72.61	68.06
2015	870.56	588.43	73.02	67.59
2016	883.21	595.34	73.43	67.41

资料来源:西安市统计局、国家统计局西安调查队编:《西安统计年鉴》(2010—2017年),中国统计出版社,2010—2017年。

（二）人口密度分布情况

西安中心城区人口密度总体有所上升。碑林区人口密度持续降低；灞桥区、长安区、莲湖区人口密度有降有升，其他3区人口密度持续上升。2016年，人口密度排前三位的依旧为碑林区、新城区、莲湖区。市区内人口密度增长最快的是未央区，达到6.09%。（见表6-4）

表6-4　2009—2016年西安市各区常住人口密度变动情况统计　　单位：人/平方千米

年份	碑林区	新城区	莲湖区	雁塔区	未央区	灞桥区	长安区
2009	31183	16777	14849	5298	1910	1555	614
2010	30521	16787	14891	5323	1973	1833	682
2011	30196	16823	14991	5383	2051	1588	628
2012	29657	16824	14985	5424	2120	1612	639
2013	28623	17196	15378	5677	2195	1764	693
2014	28109	17426	15902	5801	2391	1805	705
2015	27910	17853	16347	5936	2709	1876	711
2016	27330	18216	16849	6129	3218	1933	718

资料来源：西安市统计局、国家统计局西安调查队编：《西安统计年鉴》（2010—2017年），中国统计出版社，2010—2017年。

（三）就业人口

2009—2016年，西安就业人口总体持续上升，城镇就业人口快速增长。城镇就业人口中，国有、集体经济的从业人员有升有降，其他经济的就业人员呈现逐年增加的态势；按产业看，第一产业逐渐降低，第二产业先增后减，第三产业先减后增。（见表6-5）

表6-5　2009—2016年西安市就业人口变动情况统计表　　单位：万人

年份	合计	按城乡分（城镇部分）				按三次产业分			比重（%）		
		总计	国有经济	集体经济	其他经济	第一产业	第二产业	第三产业	第一产业	第二产业	第三产业
2009	462.52	239.39	90.83	7.63	140.93	122.13	131.57	208.82	26.41	28.44	45.15
2010	477.58	252.54	94.01	5.48	153.05	117.27	145.4	214.91	24.55	30.45	45.00
2011	495.99	265.43	91.62	5.33	168.48	121.05	151.33	223.61	24.41	30.51	45.08
2012	514.57	287.65	95.33	5.1	187.22	114.92	162.35	237.3	22.33	31.55	46.12

续表

年份	合计	按城乡分（城镇部分）				按三次产业分			比重（%）		
		总计	国有经济	集体经济	其他经济	第一产业	第二产业	第三产业	第一产业	第二产业	第三产业
2013	530.71	308.04	86.06	7.29	214.69	110.45	151.5	268.76	20.81	28.55	50.64
2014	532.92	316.59	84.83	6.67	225.09	105.02	151.85	276.05	19.71	28.49	51.80
2015	528.06	327.68	84.54	5.29	237.87	107.68	129.51	290.87	20.39	24.53	55.08
2016	539.18	335.07	87.15	4.85	243.07	105.12	127.88	306.18	19.50	23.71	56.79

资料来源：西安市统计局、国家统计局西安调查队编：《西安统计年鉴》（2010—2017年），中国统计出版社，2010—2017年。

二、城市建设实践

（一）高效便捷的交通网络

这一时期开通了西安到中亚的国际铁路货运列车，同时新开通了13条国际航线和6条国内航线，实现了西安到欧洲的直航，对外立体交通网络形成。对内西郑、西宝高铁正式开通把西安纳入全国高铁网络，同时还有西安—汉中、西安—安康高速公路的建成通车，密切了关中和陕南的交通联系，使两地的交通时间缩短到4小时以内。

航空方面。2009年西安咸阳国际机场二期扩建工程全面开工，同年机场专用高速建成通车。西安咸阳国际机场已与国内外35家航空公司建立业务来往，驻场运力达65架飞机，开辟通航点100个，拥有航线202条，其中国际通航点11个，航线11条，通航城市96个。

2009年4月10日，西安至法兰克福全货运航线正式首航，西安至欧洲有了定期货运航班。该航线的开通解决了国际货物运输周期长、破损多、成本大的问题，为西安外向型经济发展提供了保障。2009年5月27日，由大韩航空公司执行的首尔至西安航线正式开通。2011年，增开西安—南京—广州全货运航线，并引入顺丰航空增设西安咸阳国际机场快递分拨中心。

据2017年8月机场官网信息显示，西安咸阳国际机场基地航空公司共有6家，分别是中国东方航空、海南航空、南方航空、天津航空、幸福航空、深圳航空，西安咸阳国际机场与国内外62家航空公司建立了航空业务往来，开辟的通航点达171个，航线313条，其中国际航线46条。

铁路方面。2010年2月6日，郑西高速铁路西安至郑州动车组列车首发仪式在西安车站举行。郑西高速铁路是中国《中长期铁路网规划》"四纵四横"中徐州至兰州高速铁路的重要组成部分，其开通运营使关中都市圈内部城市间的时空距离缩小为1小时时空半径范围内，大大加强了西安与周边城市的关系。其线路全长504.66千米，其中陕西境内146.54千米。工程自2005年9月开工，2009年6月完成全线铺轨，2010年2月6日正式投入运营。这是世界上首条修建在大面积湿陷性黄土地区的高速铁路，也是中国中西部地区第一条时速350千米的高速铁路。

2010年7月1日，西安铁路集装箱中心站正式开通。该站位于西安铁路枢纽新建北环线新筑车站，由集装箱运输、特货装运、中铁快运和整车货物货场四部分组成，是全路18个集装箱中心站之一。该站启用后，每年可实现集装箱货物总运量1724万吨，快运行包总运量82万吨，整车货物总运量350万吨。

2011年，西安铁路局下发《西安铁路局旅客列车互联网售票管理办法》，自11月20日起所有直达特快（"Z"字头）、12月10日起所有特快（"T"字头）列车开通互联网售票。

2011年1月11日，西安北客站南站房启用，西安北客站正式运营。西安北客站作为全国重要的高铁运输枢纽站，在我国的高铁运输网中具有举足轻重的作用。其位于西安市中轴线北端，未央路、北三环路、绕城高速公路的衔接处，距钟楼12千米、咸阳市中心21千米、西安咸阳国际机场20千米、西安市新行政中心3千米。车站设为南北双向的客运站房、双向站前广场，实现双进双出，并且与航空、地铁、公交、出租车等实现高效换乘。

2013年11月28日上午10时，"长安号"80807次国际货运班列从西安新筑车站启程，前往哈萨克斯坦阿拉木图。这是西安铁路局开行的首趟中哈国际货运班列。同年，12月28日西安至宝鸡高速铁路开通运营。

公路方面。西安至兰州、太原、郑州、成都、北京、济南、南京、上海等省会城市、直辖市快速客运"千公里一日交通圈"已经形成。按照"建设主枢纽，发展大物流"的总体思路，西安积极引导货运企业发展，货运站（场）发展到16个，物流企业达到1200余个，共开辟零担运输线路568条，已辐射到全国大中城市及部分县乡。以西安城区为中心、各区（县）为节点的公路运输网络不断完善，提升了西安的综合竞争力。

2009年7月8日，西安咸阳国际机场专用高速公路正式建成通车，是其时西部地区建设标准最高、配套设施最完善、智能化服务水平最高的八车道高速公路。

市内交通方面。这一时段，城市内部道路系统以拓宽、绿化等改造为主。同时又以二环路、三环路为核心，修建了11座大型立交桥，形成了各个区域之间的既自成系统又相互联系的立体交通网络。另外，以停车位为代表的城市静态交通得到了规范化管理，开始进行社会化改革。

2013年10月19日，西安城东纺织城综合交通枢纽正式启用。

2012年，建设停车泊位675个。进行北马道巷停车场和南二环路立交桥下停车场建设，自建朱宏路桥下停车场1个，联建洒金桥停车场和众源白庙停车场2个，共建停车位675个。2013年，新增停车位755个，电子收费率72.29%。北马道巷停车场于3月投入运行，总投资1800万元，建设停车位120个。同月，开工建设西安高级中学地下停车场，12月主体封顶，总投资7500万元，建设停车位480个。

这一时段，开始实施"公交都市"政策，西安市地铁、公共自行车、共享单车先后投入运营，改变了居民的出行距离和习惯。

地铁的建成与开通使城市内部的通行范围变大，通达性明显增强，拓展了城市地下交通空间，带动了巨大的人流量，地铁站及其沿线成为城市各个片区内经济发展新的活跃区域。

2011年9月16日，西安地铁2号线一期工程北段通车试运营，标志着西安市公共交通进入地铁时代。西安也因此成为全国第十个、西北地区首个拥有地铁运营线路的城市。2013年9月15日，地铁1号线一期工程通车试运营，标志着西安地铁进入双线"十字"运营阶段。2016年11月8日，地铁3号线通车试运营。

为进一步提高西安公共交通服务水平，打造便捷、高效的公共交通体系，实现公交和地铁、长途客运站"零距离"对接。2016年，西安市积极实施公交优先发展战略，先后制定了《西安"公交都市"建设示范工程五年行动方案》《客货运站场外迁方案》及相关配套政策。新开、调整公交线路36条，开通微型公交线路11条。新购公交车661辆，增加公交泊位833个，改造公交港湾50处，安装公交电子站牌100套。建成纺织城、红旗西路和南三环桥下等一批公交枢纽，高新区公交枢纽充电站和首末站投入使用。完成4条县际客运班线公司化改造,新增6条农村公交化客运线路,全市行政村班车通达率达96%。

为了配合地铁线路的开通,贯彻实施"地铁送到站,公交送到家"的服务理念,解决市民"最后1千米"出行的交通需求,西安市公交总公司对西安市内的公交线网布局进行了优化,并于2012年2月21日开通了三列微型公交(161、162、163路)线路,各条线路长度8千米左右,配备中轿小型车,充分利用线短、车小、周转快的特点,加强地面交通与地下交通的衔接,构建以人为本、快速出行的公共交通网络。翌年,还开通165路等5条微型、接驳线路,填补了凤城五路和子午路的空白,解决了沿线10万人的出行问题;延伸500路至关中民俗艺术博物馆,结束了火车站至长安区旅游景点无公交的历史。

此外,为了进一步促进节能减排,倡导公众绿色出行,缓解当前城市交通拥堵的情况,西安公交总公司组建公共自行车服务管理公司,3年建成公共自行车服务网点2000个,投入5万辆自行车,覆盖面积154平方千米,包括主城区及各开发区,以解决西安公共交通换乘和市民出行不便问题。2013年9月25日,全市范围内公共自行车系统正式启用。

(二)产业集聚与规模化发展

该阶段城市产业加速向外围新区集聚,相似企业和上下游企业迅速集中在高新区、经开区、曲江新区等,产业集群明显,产业片区规模不断扩大。高新区扩张到西南的三

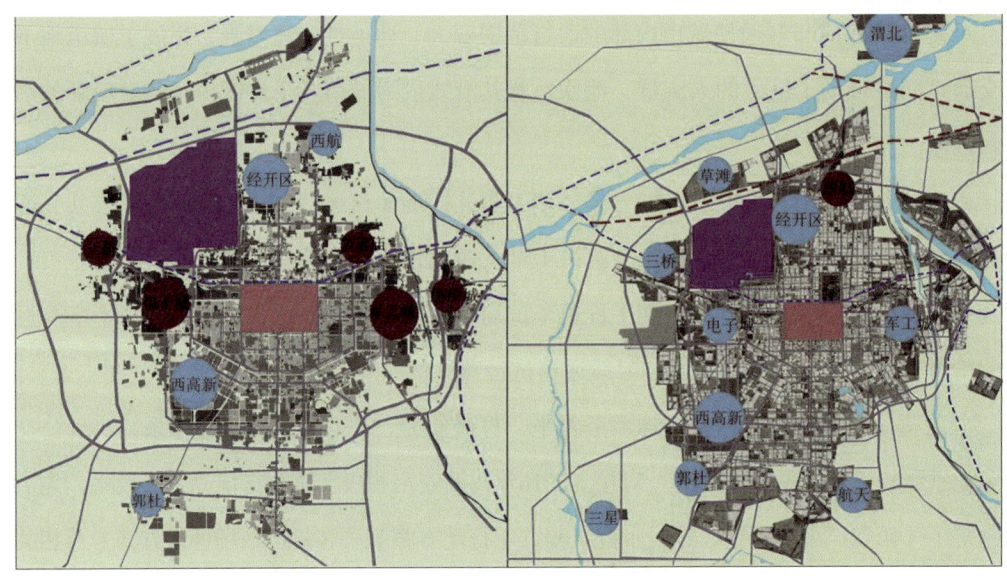

图 6-1 2009—2016 年西安产业结构演变图

资料来源:历年西安地图;西安市地方志办公室编:《西安年鉴》(2010—2012年),西安出版社,2010—2012年;西安市地方志办公室编:《西安年鉴》(2013—2017年),世界图书出版西安有限公司,2013—2017年。

星城，经开区扩张到渭河以北的泾渭新城，同时城市内部尤其是二环路以内地区的企业继续实施"退城入园"政策，搬迁地址由原来的三环路外向更远的新区聚集，城市内部的工业区基本消融。由于纺织城的改造，东郊的纺织企业也向新技术、新工艺集中的西安纺织产业园区进行集中转移。

此外，沣东新城的建设已经起步，但是产业还没有形成规模。依托世园会的举办，辛家庙工业区基本改造搬迁完毕。同时以现代商贸物流为特色的国际港务区、以军工和先进制造业为重点的泾渭新城、以航天技术产业的应用为主导的航天基地，在城市外围聚集成为新的产业集聚区；同时以高新区、经开区、曲江新区和浐灞生态区为代表的新区的核心区功能不断完善，形成了新的城市中心区。

（三）房地产市场健康化发展

随着交通的发展和完善，城市住区不断沿交通线向外扩张，尤其是地铁线路的开通，地铁沿线特别是未进行开发地区出现了新的居住区。同时随着住宅的市场化程度不断深入，形成基于市场和收入因素分层的社会分异，从而新的地缘社会网络得以形塑。新的职住关系，构成了多元化的职住关系并对交通产生较大影响，导致高峰拥堵。

针对这一阶段城市居住的整体问题，西安市主要有以下两方面的解决思路。

一方面，对于房地产市场，提出了促进其平稳与健康发展的新要求。2009年以后，商品住房项目小户型比例均大于70%，满足国家的"90、70"政策。2010年，根据《国务院办公厅关于促进房地产市场平稳健康发展的通知》（国办发〔2010〕4号）和《国务院关于坚决遏制部分城市房价过快上涨的通知》（国办发〔2010〕10号）的文件精神，西安市政府分别于同年4月和11月颁布了《关于进一步促进房地产市场平稳健康发展的若干意见》（市政发〔2010〕36号）和《关于贯彻落实国发〔2010〕10号文件有关问题的通知》（市政发〔2010〕73号）两份文件。

另一方面，开始注重保障性住房建设。2009—2016年，西安的商品房主要分布在高新、经开、曲江、浐灞、航天基地以及沣东新城等新区。其中，别墅类主要分布在曲江，其他住区都是中高档混杂，尤其是新区建设过程中的旧城改造，会附建一部分保障房，因此住区没有明显的社会分层。保障房主要以旧城改造和城市边缘新区为主，普遍档次不高。

2009年，西安经济适用住房新开工面积205万平方米，竣工面积158万平方米。全年新增廉租住房保障户数4807户。新增廉租住房项目17个，新建面积106万平方米，

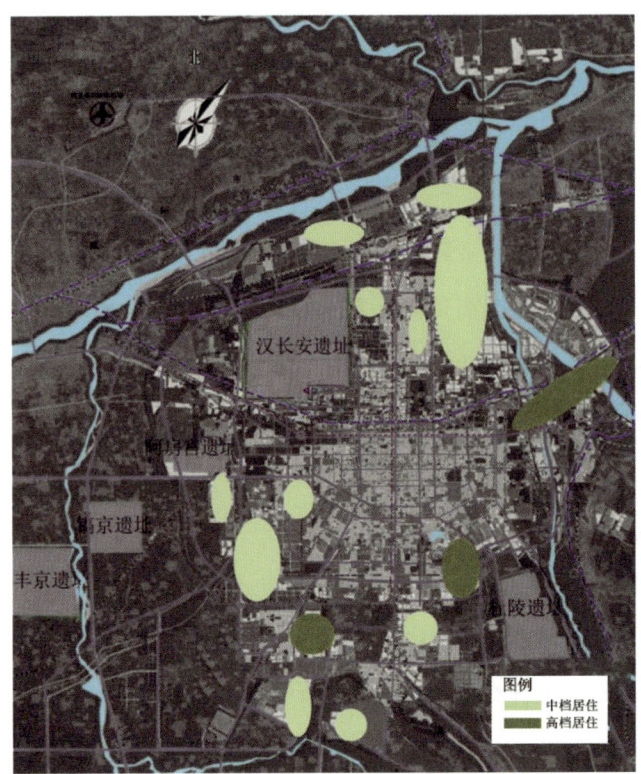

图 6-2 2009—2016 年西安居住空间发展图

资料来源：历年西安地图；西安市地方志办公室编：《西安年鉴》（2010—2012年），西安出版社，2010—2012年；西安市地方志办公室编：《西安年鉴》（2013—2017年），世界图书出版西安有限公司，2013—2017年。

18383套。

2010年，经济适用住房新开工面积220.26万平方米，竣工面积176.35万平方米。新建经济适用住房25912套。建设公共租赁住房10.5万平方米，2500套，其中三桥、鱼化寨、老洼滩项目各3万平方米，东姜村、帽珥冢村共1.5万平方米。

2011年，新开工廉租住房9792套，经济适用房3.22万套，公共租赁住房3.91万套，限价商品房1.58万套，棚户区改造新房3.8万套。

2013年，新开工各类保障性安居工程87880套。新增廉租住房租赁补贴户3089户；基本建成各类保障房67997套；向社会提供廉租住房、经济适用住房、公共租赁住房等各类保障房源21683套。

（四）综合化城市商圈崛起

随着居民消费水平全面上升，以商业综合体为主体的城市新型商业模式开始出现，其中具有代表性的有2007年开业的西安立丰国际购物广场。各种商业综合体的出现，弱化了传统商业中心的地位和作用，使得城市公共生活中心趋于网络化发展趋势。城市综合体是商业、办公、居住、展览、餐饮等诸多城市生活空间组合后的空间形态，为西安人创造了居住、餐饮、娱乐等一条龙服务的生活模式。

这一时期，西安市开业、规划超过10万平方米规模的商业地产项目多达30多家，投资超10亿元的项目达20余家。西安城市综合体正以跃进的速度前行。除了增长速度惊人，投资规模、体量同样给业内带来震撼，有总投资80亿元的大明宫万达广场、占地1200亩的绿地中央广场、总建筑面积约150万平方米的国润城、总建筑面积约1750万平方米的超大综合商品集散地西安华南城、占地500亩的大唐西市、占地2万亩的世界级家居建材产业集群中国原点新城。此外，龙湖·MOCO国际、中贸广场、盛龙广场等大型城市综合体项目纷纷亮相，众多的商业综合体项目都在投资的规模和体量上有了跨越式发展。（见表6-6）

随着西安旧城改造、新城建设的不断加速，除了钟楼、小寨等传统商圈焕然一新，大雁塔、曲江、沣渭新区、大明宫、科技路、北客站、未央路、长安、龙首、国际港务区等新兴商圈不断崛起。万科城、曲江银泰城、欧凯罗广场、大明宫万达广场、大明宫中央广场、三桥的华润二十四城、电子城的万象春天、港务区的华南城等都是各区域未来大型的商业综合体项目。①城市综合体不仅需要大体量的建筑面积，更注重依托于实体建筑基础上的服务效率和服务质量。随着万达、万科、绿地、新宝龙、龙湖、华润、苏宁、国润置业、金花、悦达华美等一线品牌房企纷纷进驻西安，以"城市综合体"名义亮相的楼盘在西安各区域遍布。城市综合体成为西安商业地产未来发展的主流模式。

表6-6 2009—2016年西安商贸业重点建设项目表

区域	项目名称
高新区	高科集团商业开发项目
	高新区商业改造项目
经开区	海峡两岸商务园项目
曲江新区	曲江万达项目
浐灞生态区	浐灞总部科研创意基地项目
	中国－东盟西安经贸中心综合项目
国际港务区	白马酒城项目
	中国西部大宗商品交易中心项目
沣东新城	百瑞斯机构商业综合项目
	三桥村商贸改造项目
	沣渭国际车城建设项目

---

① 王瑜：《商业地产没有饱和 才刚刚开始》，http://news.dichan.sina.com.cn/2012/11/16/599938.html。

续表

区域	项目名称
新城区	大差市恒隆广场项目
	解放路商圈改造项目
	长乐路商圈改造项目
	炭市街综合改造项目
莲湖区	西安国际商贸基地
雁塔区	省军区军人服务社整体改造项目
灞桥区	灞桥区主要街区商圈改造项目
未央区	盛龙广场
	深国投"未央印象城"
	名京·御景园（肖家村城改项目）

资料来源：西安市发展和改革委员会：《西安市重点建设项目计划》（2009—2016年），2009—2016年。

（五）多元化城市中心的形成

这一阶段，城市中心分布，在保持原有老城中心商业区位优势的基础上，外围形成了多元多极化的城市新公共生活中心。旧城区的公共服务设施不断更新改造，尤其是地铁等交通线路沿线和城市更新地区，使旧城的服务设施更加完善；随着新区功能的不断拓展，新区也开始基于需求加大公共服务设施的投入，尤其是高新区、经开区、曲江新区和浐灞生态区等核心区由于居住功能的集聚，公共服务设施发展迅猛。

其中，西安的行政中心向北迁移（2010年），对城市发展发挥着举足轻重的作用，它将辐射周边区域，使其周边成为新的行政办公聚集区；2011年世园会的举办、浐灞河流域的生态保护和建设，有效拓展了城市东部的开发空间。公共设施进一步发展，最主要的是文化旅游设施的发展。2009年大唐不夜城开市、2010年大唐西市博物馆开园、2010年10月1日大明宫遗址公园开放，在曲江新区和大明宫遗址公园形成新的公共基础设施片区。随着地铁线路的开通，地铁沿线周边不断建设公共设施，南北主轴得到强化。

西安自古就有"八水绕长安"的佳话，浐河、灞河历来河水充盈，风景优美，自古

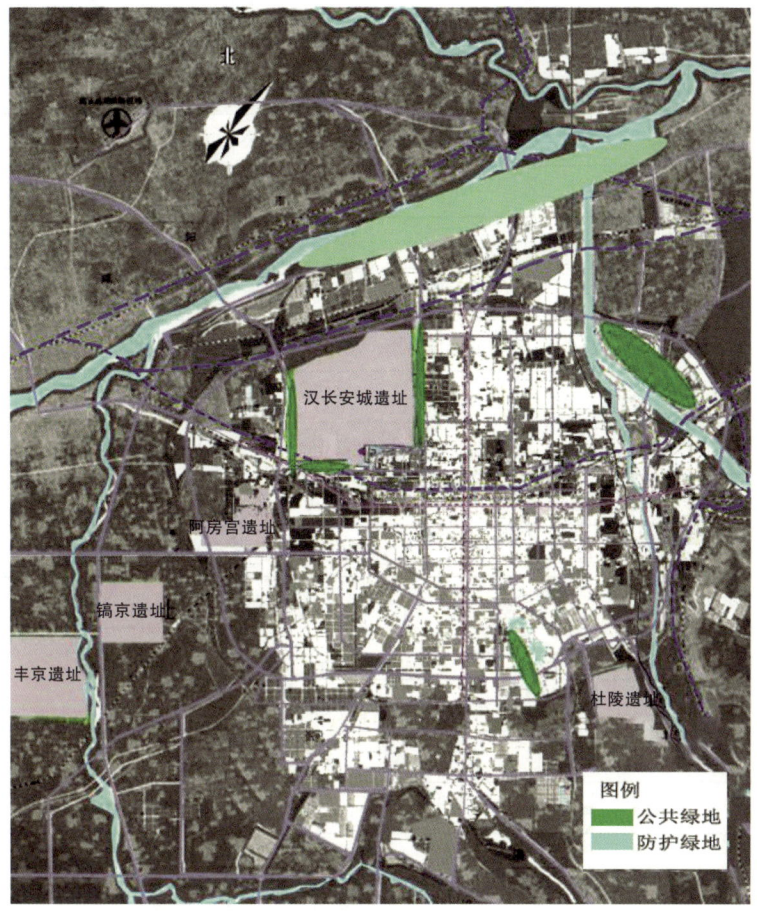

图 6-3　2009—2016 年西安绿地发展图

资料来源：历年西安地图；西安市地方志办公室编：《西安年鉴》（2010—2012 年），西安出版社，2010—2012 年；西安市地方志办公室编：《西安年鉴》（2013—2017 年），世界图书出版西安有限公司，2013—2017 年。

即为重要的水上交通要道。然而，曾几何时，两河流域环境日趋恶化，河流日渐干涸，浐河、灞河昔日的繁华被岁月的流沙所掩埋。西安在保护历史文化特色的基础上不断深化和推进城市建设和管理力度，开展实施"大水大绿"工程，全面推进西安市园林化建设，改善城市环境，形成人文与自然资源相互依托的城市格局。浐灞生态区累计投资 20 亿元建设生态环境，将广运潭景区建成我国西北地区罕见的城市生态湿地公园，其功能包括生态湿地保护、河道景观、旅游度假、综合游览等内容，为西安举办世园会奠定了重要基础。

表6-7　2009—2016年西安公园重点建设项目表

区域	项目名称
曲江新区	曲江新区海洋公园二期
	曲江新区植物园
浐灞生态区	浐灞国家湿地公园
	世园会址改造
	灞桥都市型现代农业示范区、灞桥区鲸鱼沟生态农业示范基地
	新纺织公园
航天基地	航天基地星河中央公园
沣东新城	阿房宫考古遗址公园
	沣渭三角洲湿地公园
	昆明池遗址保护开发
	昆明湖建设
	文景山公园
	阿房宫公园
雁塔区	乐游原历史文化公园二期（青龙寺遗址保护项目）
灞桥区	房车自驾车主题休闲生态度假小镇
未央区	汉长安城国家考古遗址公园
长安区	大秦岭旅游产业带建设
	潏河湿地公园

资料来源：西安市发展和改革委员会：《西安市重点建设项目计划》（2009—2016年），2009—2016年。

2010年2月，郑州至西安高速铁路客运专线正式开通运营。2011年1月，西安北客站正式启用，郑西、西宝、西成、大西、西银客运专线及关中城际铁路均引入该站。北城区巨大的城市交通网络逐渐形成，推动城市重心北移，加快国际化大都市新中心的形成，促进西安城市空间布局的调整与优化，对于构筑西安国际化大都市新的空间格局，具有重要作用。①

---

① 裴成荣：《西安城市空间布局及国际化大都市发展战略研究》，载《人文杂志》2011年第1期，第188页。

2013年，西安中央文化商务区（CCBD）20个重大项目集中开工，总投资约1000亿元。基础设施建设与现代化社区服务建设也同步开工，2013年年内基本完成主要道路网建设。①

表 6-8　2009—2016 年西安会展业重点建设项目表

区域	项目名称
浐灞生态区	欧亚经济论坛综合园区
曲江新区	曲江国际会展中心二期
高新区	都市之门－城市商务会展中心
	绿地世纪城
航空基地	中国国际通用航空大会会展服务平台建设

资料来源：西安市发展和改革委员会：《西安市重点建设项目计划》（2009—2016年），2009—2016年。

自2009年西安（浐灞）金融高峰论坛举办以来，截至2016年年底，已成功举办四届。西安金融商务区作为西安区域性金融中心的重要承载，在构建区域金融产业链等方面已经进行了初步的探索与实践。2013年3月，陕西省政府正式批复同意将西安金融商务区列为省级开发区，享受省级开发区相关优惠政策。同年8月，外交部发函批复同意启动位于西安金融商务区核心区内西安领事馆区建设。规划占地约60公顷。西安金融商务区已有60余家各类金融机构及商务配套项目入驻，初步显现出金融集聚功能。②

表 6-9　2009—2016 年西安金融业重点建设项目表

区域	项目名称
高新区	高新区中央商务区建设项目
	中国人寿陕西省分公司综合楼及配套项目
	长安银行总部办公大楼项目

---

① 耿薇：《西安中央文化商务区20个重大项目集中开工》，载《陕西日报》2013年9月26日第1版。
② 文艳：《西安金融商务区金融集聚功能初显》，载《西安日报》2013年9月29日第1版。

续表

区域	项目名称
浐灞生态区	苏陕国际金融中心
	中国银行全球客服中心
	建设银行陕西省分行西安经营管理部营运大楼
	金融押运及银行票据服务基地
	永安保险总部办公大楼项目
	国家开发银行陕西省分行办公大楼项目
新城区	太平洋人寿保险有限公司陕西分公司项目
	新城广场周边区域性金融商务区公共服务平台项目

资料来源：西安市发展和改革委员会：《西安市重点建设项目计划》（2009—2016年），2009—2016年。

大唐不夜城、大明宫国家遗址公园等一批重点项目建成开放，秦阿房宫等大遗址保护展示工程建设进展顺利，使之成为城市公共活动中心。此外，还有西安音乐厅、西安美术馆等国家一流的大型文化设施在西安陆续建成开放，它们既是重要的公共艺术普及场所，又是西安城市的新地标。它们营造的艺术氛围为西安城市文化的建设增添了源源不断的活力；它们立足于发展美育，提升城市生活的文化艺术渗透力；它们专注于群众基础艺术文化活动，策划高端国际学术论坛，举办形式多元的公益演出等艺术活动，拉近艺术和大众的距离，使艺术成为城市肌体的一部分，也为西安古城增添了文化自信与魅力。

表6-10　2009—2016年西安公共中心重点建设项目表

区域	项目名称
经开区	西安文化广场
	西安经开区印包产业基地建设
	西安经开区文化中心
曲江新区	陕西大剧院、西安音乐厅、西安美术馆
航天基地	开泰动漫产业园
新城区	西部图书城

续表

区域	项目名称
碑林区	碑林创意产业园建设
碑林区	西安博物院二期
碑林区	三学街传统地段保护与更新
莲湖区	大唐西市
雁塔区	小寨工人文化宫改造
长安区	陕西民间文博产业园
长安区	长安文化国际交流中心
长安区	佛教祖庭文化园（兴教寺、香积寺、净业寺、华严寺）

资料来源：西安市发展和改革委员会：《西安市重点建设项目计划》（2009—2016年），2009—2016年。

（六）旧城改造城市更新

首先，是城市更新发展过程中的城中村及棚户区改造。完善、修改《西安市城中村改造管理办法》（2007年）、《西安市棚户区改造管理办法》（2014年），并报西安市政府法制办公室审核。同时，抓住中央加大棚户区改造工作力度的契机，制定《西安市关于进一步加快棚户区改造工作的实施意见》（2014年），推动改造工作持续发展。

西安的城中村改造项目大致分为两类：一是配套设施极不完善、用地严重不足、经济效益难以平衡、历史遗留问题较多的城中村。西安有如韩南村、韩北村、赵家坡村等31处这种类型的城中村。针对其具体问题和特殊情况，市政府提出"不配建廉租房、专项资金补贴"以及"连片开发、捆绑式改造"等建议，为推动城中村改造创造有利条件。二是就地安置改造型的城中村。代表性的有西安世园会会址周边城中村改造。在满足规划要求前提下，尽量采取就地安置的策略，大力培育改造项目发展楼宇经济。在选择产权调换时，以现状2层以下面积为产权认定面积，村民按人均安置建筑面积不小于65平方米的原则，并结合原房屋产权建筑面积进行安置，并在奖励期内实行"拆一还一，不找差价"的政策，使搬迁群众得到实实在在的利益。

其次，是与城市文化遗产保护相关片区的更新改造与环境整治。典型的如大明宫遗

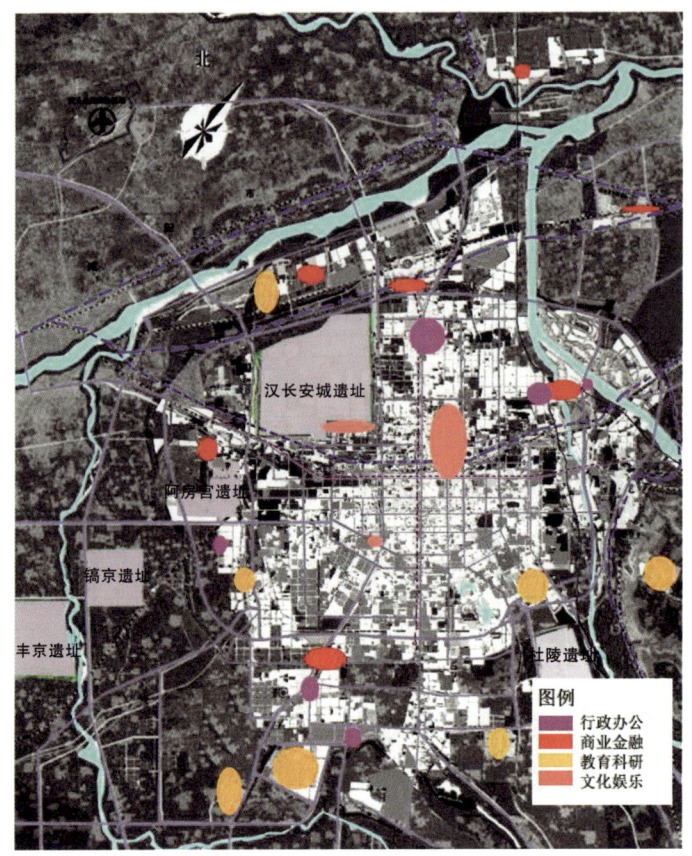

图 6-4 2009—2016 年西安公共设施发展示意图

资料来源：历年西安地图；西安市地方志办公室编：《西安年鉴》（2010—2012 年），西安出版社，2010—2012 年；西安市地方志办公室编：《西安年鉴》（2013—2017 年），世界图书出版西安有限公司，2013—2017 年。

址及其周边的更新改造。随着西安城市发展重心的北移，大明宫遗址区域重回都市的中枢区位，面临着新的发展机遇。规划将大明宫遗址区域定位为国家遗址公园、城市文化生态区、城市活力新区和宜居新城区。规划通过拓展保护理念，创新大遗址保护模式；完善、优化区域功能结构，提升地区发展活力；改善居住条件，完善区域市政设施及公共设施配套，提高当地居民的生活质量；改善区域交通条件，合理组织重点节点地区交通，有效保护、利用大明宫遗址，加强旅游产业的发展，实施项目带动战略，从而促进其区域的有机更新。①

---

① 曹恺宁：《城市有机更新理念在遗址地区规划中的应用——以西安唐大明宫遗址地区整体改造为例》，载《规划师》2011 年第 1 期，第 46 页。

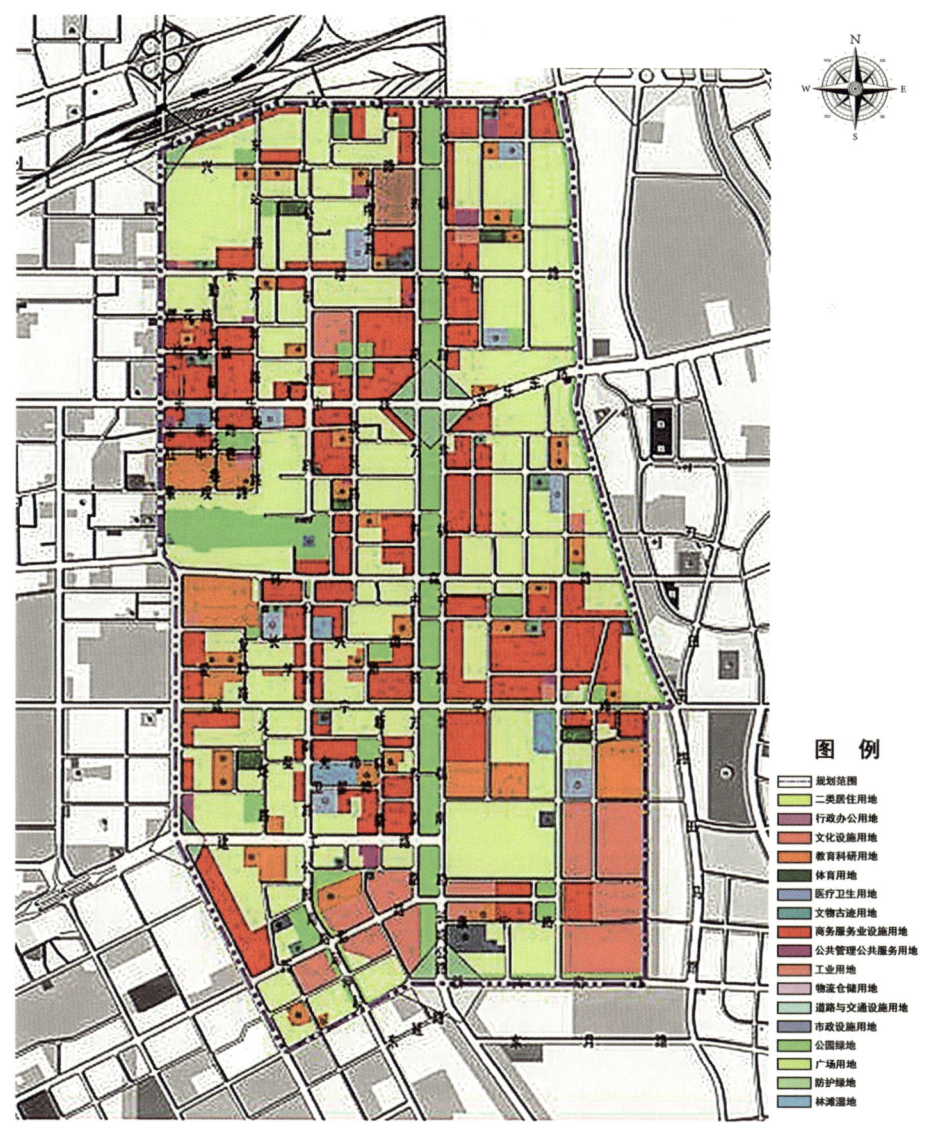

图 6-5　幸福路地区综合改造土地使用规划图

资料来源：《幸福路地区综合改造总体规划》，2012年。

另外，还有景点周边环境整治。如：西安市城乡建设部门对顺城巷存在的81项环境容貌问题逐一进行了整治。雁塔区青龙寺景区周边4条道路开展立面整治9526.7平方米。新城区八路军办事处和革命公园周边西七路、北新街的改造工程，北院门地区的立面改造工程，三学街立面仿古改造、路面铺设、街景整治工程按期竣工。半坡博物馆周边拆除建筑物4万多平方米。曲江寒窑遗址公园建成开放。除此之外，电视塔周边推进绿化布置与广告整治工作，高新区木塔寺公园的环境整治有效实施，临潼区华清池景区周边完成了沿街门面房拆除、文化馆等处的立面装饰改造和华清宫广场拆迁征地工作等。

最后还有一类属于城市片区的综合改造，如西安市幸福路地区综合改造。"一五"期间，西北光学仪器厂、秦川机械厂等6家大型军工企业先后在此布局，为国防事业做出巨大贡献。但是随着社会发展，这一区域的群众生活水平普遍较低，企业福利区、城中村盘错，布局杂乱，配套落后。

2012年，西安启动幸福林带建设。同年12月25日，市政府常务会议通过了《幸福路地区综合改造总体规划》，明确了该地区"一带、两核、两轴、四中心"的功能布局，其中幸福林带确定为这次改造的核心工程。2013年下半年起，幸福林带综合改造征收安置工作全线启动。2016年11月，幸福林带工程正式启动。计划用5年时间，建成西安城区最大的绿色走廊。

幸福林带北起华清路，南至西影路，按自然路分为6段，全长5400米，宽140米，占地面积1134亩。改造工程还打通断头路，对公园南、北路等10条道路拓宽改造，将6家大型军工企业外迁至高陵等地的工业园区。

（七）城市生态环境保护

其一，长安之八水见证了长安3100多年的发展史，依旧在历史的长河中缓缓流淌，面对愈演愈烈的环境破坏，河流污染问题，相关部门高度重视，并出台了一系列治理办法。《西安市水利建设规划（2003—2020年）》中规划建设蓄水、调水、供水、排水、节水、治水等六大工程；在浐、灞、沣、渭等河流上将兴建25座橡胶坝，形成水面2万多亩，建设李家河等11座中型水库，扩建未央湖，改造兴庆湖，整治护城河，恢复曲江池、昆明湖和汉城湖，通过治理和改造长安水系，构建低碳环保的城市水景观，西安正大步伐地向着生态城市、山水城市的目标前进。现代滨水区建设的成功不仅依靠职能部门、财政和设计力量的支持，更依赖于我们充分认识到城市滨水区的发展为城市更新提供众多机会。城市滨水区的发展肩负着大规模城市更新的职责，21世纪的城市不仅要提供财富增长的机会，而且要迎接社会的、文化的、科技的、环境的和美学的多方面变革。①

其二，西安浐灞生态区于2004年9月成立以后，坚持生态立区的理念，遵循生态优先、先治理后开发的原则，按照"河流治理带动区域发展、新区开发支撑生态建设"的

---

① 杨军：《基于倡导低碳城市背景下的水景观生态设计研究初探》，西安美术学院2010年硕士学位论文。

总体思路，经过多年的探索和努力，将一个生态重灾区变成了环境优美、宜居宜创业的生态新城。浐灞把生态文明建设作为生态区发展基础的经验得到社会的肯定，住房和城乡建设部于2013年8月7日确认其为"绿色生态示范城区"。[①]

另外，还有诸如环山旅游带绿化和天然林保护工程建设，秦岭2009年全年造林1.32万公顷，森林覆盖率达到44.99%。秦岭终南山世界地质公园申报成功等事件代表了这一阶段内生态环境保护与培育是西安全域范围内的工作重点。

（八）城市发展进程

2009—2016年，西安城市空间向外拓展了245.60平方千米，主要城市的边缘新区建设占整个用地增长面积的50%多。其中，产业和居住用地比重最大，新区产业和房地产成为带动城市发展的驱动因素。这一时段其社会经济条件、空间发展表征及城市空间子系统发展等特征要素，呈现出多元要素作用下的复杂过程。

首先，从社会经济条件看，表现为人口规模增长，建成区人口总体密度增高，新区就业人口增长速度和规模远远大于旧城区；城市发展定位为国际化都市，同时，为促进区域协调发展，提出了省市共建大西安的战略部署，土地利用方面建立"市区共储"的土地储备模式。其次，从空间发展表征看，国际化大都市和"一带一路"倡议促进了西安的空间扩张；用地发展呈现城市周边全方位拓展，并由北部跨越渭河发展渭北工业区；主城区开展城中村改造、旅游景点周边环境整治以及幸福林综合改造等。最后，主要从城市空间子系统进行空间发展要素分析，包含四个方面。其一，交通空间子系统，因高铁的通车大大缩短了其与周边城市的时空距离，地铁的建设则推动了郊区城市的发展进程。其二，产业空间子系统则主要表现在新区的产业持续聚集，但各个新区处于不同的发展阶段，并已逐渐形成产业发展平台。如高新区不断强化其创新成果的孵化和科技成果转化；经开区、曲江新区和浐灞生态区则结合新的发展理念对其先进制造业、文创产业以及总部经济等进行优化形成升级版产业新区；航空、航天基地则强化其高科技产业，并结合产业发展诉求，培育其上下游产业平台，延伸产业链；国际港务区以国际物流、商贸，奠定了西安在丝绸之路经济带的开放口岸及对外贸易窗口的地位；沣东新城则处于起步阶段，呈现多极发展、以点带面的发

[①] 冯利芳、范弘颖：《浐灞十年绿色之路——西安浐灞生态区创建绿色生态示范城区的调查报告》，载《城市发展研究》2014年第8期，第2页。

展态势。其三，居住空间子系统建设，则以商品房为主，而居住选择呈现趋近教育、医疗等公共服务配套设施的特征，曲江新区和浐灞生态区则突出体现为公共空间开发和环境品质提升带动发展的趋势。其四，公共生活空间系统呈现出趋近城市三环路等快速连通性道路周边带动的趋势。

综上所述，从城市空间上看，表现为新区建设引导下的多元复合网络及其多极生长的基本态势。城市空间结构呈现城市边缘新区多极增长，主城区核心综合多功能中心与城市外围新区专项公共生活空间多元、共生发展的格局，同时行政中心外迁至城北经开区，提升该区域的城市中心作用和地位，并进一步强化了其公关服务设施和产业的升级改造。而重大基础设施建设及产业政策为城市空间迅速扩展提供了有利条件。

三、经济与产业

（一）城市经济政策

1. 推进"央企进陕"，发展开放型经济

2009年，《西安市人民政府关于进一步推进开放型经济发展的实施意见》的颁布，确定了西安经济发展方向。

西安未来要开放投资领域，而涉及的开放区域与产业领域如下[①]。开放区域围绕高新区、经开区、曲江新区、浐灞生态区、渭北工业区、国际港务区、皇城发展区、秦岭北麓生态休闲旅游区、阎良航空基地和西安航天基地10个区域。产业领域涉及航空航天、汽车、新材料（含现代化工）、电子信息、输变电和专用通用设备制造、生物医药、旅游、文化、物流、房地产等十大产业。

为实现产业发展，推动产业转移，促进长三角、珠三角、环渤海三大区域的经济合作与发展，西安积极承接转移产业，密切联系央属企业，积极争取重大企业于西安落户。同时，西安还积极加强与东北老工业区、陇海兰新经济带、黄河中上游城市之间的合作关联，并且推动关天经济区建设，加强省内城市经济合作，最终实现西安与区域经济的纵深发展。

2012年4月27日，陕西省政府与国务院国资委在北京举行合作备忘录签字暨央企进

---

① 西安市发展和改革委员会编：《西安市"十二五"规划重大问题研究》（上册），陕西人民出版社，2010年，第120页。

陕发展活动启动仪式。为贯彻西部大开发、关天经济区建设的战略部署，"十二五"期间，国务院国资委与陕西省政府共同推进央企与陕西省在产业升级、技术创新、人才培养等方面开展合作，以实现央企与陕西省优势互补、共同发展，最终达到合作共赢。启动仪式上签约的项目达到206个，项目有能源化工、军工、装备制造、电子信息、有色冶金、轻工纺织、基础设施七大类，涉及金额7000多亿元。

2. 创新驱动发展战略性新兴产业

战略性新兴产业是以重大技术突破及发展需求为基础，对社会与经济全局发展具有重大引导作用的产业。其具有知识技术密集、物质能源消耗少、产业潜力大、综合效益高等特点。培育和推动战略性新兴产业是抓住跨越发展的时代机遇，优化经济与产业结构的关键。

2010年10月，国务院出台《国务院关于加快培育和发展战略性新兴产业的决定》；2012年7月，国务院印发了《"十二五"国家战略性新兴产业发展规划》。2010年9月，陕西省政府明确重点发展七大战略性新兴产业，开启了陕西省战略性新兴产业的培育和发展工作。2011年7月，陕西省发布《陕西省人民政府战略性新兴产业发展"十二五"规划》，阐明了"十二五"期间，打造以西安为核心的关中高新技术产业开发带，使其成为国内高端人才聚集、科技成果转化、战略性新兴产业崛起的高地。2011年4月，西安市印发《西安市国民经济和社会发展第十二个五年规划纲要》，强调要以建设西安综合性国家级高技术产业基地为目标，以重大技术突破和重大发展需求为基础，把战略性新兴产业培育成为先导性、支柱性产业，推动全市战略性新兴产业快速发展。2012年11月，西安市明确提出要注重发挥资源和产业优势，突出重点，准确把握国际、国内产业发展趋势，培育具有西安特色的战略性新兴产业，为推动西安市战略性新兴产业实现跨越式发展奠定坚实基础保障。

参照国家统计局《战略性新兴产业分类（2012）（试行）》的划分标准，西安市确定战略性新兴产业为节能环保、新一代信息技术、生物、高端装备制造、新能源、新材料、新能源汽车等七大产业类型。[①]

2013年，西安市战略性新兴产业增加值达686.20亿元，占全市GDP的13.9%；对全市GDP贡献率为17.4%、拉动全市GDP增长1.9%。全市战略性新兴产业从业人员30.68万人，

---

① 赵越：《产业集群视角下西安市战略性新兴产业发展研究》，西安理工大学2013年硕士学位论文。

法人单位为818家,资产总计2376.26亿元,实现1243.91亿元战略新兴产业产品收入值。

3. 开展国家服务业综合改革试点

2010年,国家发展改革委宣布,对包括西安等15个省会城市在内的37个区域,开展为期5年(2011—2015年)的国家服务业综合改革试验区。

2012年,西安以构建国际化大都市为发展目标,全面发展面向生产、民生以及面向农村的服务业,并积极引导服务业向市场化、产业化、社会化、国家化方向发展。同时,努力推进服务业聚集、率先、突破发展,以建设服务产业发达、功能强大的宜居宜业的国际化大都市。首批重点打造的区域如下表。

表6-11 西安服务业综合改革试点重点片区表

试点区域	项目名称
国际港务区 物流产业聚集区	西安公路港、西安华南城、物流企业总部基地、新加坡迅通物流西安分拨基地、西北出版物流基地、西安广汇汽车物流产业园、中国移动西北大区物流中心
高新区 生产性服务业 聚集区	以创业研发园、科技企业加速器和创业新城为依托,完善配套设施,建设初创期企业聚集区、办公生产一体化基地、电子装备产业聚集区和生物医药产业聚集区
高新区 服务外包产业 聚集区	打造软件新城。主要建设产业生态区、人才培育区、科技商贸区、配套生活区,搭建商业流程外包共性技术平台、人才实训平台、软件测试实验室等公共服务平台
碑林区 动漫创意产业 聚集区	盘活土地存量,改造楼宇厂房,打造创意动漫产业园区和动漫主题商业街区,在星光一路打造现代化的时尚文化消费聚集区和新文化旅游观光示范街
曲江新区 文化产业聚集区	构建文化娱乐商业聚集区。以西安音乐厅、西安美术馆、曲江电影城为核心,以大唐不夜城为依托,集聚餐饮、娱乐、购物等实体单位,建设曲江文化娱乐商业聚集区。打造区域会展中心。依托曲江会展产业园和曲江国际会展中心,整合现有资源,加大招商力度,培育全国性的会展品牌,成为西北地区的区域性会展中心
浐灞生态区 金融商务 产业聚集区	建设金融服务外包示范基地。建设中国银行全球客服中心、建设银行陕西省分行西安经营管理部营运大楼、金融押运及银行票据服务基地等;建设区域金融中心核心承载区。建成集银行、保险、证券、信托投资、资产管理、公司办公、高档酒店、时尚购物等金融机构及泛金融机构、配套服务设施等为一体的金融商务综合体。建设西部区域资本交易市场;重点建设西部区域环境交易中心、碳排放交易所、西部资源产权交易中心等交易市场。完善金融配套服务区;重点建设金融商务配套服务基地、金融外包服务中心、会计师服务中心、金融培训学院等配套服务设施

资料来源:《西安市开展国家服务业综合改革试点实施方案》,2011年。

(二)特色产业发展

这一阶段,西安高新区,已从产业新城发展为商务办公和综合服务配套的聚集区,5A级智能办公写字楼林立,商务办公环境一流,商业繁荣,人居环境舒适,基础设施配套完善。其中,西部电子广场、创业广场、高新国际商务中心、金桥国际广场、都市之门等已成为现代西安、商务西安的标志性建筑,世纪金花、金鹰、易初莲花等购物中心造就了高新区良好的商业氛围,唐城墙遗址公园、永阳公园让高新区变得更加舒适宜居,科技路、唐延路、西太路构筑的路网体系让高新区四通八达。

在物流方面,基于信息通道的第三方物流发展迅速,形成了以国际港务区为代表的物流产业聚集区,为城市产业发展注入了活力。

2009年,国务院将物流产业纳入国家十大产业振兴规划,西安成为21个全国性物流节点城市之一。2010年,西安保税物流中心、铁路集装箱中心站落成验收并投入使用。2011年,西安保税物流中心经国务院批准,升级成为西北唯一一个国家级综合物流保税区。2012年9月22日,西安高新综合保税区建成,对提升陕西电子信息产业国际化水平,促进外向型经济发展具有重要的推动作用。同时,高新综合保税区,也是创建西安高新区世界一流科技产业园区的重要基地。随着高新综合保税区等平台的运行,陕西省成为我国西部生产要素集散中心。

表 6-12 2009—2016 年西安物流业重点建设项目表

区域	项目名称
国际港务区	西安华南城
	西安广汇汽车物流产业园
	新加坡讯通物流西安分拨基地
	西安国际陆港物流企业总部聚集区
	西北出版物物流基地
	中国移动西北大区物流中心
	西北医药物流中心
	陕西新民生医药有限公司现代化医药物流
	西安综合保税园区(一期)

续表

区域	项目名称
高新区	海航集团航空运输支线运行基地
经开区	雨润西安农副产品全球采购中心
	陕西中邮物流西安仓储集散中心
	西安兵器工业科技产业基地物流中心
	新华发行集团西北出版物流配送中心
浐灞生态区	浐灞生态汽车城项目
沣东新城	西部欣桥国际农产品冷链物流中心
	六村堡物流中心
灞桥区	新筑物流配套产业园（东区）交易配送中心
未央区	陕西和生农副产品交易市场建设

资料来源：西安市发展和改革委员会：《西安市重点建设项目计划》（2009—2016年）。

第三节
城市规划与建设管理

一、城市发展理念

在国家新常态发展、国家新型城镇化、丝绸之路经济带建设的背景下，探索西安发展的新思路，构建空间发展新格局，推进关中平原城市群上升为具有现代化城镇群特征的战略平台，对于实现"一带一路"政策，推动我国西部地区发展具有重要的现实意义与示范作用。

（一）低碳生态城市

2010年，国家发展改革委下发了《关于开展低碳省区和低碳城市试点工作的通知》，决定在5省8市开展低碳发展试点工作，陕西省成为国家第一批的5个低碳试点省份之一。这一政策为陕西省发展低碳循环经济、进行低碳生态城市建设，提供了重大机遇与挑战。其中地理优势明显、城镇化程度高、人口密集的关中地区低碳发展对陕西全省的低碳生态建设起着引领带头作用。[1]

在这样的理念与相关政策推动下，2010年2月，陕西省推进西咸新区建设工作委员会办公室暨西安沣渭新区、咸阳泾渭新区管委会挂牌成立，标志西咸新区建设正式启动。西咸新区将以保护耕地、保护生态、保护文物的原则和发展新产业、形成新业态、建设新城市的目标，建设都市农业和现代城市高度融合的现代田园新城。规划总面积882平方千米，其中城市建设用地272平方千米，区域内水域、农田、文物保护、生态绿地等非建设用地占70%以上，共有空港新城、沣东新城、沣西新城、秦汉新城、泾河新城5个城市组团。2012年，刚刚完成的秦汉新城立体城市规划为西咸新区向低碳生态化

---

[1] 柳学伟、董冰：《陕西省低碳生态城市规划探讨——以西咸新区立体城市规划为例》，载《绿色科技》2013年第8期，第71页。

的建设目标迈进奠定了坚实的基础。沣西新城在绿色建筑发展、清洁能源利用、绿色生态基础设施建设，以及中国西部科技创新港智慧学镇建设等方面也做出了诸多努力。

与此同时，西安开始注重城市交通的低碳模式探索，重视城市公共交通与慢行系统的建设，低碳生活理念下的城市公园绿地建设与景观设计，低碳出行导向下城市综合体布局模式的探索、商圈改造等，以西安临潼国家旅游休闲度假区为代表的西安低碳旅游城市建设。

（二）新常态下发展

在新常态背景下，我国城市发展进入趋势性转变的阶段。这一阶段，须紧紧抓住新常态所蕴含的根本性与机遇性的变化。随着我国进入城镇化加速发展的中后期，城市发展在新常态的背景下呈现出三个主要特征，即：降速、转型、多远。而城市规划应当适应新的城市发展特征，坚持以人为本、因地制宜、软硬兼顾、刚柔并济的原则。伴随着市场化改革的全面深化，城市规划的变革主要体现在两个层面：第一，从制度层面上看，城市规划的作用与地位在进一步提升，规划机制与体制进一步完善，规划实施与管理进一步强化。第二，从技术层面上看，城市规划以提高人居环境为核心，以提升城市韧性为目标。城市规划的变革最终是为了更好地实现人的需求。[①]

西安在这一变革下做出的努力，主要体现在以顺城巷为核心区的自下而上更新模式的研究以及以城市修补为核心的城市片区城市设计的相关实践等。

二、空间发展态势

这一时期，城市向东、西、南、北四个方向全方位拓展，尤以各个新区为主要的发展区域。三环路的建成，使城市各个方向的发展都得到了全面的强化。城南、城北还是拓展的主要方向，其中城北跨越渭河发展渭北工业区。

表6-13　2009—2016年西安城市用地拓展规模　　　　　　　　　单位：平方千米

城南					城北			城东			城西		合计
总计	高新区	曲江新区	航天基地	三星城	总计	经开区	渭北工业区	总计	浐灞生态区	国际港务区	总计	沣东新城	245.6
90.6	46.8	24.4	11.2	2.9	111.4	57.2	20.8	27.7	3.1	3.6	15.9	13.6	

资料来源：西安市地方志办公室编：《西安年鉴》（2010—2012年），西安出版社，2010—2012年；西安市地方志办公室编：《西安年鉴》（2013—2017年），世界图书出版西安有限公司，2013—2017年。

---

① 杨保军、陈鹏：《新常态下城市规划的传承与变革》，载《城市规划》2015年第11期，第9页。

西安行政中心北迁及地铁2号线的开通，一度让城北成为大家关注的焦点，大批一线房企相继涌向城北。商业中心的兴起速度更是惊人，万达、世纪金花、红星美凯龙、赛格、王府井等众多商业品牌纷纷进驻，城北商业配套不断升级。围绕西安行政中心北迁、地铁2号线、西安北客站等重大建设项目，重点解决城市重要设施的合理布点和有序建设，汇聚建设城市新中心的必要元素。城北区域建设不断加速，渭河综合治理，投资逾200亿元；西安北客站建设，投资近100亿元；地铁2号线，投资数十亿元；未央大道拆迁改造，总投资80亿元；等等。

表6-14　2009—2016年西安城市用地拓展集中区及功能一览表

拓展方向	主要用地性质	集中区域
城南	高新产业、住宅（中高档）、商业、文化、会展、行政办公	高新区、曲江新区、长安区、航天基地
城北	装备制造业、食品饮料等轻工业、住宅（中档、中高档）、商业、行政办公	经开区、北二环路至渭河南岸、泾渭工业园
城东	住宅（中档）、金融、物流、行政办公、商业、纺织工业	浐灞生态区、国际港务区、纺织工业园
城西	住宅（中档）、商业、科技	西三环路两侧、沣东新城

资料来源：西安市地方志办公室编：《西安年鉴》（2010—2012年），西安出版社，2010—2012年；西安市地方志办公室编：《西安年鉴》（2013—2017年），世界图书出版西安有限公司，2013—2017年。

2016年城市中心城区面积有517.14平方千米，相比2008年年底城市空间向外拓展了245.6平方千米。地铁、高铁的开通以及西安咸阳国际机场的迅速发展等对城市空间结构影响巨大。地铁沿线区域更新活跃，居住、公共设施不断投建；西安北客站的运营给北部城区带来新的发展良机；咸阳国际机场的发展进一步促进了国际港务区的发展。2010年2月，沣渭新城成立，2011年5月，西咸新区成立后，沣渭新城为西咸新区沣东新城；2014年，三星城建设；2015年渭北工业区建设。在新区发展中，产业职能更加突出，产业片区规模逐渐增大；居住和公共服务功能也得到了强化。城市空间发展总体呈现以下特征。

一是各主要用地增量扩充，产业与居住存量改造并重。这一时期，交通、居住、产业和公共设施用地都有15%左右的增幅；城市内部的城中村和棚改活跃，城内传统工业尤其是浐河沿岸工业用地改造更新力度最大，辛家庙工业区完全消失。

二是以成片开发的新区建设为主。新增用地超过85%集中于各个新区内，新区内的建设又以规模化的产业园区建设和大型居住社区及相配套的公共设施建设为主。

三是交通导向,南北发展。城市主要沿三环路在南、北两个方向进行建设,南、北向建设用地占整体新增用地的80%左右。

四是西安地铁的建设使得西安南、北的时空距离缩减,对城市空间结构产生了重大影响。地铁沿线高层住宅、商贸中心、写字楼和公共活动中心等不断出现,带状发展明显,强化了南、北中轴线。

五是产业向园区集聚,二环路内无污染工业。2015年,城墙以内已无工业生产企业,同时二环路以内已无污染型工业。大部分公司迁入城市外围园区,搬迁出来的土地将用作商业用地和居住用地。

这一时期,城市空间结构表现为多元复合网络特征。原有以物质性流动为主所呈现的扇形结构和信息化网络空间叠合。同时,多元、多极化的发展形成了相对独立的发展区域,以新区发展极核顺应各自的产业、功能调整,构成了城市发展的新格局。

 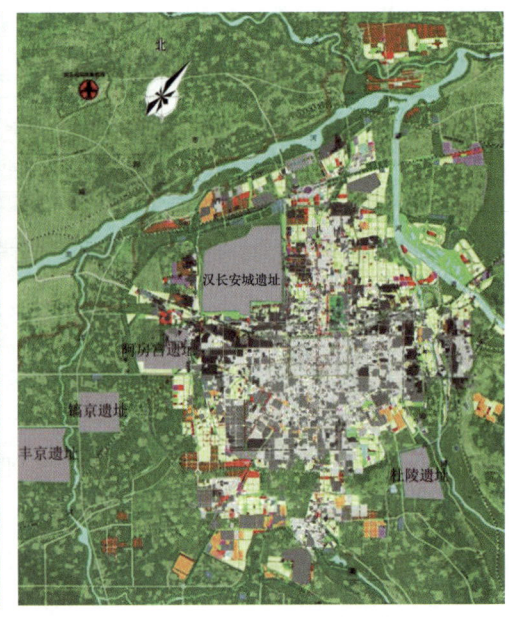

图6-6 西安土地利用现状图　　图6-7 西安城市发展图(2009—2016年)

资料来源:历年西安地图;西安市地方志办公室编:《西安年鉴》(2010—2012年),西安出版社,2010—2012年;西安市地方志办公室编:《西安年鉴》(2013—2017年),世界图书出版西安有限公司,2013—2017年。

结语

自鸦片战争以来，中国在被动开放口岸和近现代化的历程中，经历了两次社会形态的革命，城市发展的社会经济基础发生了重大变革，引发了城市空间形态与结构的相应转型。西安深处内陆，有着6000年的人居史和长达3000余年的城建史，其中建都年代为1133年，其近现代发展不仅承载了中国国家记忆的历史传承，更体现了中国典型内陆中心城市近现代发展的空间过程和历史特征，在当前国土空间规划体系中，成为国家历史记忆和文化传承的重要载体。

鸦片战争以来，伴随着中国的近现代化发展，西安的城市发展历经三"变"：第一"变"，即晚清时期"外来冲击—被动响应"的近代化城市要素逐渐显现的顺应发展，西安近代化发展整体呈现出从思想意识、产业发展、教育医疗到交通通信等方面的萌动态势，并未打破作为晚清政府扼控西北、挽毂西南、联通中原的军事重镇和政治堡垒的桎梏约束，近代化发展在新政上谕的框架范围内，鲜少突破，其地缘政治、军事价值的城市定位直至中华民国时期。第二"变"为中华民国时期，中华民族面临内忧外患，经历了"战争危势—求存图强"的近代民族工业发展带动城市化的自救发展，西安的城市发展则表现为从顺应到适变的态势。一方面作为农业发达地区，其工业产业基础薄弱，产业近代化发展几经起落；另一方面，面对西方列强的压榨，其依然作为中国国家安全的大后方，在抗日战争时期将日本侵略者阻隔在黄河一线，并因战时发展的需求带动了城市化的发展，在战后虽因军事因素导致了人口减少、经济衰退，但为城市规划和建设管理奠定了良好的基础。第三"变"，即中华人民共和国成立以来，国家以独立自主、自力更生为宗旨，虽亦经多变，但总体上在不断的探索发展中，走出了一条"自主发展—道路探索"的当代求变创新、以实现现代化为目标、以工业化带动城市化的立足"国家—地方—城市"的国民经济有序发展的历史之路。

因此，西安近现代发展的历程，客观反映古都西安在近现代化进程中不断适应社会经济条件和制约因素的空间过程，是中国内陆城市近现代化发展的典型代表，折射出城市破旧立新的适应性发展，即转型和重构的动态发展过程。

一、晚清"外来冲击—被动响应"的萌动发展

中国近代发展呈现"外来冲击—被动响应"的发展特征，西安作为晚清统治的重要政治和军事堡垒，在社会思想、城市定位、交通方式、城市管理等方面经历了结构性转变，其近代发展要素从无到有、从点到面、从分散到聚集，近代化现象、表征和特点

在不断蕴育、逐步汇集的量变过程中，西安城市化、工业化发展并不充分，加之赋税沉重、战事频繁、自然灾害等的阻碍，近代化进程仍处于蕴育、萌发初期，因此，可描述为萌动发展的状态。

（一）社会转型与城市发展

晚清时期，在帝国主义的军事威胁下，八国联军攻入北京，两宫西狩，以西安府城的督抚行署（南院）和巡抚衙署（北院）为行宫，一度刺激了西安的商业消费。光绪二十七年（1901年）光绪帝新政上谕颁布后，西安劝办工场，设立新军，倡办新学，近代化发展萌动。首先，按照"中学为体，西学为用"的指导思想兴办学堂，派遣学生赴西方国家留学。其次，训练、储备新军。再次，兴办洋务局和课吏馆，创办《秦中官报》。最后，发展电报和邮政等事业。这一阶段，商业也开始发展起来，出现庆丰裕、惠丰祥等10家洋货铺以及银行等。近代工业迈开新的一步，劝办工场，修筑铁路，我国近代交通事业获得了初步发展，社会各阶层都看到了城市发展中交通的重要作用。

这一时期，西安近代工业的生产要素还处于一种初始发展的状态，游离于资本与利权之间，而城市空间结构的发展，尚未改变清代以来所形成的城市空间结构特点，但是城市在原有的基础上已经有了新的功能内涵，为城市的近代化发展奠定了基础。

总之，自鸦片战争直至辛亥革命前夜，洋务运动和戊戌变法从思想意识方面渐开风气，但对于城市内部空间的影响是有限而分散的。西安城市内部功能的改变主要集中发生在清末新政后的10年间。在新政政令的推行进程中，城市内部功能的空间过程仍处于自我演替的发展状态，缓慢而又缺乏近代工业发展的动力支持。

（二）地缘政治与城市定位

近代西安延续了其适应于"内制外拓""四塞之固"的地理形势，唐末以降，其扼控西北、屏藩西南、挽毂东南、辐辏中原的区位优势长久不衰，作为国家疆域内的军事重镇，成为清廷扼控西北的重要屏障。1900年，八国联军入侵北京，两宫西狩，西安一度成为临时的政权中心，也引发了陪都之争。可见，近代西安对于维护国家疆域安全、统治区域稳定具有不可替代的价值和意义。

晚清时期，西安仍然是封建统治者掌控西北的战略要地。但在辛亥革命后，随着晚清封建统治的彻底瓦解，基于政治、军事、经济、社会文化以及环境变迁等各种因素的作用，城市空间适应社会发展的需求，或破或立，不一而足，开启了农业文明向工业文明推进的历史步伐，即早期现代化进程。近代工业成为城市发展的一个主导因素，而工业发展的开放性需求与适应农业经济社会的、相对封闭的地理空间所具有的"优势"条件产生了一定的矛盾，在现代工业文明的冲击下，一些曾经的优势逐渐丧失，但西安的政治、军事地位始终得到当政者的重视。因此，近代百余年间，西安城市空间发育的地理基础及其自身固有特征，呈现出在地缘政治空间秩序中的重新定位过程。

有清一代，西安是统治者借以控制西部的重要据点，是西北的政治重镇、军事重镇、文教重镇和商贸重镇。这一进可攻、退可守的据险之地为历代统治者所重视，地缘政治结构构成了西安城市定位的重要基础。

近代西安城处于西安小平原的西安城市地理空间，延续了都城选址的地理基础，适应了农业社会都城选址的需求。城市地势较为平坦，东南高、西北低，其间原隰相间，外围八水环绕，气候宜人，土地肥沃，物产丰富，可谓农业社会理想的城址基地。

这些条件在近代城市发展进程中发生了变化。在近代城市发展过程中，由于交通阻塞、经济疲敝，已经不能适应时代的发展，不能满足近代社会生产要素和市场流通的需求。但是，地缘政治空间结构始终是城市定位的重要依据。

从西安的城市地位来看，政治上是封建统治者所关注的战略要地，是用以控制西北政治边疆、加强中央集权的政治重镇；军事上，西安作为扼控西北、西南和东部的重要交通枢纽地，具有扼控甘、凉，稳定川、鄂和连通豫、晋的重要军事战略地位；经济上，西安是沟通西北的皮毛、药材和东南的布匹、茶叶、盐等地区经济贸易的重要集散地。在国都鞭长莫及的地区，承担了重要的组织、管理和领导职能。当然，西安在西北地区的文化中心地位也是不容取代的。

1. 政治权衡与军事边疆

有清一代，清政府高度重视西安的军事战略地位，西安具有"国都—重镇—边疆"的区域政治空间结构特征。清代总督作为封疆大吏，其行辕曾从西安移至固原，可见清政府对于西北地区军事地位的重视。西安作为西北重镇在政治、军事与经济、文教等各方面形成不同的辐射范围，而以军事边疆为确定的基线，其政治边疆因与周边的外部关系而有所外拓或内敛，因此，政治控制范围（行政区划）与军事边疆叠加形成了"国都—区域重镇—边疆（军事、政治为重心）"的区域管理模式。

清政府在军事管理和对西北区域的军事战略地位的政策倾斜，使西安的社会、经济发展程度与其所具有的军事优势不能同日而语，各种因素的发展已经失衡。在军事防御地位方面仍然发挥着重要作用的同时，积贫已久的关中地区经济发展历经劫难，其曾一度繁盛的农业经济、商品贸易已经无法承担巨额军饷和额外的贡赋，区域乃至全国范围内，在晚清时期西方列强的威逼之下，社会基础薄弱、经济破败，无法满足和适应社会经济日益发展的需求。因此，西安的经济中心地位从属于其军事、政治地位。

2. 从据险以守到重视交通

两宫西狩驻跸西安，作为临时的政权中心，西安已有国都之实。在民间和官员之间引发了迁都之议，西安曾作为都城的优势再度成为国家战略权衡的重要依据。

晚清时期中国积弱积贫，在帝国主义武装威胁下岌岌可危，此时民族矛盾已经上升到首位，而西安一度曾经拥有的攻防优势又再度进入人们的视野，刘光蕡在其维新主张就曾提出迁都备战。与此相对，反对派对此则不以为然，他们承认关中曾经所具有的优势，但关中的军事优势已不能掩盖其交通运输阻塞的事实，已经不能适应近代社会发展的需求，而立国的重要条件"水陆交通、货财盈阜"是关中在晚清时期所面临的重要转型特征。

可见，晚清时期立都所考虑的因素已经不仅"恃关山险远而已"，更注重水陆交通条件和经济发展条件。

3. 区域中心与贸易边疆

从区域经济发展的角度看，经济空间扩张往往突破政治边疆和军事边疆，因经济因素的作用而有所变化。虽然政治、军事因素往往对经济空间的扩张具有非常大的影响，但最终对于经济空间即生产、消费及流通市场产生影响的是经济利益的驱使和经济规律的作用，这是内因。西安地处内陆，产业并不发达，主要以农业产品小麦、米、棉花等为大宗，作为西北地区的商贸重镇，以西安为中心的关中地域及其辐射范围的形成，更多地表现为以西安为中心的商业贸易活动范围，或称贸易边疆。明清以来，陕西商帮以其特有的经济条件开拓了西北和西南、东南的贸易区域市场，西安地区成为兰州的水烟，西北的皮毛、药材，西南的药材、木材，东南的茶叶、布匹等的集散地。同时商业运输借助于军事交通的经营而得以发展。布匹远销甘肃、青海、新疆，水烟、皮毛远销津、沪，棉花则销往上海。因此，近代西安城市经济的扩张以商业贸易等流通领域的空间拓展为典型特征，表现为"商贸重镇—贸易边疆"的区域空间模式，这一范围与军事、政治边疆并不完全吻合，而是基于市场的影响范围有所伸缩，往往与商业交通的运输格局息息相关。

综上所述，晚清时期西安的发展，基于曾为都城的选址优势，凭借其自然农业条件、水利条件、城市交通以及军事防御等条件，在相当长时期内仍然保持着农耕文明时期的发展优势。这一优势在面对近代工业的发展和现代交通技术的进步时，也相应转化以适应农业文明向工业文明社会发展需求，但这一过程需要相应的资本积累、技术进步、交通条件和资源条件。对于西安而言，近代时期兵燹、灾荒、瘟疫等，使地方经济疲敝，缺乏内在的发展动力。

（三）从行政管理到城市管理

晚清时期，西安城仍然分属咸宁、长安两县管辖，光绪三十一年（1905年），改设警察。城区分为两县与东、西、南、北城四城；每城又分四区；东关二区，西关一区，南关一区，北关一区；满城单独为一区，统隶巡警道。于是诸坊仅存其名，唯乡约、地保应役者仍隶于县而已。这是城市管理体制的一次变革，是适应社会发展的城市基层户籍、治安管理的进步。

从行政管理的角度来看，陕西省在西安成立了省城警务总局，后又将其改名为省城警务总署，意味着城市人口和治安管理体系正式诞生。西安府的地方检察厅和地方审判厅同时成立，开启了城市管理中行政与司法分离的时代。

光绪三十四年（1908年）初，在省城警务总署、分署正式取代省城警务总局、分局的称号之后，在总署内部设置行政、警生教练所、总务、司法、消防队、习艺所、卫生科等；城关设置了东、西、南3个分署，西安城内部设置了东、南、西、北4个分署，其中还包括27个区。区内还设置了相应的岗亭和警棚，承担了城市治安、人口管理以及部分管理维护等职能。

（四）革命火种与求新图强

晚清时期，西安近代化发展虽然缓慢，但是思想较为活跃。受"中学为体，西学为用"教育救国思想影响，之后在中国革命同盟会的领导下，西安革命先驱不断播撒革命火种，为西安新军起义推翻清朝统治储备了人才，奠定了思想意识和求新图强的基础。

1. 教育救国

陕西维新派领袖刘光蕡，与康有为并称"南康北刘"，是清末著名思想家、教育家。刘光蕡"论史谨严""识高义远""治经精透"，除通晓经史之外，还通音韵，知天文、懂数理，是当时关中乃至西北负有盛名的大学者，曾任陕西味经书院、崇实书院院长，甘肃大学堂总教习等。他发表维新主张，改革教育，传播西学，筹办民族工业。戊戌变法失败后，被视为"康梁新党"，受到清廷迫害。

刘光蕡受关学思想影响很深，这对其一生的理论与实践活动产生了直接的影响。他曾入府学，肄业于关中书院。在讲求实学的办学方针下，他大胆革新书院传统的教学内容，开始与长安举人、关学学者柏景伟创办求友斋，除讲授经史之外，还开设了天文、算学、时务、地理等新学课程，后增设西学内容。他特别重视算学，认为"西人富强，以制造奇精，原本算术"。在他的倡导下，书院刊刻了《梅氏筹算》《平面三角举要》等数学著作，并在书院设立售书处。同时，还研讨西方国家富强之术和国内现状，学习西方各国史地、政治、语言，而且开设电、化、医、矿诸学。在崇实书院初设致道、学古、求志、兴艺四斋。最后并为政事、工艺二斋，更加重视格致、算学、制造、英文等，传授西方科学技术。

作为爱国教育家，刘光蕡的教育救国思想虽不能实现，但确也为社会造就了大批有用人才。于右任、杨松轩、张季鸾、冯孝伯、王授金、杨西堂、朱佛光、李仪祉等均为其弟子。这些弟子在陕西乃至西北军政文化教育界，均发挥过积极作用。刘光蕡不仅为西安近代发展点燃了革命思想的火种，凝聚了革命精英，同时也为推翻帝制的西安新军起义储备了一批人才。

2. 革命同盟

中国同盟会，全称为中国革命同盟会（由兴中会、华兴会、光复会合并而成），是晚清由孙中山领导和组织的一个统一的全国性资产阶级革命政党。中国同盟会在推翻清朝政权、结束中国2000多年封建帝制的辛亥革命中起到重要作用，建立了中国历史上第一个资产阶级共和国与亚洲第一个民主共和国——中华民国。

同盟会陕西分会是辛亥革命时期同盟会的分会组织。同盟会东京总部成立后，受孙中山派遣，1906年井勿幕回陕西发展组织。他联络革命志士30多人，通过创办学堂、书局、印刷厂和各种公开会社的方式，在陕西各地进行革命宣传和扩展组织的活动。

作为陕西辛亥革命的领导人之一井勿幕，原名泉，为同盟会第一批会员之一。1905年冬，孙中山委任井勿幕为同盟会陕西支部长，回陕西建立同盟会组织。1907年10月15日，井勿幕与各界反清人士秘密集会共祭黄帝陵，明确提出"驱除鞑虏，光复故物，扫除专制政体，建立共和国体"的奋斗纲领。1908年2月，陕西留日学生在东京创办《夏声》杂志，井勿幕为主要撰稿人，以"侠魔"为笔名发表文章数篇，揭露清王朝的专制统治和列强瓜分中国的阴谋，介绍马克思主义学说。

1908年10月，井勿幕第三次由日本回陕西，组织同盟会员学习同盟会宗旨，批评君主立宪主张，使同盟会员的认识渐趋统一。同年冬，井勿幕等在西安开元寺内集会，正式成立同盟会陕西分会。先后推李异材（字仲特）、郭希仁等为会长。同年，井勿幕与山西革命党人景定成等商讨起事方略，决定以西北为根据地，秦晋联合发动起义。1910年4月，井勿幕从上海回陕传达同盟会总部关于在陕西发动起义的指示，详细讨论起义中的重要问题。同年7月9日，陕西同盟会员代表与哥老会首领30余人在西安大雁塔歃血结盟，共图起义大举，井勿幕亦出席。为更好地联合会党反清，井勿幕加入哥老会。同年秋，与吴玉章、熊克武等赴香港，协助黄兴筹划广州起义。广州起义爆发时，井勿幕由陕西赴之不及，得免遇难。返陕后，立即布置陕西起义计划。[①]1911年西安起义后，在三原一带举义响应，被举为陕西北路安抚招讨使。1912年8月，同盟会改组为国民党，井勿幕任陕西支部副支部长。9月离陕赴上海，随章太炎读书。"二次革命"时，与陕西革命党人曹印侯等联络，参与了反对袁世凯统治斗争。

在中国同盟会领导下，西安的革命先驱积极组织革命行动，为西安的近代发展播下了革命思想的火种，迈出了民主革命斗争的第一步。

3. 新军起义

1911年10月10日，武昌起义爆发，消息传到陕西，陕西革命党人井勿幕、井岳秀、张凤翙、钱鼎、张钫联合哥老会首领万炳南、张云山、马玉贵、刘世杰等密谋发动西安起义。在西安起义爆发前夕，张凤翙因懂军事、有威信、在新军中职位较高，经钱鼎提议得到众人赞同，被推举为起义总指挥，并在10月22日清晨的会议上提出先发制人的策略，部署上午12时发动起义。由于指挥得当，当天就占领除满城外的西安全城，翌日下午3时西安全城光复，张凤翙以秦陇复汉军大统领名义出安民告示。此后月余，全省各道、府与大部分州、县相继光复。起义后成立了秦陇复汉军政府，重用同盟会员郭希仁、茹欲立、李元鼎、彭世安、张光奎等，分设兵马、粮馆、军令正副六都督，委派井勿幕等为各路招讨使或宣慰安抚招讨使经略四方，于艰难危急之中，维系了陕西大局。当清军东攻潼关，西围乾（州）、礼（泉）之际，张亲临前线，适时决定战和之计。1911年11月22日，张凤翙被武昌中华民国军政府任命为中华民国军政府秦省都督。

新军起义，西安结束了晚清帝制的堡垒，进入中华民国时期，城市面临着新的社

---

① 西安市档案馆编：《西安：辛亥记忆——西安辛亥革命百年纪念文集》，三秦出版社，2011年，第395—396页。

会形态下，新的思想理念、新的城市管理、新的城市功能等，引发了西安近代化的全面发展。

二、民国"战争危势—求存图强"的自救发展

随着中华民国的建立，中国的历史命运和轨迹发生了转变，以1927年为分水岭，分为军阀混战的北京政府时期和底定中国的南京政府时期。其间内忧外患，兵燹不断，中华民族依然处于"战争危势"的威胁之下，因此，在军事、政治的博弈中"求存图强"也成为西安城市发展的一个转型特征。

（一）社会转型与城市发展

辛亥革命，西安新军起义，推翻了清廷在西安的统治，以三民主义为治国方针，历经38年的风风雨雨，以1927年南京政府成立为分水岭，西安经历了从军政时期到训政时期的过渡，此间经历了10年的相对稳定发展，同时伴随着日寇的军事入侵，于1932年将西安作为陪都并进行西京筹备和规划建设，直至抗日战争全面爆发，民族工业内迁促使西安的产业发展迅速，尤其是战时军事物资的需求，一度刺激了纺织业发展，直至日本投降，转入战后重建，西安也因军队的撤离，纺织业迅速衰落。

辛亥革命后，北京政府时期西安处于各种军事势力争夺的重要战略要地，兵燹不断，至南京政府时期，国民党中央政府依然以国防军事建设为其工作中心，1931年11月，国民党第四次全国代表大会通过《国家建设初期方案》，提出建设纲要有三：（1）以国防建设为中心；（2）以假想敌为建设对象；（3）以必要与可能为建设范围。其建设方案亦有三：（1）军事建设；（2）经济建设；（3）教育建设。[①]政策层面对于国防建设的倾斜也致使经济发展缺乏动因，导致近代西安城市发展始终处于地缘政治空间秩序下的重新定位过程中。

（二）军事战略与城市定位

中华人民共和国成立之前，西安曾两度作为国都的备选之地：一是发生在晚清时期的两宫西狩，使西安一度成为临时的全国政治中心；二是在南京政府建立后，抗日战争全面爆发之前西安被立为陪都，作为战时全国政治中心的备选之地。因此，近代时期国

---

① 中国第二历史档案馆、海峡两岸出版交流中心：《中国国民党历次全国代表大会暨中央全会文献汇编》第9册，九州出版社，2012年。

都择址的空间需求便再次发挥了其固有的区位优势和地理优势，体现出西安城市地位在地缘政治空间秩序中的重新定位过程。

1. 民国时期西京陪都

1931年"九一八"事变后，面对日本帝国主义的野蛮入侵，国都南京受到威胁，西安再度成为国民政府偏安一方的重要选择之一。民国二十一年（1932年），日本帝国主义在上海发动"一·二八"事变，南京"及长江下游各重要市镇亦有日本军舰到处挑衅"，国民政府为稳妥起见，决定移驻洛阳办公。同年3月5日，国民党第四届中央执行委员会第二次全体会议决议："长安为陪都，定名为西京。"旋即，国民党中央政治会议秘书处致函西京筹备委员会，明确西京应设市并直属于行政院，同时初步确定西京市的区域"东至灞桥，南至终南山，西至沣水，北至渭水"。民国三十四年（1945年）4月，西京筹备委员会停止工作，自陪都建立到裁撤长达13年，其间1940年9月6日明定重庆为陪都，并列长达近5年的时间，可见西安在抗日战争时期仍然是作为国家政治因素权衡下的重要区域中心城市。

民国时期西安扼控西北的重要军事战略地位从未被忽视过，抗日战争时期在和日军的对垒中，西安虽深处内陆，潼关、黄河天险仍然发挥了其地理空间所具有的防御作用，是阻挡日军渡过黄河的重要前线和军事边疆，保障了中国的半壁河山不受日寇铁蹄的践踏，也保障战时后方地区的战时供应，尤其是战时西北国际运输线路的安全。从区域关系看，西安的西北军事重镇地位在晚清时期对付西北的军事威胁中可谓深处腹地，但是在对抗日本侵略的战争中，又一次成为军事边疆。这相对深处西南的陪都重庆而言，形成了新的"国都—军事边疆"区位关系。

因此，近代西安作为西北军事重镇的地位和作用随着军事技术的发展和战争的对象的不同，往往处于区域权衡中的调控状态，在区域空间的地位也处于不断的调适当中。

2. 区域经济空间扩张

近代以西安为中心的商业运输格局，自陇海铁路伸展至西安后有所改变。1934年陇海铁路延至西安，从此西安居于贯通东部沿海和西北地区的大动脉的枢纽地位。在当时特定的历史时期，成为连通西北羊毛线路通往苏联的国际线路的重要交通枢纽。陇海铁路使近代西安潜在的经济地位得到全面的提升，也是西安城市近代工业的一个重要激发因素。关中为重要的产棉区，原来经由兰州经平绥铁路运出的陕西棉花，则可从西安借陇海铁路进行运输，西安的棉花打包业务得到发展。同时，陇海铁路也满足了大量产品进出的工业运输的需求。因此，陇海铁路的修通，使西安以贸易为中心的区域经济地位有了新的发展。

（三）城市发展与建设管理

陕西省建设厅工程处、西京筹备委员会从民国十九年（1930年）11月撤销西安市建制，到三十年（1941年）筹备西京市实际工作停止期间，西安城关地区的行政管理处于一个特殊阶段，名义上西安城关在长安县行政区划以内，而实际上长安县逐步不再管理西安城关。城乡分治的管理局面已经显现。民国二十八年（1939年）5月，长安县政府关于县治迁往大兆镇的呈文："长安地处省会所在，城关住户早经划归省会警察局管理，在城内施政之对象大部消失，县政府设在与市政关系甚少之城市，反与工作对象之乡村距离太远"。这一期间西安城关的行政管理，少数事项由省政府有关厅局直接办理，多数事项组成专门机构管理。省民政厅直属的省会公安（警察）局、省会地政处，省建设厅直属的西安市政工程处、西安园林管理处，省卫生处直属的省会卫生事务所，省合作事业管理处直属的西京市合作指导处等，都是分管西安城关的专门机构。①

（四）地方发展与实业救国

以中国同盟会成员张子宜为代表的有识之士，以实业救国为己任，积极参与和推动地方发展，渐开西安城市发展的新局面。

清宣统三年（1911年）同盟会联合新军、哥老会发动西安起义，张子宜在兴平组织响应，驱逐清吏，保境安民。1913年发起成立西安市中华基督教自立会。1915年袁世凯复辟帝制时，他与南南轩等以西安精业股份有限公司做联络机关，秘密联络胡景翼、于右任、景梅九等欲谋讨袁。1916年1月遭陕西督军陆建章逮捕。出狱后他结识冯玉祥，先后被委任为富秦钱局局长、陕西第一平民工厂经理等。后为抚恤反袁斗争中牺牲的志士亲属，与新任陕西督军陈树藩意见相左，遂辞职致力慈善事业，于1922年创办西安孤儿教养院，收养贫寒孤儿，院址初设今解放路中段东侧，抗日战争时期迁往长安县太乙宫，总面积190亩（其中西安城内120亩），盖房近千间，收养孤儿最多时超过千人。院内开设实习工厂，辟有菜园，自办中小学班，对孤儿实行"工读并进"，成年自谋职业。1929年关中大灾荒期间，又参与陕西赈济会在西安大差市、湘子庙街开办的舍饭场工作。

于右任曾说，陕西有三位受社会称赞的人，一是水利专家李仪祉，二是报人张季

---

① 西安市地方志编纂委员会：《西安市志》第1卷《总类》，西安出版社，1996年，第242页。

鸾，三是慈善事业者张子宜。他们从各个领域推动了西安近代化的发展，成为政界、报界、慈善事业和产业发展等方面的先驱者，践行和促进了西安近代发展与实业救国的发展理念，也深刻反映了当时社会的发展状况和价值观念。

三、新中国"自主发展—道路探索"的有序发展

新中国成立以来，在中国共产党的领导下，中国走向了中国特色社会主义道路。以1978年为界，西安的发展分为计划经济时期和改革开放时期，结合城市发展的历史过程，西安的发展呈现出阶段特征，即计划经济时期的独立自主发展；改革开放以来的外向经济发展，包括有计划的商品经济到市场经济，同时区域交通基础设施逐渐加速，如高速公路建设、动车、高铁等，改变了城市的时空尺度，强化了城市之间的时空关系。同时，随着网络时代的到来，逐渐开启了网络经济与创新模式，物联网、互联网、电商模式、信息高速公路等，加速了城市化的内涵和高质量发展，同时随着"一带一路"倡议、西部大开发战略等的促动，西安的国际发展战略深度推进，逐渐强化了作为内陆开放高地的历史进程。

因此，西安的当代发展，历经了以工业化为主的计划经济时期、以市场化发展的改革开放的路径探索和以信息化发展目标为导向的模式创新三个转型发展的过程。

（一）社会转型与城市发展

1949年5月20日，西安解放。25日，西安市人民政府成立，直属陕甘宁边区。1950年1月19日陕甘宁边区被撤，西安市作为西北地区的首府，从属于西北军政委员会，为西北行政区辖市，与陕西省同属西北军政委员会领导。

随着大规模的经济建设，城市管理体制由军管制度向行政体制转化，而随着镇压反革命运动的基本结束、土地改革的基本完成，军事管制也就失去其存在的意义。1953年1月27日，西北军政委员会撤销，成立西北行政委员会。同年3月12日，西安市被政务院设为12个中央直辖市之一。1954年国内政局稳定后，国家重新划定各省市区划，西安市重新成为省辖市，开启了西安作为西北中心城市发展的客观过程，包括作为国家计划单列城市、国家八大重点城市，奠定了西安工业化基础和推进城市化发展的动力。

随着国家区域经济发展战略的不断推进和西部大开发的不断深化，包括国家级关天经济区、关中城市群、大西安都市圈、国家中心城市等，西安在国家发展的全面布局

中，地位和实力不断跃升，实现了相应的社会发展转型，即新中国计划经济时期，以物质空间建设为主的工业化发展（1949—1978年）；改革开放制度转型、市场经济和资本导向下的空间拓展（1979—1998年）；改革开放以来的多元拓展（1999—2008年）；国家战略引导的跃升发展（2009—2016年）。

从国家整体空间布局来看，西安市是中国区域经济发展网络模式"三纵三横"主体骨架中的二级经济增长极、陇海兰新经济带上最大的经济增长点、关天经济区的中心城市。因此，西安作为新欧亚大陆桥中国段上规模最大、综合实力最强的城市，具有承东启西、连接南北的战略地位，是中国实施西部大开发战略的桥头堡和西部地区最具发展带动作用的城市之一。

2017年12月西成高铁开通后，西安与成都的交通半径被缩减至"三小时经济圈"，加上西南重镇重庆，经济"西三角"的构想前所未有地从概念走向现实。自此，将中国西部较具潜力和经济活力的三大城市（西安、成都和重庆）整合了起来，并正式结成"西三角"，中国西部地区两大城市群——关中城市群与成渝城市群从此被连接起来，使得"西三角"成长为继珠三角、长三角、京津冀之后中国经济的第四大增长极，促进了西安市城市总体经济规模的跃升。截止到2020年西安GDP总量10020.39亿元，成为西北首个GDP破万亿城市。

（二）政策机遇与定位跃升

自《西安城市总体规划（2008—2020年）》出台以来，相关部门先后出台9个相关文件或规划，从国家战略和地方发展层面为西安提供了重要的机遇，并不断推进西安城市定位的跃升和城市规模的扩大。

2009年，《关中—天水经济区发展规划》明确了西安（咸阳）大都市作为关中—天水经济带上的核心城市，对西部和北方内陆地区具有引领和辐射带动作用。并提出至2020年，西安都市区人口须发展到1000万人以上，主城区面积控制在800平方千米以内。而2017年，西安市城区面积已经突破目标值，为808.66平方千米。

2013年，"一带一路"倡议正式提出，西安作为丝绸之路起点和丝绸之路经济带的重要节点城市，获得了一个新的区域发展机遇，进一步扩大了向西开放的力度，强化了与丝绸之路沿线国家和地区的经济往来。

2014年1月6日，国务院发布国函〔2014〕2号文件，正式批复陕西设立西咸新区。西咸新区是经国务院批准设立的首个以创新城市发展方式为主题的国家级新区，为西安城市的创新发展提供了重要的政策机遇和发展前景。

2016年8月31日,陕西自由贸易试验区成功获批。西安作为第三批自贸试验区中唯一的西北省份城市,被赋予了特殊的定位,并通过探索内陆型自贸区与"一带一路"沿线国家经济与人文交流的新模式和新路径,为自身提供更大的政策支持和经济发展平台。

2018年2月,《关中平原城市群发展规划》明确提出建设西安国家中心城市,西安成为继北京、上海、天津、广州、重庆、武汉、成都、郑州之后第九个国家中心城市。

2021年6月,陕西省推进西安—咸阳一体化发展领导小组办公室发布《关于印发西安市全面代管西咸新区指导意见的通知》中明确,西咸新区882平方千米规划范围,划分为西咸新区直管区和西安(西咸新区)—咸阳共管区。这一调整,将有效拓展西安发展空间,提升城市能级,放大辐射效应,为大西安的格局与体量进一步拓展做出开拓性的尝试,对于西安作为国家中心城市的定位和格局必将产生相应的联动效应。

此外,国务院颁布的《"十三五"现代综合交通运输体系发展规划》中,西安被定位为全国12个最高等级的国际性综合交通枢纽之一;同时在人才引进方面,西安出台了《西安市深化人才发展体制机制改革,打造"一带一路"人才高地若干政策措施》《优化高层次人才服务工作的十三条措施》等政策。

国家战略在西安的布局和叠加推进,地方重大项目在西安的落地以及人才政策等多方利好下,西安发展规模不断突破总体规划的预期目标,足以说明西安城市发展的基础条件和发展能级已经产生了质的改变,因此,西安作为西北地区唯一国家中心城市不断突破发展规模上限,也是其未来发展需要面对的一个持续课题。

(三)城市规模突破与调整

原《西安城市总体规划(2008—2020年)》中,规划2020年西安市主城区人口规模为528.42万人,城市建设用地为490平方千米。至2015年,土地城市化高于人口城市化的预期。据《2015年全国城市人口和建设用地(按城市分列)》的相关统计[①],2015年西安市城区面积为542平方千米,城区人口423.14万人;建成区城市建设用地面积为496.13平方千米。

规划经过2017年修订后,明确2020年西安市中心城区人口为617.78万人,全市城镇建设用地规模控制在865平方千米以内(含西咸新区西安范围内42.7平方千米)。而这一

---

① 中华人民共和国住房和城乡建设部:《2015年城市建设统计年鉴》,http://www.mohurd.gov.cn/gongkai/fdzdgknr/sjfb/tjxx/jstjnj/index.html。

目标于2019年再次突破。据《2019年全国城市人口和建设用地（按城市分列）》的相关统计[①]，2019年西安市市区面积为5806.7平方千米，市区人口883.2万人；城区面积942.53平方千米，城区人口624.81万人；建成区城市建设用地面积为700.69平方千米。因此，原有规划的目标已经不能适应新的发展需求。

其中，2014—2016年，西安市行政区划调整，促使城市人口基数增加，也引发对城市发展用地的需求激增。高陵和户县分别于2014年、2016年撤县设区为高陵区和鄠邑区。截至2017年年末，全市常住人口1134万人，户籍人口845.09万人，全市土地面积10096.81平方千米，其中市区面积为5440.68平方千米。

此外，西安市政府还通过放宽落户政策、提供优质资源，引进各类人才。从2017年3月1日起，西安市先后出台了"史上最宽松"户籍新政、23条人才新政等一系列举措，以前所未有的改革和创新，最大限度吸引"高精尖缺"人才。该政策仅半年时间就吸引各类人才40余万。

随着城市定位的不断提升，西安城市发展不断突破已有规划。特别是新一轮国土空间规划的调整，西安城市发展进入一个新的时期，因此对城市建设用地总量扩充仍有较大的需求空间。

（四）城镇化率持续增长

根据西部大开发战略总体规划，西安从2010年到2030年进入加速发展阶段：在前期基础设施改善、结构战略性调整和制度建设成就的基础上，进入西部开发的冲刺阶段，巩固提高基础，培育特色产业，实施经济产业化、市场化、生态化和专业区域布局的全面升级，实现经济增长的跃进。西安进入了城市化进程最快、城乡面貌变化最大的时期。另外，西安市是其所在区域城镇化率提升的重要贡献城市，西北乃至西部城市化发展的高地。随着国家级西咸新区的获批以及国家中心城市地位的确立，西安顺应国家战略的需求，呈现出战略引导、重大项目推进发展的趋势。2019年西安城镇化率为83.2%，陕西省城镇化率为59.43%，西安为陕西乃至西北地区城镇化水平提升做出积极贡献，在国家中心城市的重大战略部署背景下，西安将继续为其所在区域的经济社会发展以及其城市职能的跃升发挥重要作用，并将促进新一轮城镇化的增速与城市规模的进一步升级。

---

① 中华人民共和国住房和城乡建设部：《2019年城市建设统计年鉴》，http://www.mohurd.gov.cn/gongkai/fdzdgknr/sjfb/tjxx/jstjnj/index.html。

（五）古都文化与保护传承

西安作为十三朝古都，当代城址延续了隋唐长安城的城址，并且一直以来，西安有着尊重历史、保护历史的传统，在中国古代都城遗产和近现代规划遗产方面积淀丰富。

西安作为国家第一批历史文化名城，见证了中华人民共和国成立以来，历史文化保护走向整体保护的重要转变，已经形成了以西安历史文化名城为引领，结合西安特色，建立了包含自然山水格局、历代都城遗址遗迹、历史城区、历史文化街区、世界遗产、文物保护单位、历史建筑、历史村镇、文化线路、革命文化遗产、历史文化名胜、古树名木、非物质文化遗产代表性项目等对象类型的多层次、全覆盖的保护体系。[①]并在以下三方面进行了创新性探索。

1. 文化基因的传承和延续

西安的文化基因主要包括物质及非物质两大类内容，西安历史文化名城"天然历史博物馆"体系是历史文化的基因库，并作为展示、普及、传播、传承西安历史文脉的重要载体，应"使文化基因与当代文化相适应、与现代社会相协调"[②]，延续历史文脉，传承优秀文化。

2. 文地系统的组织和落实

将历史文化资源与空间规划建设紧密结合，将文化精神标识用地、纪念用地、文化遗产用地、公共文化服务设施用地等文地系统及其各类专项规划的强制性要求，作为国土空间规划体系的前置条件，在城市开发边界、永久基本农田、生态保护红线与历史文化保护红线划定方面进行协调统筹以强化其管控要求，使西安历史文化保护传承得以落地落实。

3. 公共文化服务的体系建构

深化完善西安历史文化名城保护和传承的真实性、整体性、系统性，建立包括自然山水格局、历代都城遗址遗迹、历史城区、历史文化街区、世界遗产、文物保护单位、历史建筑、历史村镇、文化线路、革命文化遗产、历史文化名胜、古树名木、非物质文化遗产的西安"天然历史博物馆"基因库及其公共文化服务体系。

以文化传承为宗旨深化西安"天然历史博物馆"体系及其文化基因库建设：以兑现文化基因核心价值为途径，以文地系统为载体进行锚固，强化公共文化服务体系，进而

---

① 西安市自然资源和规划局：《西安历史文化名城保护规划（2020—2035年）》。
② 习近平：《在中央政治局第十二次集体学习时的讲话》，载《人民日报》2013年12月31日。

完善西安历史文化名城的传承体系。同时以实现历史文化资源永续利用为目标，并建构以文创旅游产业为主的产业业态评估、监督和准入管控体系，目前在全国的历史文化名城保护的相关研究和保护规划的探索中处于领先的地位，西安的历史保护与传承的道路探索，回应了西安的历史发展，回应了西安当代发展的历史使命，回应了国土空间规划体系的转型发展，以其历史发展的空间过程，呈现出一个有担当的世界文化名城的风范和气质。

伴随中国的近现代化发展，西安的城市发展历经了晚清时期"外来冲击—被动响应"、中华民国时期"战争危势—求存图强"以及新中国成立以来的"自主发展—道路探索"的求变创新的过程。在此进程中，西安作为典型内陆城市，历经城市发展的转型和重构，而在新中国成立以后，其城市地位、性质、规模、产业、基础设施以及空间环境条件得到迅速发展和提升，区域影响不断跃升，在自上而下的政策体系和自下而上的地方实践中，不断摸索，开拓创新，尤其在生态环境、城市营建、文化传承等方面，走出一条在国家战略引导下的多元发展和探索创新的、具有中国特色的城市发展道路。

参考文献

[1] 毕沅. 关中胜迹图志：卷2[M]//丛书集成续编：第235册. 台北：新文丰出版公司，1989.

[2] 西安市地方志编纂委员会. 西安市志：第1卷 总类[M]. 西安：西安出版社，1996.

[3] 杨虎城，邵力子修. 宋伯鲁，吴廷锡纂. 续修陕西通志稿[M]. 铅印本，1934（民国二十三年）.

[4] 刘锦藻. 清朝续文献通考[M]. 上海：商务印书馆，1955.

[5] 翁柽监修. 宋联奎总纂. 咸宁长安两县续志[M]. 铅印本，1936（民国二十五年）.

[6] 刘於义等编修. 沈青崖等编纂. 陕西通志[M]. 稿本，1735（雍正十三年）.

[7] 鄂尔泰，等. 八旗通志初集[M]. 长春：东北师范大学出版社，1985.

[8] 张廷玉，等. 明史[M]. 北京：中华书局，1974.

[9] 王致中，魏丽英. 中国西北社会经济史研究：下册[M]. 西安：三秦出版社，1996.

[10] 侯甬坚. 定都关中：国都的区域空间权衡[M]//侯甬坚. 历史地理学探索. 北京：中国社会科学出版社，2004.

[11] 朱士光. 汉唐长安地区的宏观地理形势与微观地理特征[M]//中国古都学会. 中国古都研究：第2辑. 杭州：浙江人民出版社，1986.

[12] 高廷法, 沈琮修. 陆耀遹, 董祐诚纂. 咸宁县志 [M]. 刻本, 1819（嘉庆二十四年）.

[13] 舒其绅等修. 严长明等纂. 西安府志：乾隆四十年 [M]. 三秦出版社, 2011.

[14] 侯甬坚. 中国古都选址的基本原则 [M]//侯甬坚. 历史地理学探索. 北京：中国社会科学出版社, 2004.

[15] 王开. 陕西古代道路交通史 [M]. 北京：人民交通出版社, 1989.

[16] 长安县地名志编纂委员会, 长安县民政局. 陕西省长安县地名志 [M]. [内部资料], 2000.

[17] 骆天骧. 类编长安志 [M]. 黄永年, 点校. 北京：中华书局, 1990.

[18] 西安市地名委员会, 西安市民政局. 陕西省西安市地名志 [M]. [内部资料], 1986.

[19] 王子今. 中国社会史文库：交通与古代社会 [M]. 西安：陕西人民出版社, 1993.

[20] 陕西省交通史志编写委员会. 陕西公路史：第1册 近代公路 [M]. 北京：人民交通出版社, 1988.

[21] 陕西省地方志编纂委员会. 陕西省志：第62卷 工商联志 [M]. 西安：西安出版社, 2002.

[22] 西安市未央区地方志编纂委员会. 未央区志 [M]. 西安：陕西人民出版社, 2004.

[23] 长安县编辑委员会. 长安新志 [M]. [内部资料], 1960.

[24] 刘文礼. 旧社会的南大街盐店 [M]//中国人民政治协商会议西安市碑林区委员会文史资料研究委员会. 碑林文史资料：第2辑. [内部发行], 1987.

[25] 西安市莲湖区地方志编纂委员会. 莲湖区志 [M]. 西安：三秦出版社, 2001.

[26] 田克恭. 西安城外的四关 [M]//中国人民政治协商会议陕西省西安市委员会文史资料研究委员会. 西安文史资料：第2辑. [内部发行], 1982.

[27] 刘升昌. 旧社会西安的货栈贸易业 [M]//中国人民政治协商会议陕西省西安市委员会文史资料研究委员会. 西安文史资料：第6辑. [内部发行], 1984.

[28] 西安市工商联. 解放前西安市的粮食业 [M]//中国人民政治协商会议陕西省委员

会文史资料委员会.陕西文史资料：第23辑.西安：陕西人民出版社，1990.

［29］朱仰超.西安满族［M］//中国人民政治协商会议西安市委员会文史资料委员会.西安文史资料：第18辑.［内部资料］，1992.

［30］清实录：第13册　高宗纯皇帝实录［M］.影印本.北京：中华书局，1986.

［31］清实录：第34册　宣宗成皇帝实录（二）［M］.影印本.北京：中华书局，1986.

［32］清实录：第38册　宣宗成皇帝实录（六）［M］.影印本.北京：中华书局，1986.

［33］清实录：第53册　德宗景皇帝实录（二）［M］.影印本.北京：中华书局，1986.

［34］继格.办理浚河筑坝并各工情形疏［M］//盛康.皇朝经世文续编.台北：文海出版社，1979.

［35］清实录：第56册　德宗景皇帝实录（五）［M］.影印本.北京：中华书局，1987.

［36］清实录：第37册　宣宗成皇帝实录（五）［M］.影印本.北京：中华书局，1986.

［37］吴正治.请罢玉田驻防兵丁疏［M］//贺长龄.皇朝经世文编.上海：宏文阁，1898（光绪二十四年）.

［38］陕西清理财政局.陕西清理财政说明书［M］.排印本，1909（宣统元年）.

［39］臧云浦，朱崇业，王云度.历代官制、兵制、科举制表释［M］.南京：江苏古籍出版社，1987.

［40］陈茂同.历代职官沿革史［M］.上海：华东师范大学出版社，1988.

［41］郭敬仪.旧社会西安东关商业掠影［M］//中国人民政治协商会议陕西省委员会文史资料委员会.陕西文史资料：第16辑.西安：陕西人民出版社，1984.

［42］南广济街［M］//中国人民政治协商会议西安市碑林区委员会文史资料研究委员会.碑林文史资料：第5辑.［内部发行］，1990.

［43］西安市地方志编纂委员会.西安市志：第3卷　经济（上）［M］.西安：西安出版社，2003.

［44］西安市地方志编纂委员会.西安市志：第5卷　政治军事［M］.西安：西安出版社，2000.

［45］秦晖，韩敏，邵宏谟. 陕西通史：明清卷［M］. 西安：陕西师范大学出版社，1997.

［46］周景勋. 上张香帅书［M］//邵之棠. 皇朝经世文统编：卷一百一 通论部二. 上海宝善斋石印本，1901（光绪二十七年）.

［47］胡善恒. 赋税论［M］. 上海：商务印书馆，1934.

［48］《陕西历史自然灾害简要纪实》编委会. 陕西历史灾害简要纪实［M］. 北京：气象出版社，2002.

［49］侯甬坚. 历史地理学探索［M］. 北京：中国社会科学出版社，2004.

［50］西安市地方志馆，西安市档案局. 西安通览［M］. 西安：陕西人民出版社，1993.

［51］王静，张永春，刘鸿明，等. 西安建设丝绸之路经济带新起点战略构想［M］. 西安：西安交通大学出版社，2017.

［52］西安市档案局，西安市档案馆. 筹建西京陪都档案史料选辑［M］. 西安：西北大学出版社，1994.

［53］曹弃疾，王蕻. 西京要览［M］. 扫荡报办事处，1945.

［54］吴宏岐. 西安历史地理研究［M］. 西安：西安地图出版社，2006.

［55］中国第二历史档案馆. 中华民国史档案资料汇编：第5辑 政治（一）［G］. 南京：江苏古籍出版社，1998.

［56］西安市碑林区地方志编纂委员会. 碑林区志［M］. 西安：三秦出版社，2003.

［57］张永禄. 明清西安词典［M］. 西安：陕西人民出版社，1999.

［58］吴镇烽. 陕西地理沿革［M］. 西安：陕西人民出版社，1981.

［59］陕西省政府建设厅工程处. 陕西长安市市政建设计划［M］//陕西省政府建设厅建设汇报编辑处. 建设汇报，1927（民国十六年）.

［60］史红帅. 西安"重镇时代"城市地位的再认识：兼论"古城"特色的若干问题［M］//西安市城乡建设委员会，西安历史文化名城研究会. 论西安城市特色. 西安：陕西人民出版社，2006.

［61］中共西安市委办公厅. 中国共产党西安市委员会志：1925.10—2002.7［M］.［陕

内资图批字〕，2004.

[62] 任云英. 民国时期西安城市规划发展浅析［M］//中国古都学会，郑州古都学会. 中国古都研究：第21辑. 西安：三秦出版社，2007.

[63] 吴松弟. 中国近代经济地理：第8卷 西北近代经济地理［M］. 上海：华东师范大学出版社，2015.

[64] 倪锡英. 西京［M］. 上海：中华书局有限公司，1936（民国二十五年）.

[65] 西安市档案馆. 西安辛亥记忆：西安辛亥革命百年纪念文集［M］. 西安：三秦出版社，2011.

[66] 西安市工会志编纂委员会. 西安市工会志［M］.［陕新出批字〕，1997.

[67] 刘安国. 陕西交通挈要［M］. 上海：中华书局，1928（民国十七年）.

[68] 贾若瑜. 中国军事教育通史：下册［M］. 沈阳：辽宁教育出版社，1997.

[69] 中共西安市委党史研究室. 中国共产党西安历史：第1卷［M］. 北京：中共党史出版社，2005.

[70] 周天度，郑则民，齐福霖. 中华民国史：第8卷 下册［M］. 北京：中华书局，2011.

[71] 谢林. 陕西寻梦：民国陕西老照片［M］. 西安：陕西人民美术出版社，2009.

[72] 陕西省银行经济研究室. 西京市工业调查［M］. 西安：秦岭出版公司，1940（民国二十九年）.

[73] 王西京，陈洋，金鑫. 西安工业建筑遗产保护与再利用研究［M］. 北京：中国建筑工业出版社，2011.

[74] 陕西省地方志编纂委员会. 陕西省志：第15卷 轻工业志［M］. 西安：三秦出版社，1999.

[75] 西安市档案馆. 民国西北开发［M］.［内部资料〕，2003.

[76] 张复合. 中国近代建筑研究与保护：5［M］. 北京：清华大学出版社，2006.

[77] 丹下健三. 几点经验［M］//马国馨. 丹下健三. 北京：中国建筑工业出版社，1989.

[78] 陕西省建设厅. 西安市分区及道路系统计划书［A］.［陕西省档案馆存〕，1947

（民国三十六年）.

[79] 奥存才. 宋联奎及宋家花园[M]//中国人民政治协商会议陕西省西安市委员会文史资料研究委员会. 西安文史资料：第6辑.［内部发行］，1984：156.

[80] 政协西安市委员会文史资料委员会. 西安文史资料：第19辑 西京近代工业[M]. 西安：西安出版社，1993.

[81] 史红帅，吴宏岐. 西北重镇西安[M]. 西安：西安出版社，2007.

[82] 曹洪涛，刘金声. 中国近现代城市的发展[M]. 北京：中国城市出版社，1998.

[83] 杨江华. 全国爱国主义教育基地：陕甘宁青新卷[M]. 北京：团结出版社，2013.

[84] 西安市地方志编纂委员会. 西安市志：第2卷 城市基础设施[M]. 西安：西安出版社，2000.

[85] 宣庆坤，赵子游. 中国人文之旅：西安[M]. 合肥：安徽科学技术出版社，2016.

[86] 中国延安干部学院. 红色延安的故事：清正廉洁篇[M]. 北京：党建读物出版社，2016.

[87] 张礼智. 陕西博物馆百年史：1909-2009[M]. 西安：三秦出版社，2014.

[88] 朱叙五，党自新. 陕西辛亥革命回忆[M]//中国人民政治协商会议陕西省委员会文史资料研究委员会. 陕西辛亥革命回忆录. 西安：陕西人民出版社，1982.

[89] 郭海成. 陇海铁路与近代关中经济社会变迁[M]. 成都：西南交通大学出版社，2011.

[90] 西安市城建系统方志编纂委员会. 西安市城建系统志[M].［内部资料］，2000.

[91] 朱士光. 中国八大古都[M]. 北京：人民出版社，2007.

[92] 肖银章，刘春兰. 抗战期间日本飞机轰炸陕西实录[M]. 西安：陕西师范大学出版社，1996.

[93] 西安市军事志编纂委员会. 西安市军事志[M]. 西安：三秦出版社，2003.

[94] 俞茂宏. 西安古城墙和钟鼓楼：历史、艺术和科学[M]. 西安：西安交通大学出版社，2009.

[95] 田克恭. 西安的建国路 [M] //中国人民政治协商会议陕西省西安市委员会文史资料研究委员会. 西安文史资料：第10辑. [内部资料], 1986.

[96] 陕西省建设厅. 西安市政府关于本市钟楼四周马路宽度讨论会记录 [A], 1946 （民国三十五年）.

[97]《西安城区变迁地图集》编纂委员会. 西安城区变迁地图集 [M]. 西安：西安地图出版社, 2014.

[98] 史为乐. 中华人民共和国政区沿革：1949—2002 [M]. 北京：人民出版社, 2006.

[99] 赵炳章, 何金铭. 陕西通史：中华人民共和国卷 [M]. 西安：陕西师范大学出版社, 1997.

[100] 西安市政府卫生科. 复员后西安卫生行政计划草案 [Z], 1948（民国三十七年）.

[101]《当代中国》丛书编辑部. 当代中国的城市建设 [M]. 北京：中国社会科学出版社, 1990.

[102] 程安东. 内陆外向型城市：西安发展战略研究 [M]. 西安：陕西人民出版社, 1997.

[103] 陕西师范大学地理系. 西安市地理志 [M]. 西安：陕西人民出版社, 1988.

[104] 姚广. 西安城河的整治 [M] //历史文化名城研究会秘书处. 西安历史文化名城研究文集, 1996.

[105] 陈鹏. 中国土地制度下的城市空间演变 [M]. 北京：中国建筑工业出版社, 2009.

[106] 西安市统计局. 西安统计年鉴：1979—2009 [M]. 北京：中国统计出版社, 1979—2009.

[107] 西安市统计局. 西安历史统计资料汇编：1949—1989 [G]. 北京：中国统计出版社, 1991.

[108] 西安市地方志办公室. 西安年鉴：2006 [M]. 西安：西安出版社, 2006.

[109] 西安市地方志编纂委员会. 西安年鉴：2002 [M]. 西安：西安出版社, 2002.

[110] 西安市地方志办公室. 西安年鉴：2005 [M]. 西安：西安出版社, 2005.

[111] 中国城市发展研究会. 中国城市年鉴：2006 [M]. 北京：中国城市年鉴社, 2006.

[112] 辛同升. 市场经济下城市住区发展与演化: 1998—2013 [M]. 北京: 中国建筑工业出版社, 2015.

[113] 陕西省发展计划委员会, 陕西省西部开发领导小组办公室. 西部大开发报告: 陕西卷 [M]. 西安: 三秦出版社, 2004.

[114] 西安市地方志办公室. 西安年鉴: 2003 [M]. 西安: 西安出版社, 2003.

[115] 西安市地方志办公室. 西安年鉴: 2004 [M]. 西安: 西安出版社, 2004.

[116] 《中国经济贸易年鉴》编委会. 中国经济贸易年鉴: 2005 [M]. 北京: 中国经济贸易年鉴社, 2005.

[117] 胡戟. 西市宝典: 上册 [M]. 西安: 陕西师范大学出版社, 2009.

[118] 冯筱才. 1911~1927年的中国商人与政治: 文献批评与理论构建 [J]. 浙江社会科学, 2001 (6): 48.

[119] 吴宏岐, 史红帅. 关于清代西安城内满城和南城的若干问题 [J]. 中国历史地理论丛, 2000 (3): 123.

[120] 马协弟. 清代满城考 [J]. 满族研究, 1990 (1).

[121] 抚部院书. 奏将咸宁县县丞移驻草滩镇附片 [J]. 秦中官报, 1906 (光绪三十二年).

[122] 薄井由. 清末以来会馆的地理分布: 以东亚同文书院调查资料为依据 [J]. 中国历史地理论丛, 2003 (3).

[123] 杨豪中, 陈新. 西安基督教会建筑及其城市文化历史意义 [J]. 西安建筑科技大学学报（自然科学版）, 2003 (4).

[124] 李绮. 论地方督抚与清末新政 [J]. 淮阴师范学院学报（哲学社会科学版）, 2000 (6).

[125] 吴宏岐. 抗战时期的西京筹备委员会及其对西安城市建设的贡献 [J]. 中国历史地理论丛, 2001 (4): 46.

[126] 郭文毅, 吴宏岐. 抗战时期陪都西京3种规划方案的比较研究 [J]. 西北大学学

报（自然科学版），2002（5）.

[127] 曾红. 西安五十年代的地标建筑 [J]. 山西建筑，2012, 38（29）: 14-17.

[128] 吴宏岐，严艳. 古都西安历史上的城市更新模式与新世纪城市更新战略 [J]. 中国历史地理论丛，2003（4）: 29.

[129] 李兵. 建国后西安明城墙的保护历程及其启示 [J]. 四川建筑，2009, 29（1）: 10-12.

[130] 王明浩，肖翙. 对城市住宅若干问题的剖析 [J]. 城市发展研究，2010（9）: 8.

[131] 马晓龙. 西安市大型零售商业空间结构与市场格局研究 [J]. 城市规划，2007, 31（2）: 56.

[132] 崔友平. 利用技术进步增加就业 [J]. 当代经济研究，2001（10）.

[133] 张燕生. 我国房地产经济发展现状及其未来发展趋势 [J]. 中国市场，2010（31）: 6.

[134] 洪涛. 中国流通产业60年轨迹、经验与问题 [J]. 市场营销导刊，2009（5）: 3-6.

[135] 韩玉凤. 西安市连锁行业人才需求现状及对策研究 [J]. 中国人才，2010（22）: 284.

[136] 权小虎. 西安市旅游产业发展初探 [J]. 西安社会科学（哲学社会科学版），2008, 26（4）: 139.

[137] 张楠，余咪咪. 西安建设国家中心城市对策研究 [J]. 生产力研究，2019（11）: 97.

[138]《支持我省开放型经济突破发展财税政策研究》课题组. 支持我省开放型经济突破发展财税政策研究 [J]. 西部财会，2012（1）: 4-8.

[139] 柳学伟，董冰. 陕西省低碳生态城市规划探讨：以西咸新区立体城市规划为例 [J]. 绿色科技，2013（8）: 71.

[140] 杨保军，陈鹏. 新常态下城市规划的传承与变革 [J]. 城市规划，2015, 39

（11）：9.

[141] 裴成荣. 西安城市空间布局及国际化大都市发展战略研究[J]. 人文杂志，2011（1）：188.

[142] 曹恺宁. 城市有机更新理念在遗址地区规划中的应用：以西安唐大明宫遗址地区整体改造为例[J]. 规划师，2011，27（1）：46.

[143] 冯利芳，范弘颖. 浐灞十年绿色之路：西安浐灞生态区创建绿色生态示范城区的调查报告[J]. 城市发展研究，2014，21（8）：2.

[144] 冯安，刘曙. 文脉的传承、发展和保护：以新疆布尔津县为例[J]. 中华建设科技，2011（2）.

[145] 唐相龙. "精明增长"研究综述[J]. 城市问题，2009（8）：98-102.

[146] 白明高. "中山学院"和"中山军事学校"始末[J]. 党史研究与教学，1992（6）.

[147] 陕西省建设厅第一科统计股. 陕西建设统计报告第一期：十六年至十八年合刊[J]，1930（民国十九年）.

[148] 任云英. 近代西安城市规划思想的发展：以1927—1947年民国档案资料为例[J]. 陕西师范大学学报（哲学社会科学版），2009，38（5）：105-112.

[149] 罗佳明.《西安宣言》的解析与操作[J]. 考古与文物，2007（5）.

[150] 西安宣言：关于古建筑、古遗址和历史区域周边环境的保护[J]. 城市规划通讯，2005（22）.

[151] 龙小凤. 西安历次城市总体规划理念的转变与启示[J]. 规划师，2010，26（12）：41.

[152] 张卉，杨文选. 陕西"一线两带"建设的核心在于培育具有关中优势和特色的产业群[J]. 西安财经学院学报，2003，16（6）：29-33.

[153] 姚蓉. 西安城市国际化条件评析[J]. 人文地理，2000（1）.

[154] 姬巧娟. 城镇化背景下西安市城市公共设施建设用地分析[J]. 陕西教育（高教版），2014（3）：4.

[155] 张莉娜,雷娟.浅析西安会展经济发展的条件[J].华章,2011(27).

[156] 石和平.延安时期共产党人的初心使命[J].中华魂,2019(10).

[157] 杨柳.运用经营城市理念加快西安经济发展[J].西京论坛,2002(4).

[158] 潘泽庆.对中国共产党与国民军关系研究的考察[J].北京党史,2001(3):19.

[159] 荣维木.九一八事变与中国的政局[J].抗日战争研究,2001(4).

[160] 刘晓云.斥资百亿中海西安造城[N].中国房地产报,2007-01-15.

[161] 廉租房保障范围将扩大[N].华商报,2007-08-27.

[162] 西安最大惠民住房项目开建[N].中国建设报,2007-08-17.

[163] 陈显信,呼兰中.造城市"绿肺"建人工湖泊[N].中国税务报,2007-05-25.

[164] 吉卫华.华夏故都满城春 山水之城展魅力:我市深入推进文明城市创建工作综述[N].西安晚报,2011-12-21.

[165] 张平阳,李欣.西安企业集团谁称"王"[N].西安日报,2002-08-26.

[166] 民国到解放初西安市建制的演变[N].西安晚报,2011-02-13(11).

[167] 西安大兴新区[N].西安晚报,2010-05-06.

[168] 我市3社区被评为全国商业示范社区[N].西安日报,2009-05-29.

[169] 耿薇.西安中央文化商务区20个重大项目集中开工[N].陕西日报,2013-09-26(1).

[170] 文艳.西安金融商务区金融集聚功能初显[N].西安日报,2013-09-29(1).

[171] 关于加快"一线两带"建设,实现关中率先跨越发展的意见[N].陕西日报,2002-10-08.

[172] 陈思存.国务院批复西安城市总体规划:这是西安市建国后第四次修编规划2008—2020[N].华商报,2008-05-10.

[173] 王欢院.秦岭终南山公路隧道、西柞高速公路今日通车[N].陕西日报,2007-01-20.

[174] 马昭.三环路今日全线通车[N].西安日报,2008-12-25.

［175］王晓鹏，苏嵘. 领潮发力扛大梁［N］. 陕西日报，2003-12-12.

［176］袁超群."四化"理念引领西安发展［N］. 西安日报，2007-01-03.

［177］赵越. 产业集群视角下西安市战略性新兴产业发展研究［D］. 西安：西安理工大学，2013.

［178］杨军. 基于倡导低碳城市背景下的水景观生态设计研究初探［D］. 西安：西安美术学院，2010.

［179］任云英. 近代西安城市空间结构演变研究：1840—1949［D］. 西安：陕西师范大学，2005.

［180］高连海. 社会变迁对城市空间结构的影响机制研究：以1949年以来西安市为例［D］. 西安：西北大学，2009.

［181］万伟. 晚清赋税加征及其影响［D］. 桂林：广西师范大学，2013.

［182］朱君奇. 从计划经济的"兴、变、衰"看中国经济体制变迁［D］. 济宁：曲阜师范大学，2014.

［183］浦敏. 实例剖析西安近50年城市住区肌理及其演变［D］. 西安：西安建筑科技大学，2006.

［184］陈燕浩. 建国以来我国户籍制度的发展及改革对策研究［D］. 重庆：西南大学，2009.

［185］刘淑虎. 西安城市空间结构演进研究：1978—2002［D］. 西安：西安建筑科技大学，2016.

［186］田野. 西安城市空间结构发展研究：1998—2016［D］. 西安：西安建筑科技大学，2019.

［187］付凯. 新型城镇化背景下西安大都市边缘区空间发展路径及规划模式研究［D］. 西安：西安建筑科技大学，2019.

［188］李婷. 1990年代以来西安边缘新区空间发展研究：以西安经济技术开发区为例［D］. 西安：西安建筑科技大学，2014.

[189] 鲁晓勋. 区域一体化视野下大西安都市圈空间结构发展问题研究[D]. 西安: 西安建筑科技大学, 2006.

[190] 严卫. 西安工业发展政策研究[D]. 西安: 西北大学, 2013.

[191] 张忠德. 西安高新技术产业开发区发展现状与对策研究[D]. 西安: 西北工业大学, 2001.

[192] 荣健. 基于网络结构的西安高新区产业集群研究[D]. 西安: 西北工业大学, 2006.

[193] 杨晓坤. 西安城市空间形态紧凑度研究[D]. 西安: 西安建筑科技大学, 2011.

[194] 孙根彦. 面向紧凑城市的交通规划理论与方法研究[D]. 西安: 长安大学, 2012.

[195] 马中平. 西安城市空间结构紧凑度评价及其影响因素研究[D]. 西安: 陕西师范大学, 2018.

[196] 李娜. 西安城市增长驱动力研究[D]. 西安: 西北大学, 2011.

[197] 赵哲. 西安工业发展与城市空间结构之关系研究[D]. 西安: 西北大学, 2005.

[198] 刘豪. 城市交通基础设施对城市集聚经济的作用研究[D]. 北京: 北京交通大学, 2014.

[199] 赵晓燕. 基于GIS的西安市城市景观格局分析及其优化对策[D]. 西安: 西北大学, 2007.

[200] 郭世强. 民国西安城市道路系统演变研究[D]. 西安: 陕西师范大学, 2017.

[201] 花倩. 西安旧城区回坊空间的发展研究[D]. 西安: 西安建筑科技大学, 2011.

[202] 西安工业强市进行时[EB/OL]. (2006-06-22)[2020-01-08]. http://news.sohu.com/20060622/n243874768.shtml.

[203] 四区两基地为西安腾飞插上翅膀[EB/OL]. (2006-11-01)[2019-03-15]. http://news.sohu.com/20061101/n246130139.shtml.

[204] 关于实施《西安工业振兴计划》情况的汇报[EB/OL]. (2015-07-18)[2019-07-21]. http://www.china-xa.gov.cn/20036/4576.jhtml.

[205] 中国(陕西)自由贸易试验区总体概况[EB/OL]. (2017-03-17)[2019-11-

03]. http://ftz. shaanxi. gov. cn/zjzmg/lbgc/3iUfee. htm.

[206] 商业地产没有饱和才刚刚开始 [EB/OL]. (2012-11-16)[2019-08-08]. http://news. dichan. sina. com. cn/2012/11/16/599938. html.

[207] 西安历史文化名城保护条例 [EB/OL]. http://www. china-xa. gov. cn/rddffg/9496. jhtml.

[208] 大唐西市大鑫坊工程项目提前封顶 [EB/OL]. (2007-12-26)[2019-05-16]. http://news. sina. com. cn/c/2007-12-26/123013147998s. shtml.

大事记

咸丰年间（1851—1861年）

· 日升昌、蔚泰厚、蔚丰厚、日新中票号在西安设立分号，接着西安开设万福源、景复盛、万顺隆、敬顺德票号。至清末，共有协同庆、大德恒、合盛元、大德通、蔚丰厚、日升昌、天成亨、蔚长厚、蔚泰厚、百川通、宝丰隆、裕丰号等12家票号。

咸丰四年（1854年）

· 创办陕西官银钱局，1860年撤销。

同治元年（1862年）

· 复设陕西官银钱局，1886年撤销。

同治八年（1869年）

· 西安机器局成立，为陕西省近代机器工业的发端。

光绪九年（1883年）

· 开办天顺成建筑土木工程营造厂。

光绪十一年（1885年）

· 重建鲁斋书院，二十九年（1903年）改为咸宁县立两等小学堂。

光绪十五年（1889年）

· 开办英华医院，西医、西药由此传入西安。

光绪十六年（1890年）

· 八月，西安电报局成立。

· 是年，修建少墟书院，三十二年（1906年）改为长安县立高等小学堂。

光绪十七年（1891年）

· 九月，创设味经书院刊书处。

光绪二十年（1894年）

· 八月，重开陕西官银钱局秦丰官银钱号，宣统二年（1910年）改名为秦丰官钱局。

· 是年，创办陕西省机器制造局。

光绪二十二年（1896年）

· 四月，开办秦中书局，创办西安第一张报纸《秦中书局汇报》（月刊）。

· 是年，筹办陕西保富机器织布局。

光绪二十三年（1897年）

· 六月，创办《广通报》（半月刊，木刻印刷），这是西安最早的民办报纸，戊戌变法失败后停刊。

· 十二月，在东厅门咸长考院设立游艺学塾，翌年并入陕西中学堂。

光绪二十四年（1898年）

· 六月，在西关创设陕西武备学堂。

· 九月，成立随营武备学堂。设立陕西中学堂，二十六年（1900年）因校舍被占用停办。

光绪二十八年（1902年）

· 九月，西安邮政局在马坊门成立。

· 是年，设立陕西大学堂，三十一年（1905年）改为陕西省高等学堂。陕西洋务局在西安成立。《时务丛钞》在西安创刊。陕西巡抚升允在抚院新址（南院）东花园修建一座两层楼房和两厢廊坊，成立劝工陈列所，俗称"亮宝楼"。

光绪二十九年（1903年）

· 三月，在西安设立课吏馆。

· 五月，改关中书院为陕西师范学堂。

· 九月，编印《秦报》（旬刊），年终停刊。

· 是年，官办陕西工艺美术总厂。创办乐道学校和尊德（女子）学校。创办绅立蒙学堂，翌年改名为甘园学堂，这是西安第一所私立学校。

光绪三十年（1904年）

·正月，姚才波等承办《秦中官报》，三十四年（1908年）改名《陕西官报》，一年后停刊。

·九月，陕西武备学堂学生魏国钧等以官费派往日本振武学校学习军事。

·是年，开办陕西工艺厂，是西安首家官办手工纺织工厂。官办轻工业工场创办陕西农务工艺厂。成立西安府邮政副总局。陕西中等农林学堂创办。创建陆军中学堂。

光绪三十一年（1905年）

·五月，成立省城警务总局。

·九月，陕西高等学堂和陕西师范学堂选派官费生，东渡日本学习农学、矿务、税务、法律等学科。

·是年，成立陕西火药局。创办西安府官立中学堂。陕西学务处派杨宜瀚等赴日本考察学堂、工艺、巡警等要务。陕西官绅请准由本省自办修筑西（安）潼（关）铁路，以布政使樊增祥为总办。

光绪三十二年（1906年）

·八月，陕西巡警学堂成立，后于宣统元年（1909年）改为高等巡警学堂。

·十月，创办《关中日报》。

·是年，西安府邮政局开办国际信函业务。创办公益书局。设立健本学堂。开办女子小学。

光绪三十三年（1907年）

·十月，课吏馆改为陕西法政学堂。

光绪三十四年（1908年）

·二月，在西安召开第一次筹修西潼铁路大会，通过《筹办西潼铁路处简章》，成立西潼铁路办事处，翌年成立西潼铁路公司。

·是年，省城警务总署、分署正式取代了省城警务总局、分局的称号。陕西制革厂成立。在西安创办《教育界》杂志。

宣统元年（1909年）

·七月，陕西省图书馆创立，这是西安第一所国立图书馆，民国四年（1915年）迁至南院门，与劝工陈列所合并，称中山图书馆。

·十二月，大清银行陕西分行在西安设立。

·是年，西安出现惠丰祥、庆丰裕、文盛祥等10余家洋货铺。

宣统二年（1910年）

·十二月，成立西安府地方审判厅和检察厅，司法与行政开始分离。

·是年，全盛公、万兴源、公盛德、集成福等供货店试销进口铁丝、洋钉等五金、交电化工商品。设立驻防工艺传习所，内设纺织项目。设驻防工厂。开办陕西省第一女子师范学校。

宣统三年（1911年）

·八月，在梁府街创办《国民新闻》（日刊）。

·是年，西安开设拆货铺25家、中药铺6家，成为当时西北地区最大的中医集散地。陕西女子工业传习所在西安开办。

1912年

·3月，张凤翙在西安创办西北大学。

·5月，张深如等在西安创办精业股份有限公司，生产布匹、服装、地毯、木漆器等。

·7月1日，李桐轩与孙仁玉等在土地庙什字小学创立易俗伶学社。16日，袁世凯任命张凤翙为陕西都督，兼署民政长。是月，改省城警务总署为西安警视总厅。

·9月24日，陕西都督府下令拆除西安满城西、南两面城墙。

·10月27日，万炳南旧部在南校场发动兵变，反对张凤翙，不久，北院门又发生兵变，都未成功。

·是年，西安开始出现人力车（俗称"东洋车"）。陕西军政府将原满城南部官地327.5亩划归西安红十字会医院建院。将原满城东南隅官地41亩划归英华医院建院。官商合股在东大街开办陕西省电话局，装设300门磁石交换机一部，这是西安市内电话之始。在四府街南端城墙开凿下小南门，1938年命名为勿幕门。12月，陕西都督府下令拓宽东大街，修建两侧临街店铺，用于出售和出租。

1913年

·1月1日，易俗社在西大街都城隍庙举办首场演出。

・是年，陕西陆军医院在粮道巷成立。

1914年

・2月28日，改西安府地方审判厅、西安府地方检察厅为长安地方审判厅、长安地方检察厅。

・5月23日，设立关中道，道尹公署驻西大街社会路西侧。

・6月30日，袁世凯以张凤翙为扬威将军，调入北京将军府，以陆建章为威武将军，督理陕西军务，兼署巡按使，从此西安由北京政府直接统治。

・是年，撤销咸宁县，并入长安县。美商在西安开设美孚洋行和德士古洋行，德商开设光华洋行，西安煤油销售市场逐渐为外商垄断。秦腔艺人苏长泰等在骡马市梨园会馆创建"长庆班"。陆建章密令长安县知事杨善征带领警察逮捕西北大学校长钱鸿钧，翌年西北大学改为陕西法政专门学校。

1915年

・3月，陕西当局将西安商办陕西皮棉兼水陆转运总公司收归官办。

・12月，陕西电报局架通经三原至肤施的电报线路。

・是年，陕西商务总会组织土产山货，参加在美国旧金山举办的庆祝巴拿马运河竣工万国博览会。

1916年

・2月，陕西电报局架设西安至汉中电报线路，6月延伸至成都。

・5月8日，陈树藩在富平被西北护国军将领推为首领，翌日以西北护国军总司令名义通电全国，宣布陕西独立，派胡景翼、郭坚分两路进军西安，以陆承武为人质迫使陆建章离陕。

・是年，陈树藩与陕西商务总会在西安共同组设通惠钱局，发行钱票。

1917年

・5月，西安警备司令张丹屏在东大街开元寺用75马力煤油发电机创办小电灯厂，供应附近小区域照明用电，这是西安电业的开端。

・7月，西安警视总厅又更名为陕西省会警察厅，下辖五个警察署。陕西省立甲种农业学校在西安西关成立。

·是年，陈树藩在停业的秦丰银行基础上改组成立富秦银行，发行银两票和银圆票。

1918年

·大芳照相馆在南院门创设，是西安开办的首家照相馆。专演传统秦腔剧目的正俗社在西安成立。胡子恒在东大街骡马市口路北创立竞爽医院。改陕西省会电话局为陕西军用电话局，开通西安至三原、潼关、咸阳军用长途电话。

1919年

·5月7日，北京学生"五四"反帝爱国运动爆发后，西安师范学生发起法政专门学校、甲种农校、省立一中、三中、成德中学、第一女师等校学生代表举行联席会议，决定"通电北京，力争青岛，营救学生"。是月，陕西学生联合会在西安成立，屈武当选为会长，邹遵为评议长，创办《白话报》，发表对时局的言论，报道陕西和全国运动情况。

·10月，张鼎、张丹屏等集资成立西堂汽车股份有限公司筹备处，准备开通西安到河南观音堂的公路运输。冬，改为官商合办。翌年10月停办。

1920年

·7月15日，陕西省议会议员田瑞轩在西安梁家牌楼创办《鼓昕日报》，张仞鸣任主笔，先后发表《俄国工联之实力》《列宁之演说词》《布尔塞维克主义论》《民主主义论》《劳动与休息》《反对婚姻专制》等文章，《鼓昕日报》是最早把社会主义思想介绍给西安读者的一家报纸，翌年4月停刊。

·8月6日，大生造胰公司成立，9月在小湘子庙街创办肥皂厂。

·12月16日晚7时38分，西安地震，城内外墙、屋塌毁很多。

·是年，经营回民传统风味美食的同盛祥牛羊肉泡馍馆在竹笆市南头开业。

1921年

·9月，陕西省路工局在西安成立，始修第一条汽车路——西（安）潼（关）公路。冯玉祥发动士兵拆除明秦王府城墙旧砖，在皇城内修建督军公署。

·12月23日，西安各界召开国民大会，决定开展抵制日货运动，游行示威并到省长公署向刘镇华请愿，要求致电北京政府拒绝在《九国公约》上签字。

·是年，陕西省实业厅派董翰洲在西举院巷创办陕西模范纺织工厂，采用脚踏织布机和手摇纺纱机，招工培训，这是西安最早的官办手工纺织厂。冯玉祥在督军署驻地开办第一军人工厂，教士兵学习工艺。陈勋臣在东木头市创办长安纺织工厂，采用河北高阳式织布机，后迁北关火神庙，改名平民工厂。

1922年

·1月7日，西安孤儿教养院召开成立大会。是月，陕西督军、省长两公署设立长潼汽车局，7月14日，改名陕西长潼汽车公司。

·8月25日，陕西长潼汽车公司开始营业，开办西安至潼关间客货运输，这是西安汽车运输的开端。

·是年，开辟明代大、小莲花池为莲湖公园，这是近代西安第一座公园。孙健等在化觉巷东大寺创办精一小学校，这是西安第一所新式回民学校。

1923年

·1月27日，长潼汽车公司开办钟楼至东门的环城汽车，投入2辆汽车运营，这是西安公共汽车之始。

·是年，刘履之在西仓门创办燕秦制革厂，翌年迁南院门，扩大为新履股份有限公司，这是西安最早的机器制革企业。名医雒镛在陕西省育婴院设立牛痘局，每年接种2万～3万人。陕西商务总会会长郭蕴生用冯玉祥所留善后救济款1万余元，在大湘子庙街创办商业实践小学，培养新式会计人才。

1924年

·1月，国立西北大学在西安东厅门路北西安高级中学一带正式成立，傅铜任校长，原陕西法政专门学校、水利工程专门学校、渭北水利局附设水利工程学校、甲种商业学校同时并入国立西北大学。

·4月3日，北京政府航空署中央航空支队"维梅"（VIMY）型飞机由洛阳试飞西安，降落在西关大营盘（原西关机场一带）。这是西安首次降落飞机。

·7月，中共党员魏野畴在西安领导成立青年文学社，出版《青年文学》旬刊，宣传新文化新思想，团结教育青年参加政治斗争。西北大学与省教育厅合办暑期学校，邀请北京大学鲁迅，北京师范大学教授王桐龄、林砺儒，东南大学教授刘文海，南开大学教授蒋廷黻、陈钟凡，北京大学前理学院院长夏元瑮，北京《晨报》记者孙伏园，《京报》记者王小隐等学者名流来西安讲学，听讲的除西北大学师生外还有西安各中小学教员和各县劝学所选派的代表，总计700人左右。

・8月3日，刘镇华请鲁迅、孙伏园、夏元瑮等学者到易俗社看戏，并设宴饯行，时值易俗社成立12周年纪念，鲁迅与其他来陕学者12人联名赠送匾额一块，亲题"古调独弹"四字，鲁迅并将这次讲学酬金50元赠予易俗社。是月，中共党员雷晋笙从上海回西安，同张性初等3人发展组织，建立第一个中国社会主义青年团西安支部，张性初任书记，直属团中央领导；同时成立团的外围组织西北青年社；出版《西北青年》周刊。

・10月，魏野畴将青年文学社改名青年生活社，并出有《青年生活》旬刊，张性初任编辑。

・12月，中共党员邹遵受社会主义青年团中央指派从上海来西安，与魏野畴联系，发展团员14人，年底成立第二个中国社会主义青年团西安支部，直属团中央领导。

・是年，出版《西北晨钟》旬刊，雷晋笙任主编。

1925年

・2月1日，陕西国民会议促成会正式成立，选举魏野畴任会长。

・5月5日，西安学生联合会成立。

・8月12日，魏野畴、关中哲、张性初等在东举院巷创办《西安评论》，宣传俄国十月革命和马列主义理论，对陕西的政治、经济、文化、教育及群众运动进行分析评论，唤起民众，进行反帝反封建斗争。

・9月10日，西安总工会成立，聘请张性初、宋树藩分任执行委员会书记、干事。

・10月，中国共产主义青年团西安特别支部成立，吴化之任书记，张性初任宣传干事，宋树藩任组织干事，原先的两个团支部解散。中国共产党西安特别支部成立，有党员5人，安存真任书记，受中共豫陕区委领导，这是诞生在西安的第一个共产党组织。

- 11月13日，中国共产主义青年团西安地方委员会成立，吴化之任书记，属共青团豫陕区委领导。

1926年

- 1月，中共西安特支改组为中共西安地方执行委员会，黄平万任书记，吴化之、魏野畴、雷晋笙、张性初为委员，仍属中共豫陕区委领导。
- 5月15日，镇嵩军占领三桥，合围西安城。20日，西安守军各部将领决议取消国民军番号，一律改称陕军，李虎臣任总司令兼第一师师长，杨虎城任副总司令兼第三师师长，邓宝珊任总指挥，卫定一任副总指挥兼第四师师长，驻泾阳的田玉洁任副总司令兼第二师师长，并设立西安城防司令部。
- 8月，西安城内粮食告急。
- 10月19日，西安南城门箭楼失火烧毁。
- 11月27日晚，镇嵩军在援陕国民军联军和守城陕军夹击下全线溃退，28日西安解围，至此西安归国民政府管辖。
- 12月21日，国民党陕西临时省党部机关报《陕西国民日报》在西安创刊，雷晋笙任社长，孟园梧任总编辑。22日，国民军联军驻陕总司令部（简称"联军驻陕总部"）在西安皇城成立，于右任任总司令，邓宝珊任副总司令，魏野畴任政治部副部长，史可轩任政治保卫部部长，杨明轩任教育厅厅长。
- 是年，在西安东城门北侧开辟中山门。

1927年

- 1月10日，中国国民党西安市党部在南院召开新老党员大会，于右任、史可轩、赵葆华、黄平万出席讲话，师守命等被选为市党部常务执行委员。21—26日，中国国民党陕西省第一次代表大会在西安开幕，选举成立国民党陕西省党部，西安市代表雷晋笙、史可轩、黄平万、马凌山、吕佑乾、王观政、蒋受先、亢维恪、李生岸、刘鼎锡等10人参加大会。是月，陕西省会警察厅更名陕西省会公安局，原五个警察署改为公安分局，并在城东北区增设第六分局。冯玉祥创办的西北军官学校由天水迁西安，校长续范亭，政治部主任唐澍，刘伯坚、邓希贤（小平）、刘景桂（志丹）、刘继曾担任教官，学生千余人，7月中旬迁往河南。

· 2月7—20日，联军驻陕总部在红城北门外营造两大墓穴，分别安葬围城期间无人收殓的死难军民2743人。25日，在墓地对面广场（今市体育场）举行追悼大会，冯玉祥、于右任、杨虎城等率领军民负土成冢，立碑纪念，在两冢间建筑革命亭和五座烈士祠，并将周围150亩空地开辟为革命公园。是月，西安工人俱乐部和邮务工会、印刷工会、制造业工会、电话工会、电报工会相继成立。

· 3月14—18日，中共陕甘区第一次代表大会在中山学院召开，成立中共陕甘区委，兼理中共西安地委工作。

· 5月1日，国民军联军改为国民革命军第二集团军，冯玉祥在西安就任总司令。是月，中共陕甘区委机关刊物《西北人民》在西安创刊。

· 6月1—8日，陕西省第一次农民代表大会在西安召开，成立陕西省农民协会。

· 7月，陕西省政府由北院迁红城办公，改名新城。在新城东、西、南门外拓修三条新街，翌年又拓修北新街。中共陕西省委在西安成立，并决定成立中共西安市委。

· 9月26—28日，中共陕西省委在西安举行第一次扩大会议，传达中央"八·七"会议精神和对陕西工作的指示，提出在新形势下"到农村中去，到军队中去"的战斗口号，决定由潘自力任中共西安市委书记。是月，改中山学院为中山大学。

· 11月25日，陕西省政府议决设立西安市。是月，改长安地方审判厅为长安地方法院，裁撤长安地方检察厅，于长安地方法院内设检察处。

1928年

· 9月22日，西安市政府成立，萧振瀛任市长，驻五味什字中州会馆西侧，直属陕西省政府辖区，辖区以原属长安县之西安城内及四关为范围，面积15.4平方千米。是月，省、市政府以工代赈，在中山门内路北修建民乐园。整修东、西、南、北四大街道路，拆除石条路面，改筑石子土路，拆除东、西、南、北城门外洞及市内街口门楼；修筑新市区尚勤、尚俭、尚仁（今解放路）、尚德路。

· 是年，冯克昌创办的西安饭庄在西大街开张营业，1958年迁东大街现址。冯玉祥倡导在五岳庙门开办平民医院，对无业民众免费医疗，民国二十年（1931年）停办。在西城墙北段开辟玉祥门。市政府将原满城地段划为新市区，规划道路，标卖荒地，新市区共划分为30个平均约50亩大的街坊。

1929年

·2月，陕西省建设厅在原贡院旧址建造建国公园（今儿童公园）。

·4月，韩清芳等人集资成立华通汽车公司，开办西安至凤翔客货运输，为西安私营汽车运输之始。

·6月9日，民生长途汽车公司在西安成立，开办西安至灵宝、西安至平凉、西安至凤翔、西安至大荔、西安至蓝田5条营运线路。

·11月16日，陕西省政府公布《陕西省商办长途汽车发照暂行规则》，西安首次给汽车发放号牌和线路通行证。

·是年，陕西全省大旱，关中尤甚，颗粒无收，灾情最重，陕西省赈务会在西安城内大差市、湘子庙街开办舍饭场，救济灾民。华北慈善联合会会长朱庆澜于西安设立陕西灾童教养院，收容灾童1700余名，民国三十六年（1947年），更名私立庆澜育幼院。省建设厅在长安县杜曲镇寺坡村凿成西安市第一口自流井，井深55.6米。在新市区修筑崇孝、崇悌、崇忠、崇信、崇礼、崇义、崇廉、崇耻路（今东、西一路至八路）。

1930年

·4月28日，陕甘汽车管理局在西安成立，开办西安至潼关、西安至平凉营运线路，11月更名陕西汽车管理局。

·7月，中共陕西临时省委在蓝田县巩村召开扩大会议，决定成立正式省委，重建西安市委，省委常委吉国桢任市委书记。

·10月，西安邮局和西京利运汽车行签订合同，用汽车运送西安至灵宝间往来邮件，是西安首条汽车邮路。

·11月8日，陕西省政府通令撤销西安市政府，辖区仍归长安县。是月，陕西省政府机关报《西安日报》创刊，社长蒋听松，主编宋绮云。

·12月15日，陕西省银行在西安成立，官股民股各半。是月，省政府在西安南大街开设第一便民质，经营典当业务，民国二十二年（1933年）交由长安商务会集股接办。

·是年，关中持续大旱，陕西省赈务会在西安成立妇女习艺所，收容在逃荒中被贩卖的妇女，传授织布、织毛巾等技能。西安市政府设立新市区管理处，负责新市区的建设和管理，市政府撤销后，隶于省建设厅。

1931年

· 1月2日，西安市政工程处成立，办理西安城关一切市政工程事宜，直属省建设厅，厅长李仪祉兼处长。是月，改中山大学为陕西省立高级中学。

· 2月，陕西省长途电话局成立，开通西安至省内20多个县的长途电话。陕西省立第一民众教育馆在西安马坊门街成立。

· 3月1日，市政工程处开始分段招标修筑西大街碎石路面，至翌年1月25日竣工，是西安第一条碎石路面。24日，将粮道巷陕西陆军医院，扩充改建为陕西省立医院，后迁至西华门。

· 4月，省政府在西安成立"清乡"总局，开始清查户口，收缴民间所藏武器，整顿团防。

· 5月30日，共青团陕西省委在西安召开第二次会议，改团省委为共青团西安市委。是月，西（安）朝（邑）公路建成通车。

· 6月，华北慈善联合会、陕西省赈务会与陕西省公路局各出资2000元，修筑西安至南五台风景路。

· 10月，陕西省公路局从上海购回铲运机、翻土机、压路机等筑路机械，在西（安）临（潼）公路试铺砂砾路面，这是西安首次使用机械筑路。

· 是年，福康西服店在南院门车家巷口开设，是当时西安服装业最有名的商店。陕西商务总会改为长安县商务会，王怡然任会长。

1932年

· 3月5日，国民党四届二中全会决议：以长安为陪都，定名西京。7日，成立西京筹备委员会，以张继为委员长，直属国民政府。

· 4月1日，欧亚航空公司开办上海—南京—洛阳—西安航线，这是西安第一条航班航线，也是第一条航空邮路。5月18日，延伸到兰州，12月试飞到迪化（今乌鲁木齐）。

· 6月19日，阿房宫大戏院（今阿房宫电影院）建成开业。是月，李仪祉主持修建的泾惠渠一期工程建成，灌田50万亩，高陵、临潼县受益。

·7月20日，关中霍乱大流行波及西安，月余发病1311人，死亡937人。

·8月，共青团西安市委改建为团省委，另组建团市委。

·11月1日，陕西省防疫处在五岳庙门成立，附设传染病院，防治霍乱，注射霍乱疫苗约16万人。

·12月1日，红四方面军西进鄠县、盩厔，经傥骆道越秦岭进军汉中。

·是年，西京助产医院在西华门成立，为西安最早的妇产医院。

1933年

·3月，王季陶集资筹办的西京医院在中州会馆西侧开业。

·8月，渭河大涨，临潼农田数百顷被淹，通往西安的公路被冲断。

·9月13日，西安电报局设立长安无线电台，同南京、天津、汉口、郑州、兰州用无线电收发电报。

·是年，张希仲发起集资创办的集成三酸厂在香米园开工投产，生产硫酸、硝酸、盐酸，取代西北市场的日货，并远销晋、豫、皖、鄂等省，这是西安最早的现代化学工业。西京筹备委员会建成西（安）太（乙宫）公路，名风景路。西京筹备委员会测绘1∶5000《西京城关大地图》，多色胶印。

1934年

·1月10日，第一批木炭代油炉100套在西安出厂销售，优先供应省汽车管理局经营的汽车安装。

·4月，西安利秦工艺社机器漂染厂在东关长乐坊开工生产，这是西安最早的机器漂染厂。

·6月24日，西（安）兰（州）公路动工修建。是月，西安城厢汽车行开业，专营西安城郊短程客货运输和出租汽车业务。四省农民银行在西安设立分行，翌年改名中国农民银行西安分行。

·7月15日，陕西省汽车管理局开办西安市内公共汽车，由东门经钟楼至西门的第一路公共汽车开始运行。

·8月8日，西京筹备委员会、全国经济委员会西北办事处、陕西省政府联合组成西京市政建设委员会，统一筹划西京市政建设。

·9月1日，上海国货联营办事处建议，杨虎城、邵力子、南汉宸倡导，陕西中华实业促进会、陕西国货产销合作社等单位筹备的，西京国货公司成立，翌年在南院门正式开业，这是西安第一家大型商店。

·11月，交通银行在西安设立分行。

·12月1日，上海商业储蓄银行西安分行成立。是月，陇海铁路铺轨至西安，民国二十四年（1935年）1月1日举行通车典礼，正式营运，第一条铁道邮路同时开通。

·是年，在尚仁路北端开辟中正门（今解放门）以通火车站。长安民众剧团成立，这是西安最早的话剧表演团体。

1935年

·5月1日，西兰公路通车营运。

·6月1日，中央银行西安分行成立。

·8月，济南成丰面粉公司西安分公司在西安玉祥门外建成投产，为西安首家机器面粉企业。中国银行在西安设立办事处。

·10月10日，金城银行在西安设立办事处，后改为分行。是月，西安火车站正式开行西安至铜山（今徐州）旅客直达特别快车。

·11月1日，"西北剿共总司令部"在西安成立，蒋介石兼总司令，张学良兼副总司令。6日，国民政府改银圆为法币，西安各银行开始大量投放法币，收兑银圆和白银。16日，中国旅行社西安分社在尚仁路修建的西京招待所正式开业，这是西安当时第一家豪华宾馆。

·12月1日，国民党中央广播电台管理处在西安南院门设立西安广播电台，翌年8月1日开始播音。

·是年，于右任托杨虎城将他从洛阳古董商处买到的汉、晋、北朝、隋、唐碑志290多方运回西安，捐赠给碑林收藏。由徐州迁来的襄明玻璃厂在西安糖坊街开业，为西安最早的玻璃制品企业。薛道五在崇礼路创建西北化学制药厂，该厂是一家规模较大的生产原料药和成药的制药企业。省会公安局设立消防队，配2.5吨水罐消防车一部，西安始有专业消防组织。陇海铁路跨北关正街立交桥建成，是西安第一座钢筋混凝土桥梁。西京筹备委员会建成西汤（西安至蓝田汤峪）公路。西安开始推行保甲制度，设立联保和保、甲。陕西省政府委托中国旅行社西安分社经办华清池管理处，整修竣工，开始营业。

1936年

·1月10日，国民政府建设委员会与陕西省政府合资开办的西京电厂，在西安城外东南隅（今西安供电局北院）建成发电。是月，西北通济信托公司正式开业，先后投资建成北大街商业大楼和通济中坊、南坊、北坊民宅区以及金家巷花园楼房3座（后为张学良公馆）。

·3月，石家庄大兴纺织公司第二厂在西安火车站北建成投产，有纱锭11960枚、织机320台，自备1000千瓦发电机组，是西安第一家大型机器棉纺织企业，于8月更名长安大华纺织厂。

·春，德国医师海伯特牙科诊所在七贤庄一号院设立，掩护中共秘密联络转运站。

·4月，西安华峰面粉公司在北郊建成投产。

·5月，中共西北特别支部在西安成立，谢华任书记。

·6月1日，西北各界救国联合会（简称"西救会"）在西安秘密成立，总负责人谢华、杨明轩。6日，西（安）荆（紫关）公路西安至界牌段建成，在蓝田县举行通车典礼，邵力子出席讲话。

·7月，开封大中火柴公司在西安中山门外伍道什字开办的中南火柴厂建成投产，是当时西安唯一设备好、规模大的火柴制造企业。

·8月，张学良在西安东城门楼上设立学兵队（抗日军校）。新声评剧社来西安演出，评剧始传入西安。

·10月23日，上海中外贸易公司承包建造的西京自来水厂一号深井立架开钻。

·11月15日，西安学生救国联合会（简称"西安学联"）在西安高中成立。

·12月1日，《工商日报》在西安出刊，张性初任社长，耿坚白任主笔。13日，接管《西京日报》，改为《解放日报》，张兆麐任社长，韩进、魏文伯等任编辑，14日出版。红军秘密联络转运站改名红军联络处（中国工农红军西北办事处），仍驻七贤庄一号院。23日，宋子文、宋美龄代表蒋介石，与周恩来、张学良、杨虎城在张学良公馆进行谈判。24日，谈判结束，蒋介石承诺六项条件：中央军入关各部队调出潼关；停止内战，集中国力一致对外；改组政府，集中各方人才，容纳抗日主张；改变外交政策，实行联合一切同情中国民族解放的国家；释放上海被捕各爱国领袖；西北各省军政统由张学良、杨虎城负其全责。并以"领袖人格担保"其逐步实现。是月，中共陕西省委恢复，贾拓夫任书记，撤销中共西北特支。

·是年，翁柽监修、宋联奎总纂《咸宁长安两县续志》在西安印行。

1937年

·1月1日，西安各界在西关机场集会庆祝元旦，抗日联军临时西北军事委员会同时举行阅兵式，杨虎城出席检阅，发表讲话，反对国民政府对张学良的审判，并以张、杨名义发表《告民众及将士书》。20日，西北文艺青年协会在西安成立，负责人方辰。30日，西京市各界救国联合会成立。是月，重建中共西安市委，惠子俊任书记。省会公安局更名省会警察局。

·2月11日，西京市各界救国联合会在革命公园召开全市各界群众庆祝和平大会，要求对内和平，对外抗战。

·3月1日，陇海铁路西（安）至宝（鸡）段建成通车。25日，中共西安市委改为中共西安市工作委员会，张德生任书记。

·5月9日，成柏仁、张性初、寇遐、杨明轩等在西安创办《秦风日报》。30日，西安首次进行防空演习，历时2小时。

·8月16日，中国妇女慰劳自卫抗战将士会陕西分会（简称"妇慰会"）在西安成立，孙蔚如夫人李定荫任会长，李馥清任常务主任。25日，中国工农红军西北办事处改为国民革命军第八路军驻陕办事处（简称"八路军驻陕办事处"）。是月，陕西省汽车总队部在西安成立，对军车、公车、私人汽车一律实行军事统制，以利战时交通。

·9月25日，西安学联改为陕西省各界抗敌后援会西安学生分会。

·10月2日，陕西省政府扩修西关机场。13日，北平西北公学在西安筹建分校。26日，中共中央机关报《解放》周刊西安分销处在北大街通济坊北口开业。是月，八路军西安采办委员会汽车队（七贤庄汽车队）在西安成立，为陕甘宁边区和晋豫抗日前线运输物资与人员。

·11月1日，北平大学、北平师范大学、天津北洋工学院迁来西安后组成的西安临时大学开学，在城隍庙后街、小南门外、北大街通济坊等处分散上课。13日，日机两机首次轰炸西安，经中国飞机驱逐和高射炮射击，在郊外投炸弹9枚后向东北逃去。27日，西安防空司令部成立，西安警备司令董钊兼司令，省会警察局长杭毅兼副司令。是月，陕西省教育厅决定将西安中等以上学校疏散迁移到西安城南乡村及陕南和宝鸡一带。

· 12月，西安中、中、交、农四行联合办事处和联合贴现委员会成立。

1938年

· 1月21日，中共陕西省委机关刊物《西北》周刊在西安公开出版发行，李初梨主编，徐彬如发行。

· 3月16日，西安临时大学迁陕南城固，改名西北联合大学。17日，国民党陕西省党部领导的西北青年抗敌先锋团（简称"抗先"）在西安成立。29日，中央陆军军官学校第七分校在西安南郊王曲镇成立，第三十四集团军总司令胡宗南兼任主任。

· 4月，陕西省立医师专科学校在西华门成立。

· 9月15日，西北青年救国联合会机关刊物《青年战线》（新一号）在西安出版。

· 10月，关中分设行政督察区，西安市辖长安、鄠县、蓝田、临潼、高陵县属第十行政督察区，盩厔县属第九行政督察区。

· 11月12日，长乐坊服装生产合作社成立，是西安最早的手工业合作社。是月，中共西安市工委改为中共西安市委，惠子俊任书记。

· 是年，省政府职工消费合作社成立，之后，在西安城内先后成立10多个市民消费合作社，有社员13895人。位于尚仁路北段东侧的中国银行三层钢筋混凝土结构大楼建成，为当时西安首家现代化钢筋混凝土框架结构大楼。

1939年

· 3月1日，西安市政工程处合并改组为西京市政建设委员会工程处，办理全市市政工程事宜。

· 5月13日，西安回民图书馆成立。15日，长安县政府由市内迁往大兆镇。24日，日军飞机空袭西安，炸塌西大街桥梓口防空洞洞口，千余平民被活活闷死在洞内，这是抗战时期西安最大的一次惨案。

·6月，国民政府军事委员会调查统计局晋陕站在西安太阳庙门设立西安特侦拘留所，站长许登先（揆一）兼所长。

·7月18日，长安县商会更名西京市商会，会长张玉山。

·9月，中共西安市委复改为中共西安市工委，王俊任书记。陕西省教育厅新建的兴国中学在长安县兴国寺开学。

·是年，中共中央社会部西安情报处在大莲花池街设立，处长王超北。

1940年

·1月，秦丰烟草股份有限公司在西京电厂东侧设立，是西安最早的机器卷烟工业。

·5月4日，抗战美术展览在西安开幕。

·6月，陕西省会卫生事务所成立，主要管理省会西安的医疗卫生事业。

·7月1日，省会地政处成立，办理西安城关地政事宜。

·10月，陕西省驿运管理处成立，开办战时驿站运输，为抗日战争运送物资。

·12月22日，陕西省防空司令部决定增筑城墙底下防空工程，环城墙一周，共构筑625个洞口，长5.1万米，年余完成。是月，万国药房在菊花园口开业，是当时西安著名的西药房。

1941年

·3月，王金寰等人集资筹建的西北协兴造纸厂，在崇孝路开工投产，是西安最早的机器造纸企业。

·6月，西京民众医院在社会路成立，1947年更名西安市立医院，是唯一的市属公立医院。

·8月1日，秦岭国有林区管理处在盩厔县马召镇成立，管理盩厔、佛坪、宁陕、凤县等地国有林。

·12月，陇海铁路咸（阳）同（官）支线竣工，翌年春正式营运，同官煤炭可运抵西安。

·是年，西安市商会组织山货、药材等名贵商品，参加美国在菲律宾马尼拉举办的地方赛会。黄河水利委员会在长安县高桥镇设立西安历史上第一个水土保持试验站。西安城内首次设立公用电话3部。长（安）益（门镇）公路建成通车。

1942年

·1月1日，西安市政处成立，处长刘楚材，驻西大街东段路北，直属陕西省政府，以西安城关、火车站、飞机场为管辖范围，面积20.5平方千米。是月，西安海关成立，卢斌任税务司，驻二府街，市内设东关、南关、西关、北关四分关，统辖全省18个支关，以征收关税为要务。中共陕西省委在西安成立调查站，吴柏畅任站长。撤销西京市政建设委员会，其所属工程处改组为西安市政处工务局。中国银行天水分行与西安支行合并组成西安分行，所属雍兴实业公司由天水迁西安，先后支持开办长安制药厂、长安印刷厂，投资新履股份有限公司、《西安正报》社和中南火柴厂。

·4月1日，西安公共汽车管理处成立，陆续恢复东门至西门、钟楼至火车站2条线路，投入10辆木炭代油汽车营运。

·9月，邮政储金汇业局西安分局在南院门成立。

·11月20日，美国20世纪福克斯电影公司摄影记者托泽，随同英国议会访华团、《芝加哥日报》记者史蒂尔来西安，开始赴西北采访。

1943年

·1月，天水行营撤销，设立西安绥靖公署，胡宗南任主任。

·3月，蒋介石署名的《中国之命运》在西安发行。

·5月28日，设立西安粉巷汽车站，开办西安至韦曲、太乙宫、王曲的交通车。

·6月4日，西安始有公开的黄金市场。

·8月15日，《秦风日报工商日报联合版》在西安出刊。

·12月，赵望云、关山月、张振铎等沿西兰公路去兰州、酒泉、敦煌等地采访后回到西安，举办西北风光写生画展。

·是年，盩厔黑惠渠建成通水，灌稻田6.1万亩。

1944年

·3月1日，西安市政处增设教育科，接管长安县政府管辖的市内36

所小学。

·9月1日，撤销西安市政处，成立西安市政府，为省辖市，仍驻西大街市政处旧址，陆翰芹任市长，辖区除城关外另划入长安县原辖城郊4乡，面积234平方千米。

·11月，省会卫生事务所改组为西安市卫生事务所，隶属西安市政府。

1945年

·2月，中国民主同盟西北总支部在西安秘密成立。

·4月，西京筹备委员会奉命撤销，原有工作移归西安市政府接办。

·9月，中央信托局西安分局成立。西安钱庄重新登记，领照共63家。

·11月24日，西安市政府所属12个区公所全部建立。

·12月14日，西安市参议会正式成立，选举李仲三为议长，王子安为副议长。

1946年

·7月1日，西安市第一信用合作社成立。

·8月，张子宜报请当局批准，在尚仁路（今解放路）以东、崇忠路（今东三路）以南、崇悌路（今东二路）以北约17亩空地搭盖席棚，建立民生市场。

·10月，国立西北大学（原西北联合大学）由城固迁回西安。

1947年

·8月1日，陕西省西安市升格为国民政府行政院直辖市，王友直任市长。8日，中央合作金库在西安设立分库。

·12月，经国民政府行政院内政部核准，西安市简称"镐"。

1948年

·2月，经西安市参议会通过，西安市政府从是月起开征"戡乱建国费"。

·3月18日，开始分段挖掘西安城壕，修筑城防工事，5月初完工，耗资218.65亿元。20日，动工分段开挖西安机场外壕，4月27日完工，耗资68.88亿元。

- 6月，陕西省戡乱建国运动委员会成立，祝绍周、王宗山分任正、副主任委员。
- 7月1日，陕西省会警察局改为西安市警察局。
- 9月，西安市民众自卫总队成立。
- 10月，常香玉在西安创办香玉（豫）剧社，自任社长。

1949年

- 5月20日，解放西安的战斗胜利结束。21日，电报、电话恢复畅通。23日，中国人民解放军西安警备司令部成立，张经武任司令员，徐立清任政治委员，罗元发任副司令员。24日，中国人民解放军西安市军事管制委员会宣告成立，贺龙任主任，贾拓夫、赵寿山、甘泗淇任副主任。25日，西安市人民政府宣告成立，贾拓夫任市长，方仲如任第一副市长，张锋伯任第二副市长。中国人民银行西安分行成立，以人民币为本位币。26日，中国共产党西安市委员会宣告成立，贾拓夫任书记，赵伯平任副书记。西安市军管会举行第三次会议，确定当前工作抓紧巩固治安、完成接管、恢复生产三个基本环节。市内2条公共汽车线路恢复营运。27日，中共中央西北局机关报《群众日报》出刊西安版，发表社论《巩固胜利，为建设人民的新西安而奋斗！》。成丰面粉公司、中南火柴公司复工。全市12个区的中共临时区委和区人民政府成立。28日，西安市人民法院成立，任扶中任院长。

- 6月1日，西北新华广播电台在西安开始播音。19日，大华纺织厂复工。21日，西安市职工代表会议在群众堂召开，选举成立西安市职工总工会筹备委员会。24日，西安市军管会公布《西安市公共房产管理暂行办法》，规定接收公共房产的范围和分配与管理办法。是月，中国新民主主义青年团西安市工作委员会成立，韩夏存任书记。

- 7月12日，西安市政府布告：中正门改名解放门，中正路（即尚仁路）改名解放路，中正堂改名群众堂，另有12条街道也改用新名。是月，西北军政大学在西安成立，贺龙任校长。

- 8月22日，遭国民党军队破坏的福豫面粉公司修复开工。是月，省立师专、医专、商专并入西北大学。

· 9月，陕甘宁边区民众剧团迁来西安，扩建为西北戏曲研究院，院长马健翎。

· 12月1日，洛阳至潼关铁路修复，陇海铁路通车至西安。

1950年

· 7月1日，《陕西日报》在西安创刊。

1951年

· 7月13日，西安市人民政府命令接管安多医院，改名西安市第二人民医院。

· 是年，铁道部在临潼骊山建成首家工人疗养院。

1952年

· 10月，中国人民解放军第四军医大学在西安成立，并组建第一附属医院（今西京医院）和第二附属医院（今唐都医院）。

1953年

· 2月，陕西人民广播电台成立，开始播音。

· 4月27日，西北人民话剧院（今西安话剧院）成立。

· 6月1日，新华社西安分社成立。

· 7月1日，《西安日报》创刊发行。

· 8月1日，公私合营新西北印染厂建成投产。

· 10月1日，地方国营西安纺织厂建成投产。

· 是年，开通西郊工业区的大庆路主干道，修建南郊雁塔路，开通和平门，拓宽和平路，使其成为一条南北主干道。

1954年

· 3月16—22日，赵伯平为第一书记，方仲如为第二书记，董学源为副书记。中共西安市第一次代表大会召开，大会选举产生中共西安市第一届委员会。

· 7月1日，西北人民体育场（今陕西省人民体育场）在西安南郊建成开放。

· 8月5日，西安市工人疗养院在长安县韦曲建成。15日，人民剧院在北大街落成。

· 9月24日，西安市中心医院成立，这是市属规模最大的一所医院。

- 10月22日，西北体育学院（今西安体育学院）建成。
- 12月15日，西北国棉三厂建成开工，这是东郊纺织城新建的第一家大型棉纺工厂。
- 是年，开行西安至北京旅客直达快车。

1955年
- 2月1—6日，西安市第一届人大第二次会议召开，西安市人民政府改称西安市人民委员会，西安市人民法院改称西安市中级人民法院。
- 4月1日，陕西省戏曲剧院成立。8日，五四剧院落成。
- 5月28日，西安市中医医院成立，这是全市第一所中医医疗、实验和研究机构。
- 7月1日，长安剧院落成。
- 8月25日，西安市第一个规模较大的游泳场，在市人民体育场建成开放。

1956年
- 2月20日，西（安）鄠（县）铁路建成通车。29日，西安市公证处成立。
- 4月10日，西安作协机关刊物《延河》创刊。22日，西（安）汤（峪）公路重建通车。
- 5月，西安市第一座钢筋混凝土结构的长乐坡浐河桥建成通车。
- 7月6日，西安市评剧团成立。
- 9月2日，半坡遗址博物馆动工兴建。8日，位于南郊的西安医学院第一附属医院落成接诊。29日，西北国棉四厂建成开工，这是东郊纺织城最大的棉纺织工厂。
- 10月3日，西安—延安航线通航，这是陕西省内第一条自营地方航线。

1957年
- 3月24日，长安美术出版社（今陕西人民美术出版社）成立。
- 6月8日，灞桥砖瓦厂工地出土西汉麻类纤维纸"灞桥纸"，被认为是世界上最早的植物纤维纸。

· 8月，第三研究所（今西安近代化学研究所）由东北迁来西安，是全国规模最大的化学工业科研基地之一。

· 9月，西北工学院、西安航空学院、西安动力学院、交通大学西安部分合并组成西北工业大学和西安交通大学2所多科工科大学。

· 10月30日，西安火车站枢纽工程动工修建。

· 12月18日，西安市总工会决定在郭家滩（今纺织城）、韩森寨、小寨、土门、边家村、环城西路、西七路兴建7座工人俱乐部。29日，西北国棉五厂在东郊纺织城建成投产；西安市城河改造工程开工。

· 是年，西郊大庆路拓宽改建。

1958年

· 1月1日，宝成铁路建成通车；潼关至风陵渡黄河铁路便桥建成。

· 7月1日，在唐代兴庆宫遗址建成的兴庆宫公园向游人开放。

· 8月3日，西北国棉六厂在东郊纺织城建成投产。5日，西安石油学院成立。11日，西安矿业学院、西安公路学院、西安化工学院、西安政法学院、西安第二医学院、西安师范专科学校成立。14日，宣布成立西安市科学工作委员会和西安市科学院。15日，西安市电车筹建处成立，无轨电车工程正式开始。

· 11月30日，西安市科学技术协会成立。

· 是年，红安公司（今西安飞机工业公司）在阎良成立。

1959年

· 1月1日，八路军办事处纪念馆对外开放。

· 3月，西安建筑工程学院改名西安冶金学院。

· 4月，飞行试验研究院在阎良成立，系国家级试飞鉴定机构。

· 9月14日，西安儿童剧团成立，1981年改名西安儿童艺术剧院。20日，西安市第一条无轨电车线路钟楼至火车站建成通车。30日，西安市第八医院改建为西安市儿童医院，这是西北唯一一所儿童专科医院。

· 10月1日，跨越秦岭的西（安）万（县）公路通车；和平电影院开幕，为全省第一座宽银幕电影院。

· 12月13日，西安电力机械制造公司成立，辖7个大型生产企业，是研制输变电成套设备的大型联合企业集团。17日，莲湖路（北大街—玉祥门）拓宽改造工程完成，浐河东路至枣园西路横贯西安东西的主干道开通。是月，西安油脂化工厂（今西安日用化学工业公司）建成投产，该厂是具有国际先进水平的浸出油厂。

·是年，在南郊辟建西安植物园。第二炮兵技术学院（今第二炮兵工程学院）成立。

1960年

·4月28日，西安仪表厂建成开工，这是全国最大的自动化仪表制造企业，由德意志民主共和国援建。

·5月7日，西安师范学院和陕西师范学院合并组成陕西师范大学。25日，陕西财贸学院成立。

·7月1日，西北第一印染厂建成开工。

·是年，中共中央西北局在西安重新成立。

1961年

·3月4日，大雁塔、西安城墙、小雁塔、兴教寺塔、西安碑林、半坡遗址、丰镐遗址、阿房宫遗址、秦始皇帝陵、汉长安城遗址、唐大明宫遗址，被国务院宣布为第一批全国重点文物保护单位。

·5月4日，西安狮吼豫剧团和民众豫剧团合并，组建为西安豫剧团。

·6月，西安机场新建候机楼及其附属设施竣工投入运行，比原候机楼面积扩大10倍以上。

·12月29日，西安针织厂建成投产。

1963年

·7月19日，中国科学院古脊椎动物与古人类研究所考古人员，在蓝田县泄湖公社陈家窝村南发现一老年女性猿人下颌骨化石，经古地磁法测定，距今约60万年。

·10月1日，一座民族形式的大型石刻艺术室在陕西省博物馆（今碑林博物馆）内建成开放。

1964年

·1月，第三条无轨电车汉城路至火车站通车。

- 5月23日，中国科学院古脊椎动物与古人类研究所考古人员，在蓝田县公王岭发现一基本完整的中年女性猿人头骨化石，经古地磁法测定，属距今约100万年的旧石器时代初期，定名为"蓝田中国猿人"。
- 7月11日，西安市新办商业职业学校、供销职业学校、机械化职业学校等16所学校。

1965年
- 5月1日，位于西郊的劳动公园对外开放。
- 6月4日，全市23个城区公社建起24个公社文化站。
- 9月4日，西安工业学院成立。

1966年
- 10月，南郊沙坡出土汉代金灶，有锅台、烟囱、厨用器具，是罕见的工艺珍品。
- 是年，西北军事电讯工程学院移交地方，改名西北电讯工程学院（今西安电子科技大学）。

1967年
- 4月12日，8133部队驻西安市工交基建领导小组成立西安交通运输指挥部。30日，西关机场扩建工程竣工，扩建后的机场可供中型飞机起降使用。

1969年
- 10月1日，北京至西安的全国第一条600路微波电路建成开通，当天西安电视台（今陕西电视台）即通过微波电路转播中央电视台节目。

1971年
- 5月14日，第四条无轨电车西门至韩森寨通车。
- 11月，在丰镐遗址陆续出土鼎、鬲、壶、盂等11件青铜器。
- 是年，通往陕南的重要公路干线周（至）城（固）公路全线贯通。

1972年
- 9月，临潼县姜寨发现新石器时代仰韶文化遗址。

1973年

· 1月8日,西(安)延(安)铁路动工修建,1982年2月至1985年4月停建,1991年12月建成通车。

· 8月15日,第五条无轨电车钟楼至纺织城站通车。

1974年

· 3月29日,临潼县晏寨公社西杨村生产队在秦始皇陵东侧1.5千米处打井时,发现2000年前规模宏大的兵马俑坑。

· 8月7日,东郊纺织城公园动工兴建,1978年建成。

· 10月1日,西安火车站扩建工程竣工。

1976年

· 3月,临潼县零口镇出土150件西周青铜器,其中最珍贵的利簋,记载武王灭纣事,现藏中国历史博物馆。

· 8月,蓝(田)汤(峪)公路竣工通车。

1978年

· 4月1日,西侯铁路阎良至禹门口段建成投入营运。

· 5月,西北国棉五厂被全国纺织工业学大庆会议命名为"全国纺织工业大庆式企业标兵"。

· 9月7日,西安市中华牌肥皂、山丹丹牌洗衣粉、雁塔牌味精、丰镐牌造纸网等4种轻工产品质量名列全国第一。17日,1978年全国手表质量考核评比揭晓,西安市的延安牌、蝴蝶牌手表再次名列前茅。是月,西安市劳动服务公司成立,系中国第一家劳动服务公司。

· 10月13日,西安焦化厂首期工程竣工投产。

· 是年,在高陵县渭河南3千米处,发掘出唐东渭桥遗址。西安市成立出租汽车队,西安始有出租汽车。

1979年

· 10月1日,被誉为世界第八奇迹的秦始皇兵马俑博物馆落成开放。

· 11月10日,驻西安的航空航天部航空计算技术研究所研制成功735型百万次通用数字计算机。

· 12月14日,西安市环城公园筹建处成立,决定将环城林地规划改造为环城公园。是月，中国农业银行西安市分行成立。

·是年，城市供水三期工程完成，日增供水量20万立方米。国营华山机械厂生产的83#产品获国家金质奖，这是西安工业产品获得的第一枚金质奖。

1981年

·3月14日，西安市第八十五中学被评为先进集体，出席全国劳模大会，受到国务院嘉奖。

·4月8日，西安市中心医院首例微爆破治疗膀胱结石成功，被评为1981年世界十大医学新成就之一。22日，西安市人民政府按照专业化协作生产原则成立7家总厂和1家公司，即：西安自行车总厂、西安缝纫机总厂、西安皮革总厂、西安搪瓷总厂、西安锅炉总厂、西安标准件总厂、西安油漆总厂和西安包装装潢公司。

·9月26日，西安火车站天桥建成通行。30日，全国业余体校乒乓球比赛在户县举行，西安代表队获男子团体冠军。

·10月11日，西安市长途电信局首次开通西安至北京、上海、成都、兰州、西宁、银川、贵阳、太原、昆明等9个城市的全自动直拨长途电话。是月，西安市远郊客运公司改为西安市汽车客运公司，开办省内外客运线路68条。

·是年，国营庆华电器制造厂的3C产品获国家金质奖。

1981年

·1月1日，《西安日报》改为《西安晚报》。

·2月7日，西安市首座地下电影院——西北国棉六厂人防地下电影院开放使用。

·3月15日，丰镐路百货大楼建成开业。

·5月12日，西安市建立全国最早的就业培训中心。

·6月，西安石油勘探仪器总厂试制成功SJD801数字测井仪，1983年获国家经委新产品金龙奖。

·8月14日，西安市儿童福利基金会成立。

·9月1日，西安邮政局开办国际特快专递业务。28日，国务院批准设立西安航空口岸。

·10月1日，陕西地质博物馆在西安开馆，是全省第一家对社会开放的自然科学博物馆。18日，北郊大刘寨发掘出一座西汉大型武器库遗址，面积22万多平方米，出土武器数千件。

·11月3日，陕西缝纫机厂组建为中国标准缝纫机公司，逐步发展成联合13个省、市的59家企事业单位组成的企业集团，成为全国三大缝纫机企业集团之一。

·12月26日，中华人民共和国西安动植物检疫所（后改称局）成立，执行对外动植物检疫任务。

1982年

·1月，西安海关筹备组（后改称筹备处）成立。

·4月20日，西安飞机制造公司生产的中程民用客机——"运七"飞机，首次完成国内起降试飞，从北京飞回西安。是月，临潼华清池基建工地发现唐华清宫御汤遗址，后经发掘清理出星辰汤、莲花汤、海棠汤、太子汤、尚食汤5座汤池遗址。中华人民共和国西安卫生检疫所（后改称局）成立，执行对外卫生检疫任务。

·5月19日，空海和尚纪念碑在青龙寺落成。

·是年，莲湖区大麦市街回民饮食街建成。

1983年

·1月1日，西侨商店开业，它是由西安市归国华侨联合会集资兴办的第一家侨联企业。3日，西安激光仪器厂研制的医用A型二氧化碳激光治疗机通过技术鉴定，填补西北地区一项空白。5日，西安市地方志馆成立。

·4月，西安警备区又改为中国人民解放军西安军分区。

·10月14日，西安教育学院成立。

·11月30日，中国第一个长波授时台在中国科学院陕西天文台建成，使中国授时技术跨进世界先进行列。

·12月22日，西安火车西站货场在1983年全国评比中，获"全国铁路文明货场"称号。25日，西郊管道煤气一期工程建成，用气户2094户。31日，西安市第一座水产品贮藏库在北郊辛家庙建成，库容量1500吨。

1984年

· 1月10日，西安交警大队首次使用车辆测速雷达，纠正超速行车。

· 4月21日，西安电视台试播，1985年2月1日正式播出。

· 5月1日，中华人民共和国西安海关正式成立，关区范围为陕西省全境。是月，西安市市内电话局在火车站广场、大差市、东大街、北大街等处首批安装无人管理的投币公用电话10部。在西安城墙整修工程中，发现隋大兴、唐长安皇城南墙朱雀门、含光门和西墙安福门等重要遗址。

· 6月20日，西安东城门楼修复工程开工。

· 7月26日，西安培华女子大学成立，为陕西省第一所民办职业专科大学。

· 8月5日，西安无线电一厂生产的海燕牌HB35-4U型黑白电视机在全国黑白电视机质量评比中获一等奖。

· 9月10日，中国第一所人民武装警察部队的最高学府——西安武警技术学院在三桥镇建成开学。27日，西安唐城百货大厦建成开业。

· 10月25日，王宝钏寒窑风景区工程破土动工。

· 11月1日，西安市邮政局开办国内特快专递邮件业务。15日，中国工商银行西安市分行成立。

· 12月，西安第一所少数民族医院——西安回民医院开业应诊。

· 是年，陕西省纺织科研所研制的静电纺纱新技术获国家发明三等奖。东郊康复路工业品批发市场开业，逐步发展为西北地区最大的日用工业品集散地。

1985年

· 1月8日，西安至上海零担货运班车正式开行，全程1618千米，是当时国内最长的公路运输线路。27日，中共西安市委决定成立西安市经济体制改革委员会。

· 2月1日，西安市技术市场开业，这是西安市第一家常设的技术成果交易市场。

· 3月18日，灞河公路新桥建成通车。

- 4月1日，开行西安至广州、西安至天津旅客直达快车。
- 5月5日，临潼县新丰砖瓦厂工地发现唐代庆山寺舍利塔精室遗址，出土石雕释迦如来舍利宝帐、金棺银椁等珍贵文物127件，是世界佛教史上的重大发现之一。20日，陕西省人民教育出版社成立。
- 6月8日，西安医学院附属口腔医院建成开诊。
- 7月4日，西安城河引水工程竣工放水。
- 8月1日，西安中国画院成立。是月，陕西体育馆在南门外建成，该工程被评为陕西省80年代十大优秀建筑之一。
- 9月1日，全市第一家日夜银行——解放路储蓄所正式营业。
- 11月7日，北郊污水管道工程投入使用，为西安最大的排水工程。18日，国内首创冠状动脉腔内成形术在第四军医大学西京医院获得成功。19日，全国第一所中医儿童专科医院——西安市中医儿童医院开业接诊。
- 12月2日，陕西广播电视发射塔在西安南郊建成投入使用，覆盖面积2万平方千米。15日，新建的西安火车站主楼工程竣工。
- 是年，电子工业部第三十九研究所的155工程测角分系统和国营二六二厂的FJ347A型Xr剂量仪获国家金质奖。

1986年

- 1月，南大街供热站建成供热，为城区第一个区域性集中供热系统。
- 4月15日，临潼县骊山西麓韩峪乡发现秦东陵区。30日，长安县斗门乡花园村龙山文化遗址发掘出中国最古老的龙山文化甲骨文。
- 5月15日，西安市内电话局首次开通使用引进的万门程控电话交换机。
- 6月1日，西安市青少年宫落成。
- 9月23日，西安石油化工厂生产的原油破乳剂获全国首届原油破乳剂评奖大会一等奖。
- 10月1日，西安首家无线寻呼台——西安无线寻呼中心建成。
- 11月，第四军医大学附属西京医院为一女工施行10指断指再植手术成活，创世界首例纪录。

·12月6日，张学良公馆作为西安事变旧址对外开放。30日，全市194个乡镇全部通公路。

·是年，西安陆军学校、空军通讯学校改为西安陆军学院、空军通讯工程学院。

1987年

·1月20日，全市第一个由农民集资兴建的市场——长延堡农贸市场建成开业。

·2月23日，临潼县康家村发现龙山文化的大量房屋遗址。25日，西安红旗手表厂制造出国内最大的长三针石英电子塔钟。

·3月4日，西安市首次开通国际长途直拨电话，用户可对美国、日本、法国等12个国家和香港地区直拨通话。26日，西安第一家由企业兴办的进出口公司——西安电力机械进出口公司成立。

·7月1日，列入国家"七五"重点建设项目的国家级博物馆——陕西历史博物馆动工兴建，1991年6月20日建成开放。29日，西安民生商业集团成立，为陕西省第一个商业零售企业集团。

·8月，西安航空港咸阳机场动工兴建。

·10月16日，全市第一家有价证券交易所正式开业。

·11月10日，西安第一座立交桥——星火路立交桥竣工通车；灞桥区洪庆乡老牛坡发现38座商代墓葬。

·12月16日，环城北路火车站广场地下隧道建成通车，全长1100米。是月，西北五棉纺织实业有限公司（集团）在西北国棉五厂成立。

1988年

·1月13日，汉宣帝杜陵、八路军西安办事处旧址、化觉巷清真大寺被国家公布为第三批重点文物保护单位，至此，西安地区共有16处全国重点文物保护单位。

·2月1日，全市最大的室内市场——未央路综合批发市场开业；西安境内51千米渭河大堤堤防加固一期工程竣工。

·4月27日，中日合资兴建的西安唐华宾馆、唐歌舞厅和唐艺术博物馆建成开业。

·5月1日，中国第一个铁路道口交通警察所在西安成立。

·6月10日，经中国人民银行总行批准，西安开放国库券转让市场。

·7月10日，新建的110千伏山门口变电站投入运行。

·8月16日，国内最高（高54.6米）、最先进的煤矿井架由西安煤矿设计院设计、庆安宇航设备公司摩托车厂制造成功。18日，华隆搪瓷集团公司在西安人民搪瓷厂成立，该集团是以西安骆驼牌搪瓷产品为龙头的经济联合体。

·9月7日，西安火车站被铁道部晋升为特等站。8日，西安市特警大队成立。

·11月30日，蓝田县焦岱镇发掘出西汉上林苑内的鼎湖延寿宫遗址。

·12月2日，钟楼饭店正式开业。27日，公共交通环城线路正式通车运行。29日，西安高压开关厂研制的国内第一台具有国际先进水平的LMZ—220型六氟化硫高压断路器，获国家技术开发优秀成果奖。

·是年，西安邮件转运大楼建成投产。

1989年

·3月6日，西汉未央宫前殿遗址西北处发掘出一座西汉官署遗址，出土30多万片刻有文字的骨签。

·4月28日，中国银行西京分行成立。

·5月1日，黑河引水工程的少陵原、神禾原隧道全部贯通。22日，西安中国书法艺术博物馆成立。

·7月1日，西安市开始实行信函邮政编码制度。

·8月1日，全国第一所穆斯林大学——西安穆斯林文化进修大学成立并开始招生。10日，西安市残疾人劳务交流所成立，系全国第一家残疾人劳动就业服务机构。

·9月27日，秦始皇兵马俑博物馆三号坑对外开放。

·10月8日，第四军医大学附属西京医院在国内首先研制成功一次性运用"人工肺"——西京87型硬壳鼓泡式氧合器，通过鉴定，具有国际先进水平。20日，西安市110报警台开始启用。

·11月13日，西安市德发长的饺子宴风味水饺，同盛祥的牛羊肉泡馍，解放路饺子馆的饺子宴，西安饭庄的千层饼、锅贴，樊家的腊汁肉及和平餐厅的八宝饭等，获1989年商业部优质产品金鼎奖。

·12月27日，《西安市地图集》出版发行，为西安市第一部大型综合性城市地图；西安钟表元件厂引进的高度微细漆包线生产线试产成功，结束该产品长期依靠进口的局面。29日，西安—三原一级公路全线通车，该公路首次利用世界银行贷款，采用招标形式修建。是月，火车站广场地下商场、停车场建成营业，建筑面积1.7万平方米。唐长安城含光门遗址保护主体工程完工。

·是年，陕西省印刷科研所、西北大学、西安有机化工厂、中科院感光化学研究所共同完成的"XP单液感光树脂"研究课题属国内首创，达到国际先进水平。全国客运大站评比，西安火车站荣获第一名。

1990年

·2月，陕西省考古工作者在西安东郊白鹿原基建工地清理出64座汉代墓葬。

·6月8日，在第三届国际模具技术和设备展览会上，西安蝴蝶手表厂的高精度擒纵叉级进模和小模数齿轮精冲模获优质模具奖。23日，西郊热电厂动工兴建，主要解决西郊地区集中供热。

·8月10日，在全国第四届创造发明博览会上，西安减速机厂与陕西工业学院研制的小齿数圆柱齿轮减速器获金奖。16日，西安金龙纺织集团成立，该集团系技工贸相结合的经济实体。30日，黑河引水工程曲江水厂竣工启用，调补水源石砭峪水库水引进西安。

·9月6日，三桥造纸工业集团成立，为西安市首家乡镇企业集团。25日，西安市汽车站建成启用，建筑面积8877平方米。是月，西安造纸网厂生产的沣镐牌26178三丝铜网，荣获国家金质奖。

·12月22日，西安大学、西安师范专科学校合并组建为西安联合大学。28日，中国西部地区第一条高速公路——西（安）临（潼）高速公路建成通车。31日，南门吊桥、闸楼、月城工程完成。

1991年

·2月21日，标准牌家用缝纫机被评为1990年度全国最受消费者欢迎的产品。24日，阎良磁性元件厂、碑林化工厂被确定为陕西省"星火"计划科技示范企业。

·3月1日，未央区六村堡乡发现21座专为帝王陵园烧造陪葬陶俑的汉代官窑遗址。5日，市公安局成立特警支队。7日，市政府决定成立西安市新闻出版局。

·4月4日，西安冶金机械厂参与开发制造的大板坯连铸设备获国家"七五"攻关大项目特等奖。

·5月17日，西安市青年崔随根获"秦俑杯"国际书画大赛书法金杯特别一等奖及篆刻三等奖。

·6月4日，高陵县蛋禽基地获国务院"丰收计划"二等奖和省科技进步一等奖。20日，陕西历史博物馆举行开馆典礼。

·8月9日，市电视台与西安电视剧艺术中心拍摄的《铁市长》获"建党七十周年全国优秀电视剧展播"优秀剧目奖。30日，西安至咸阳机场专用公路开通。

·9月24日，西安市群众艺术馆开馆。

·12月10日，西安航空港咸阳机场正式交付使用。12日，市番茄育种专家郁和平主持的番茄多抗、丰产系列新品种及推广项目获"七五"全国星火计划博览会金奖。

1992年

·1月22日，新城区医院恢复西安市第六医院名称。

·4月1日，市委决定成立市住房制度改革委员会。

·5月18日，西安话剧院的《毛泽东的故事》、西安电影制片厂的《决战之后》和西安电视台的《铁市长》获1991年全国"五个一工程"奖。

·7月28日，中国西安飞机工业集团成立。

·8月1日，西延铁路正式通车。28日，中国四佳半导体材料公司成立。29日，集体性质的森泰房地产开发公司成立。

·9月7日，西安市第一条外贸铁路专用线开通营业。26日，民生百货股份有限公司成立。

·10月10日，西安市北关正街道路拓宽改建工程动迁。

·11月8日，西安市土门集贸市场获"全国文明集贸市场"称号。

12日，西安市开通第一个自动寻呼无线传呼网。18日，西安旅游企业服务集团成立。

・12月2日，西安市白家口肉类副食品专业市场开业。21日，西（安）铜（川）一级公路全线贯通。24日，西安古城墙朝阳门豁口连接工程开工。

1993年

・2月9日，市规划建设管理委员会恢复成立。

・3月18日，外商独资制药企业——西安时珍药业有限公司开业。

・4月6日，大明宫建材市场一期工程建成开业。18日，中国庆安集团成立。27日，西安游泳馆在市体育场建成。

・6月18日，西安市老干部活动中心落成开放。

・7月3日，西安市召开大会，动员捐资整修黄帝陵。

・9月16日，《西安百科全书》出版发行。

・10月14日，西电医院成功救活一位因药物中毒停止心跳40分钟、停止呼吸20小时的患者。

・11月10日，西安市劳务中心市场正式挂牌营业。30日，西安易俗大剧院落成。

・12月13日，西北电力集团成立。其核心企业是甘、青、宁、新电力公司和陕西电力建设总公司、黄河上游水电建设总公司6家紧密层企业。14日，市检察院成立反贪污贿赂局并正式对外办公。26日，北关正街拓宽改造工程竣工通车；西安飞机制造公司研制的国产运七200A型客机首飞成功。

1994年

・1月8日，西（安）宝（鸡）高速公路西（安）兴（平）段建成通车。

・3月1日，秦始皇陵二号兵马俑坑开始发掘，二号坑是秦俑地下军阵重要组成部分，面积约6000平方米，将出土陶俑、陶马1300余件，战车80余辆和为数众多的青铜兵器。17日，联合国教科文组织确定：由日本政府出资与中国政府合作，对西安唐代大明宫含元殿遗址进行保护性复原。21日，泛亚海陆运输股份有限公司成立，系中国内陆第一家拥有海洋、铁路、公路联运能力的大型股份制企业。26日，西安荣和高级陶瓷有限公司建成投产，规模为西北地区最大。

·4月18日，电子城商业大厦建成开业。

·5月18日，西安中运外贸储运站国际联运业务正式开通。

·8月11日，由市政府出资购买的10辆无人售票公共汽车运抵西安。

·9月9日，西安市国家税务局、地方税务局同时宣告成立。

·9月10—13日，文化国际研讨会上，将汉长安城遗址、明西安城墙列入《世界遗产名录》。

·10月14日，秦始皇陵二号兵马俑坑发掘现场对外开放。18日，文艺南路纺织品批发市场一、二期扩建工程竣工开业。

·11月2日，第四军医大学唐都医院心脏内、外科为一患者施行国内首例左心室成形及室性心动过速折返灶切除术获得成功。

·12月10日，西安"八五"期间的重点项目南二环路全线通车。22日，黑河引水工程取得阶段性进展，田峪至曲江水厂输水渠道工程全线贯通。29日，西安市老年大学成立。

1995年

·1月9日，西北地区最大的邮政枢纽工程——西安邮政通信枢纽中心正式投入运行，结束了西安邮政手工分拣的历史。18日，东郊最大的购物中心韩森寨商业大厦开业。26日，在国家教委和电子部举办的首届全国大学生电子设计竞赛中，西安电子科技大学队获一等奖。

·3月28日，经国家教委批准，西安公路学院更名为西安公路交通大学；陕西有线广播电视台在西安正式开播。

·4月22—23日，考古工作者在含元殿遗址出土一批文物，有板瓦、筒瓦、花当、条形青砖等百余件。27日，西安四大遗址之一汉长安城遗址保护工程开始启动。

·5月3日，考古工作者在西安市临潼华清池内发现唐华清宫梨园遗址，为研究唐代建筑结构提供翔实文物资料。

·6月18日，西安交通大学与西安关山机械厂研制成功TDI-1型探地雷达，达到国际先进水平。

·7月28日，西安市公交总公司首次开通中巴501路和502路2条线路。

· 8月31日，黑河引水渠道全线正式通水。流量每秒2立方米，日供水16万吨。

· 10月16日，西安化工厂被评为"八五"全国节能先进企业；西安明德医院正式恢复为西安市第八医院。18日，中国投资银行西安分行成立。20日，西安首家国有资产经营公司试点单位——西安市纺织资产经营有限公司成立。

· 12月4日，西安开元微电子科技公司成功研制世界上集成度最高的摄像芯片。5日，西（安）宝（鸡）高速公路全线建成通车，是西北最长的一条高速公路。

1996年

· 1月1日，西安市投资8亿元续建水电气三大工程，造福市民。23日，钟鼓楼广场地下12米处一古井底部发掘出279方官印和金代铜铸印版4件。

· 3月6日，西北地区最大的客运汽车站——西安城东客运站投入营运。

· 4月10日，在户县甘亭镇北街出土大量北宋时期古钱币600多千克。13日，在西郊陕棉十一厂家属院内的一处基建工地发现唐代墓葬群，出土陶俑130多件。

· 6月15日，西安开元商城购物中心落成开业。

· 9月4日，《西安历史地图集》出版发行。

· 11月18日，长岭黄河集团公司正式成立，它是由长岭机器厂、黄河机器制造厂、长岭（集团）有限公司、黄河机电股份有限公司组成的企业集团。

· 12月27日，西安解放企业集团成立。31日，临潼至渭南高速公路正式通车。

1997年

· 1月8日，玉祥门什字道路拓宽及环境改造工程启动。23日，市国有企业首家进行股份合作制改造的西安第一印刷股份公司挂牌投入运行。29日，西安高新技术产业开发区高新输变电工程竣工投入运行。30日，西安市被授予全国住房制度改革先进城市称号，市房改工作受到国务院表彰。

· 2月7日，西安新制钟鼓楼洪钟、巨鼓落成，沉寂数百年的"晨钟暮鼓"重新敲响，高1.8米、直径2.83米的巨型大鼓"闻天鼓"被大世界吉尼斯总部列为"吉尼斯世界之最"。

· 3月28日，陕西省首家钱币博物馆在高陵县建成，该馆系统展示中国从夏商周至当代4000多年货币发展史。29日，西安秦川汽车有限责任公司成立，系西北唯一一家国家定点的微型轿车生产厂家。

· 4月2日，北郊张家堡一座战国晚期墓葬里出土一枚秦制"铢重一两十四"的古钱币，为中国钱币学和秦人物质文化的研究提供了有价值的实物资料。8日，第四军医大学唐都医院神经外科主任高国栋，采用显微外科手术成功地为9岁患儿切除大脑大静脉瘤，被誉为世界医学奇迹。11日，市东二环南段互助路立交桥竣工通车；由西安第二汽车运输公司与韩国大宇株式会社合资开办营运，西安到渭南、临潼、宝鸡、铜川的西宇高速客运线开通。

· 5月3日，西安城运会建设工程破土动工，它是为1999年9月举办第四届全国城市运动会兴建的综合体育场馆。13日，西康铁路浐河特大桥开工建设；西安城市合作银行挂牌开业，为西北地区首家城市合作银行。29日，唐代诗人王维纪念馆在蓝田县辋川落成。

· 6月16日，西安市图书馆、西安市妇女儿童发展服务中心开工建设。29日，靖西天然气管道通气点火仪式在西安末站举行，靖西天然气管道绵延488.5千米，北起靖边，南抵西安，是陕西省管径最大、距离最长、自动化水平最高的输气管道。30日，第四军医大学西京医院19个学科协作，成功地将一位父亲300克肝脏移植给他10岁的女儿，成为中国首例开展有血缘关系的活体肝部分移植手术。

· 7月20日，中国标准缝纫机公司成功研制SD-100型缝纫机电脑及GC6-1-D3A自动剪线高速手缝机，填补国内缝制设备机电一体化的空白。27日，北二环路西段工程竣工通车。29日，市120医疗急救电话正式开通。

· 8月14日，经交通部批准，决定建设西安绕城高速公路北段，东起灞桥东方家村、西接西宝高速公路，全长34千米。20日，西安制药厂与四川抗生素研究所合作研制成功抗生素新药利迈先（克拉霉素），成为国内首家研制生产此药原料和制剂的厂家。

·9月3日，改进清晰度数字式彩电（IDTV）和第一代多媒体彩电（MMTV），在西安黄河机电股份有限公司研制成功。10日，西安理工大学晶体生长设备研究所研制出国产最大的TDR-80型单晶炉，结束中国大直径单晶硅依靠进口的历史。26日，市110报警服务台正式开通。

·10月10日，中国首家帕金森氏病治疗中心在西安成立，由第四军医大学唐都医院与美国洛马·林达大学医学部合作组建。

·12月2日，以研制生产系列彩色显示器为主的高科技企业——西安圣河科技有限责任公司在西安成立；西安咸阳机场海关成立。4日，东风路和新筑灞河大桥建成通行。10日，《西安古代交通志》出版发行，系第一部记录西安古代水陆交通发展演变的专业志书。19日，第四军医大学首创系列肝炎快速诊断法，属国际首创。

1998年

·1月8日，西安市证券管理委员会成立，撤销西安市证券委员会和西安市证券监督管理委员会及其两个办公室。

·2月8日，由陕西康德集团投资建设的现代农业发展中心在西安南郊建成投产，该项目被国务院十部委列为全国农业产业化56家试点企业之一。10日，西康铁路灞河大桥主河道截流成功，灞河大桥全长1950.44米，是西康铁路重点控制工程。17日，刘成章的散文集《羊想云彩》和冷梦的报告文学《黄河大移民》荣获中国首届鲁迅文学奖。20日，西安市北大街道路拓宽改建工程开始启动。

·4月8日，西安至阎良高等级公路动工兴建。18日，中日专家合作发掘汉长安城遗址取得重大收获。20日，陈忠实的长篇小说《白鹿原》（修订本）荣获茅盾文学奖。25日，西安南郊水厂动工兴建，由西安、香港和德国三方合作建设。

·5月7日，唐代大明宫含元殿遗址保护工程举行开工典礼，由联合国教科文组织、日本和中国政府合作。18日，钟鼓楼广场和地下工程竣工启用，世纪金花购物中心同时落成开业。

·6月3日，西安最大的邮件处理中心——西安邮政重件处理中心工程开工建设。30日，市重点工程项目西安图书大厦举行奠基仪式。

·7月29日，西安市首座天然气汽车加气站在北郊开工建设。

·9月15日，全国第一条环保天然气公交线路在西安市建成并投入营运，线路北起张家堡，南至长安县，全长达20千米。16日，西安城市电网改造工程开始启动。17日，中国西部地区首家自助银行挂牌营业，由招商银行西安分行开办。

·10月7日，省重点建设项目之一的陕西出版发行大厦在北大街中段破土兴建。10日，省公路建设重点项目西安绕城高速公路北段工程在北郊开工建设；被列入国家计委重点项目的西安护城河综合治理工程，东门至南门段的清淤、衬砌、截污管道敷设工程启动。19日，中国规模最大的骨肿瘤研究治疗中心在第四军医大学唐都医院建成。26日，西安城市气化重点建设项目——天然气置换焦炉煤气工程全面启动。29日，西安跨世纪重点工程建设项目——黑河水利枢纽工程截流成功。

·11月30日，西安城市合作银行更名为西安市商业银行。

·12月2日，黑河引水工程建成的输水渠道、曲江水厂和城市配水管网正式投入运行。7日，省、市重点工程西安至沣峪口一级公路主车道贯通。18日，中国人民银行西安分行成立。

1999年

·1月8日，在全国旅游工作会议暨创建"中国优秀旅游城市"工作会议上，西安市被评为"中国优秀旅游城市"。24日，IC卡天然气售气系统工程启动，此项工程是市政府为群众办的"十件事"之一。

·3月5日，市红十字会医院被卫生部授予"三级甲等"医院称号，成为西北地区首家获此殊荣的骨科医院。22日，国家"双加"工程项目、省市重点工程南风日化甲脂磺酸项目建成投产。

·4月24日，中国第一条氟利昂替代物无公害制冷剂HFC-134a（R134a）生产线，在高陵泾河工业园区西安近代化工有限责任公司金珠公司建成投产。

·5月17日，IP（互联网）电话在全市正式开通，西安地区消费者可拨通北京、天津、沈阳等13个城市的国内长途电话和1216个国家和地区的国际长途电话。24日，西安大唐电信有限公司研制开发的国家

"863计划"课题——M30-C码分多址(CDMA)移动通信交换分系统,通过信息产业部生产定型鉴定。

·6月14日,国家火炬计划基地西安软件产业园正式挂牌。16日,中国银行陕西省分行和西安市分行宣布合并,重组后的中国银行陕西省分行正式对外挂牌。18日,陕西超群科技股份有限公司研制开发的国家"863"计划项目——超群DNA芯片通过国家级鉴定,填补了国内基因芯片开发应用的空白。

·7月22日,由空军工程学院、空军导弹学院、空军电讯工程学院合并组建的空军工程大学在西安成立。

·8月9日,西安同维科技发展有限公司研制出中国第一台磁光电流互感器,也称为MOCT,近日通过国家测试。13日,省市重点工程建设项目西沣一级公路通车。

·9月5日,张家堡广场改造工程、太白南路拓宽改造工程全面完成;南大街地下通道、西二环南段道路、未央路立交桥下南北向道路启用。6日,中国第一长隧秦岭铁路隧道Ⅰ、Ⅱ线全线贯通,该隧道由2座基本平行的单隧道组成,间距为30米,全长18.46千米,居亚洲第二位,世界第六位。7日,西安体育馆落成典礼举行,总投资1.8亿元,共有座位9000个。17日,西安市被评为"全国创建文明城市工作先进城市"。25日,西安电缆厂光纤带光缆产品开发成功,填补了西北地区空白。

·10月6日,秦始皇帝陵文物陈列厅正式开放。28日,黄河上游水电开发有限责任公司在西安成立,由中国电力公司与西北五省(区)联手组建。

·11月17日,在全国城市建设工作会上,西安市被评为全国园林绿化先进城市。

·12月3日,未央路、太华路2座立交桥竣工通车。其中,未央路立交桥工程总投资2亿元,为西北地区最大的城市立交桥。

2000年

·1月20日,西安绕城高速公路(北段)跨陇海铁路高架桥主体工程全线贯通。

- 2月25日，国务院批准西安经济技术开发区为国家级经济技术开发区，并实行现行的国家级经济技术开发区的相关政策。
- 3月2日，西飞公司研制生产的"新舟60"型支线民航客机在阎良首飞成功。
- 4月17日，西安交通大学、西安医科大学、陕西财经学院3所高等院校实现合并，组建新的西安交通大学，这是全国高等教育管理体制改革的重大突破。18日，由西安公路交通大学、西安工程学院、西北建筑工程学院组建的长安大学诞生，新组建的长安大学是在高校管理体制和布局结构调整中第一所合并后直属教育部的学校。
- 5月18日，西二环、北二环路全线通车，建成后的北二环路交叉口全部采用立交桥或箱涵。
- 6月7日，西安地铁1号线一期工程项目通过专家评估。25日，经国务院批准，《西安市土地利用总体规划》正式颁布实施。28日，总投资10亿元的省重点工程灞桥热电厂改扩建工程开工奠基。
- 9月30日，西安国际会议中心暨曲江宾馆开业。
- 10月12日，西安博物院文物库馆工程动工，整体博物院园区由文物库馆、荐福寺、小雁塔公园三部分组成。26日，西安图书馆正式开馆。28日，西安绕城高速公路北段建成通车，是中国西部地区设计标准最高、设施齐全、建设难度最大的一条高速公路。29日，包括西安野生动物园、秦岭植物园、园艺博览园在内的西安御苑工程举行奠基仪式，该工程被列为全市2000年重大基础设施建设项目。
- 11月16日，西（安）蓝（田）高速公路通车。20日，玄奘三藏院全面竣工并对外开放，这是为纪念伟大的佛学家、翻译家、旅行家玄奘法师而兴建的。

2001年
- 1月8日，西安至安康铁路正式交付运营；全国最长的公路隧道——秦岭终南山隧道开建。
- 4月15日，西北地区规模最大的通信设备研发、生产基地——大唐电信科技产业园正式启用。
- 5月2日，城市供水管网扩建工程全面开工建设。
- 7月10日，西安软件园被国家计委确定为全国十大国家软件产业基地之一。

·8月10日,香港最大华资银行——东亚银行西安分行正式开业,它作为首家进驻西安的外资银行,结束了整个西北地区无外资银行的历史。30日,开元商城全面竣工并投入营业。

·9月2日,西安至西安咸阳国际机场高速公路开工建设。20日,西安高新技术产业开发区材料专业园举行揭牌仪式,为中国西部地区第一个专业从事新材料研发、生产的专业化园区。29日,西(安)阎(良)高速公路建成通车;投资1.9亿元的黑河引水渠道二期工程竣工,至此,黑河每月向西安的供水能力由60万吨提高到110万吨。

·10月25日,西安市首家星光民族福利院在莲湖区落成。30日,《西安市暂住人口管理条例》正式实施。

·11月3日,西安大兴路快速干道一期工程破土动工,该工程是西安市2001年重点工程计划和"十五"规划的基础设施建设项目。9日,南郊水厂建成通水,该水厂由西安市自来水公司、香港融迪有限公司、德国柏林给排水控股有限公司共同出资建设。是月,诊断乙型肝炎病毒"隐匿型"感染有新方法,该项研究是第四军医大学唐都医院苏勤与德国医学专家施洛德等人携手攻关,在国际上属于首创,为肝癌的早期预防提供了科学依据。

·12月18日,西安国家环保产业园举行授牌仪式,这是中国中西部地区首家以环保产业为主题的专业科技园区。27日,总投资12.89亿元的西安咸阳国际机场扩建工程方案,通过省政府和中国民航总局审查,将破土动工。29日,黑河水利枢纽主体工程竣工,黑河引水工程已具备日供水110万立方米的能力。31日,西安至郑州高速公路直达客运班车开通,陕西省规划的以西安为中心连接周边11个省会中心城市的"一日交通圈",已实现了与郑州的互通。

2002年

·1月15日,投资2亿元的皂河综合治理工程开工。24日,全市第一座免费公园——环城公园正式对外开放。30日,胡家庙蔬菜副食批发市场、文艺南路纺织品批发市场、大雁塔装饰材料批发市场公开拍卖成功,拍卖总成交额1.32亿元。

- 2月25日，西安利君制药股份有限公司的"利君沙"商标和西安标准工业股份有限公司的"标准"商标，被国家工商行政管理总局认定为中国驰名商标。
- 3月26日，中日两国合作整治唐大明宫含元殿遗址环境，双方在协议备忘录上正式签字。30日，西安仲裁委员会知识产权仲裁咨询中心成立。
- 4月6日，上海《文汇报》陕西记者站在西安成立。
- 5月21日，位于西安城北未央路的西安档案馆新馆正式开馆。
- 6月8日，国家卫生部唯一批准在西安设立的PET诊断基地——唐都医院PET诊断中心投入使用。26日，西北首家有机垃圾生化处理站投入运行。
- 7月3日，全市"斩乌龙、净大气"燃煤锅炉改造专项行动启动。23日，革命公园、莲湖公园和纺织公园免费向市民开放。24日，市昆明路、西北三路、丈八东路、五星街、枣园东路、西铜高速、太乙路7条道路的拓宽改造工程开工建设。
- 8月21日，陕西省首宗土地挂牌出让成功举行。30日，市土地储备中心成立，标志着全市土地使用制度改革进入实施阶段。
- 9月9日，加拿大丰业银行、国际金融公司与西安市商业银行三方签署投资合作谅解备忘录，这标志着中国西部地区中外银行合作迈出关键一步，为西安建成西部金融中心打下良好的基础。
- 10月11日，西安银桥乳业集团生产的秦俑牌奶粉荣获中国名牌产品称号。
- 11月12日，西部大开发——西安投资发展协调委员会成立。25日，钟楼环形地下通道及盘道工程竣工。
- 12月1日，西安到户县高速公路建成通车。8日，西北地区唯一的国家级出口加工区——陕西西安出口加工区在西安经济技术开发区开工建设。15日，西安到安康铁路通车运营。16日，关中环线沿山一级公路建设工程开工。

2003年

- 1月6日，经秦始皇陵考古队发掘七号陪葬坑中出土了15件姿态奇异的陶俑和22件青铜水禽等罕见文物，为认识和评价秦始皇陵文化内涵提供了新的重要实证；华夏银行在西北地区的首家分行——西安分行隆重开业。

· 3月23日，西安纳米科技产业园在西安浐河经济开发区北部工业区开工建设，这是国内首家纳米科技产业园，园区占地66.6公顷，预计投资12亿元。28日，西部最大、功能齐全的血液中心——陕西省血液中心、西安市中心血站新业务大楼落成投入使用。

· 4月6日，第七届中国东西部合作与投资洽谈会在西安陕西国际展览中心开幕，洽谈会期间，西安分团共签约项目100个，总投资超过128亿元，引进资金109亿元；由西安高新区管委会与华夏建设集团投资建设的中国西部通讯产业基地举行启动仪式；由西北有色金属研究院与台湾超导国际科技有限公司共同出资组建的西安西部超导材料科技有限公司成立。9日，中国西部最大的科技园——西安交大国家级科技园开园。

· 5月22日，位于二环路、桃园路、丰登路、昆明路延伸之间，占地24.5公顷，投资1亿元的西郊公园开工建设。25日，西安化觉巷125号安家大院荣获2002年度联合国教科文组织亚太地区文化保护遗产奖。

· 6月2日，秦始皇陵考古队发掘2座秦代陶窑和1座修陵人乱葬坑，为探索陵园建筑用材的烧制等问题提供重要线索，百具尸骨也可见证秦始皇暴行。18日，历时3年，西安至南京铁路西安至合肥段提前195天全线铺通，成为西部地区通往长江三角洲经济带最便捷的铁路通道。20日，西安市文物保护考古所从北郊1座西汉早期大型积炭墓中出土的青铜钟内，当场抽出25千克色泽青绿、醇香扑鼻的古酒，为研究中国古代酿酒技术与酒文化提供了重要的实物资料。26日，火车东站立交地道工程竣工，地道全长424.4米，是多条高速公路和国道的重要连接点。

· 7月8日，陕西省造血干细胞（骨髓）捐献者资料库在西安启动，陕西省血液中心和第四军医大学西京医院被确定为全省首批骨髓定点配型实验室。9日，西班牙政府赠款114.98万欧元，支持西安市完善地铁可行性研究报告，市地铁办与西班牙联合工程公司签署地铁可行性研究报告合同。23日，国家重点基础设施建设项目西安咸阳国际机场新候机楼竣工。

· 8月20日，西安市规划委员会成立。21日，名列世界500强的零售业"大鳄"麦德龙在中国的第18家商场——麦德龙西安雁塔商场开业。

· 9月24日，在全国"火炬计划"15周年总结表彰大会上，西安高新区被评为全国先进高新技术产业开发区。29日，西安绕城高速公路和西安咸阳国际机场高速公路全线建成通车。30日，东二环路北段主线通车，经过10年艰苦建设的二环路工程至此全线贯通。

· 10月9日，市文物保护考古所在长安区茅坡村一带约33.4公顷的地域内发掘和清理出200多座古墓，其中以战国时期墓葬为主，约有160座，其余墓葬分别属于汉、唐等时代，出土陶质壶、罐、盆、釜、盒、钵等各类器物共577件。22日，西安市再次获得"全国园林绿化先进城市"称号。

· 11月8日，拥有世界最先进汽车变速器制造技术的美国伊顿公司入驻西安高新区。11日，以西安电影制片厂为核心组建的跨地区、跨行业、跨所有制的西部电影集团正式成立。27日，秦始皇陵考古遥感与地球物理技术成果通过国家验收，科技工作者应用物探、化探技术勘查证实，秦始皇墓室位于封土堆之下，开挖范围主体东西长170米，南北宽145米。

· 12月6日，西安高架快速干道一期工程建成通车，西安市东大门的交通拥堵得到全面缓解。12日，根据中央军委命令，原陕西省西安军分区改为陕西省西安警备区。22日，南二环朱雀路至含光路高架桥工程竣工通车。29日，经省公安厅批准，西安市新增公安碑林分局太白路派出所、太乙路派出所、建设路派出所，公安站前分局东广场派出所，公安黑河分局库区派出所、见子河派出所，蓝田县公安局文姬路派出所等7个派出所。

2004年

· 1月6日，西安市三环路工程正式开工建设，主线环绕西安市区，全长71.02千米。7日，全国双拥工作会议上，西安市第五次荣获"全国双拥模范城"称号，西安市商贸委荣获"爱国拥军模范单位"称号，石志光荣获"爱国拥军模范"称号。8日，英特尔公司与西安高新区签约，在高新区成立英特尔解决方案服务事业部技术支持中心。12日，百事（中国）投资有限公司与西安市冰峰食品饮料公司共同投资兴建的西安市百事可乐饮料有限公司成立。15日，德国英飞凌设在西安的独资子公司——英飞凌科技西安有限公司开业。

• 2月8日，正大（中国）企业有限公司与西安裕华建设集团、新城区政府就"正大广场"项目举行签字仪式。17日，美国国际商业机器公司IBM与西安电子科技大学签署协议，决定在西安电子科技大学联合设立研究实验室。

• 3月30日，全国最大的氟利昂替代物生产项目——年产5000吨HFC-134a生产装置在泾河工业园建成投产。

• 4月5日，西北地区批准设立的首家国家级出口加工区——西安出口加工区一期工程建成并正式封闭运行。21日，西安高新区首家五星级酒店——西安香格里拉大酒店举行开工奠基仪式。25日，西安市三环路连接线工程正式启动，朱宏路北延伸段、华清路拓宽改造工程也同时开工建设。30日，西北地区首家野生动物园——西安秦岭野生动物园开园，园内有野生动物300多种，总量近万只。

• 5月1日，副市长乔征率团参加南京世界历史文化名城博览会，并代表西安市与22个城市共同签署《世界历史文化名城交流与城市保护南京宣言》。19日，第四军医大学唐都医院建成面积8800平方米，收容床位100张，现代化设备总值达500多万元的西北最大传染病诊疗中心。

• 6月3日，西安广电中心落户曲江新区；西安市雁塔南路全线贯通。18日，世界500强、全球最大的电梯供货商——奥的斯公司与西安电梯厂合资兴建的西安安迪斯公司正式开工生产。19日，莲湖区首家非公有制企业党委——中共前进企业集团委员会成立。

• 9月9日，西安市浐灞河综合治理开发建设管理委员会、西安城墙景区管理委员会分别挂牌成立。28日，2004年国家火炬计划软件产业基地暨863软件专业孵化器工作会议在西安召开。29日，在深圳第五届中国国际园林花卉博览会上，西安市参展的苍苔园获室外造园金奖和最佳施工奖,西安市政府获得钻石组织奖。

·10月10日,西安首次发现唐代日本遣唐使墓志,墓志上的国号"日本"字迹是迄今世界上出现日本国名最早的历史资料。26日,全国县(市)科技工作会议在北京召开,碑林区荣膺"全国科技进步示范区"称号。

·11月24日,三民村、三桥、新西北、马五、户县5个车站正式归属西安铁路西站,实现六站合一。

·12月12日,西安市第一座城市生活垃圾无害化综合处理工程调试运行,一期工程日处理生活垃圾500吨。26日,长安区太乙宫至周至县马召镇段公路建成通车;西安城墙火车站段连接工程竣工,周长13.74千米的西安城墙全线连通。

2005年

·1月21日,由加拿大瑞威集团投资20亿元人民币建立的西安市农作物秸秆发电厂项目正式签约。

·2月6日,西安市国有资产监督管理委员会正式对外办公。25日,西安获"国家首批无障碍建设示范城"荣誉称号。

·3月6日,小雁塔荐福寺"石灰坑"文物挖掘完毕,出土有汉、唐、明、民国文物及20世纪60年代的遗物。18日,西安铁路局正式成立,原属郑州铁路局所管辖的西安铁路分局随之撤销。19日,第四届詹天佑土木工程大奖评选结果在北京揭晓,西安绕城高速公路(北段)工程获奖。28日,西北工业大学张立同院士等主持完成的"耐高温长寿命抗氧化陶瓷基复合材料应用技术"获2004年度国家技术发明一等奖。

·4月3日,西安印刷包装产业基地在西安经济技术开发区草滩生态产业园内奠基。4日,西安市快速轨道交通网规划通过评估,该网拟规划由6条线路组成,总长251.8千米。

·5月16日,土门立交、昆明路立交和太乙路立交同时通车放行,西咸路等5条道路和2个地下通道同时放行,南二环路全线实现快速通行。20日,西安至汉中高速公路特长隧道贯通。23日,西安市再度荣获"全国社会治安综合治理优秀城市"称号。29日,西安市第八医院改扩建项目奠基暨陕西省传染病医院挂牌。

·6月1日，漕运明渠综合治理工程主体竣工。2日，美国应用材料公司在西安高新区成立全球开发中心，并与西安高新区签署战略投资协议。8日，西北地区制气能力及经营规模最大的天然气标准加气站——丈八路加气站正式落成。12日，西安市关工委被评为"全国关心下一代工作先进集体"，同谋流、何斌魁等4人获"全国关心下一代工作先进个人"荣誉称号。18日，西安公交巴士股份有限公司成立；西安铁路公安局成立。22日，世界500强企业ABB公司与西电公司联合组建的西安ABB大功率整流器有限公司正式落户西安经济技术开发区。

·7月8日，西安市东三环路全线开工。11日，市委、市政府召开西安科技奖励颁奖仪式，周廉院士和张锦秋院士获得"西安市科学技术杰出贡献奖"，西安市交通大学蒋庄德等61人获得西安市科技进步奖。13日，西安市公安局特警支队成立。20日，西安经济技术开发区与广东金威啤酒集团举行合作签字仪式。

·8月20日，我国首个国家高新技术产业标准化示范区在西安高新区揭牌。22日，陕西省科学技术奖励大会召开，西北大学舒德干教授和西北工业大学张立同院士同时获得陕西科学技术最高成就奖。

·9月11日，美国美光科技公司出资2.5亿美元的半导体项目落户西安高新区。22日，中国国际友好城市联合会第四届全国理事会及全国友协城市会议上，西安市获"友城贡献奖"。28日，陕西法斯特公司投资建设的西安法斯特汽车传动有限公司一期工程在西安高新区竣工投产。

·10月1日，西安市在重点批发市场、大型超市、连锁店实行农产品市场准入试点。13日，世界IT百强企业美国国际整流器公司（IR）在西安投资兴建的新厂西安爱尔微电子公司正式投产运营。17—21日，国际古迹遗址理事会（ICOMOS）第十五届大会在西安召开，大会通过《西安宣言》，选举出新一届理事会等。26日，在全国精神文明建设工作表彰大会上，西安市再次荣获"全国创建精神文明城市工作先进城市"称号。

·11月1日，西安市公安局被公安部授予"全国公安机关集中处理群众信访问题专项工作先进集体"称号。8日，法国瓦鲁瑞克集团等国内外4家钛合金企业联合投资的宝钛美特法力诺焊管项目落户西安经开区。27日，西安阎良至韩城禹门口高速公路正式建成通车；西安铁路枢纽北环线三郎村特大桥渭河段正式动工。

- 12月18日，西安市第一心血管病医院成立。24日，蓝田至商州高速公路正式开工建设，项目总投资52亿元，全长92.756千米。30日，引乾济石调水工程全面竣工。

2006年

- 1月2日，"CCTV2005·创新盛典"颁奖典礼在北京举行，西安比亚迪F3轿车获汽车类自主创新设计鼓励奖。4日，西安公布首批受保护的传统民居85处（其中整体保护院落34处，单体保护院落51处），以及23处保护建筑挂保护牌。5日，西安（经上海）至欧美亚地区的8个城市（巴黎、伦敦、温哥华、洛杉矶、新加坡、吉隆坡、曼谷、德里）的国际航线正式开通，西安至此拥有25条国际航线。13日，中兴通讯股份有限公司与西安高新区举行中兴通讯终端设计及3G核心软件项目入驻高新区签约仪式。20日，宇龙计算机通信科技（深圳）有限公司与西安高新区签约，宇龙通信3G智能手机项目正式入驻西安。

- 3月7日，由易俗社、五一剧团、秦腔一团、秦腔二团4家市属秦腔剧团合并重组的西安秦腔剧院挂牌成立。16日，国家级生物专业孵化器揭牌暨西安生物医药孵化器共享实验中心启用仪式在西安高新区举行。25日，关中公路环线渭南界—玉山—太乙宫段开工建设；西安高新创业广场获2005年度中国建筑工程"鲁班奖"。

- 4月1日，《西安市市政公用基础设施施工许可证》开始实施。

- 5月17日，在全国第六次法制宣传教育工作大会上，西安市荣膺"全国法制宣传教育先进城市"称号。22日，全市集贸市场整治工作会议召开，《集贸市场专项整治工作考核办法》出台。24日，美光半导体（西安）项目获国家商务部批准，正式落户西安，该项目总投资2.5亿美元，注册资本8333.4万美元。28日，西安市边家村工人文化宫建成开放。30日，西安西三环路主线通车，即西户路立交以北至六村堡立交全线主线通车，西三环主线建成长度14.4千米，通车长度12.9千米。

- 6月1日，根据《国务院关于同意陕西省西安市人民政府驻地迁移的批复》精神，陕西省人民政府批复同意西安市政府驻地由市中心的莲湖区西华门大街迁至城北的未央区凤城八路。2日，首批国家非物质文化遗产名录公布，秦腔、西安鼓乐、蓝田普化水会音乐等入围。5日，被誉为"世界第一桥"的郑西铁路客运专线渭河特大桥西段工程开工仪式在西安临潼区零口镇牛北村举行。29日，西二环大兴路立交东西主线工程竣工。

· 7月1日，长安火车站正式更名西安南站。2日，陕西省、西安市与中国航天科技集团公司分别签订《战略合作框架协议》和《共同建设航天科技产业基地协议》，西安航天科技产业基地正式成立。6日，西安市快速公交专线建设启动，拟两年半建成快速公交示范线。14日，世界500强企业法国威立雅公司与西安市公交总公司签订合作意向，共同出资组建快速公交营运公司。18日，全球最大汽车零售软件供应商——美国理诺（西安）技术有限公司开业。26日，国内第一家国际医药认证指导中心西安国际医药注册认证指导中心合作签约仪式在西安人民大厦举行，中心由香港中国新药研究科技集团有限公司和西安高新区的陕西九洲生物科技股份有限公司合作共建。

· 8月4日，西安城南西部大道西侧、城北龙首北路分别发现唐代贵族墓葬和汉朝平民墓葬。8日，库柏西安熔断器公司正式揭牌。

· 9月1日，西安曲江国际会展投资控股有限公司暨西安曲江国际会展（集团）有限公司成立。4日，西安二环路环线公交开通，由环线1号线、2号线分别按顺时针和逆时针方向环绕全线，起点均为金花北路，全程34千米。10日，首届中国旅游精品推广峰会在深圳召开，西安曲江新区荣获"中国最具活力文化旅游区"称号。15日，在2006年"国际保护臭氧层日"纪念大会上，西安市被国家环保总局、联合国开发计划署、联合国环境规划署授予"保护臭氧层示范城市"称号。20日，西安市东西五路——莲湖路中央快车道改造工程全线竣工。30日，黄延高速公路和榆林至陕蒙界高速公路建成通车，标志着西安—延安—榆林—陕蒙界高速公路全线贯通。

· 11月4日，陕西省第一条双向八车道高速公路——西安咸阳国际机场专用高速公路开工建设，建设里程20.58千米。9日，西安世纪金花钟楼购物中心荣获国家首批西北首家"金鼎百货店精品店"称号。18

日，西安市天然气总公司与香港中华煤气有限公司共同合资组建的西安秦华天然气有限公司正式挂牌成立；西北最大的农药制剂生产企业——西安常隆正华作物保护有限公司建成投产，企业年生产能力1万吨，产品70余种，可实现工业产值2亿元。26日，西安阎良国家航空高技术产业基地渭南蒲城通用飞机项目在蒲城县内府机场开工。30日，西安航天科技产业基地管委会、西安航天科技产业基地开发建设有限公司成立大会暨首批启动项目开工奠基仪式在长安区举行。

·12月5日，西安至户县高速客运班线已正式开通，至此，西安市行政辖区内各郊县全部开通高速客运班线。7—8日，西安科协第七次代表大会召开，中国工程院院士樊代明当选市科协第七届委员会主席。8日，西安西航集团莱特航空技术有限公司正式在西安经济技术开发区揭牌成立；总投资12亿元的金钼集团金属材料工业园在西安高新区奠基。11日，省道107关中公路环线西安北线通车。16日，西安高新区唐延路创意产业聚集区荣获"2006中国十佳最具投资价值创意基地"。27日，西安市污水处理有限责任公司成立暨西安市第三污水处理厂建成投产。

2007年

·1月18日，西安市重点项目之一——西岳电子技术有限公司6英寸0.35微米集成电路生产线在西安市高新区新型产业园举行通线庆典仪式。20日，国家高速公路包茂线秦岭终南山公路隧道通车，连接该隧道的西安至柞水高速公路也同时通车。27日，西安市三环路主线全线贯通。

·3月23日，世界最大的纳米制造（半导体）设备企业——美国应用材料公司在西安设立的全球开发中心暨全球技术服务中心正式落成开业。

·4月18日零时，西安铁路局全路第六次大面积提速调图全面展开。25日，市人民政府第八次常务会议审议并原则同意《西安市第三批市级文物保护单位名单》。

·5月30日，秦岭国家植物园在周至县集贤镇动工兴建。

·6月13日，由中国贵州航空工业（集团）公司投资10亿元在西安经开区泾渭工业园建设的贵航—西安汽车零部件工业园项目举行框架协议签字仪式。19日，首届中国城市创新论坛在北京人民大会堂举行，西安市荣获"2007中国优秀创新型城市"称号。

· 7月24日，中国航空技术进出口总公司与西安经开发区管委会正式签约，一致决定在西安出口加工区注册成立西安凯迪克航材物流有限公司。

· 8月8日，库柏工业集团与西安熔断器制造公司举行资产购买签约仪式，库柏西安熔断器公司正式揭牌。10日，总投资105亿元的西安地铁2号线全面开工建设。11日，文化部授予西安曲江新区"国家级文化产业示范园区"称号，标志着曲江新区已成为我国西部最具有活力和吸引力的文化产业园区。

· 9月30日，国家高速公路（北）京昆（明）线西安至汉中高速公路全线正式通车，至此，京昆高速陕晋界至陕川界625千米高速公路全线贯通。

· 10月18日，市人民政府第二十四次常务会议审议并原则通过《西安市城市供热管理条例（草案）》。27日，由深圳航空公司和美国梅萨航空集团合资组建的国内最大支线航空公司——鲲鹏航空公司在西安市落户并投入运营；曲江论坛暨大明宫国家遗址公园建设国际研讨会开幕，大明宫遗址区保护改造领导小组办公室成立挂牌。

· 11月9日，西安咸阳国际机场迎来第1000万名旅客，标志着机场正式跻身世界繁忙机场行列。30日，西安市黑河引水灌区续建配套工程开工。

· 12月19日，"2007中国青年喜爱的旅游目的地"评选中，西安市获得"2007年中国青年喜爱的旅游城市"称号。21日，骡马市商业步行街正式开街迎客。

2008年

· 1月5日，陕西自然博物馆在西安市长安南路正式开馆，该馆系国内一流、西北唯一的大型综合类自然博物馆。6日，新丰镇编组站改扩建工程——新丰镇车站上行系统过渡开通大型施工完成。24日，陕西省政府与中国电力集团投资公司签订能源开发战略合作框架协议。

·2月14日，我国西部最大的陆路转运枢纽型综合物流园区——西安国际港务区建设全面启动。

·3月9日，西安碑林石刻艺术馆开建。28日，西安凯龙航空技术有限公司在西安高新开发区新型工业园正式开业。

·4月12日，西安牡丹苑开园。21日，沣惠渠节水改造工程开工建设，该工程是西安实施"引沣进城"生态引水项目的先导工程；市委召开常委会议，讨论并原则通过《纺织城地区综合发展规划》和《渭河西安城市段综合治理规划》。

·5月6日，《西安城市总体规划（2008—2020年）》获国务院批准。

·7月1日，曲江池遗址公园、唐城墙遗址公园、唐大慈恩寺遗址公园三大遗址公园盛大开园，并对市民免费开放。15日，在第二十三届全国速度轮滑锦标赛上，11岁的西安女孩阎宇卓技压群芳，力夺4块金牌。

·8月28日，西安市首家地区性产业联盟——电力装备产业联盟在经开区成立，该联盟将整合经开区主导产业的电力装备产业，促进产业集群化发展。

·9月11日，西安市第五污水处理厂正式开工建设，一期工程预计2010年建成投产。19日，郑西铁路客运专线西安北客站工程开工建设。28日，贯通长安区东西的西部大道竣工通车。

·10月15日，在第五届全国航空航天模型锦标赛中，西安交通大学学生航模队获1公斤电动级比赛团体冠军，操作手侯洪宁获个人冠军。26日，国家高速沪陕线蓝田至商州至陕豫界高速公路建成通车。

·11月20日，美国库柏西安熔断器有限公司新厂区在西安高新区破土动工；西安至平凉铁路动工兴建。26日，国家高速沪陕线国家高速包茂线西安至黄陵的第二通道——西安至黄陵高速公路的西安至耀州段正式开工。

·12月12日，西安市解放路商业街整体改造工程正式启动。24日，国家高速沪陕线西安至商州高速公路开工建设。25日，历时3年的西安三环路全线建成通车。27日，西安至台北空中直航航线正式开通。

2009年

·1月4日，西安交通大学成功培育中国第一批人类疾病转基因家兔模型，对研究人类心脑血管疾病具有重大意义。14日，顶华路通价值创业投资（西安）企业落户高新区，这是陕西省第一家中外合作创投企业。

·2月18日，中航飞机有限责任公司总部落户西安高新区。27日，西安轨道交通、软件服务外包、动漫和旅游四大职业教育集团正式成立。

·3月8日，《西安市城市快速轨道交通建设规划及线网规划环境影响报告书》通过国家环保总局专家组评审。16日，西安市首个以"音乐"为主题的广场——雁塔古韵广场正式建成对外开放。

·5月28日，国家高速包茂线小河至安康段正式通车。

·6月1日，《西安市古树名木保护条例》施行。24日，《关中—天水经济区发展规划》获国务院批准。

·7月1日，西安水务集团公司挂牌成立。8日，西安咸阳国际机场专用高速公路正式建成通车。30日，陕西省首家大学生创业基地团委在西安伊雅商业有限公司正式成立。

·8月23日，在山东泰山世界地质公园召开的第三届国际地质公园发展研讨会上，秦岭终南山入选世界地质公园。

·9月1日，《西安市机动车排气污染防治条例》正式施行。

·11月1日，《西安城墙保护条例》正式施行。5日，陕西省重点工程西（安）咸（阳）国家公路运输枢纽新筑集装箱综合站项目正式开工，该项目总投资5.3亿元。21日，陕西省政府与中国石油天然气集团公司、中国石油化工集团公司、中国海洋石油总公司在西安签署协议，共建西安石油大学。22日，国内规模最大的出版物物流基地——西北出版物物流基地在西安国际港务区举行开工典礼，该项目总投资10亿元，占地面积达66.6公顷，总建筑面积40万平方米，为全国五大图书物流基地之一。

·12月1日，西安沣渭新区管理委员会成立。3日，全国第一个研究人造天体运动规律的宇航动力学国家重点实验室在西安卫星测控中心建成挂牌；大同至西安铁路客运专线正式开工建设。9日，全国最大的现代商贸物流集散中心——西安华南城项目在西安国际港务区开工建设。20—21日，首届全国教育改革创新奖颁奖典礼暨中国教育创新论坛在京举行，西安斩获五项大奖，西安市教育局荣获"首届全国教育改革创新优秀奖"，西安市教育局成职处副处长田征获"首届全国教育改革创新管理优秀奖"，西安交通大学附属中学校长王佩东获"首届全国教育改革创新杰出校长奖"，陕西师范大学附属中学校长边团结获"首届全国教育改革创新优秀校长奖"，西安市第八十三中学教师沙涛获"首届全国教育改革创新先锋教师奖"。29日，陕西省航空材料工程实验室在经开区揭牌。

2010年

·1月4日，全长21.3千米、投资1.2亿元的渭河西安段坝上道路工程开工建设。

·2月3日，蓝田西北家具工业园在该县华胥镇张斜村开工建设。6日，郑州至西安高速铁路正式投入运营。9日，住房和城乡建设部正式命名西安为"国家园林城市"。12日，周至县黑河水厂正式通水。21日，陕西省推进西咸新区建设工作委员会办公室暨西安沣渭新区、咸阳泾渭新区管委会揭牌仪式在西安人民大厦举行。

·3月26日，西安唐延路人防工程正式开工建设，系西北地区档次最高、面积最大的单建人防工程。

·4月20日，西北首个国家级保税物流中心——西安保税物流中心正式通过国家四部委组成的联合验收小组验收并揭牌。

·5月27日，航天基地330千伏高压线迁改工程竣工。28日，陕西（西安）物联网产业联盟在陕西宾馆宣告成立，该联盟旨在整合西安在物联网领域的优势资源，在物联网产业发展中抢占先机；陕西长安画派艺术研究院在西安成立。

·6月28日，西安北动车所正式建成并投入使用。

·7月1日，"西榆快线"正式开通。4日，地铁3号线一期工程通过专家组评估。26日，西安市江村沟生活垃圾填埋场被评为国家最高级Ⅰ级填埋场。27日，西安市地下管网建设发展有限公司正式成立。

30日，国家发改委下发《关于开展低碳省区和低碳城市试点工作的通知》，全国5省8市被列入试点范围，陕西成为试点省之一。

·8月1日，西安解放路最大规模的改造工程启动。3日，西安市全面启动火车站广场综合改造项目。18日，西安电视台艺术中心有限公司正式挂牌成立，标志着西安电视媒体推进制播分离改革，在影视剧生产方式上向市场化、产业化迈出实质性的一步；博世力士乐（西安）电子传动与控制有限公司在西安经开区草滩生态产业园落成。

·9月26日，西安大唐不夜城开元广场开放，1500米长的文化景观步行街全线贯通。28日，曲江秦二世陵遗址公园建成开放，至此曲江六大遗址公园全部落成。29日，西安文化发展（集团）有限公司成立大会暨揭牌仪式在西安市举行。30日，秦始皇陵遗址公园（秦始皇帝陵博物院·骊山园）开园仪式在临潼区举行；西安大明宫国家遗址公园开园仪式在新落成的西安大明宫国家遗址公园丹凤门广场举行。

·10月18日，瑞士布勒集团的布勒设备（西安）有限公司新工厂在西安经开区草滩生态产业园开业。

·11月3日，西安图书馆首个农村分馆在蓝田县安村吴庄开馆。13日，第十二届中国专利奖颁奖大会举行，由西安西电捷通公司发明的"一种适合有线和无线网络的接入认证方法"和由第四军医大学陈志南等研发的"抗人肝癌单克隆HAb18轻、重链可变区基因及其应用"技术均荣获本届中国专利金奖。19日，西安泾渭体育运动中心正式开园。

·12月1日，汉长安城未央宫遗址系列保护工程开工。16日，昆仑银行西安分行正式成立。17日，北城蔬菜副食批发市场建成开业。18日，西安沣渭新区首条新建道路——尚航路正式开工。23日，西成客运专线（陕西段）正式开工建设。31日，西安银行首家异地分行——榆林分行在榆林市开业。

2011年

·1月11日，西北地区最大的火车客运站——西安火车北客站正式投入使用。

·2月27日，西北唯一的综合保税区——西安综合保税区正式获得国务院批准设立，西安综合保税区位于西安国际港务区内，面积为6.17

平方千米，包含120万平方米的标准厂房、仓库面积。

・3月3日，西北金属物流园项目落户灞桥区。

・6月20日，中国唯一的唐代壁画馆在陕西历史博物馆开馆。

・7月10日，西安最大的农村污水处理厂阎良区关山污水处理厂项目竣工。15日，环境保护部正式授牌西安浐灞生态区为国家级生态区，西安浐灞生态区由此成为西部首家、中西部首批国家级生态区，也是全国唯一获此殊荣的开发区。

・8月30日，渣打银行（中国）有限公司西安分行正式开业。

・9月1日，中国人民武装警察部队工程大学揭牌仪式暨开学典礼在西安举行。16日，西安地铁2号线一期工程中午12时正式通车试运营。

・11月5日，《大秦岭西安段生态环境保护规划》和《大秦岭西安段保护利用总体规划》通过专家评审。13日，长安大学和市国土资源局联合组建的长安大学地质灾害防治研究院揭牌成立。

・12月8日，西安至铜川（新区）高速公路正式建成通车。

2012年

・2月14日，2011年度国家科学技术奖励大会在京举行，第四军医大学完成的《心脑保护的关键分子机制及围术期心脑保护新策略》《严重颜面创伤缺损与畸形的形态修复和功能重建》获国家科技进步一等奖，中国地质调查局西安地质调查中心参与完成的《高原地质理论创新与找矿重大突破》获国家科技进步特等奖，2011年西安共有26个项目荣获国家科学技术奖（全省获奖28项），其中，以第一完成人获奖10项、参与16项。

・3月19日，欧文斯科宁公司的现代化节能建材生产基地落户西安高新区。24日，西安咸阳国际机场二期扩建工程竣工。

・4月10日，国内首台拥有自主知识产权的1000瓦工业级光纤激光器在西安诞生。

・5月1日，西安渭河生态景观区免费向公众开放。3日，西安咸阳国际机场T3航站楼投入使用。4日，国内首个宇航动力学国家重点实验室在西安卫星测控中心通过科技部验收。

・6月6日，西安市灞桥生态湿地公园（一期）正式建成并免费向市民开放。12日，中国首座330千伏等级智能变电站——330千伏新盛智能变电站在西安投入运行。29日，泾河截污工程竣工。

·8月29日，由中铁十一局三公司等单位施工的西安地铁一号线轨道工程全线贯通。

·10月12日，南三环长安路立交主线桥通车，该项目为西安市本年最大的缓堵保畅工程。20日，全长8.097千米的长安大道建成通车，自此西安中轴线北至渭河、南达秦岭实现贯通。

·11月7日，世界500强企业塔塔钢铁集团投资的塔塔特钢（西安）有限公司进驻西安综合保税区。

·12月30日，"2012中国最具幸福感城市调查推选活动"颁奖典礼举行，西安获"'中国幸福城市'特别荣誉大奖"。

2013年

·1月12日，据考古部门通报，从2012年4月起，西安市未央区所属渭河南岸河滩陆续发现2组5座桥梁遗址，是迄今所发现的最大的秦汉木梁柱桥梁遗址，也是现知同时期世界最大的木构桥梁。

·2月19日，位于西安纺织产业园内的西北最大的泵阀生产企业、省内唯一的国家定点高压阀门生产厂——西安泵阀总厂有限公司新厂区开工生产。24日，陕西省最大水库——泾河东庄水利枢纽工程全面建设启动。

·3月27日，西安广播电视台正式成立；住房和城乡建设部发布《2012年中国人居环境奖获奖名单的通报》，莲湖区市容环卫标准化管理项目获得"中国人居环境范例奖"。31日，2013年全国跳水冠军赛男子单人三米板的决赛结束，西安籍跳水名将秦凯夺得冠军。是月，2012年旅游金足迹奖项揭晓，西安获得金足迹奖唯一的最高大奖——人气旅游城市奖。

·4月7日，《中国城市对外开放指数研究报告》发布，西安的城市对外开放度得分列西部首位，被评为"西部开放之星"。18日，第三届中国自主创新年会在北京人民大会堂举行，推出新一批全国创新典型，西安市获得"2012中国十大创新型城市"称号。

·5月17日，陕西文物图书中心在西安碑林博物馆建成开放，是全国首座以文物图书为主题的中心图书馆；西北首家心血管、心理联合门诊（双心门诊）在西安交通大学第一附属医院成立，同时治疗患者的躯体性心脏疾病与心理疾病，为患者提供一站式服务。29日，西安交通大学医学院附属西安市第八医院举行揭牌仪式，西安市第八医院正式成为西安交通大学医学院非直属附属医院，双方将在临床、教学、科研等方面展开合作。31日，深化平安中国建设工作会议召开，西安市第四次蝉联"全国社会治安综合治理优秀地市"，并再度荣获社会治安综合治理最高奖项"长安杯"。

• 6月16日，芬兰航空一架空客A330飞机降落在西安咸阳国际机场，标志着西北地区首条直达欧洲航线开通。27日，西安市第十五届人大常委会第十次会议审议通过《西安市秦岭生态环境保护条例》。

• 7月11日，西京医院心血管外科成功为1名先天性心脏病患者实施世界首例改良机器人心脏手术，只开两个小切口，使用两个机器人手臂就完成全部手术。30日，西（安）咸（阳）北环线高速公路建设工程、西（安）临（潼）高速公路扩建工程同时开工，标志着西安市五项重点工作之一——西安公路交通枢纽建设进入实质性建设阶段。

• 8月8日，西（安）（安）康铁路二线西安南至柞水间线路开通运营。21日，西北首例3D高清腹腔镜胆囊切除术在西京医院肝胆外科成功实施。28日，国家住房和城乡建设部正式批准西安浐灞生态区为"国家绿色生态示范城区"。

• 9月9日，《2013中国城市创新创业环境排行榜》正式发布，中国城市创新创业环境20强中，西安名列第十，其中，在人才环境方面排名第一；产业环境方面排名第七；研发环境方面排名第二，仅次于深圳。15日，西安市地铁一号线一期正式开通。

• 11月28日，上午10点，"长安号"国际货运班列从西安发车，驶往中亚国家哈萨克斯坦。

• 12月20日，"2013中国会展行业年会暨中国会展产业颁奖盛典"举行，西安市获得"2013中国十佳品牌会展城市"称号。27日，"环球对望·中国与世界"高峰论坛暨2013环球时报总评榜颁奖典礼举行，西安市获得"年度中国最具投资吸引力城市"奖项。

2014年

·1月4日，国务院批复同意设立西咸新区，西咸新区正式成为国家级新区。

·2月21日，西安航天华迅科技有限公司成功量产第四代GPS和北斗双模导航定位芯片，性能达到国际领先水平。

·3月13日，易俗社被文化部授牌命名为国家级非遗代表项目秦腔保护单位。24日，西安市成功获批创建国家电子商务示范城市。26日，陕西省十大标志性文化设施项目——陕西大剧院在西安曲江新区开工建设。

·4月17日，世界500强企业美国强生公司全球最大供应链生产基地项目在西安高新区开工建设。

·7月1日，西安至太原高铁开通。10日，公布的最新的全国重点镇名单上，西安市阎良区关山镇，蓝田县汤峪镇，周至县二曲镇、楼观镇，户县祖庵镇、草堂镇榜上有名。25日，西安高新区管委会与中兴通讯股份有限公司签署投资协议，中国西部最大的智能终端生产基地落户西安高新区。

·8月9日，"中国最佳营商环境评选"发布典礼举行，西安被评为"中国最佳营商环境十大城市""丝绸之路经济带最佳营商环境城市"。18日，三星环新（西安）汽车动力电池项目在西安开工建设，标志着西安将成为全国最大的汽车动力电池生产基地。

·10月31日，"中国城市未来发展国际论坛"举行，西安分别获得"2014中国最具幸福感城市"和"2014中国最具文化软实力城市"荣誉称号。

·12月13日，高陵撤县设区获国务院批复（国函〔2014〕158号）。

2015年

·4月14日，三星电子高端存储芯片封装测试项目在西安竣工投产。该项目于2014年1月开始建设，主要生产基于3D垂直闪存芯片的固态硬盘。该项目的竣工投产，使西安高新区的三星芯片工厂成为三星在海外投资的唯一集存储芯片制造、封装测试于一体的生产基地。

·5月26日，第四军医大学组织工程研发中心主任金岩教授团队自主研发的生物工程角膜（脱细胞角膜基质）获得国家食品药品监督管理总局颁发的医疗器械注册证书,成为全球首个高科技生物工程角膜产品。28日,北京儿童医院集团西安市儿童医院揭牌仪式在西安举行。

·6月30日,第四军医大学西京医院成功完成西北首例起搏器电极拔除术。

·8月25日,国务院批复(国函〔2015〕135号)同意西安高新区建设国家自主创新示范区。

·9月14日,中国动漫众创平台在西安成立。16日,以西安市儿童医院即陕西省儿童医疗中心为主体的"陕西省儿童医疗联合体"在西安市儿童医院成立,首批共32家医疗单位,由陕西省及邻近省、市的儿童专科医院、妇幼保健院和市级、县级综合性医院儿科、中医院儿科等医疗机构组成。

·10月12日,世界首台CRJ-900飞机全数字电动六自由度乘务训练舱在西安阎良国家航空高技术产业基地下线。31日,"2015中国最具幸福感城市"系列榜单发布,西安市获得"2015中国最具幸福感城市"称号和"2015中国小康社会建设示范奖"。是月,由中国科学院大连化学物理研究所刘生忠研究员带领的团队与陕西师范大学合作,利用升温析晶法,首次制备出超大尺寸单晶钙钛矿$CH_3NH_3PbI_3$晶体,尺寸大于71毫米(超过2英寸),这是世界上首次报道尺寸超过12.7毫米(0.5英寸)的钙钛矿单晶。

·12月16日,西北首家帕金森专病门诊部在西安交通大学第一附属医院成立。

2016年

·1月5日,西安电子科技大学生命科学技术学院田捷教授团队成功研发新型光学——核素多模融合放射性药物激发荧光成像技术,并在超高灵敏度医学成像领域取得重大突破,对最小病灶探测直径由5毫米缩小到2毫米。11日,西安交通大学第一附属医院3D打印医学研究与应用中心揭牌成立。

·2月3日,国家发展和改革委员会批复西安市城市轨道交通第二期建设规划调整(2013—2021年)方案,西安市将新增5号线二期工程、6号线二期工程和临潼线,预计到2021年,西安将形成7条运营线路、总长243.2千米的轨道交通网络。16日，西安市规划局对《西安城市总体规划（2008—2020年）》进行修改，根据修改后的总规目标，预计到2020年，西安市域人口规模将超千万，其中户籍人口870.57万人，将西安市建设为丝绸之路经济带上的重要节点，具有历史文化特色的国际化大都市。

· 3月28日，西安地铁6号线一期工程开工建设；一架来自荷兰阿姆斯特丹的波音747-400飞机经过11个小时的飞行，降落在西安咸阳国际机场，飞机满载100吨"洋货"成功抵达西安国际港务区洋货码头，标志着联通亚欧大陆空中走廊的全国首条"陆空联运"跨境电商货运直飞航线正式开通；唐都医院胸腔外科利用4D打印技术，为患者打印出智能维度的气管悬吊外支架，疏通了气道，保证了患者能够正常呼吸，该手术刷新纪录，成为国内首例4D打印技术用于临床医学的成功范例。是月，曲江文化运动公园开建。

· 4月13日，西安交通大学第二附属医院骨科王坤正教授学术团队完成全国首例计算机辅助设计优化手术方式，3D打印术中导航模板辅助精准髓芯减压治疗早期股骨头坏死手术。18日，在完成12天的太空飞行后，我国首颗微重力科学实验卫星——实践十号的回收舱成功着陆，由西北工业大学介万奇教授团队研发、随着实践十号卫星一同飞向太空空间的伽马射线和粒子计数仪，成功获得生物细胞的辐射环境数据后一同返回，实现了我国国产碲锌镉探测仪首次空间应用。27日，凌晨2点，位于西安的中国航天科技集团第四研究院自主研发的"天鹰3F"空间环境垂直探测试验火箭在中科院海南探空部发射成功，火箭搭载的鲲鹏1B探空仪开展了多项科学探测及技术试验任务，首次成功获得电离层顶的原位探测数据。是月，西安第二大水源地——李家河水库工程全面完工。

· 5月20日，"西安港——新西兰利特尔顿港"铁海直达国际多式联运新航线正式开通。是月，西安首个市政工程"海绵城市"项目运用于西安市渭河堤顶路下穿西铜一级路工程中，并投入使用。

· 6月8日，西安市第四批市级文物保护单位揭牌仪式在陕西师范大学雁塔校区图书馆举行。22日，第四届柳青文学奖颁奖仪式举行，王妹英、张浩文等12人喜获殊荣。

·7月1日，西安浐灞生态区雁鸣湖休闲公园正式开园，成为继西安世博园、西安浐灞国家湿地公园、西安桃花潭公园、浐灞滋水公园后浐灞生态区开放的第5个惠民公园。12日，西安市文艺评论家协会成立。13日，国家发展和改革委员会、交通运输部、中国铁路总公司印发《中长期铁路网规划》，根据该规划，我国将构建北京、上海、西安等19个综合铁路枢纽。26日，西北工业大学实施的国家"863"计划海洋技术领域重大项目——"50公斤级便携式自主水下航行器工程化技术"通过科技部验收，标志着我国在微小型水下航行器方面成功突破国外技术封锁，拥有了具有完全知识产权的工程化产品，并首次形成产业化能力。29日，陕西省第十二届人民代表大会常务委员会第二十八次会议表决通过《西安市公园条例》；全国双拥模范城（县）命名暨双拥模范单位和个人表彰大会举行，西安市被授予"全国双拥模范城"荣誉称号。

·8月2日，由中国航天科技集团四院自主研制的我国直径最大、装药量最大、推力最大的固体火箭发动机——民用航天三米两分段大型固体火箭助推发动机在西安试车成功。18日，首趟从西安直发欧洲的国际货运班列——中欧班列（西安—华沙）驶出西安港，一路向西奔向波兰华沙。19日，中国首家车游湿地——灞渭桥车游湿地开园。24日，第四军医大学唐都医院胸腔外科借助"达·芬奇"机器人，为一名侵袭性上纵隔肿瘤患者成功实施手术，摘除直径约10厘米的肿瘤。这是世界首例剑突下辅助机器人侵袭性上纵隔肿瘤切除术。

·9月2日，中欧班列（西安—汉堡）在西安港发车。10日，西安开通至徐州、青岛、济南、南京、上海、杭州、天津等方向的高铁列车，此后还将增开合肥、福州等地列车。28日，西安市人民政府办公厅印发《西安市城市公立医院综合改革试点实施方案》，到2017年年底，西安基本完成城市公立医院综合改革试点任务。29日，西安市文景山公园正式开园。30日，西安市出台《推进医疗卫生与养老服务相结合实施意见》，根据意见，到2018年，西安建成一批兼具医疗卫生和养老服务资质及能力的医疗卫生机构或养老机构，80%以上的医疗机构开设为老年人提供挂号、就医等便利服务的绿色通道，60%以上的养老机构能够以不同形式为入住老年人提供医疗卫生服务。

·10月14日，第一批中国特色小镇名单公布，西安市蓝田县汤峪镇入选。15—31日，第十一届中国艺术节在陕西省举行，西安话剧院的话剧《麻醉师》、陕西省歌舞剧院的歌剧《大汉苏武》等10部剧摘得文华大奖，西安秦腔剧院的惠敏莉、陕西省戏曲研究院的李军梅等10人摘得"文华表演奖"。

·11月8日，西安地铁3号线开通试运营。13日，西安市规划局公布16个"西安市优秀近现代建筑第一批保护名录"和4个"预保护名录"。27日，国家发展和改革委员会办公厅通知，将进一步加快城市群规划编制进度，2017年拟启动关中平原城市群等跨省域城市群规划编制。

·12月28日，国务院批复关于西安市部分行政区划调整的请示，户县撤县设区，改为鄠邑区，相关行政区划界线和政府驻地不变。

索引

B

保障性住房 / 286，361

北客站 / 358，366，381，469

边缘新区 / 253，272，283，288，321，361，374

波动增长 / 249，251

C

财政制度 / 239，242

产业布局 / 147，328

产业聚集 / 302，344，376，467

浐灞生态区 / 304，329，350，365，372—373，376，473

城防工事 / 173—174，434

城市产业 / 010，317，344，360，377

城市定位 / 106，302，354，385，391

城市格局 / 017，113，262，336，365

城市公共中心 / 333，344

城市功能 / 045，102，114，138，197，255—256，302，337，352

城市规模 / 016，143，240，244，281，396

城市化 / 118，139，182，193，221，245，313，397

城市空间结构 / 073，144，255，275，323，374，382

城市商圈 / 362-363

城市生态 / 010，372

城市拓展 / 130，144，252—253，254，272，280，321

城市形态 / 009, 251—252, 255, 273

城市运营 / 011, 318, 343

城市职能 / 012, 101, 303, 353, 397

城中村 / 287, 318, 341, 343, 369, 373, 381

D

大型城市综合体 / 363

道路网络 / 040, 133, 267, 272, 273, 289, 326

低碳城市 / 379, 412, 472

地域结构 / 028

地缘政治 / 106, 384, 385—386, 391

都市计划 / 157, 184, 196—198, 210

F

发展方针 / 244, 245, 254

发展理念 / 177, 237, 316, 379

房地产 / 242, 273, 305, 330—332, 344, 361, 373

府城 / 016, 017—018, 028, 037—038, 047—048, 051, 054—055, 102, 385

赋税 / 021, 084—085, 110, 385

G

高等教育 / 062, 197, 207, 320, 457

高新技术产业 / 003, 010, 262, 264, 304, 310, 461, 464

高新综合保税区 / 350, 377

工业化水平 / 171, 301

工业空间 / 011, 261—264, 282—285

工业内迁 / 002, 144, 157, 391

公共空间 / 157, 270, 278, 294, 333, 340, 374

功能比例 / 258—259, 275—277

功能布局 / 045, 256, 319, 372

功能分区 / 102, 157—158, 172, 352

功能区位 / 255—257, 272, 273—275

功能转型 / 003, 254, 272—273

关城 / 019, 035—037, 038, 054—056, 065, 102, 152

关天经济区 / 318, 346, 348—349, 353, 374, 395

关中平原城市群 / 302, 348, 351, 379, 480

管理机构 / 052, 096—097, 107, 179, 184, 349

国际港务区 / 005, 304, 326, 347—348, 350, 373, 377, 469

国家服务业综合改革试点 / 376

国家级新区 / 004, 012, 349, 395, 476

国家经济体制转型 / 305

过渡时期总路线 / 200, 201

H

旱码头 / 033, 083

旱灾 / 088—089, 112, 121, 126

户籍制度 / 235, 239—241, 245

回銮新政 / 021, 071

J

技术创新 / 300, 310, 375

建筑业 / 068, 199, 204, 221

交通格局 / 037, 112, 323

交通结构 / 038, 113, 133

紧凑城市 / 011, 316—317, 413

近代工业 / 021, 066, 073, 110, 144, 163, 168, 385

近代化 / 021, 066, 073, 163, 385

泾渭新城 / 361

经济适用房 / 306, 330, 332, 362

精明增长 / 317—318, 410

旧城保护 / 338

旧城改造 / 266, 318, 361, 369

旧城更新 / 286, 339—344

就业人口 / 314—315, 343, 356—357

居住空间 / 243, 264, 273, 285—288, 333, 374

K

空间尺度 / 028, 118, 259, 265, 277

空间关系 / 254, 273, 284—285, 289

空间扩张 / 244, 261, 387, 392

空间强度 / 260, 278—279, 288

L

历史街区 / 004, 337, 339, 342

两宫西狩 / 052, 080, 387, 391

陇海铁路 / 121, 122, 131, 145, 223, 267, 348, 392

M

满城 / 017, 020, 037, 039—040, 042, 045, 109, 388, 418

民国时期 / 095, 110, 121, 154, 194, 384, 390

N

南城 / 017, 037, 048, 100, 136, 267

南京政府时期 / 011, 119, 391

P

陪都建设 / 011

Q

七贤庄 / 132, 141—142, 429

企业所有制改革 / 305, 343

区域经济 / 011, 083, 084, 387, 392, 395

区域中心城市 / 010，027，107，302，343，392

R

人均GDP / 308—309

人口规模 / 108，246，313，355，373，396，478

人口结构 / 241，248，250

人口密度 / 160，249—250，314，356

人民公社化 / 215，218

S

三产结构 / 307

三年经济恢复 / 177，184，205

三线建设 / 222—223，225

商路 / 036，083，094

商业金融 / 067，076，138，334

商业空间 / 054，267—269，289—293

社会变革 / 014，062，109

社会主义改造 / 200—203

实业计划 / 112，119

市政建设 / 098—099，121，130，162，205，225，427

手工业 / 056，110，122—123，144，151—152，202，431

丝绸之路 / 343，349，352—353，395

四区一港两基地 / 004，304，346

苏联援建项目 / 211—213

T

土地改革 / 178，191，199，394

土地利用 / 242，251，275，279，316，373

土地市场 / 242，307

拓展区域 / 254，262，272，283

W

晚清时期 / 026，060，074，080，088，102，118，140

围城之役 / 106，108，118，128，139

维新思想 / 022，074

渭北工业区 / 267，349，351—352，373，381

文化教育 / 061—062，069，078，138，389

X

西安保税物流中心 / 377，471

西安工业振兴计划 / 004，300—301，413

西安解围 / 106，117，119，423

西安历史文化名城 / 260，336，398—399

西安事变 / 120，141，446

西安宣言 / 319，464

西北黄埔 / 119—120

西北行政区辖市 / 177，394

西部大开发 / 235, 296, 300, 341, 344,
　　　　　 348, 395
西咸新区 / 349—350, 353, 379,
　　　　　 395—396, 476
辛亥革命 / 002, 109, 113, 389, 391
新常态 / 010, 380
新区建设 / 010, 264, 286, 289, 323,
　　　　　 328, 373, 381
新思潮 / 106, 107
新政上谕 / 071, 384, 385
行政建制 / 015, 024, 096, 177, 183
行政隶属 / 095, 243
行政区划调整 / 299, 347, 397, 480
行政中心北迁 / 381

Y

鸦片战争 / 002, 021, 073, 384
央企进陕 / 374—375

一带一路 / 347, 349, 353, 395
"一五"计划 / 177, 200, 211, 229
一线两带 / 004, 302, 320
医疗卫生 / 068, 139, 230, 296
遗址保护 / 318, 342, 352, 370
驿路 / 011, 026, 028, 083
园林绿化 / 137, 160-162, 232

Z

战略新兴产业 / 376
整治改造 / 339, 340, 342
中央直辖市 / 178, 394
住房制度 / 243—244, 285—286,
　　　　　 330, 449
自贸区 / 005, 348, 396
自然灾害 / 088, 111, 193, 202
综合交通枢纽 / 349, 351, 359, 396

后记

承担八卷本"西安城市史"系列中的近现代卷部分的撰写工作,内心是忐忑的。一方面,西安作为历史古都,在中国城市史中的地位自不待言,另一方面,这部著作是西安文化建设的重要项目。而目前西安近现代史的系统研究成果难言丰硕。因此,近现代卷的研究和撰写工作既有其重要性,又有其艰巨性。被邀请为近现代卷撰写人,是因笔者的博士学位论文《近代西安城市空间结构演变研究(1840—1949)》对于西安近代的研究有一定的积累和基础。笔者在接受这一课题之后,以西安当代发展的空间过程为主线,分别以当代西安城市、建筑和空间发展为子课题,指导5名博士生进行相关梳理和研究,获得包括《西安城市空间结构演变研究(1949—1978)》(肖轶)、《西安城市空间结构演进研究(1978—2002)》(刘淑虎)、《西安城市空间结构发展研究(1998—2016)》(田野)、《西安当代建筑本土性研究》(胡恬)、《新型城镇化背景下西安大都市边缘区空间发展路径及规划模式研究》(付凯)等成果。本成果受到国家自然基金面上项目"丝绸之路城镇历史地段文化生态内生机制及其适宜性更新规划模式"(编号52078404)资助。正是因为西安近现代城市史研究的价值和重要性,在成稿过程中多有顾虑和纠结,未能及时交稿。其间,几经反复、几经修改、几经补充和完善,已经到了"十三五"的闭关之年。需要特别指出的是,限于各种原因,本书对2016年以后西安城市建设与发展的情况着墨较少，颇有遗憾，期待能在以后修订时再对其做深入研究。另外，为了系统、全面介绍个别内容，故对其进行了追根溯源式的考察，从而导致其时间界限与相应章节的时间范围略有出入，鉴于其不影响本卷的整体研究，故对此类问题不做修改。本书难免存在诸多不足之处，但抛砖引玉，希望后来人有所突破、有所创新、有所作为。

在统稿过程中，在读博士生吴晓晨、白帅帅，硕士马玉箫等参与了正文章节第一至六章的内容编写和图表的整理工作。各章节分工如下：第一章任云英、吴晓晨；第二章任云英、马玉箫；第三章任云英、白帅帅；第四章刘淑虎、任云英、白帅帅；第五章田野、任云英、马玉箫；第六章田野、任云英、吴晓晨。

博士生肖轶、博士胡恬以及付凯等在这一过程中的相关资料整理支撑了本书的统稿工作，硕士郝文婷、朱王倩和在读硕士生何大笠也参加了部分资料的整理工作。在此一并表示感谢。

同时，向对本书撰写予以积极支持和鼓励的陕西师范大学出版总社、丛书主编侯甬坚教授、侯海英老师和赵荣芳编辑致以深深的谢意。

最后，感谢家人对我工作的支持！

任云英

2020年8月12日